Beate Bahner

Gesetz zur Bekämpfung von Korruption im Gesundheitswesen

Das Praxishandbuch

MedizinRechtVerlagHeidelberg

Beate Bahner
Fachanwältin für Medizinrecht

Fachanwaltskanzlei BAHNER
Voßstraße 3
69115 Heidelberg
info@beatebahner.de
www.beatebahner.de

ISBN: 978-3-00-051824-9

MedizinRechtVerlagHeidelberg

Umschlaggestaltung: Iris Schöbinger, Heidelberg

MedizinRechtVerlagHeidelberg
1. Auflage Februar 2017

Dieses Werk ist urheberrechtlich geschützt. Die dadurch begründeten Rechte, insbesondere die der Übersetzung, des Nachdrucks, des Vortrags, der Entnahme von Abbildungen und Tabellen, der Funksendung, der Mikroverfilmung oder der Vervielfältigung auf anderen Wegen und der Speicherung in Datenverarbeitungsanlagen, bleiben, auch bei zur auszugsweisen Verwertung, vorbehalten. Eine Vervielfältigung dieses Werkes oder von Teilen dieses Werkes ist auch im Einzelfall nur in den Grenzen der gesetzlichen Bestimmungen des Urheberrechtsgesetzes der Bundesrepublik Deutschland vom 9. September 1965 in der jeweils geltenden Fassung zulässig. Sie ist grundsätzlich vergütungspflichtig. Zuwiderhandlungen unterliegen den Strafbestimmungen des Urheberrechtsgesetzes.

Die Deutsche Nationalbibliothek verzeichnet diese Publikation in der Deutschen Nationalbibliografie; detaillierte bibliografische Daten sind im Internet über http://dnb.d-nb.de abrufbar.

Einführung

Das Gesetz zur Bekämpfung von Korruption im Gesundheitswesen ist am 4. Juni 2016 in Kraft getreten. Der Gesetzgeber will mit diesem Gesetz Bestechung und Bestechlichkeit im Gesundheitswesen wirksam bekämpfen, um die schädlichen Auswirkungen von Korruption im Gesundheitswesen zu unterbinden.

Alle Beteiligten im Gesundheitswesen, insbesondere jedoch Ärzte, Zahnärzte, Kliniken, Pflege- und Reha-Einrichtungen einerseits sowie Unternehmen der Pharma- und Medizinprodukteindustrie andererseits sollten sich im eigenen Interesse zügig mit dem Gesetz zur Bekämpfung von Korruption im Gesundheitswesen vertraut machen. Sie müssen wissen, was künftig verboten ist, was erlaubt bleibt und welche Risiken bestimmte Handlungsweisen bergen, um nachteilige Konsequenzen zu vermeiden. Denn jedes Strafverfahren gegen Ärzte, Kliniken oder Unternehmen kann verheerende Konsequenzen nach sich ziehen; vor allem die damit verbundene Rufschädigung kann den Erfolg eines Unternehmens über viele Jahre beeinträchtigen.

Dieses Praxishandbuch stellt zunächst die neuen Straftatbestände der §§ 299a, 299b StGB sowie die bereits bestehenden Korruptionsstraftatbestände der §§ 299, 331-334 und 108e StGB dar. Denn der Gesetzgeber bezieht sich in vielerlei Hinsicht auf das bereits bestehende Korruptionsstrafrecht. Sodann wird aufgezeigt, welche Handlungen und Zuwendungen insbesondere auf Basis der berufs- und sozialrechtlichen Normen verboten oder ausdrücklich zulässig sind. Diese medizinrechtlichen Regelungen sind zur Bewertung des Vorliegens einer „Unrechtsvereinbarung" im Sinne des Korruptionsstrafrechts unabdingbar. Am Ende des Buches findet sich ein Überblick aller maßgeblichen Rechtsgrundlagen und Kodizes, die zur Beurteilung von Korruptionsvorwürfen im Gesundheitswesen relevant sind.

Freilich können in einem Praxishandbuch nicht sämtliche Detail- und Spezialfragen angesprochen werden, hierfür ist im Zweifel eine individuelle rechtliche Prüfung erforderlich. Das vorliegende Werk bietet jedoch einen ersten fundierten Überblick der rechtlichen Aspekte des neuen Gesetzes zur Bekämpfung von Korruption im Gesundheitswesen. Ich wünsche aufschlussreiche Lektüre und stehe zu diesem Thema gegebenenfalls persönlich anwaltlich beratend sowie als Referentin zur Verfügung. Für konstruktive Kritik und Anregungen bin ich stets offen!

Ihre Beate Bahner

Fachanwältin für Medizinrecht
Mediatorin im Gesundheitswesen
Fachbuchautorin im Arzt- und Medizinrecht

Heidelberg, Februar 2017

Eid des Hippokrates

Ich schwöre bei Apollon, dem Arzt, bei Asklepios, Hygieia und Panakeia und bei allen Göttern und Göttinnen, indem ich sie zu Zeugen mache, daß ich entsprechend meiner Kraft und meinem Urteilsvermögen folgenden Eid und folgenden Vertrag erfüllen werde:

Denjenigen, der mich diese Kunst gelehrt hat, gleich zu achten meinen Eltern, ihn an meinem Lebensunterhalt teilhaben zu lassen und ihm an den für ihn erforderlichen Dingen, wenn er ihrer bedarf, Anteil zu geben, seine Nachkommenschaft meinen männlichen Geschwistern gleich zu werten, sie diese Kunst zu lehren, wenn sie sie zu lernen wünschen, ohne Entgelt und Vertrag, an Unterweisung, Vorlesung und an der gesamten übrigen Lehre Anteil zu geben meinen Söhnen und den Söhnen dessen, der mich unterrichtet hat, den vertraglich gebundenen und durch ärztlichen Brauch eidlich verpflichteten Schülern, sonst aber niemandem.

Diätetische Maßnahmen werde ich zum Nutzen der Kranken entsprechend meiner Kraft und meinem Urteilsvermögen anwenden; vor Schaden und Unrecht werde ich sie bewahren.

Auch werde ich niemandem auf seine Bitte hin ein tödlich wirkendes Mittel geben, noch werde ich einen derartigen Rat erteilen; in gleicher Weise werde ich auch keiner Frau ein fruchtabtreibendes Zäpfchen geben. Rein und heilig werde ich mein Leben und meine Kunst bewahren.

Das Schneiden werde ich nicht anwenden, nicht einmal bei Steinleidenden, dies werde ich vielmehr den Männern überlassen, die diese Tätigkeit ausüben.

In alle Häuser, die ich betrete, werde ich eintreten zum Nutzen der Kranken, frei von jedem absichtlichen Unrecht, von sonstigem verderblichen Tun und von sexuellen Handlungen an weiblichen und männlichen Personen, sowohl Freien als auch Sklaven.

Was auch immer ich bei der Behandlung oder auch unabhängig von der Behandlung im Leben der Menschen sehe oder höre, werde ich, soweit es niemals nach außen verbreitet werden darf, verschweigen, in der Überzeugung, daß derartige Dinge unaussprechbar sind.

Wenn ich nun diesen Eid erfülle und nicht verletze, möge es mir zuteil werden, daß ich mich meines Lebens und meiner Kunst erfreue, geachtet bei allen Menschen für alle Zeit, wenn ich ihn aber übertrete und meineidig werde, möge das Gegenteil davon eintreten.[1]

---

[1] Hippokrates (ca. 460–370 v. Chr.), zitiert aus *Kollesch/Nickel*, S. 53 ff. Vgl. zur umstrittenen Herkunft des Eids *Taupitz*, S. 204 ff.; vgl. zum Eid auch *Katzenmeier* sowie zur weiteren Entwicklung des Eids *Laufs/Kern*, S. 38 ff. Der Eid muss von den Ärzten zwar nicht geschworen werden, er wird jedoch – freilich ohne rechtliche Anspruchsgrundlage zu sein – immerhin auch in der Rechtsprechung zitiert, vgl. etwa LG München, Urt. v. 12.01.2008 – 1 HK O 13279-07, Rn. 60 (juris).

WELTÄRZTEBUND

Deklaration von Genf

verabschiedet von der
2. Generalversammlung des Weltärztebundes
Genf, Schweiz, September 1948
und revidiert von der
22. Generalversammlung des Weltärztebundes
Sydney, Australien, August 1968
und revidiert von der
35. Generalversammlung des Weltärztebundes
in Venedig, Italien, Oktober 1983
und revidiert von der
46. Generalversammlung des Weltärztebundes
Stockholm, Schweden, September 1994
und sprachlich überarbeitet auf der 170. Vorstandssitzung, Divonne-les-Bains, Frankreich, Mai 2005 und auf der 173. Vorstandssitzung, Divonne-les-Bains, Frankreich, Mai 2006

GELÖBNIS:

Bei meiner Aufnahme in den ärztlichen Berufsstand gelobe ich feierlich:
mein Leben in den Dienst der Menschlichkeit zu stellen.
Ich werde meinen Lehrern die schuldige Achtung und Dankbarkeit erweisen.
Ich werde meinen Beruf mit Gewissenhaftigkeit und Würde ausüben.
Die Gesundheit meines Patienten soll oberstes Gebot meines Handelns sein.
Ich werde alle mir anvertrauten Geheimnisse auch über den Tod des Patienten hinaus wahren.
Ich werde mit allen meinen Kräften die Ehre und die edle Überlieferung des ärztlichen Berufes aufrechterhalten.
Meine Kolleginnen und Kollegen sollen meine Schwestern und Brüder sein.
Ich werde mich in meinen ärztlichen Pflichten meinem Patienten gegenüber nicht beeinflussen lassen durch Alter, Krankheit oder Behinderung, Konfession, ethnische Herkunft, Geschlecht, Staatsangehörigkeit, politische Zugehörigkeit, Rasse, sexuelle Orientierung oder soziale Stellung.
Ich werde jedem Menschenleben von seinem Beginn an Ehrfurcht entgegenbringen und selbst unter Bedrohung meine ärztliche Kunst nicht in Widerspruch zu den Geboten der Menschlichkeit anwenden.
Dies alles verspreche ich feierlich und frei auf meine Ehre.[2]

---

[2] Abdruck unter www.bundesaerztekammer.de/downloads/Genf.pdf.

Inhaltsübersicht

Einführung — *III*
Eid des Hippokrates — *V*
Weltärztebund: Deklaration von Genf — *VII*
Inhaltsverzeichnis — *XI*
Abkürzungsverzeichnis — *XXI*

1	Was ist Korruption?	1
2	Das Gesetz zur Bekämpfung von Korruption im Gesundheitswesen	13
3	Voraussetzungen der Strafbarkeit nach §§ 299a, 299b StGB	29
4	Übersicht der weiteren Korruptionstatbestände	81
5	Berufsrechtliche Normen zur Wahrung der Unabhängigkeit	103
6	Sozialrechtliche Normen zur Wahrung der Unabhängigkeit	121
7	Weitere Normen zur Wahrung der Unabhängigkeit	145
8	Medizinische Kooperationen im Gesundheitswesen	161
9	Unternehmensbeteiligungen im Gesundheitswesen	187
10	Rabatte, Preisgestaltung und Zugaben im Gesundheitswesen	201
11	Grundsätze der Zusammenarbeit mit der Industrie	227
12	Formen der Zusammenarbeit mit der Industrie	237
13	Weitere Zuwendungen durch die Industrie	251
14	Rechtsfolgen korrupten Verhaltens	275
15	Strategien zur Vermeidung eines Strafbarkeitsvorwurfs	299
16	Rechtsvorschriften und Kodizes	309
	Literaturverzeichnis	357
	Stichwortverzeichnis	367
	Zur Autorin Beate Bahner	373

x

Inhaltsverzeichnis

Einführung   *III*
Eid des Hippokrates   *V*
Weltärztebund: Deklaration von Genf   *VII*
Inhaltsübersicht   *IX*
Abkürzungsverzeichnis   *XXI*

1 Was ist Korruption?   **1**
  1.1. Definition und Erläuterung   1
  1.2. Die besondere Korruptionsgefahr im Gesundheitswesen   3
    1.2.1. Typische Beispiele für Korruptionspraktiken   5
    1.2.2. Die Auswirkungen von Korruption im Gesundheitswesen   6
    1.2.3. Ermittlungsverfahren wegen des Vorwurfs der Korruption   7
  1.3. Frühere Strafbarkeitslücken bei niedergelassenen Ärzten   9
    1.3.1. Die Entscheidung des Großen Strafsenats vom 29. März 2012   9
    1.3.2. Straftatbestände Untreue und Betrug unzureichend   10
    1.3.3. Berufs- und sozialrechtliche Zuwendungsverbote unzureichend   11

2 Das Gesetz zur Bekämpfung von Korruption im Gesundheitswesen   **13**
  2.1. Schließung der Regelungslücke durch §§ 299a, 299b StGB   13
  2.2. Der Gesetzeswortlaut der §§ 299a, 299b StGB   15
    2.2.1. Bestechlichkeit im Gesundheitswesen nach § 299a StGB   15
    2.2.2. Bestechung im Gesundheitswesen nach § 299b StGB   15
    2.2.3. Exkurs: Gesetzentwurf und geänderte Beschlussfassung   16
  2.3. Rechtsgüterschutz der neuen Korruptionstatbestände   17
    2.3.1. Der Wettbewerb als geschütztes Rechtsgut   18
    2.3.2. Der Schutz des Wettbewerbs durch das UWG   19
    2.3.3. Patientenschutz und Schutz des Vertrauens als Rechtsgut   20
      2.3.3.1. Der Heilberuf als „Vertrauensberuf"   22
      2.3.3.2. Der Vertrauensschutz in Gesetz und Rechtsprechung   23
      2.3.3.3. Definition des Begriffs „Vertrauen der Patienten"   24
  2.4. Weitere Regelungen und Änderungen   25
    2.4.1. Erfahrungsaustausch zwischen den Institutionen   25
    2.4.2. Berichtspflicht der KV-Vorstände   26
    2.4.3. Regelungspflicht der Kassenärztlichen Bundesvereinigung   27
    2.4.4. Zuständigkeit der Wirtschaftsstrafkammer des Landgerichts   27

3 Voraussetzungen der Strafbarkeit nach §§ 299a, 299b StGB   **29**
  3.1. Ausübung eines Heilberufs mit staatlich geregelter Ausbildung   29
    3.1.1. Akademische Heilberufe   29
    3.1.2. Sonderstellung der Apotheker   29
      3.1.2.1. Geringe Anwendbarkeit des § 299a StGB auf Apotheker   30
      3.1.2.2. Bezugsentscheidungen nur bei unmittelbarer Anwendung   31
      3.1.2.3. Kritik an der Streichung der Abgabeentscheidungen   32
      3.1.2.4. Anwendbarkeit des § 299b StGB auch auf Apotheker   33

3.1.3.	Einbeziehung der nicht-akademischen Heilberufe	34
3.1.4.	Gesundheitshandwerker	36
3.1.5.	Heilpraktiker nicht vom Straftatbestand erfasst	37
3.1.6.	Weitere Strafbarkeitslücken auf Nehmerseite	39
3.2.	Die Vorteilszuwendung nach §§ 299a, 299b StGB	40
3.2.1.	Handlungsvarianten auf Nehmerseite	40
3.2.2.	Handlungsvarianten auf Geberseite	42
3.2.3.	Der Begriff des Vorteils	42
3.2.4.	Beispiele von Vorteilen	43
3.2.4.1.	Materielle Vorteile	43
3.2.4.2.	Immaterielle Vorteile	45
3.2.5.	Rechtlich zulässige Vorteile	46
3.2.5.1.	Bonuszahlungen für wirtschaftliche Verordnungsweise	46
3.2.5.2.	Sozialadäquate Zuwendungen und Geschenke	47
3.2.5.3.	Wertgrenzen bei Geschenken	49
3.2.5.4.	Kontrollüberlegungen	50
3.2.5.5.	Das Arbeitsessen	50
3.2.5.6.	Zulässige Vorteilsannahme im Interesse der Patienten	51
3.2.5.7.	Zulässige Weitergabe von Rabatten	52
3.2.5.8.	Betreiben eines eigenen Labors	53
3.2.6.	Unternehmensbeteiligung	53
3.2.7.	Vorteile für nicht indizierte Entscheidungen	54
3.3.	Die drei Handlungsalternativen der §§ 299a, 299b StGB	54
3.3.1.	Verordnungsentscheidungen – 1. Handlungsalternative	55
3.3.1.1.	Begriff der Verordnung	55
3.3.1.2.	Begriff des Arzneimittels	56
3.3.1.3.	Begriff des Heilmittels	57
3.3.1.4.	Begriff des Hilfsmittels	57
3.3.1.5.	Begriff des Medizinprodukts	58
3.3.2.	Bezugsentscheidungen – 2. Handlungsalternative	59
3.3.2.1.	Begriff des Bezugs	59
3.3.2.2.	Unmittelbare Anwendung am Patienten	60
3.3.2.3.	Sprechstundenbedarf und Praxisbedarf	61
3.3.2.4.	Wirtschaftliche Bezugsentscheidungen ohne Patientenbezug	63
3.3.3.	Zuführungsentscheidungen – 3. Handlungsalternative	63
3.3.3.1.	Zuführung von Patienten	63
3.3.3.2.	Unterschiede zwischen Zuweisung und Empfehlung	64
3.3.3.3.	Kritik an der Strafbarkeit einer ärztlichen Empfehlung	65
3.3.3.4.	Zuführung von Untersuchungsmaterial	66
3.3.3.5.	Entscheidungen im beruflichen Kontext	66
3.4.	Die Unrechtsvereinbarung	67
3.4.1.	Bedeutung und Problematik dieses Kriteriums	67
3.4.1.1.	Die notwendige Verknüpfung von Vorteil und Gegenleistung	68
3.4.1.2.	Die unlautere Bevorzugung im Wettbewerb	69
3.4.1.3.	Die zulässige Bevorzugung eines Wettbewerbers	70
3.4.2.	Unlauterkeit durch Verletzung des Wettbewerbsrechts	71
3.4.2.1.	Der Rechtsbruchtatbestand des § 3a UWG	72
3.4.2.2.	Die Bedeutung der Marktverhaltensregelungen	72
3.4.2.3.	Die Spürbarkeitsklausel des § 3a UWG	73

	3.4.2.4. Abstrakter Verbraucherschutz von Gesundheitsnormen	73
	3.4.2.5. Verstöße gegen das Berufsrecht	74
	3.4.2.6. Das Wettbewerbsverhältnis zwischen Mitbewerbern	75
	3.4.2.7. Fehlende Wettbewerbslage kein Ausschlusskriterium	76
3.4.3.	Die Bedeutung der außerstrafrechtlichen Normen	77
3.4.4.	Weitere Beurteilungskriterien der Unrechtsvereinbarung	77
3.4.5.	Rechtlich zulässige Maßnahmen können nicht strafbar sein	78
3.4.6.	Exkurs: Festlegung auf einen Vertretbarkeitsmaßstab	79

4 Übersicht der weiteren Korruptionstatbestände — 81

- 4.1. Bestechlichkeit und Bestechung nach § 299 StGB — 81
  - 4.1.1. Tatbestandsvoraussetzungen des § 299 StGB — 82
    - 4.1.1.1. Geschäftsbetrieb — 82
    - 4.1.1.2. Eigenschaft als Angestellter oder Beauftragter — 82
    - 4.1.1.3. Geschäftlicher Verkehr — 84
    - 4.1.1.4. Bezug von Waren oder Dienstleistungen — 84
  - 4.1.2. Verletzung einer Dienstpflicht gegenüber dem Geschäftsherrn — 85
  - 4.1.3. Antragsdelikt — 86
- 4.2. Vorteilsannahme und Vorteilsgewährung nach §§ 331, 333 StGB — 87
  - 4.2.1. Eigenschaft als Amtsträger — 87
  - 4.2.2. Der Vorteilsbegriff des § 331 StGB — 90
  - 4.2.3. Zulässigkeit sozialadäquater Vorteile — 90
  - 4.2.4. Die Handlungsformen — 93
  - 4.2.5. Die Dienstausübung — 94
  - 4.2.6. Die Unrechtsvereinbarung — 95
- 4.3. Bestechlichkeit und Bestechung im Amt nach §§ 332, 334 StGB — 96
  - 4.3.1. Die Diensthandlung — 96
  - 4.3.2. Pflichtwidrigkeit der Diensthandlung — 97
- 4.4. Bestechlichkeit und Bestechung von Mandatsträgern — 98
  - 4.4.1. Sinn und Zweck der Regelung — 98
  - 4.4.2. Täterkreis und Tathandlung des § 108e StGB — 99
  - 4.4.3. Vorteil und Unrechtsvereinbarung — 100
- 4.5. Konkurrenzen — 101

5 Berufsrechtliche Normen zur Wahrung der Unabhängigkeit — 103

- 5.1. Berufsrechtliche Regelungen der Ärzte — 103
  - 5.1.1. § 30 MBO: Ärztliche Unabhängigkeit — 104
  - 5.1.2. § 31 Abs. 1 MBO: Unerlaubte Zuweisung — 105
    - 5.1.2.1. Sinn und Zweck des Zuweisungsverbotes — 105
    - 5.1.2.2. Verbot der Vorteilszuwendung — 106
    - 5.1.2.3. Begriffsbestimmungen — 107
    - 5.1.2.4. Zuweisungsverbot im Klinikbereich — 107
    - 5.1.2.5. Beurteilungskriterien — 108
    - 5.1.2.6. Zulässige Inanspruchnahme von Internetportalen — 108
  - 5.1.3. § 31 Abs. 2 MBO: Unerlaubte Empfehlung und Verweisung — 109
    - 5.1.3.1. Begriff der Verweisung — 110
    - 5.1.3.2. Begriff der Empfehlung — 111
    - 5.1.3.3. Zulässigkeit einer Empfehlung nach BGH — 112
    - 5.1.3.4. Weitere hinreichende Gründe für eine Empfehlung — 113

5.1.3.5.	Rechtsfolgen eines Verstoßes	114
5.1.4.	§ 32 Abs. 1 MBO: Unerlaubte Zuwendungen	114
5.1.4.1.	Hintergrund und Voraussetzungen des § 32 Abs. 1 MBO	115
5.1.4.2.	Ausnahme für Wirtschaftlichkeitsanreize	116
5.1.4.3.	Ausnahme für Fortbildungen	117
5.1.4.4.	Offenlegung der Zuwendungen	117
5.1.5.	§ 33 MBO: Zuwendungen bei vertraglicher Zusammenarbeit	118
5.2.	Weitere berufsrechtliche Regelungen der Heilberufsangehörigen	119

6 Sozialrechtliche Normen zur Wahrung der Unabhängigkeit 121

6.1.	Das Zuweisungsverbot nach § 73 Abs. 7 SGB V	121
6.1.1.	Sinn und Zweck der Regelung	121
6.1.2.	Voraussetzungen	122
6.1.3.	Weitere unzulässige Zuwendungen nach § 73 Abs. 7 SGB V	123
6.2.	Zuwendungs- und Kooperationsverbote nach § 128 SGB V	125
6.2.1.	Entstehung der Norm	125
6.2.2.	Anwendungsbereich	126
6.3.	Das Depotverbot des § 128 Abs. 1 SGB V	127
6.3.1.	Begriffe und Voraussetzungen	128
6.3.2.	Ausnahme: Notfallversorgung	129
6.3.3.	Weitere Ausnahmen vom Depotverbot	130
6.4.	Zuwendungs- und Beteiligungsverbote nach § 128 Abs. 2 SGB V	130
6.4.1.	Übersicht der Regelung des § 128 Abs. 2 SGB V	131
6.4.2.	Adressaten der Regelung des § 128 Abs. 2 SGB V	132
6.4.3.	Allgemeines Verbot der Gewährung wirtschaftlicher Vorteile	132
6.4.4.	Allgemeines Beteiligungsverbot an der Hilfsmittelversorgung	133
6.4.5.	Verbot von Vergütungen und Zuwendungen für Verordnungen	134
6.4.6.	Verbot von Beteiligungen von Ärzten an Unternehmen	135
6.4.7.	Unentgeltliche oder verbilligte Schulungsmaßnahmen	137
6.5.	Zulässige Kooperationen nach § 128 Abs. 4 SGB V	137
6.5.1.	Vertragsschluss mit den Krankenkassen	137
6.5.2.	Weitere Vorgaben für Verträge mit Krankenkassen	138
6.6.	Pharmaklausel des § 128 Abs. 6 SGB V	139
6.6.1.	Zuwendungsverbote auch im Arzneimittelbereich	140
6.6.2.	Ausnahmen vom Zuwendungsverbot des § 128 Abs. 6 SGB V	140
6.6.3.	Pflichtenverstoß nach § 128 Abs. 5a SGB V	141
6.7.	Sanktionsmöglichkeiten	142
6.7.1.	Sanktionsmöglichkeiten der KV nach § 81 Abs. 5 SGB V	142
6.7.2.	Sanktionsmöglichkeiten der Krankenkassen nach § 128 SGB V	142
6.7.3.	Sanktionsmöglichkeiten der Ärztekammer	143
6.7.4.	Sanktionsmöglichkeiten nach UWG	143
6.8.	Konkurrenz des § 128 SGB V zu anderen Regelungen	144

7 Weitere Normen zur Wahrung der Unabhängigkeit 145

7.1.	Beschränkungen durch das Apothekengesetz	145
7.1.1.	Bindungsverbot nach § 10 ApoG	145
7.1.2.	Kooperations- und Zuweisungsverbote nach § 11 ApoG	145

7.1.2.1.	Gesetzeszweck des § 11 ApoG	146
7.1.2.2.	Anwendungsbereich des § 11 ApoG	147
7.1.2.3.	Handlungsverbote des § 11 ApoG	147
7.1.2.4.	Ausnahmen von den Verboten des § 11 Abs. 1 S. 1 ApoG	150
7.1.3.	Sanktionen und Rechtsfolgen	150
7.2.	Beschränkungen durch das Heilmittelwerbegesetz	152
7.2.1.	Das allgemeine Zugabeverbot des § 7 Abs. 1 HWG	152
7.2.2.	Sinn und Zweck des Zugabeverbotes	153
7.2.2.1.	Begriff der Werbegabe nach § 7 Abs. 1 HWG	153
7.2.2.2.	Zweitnutzen für Fachkreise durch die Werbegabe	155
7.2.2.3.	Notwendigkeit des Produktbezugs der Zugabe	156
7.2.2.4.	Zulässige Image- oder Unternehmenswerbung	156
7.2.2.5.	Unzulässige Handlungsvarianten	157
7.2.2.6.	Unzulässige medizinische Gratisleistungen	157
7.2.2.7.	Bonussysteme und Zugabeverbot	158
7.2.2.8.	Zuwendungen bei Studien und Anwendungsbeobachtungen	159
7.2.3.	Weitere Zugabeverbote des § 7 HWG und Rechtsfolgen	160

8 Medizinische Kooperationen im Gesundheitswesen 161

8.1.	Liberalisierung der Zusammenarbeit	161
8.1.1.	Kooperationsmöglichkeiten nach SGB V	162
8.1.2.	Kooperationsmöglichkeiten nach ärztlichem Berufsrecht	164
8.1.3.	Zielsetzung der Reglementierung der Kooperationen	165
8.2.	Niedergelassene Ärzte in der stationären Versorgung	166
8.2.1.	Der Belegarzt	166
8.2.2.	Der Konsiliararzt	167
8.2.3.	Der Honorararzt	168
8.3.	Zuweisung und Verdienstchancen in Kooperationen	170
8.3.1.	Zulässigkeit nach dem Willen des Gesetzgebers	170
8.3.2.	Zulässige Zuweisungen nach Ansicht der KBV	171
8.3.3.	Zur Angemessenheit der Vergütung	171
8.3.3.1.	Ruf nach Konkretisierung	172
8.3.3.2.	Würzburger Erklärung vom 8. August 2016	173
8.3.3.3.	Plädoyer für Augenmaß und Zurückhaltung	174
8.4.	Zulässigkeitsprüfung von Kooperationen	176
8.4.1.	Mitwirkung der Krankenkassen bei Kooperationsverträgen	176
8.4.2.	Einhaltung der vier Grundprinzipien	176
8.4.3.	Drei-Stufen-Prüfung	177
8.4.4.	Unzulässige Kooperations- und Beteiligungsmodelle	178
8.5.	Weitere Kooperationsformen	181
8.5.1.	Verträge zur integrierten Versorgung	181
8.5.2.	Ambulantes Operieren und Kostenbeteiligung	182
8.5.3.	Entlassmanagement	183
8.5.3.1.	Zielsetzung des Entlassmanagements	183
8.5.3.2.	Besonderheiten des Entlassmanagements	184
8.5.3.3.	Zuweisungsverbote auch beim Entlassmanagement	185

9 Unternehmensbeteiligungen im Gesundheitswesen — 187

- 9.1. Gewerblich-unternehmerische Freiheit auch für Heilberufler — 187
- 9.2. Allgemeine Kapital- und Gesellschaftsbeteiligungen — 188
  - 9.2.1. Mittelbare Gewinnbeteiligung — 189
  - 9.2.2. Unmittelbare Gewinnbeteiligung — 189
  - 9.2.3. Gesetzliche Beteiligungsverbote — 190
- 9.3. Beteiligung von Ärzten an einer Apparategemeinschaft — 191
- 9.4. Beteiligung von Ärzten an einer Laborgemeinschaft — 192
  - 9.4.1. Erbringung und Abrechnung von Laborleistungen — 192
  - 9.4.2. Unzulässige Beteiligungsformen — 193
- 9.5. Beteiligungen von Zahnärzten an Dentallaboren — 196
  - 9.5.1. Das Eigenlabor der Zahnarztpraxis — 196
  - 9.5.2. Die Praxislaborgemeinschaft — 197
  - 9.5.3. Das gewerbliche Dentallabor — 198
  - 9.5.4. Stellungnahme der Bundeszahnärztekammer — 199

10 Rabatte, Preisgestaltung und Zugaben im Gesundheitswesen — 201

- 10.1. Zulässigkeit von Verkaufsförderungsmaßnahmen — 201
- 10.2. Rabatte als klassisches Instrument des Wettbewerbs — 202
  - 10.2.1. Definition und Funktion der Rabattmöglichkeiten — 203
  - 10.2.2. Gegenleistung als Voraussetzung eines zulässigen Rabatts — 204
  - 10.2.3. Zulässigkeit von Rabatten — 205
  - 10.2.4. Dreistufiges Prüfschema — 205
- 10.3. Pflicht zur Weitergabe von Rabatten? — 207
  - 10.3.1. Spezifische Abrechnungsvorschriften für Ärzte und Zahnärzte — 207
    - 10.3.1.1. Abrechnungsvorschrift nach Bundesmantelvertrag-Ärzte — 207
    - 10.3.1.2. Zulässiger Einbehalt von Skonti — 209
    - 10.3.1.3. Erstattung nach Festbeträgen und Kostenpauschalen — 209
    - 10.3.1.4. Abrechnung nach DRG-Fallpauschalen — 210
  - 10.3.2. Abrechnungsregelungen nach GOÄ und GOZ — 211
  - 10.3.3. Kritik an der Privilegierung der Apothekerrabatte — 212
- 10.4. Preisgestaltung, Kopplungsangebote, Kundenbindungssysteme — 213
  - 10.4.1. Preisgestaltung — 213
  - 10.4.2. Kopplungsangebote — 215
    - 10.4.2.1. Grundsätzliche Zulässigkeit nach Wettbewerbsrecht — 215
    - 10.4.2.2. Kopplungsgeschäfte im Gesundheitswesen — 215
  - 10.4.3. Kundenbindungssysteme — 217
- 10.5. Zulässige Zugaben und Werbegaben nach § 7 HWG — 218
  - 10.5.1. Überblick und Definitionen — 218
  - 10.5.2. Geringwertigkeit der Zugaben — 219
  - 10.5.3. Zulässige Rabatte nach § 7 HWG — 220
  - 10.5.4. Handelsübliches Zubehör und Nebenleistungen — 221
  - 10.5.5. Zulässige Verlosung von gesundheitsbezogenen Gutscheinen — 222
  - 10.5.6. Zulässige Werbung mit Verzicht auf Zuzahlung — 223
  - 10.5.7. Weitere zulässige Zugaben nach § 7 HWG — 224

11 Grundsätze der Zusammenarbeit mit der Industrie — 227
11.1. Hintergrund — 227
11.1.1. Varianten der Zusammenarbeit — 228
11.1.2. Zahlungen der Pharmaindustrie an Ärzte und Kliniken — 228
11.1.3. Grenzen der Zusammenarbeit — 229
11.2. Freiwillige Selbstkontrolle der Industrie durch Verhaltenskodizes — 230
11.2.1. Verhaltenskodizes und Gesetz gegen unlauteren Wettbewerb — 231
11.2.2. Verstöße gegen Verhaltenskodizes — 232
11.3. Compliance-Grundsätze zur Zusammenarbeit mit der Industrie — 233
11.3.1. Trennungsprinzip — 233
11.3.2. Äquivalenzprinzip — 234
11.3.3. Dokumentationsprinzip — 234
11.3.4. Transparenzprinzip — 235
11.3.5. Weitere Prinzipien — 235

12 Formen der Zusammenarbeit mit der Industrie — 237
12.1. Klinische Prüfungen — 237
12.2. Anwendungsbeobachtungen — 238
12.2.1. Definition und rechtliche Zulässigkeit — 238
12.2.2. Anzeige- und Auswertungspflicht — 239
12.2.3. Vergütung des Aufwands — 240
12.2.4. Korruptionsanfälligkeit von Anwendungsbeobachtungen — 241
12.2.4.1. Anhaltspunkte für eine Unrechtsvereinbarung — 242
12.2.4.2. Empfehlungen zur Vermeidung eines Korruptionsvorwurfs — 243
12.2.5. Exkurs: Vorschlag zur strukturellen Änderung — 244
12.3. Ärzte als Referenten und Berater — 245
12.3.1. Sachliche Rechtfertigung der Beratungsleistungen — 245
12.3.2. Angemessene Vergütung der Beratungsleistungen — 246
12.3.3. Vergütungsrahmen — 246
12.4. Patienten-Compliance-Programme — 248

13 Weitere Zuwendungen durch die Industrie — 251
13.1. Sponsoring — 251
13.1.1. Was ist Sponsoring? — 251
13.1.2. Sponsoring als zulässige Werbemaßnahme — 252
13.1.3. Der Sponsoringvertrag — 253
13.1.4. Sponsoring als steuerlich absetzbare Betriebsausgabe — 254
13.1.5. Rechtliche Grenzen des Sponsoring — 255
13.1.5.1. Sponsoring und die Grenzen des HWG — 255
13.1.5.2. Sponsoring und die Grenzen des ärztlichen Berufsrechts — 256
13.1.5.3. Trennung zwischen Zuwendung und Umsatzgeschäften — 257
13.2. Zulässiges Fortbildungssponsoring — 258
13.2.1. Fortbildungen als rechtlich zulässige Zuwendungen — 258
13.2.2. Berufsbezogenheit der Fortbildungsmaßnahmen — 260
13.2.3. Fortbildungssponsoring und die Ansicht der KBV — 260
13.2.4. Rechtliche Pflicht zur Fortbildung — 261

- 13.2.5. Angemessenheit der Zuwendungen — 262
  - 13.2.5.1. Erstattung von Reisekosten — 263
  - 13.2.5.2. Auswahl von Tagungsort und Tagungsstätte — 263
  - 13.2.5.3. Bewirtung im Rahmen der Fortbildung — 264
- 13.2.6. Anerkennung von Fortbildungsveranstaltungen der Industrie — 265
- 13.2.7. Exkurs: Verschärfter Ethik-Kodex MedTech Europe — 266
- 13.2.8. Kommentar zum Fortbildungssponsoring — 267
- 13.3. Drittmittelforschung — 268
  - 13.3.1. Strafrechtliche Problematik — 268
  - 13.3.2. Drittmitteleinwerbung im Spannungsfeld — 269
  - 13.3.3. Zwingende Beachtung der Compliance-Grundsätze — 270
  - 13.3.4. Unzulässige Zuwendungen — 270
- 13.4. Spenden — 272
  - 13.4.1. Spendenbegriff — 272
  - 13.4.2. Zulässigkeit von Spenden im Gesundheitswesen — 272

14 Rechtsfolgen korrupten Verhaltens — 275

- 14.1. Strafbarkeit nach §§ 299a, 299b StGB — 275
  - 14.1.1. Strafverfolgungsrisiko — 275
  - 14.1.2. Verfolgung der Straftaten von Amts wegen — 276
  - 14.1.3. Geldstrafe oder Freiheitsstrafe — 276
  - 14.1.4. Besonders schwere Fälle — 277
    - 14.1.4.1. Vorteil großen Ausmaßes — 277
    - 14.1.4.2. Gewerbsmäßigkeit — 278
    - 14.1.4.3. Mitglied einer Bande — 278
    - 14.1.4.4. Erweiterter Verfall nach § 302 StGB — 279
- 14.2. Verschärfte Strafbarkeit von Amtsträgern — 280
- 14.3. Strafbarkeit wegen Geldwäsche nach § 261 StGB — 281
  - 14.3.1. Was ist Geldwäsche? — 281
  - 14.3.2. Rechtswidrige Vortat erforderlich — 282
  - 14.3.3. Strafbarer Umgang mit inkriminiertem Vermögen — 282
- 14.4. Bußgeld wegen Ordnungswidrigkeit — 283
- 14.5. Berufsrechtliche Folgen — 284
  - 14.5.1. Berufsverbot als Maßregel der Besserung und Sicherung — 284
  - 14.5.2. Approbationsrechtliche Folgen — 285
    - 14.5.2.1. Widerruf der Approbation — 285
    - 14.5.2.2. Ruhen der Approbation — 288
  - 14.5.3. Zulassungsrechtliche Folgen — 289
    - 14.5.3.1. Entziehung der vertrags(zahn)ärztlichen Zulassung — 289
    - 14.5.3.2. Disziplinarmaßnahmen der Kassenärztlichen Vereinigung — 290
  - 14.5.4. Berufsgerichtliche Maßnahmen — 291
  - 14.5.5. Gesamtverhältnis — 292
  - 14.5.6. Mitteilungsbefugnisse an andere Behörden — 293
- 14.6. Zivilrechtliche Folgen — 294
- 14.7. Wettbewerbsrechtliche Folgen — 294
- 14.8. Honorarrechtliche Folgen — 296
- 14.9. Steuerrechtliche Folgen — 297

15 Strategien zur Vermeidung eines Strafbarkeitsvorwurfs — 299

15.1. Peinlich genaue Prüfung aller Zuwendungen und Kooperationen — 299
15.2. Weitere Hilfestellungen durch die ärztlichen Institutionen — 300
15.3. Vorabprüfung und Genehmigung durch Clearingstellen — 301
   15.3.1. Einrichtung von Clearingstellen — 301
   15.3.2. Aktuelle Situation von Clearingstellen — 302
   15.3.3. Struktur der Clearingstelle in Bayern — 302
   15.3.4. Rechtliche Problematik von Clearingstellen — 303
15.4. Einrichtung eines eigenen Compliance-Systems — 304
15.5. Zusammenfassung — 305

16 Rechtsvorschriften und Kodizes — 309

16.1. Relevante Rechtsvorschriften — 309
   16.1.1. Bestechung und Bestechlichkeit, §§ 299, 299a, 299b, 300 StGB — 309
   16.1.2. Korruptionsstraftatbestände im Amt, §§ 331-334 StGB — 310
   16.1.3. Bestechung von Mandatsträgern, § 108e StGB — 312
   16.1.4. Steuerhinterziehung, § 370 Abgabenordnung — 313
   16.1.5. Geldwäsche, § 261 StGB — 314
   16.1.6. Verfall und erweiterter Verfall, §§ 73 – 73d StGB — 316
   16.1.7. Strafsachen gegen Angehörige der Heilberufe, Nr. 26 MiStra — 317
   16.1.8. Sozialrechtliche Regelungen der §§ 73 Abs. 7, 128 SGB V — 318
   16.1.9. Berufsrechtliche Regelungen der Ärzte und Zahnärzte — 319
   16.1.10. Anwendungsbeobachtungen nach § 67 Abs. 6 AMG — 320
   16.1.11. Gesetzliche Regelungen für Apotheker — 321
   16.1.12. Zugabeverbot nach § 7 HWG — 322
   16.1.13. Abrechnungsregelungen — 323
      16.1.13.1. Abrechnungsvorgaben des Kapitels 7 EBM — 323
      16.1.13.2. Abrechnungsregelung des § 44 Abs. 6 BMV-Ä — 324
      16.1.13.3. Vorgaben der Gebührenordnung für Ärzte (GOÄ) — 324
      16.1.13.4. Material- und Laborkosten nach BMV-Z — 325
      16.1.13.5. Vorgaben der Gebührenordnung für Zahnärzte (GOZ) — 326
16.2. Kodizes der Industrie — 327
   16.2.1. Kodex Medizinprodukte (Stand Januar 2015) — 327
   16.2.2. FSA-Kodex Fachkreise – Auszug (Stand Mai 2015) — 335
   16.2.3. FSA-Empfehlungen zur Zusammenarbeit (Stand Dezember 2014) — 343
   16.2.4. Transparenzkodex (Stand November 2013) — 348
16.3. Ablauf des Gesetzgebungsvorgangs — 354

Literaturverzeichnis — 357

Stichwortverzeichnis — 367

Zur Autorin Beate Bahner — 373

Abkürzungsverzeichnis

a.A.	anderer Ansicht
a.a.O.	am angegebenen Ort
ÄK	Ärztekammer
ABl.	Amtsblatt
abl.	ablehnend
Abs.	Absatz
AEUV	Vertrag über die Arbeitsweise der Europäischen Union
a.F.	alte Fassung
AG	Amtsgericht
AKG	Arzneimittel und Kooperation im Gesundheitswesen e.V.
Alt.	Alternative
AMG	Arzneimittelgesetz
Anm.	Anmerkung
AO	Abgabenordnung
ApBetrO	Apothekenbetriebsordnung
ApoG	Apothekengesetz
Arb Aktuell	Arbeitsrecht aktuell (Zeitschrift)
arg. ex.	Argument aus
Art.	Artikel
Arzt/Ärzte	Ärztin, Zahnärztin, Arzt und Zahnarzt (jeweils auch im Plural)
Ärzte-ZV	Ärzte-Zulassungsverordnung
ArztR	ArztRecht (Zeitschrift)
Aufl.	Auflage
AWB	Anwendungsbeobachtung
Az.	Aktenzeichen
A & R	Arzneimittel und Recht (Zeitschrift)
BAG	Berufsausübungsgemeinschaft
BApO	Bundes-Apothekerordnung
BayObLG	Bayerisches Oberstes Landesgericht
BaWü	Baden-Württemberg
BÄK	Bundesärztekammer
BÄO	Bundesärzteordnung
Bd.	Band
Beschl.	Beschluss
BfArM	Bundesinstitut für Arzneimittel und Medizinprodukte
BFH	Bundesfinanzhof
BGB	Bürgerliches Gesetzbuch
BGBl.	Bundesgesetzblatt
BGH	Bundesgerichtshof
BMF	Bundesfinanzministerium
BMJ	Bundesministerium der Justiz
BMV-Ä	Bundesmantelvertrag – Ärzte
BMV-Z	Bundesmantelvertrag – Zahnärzte
BO	Berufsordnung
BPI	Bundesverband der Pharmazeutischen Industrie
BR	Bundesregierung
BR-Drs.	Bundesratsdrucksache
BSG	Bundessozialgericht
BStBl.	Bundessteuerblatt
BT	Bundestag
BT-Drs.	Bundestagsdrucksache
BVerfG	Bundesverfassungsgericht
BVerfGE	Entscheidungen des Bundesverfassungsgerichts
BVerwG	Bundesverwaltungsgericht
BVMed	Bundesverband Medizintechnologie

bzw.	beziehungsweise
CCZ	Corporate Compliance Zeitschrift
d.	des/der
DÄBl	Deutsches Ärzteblatt
DAZ	Deutsche Apotheker Zeitung
ders.	derselbe
d.h.	das heißt
dies.	dieselbe
DRG	Diagnosebezogene Fallgruppen (diagnosis related groups)
DStR	Deutsches Steuerrecht (Zeitschrift)
EBM	Einheitlicher Bewertungsmaßstab
EBM-Ä	Einheitlicher Bewertungsmaßstab für ärztliche Leistungen
EGMR	Europäischer Gerichtshof für Menschenrechte
Einf. v.	Einführung vor
einschl.	einschließlich
EL	Ergänzungslieferung
Entsch.	Entscheidung
EStG	Einkommensteuergesetz
EuGH	Europäischer Gerichtshof
evtl.	eventuell
f.	folgende
F.A.S.	Frankfurter Allgemeine Sonntagszeitung
ff.	fortfolgende
FKH-R	Regelungen zur Fortbildung im Krankenhaus
Fn.	Fußnote
FS	Festschrift
FSA	Freiwillige Selbstkontrolle für die Arzneimittelindustrie e.V.
gem.	gemäß
GesR	GesundheitsRecht (Zeitschrift)
GewStG	Gewerbesteuergesetz
GG	Grundgesetz der Bundesrepublik Deutschland
GSSt	Großer Senat für Strafsachen
ggf.	gegebenenfalls
GKV	Gesetzliche Krankenversicherung
GKV-VSG	GKV-Versorgungsstärkungsgesetz
GKV-VStG	GKV-Versorgungsstrukturgesetz
GOÄ	Gebührenordnung für Ärzte
GOP	Gebührenordnungsposition
GOZ	Gebührenordnung für Zahnärzte
GVG	Gerichtsverfassungsgesetz
GWG	Geldwäschegesetz
HBKG	Heilberufe-Kammergesetz
HCP	Health Care Professional
HeilM-RL	Heilmittel-Richtlinie
HeilprG	Heilpraktikergesetz
HilfsM-RL	Hilfsmittel-Richtlinie
HK-AKM	Heidelberger Kommentar Arztrecht Krankenhausrecht Medizinrecht
h.M.	herrschende Meinung
HRG	Hochschulrahmengesetz
HRRS	Onlinezeitschrift für Höchstrichterliche Rechtsprechung zum Strafrecht
Hrsg.	Herausgeber
Hs.	Halbsatz
HWG	Heilmittelwerbegesetz
HwO	Handwerksordnung
ICD	International Classification of Diseases
i.d.F.	in der Fassung

i.d.R.	in der Regel
i.S.d.	im Sinne des/der
i.V.m.	in Verbindung mit
jurisPR-Compl	juris PraxisReport Compliance & Investigations
jurisPR-StrafR	juris PraxisReport Strafrecht
JZ	Juristenzeitung
Kap.	Kapitel
KBV	Kassenärztliche Bundesvereinigung
KG	Kammergericht (Oberlandesgericht im Bundesland Berlin)
KHEntgG	Krankenhausentgeltgesetz
krit.	kritisch
KStG	Körperschaftsteuergesetz
KV	Kassenärztliche Vereinigung
KVBW	Kassenärztliche Vereinigung Baden-Württemberg
KZBV	Kassenzahnärztliche Bundesvereinigung
LAG	Landesarbeitsgericht
LÄK	Landesärztekammer
LBG	Landesberufsgericht
LG	Landgericht
Lit.	Literatur
Lit.-Verz.	Literaturverzeichnis
LSG	Landessozialgericht
MB-KK	Musterbedingungen des Verbandes der privaten Krankenversicherung (Krankheitskosten und Krankenhaustagegeldversicherung)
MBO	Musterberufsordnung Ärzte
MBO-P	Musterberufsordnung Psychotherapeuten
MBO-Z	Musterberufsordnung Zahnärzte
MedR	Medizinrecht (Zeitschrift)
medstra	Zeitschrift für Medizinstrafrecht
MFO	Muster-Fortbildungsordnung
MiStra	Anordnung über Mitteilungen in Strafsachen
MPG	Medizinproduktegesetz
MPhG	Masseur- und Physiotherapeutengesetz
MPBetreibV	Medizinprodukte-Betreiberverordnung
MPJ	Medizinprodukte Journal (Zeitschrift)
MPR	MedizinProdukteRecht (Zeitschrift)
MTA	Medizinisch-technische(r) Assistent(in)
MVZ	Medizinisches Versorgungszentrum
M-WBO	Musterweiterbildungsordnung
m.w.Anm.	mit weiteren Anmerkungen
m.w.N.	mit weiteren Nachweisen
m.W.v.	mit Wirkung vom
n.F.	neue Fassung
Nds.	Niedersachsen
NJW	Neue Juristische Wochenschrift (Zeitschrift)
NK	NomosKommentar
Nr.	Nummer
NRW	Nordrhein-Westfalen
NStZ	Neue Zeitschrift für Strafrecht
NZWiSt	Neue Zeitschrift für Wirtschafts-, Steuer- und Unternehmensstrafrecht
o.ä.	oder ähnliches
OLG	Oberlandesgericht
OPS	Operationen- und Prozedurenschlüssel
OVG	Oberverwaltungsgericht
OWiG	Gesetz über Ordnungswidrigkeiten
PartGG	Partnerschaftsgesellschaftsgesetz
PatientenrechteG	Patientenrechtegesetz

PharmR	Pharma Recht (Zeitschrift)
PsychThG	Psychotherapeutengesetz
RDG	Rechtsdepesche für das Gesundheitswesen (Online-Zeitschrift)
Rhl.-Pf.	Rheinland-Pfalz
Rn.	Randnummer
Rspr.	Rechtsprechung
S.	Seite/Satz
s.	siehe
Schl.-Holst.	Schleswig-Holstein
SG	Sozialgericht
SGB V	Sozialgesetzbuch, 5. Buch (Gesetzliche Krankenversicherung)
s.o.	siehe oben
sog.	sogenannte
StGB	Strafgesetzbuch
StGB-E	Strafgesetzbuch Entwurf
st. Rspr.	ständige Rechtsprechung
StPO	Strafprozessordnung
str.	streitig
syst.	systematisch
TMG	Telemediengesetz
u.	und
u.a.	und andere/unter anderem
UGP-RL	Richtlinie 2005/29/EG über unlautere Geschäftspraktiken
u.U.	unter Umständen
Urt.	Urteil
usw.	und so weiter
UV	Unfallversicherung
UWG	Gesetz gegen unlauteren Wettbewerb
v.	vom
v.a.	vor allem
Verf.	Verfasserin/Verfasser
vfa	Verband der forschenden Pharma-Unternehmen
VG	Verwaltungsgericht
VGH	Verwaltungsgerichtshof
vgl.	vergleiche
VO	Verordnung
Vorbem.	Vorbemerkungen
WBO	Weiterbildungsordnung
wistra	Zeitschrift für Wirtschafts- und Steuerstrafrecht
www	world wide web
Zahnärzte-ZV	Zulassungsverordnung für Vertragszahnärzte
z.B.	zum Beispiel
ZHG	Zahnheilkundegesetz
Ziff.	Ziffer
ZIS	Zeitschrift für Internationale Strafrechtsdogmatik
zit.	zitiert
ZMGR	Zeitschrift für das gesamte Medizin- und Gesundheitsrecht
ZPO	Zivilprozessordnung
ZRP	Zeitschrift für Rechtspolitik
z.T.	zum Teil

*Die Korruption ist ein Krebsgeschwür,
das die Gesellschaft zerstört.*
Papst Franziskus
per Twitter, 20.10.2015

1 Was ist Korruption?

1.1 Definition und Erläuterung

Intuitiv scheint jeder eine Vorstellung davon zu haben, was das Wesen der Korruption ausmacht. Es gibt jedoch keine allgemeingültige Definition der Korruption. Zunächst ist bereits unklar, was mit „der" Korruption gemeint ist, da das deutsche Strafrecht diesen Begriff nicht verwendet und die Grenze zwischen zulässigen und unzulässigen Korruptionsformen im Gesundheitsrecht nicht selten verschwimmt.[3] Der Begriff Korruption ist folglich so undurchsichtig wie die Strukturen, in denen Korruption gedeiht.[4] Dennoch gibt es verschiedene Definitionsansätze.

Der *Duden* definiert Korruption als

> „Verhältnisse, in denen korrupte Machenschaften das gesellschaftliche Leben bestimmen und damit den moralischen Verfall bestimmen".[5]

Das Wort korrupt meint danach „bestechlich, käuflich oder auf andere Weise moralisch verdorben und deshalb nicht vertrauenswürdig".[6]

Grützner/Jakob schlagen folgende Definition vor:

> „Korruption bezeichnet den Missbrauch einer besonderen Vertrauensstellung in einer Funktion in Wirtschaft, Verwaltung, Politik, Justiz oder auch nichtwirtschaftlichen Organisationen und Vereinigungen. Korruption zielt darauf ab, einen materiellen oder immateriellen Vorteil zu erlangen, auf den kein rechtlich oder sachlich-objektiv begründeter Anspruch besteht."[7]

Die *Autorin* bevorzugt die kurze und griffige Definition von *Transparency International*:[8]

> **„Korruption ist der Missbrauch anvertrauter Macht
> zum privaten Nutzen oder Vorteil."**

---

[3] *Kubiciel*, MedR 2016, S. 1.
[4] Vgl. hierzu auch www.transparency.de/FAQ-haeufige-Fragen.1088.0.html.
[5] www.duden.de/rechtschreibung/Korruption.
[6] www.duden.de/rechtschreibung/korrupt.
[7] *Grützner/Jakob*, S. 155.
[8] www.transparency.de/was-ist-korruption.2176.0.html.

Man spricht bei der Korruption oft von einem **unsichtbaren Phänomen**, denn es gibt **keine unmittelbaren Opfer**, sondern **nur Täter** (meist zwei): nämlich den „Bestecher" einerseits und den „Bestochenen" andererseits.[9] An einer Aufdeckung ihrer Handlungen haben beide „Täter" begreiflicherweise kein Interesse und setzen alles daran, ihr Tun zu verschleiern.[10] Denn **beide Täter** haben bei Korruption einen **Vorteil**: Der eine erhält im Zweifel einen Auftrag, den er ohne die Bestechung eventuell nicht erhalten hätte, der andere erhält einen (meist finanziellen) Vorteil für die Bevorzugung des „Bestechers".

Korruption hat also wesentliche „konspirative" Elemente, denn sie wird unter Verschleierung und meist unter Ausschluss dritter Personen „heimlich" begangen. Korruptionsdelikte weisen ein hohes Dunkelfeld aus, da üblicherweise unbeteiligte Auskunftspersonen oder unmittelbar Geschädigte fehlen. Vieles wird – wie auch sonst bei Wirtschaftsstraftaten – in scheinbar ordentliche und übliche Form gekleidet oder es wird ausgesprochen konspirativ vorgegangen.[11]

Geschädigte der Korruption können Mitbewerber um einen Auftrag sein, ebenso wie große Institutionen (etwa Krankenkassen), der Staat oder die Gesellschaft. Im Gesundheitswesen kommt auch der Patient als Geschädigter in Betracht, wenn bestimmte Medikamente oder Behandlungen – entgegen der erforderlichen medizinischen Indikation – nur aufgrund korruptiver Einflussnahme verordnet oder vorgenommen werden. Da das oft schwer identifizierbare, jedenfalls aber ahnungslose Opfer nicht Alarm schlagen kann, muss überall dort Öffentlichkeit oder Überprüfbarkeit hergestellt werden, wo die gegebenen Strukturen (Organisationen, Prozesse, Verhalten) korruptives Verhalten erleichtern. Deshalb ist der **Schlüsselbegriff** der **Korruptionsbekämpfung „Transparenz"**.[12]

Ob Bestechung oder Bestechlichkeit im internationalen Geschäftsverkehr oder im eigenen Land, ob Käuflichkeit in der Politik oder der Versuch, durch Schmiergelder Vorteile zu erlangen – Korruption verursacht nicht nur materielle Schäden, sondern untergräbt vor allem das Fundament einer Gesellschaft. In Deutschland wurde das Problem der Korruption lange Zeit ignoriert. Einige Skandale der letzten Jahre machen jedoch deutlich, dass weltweite Korruptionsbekämpfung im eigenen Land anfängt.[13] Dabei kommt Korruption keinesfalls nur in Politik und Wirtschaft vor. Vielmehr können alle gesellschaftlichen Bereiche strukturelle Einfallstore für Korruption bieten.[14]

---

[9] Vgl. zum allgemeinen Straftatbestand der Bestechung und Bestechlichkeit nach § 299 StGB Kap. 4.1, S. 81 ff.
[10] www.transparency.de unter „Was ist Korruption?".
[11] *Gädigk*, medstra 5/2015, S. 272.
[12] Vgl. hierzu auch www.transparency.de.
[13] Vgl. nur den Anstieg der Korruption bei Beamten auch in Deutschland, s. Welt am Sonntag v. 27.11.2016, S. 1.
[14] www.transparency.de.

1.2. Die besondere Korruptionsgefahr im Gesundheitswesen

Auch im Gesundheitswesen gibt es erhebliche Korruptionsrisiken. Die **Gesamtausgaben im Gesundheitswesen** beliefen sich im Jahr 2012 in Deutschland auf über **300 Milliarden Euro**, wovon allein die Ausgaben der **gesetzlichen Krankenversicherungen** einen Anteil von **57,4 Prozent** ausmachten.[15] Das Gesundheitswesen ist daher gegen finanzielle Übergriffe anfällig.[16]

Das **öffentliche Gesundheitswesen** in Deutschland ist nicht nur **komplex**, sondern vielfach auch **intransparent**.[17] Dies liegt zunächst daran, dass in unserem System der gesetzlichen Krankenversicherung (GKV) **keine unmittelbaren** und **direkten Leistungsbeziehungen** bestehen: Der niedergelassene Arzt, der den Kassenpatienten behandelt, rechnet seine Leistungen nicht dem Patienten gegenüber, sondern gegenüber seiner Kassenärztlichen Vereinigung (KV) ab. Die KV weiß nicht, ob und in welchem Umfang die Leistungen tatsächlich erbracht wurden, der Patient weiß nicht, in welchem Umfang die ärztlichen Leistungen abgerechnet (und auch tatsächlich vergütet) werden. Dasselbe gilt für Krankenhaus-, Rehabilitations- und Pflegeleistungen ebenso wie für die Abrechnung von Arzneimitteln, Hilfsmitteln und Heilmitteln, die zwischen den jeweiligen „Leistungserbringern" direkt gegenüber den jeweiligen gesetzlichen Krankenkassen abgerechnet werden.

Die Korruptionsrisiken resultieren ferner daraus, dass bestimmte Heilberufsgruppen (insbesondere die Ärzte) erhebliche und teilweise sogar ausschließliche **Entscheidungsbefugnisse** haben: Diese **Schlüsselstellung von Ärzten und Apothekern** im Gesundheitswesen beruht vor allem auf der **Verschreibungs- und Apothekenpflicht** für Arzneimittel, Heilmittel und Hilfsmittel sowie auf der Berechtigung der Ärzte zur entsprechenden Verordnung.[18] Die pharmazeutische Industrie ist somit ebenso wie die Medizinprodukteindustrie und die Heilmittelbringer für den Absatz ihrer Produkte und Leistungen wesentlich auf diese ärztlichen Verordnungs- und Abgabeentscheidungen angewiesen.

Ferner überweisen Haus- und Fachärzte ihre Patienten zu anderen Fachärzten, oder in Kliniken, in Kuranstalten oder in ambulante oder stationäre Rehabilitationszentren oder Pflegeeinrichtungen. Auch Fachärzte, Kliniken und andere medizinische Einrichtungen sind damit ganz überwiegend darauf angewiesen, dass die niedergelassenen Ärzte ihnen die Patienten zuweisen.

Schließlich sind auch die **nicht-ärztlichen Heilberufsangehörigen** (etwa die selbständig tätigen Physiotherapeuten, Logopäden oder Ergotherapeuten) sowie die sogenannten **Gesundheitshandwerker**[19] und die **Hersteller von Medizinprodukten**

---

[15] Statistisches Bundesamt, Fachserie 12 Reihe 7.1.1. *Fischer* bezweifelt allerdings, ob und inwieweit all diese Ausgaben den Patienten tatsächlich nutzen, medstra 1/2015, S. 1.
[16] *Steinhilper* in FS Schwind, S. 174 zum Abrechnungsbetrug bei Ärzten.
[17] So zutreffend *Transparency International*, vgl. www.transparency.de unter „Gesundheitswesen".
[18] §§ 43, 48 AMG und § 2 Arzneimittel-VO.
[19] Vgl. hierzu Kap. 3.1.4, S. 36.

davon **abhängig**, dass Ärzte die von ihnen angebotenen Leistungen verordnen und sie an der Behandlung der Patienten teilhaben lassen. Dies gilt umso mehr, als gerade die Erstattungsfähigkeit nicht-ärztlicher Leistungen üblicherweise eine ärztliche Verordnung voraussetzt.[20]

Damit liegt insbesondere bei der **Ärzteschaft** eine **Lenkungsfunktion von erheblicher volkswirtschaftlicher Bedeutung**.[21] Denn deren Entscheidungen haben ganz erhebliche wirtschaftliche Auswirkungen für alle anderen Marktteilnehmer. Dies führt seit Jahren und Jahrzehnten dazu, dass auf vielfältigste Art und Weise eine unzulässige Einflussnahme auf ärztliche und pharmazeutische Entscheidungen versucht und sicherlich oftmals erreicht wird.

Auch anhaltender ökonomischer Druck auf Krankenhäuser und Ärzte, eine Gesundheitspolitik, die Anreize für eine Kooperation zwischen den Marktakteuren schafft, ein Gesundheitswesen, das Entscheidungsbefugnisse auf „Gate-Keeper"-Gruppen konzentriert, komplizierte gesundheitsrechtliche Normen und komplexe Verfahren sind perfekte Voraussetzungen dafür, dass **Korruption im Gesundheitswesen** ein **strukturelles Problem** geworden ist.[22]

Dabei verteilen sich die Verantwortlichkeiten auf ein Bundesministerium, 16 Landessozialministerien, pro Bundesland mindestens eine öffentlich-rechtliche Körperschaft von Ärztekammern, Zahnärztekammern, Apothekerkammern und Psychotherapeutenkammern, pro Bundesland mindestens jeweils eine Kassenärztliche und Kassenzahnärztliche Vereinigung, deren Spitzenverbände sowie noch immer mehr als 100 gesetzliche Krankenkassen[23] und eine Vielzahl privater Krankenkassen. Hinzu kommen unzählige Fachverbände sowie Interessengruppen jeglicher Art. Hierbei geschieht das missbräuchliche Ausnutzen der Intransparenz im Gesundheitswesen durch Beteiligte **aus allen Branchen**: Warenanbieter von Pharmazeutika und Medizingeräten, Ärzte, Zahnärzte, Apotheker und weitere Leistungserbringer jeder Art, Krankenhäuser und Reha-Einrichtungen, aber auch Versicherte und deren Arbeitgeber machen sich gelegentlich die Schwächen des Systems zunutze.[24]

---

[20] BT-Drs. 18/6446 v. 21.10.2015, S. 11.
[21] BT-Drs. 18/6446 v. 21.10.2015, S. 11 m.w.N. zur Literatur.
[22] *Kubiciel*, MedR 2016, S. 1 m.w.N. Vgl. hierzu auch die sehr aufschlussreiche Studie von *Bussmann*. *Fischer* beschreibt dieses „widersprüchliche, verschwenderische und ineffiziente System geradezu als Anziehungskraft für kriminelle Energie", vgl. *Fischer*, medstra 1/2015, S. 1.
[23] Waren es 1970 noch 1815 Krankenkassen, hatte sich 1990 die Anzahl bereits auf 1147 reduziert. Im Jahr 2000 waren es noch 420. Heute gibt es nur noch 118 Kassen (Stand: 01. Januar 2016), vgl. www.gkv-spitzenverband.de.
[24] Vgl. www.transparency.de unter „Gesundheitswesen".

> „Trotzdem nehmen Ihre Ärzte Vergütungen
> für sinnlose Anwendungsbeobachtungen an?
> Wie viele Ärzte nehmen das Geld?"
> „Nach unseren Untersuchungen ist
> die Hälfte der Ärzte – wie soll man sagen –
> aufgeschlossen."
> „Jeder zweite Arzt ist korrupt?"
> „Dieses Wort vermeiden wir."
>
> Wolfgang Schorlau, Die letzte Flucht, S. 157[25]

1.2.1. Typische Beispiele für Korruptionspraktiken

Klassische Fälle korrupter Praktiken im Gesundheitswesen sind beispielsweise **Prämienzahlungen von Pharmaunternehmen an Ärzte**, mit denen das **Verschreibungsverhalten** zugunsten eines bestimmten Präparats **beeinflusst** werden soll.[26]

Besonders typisch sind ferner diejenigen Fallkonstellationen, in denen **für die Zuführung von Patienten oder von Untersuchungsmaterial**, beispielsweise an Kliniken, an radiologische Facharztpraxen, an Laborarztpraxen oder an Sanitätshäuser als „Gegenleistung" **Zuwendungen**, Boni oder **„Kick-backs"** an Ärzte gezahlt wurden bzw. von Ärzten ausdrücklich eingefordert werden.[27] Beschrieben wird ferner das „Vermieten von Wänden" in Apotheken oder die „Vermietung einer Fußmatte" gegen sehr stattliches Geld an die Pharmaindustrie, damit bestimmte Produkte dieses Unternehmens nun ganz vorne im Regal der Apotheke stehen.[28] Auch das (teure) Anmieten von Kellerräumen in der orthopädischen Praxis durch Orthopädie-Hilfsmittel-Vertreiber zur Lagerung von orthopädischen Hilfsmitteln (zum Beispiel Geh-Hilfen) kommt vor.[29]

Es sind also in den vergangenen Jahrzehnten **rechtliche Graubereiche** entstanden, in denen Kooperationsformen zur Maximierung des persönlichen Vorteils florieren,

---

[25] Diese Aussage stammt aus der Pharmaindustrie selbst, vgl. *Schorlau*, S. 346 ff. Sie stimmt interessanterweise allerdings überein mit den Ergebnissen einer Studie im Auftrag des GKV-Spitzenverbandes: Trotz der eher zu vermutenden Unterschätzungen meinte nur die Hälfte (49 %) der befragten niedergelassenen Ärzte, dass es Zuweisungen gegen Gewährung wirtschaftlicher Vorteile auch innerhalb der Ärzteschaft nicht gebe. Jeder zweite niedergelassene Arzt kennt indessen eine solche Zuweisungspraxis in der eigenen Fachrichtung, vgl. *Bussmann*, GKV-Studie „Zuweisung gegen Entgelt", S. 32.

[26] Ein solcher Sachverhalt lag der Entscheidung des Großen Senats des Bundesgerichtshofs (BGH) vom 29.03.2012 (GSSt 2/11) zugrunde, in der die Anwendbarkeit der bereits geltenden strafrechtlichen Korruptionstatbestände (§§ 299 ff. StGB) für niedergelassene Vertragsärzte verneint wurde, vgl. hierzu Kap. 1.3.1, S. 9.

[27] Auch Fälle, in denen unter Umgehung der geltenden Preisvorgaben auf Bezugs- und Abgabeentscheidungen von Apothekern eingewirkt wird, um unlautere Wettbewerbsvorteile zu erlangen, sind aus der Praxis bekannt, vgl. BT-Drs. 18/6446 v. 21.10.2015, S. 11 m.w.N. zur Literatur.

[28] *Fischer*, medstra 1/2015, S. 1.

[29] Vgl. *Fischer*, medstra 1/2015, S. 1; vgl. zum Depotverbot Kap. 6.3, S. 127 ff.

während die Interessen der Patienten und der Solidargemeinschaft hintenanstehen.[30] **Neu** hinzugekommen sind **Einflussnahmen der Krankenkassen** auf die Ärzteschaft selbst: So ist im Herbst 2016 publik geworden, dass für ein sogenanntes „**Upcoding**" von Diagnosen einige Krankenkassen eine „Prämie" von 40,- € an die Ärzte zahlen, damit diese eine Korrektur der ursprünglichen Diagnose vornehmen oder von vornherein eine schwerere Diagnose bei der Abrechnung gegenüber den Krankenkassen angeben, damit diese höhere Zahlungen aus dem Gesundheitsfonds erlangen.[31]

1.2.2. Die Auswirkungen von Korruption im Gesundheitswesen

Korruption im Gesundheitswesen **stört nicht nur den Wettbewerb** und benachteiligt diejenigen Marktteilnehmer, die sich redlich und damit „lauter" im Sinne des Wettbewerbsrechts verhalten.[32] Sie kann darüber hinaus auch **die Qualität** der medizinischen Versorgung beeinträchtigen, weil **Wettbewerbsvorteile** nicht mehr durch Preis und Qualität, sondern mit Hilfe unlauterer Bevorzugung erzielt werden. Folge sind außerdem eine Verteuerung medizinischer Leistungen und **steigende Kosten im Gesundheitswesen**.[33]

Korruption im Gesundheitswesen hat aber nicht nur wirtschaftliche Konsequenzen, ebenso schwer wiegt der durch sie verursachte Verlust an **Vertrauen in die Integrität heilberuflicher Entscheidungen**. Im Gesundheitswesen betrifft der Vertrauensverlust insbesondere die an der gesundheitlichen Versorgung beteiligten Berufsgruppen.[34] Dabei können schon einzelne Korruptionsfälle dazu führen, dass der **ganze Berufsstand unter Generalverdacht** gestellt wird und dass das **Vertrauen in das Gesundheitssystem insgesamt Schaden** nimmt. Bereits die Möglichkeit, dass bei einer Behandlung von Patienten unzulässige wirtschaftliche Erwägungen über das Wohl der Patienten gestellt werden, könnte dazu führen, dass **medizinisch notwendige Behandlungen** nicht wahrgenommen werden.[35]

---

[30] So zutreffend *Kubiciel*, jurisPR-StrafR 11/2016, S. 1.
[31] Vgl. die beiden Artikel „Wir Krankenkassen schummeln ständig", F.A.S. v. 09.10.2016, Nr. 40, S. 35 und „Wie krank ist unser Gesundheitssystem?", F.A.S. Nr. 41 v. 16.10.2016, S. 37, jeweils von *Dyrk Scherff*. Ob diese Einflussnahme neben dem Straftatbestand des Betruges auch unter die neuen Korruptionsvorschriften fällt, ist jedoch angesichts der engen Tatbestandsvoraussetzungen eher fraglich. Eine Strafbarkeit nach dem allgemeinen Straftatbestand des § 299 StGB entfällt definitiv angesichts der Rechtsprechung des BGH, Beschl. v. 29.03.2012, GSSt 2/11, S. 21, vgl. hierzu Kap. 1.3.1, S. 9. Dieses Upcoding soll jedoch durch ein neues Gesetz sanktioniert werden, vgl. den Artikel „Diagnose-Upcoding: Koalition nimmt Kassen an die Kandare", Ärztezeitung online v. 23.01.2017.
[32] Vgl. hierzu *Bussmann*, S. 41 ff.
[33] BT-Drs. 18/6446 v. 21.10.2015, S. 1, 11 u. 12.
[34] BT-Drs. 18/6446 v. 21.10.2015, S. 11 u. 12 m.w.N. zur Literatur.
[35] BT-Drs. 18/6446 v. 21.10.2015, S. 12 m.w.N. zur Literatur. Die Sorge ist durchaus berechtigt, wie eine Studie im Auftrag des GKV-Spitzenverbandes aus dem Jahre 2012 zeigt, vgl. *Bussmann*.

Auch der Große Senat des Bundesgerichtshofes (BGH) hat in seiner maßgeblichen Entscheidung vom 29. März 2012[36] auf die **schädlichen Konsequenzen von Korruption im Gesundheitswesen** hingewiesen und dazu ausgeführt:

> „Vor dem Hintergrund der seit längerem im strafrechtlichen Schrifttum geführten Diskussion sowie im Hinblick auf gesetzgeberische Initiativen ... zur Bekämpfung korruptiven Verhaltens im Gesundheitswesen verkennt der Große Senat für Strafsachen nicht die grundsätzliche Berechtigung des Anliegens, Missständen, die – allem Anschein nach – gravierende finanzielle Belastungen des Gesundheitssystems zur Folge haben, mit Mitteln des Strafrechts effektiv entgegenzutreten."[37]

Der im Februar 2014 vorgestellte „erste" **EU-Anti-Corruption Report** nennt den Gesundheitsbereich ebenfalls einen Ort, der gesetzgeberisches Handeln erfordere.[38] Allerdings wird auch darauf hingewiesen, dass weder das Ausmaß von Korruption im Gesundheitswesen noch die Erforderlichkeit und Geeignetheit einer strafrechtlichen Erfassung zu deren Bekämpfung bislang als gesichert gelten können.[39]

1.2.3. Ermittlungsverfahren wegen des Vorwurfs der Korruption

Zunächst waren überwiegend Klinikärzte öffentlicher Krankenhäuser von Korruptionssachverhalten betroffen. Insbesondere der **Herzklappenfall** ging im Jahr 1994 durch die Medien, bei dem der Vertrieb bzw. der Einkauf von Herzklappen durch die Kardiologen einer Klinik mit attraktiven Honorar- und Kongressangeboten gefördert werden sollte.[40]

Untersucht wurden ferner **Kooperationsverträge** für „präoperative Diagnostik" zwischen Krankenhäusern und niedergelassenen Ärzten, bei denen Vorteile in Form von pauschalierten Zahlungen versprochen und nach Eingang entsprechender Rechnungen auch gewährt und von den Ärzten angenommen wurden, um im Wettbewerb mit anderen Krankenhäusern eine bevorzugte und weiterhin hohe Zahl von **Zuweisungen von Patienten** zu erreichen.[41] Ermittelt wurde auch gegen Herstellerfirmen von Medikamenten oder Medizinprodukten, die den Absatz ihrer Produkte durch Vortragshonorare, Reisekostenerstattung oder die Finanzierung

---

[36] Vgl. hierzu das nachfolgende Kap. 1.3.1, S. 9 f.
[37] BGH, Beschl. v. 29.03.2012, GSSt 2/11, S. 21.
[38] *Kubiciel/Tsambikakis*, S. 12, m.w.N. in Fn. 22.
[39] *Brettel/Duttge/Schuhr*, S. 930 m.w.N. zu anderen kritischen Stimmen in der Literatur unter Fn. 8. *Brettel/Duttge/Schuhr* halten jedoch die Korruptionsbekämpfung im Gesundheitswesen nicht per se für illegitim, sofern diese auf eindeutige Verstöße gegen bestehende, klare Regeln beschränkt ist, S. 930. Allerdings werden Zweifel geäußert, ob eine Kriminalisierung der Korruptionsvorwürfe überhaupt erforderlich sei, wenn jedenfalls im Jahre 2012 von 1.422 Korruptionstatverdächtigen nur 6,2 % der Vorteilsnehmer überhaupt dem Gesundheitswesen zuzuordnen seien, mithin ca. 88 Tatverdächtige im Jahr, vgl. *Nestler*, S. 71 m.w.N.
[40] Vgl. zum Verlauf und zum Ergebnis dieser Ermittlungen und zu den hierauf basierenden Änderungen in Gesetzgebung und Compliance ausführlich *Taschke/Zapf*, S. 332 ff.; *Ulsenheimer*, Handbuch des Arztrechts, S. 1801 ff., vgl. hierzu auch Kap. 13.3, S. 268 ff.
[41] *Gädigk*, medstra 5/2015, S. 269.

von Veranstaltungen sowie „Spenden", unentgeltliche Überlassung medizintechnischer Geräte und Entgelte für angebliche Schulungsveranstaltungen zu erhöhen versuchten. In diesen Fällen wurden die erforderlichen **Anzeige- und Genehmigungsverfahren nicht eingehalten**[42] und die Gelder als sogenannte „Drittmittel" auf Fördervereinskonten und zum Teil sogar auf Privatkonten überwiesen.[43] Ermittelt wurde auch gegen Praxen, denen als Entgelt oder Gegenleistung für die Zuweisung von Laborproben Praxisinventar kostenfrei überlassen wurde oder denen Personal frei oder unterhalb der marktüblichen Gehälter gestellt wurde. Ermittelt wurde ferner gegen Ärzte, mit denen **Beraterverträge** – ohne entsprechende Gegenleistung – abgeschlossen und Rabatte gewährt wurden.[44]

Auch gibt es Fälle, in denen **Pflegedienste** Ärzten pro Empfehlung eines Patienten 100,- € anbieten.[45] Ferner wurden Ermittlungen gegen Ärzte geführt, denen zur Last gelegt wurde, Patienten mit Rückenbeschwerden Geräte zur Schmerzlinderung verordnet und ihnen sogleich Produkte einer benachbart ansässigen Firma angepasst zu haben. Ähnliche Ermittlungsverfahren gab es aufgrund von Spezialkonditionen oder Kick-back-Zahlungen[46] von Optikern an Augenärzte oder von Sanitätshäusern an Orthopäden.[47]

Weiter wurde gegen Ärzte ermittelt, die für eine bestimmte Anzahl von „**Anwendungsbeobachtungen**"[48] ein Notebook bzw. Laptop geschenkt bekamen.[49] Diese Fallbeispiele und weitere Entscheidungen[50] dokumentieren, dass es **vielfältige Verhaltensweisen** gibt, welche die Unabhängigkeit (zahn-)ärztlicher Entscheidungen gefährden. Es gibt keinen Anlass, diese Verhaltensweisen von einer Bestrafung auszunehmen, zumal die Erfahrung der Ermittler zeigt, dass Patienten aufgrund des Vertrauens in ihre Ärzte[51] deren Empfehlungen tatsächlich gerne folgen.[52]

---

[42] Vgl. hierzu auch Kap. 13.3.3, S. 270.
[43] *Gädigk*, medstra 5/2015, S. 269, m.w.N.
[44] *Gädigk*, medstra 5/2015, S. 269.
[45] *Gädigk*, medstra 5/2015, S. 269.
[46] Kick-back-Zahlungen können auch den Straftatbestand der Untreue und des Betrugs erfüllen, vgl. *Taschke*, S. 21 ff.
[47] *Gädigk*, medstra 5/2015, S. 269.
[48] Vgl. hierzu Kap. 12.2, S. 238 ff.
[49] Die Ärzte hatten aber lediglich die Formulare unterschrieben, die entsprechenden „Kreuzchen" setzte dann die Außendienstmitarbeiterin des Pharmaunternehmens, vgl. *Gädigk*, medstra 5/2015, S. 269. Vgl. zu den rechtlichen Voraussetzungen für Anwendungsbeobachtungen Kap. 12.2.1, S. 238 ff.
[50] *Spickhoff*, NJW 2015, S. 1729 mit weiteren Sachverhalten und Entscheidungen.
[51] Vgl. hierzu auch Kap. 2.3.3, S. 20 ff.
[52] *Gädigk*, medstra 5/2015, S. 269.

1.3. Frühere Strafbarkeitslücken bei niedergelassenen Ärzten

1.3.1. Die Entscheidung des Großen Strafsenats vom 29. März 2012

Eine strafrechtliche Sanktion der niedergelassenen Ärzte war nach bisheriger Rechtslage nur unzureichend möglich, da nach **Ansicht des Großen Senats für Strafsachen am Bundesgerichtshof** die bereits existierenden strafrechtlichen Korruptionstatbestände nicht alle strafwürdigen Formen unzulässiger Einflussnahme im Gesundheitswesen erfassten: Die Straftatbestände der Vorteilsannahme und Vorteilsgewährung nach §§ 331 und 333 StGB[53] sind sogenannte **Amtsträgerdelikte** und damit nur dann anwendbar, wenn auf Nehmerseite ein Amtsträger involviert ist.[54] Nach Ansicht des Bundesgerichtshofs sind jedoch die **niedergelassenen**, für die vertragsärztliche Versorgung zugelassenen **Ärzte** (sogenannte „Vertragsärzte", früher „Kassenärzte") **keine Amtsträger** in diesem Sinne:[55] Ein Vertragsarzt sei gerade nicht Angestellter oder bloßer Funktionsträger einer öffentlichen Behörde.[56]

Auch der **allgemeine Straftatbestand** des § 299 StGB („Bestechlichkeit und Bestechung im geschäftlichen Verkehr)[57] ist nach Ansicht des BGH nicht auf niedergelassene Ärzte oder auf sonstige selbständig tätige Angehörige von Heilberufen anwendbar.[58] Denn ein für die vertragsärztliche Versorgung zugelassener Arzt handle bei Wahrnehmung der ihm in diesem Rahmen übertragenen Aufgaben **nicht als Beauftragter der gesetzlichen Krankenversicherung**.[59]

---

[53] Vgl. hierzu Kap. 4.2, S. 87 ff.
[54] Im Sinne des § 11 Abs. 1 Nr. 2 StGB, vgl. hierzu Kap. 4.2.1, S. 87 ff.
[55] Diese Frage war viele Jahre umstritten und wurde in der Rechtsprechung zuvor auch gegenteilig entschieden, vgl. zur Rechtsprechung *Schröder*, NZWiSt 9/2015, S. 321 f., Fn. 6-11; vgl. zum Meinungsstreit in der Literatur *Dannecker*, § 299 Rn. 23c.
[56] BGH, Beschl. v. 29.03.2012, GSSt 2/11, S. 9 f. Selbst wenn ein Arzt beispielsweise im Rahmen seiner Tätigkeit für ein Krankenhaus in öffentlich-rechtlicher Trägerschaft als Amtsträger zu qualifizieren ist, können unzulässige Zuwendungen für therapeutische Entscheidungen (wie beispielsweise die Auswahl eines Arzneimittels) straflos bleiben, da therapeutische Entscheidungen nicht zur öffentlichen Verwaltung und damit nicht zur Dienstausübung im Sinne der §§ 331 ff. StGB gehören, vgl. hierzu näher Kap. 4.2.5, S. 94 f.
[57] Vgl. hierzu Kap. 4.1, S. 81 ff.
[58] Ob und inwieweit demgegenüber die Berufsgruppe der Apotheker als „Beauftragte" der Krankenkassen i.S.d. § 299 StGB anzusehen ist, ist höchstrichterlich noch nicht geklärt.
[59] BGH, Beschl. v. 29.03.2012, GSSt 2/11, S. 1. (A.A. noch OLG Braunschweig, Beschl. v. 23.02.2010 - Ws 17/10.) Soweit es sich bei einem Krankenhausarzt um einen Angestellten oder Beauftragten handelt, kommt zwar eine Strafbarkeit nach § 299 StGB in Betracht, wenn der Arzt hinsichtlich einer Entscheidung über den Bezug von Waren oder Dienstleistungen durch das Krankenhaus Vorteile entgegennimmt. Erfolgt der Bezug dagegen durch den Patienten (etwa bei der Verschreibung eines durch den Patienten in einer Apotheke selbst zu beziehenden Medikaments), scheidet eine Strafbarkeit nach § 299 StGB aus, da es an einem Bezug durch einen geschäftlichen Betrieb fehlt, vgl. hierzu näher Kap. 4.1.1.1, S. 82.

Das Verhältnis von Vertragsärzten zu ihren Patienten werde wesentlich bestimmt durch Elemente des **persönlichen Vertrauens** und einer **Gestaltungsfreiheit**, die einer Bestimmung durch die Krankenkassen entzogen sei, wie der Bundesgerichtshof ausführt:

> *„Das Verhältnis des Versicherten zum Vertragsarzt wird wesentlich bestimmt von Elementen persönlichen Vertrauens und einer der Bestimmung durch die Krankenkassen entzogenen Gestaltungsfreiheit: Nach § 76 Abs. 1 Satz 1 SGB V können die Versicherten unter den zur vertragsärztlichen Versorgung zugelassenen Ärzten (und anderen Leistungserbringern) frei wählen. Sowohl der Gegenstand als auch die Form und die Dauer der Behandlung sind einem bestimmenden Einfluss der Krankenkasse entzogen und ergeben sich allein in dem jeweiligen persönlich geprägten Verhältnis zwischen Patient und Vertragsarzt. In diesem Verhältnis steht der Gesichtspunkt der individuell geprägten, auf Vertrauen sowie freier Auswahl und Gestaltung beruhenden persönlichen Beziehung in einem solchen Maß im Vordergrund, dass weder aus der subjektiven Sicht der Beteiligten noch nach objektiven Gesichtspunkten die Einbindung des Vertragsarztes in das System öffentlicher, staatlich gelenkter Daseinsfürsorge überwiegt und die vertragsärztliche Tätigkeit den Charakter einer hoheitlich gesteuerten Verwaltungsausübung gewinnt."*[60]

1.3.2. Straftatbestände Untreue und Betrug unzureichend

Auch die Straftatbestände der **Untreue** und des **Betrugs**,[61] die sich auf den Vermögensschutz beziehen, waren bei korruptiven Verhaltensweisen nicht immer einschlägig. Zwar konnten beispielsweise die ärztliche **Verordnung von Arzneimitteln oder Hilfsmitteln**, deren Preise um die Kosten für **unzulässige Rückvergütungen** überhöht sind, zu einer Strafbarkeit wegen Betrugs oder Untreue führen.[62] Andere strafwürdige Formen von Korruption im Gesundheitswesen waren aber von den Tatbeständen nicht erfasst.

So verletzte der Arzt durch die **Annahme von Zuführungsprämien** grundsätzlich keine Vermögensbetreuungspflichten gegenüber den Krankenkassen. Unabhängig davon, ob die Straftatbestände der Untreue und des Betrugs unzulässige Einflussnahmen im Einzelfall erfassten, deckten sie jedenfalls den Unrechtsgehalt von Korruption nicht ab. Denn dieser ging über die Verletzung von Vermögensinteressen hinaus und war in der Störung des Wettbewerbs sowie der Beeinträchtigung des Vertrauens in die Integrität heilberuflicher Entscheidungen zu sehen.[63]

---

[60] BGH, Beschl. v. 29.03.2012, GSSt 2/11, S. 9 f; siehe auch BT-Drs. 18/6446 v. 21.10.2015, S. 10 f.
[61] § 266 und § 263 StGB. Diese Vorschriften werden in diesem Buch nicht weiter vorgestellt, da hierzu ausreichend Literatur und Rechtsprechung existiert, vgl. nur *Ulsenheimer*, S. 662 ff.; *Frister/Lindemann/Peters*, S. 113 ff.; *Schuhr*, §§ 263, 266.
[62] BT-Drs. 18/6446 v. 21.10.2015, S. 12. Hierbei kommt es allerdings darauf an, welche Abrechnungsregelungen zur Anwendung kommen bzw. ob die Behandlung im Rahmen von Fallpauschalen abgerechnet wird, vgl. auch *Steinhilper* in FS Schwind, S. 172 f.; vgl. hierzu auch näher Kap. 10.3, S. 207 ff.
[63] BT-Drs. 18/6446 v. 21.10.2015, S. 12 u. 13 m.w.N. zur Literatur.

1.3.3. Berufs- und sozialrechtliche Zuwendungsverbote unzureichend

Auch die bereits existierenden zahlreichen berufs- und sozialrechtlichen Zuwendungsverbote[64] und Sanktionen sowie die brancheninternen Initiativen zur Prävention und Bekämpfung von korruptivem Verhalten (insbesondere die Kodizes der Pharma- und Medizinprodukteindustrie)[65] machen nach Ansicht des Gesetzgebers eine strafrechtliche Regelung nicht entbehrlich. Denn sozial- und berufsrechtliche Regelungen tragen dem Unwert von korruptivem Verhalten im Gesundheitswesen nicht ausreichend Rechnung. Die darin vorgesehenen Sanktionen[66] bleiben mit ihrem Unwerturteil hinter strafrechtlichen Verurteilungen zurück; sie vermögen nicht in gleicher Weise wie eine Kriminalstrafe die **sozialethische Verwerflichkeit von Korruption** zu erfassen und zu kompensieren. Dies gilt erst recht für die Sanktionierung von Verstößen gegen Verhaltenskodizes der betroffenen Branchen.[67]

Etwaige **berufsrechtliche Sanktionen** gelten zudem immer nur für die jeweiligen **Berufsträger**, also für die Ärzte, Zahnärzte, Psychotherapeuten oder Apotheker, die in der jeweiligen **Kammer** des Berufsstandes Pflichtmitglied sind. Die Ärzte- und Zahnärztekammern können demgegenüber korruptives Verhalten, das von anderen Dritten ausgeht, nicht verfolgen und müssen daher insbesondere das Anbieten, Versprechen und Gewähren von unzulässigen Vorteilen durch Nicht-Berufsträger ungeahndet lassen.[68]

Die bestehenden **sozialrechtlichen Regelungen**[69] sind im Übrigen **nur im Bereich der gesetzlichen Krankenversicherung (GKV) anwendbar** und können damit keine lückenlose Korruptionsbekämpfung gewährleisten. Ein partieller Ansatz nur für den Bereich der GKV ist jedoch unzulänglich, da der Schutz der Rechtsgüter des lauteren Wettbewerbs und des Vertrauens in die Integrität heilberuflicher Entscheidungen nicht von der Mitgliedschaft des Patienten in der GKV abhängig gemacht werden kann.[70]

---

[64] Vgl. hierzu ausführlich Kap. 5 bis Kap. 7, S. 103 ff.
[65] Vgl. hierzu Kap. 11.2, S. 230 ff.
[66] Vgl. hierzu Kap. 6.7, S. 142 ff. und Kap. 14.4 ff., S. 283 ff.
[67] BT-Drs. 18/6446 v. 21.10.2015, S. 13.
[68] BT-Drs. 18/6446 v. 21.10.2015, S. 13 m.w.N. zur Literatur, zustimmend *Gädigk*, medstra 5/2015, S. 271.
[69] Vgl. hierzu ausführlich Kap. 6, S. 121 ff.
[70] BT-Drs. 18/6446 v. 21.10.2015, S. 13.

Schließlich hat der Gesetzgeber erkannt, dass das Berufs- und Sozialrecht auch nicht die erforderlichen Eingriffsbefugnisse für eine wirksame Durchsetzung und Umsetzung des Rechts zur Verfügung stellt.[71] Mit außerstrafrechtlichen Regelungen kann korruptiven Praktiken im Gesundheitswesen nach Ansicht des Gesetzgebers folglich nicht hinreichend wirksam begegnet werden.[72]

Damit bestanden bei der Bekämpfung von Korruption im Gesundheitswesen seit der Entscheidung des BGH vom 29. März 2012 **erhebliche Strafbarkeitslücken in Bezug auf korruptive Praktiken**.[73]

---

[71] Denn drittschädigende Absprachen werden in der Regel gezielt verschleiert und lassen sich durch „einfache" Ermittlungsmaßnahmen wie die Anhörung des Betroffenen und die Einholung von Sachverständigengutachten, auf die im berufsrechtlichen Verfahren lediglich zurückgegriffen werden kann, nicht aufklären. Auch fehlt es den gesetzlichen Krankenkassen an ausreichenden Ermittlungs- und Prüfzuständigkeiten.

[72] BT-Drs. 18/6446 v. 21.10.2015, S. 14.

[73] Daher konnte die Pharmareferentin, die Vertragsärzten Schecks über einen Gesamtbetrag von etwa 18.000,- € hatte zukommen lassen, nicht wegen Bestechung verurteilt werden. Die Zuwendungen waren kaschiert worden als ein als „Verordnungsmanagement" bezeichnetes Bonussystem, bei welchem die Ärzte für die Verordnung von Arzneimitteln des betreffenden Pharmaunternehmens als Prämie 5 % des Herstellerabgabepreises erhalten sollten. *Fischer* hält diese Lücken für katastrophal und für rechtspolitisch nicht legitimierbar, da sie teilweise hochorganisiert funktionierende korruptive Systeme zu Lasten der Solidargemeinschaft und zum Schaden der Versicherten privilegierten, vgl. *Fischer*, StGB, § 299, Rn. 10e.

2 Das Gesetz zur Bekämpfung von Korruption im Gesundheitswesen

2.1. Schließung der Regelungslücke durch §§ 299a, 299b StGB

Angesichts der vom Bundesgerichtshof festgestellten Regelungslücke im Strafrecht hat der Gesetzgeber nach mehr als vier Jahren im Juni 2016 mit dem „Gesetz zur Bekämpfung von Korruption im Gesundheitswesen" die beiden neuen Straftatbestände der **„Bestechlichkeit im Gesundheitswesen"** und der **„Bestechung im Gesundheitswesen"** geschaffen.[74] Sie wurden als §§ 299a und 299b StGB unter den Abschnitt „Straftaten gegen den Wettbewerb" neu eingefügt.[75]

Diese Straftatbestände stellen kein „Sonderrecht" der Ärzte und Heilberufler dar, vielmehr soll lediglich die durch den BGH festgestellte **Strafbarkeitslücke** – insbesondere im Bereich des Vertragsarztrechts – **geschlossen** werden[76] und künftig alle staatlich geregelten Heilberufe betreffen.[77] Die Straftatbestände gelten im Übrigen sowohl für Sachverhalte innerhalb der gesetzlichen Krankenversicherung als auch für Sachverhalte außerhalb des Bereichs der GKV,[78] insbesondere also **auch** für den Bereich der **privaten Krankenversicherung** sowie für alle Selbstzahlerleistungen, die nicht von einer Krankenkasse erstattet werden.

Darüber hinaus wurde für **besonders schwere Fälle** die Anwendbarkeit des § 300 StGB auch auf die Tatbestände der Bestechung und Bestechlichkeit im Gesundheitswesen erstreckt. § 300 StGB enthält eine Strafverschärfung der Bestechlichkeit

---

[74] Die Gesetzgebungskompetenz des Bundes folgt aus Art. 74 Abs. 1 Nr. 1 GG (für den Bereich des Strafrechts) und Art. 74 Abs. 1 Nr. 12 GG (für den Bereich der Sozialversicherung).

[75] Die im 26. Abschnitt enthaltenen Straftatbestände schützen primär den wettbewerbsrechtlich strukturierten Ordnungsmechanismus. Diesen Schutzzweck verfolgen insbesondere auch die Tatbestandsvarianten des § 299a Abs. 1 Nr. 1 StGB, die Zuwendungen als Gegenleistung für eine Bevorzugung in unlauterer Weise im inländischen oder ausländischen geschäftlichen Verkehr unter Strafe stellen. Der Gesetzgeber hat sich auch deshalb für eine Einordnung in diesen Abschnitt entschieden, weil der neue Straftatbestand des § 299a StGB der Vorschrift des § 299 StGB (Bestechung) nachgebildet ist. Dass die Neuregelung mit dem Schutz des Vertrauens der Patienten in die Integrität heilberuflicher Entscheidungen auch noch andere Rechtsgüter sichern will, steht nach Ansicht des Gesetzgebers einer Verortung im Abschnitt über die Straftaten im Wettbewerb nicht entgegen. Eine Verortung im 30. Abschnitt des Strafgesetzbuches (Straftaten im Amt) kommt nicht in Betracht, da es sich bei den Mitgliedern der erfassten Berufsgruppen in der Regel gerade nicht um Amtsträger handelt, vgl. BT-Drs. 18/6446 v. 21.10.2015, S. 15 u. 16; zustimmend *Kubiciel/Tsambikakis*, S. 13; *Nestler*, S. 72 m.w.N; ablehnend *Brettel/Duttge/Schuhr*, S. 934.

[76] *Gädigk*, medstra 5/2015, S. 272; a.A: *Schneider*, Erste Bestandsaufnahme, S. 18; *Schröder*, NZWiSt 9/2015, S. 323, der sich kritisch zur Verfassungsmäßigkeit der Regelung äußert, diese aber im Ergebnis grundsätzlich bejaht. *Passarge* bezeichnet die Schaffung eines eigenständigen Tatbestandes nur für einen Wirtschaftszweig als einmaligen Vorgang, S. 487.

[77] Vgl. hierzu Kap. 3.1, S. 29 ff.

[78] BT-Drs. 18/6446 v. 21.10.2015, S. 1 und 16.

und Bestechung im geschäftlichen Verkehr.[79] Auch der Anwendungsbereich des § 302 StGB und damit der erweiterte Verfall nach § 73d StGB[80] wurde auf die neuen Regelungen der §§ 299a und 299b StGB erstreckt, wenn der Täter **gewerbsmäßig** handelt oder als **Mitglied einer Bande**.[81]

Das Gesetz wurde am 3. Juni 2016 im Bundesgesetzblatt[82] verkündet und trat einen Tag später am **4. Juni 2016 in Kraft**. Nachdem der Gesetzgebungsprozess abgeschlossen und die damit verbundene politische Diskussion verstummt sind, wird nun das Ringen um die sach- und systemgerechte Auslegung der Straftatbestände durch die Justiz beginnen.[83] Ob und inwieweit die neuen Straftatbestände tatsächlich eine Änderung gewisser korruptionsanfälliger Strukturen nach sich ziehen werden, wird sich in den nächsten Jahren und Jahrzehnten zeigen.[84] Freilich bewirkt jedoch jede Änderung der Rechtslage, insbesondere jede Einführung oder Verschärfung von strafrechtlichen Sanktionen eine entsprechende **Verhaltensänderung**. Dies lässt sich schon anhand der allgemeinen Korruptionsdelikte anschaulich belegen: Waren **Bestechungsgelder im Ausland** noch bis vor einigen Jahren sogar als Betriebsausgaben steuerlich absetzbar, so werden Bestechung und Bestechlichkeit heute nicht nur verfolgt, sondern auch entsprechend sanktioniert.[85] War **Steuerhinterziehung** früher ein Kavaliersdelikt, mit dem man sich sogar gelegentlich brüstete, so müssen Steuersünder heute mit scharfer Verfolgung und harten Sanktionen rechnen, wie aktuelle prominente Fälle zeigen. Die *Autorin* ist daher davon überzeugt, dass durch die neuen Straftatbestände ein Ruck durch das Gesundheitswesen gehen wird und viele der zuvor beschriebenen „traditionellen" Verhaltensweisen und Zuwendungen beendet werden.

---

[79] Vgl. hierzu Kap. 14.1.4, S. 277 ff.
[80] Vgl. hierzu Kap. 14.1.4.4, S. 279 ff.
[81] Vgl. hierzu Kap. 14.1.4.2, S. 278 f.
[82] BGBl. 2016 I, Nr. 25 v. 30.05.2016, S. 1254.
[83] *Geiger*, CCZ 2016, S. 172.
[84] Kritisch insoweit *Kölbel*, ZIS 7/2016, S. 452 ff.
[85] § 299 Abs. 3 StGB schützt seit einer Erweiterung im Jahr 2002 auch den ausländischen Wettbewerb, vgl. näher *Fischer*, StGB, § 299, Rn. 2a. Vgl. allgemein zu den Korruptionstatbeständen *Dannecker*, §§ 299 ff.; *Fischer*, StGB, § 299 ff.

2.2. Der Gesetzeswortlaut der §§ 299a, 299b StGB

2.2.1. Bestechlichkeit im Gesundheitswesen nach § 299a StGB

Wer als Angehöriger eines Heilberufs, der für die Berufsausübung oder die Führung der Berufsbezeichnung eine staatlich geregelte Ausbildung erfordert, im Zusammenhang mit der Ausübung seines Berufs einen Vorteil für sich oder einen Dritten als Gegenleistung dafür fordert, sich versprechen lässt oder annimmt, dass er
1. *bei der Verordnung von Arznei-, Heil- oder Hilfsmitteln oder von Medizinprodukten*
2. *bei dem Bezug von Arznei- oder Hilfsmitteln oder von Medizinprodukten, die jeweils zur unmittelbaren Anwendung durch den Heilberufsangehörigen oder einen seiner Berufshelfer bestimmt sind, oder*
3. *bei der Zuführung von Patienten oder Untersuchungsmaterial*

ihn oder einen anderen im inländischen oder ausländischen Wettbewerb in unlauterer Weise bevorzuge, wird mit Freiheitsstrafe bis zu drei Jahren oder mit Geldstrafe bestraft.

Der **Straftatbestand** der **Bestechlichkeit** im Gesundheitswesen soll **gewährleisten**, dass heilberufliche Verordnungs-, Bezugs- und Zuführungsentscheidungen **frei von unzulässiger Einflussnahme** getroffen werden.[86] Die in § 299a StGB geregelte Strafbarkeit der Bestechlichkeit im Gesundheitswesen soll daher nicht nur für Ärzte gelten, sondern für sämtliche Heilberufe, die für die Berufsausübung oder die Führung der Berufsbezeichnung eine staatlich geregelte Ausbildung erfordern.[87] Der Straftatbestand gilt für Sachverhalte sowohl **innerhalb als auch außerhalb des Bereichs der gesetzlichen Krankenversicherung**.[88]

2.2.2. Bestechung im Gesundheitswesen nach § 299b StGB

Wer einem Angehörigen eines Heilberufs im Sinne des § 299a im Zusammenhang mit dessen Berufsausübung einen Vorteil für diesen oder einen Dritten als Gegenleistung dafür anbietet, verspricht oder gewährt, dass er
1. *bei der Verordnung von Arznei-, Heil- oder Hilfsmitteln oder von Medizinprodukten*
2. *bei dem Bezug von Arznei- oder Hilfsmitteln oder von Medizinprodukten, die jeweils zur unmittelbaren Anwendung durch den Heilberufsangehörigen oder einen seiner Berufshelfer bestimmt sind, oder*
3. *bei der Zuführung von Patienten oder Untersuchungsmaterial*

ihn oder einen anderen im inländischen oder ausländischen Wettbewerb in unlauterer Weise bevorzuge, wird mit Freiheitsstrafe bis zu drei Jahren oder mit Geldstrafe bestraft.

§ 299b StGB stellt **spiegelbildlich** zu § 299a StGB die **aktive Bestechung** unter Strafe. Im Vergleich zu § 299a StGB ist der Täterkreis nicht auf Heilberufsträger beschränkt.

---

[86] BT-Drs. 18/6446 v. 21.10.2015, S. 16.
[87] BT-Drs. 18/6446 v. 21.10.2015, S. 1 u. 17. Vgl. zur Kritik am „Sonderdelikt" nur für Angehörige von Heilberufen *Schneider*, Rechtsgutachten, S. 17 f.
[88] BT-Drs. 18/6446 v. 21.10.2015, S. 1 und 16.

Täter auf der Geberseite kann vielmehr bei der **aktiven Bestechung** nach § 299b StGB **jedermann** sein. Das Angebot des Täters muss sich jedoch an einen der in § 299a StGB genannten Heilberufsträger richten. Der Täterkreis der **Geberseite** erfasst somit **jede Person**, die mit tatbestandlicher Zielrichtung einem der dort Genannten einen Vorteil zuwendet. **Beispielhaft** sei der **Pharmavertreter** genannt, der dem Arzt oder Psychotherapeuten für die Bevorzugung bestimmter Medikamente eine Gegenleistung verspricht.[89]

Im Übrigen gelten **dieselben Voraussetzungen** der Tatbestandsmerkmale der Bestechlichkeit nach **§ 299a StGB** entsprechend auch für den Straftatbestand der Bestechung nach **§ 299b StGB**,[90] auch die **Strafrahmen** sind **identisch**.[91]

2.2.3. Exkurs: Gesetzentwurf und geänderte Beschlussfassung

Der ursprüngliche Gesetzentwurf des Bundestages[92] vom 21.10.2015 (BT-Drs. 18/6446) wurde am 14.04.2016 in Form der geänderten Fassung der Drucksache 18/8106 vom 13.04.2016 angenommen[93] und vom Bundestag verabschiedet.[94] Hierbei gab es zwischen dem ursprünglichen Gesetzentwurf vom 21.10.2015 und der endgültigen Beschlussfassung vom 13.04.2016 **einige Änderungen**. Die Änderungen betrafen einerseits die ursprünglich in § 299a Abs. 1 Nr. 2 StGB vorgesehene Strafbarkeit auch für die „Verletzung der berufsrechtlichen Pflicht zur Wahrung der beruflichen Unabhängigkeit". Diese Tatbestandsvariante wurde aufgrund viel-

---

[89] Auf Geberseite kommen aber auch alle weiteren Personen und Berufe in Betracht, die nicht unter den Adressatenkreis des § 299a StGB fallen, zum Beispiel die Gesundheitshandwerker wie Augenoptiker, Hörgeräteakustiker, Orthopädieschuhmacher, Bandagisten, Sanitätshäuser aber auch Praxis- oder Klinikmanager, sowie Mitarbeiter von Reha-Kliniken oder Pflegeeinrichtungen.

[90] BT-Drs. 18/6446 v. 21.10.2015, S. 23 und BT-Drs. 18/8106 v. 13.04.2016, S. 16.

[91] Es wird daher auf die dortigen Ausführungen zu den Strafbarkeitsvoraussetzungen des § 299a StGB in Kap. 3, S. 29 ff. verwiesen. *Schneider* ist allerdings der Auffassung, dass nur die Tathandlung des Vorteilsnehmers die geschützten Rechtsgüter unmittelbar beeinträchtige, wohingegen die Tat des Vorteilsgebers ein Fall der „zur Täterschaft hochgestuften Teilnahme an der Tat des Vorteilsnehmers" sei, was durch abgestufte Strafrahmen hätte berücksichtigt werden müssen, vgl. *Schneider*, Erste Bestandsaufnahme, S. 17. Dieser Auffassung ist nicht zu folgen, eine eventuell geringere „Schuld" des Vorteilsgebers ist ausschließlich im Wege der konkreten Strafzumessung durch das Strafgericht zu berücksichtigen.

[92] Vgl. zu den Gesetzgebungsinitiativen der 17. Legislaturperiode und der seit 22.10.2013 laufenden Legislaturperiode bis zum Referentenentwurf des BMJV vom 13.06.2014 und zum Diskussionsentwurf des Bayrischen Staatsministeriums vom 27.07.2014 *Schneider*, Rechtsgutachten, S. 3 ff.

[93] Beschlussempfehlung und Bericht des Ausschusses für Recht und Verbraucherschutz mit *Renate Künast* als Vorsitzende (6. Ausschuss).

[94] Mit den Stimmen der Fraktionen der CDU/CSU und SPD gegen die Stimmen der Fraktion DIE LINKE, bei Stimmenthaltung der Fraktion BÜNDNIS 90/DIE GRÜNEN. Vgl. zum Ablauf des Gesetzesvorgangs Kap. 16.3, S. 354.

facher Kritik in der juristischen Literatur[95] und der Ärzteschaft gestrichen. Damit wurde den (durchaus berechtigten) Bedenken im Hinblick auf die Unbestimmtheit und Uneinheitlichkeit der in Bezug genommenen Berufsordnungen Rechnung getragen.[96] Die **Relevanz des Berufsrechts** der Heilberufe für die Auslegung der Straftatbestände in §§ 299a, 299b StGB ist damit allerdings **keineswegs entfallen**. Denn die berufsrechtlichen Regelungen stellen nach ständiger Rechtsprechung „**Marktverhaltensregelungen**" im Sinne des § 3a UWG dar,[97] deren Bruch nicht nur eine Unlauterkeit im Sinne des Wettbewerbsrechts darstellt, sondern auch Indiz für das Vorliegen einer Unrechtsvereinbarung sein kann.[98] Für die Auslegung der §§ 299a, 299b StGB dürfte sich durch die Streichung der Berufsrechtsalternative daher wenig ändern.[99]

Der Gesetzestext umfasst – abweichend vom Gesetzesentwurf – ferner die **Bezugsentscheidungen** von Arznei- und Hilfsmitteln und Medizinprodukten **nur noch** insoweit, als diese **zur unmittelbaren Anwendung** durch den beziehenden Heilberufsangehörigen oder einen seiner Berufshelfer **bestimmt sind**.[100]

Ferner wurden die neu eingeführten Straftatbestände nicht als Antragsdelikte (wie ursprünglich vorgesehen), sondern als **Offizialdelikte** ausgestaltet.[101] Damit muss die Staatsanwaltschaft bei entsprechendem Tatverdacht ein Ermittlungsverfahren einleiten, ein Antrag (etwa durch Krankenkassen, KV oder Ärztekammer) ist hierfür nicht erforderlich.

2.3. Rechtsgüterschutz der neuen Korruptionstatbestände

Die Straftatbestände verfolgen nach dem Willen des Gesetzgebers einen **doppelten Rechtsgüterschutz**. Sie dienen einerseits der **Sicherung eines fairen Wettbewerbs im Gesundheitswesen** und sollen damit der Mehrheit der ehrlich arbeitenden und Korruptionsrisiken vermeidenden Ärzte, Apotheker und sonstigen Heilberufsausübenden zugutekommen.[102]

---

[95] Vgl. nur beispielhaft *Gaede*, S. 264 f. m.w.N.; *Kubiciel/Tsambikakis*, S. 13; *Dieners*, PharmR 2015, S. 529 ff; *Aldenhoff/Valluet*, S. 195 ff; *Schröder*, NZWiSt 9/2015, S. 326 ff. m.w.N.; a.A.: *Kubiciel*, jurisPR-StrafR 11/2016, S. 2 m.w.N. in Fn. 11. Die juristische Diskussion im Vorfeld des endgültigen Gesetzesbeschlusses ist umfassend zitiert in *Schneider*, Erste Bestandsaufnahme, S. 19 ff.
[96] BT-Drs. 18/8106 v. 13.04.2016, S. 15.
[97] Vgl. hierzu näher Kap. 3.4.2.2, S. 72.
[98] Vgl. zur Unrechtsvereinbarung ausführlich Kap. 3.4, S. 67 ff.
[99] Ebenso *Geiger*, CCZ 2016, S. 175. Die Streichung der Berufsrechtsalternative sei eher eine verfassungsrechtliche „Hygienemaßnahme" als eine inhaltliche Entschärfung.
[100] BT-Drs. 18/8106 v. 13.04.2016, S. 2; vgl. hierzu näher Kap. 3.3.2.2, S. 60.
[101] Vgl. hierzu Kap. 14.1.2, S. 276.
[102] BT-Drs. 18/6446 v. 21.10.2015, S. 12. *Kubiciel/Tsambikakis* weisen darauf hin, dass aufgrund dieses Gesetzes die bei den Marktakteuren selbst in Folge von Wettbewerbsverzerrungen entstehenden Schäden abnehmen könnten, S. 11 f.

Sie dienen ferner dem **Schutz des Vertrauens der Patienten in die Integrität heilberuflicher Entscheidungen**.[103] Mit dem Gesetz soll damit der **besonderen Verantwortung** der im Gesundheitswesen tätigen **Heilberufsgruppen** Rechnung getragen und gewährleistet werden, dass heilberufliche Entscheidungen unabhängig und frei von unzulässiger Einflussnahme getroffen werden.[104]

Mittelbar strebt der Gesetzgeber mit den neuen Straftatbeständen auch den **Schutz der Vermögensinteressen der Wettbewerber** im Gesundheitswesen sowie der **Patienten** und der **gesetzlichen Krankenversicherung** an.[105] Schutzzweck sind damit auch die geltenden Steuerungs-, Verteilungs- und Ordnungsmechanismen auf dem Gesundheitsmarkt einschließlich des Rechts der gesetzlichen Krankenversicherung.[106]

Als übergeordnetes allgemeines Ziel erstrebt der Gesetzgeber ferner eine Verbesserung der Korruptionsbekämpfung im Gesundheitswesen und damit eine Verbesserung der Kriminalitätsbekämpfung. Schließlich soll das Gesetz dem Ziel einer qualitativ hochwertigen und gleichermaßen kostengünstigen Versorgung dienen.[107]

2.3.1. Der Wettbewerb als geschütztes Rechtsgut

Die beiden Straftatbestände der §§ 299a, 299b StGB dienen zunächst dem Schutz des Wettbewerbs. Das Wort **Wettbewerb** ist eine seit langem eingebürgerte Verdeutschung des Wortes Konkurrenz:[108] Man bewirbt sich mit anderen um die Wette, jeder Wettbewerber strebt, eilt nach demselben Ziel.[109] Die Unternehmer, die sich im geschäftlichen Verkehr um denselben Abnehmer oder Lieferanten bemühen und sich im wettbewerblichen Parallelprozess gegenseitig zu verdrängen suchen, sind die Mitbewerber (Konkurrenten). Wettbewerb als Vorgang ist daher stets ein Verhalten mehrerer Unternehmen (Handeln oder Unterlassen) auf einem bestimmten Markt.[110]

---

[103] BT-Drs. 18/6446 v. 21.10.2015, S. 12; kritisch *Brettel/Mand*, S. 101 wegen der Interessengegensätze und der Dreiecksbeziehung zwischen finanzierenden Krankenversicherungen, disponierenden Ärzten und „konsumierenden" Patienten; a.A. auch *Kubiciel*, jurisPR-Compl 3/2016, S. 1; *Tsambikakis*, S. 136.

[104] BT-Drs. 18/6446 v. 21.10.2015, S. 17, vgl. hierzu auch ausführlich Kap. 5, S. 103 ff.

[105] BT-Drs. 18/6446 v. 21.10.2015, S. 12.

[106] So zutreffend *Brettel/Mand*, S. 102. *Geiger* spricht daher von einem „dreifachen" Rechtsgüterschutz, CCZ 2016, S. 173.

[107] BT-Drs. 18/6446 v. 21.10.2015, S. 13 u. 14 mit Hinweis auf den Leitgedanken der Bundesregierung zur nachhaltigen Entwicklung in Sinne der Nationalen Nachhaltigkeitsstrategie.

[108] Dieses Wort stammt seinerseits auf dem Umweg über das französische Wort „concurrence" vom lateinischen Begriff „concurrere", zusammenlaufen, sich in einen Kampf einlassen, vgl. *Köhler*, Einl. UWG, Rn. 1.1.

[109] *Köhler*, Einl. UWG, Rn. 1.1.

[110] *Köhler*, Einl. UWG, Rn. 1.5.

Das kompetitive Verhalten kann sich im Bereich des Absatzes oder der Beschaffung auf **mannigfache Art und Weise** vollziehen. So wird der Wettbewerb der Absatzleistungen mit **Preisen, Rabatten, Konditionen**,[111] aber auch mit der **Qualität** und der **Produktpalette**, mit dem **Service** und der **Werbung**[112] geführt.[113] Häufig wird ein Wettbewerber seine Mitbewerber dadurch zu übertreffen versuchen, dass er den Marktpartnern im Austauschverhältnis **günstigere Bedingungen** bietet, um sie zum Geschäftsabschluss zu bestimmen, z.B. durch niedrigere Preise, bessere Qualität oder neue Erzeugnisse.[114]

Kundenverlust ist eine **typische Folge** des Wettbewerbs. Der Kundenkreis ist jedoch kein geschütztes Rechtsgut.[115] Vielmehr ist es sogar ein **Prinzip des Wettbewerbsrechts**, dass jede **Beeinträchtigung des Mitbewerbers grundsätzlich erlaubt** ist, die der Wettbewerb seiner Natur nach mit sich bringt.[116] Voraussetzung ist allerdings, dass dies **mit erlaubten Mitteln** geschieht. Erst die Art und Weise, wie zur Verbesserung der eigenen Wettbewerbsstellung neue Kunden gewonnen und alte zurückgewonnen werden, kann eine Wettbewerbshandlung unzulässig machen.[117]

2.3.2. Der Schutz des Wettbewerbs durch das UWG

Das Wettbewerbsrecht ist maßgeblich geregelt im „Gesetz gegen unlauteren Wettbewerb" (UWG).[118] Das UWG verbietet bestimmte Handlungen und bezweckt damit den **Schutz** nicht nur der **Institution Wettbewerb**, sondern auch und vor allem den **Schutz von Individualinteressen** im Sinne des § 1 S. 1 UWG.[119] Geschützte Interessen des Gesetzes gegen unlauteren Wettbewerb sind somit **einerseits** der **Schutz**

---

[111] Vgl. hierzu Kap. 9.5, S. 196 ff.
[112] Vgl. hierzu ausführlich *Bahner*, Werberecht für Ärzte.
[113] *Köhler*, Einl. UWG, Rn. 1.5.
[114] *Köhler*, Einl. UWG, Rn. 1.5.
[115] „Die Verdrängung eines anderen Zahnarztes ist Folge eines grundsätzlich innerhalb geltender Preisvorschriften erwünschten Wettbewerbs und nur dann unzulässig, wenn sie auf unlauterem Verhalten beruht", vgl. BGH, Urt. v. 24.03.2011 – III ZR 69/10 (Nutzungsentgelt für Zahnarzt-Internetplattform), vgl. auch *Bahner*, Werberecht für Ärzte, S. 214 f.
[116] Dieses Prinzip wurde allerdings in der Ärzteschaft aufgrund des ärztlichen Werbeverbotes unter Berufung auf einen Verstoß gegen die „ärztliche Kollegialität" jahrzehntelang missachtet. Erst die Aufhebung des ärztlichen Werbeverbotes durch den Deutschen Ärztetag im Mai 2002 (einige Monate zuvor war das – durchaus als provokativ empfundene – Buch der *Autorin* „Das neue Werberecht für Ärzte. Auch Ärzte dürfen werben" erschienen und hatte die Verfassungswidrigkeit der Werbeverbote anschaulich aufgezeigt) hat auch innerhalb der Ärzteschaft zu mehr Wettbewerb geführt.
[117] *Köhler*, Einl. UWG, Rn. 1.21.
[118] Vgl. zur Entwicklung des Wettbewerbsrechts *Köhler*, Einl. UWG, Rn. 1.37.
[119] *Köhler*, Einl. UWG, Rn. 7.2. § 1 UWG lautet: „Dieses Gesetz dient dem Schutz der Mitbewerber, der Verbraucherinnen und Verbraucher sowie der sonstigen Marktteilnehmer vor unlauteren geschäftlichen Handlungen. Es schützt zugleich das Interesse der Allgemeinheit an einem unverfälschten Wettbewerb."

der **Mitbewerber** in Bezug auf ihre wettbewerbliche Entfaltungsfreiheit.[120] Das UWG schützt **ferner** die **Verbraucher**[121] in der geschäftlichen Entscheidungsfreiheit und in ihren wirtschaftlichen Interessen.[122]

Das UWG soll ein **hohes Verbraucherschutzniveau** gewährleisten. Der **EuGH** versteht unter Verbraucherschutz den Schutz des „durchschnittlich informierten, aufmerksamen und verständigen Durchschnittsverbrauchers".[123] Dieser Verbraucher soll umfassend vor unlauteren Geschäftspraktiken geschützt werden, da er sich im Vergleich zu einem Unternehmer in einer unterlegenen Position befindet, nämlich als wirtschaftlich schwächer und rechtlich weniger erfahren angesehen werden muss.[124] Die Grenzen der unzulässigen Einflussnahme sind überschritten, wenn der Verbraucher aufgrund des Verhaltens des Unternehmers zu einer informierten Entscheidung außerstande ist oder wenn er unmittelbar in seiner Entscheidungsfreiheit beeinträchtigt wird.[125]

Nach § 1 S. 1 UWG stehen der **Schutz der Mitbewerber** und der **Schutz der Verbraucher** und der **sonstigen Marktteilnehmer gleichrangig** nebeneinander.[126] Gleichrangig bedeutet zugleich die **Selbständigkeit der Schutzzwecke**. Unlauterkeit kann daher auch dann vorliegen, wenn entweder nur die Interessen der Mitbewerber oder nur die Interessen der Marktgegenseite berührt sind.[127] Die Bedeutung des Wettbewerbsrechts zur Beurteilung der Strafbarkeit nach §§ 299a, 299b StGB wird in Kapitel 3.4.2, S. 71 ff. näher dargestellt.

2.3.3. Patientenschutz und Schutz des Vertrauens als Rechtsgut

Die beiden Straftatbestände der §§ 299a, 299b StGB dienen nach dem ausdrücklichen Willen des Gesetzgebers ferner dem **Schutz des Vertrauens der Patienten in die Integrität heilberuflicher Entscheidungen**.[128] Damit soll der **besonderen Verantwortung** der im Gesundheitswesen tätigen **Heilberufsgruppen** Rechnung getragen und gewährleistet werden, dass heilberufliche Entscheidungen frei von unzulässiger Einflussnahme getroffen werden.[129]

---

[120] *Köhler*, § 1 UWG, Rn. 10.
[121] Für den Verbraucherbegriff gilt § 13 BGB entsprechend, § 2 Abs. 2 UWG. Danach ist Verbraucher jede natürliche Person, die ein Rechtsgeschäft zu Zwecken abschließt, die überwiegend weder ihrer gewerblichen noch ihrer selbständigen beruflichen Tätigkeit zugerechnet werden können.
[122] *Köhler*, § 1 UWG, Rn. 15 und 17.
[123] *Köhler*, Einl. UWG, Rn. 3.29 m.w.N.
[124] *Köhler*, § 1 UWG, Rn. 28a.
[125] *Köhler*, § 1 UWG, Rn. 17.
[126] Nach § 1 S. 2 soll das UWG damit das Interesse der Allgemeinheit an der Erhaltung eines unverfälschten und damit funktionsfähigen Wettbewerbs schützen; *Köhler*, § 1 UWG, Rn. 45.
[127] *Köhler*, § 1 UWG, Rn. 46.
[128] BT-Drs. 18/6446 v. 21.10.2015, S. 12.
[129] BT-Drs. 18/6446 v. 21.10.2015, S. 17.

2.3 Rechtsgüterschutz der neuen Korruptionstatbestände

In der Literatur wird teilweise vertreten, dass mit der **Änderung des Gesetzesentwurfes**[130] und der Streichung der Bezugnahme auf die berufsrechtlichen Regelungen zur Wahrung der Unabhängigkeit insbesondere dem Patientenschutz keine eigenständig konstitutive Bedeutung mehr zukomme.[131]

Dieser Auffassung ist entschieden zu widersprechen. Denn die Streichung der berufsrechtlichen Bezugnahme erfolgte vor allem aus Gründen der Rechtsuneinheitlichkeit und der damit verbundenen fehlenden Bestimmtheit des Gesetzes.[132] Eine Streichung auch des Patientenschutzes hat der Gesetzgeber indessen weder gewollt noch beabsichtigt. Eine Nachrangigkeit des Patientenschutzes ergibt sich insbesondere auch nicht aus der Beschlussempfehlung des Bundestages 18/8106 vom 13.04.2016: Ganz im Gegenteil wird dort nochmals ausdrücklich festgestellt, dass neben der Sicherung des fairen Wettbewerbs im Gesundheitswesen **auch das Vertrauen der Patienten** in die Integrität heilberuflicher Entscheidungen **geschützt werden solle.**[133]

Der **Schutz des Vertrauens der Patienten** ist und bleibt daher ein **wesentliches** und dringliches **Anliegen** gerade auch **im Korruptionsstrafrecht,**[134] unabhängig davon, dass die Patienten auch über das **Wettbewerbsrecht** geschützt sind.[135] Denn gerade dieses **Vertrauensverhältnis** ist vom Bundesgerichtshof als ein wesentlicher Grund dafür genannt worden, dass eben **keine Amtsträgereigenschaft** und auch **kein Beauftragtenstatus** der **niedergelassenen Ärzte** bestehe.[136] Das Vertrauensverhältnis ist also gerade vom Bundesgerichtshof ausdrücklich als **eigenständige**, vom Wettbewerb abzuhebende **Schutzmaterie** hervorgehoben worden.

Mehr als nur zu vertrauen haben **Patienten** im Übrigen sogar ein Recht darauf, von ihren Ärzten ohne Beeinflussung durch Dritte behandelt zu werden.[137] Daher ist die Integrität heilberuflicher Entscheidungen auch nach Ansicht des Gesetzgebers ein **überindividuelles Rechtsgut** von großer Bedeutung, weshalb Bestechlichkeit oder

---

[130] Vgl. hierzu das vorherige Kap. 2.2.3, S. 16 f.
[131] *Gaede/Lindemann/Tsambikakis*, S. 147; *Tsambikakis*, S. 132; *Dann/Scholz*, S. 2077; *Kölbel*, S. 193. Auch *Schneider* ist der Auffassung, dass der Patientenschutz lediglich ein Schutzreflex des primär geschützten Wettbewerbs sei, vgl. *Schneider,* Erste Bestandsaufnahme, S. 17.
[132] Die Streichung erfolgte aufgrund der berechtigten Kritik daran, dass die 17 Berufsordnungen der Ärzte und Zahnärzte, welche als Satzung durch die jeweiligen Landes(zahn)ärztekammern erlassen wurden, nicht einheitlich sind. Es hätte daher in strafrechtlicher Hinsicht je nach Bundesland zu unterschiedlichen Strafbarkeitsvoraussetzungen kommen können, was der Gesetzgeber zu Recht vermeiden wollte, ebenso *Geiger*, CCZ 2016, S. 174.
[133] BT-Drs. 18/8106 v. 13.04.2016, S. 17. *Kölbel* ist demgegenüber der nicht nachvollziehbaren Ansicht, dass das Festhalten am Doppelrechtsgut nicht mehr als eine „Leerformel" sei.
[134] Ebenso wohl *Schröder*, NZWiSt 9/2015, S. 325, allerdings noch zum Regierungsentwurf vom 29.07.2015.
[135] Vgl. hierzu das vorige Kap. 2.3.2, S. 19 f.; ebenso zutreffend *Geiger*, CCZ 2016, S. 174.
[136] BGH, Beschl. v. 29.03.2012, GSSt 2/11, S. 9 f., vgl. hierzu Kap. 1.3.1, S. 9.
[137] So zutreffend *Schröder*, NZWiSt 9/2015, S. 325. *Schröder* empfahl angesichts des doppelten Rechtsgüterschutzes sogar die Einführung eines sog. „Professionsdelikts", *Schröder*, NZWiSt 10/2015, S. 363.

Bestechung im Gesundheitswesen immer auch die Interessen der Allgemeinheit in nicht unerheblicher Weise berührt.[138] Das **Patientenvertrauen** unterliegt folglich nicht etwa nur einem mittelbaren, sondern sogar einem **unmittelbaren Schutz**.[139]

Eine etwaige **Verletzung** dieser **Patienteninteressen** ist daher bei der strafrechtlichen Beurteilung von Korruptionsvorwürfen im Gesundheitswesen stets mit zu berücksichtigen. Ebenso ist **das Fehlen** einer **Verletzung der Patienteninteressen oder des Vertrauensschutzes** bei der Beurteilung einer Unrechtsvereinbarung[140] von maßgeblicher Bedeutung. Denn dies kann durchaus dazu führen, dass eine eventuelle Bevorzugung im Wettbewerb gerade nicht als „unlauter" im Sinne der §§ 299a, 299b StGB zu bewerten ist.

2.3.3.1. Der Heilberuf als „Vertrauensberuf"

Der notwendige Schutz der Patienten resultiert insbesondere aus der **besonderen Stellung** der Heilberufsangehörigen: Denn die Berufe der Ärzte, Zahnärzte, Psychotherapeuten, Apotheker und alle weiteren Heilberufe im Sinne der §§ 299a, 299b StGB sind sogenannte „**Vertrauensberufe**". Die **Dienstleistungen** all dieser Heilberufler sind zwar (ebenso wie die Dienstleistungen anderer Freiberufler, wie etwa der Anwälte, Steuerberater oder Wirtschaftsprüfer) wirtschaftliche Güter, denn sie erfordern – wie die Güter anderer Unternehmer – den Einsatz von Betriebsfaktoren, Personal und finanziellen Mitteln. Im Gegensatz zur Herstellung von Produkten sind die Dienstleistungen der Freiberufler jedoch **abstrakt, unsichtbar** und **kaum greifbar**, deshalb **für den Verbraucher** meist **schwer zu erfassen**. Ein materielles Produkt kann durch ein besonderes Design attraktiv gestaltet und im Zweifel auch probiert und anderweitig getestet werden. Bei der Dienstleistung ist dies unmöglich. Die **Dienstleistungen der Freiberufler** sind daher **Vertrauensgüter**, deren Wert sich erst nach der Erbringung oder Nutzung herausstellt.[141]

Dienstleistungen können also typischerweise nicht vor dem Erwerb beurteilt werden, wie dies bei den meisten Produkten der Fall ist, da sie nicht auf Vorrat produziert werden. Die Patienten leisten folglich einen **Vertrauensvorschuss**; sie haben hierbei gar keine andere Wahl, insbesondere wenn sie den Arzt nicht kennen und

---

[138] BT-Drs. 18/8106 v. 13.04.2016, S. 17. Dies ist auch der Grund, weshalb die §§ 299a, 299b StGB – anders als ursprünglich vorgesehen – nicht als Antragsdelikte, sondern als Offizialdelikte ausgestaltet wurden, vgl. hierzu Kap. 14.1.2, S. 276.
[139] A.A.: *Tsambikakis*, S. 133.
[140] Vgl. hierzu eingehend Kap. 3.4, S. 67 ff.
[141] Vgl. *Bahner*, Werberecht für Ärzte, S. 65 m.w.N. Oftmals kann die Qualität der ärztlichen oder anwaltlichen Dienstleistung noch nicht einmal nach ihrer Erbringung beurteilt werden: Denn ebenso wie mancher Prozess aufgrund der Rechtslage selbst vom „besten" Anwalt nicht „zu gewinnen" ist, kann manche Krankheit auch vom „besten" Arzt nicht geheilt werden oder umgekehrt ohne ärztliche Behandlung von alleine heilen.

dessen Leistungen entsprechend nicht einschätzen können. Dieser Vertrauensvorschuss **der Patienten** ist zu schützen.[142]

2.3.3.2. Der Vertrauensschutz in Gesetz und Rechtsprechung

Ein entsprechendes Postulat enthalten zunächst die **Berufsordnungen der Ärzte**:

> Der Arzt dient der Gesundheit des einzelnen Menschen und der Bevölkerung. Ärztinnen und Ärzte haben ihren Beruf gewissenhaft auszuüben und dem ihnen im Zusammenhang mit dem Beruf entgegengebrachten Vertrauen zu entsprechen.[143]

Die mit dem besonderen Vertrauen verbundenen Pflichten sind auch in der **Berufsordnung für Apotheker Bayern** anschaulich wie folgt beschrieben:

> Der Apotheker hat seinen Beruf gewissenhaft auszuüben. Er hat dem Vertrauen zu entsprechen, das den Angehörigen seines Berufes entgegengebracht wird. Die Bevölkerung muss insbesondere darauf vertrauen können, dass der Apotheker seiner Verantwortung im Rahmen der Gesundheitsberufe gerecht wird und sich nicht von übermäßigem Gewinnstreben leiten lässt. So darf der Vorrang der ordnungsgemäßen Arzneimittelversorgung nicht in Frage gestellt, die berufliche Integrität des Apothekers nicht gefährdet und das Vertrauen der Bevölkerung in die sachgerechte Wahrnehmung seiner Berufspflichten nicht nachteilig beeinflusst werden.[144]

Auch das **Bundesverfassungsgericht** hat im Zusammenhang mit der rechtlichen Überprüfung von Werbemaßnahmen der Ärzte und Zahnärzte das **Patientenvertrauen** hervorgehoben:

> „Die ärztliche Berufsausübung soll sich nicht am ökonomischen Erfolg, sondern an medizinischen Notwendigkeiten orientieren. Das Vertrauen darauf, dass der Arzt nicht aus Gewinnstreben bestimmte Untersuchungen vornimmt, Behandlungen vorsieht oder Medikamente verordnet, soll erhalten bleiben."[145]

Die **ehemalige Richterin am Bundesverfassungsgericht** *Renate Jaeger* hat dies prägnant wie folgt formuliert:

> „Nicht jeder muss ein Albert Schweitzer sein, nicht jeder ein Armutsgelübde ablegen und nach den Regeln eines Ordens leben. Aber ein Schuss Altruismus gehört zum ärztlichen Berufsethos. Wer das nicht einfordert, untergräbt die Vertrauensbasis, ohne die auch die ärztliche Effizienz und Heilungschancen beim Patienten gefährdet sind, weil diese auch von Erwartung und Vertrauen, von psychologischen Faktoren abhängen. Gewinnstreben mit Maß, aber nicht als oberste Maxime, ist einzufordern."[146]

Diese Maxime wurde vom **Bundesverfassungsgericht** auch in späteren Entscheidungen bestätigt:

---

[142] Vgl. *Bahner*, Werberecht für Ärzte, S. 65 m.w.N.
[143] § 1 Abs. 1 S. 1 i.V.m. § 2 Abs. 2 MBO.
[144] § 1 Abs. 2 BO Apotheker Bayern.
[145] BVerfG, Urt. v. 29.10.2002 – 1 BvR 525/99.
[146] *Jaeger*, S. 263.

Allerdings ist der Schutz des Vertrauens der Patienten in die Integrität der Ärzteschaft .... ein Gemeinwohlbelang, der es erlaubt, eine gewerbliche Betätigung von Ärzten und Zahnärzten zu beschränken. Insbesondere darf Verhaltensweisen entgegengewirkt werden, die den Eindruck vermitteln, der Arzt stelle die Erzielung von Gewinn über das Wohl seiner Patienten und deren ordnungsgemäße Behandlung. In diesem Sinne soll der Patient darauf vertrauen können, dass sich der Arzt nicht von kommerziellen Interessen leiten lässt.[147]

Schließlich war es der **Bundesgerichtshof**, der in seiner Entscheidung vom März 2012 aufgrund des **besonderen Vertrauensverhältnisses** zwischen Arzt und Patient die Eigenschaft des Vertragsarztes als Amtsträger sowie als Beauftragter der Krankenkassen verneint hat:

„Das Verhältnis des Versicherten zum Vertragsarzt wird wesentlich bestimmt von Elementen persönlichen Vertrauens ..."[148]

Diese Ausführungen zeigen, welche **große Bedeutung** das **Vertrauen der Patienten** und der **Schutz dieses Vertrauens** in die Integrität und Unabhängigkeit der Heilberufsangehörigen durch das Recht hat und tatsächlich genießt. Sie belegen zugleich, dass dieses **Vertrauen der Patienten** ein **hochrangiges schützenswertes und schutzpflichtiges Rechtsgut** auch bei der Anwendung der neuen Korruptionstatbestände ist.

2.3.3.3. Definition des Begriffs „Vertrauen der Patienten"

Fraglich ist freilich die Natur des „Vertrauens" der Patienten. Denn wer das Vertrauen schützen will, steht vor der Schwierigkeit, das **Ausmaß** des tatsächlich vorhandenen Vertrauens **zu bestimmen**.[149]

Vertrauen ist zunächst die Erwartung, nicht durch das Handeln anderer benachteiligt zu werden; als solches stellt es die **unverzichtbare Grundlage jeder Kooperation** dar. Akteure, denen Vertrauen geschenkt wird, haben die Verantwortung, dieses zu honorieren.[150]

Dies ist jedoch im ärztlichen Behandlungsverhältnis nur schwer möglich: Während immer mehr Patienten die Ärzte und Apotheker als „Gewerbetreibende" wahrnehmen, die bei ihrem Rat und bei ihren Entscheidungen (auch) ökonomische Interessen verfolgen, stellen andere unrealistische Anforderungen an die Unabhängigkeit ärztlicher Entscheidungen von ökonomischen Rahmenbedingungen. Folglich

---

[147] Vgl. die von der *Autorin* erstrittenen Entscheidungen BVerfG, Beschl. v. 01.06.2011 - 1 BvR 233/10; 1 BvR 235/10, mit welcher das Bundesverfassungsgericht bestätigte, dass die zuvor berufsrechtlich sanktionierten Werbemaßnahmen eines Zahnarztes diese Maxime gerade nicht verletzen, sondern umgekehrt die Sanktionen eine Verletzung der Berufsfreiheit darstellen.
[148] BGH, Beschl. v. 29.03.2012, GSSt 2/11, S. 1; vgl. hierzu Kap. 2.3.3.1, S. 22 f.
[149] So zutreffend *Kubiciel*, MedR 2016, S. 2.
[150] www.wirtschaftslexikon.gabler.de/Archiv/9314/vertrauen-v6.html. Der *Duden* definiert Vertrauen als festes Überzeugtsein von der Verlässlichkeit, Zuverlässigkeit einer Person, Sache.

kann „das" Vertrauen keine sozialpsychologische Größe sein.[151] Vielmehr muss gerade in einem Gesundheitssystem, das die Verfolgung von ökonomischen Interessen zulässt und fördert, das Ausmaß des schützenswerten Vertrauens normativ bestimmt werden.

Vertrauen können die Patienten daher nicht in die Unabhängigkeit heilberuflicher Entscheidungen von ökonomischen Erwägungen, denn auch Heilberufsangehörige dürfen und müssen Gewinne erzielen: Sie sind eben keine Amtsträger oder Beauftragten mit „fester Besoldung", sondern können ihre Praxen nur dann aufrechterhalten, wenn zwischen Einnahmen und Ausgaben ein existenzsichernder Gewinn verbleibt.[152] Vertrauen dürfen die Patienten daher nur auf die **Einhaltung jener gesundheitsrechtlichen Regelungen**, welche die **Ökonomisierung begrenzen**.[153] Damit einher geht im Zweifel auch der **Schutz** der Patienten **vor Interessenskonflikten** ihrer Behandler.[154]

2.4. Weitere Regelungen und Änderungen

Das neue Gesetz zur Bekämpfung von Korruption im Gesundheitswesen enthält neben den beiden Straftatbeständen der §§ 299a, 299b StGB ferner insbesondere Änderungen des SGB V, also des Rechts der gesetzlichen Krankenversicherung.

2.4.1. Erfahrungsaustausch zwischen den Institutionen

Die **Kassenärztliche Bundesvereinigung** (KBV) wird nach § 81a Abs. 3 SGB V verpflichtet, einen **organisatorischen Rahmen zu schaffen**, innerhalb dessen die **Vertreter der Stellen zur Bekämpfung von Fehlverhalten** im Gesundheitswesen[155] ihre **Erfahrungen** bei regelmäßigen Tagungen **austauschen** können. Solche Treffen, die im Bereich der Krankenkassen bisher schon in freiwilliger Initiative einzelner Krankenkassen und Verbände organisiert worden sind, ermöglichen den direkten fachli-

---

[151] *Kubiciel*, MedR 2016, S. 2.
[152] Vgl. hierzu schon *Bahner,* Werberecht für Ärzte, S. 59.
[153] So zutreffend *Kubiciel*, MedR 2016, S. 2.
[154] Interessenskonflikte liegen vor, wenn sekundäre Interessen (an materiellen, psychischen, sozialen usw. Vorteilen) neben das professionelle-sachbezogene Interesse an einer bestmöglichen Behandlung des Patienten treten und so die Wahrscheinlichkeit für sachfremde Entscheidungen erhöhen, vgl. *Kölbel*, S. 194 m.w.N.
[155] Dies sind Institutionen, die nach § 81a SGB V und § 197a SGB V bei den Kassenärztlichen Vereinigungen, Kassenärztlichen Bundesvereinigungen sowie bei den Krankenkassen und beim Spitzenverband Bund der Krankenkassen einzurichten sind, vgl. hierzu *Schneider-Danwitz*, § 197a SGB V.

chen Austausch der verantwortlichen Personen und die gemeinsame Abstimmung über das Vorgehen bei streitigen oder unklaren Fragestellungen.[156]

Damit auch die Erfahrungen aus der disziplinar-, berufs- und strafrechtlichen Verfolgung und Ahndung des Fehlverhaltens eingebracht werden können, sind neben **Vertretern der Kassenärztlichen Vereinigungen und der Kassenärztlichen Bundesvereinigung** auch **Vertreter der berufsständischen Kammern** (der Ärzte, der Zahnärzte, der Psychotherapeuten oder der Apotheker, gegebenenfalls auch Organisationen der Pflegeberufe) sowie der **Staatsanwaltschaft** zu beteiligen. Den Aufsichtsbehörden der Länder und des Bundes sind die Tagungsergebnisse zu übermitteln.[157]

2.4.2. Berichtspflicht der KV-Vorstände

Den Vorständen der Kassenärztlichen Vereinigungen obliegt eine **Berichtspflicht** über die Tätigkeit der Stellen zur Bekämpfung von Fehlverhalten im Gesundheitswesen, damit sich die Vertreter der Selbstverwaltung eine konkrete Vorstellung über das **tatsächliche Ausmaß des Fehlverhaltens** machen können. Dafür ist in den Berichten die Anzahl der bekannt gewordenen Fälle, deren Art, Schwere und Ahndung zu dokumentieren. **Zu beziffern** ist ferner der jeweilige **Gesamtschaden für die gesetzliche Kranken- und Pflegeversicherung**, der durch Prüfungen vermieden werden konnte und der nicht vermieden werden konnte, § 81a Abs. 5 SGB V.[158] Dadurch soll auch das tatsächlich weitgehend unklare Ausmaß des Fehlverhaltens im Gesundheitswesen erhellt werden.[159] Die Fallbeschreibung wiederholt ermittelten Fehlverhaltens kann darüber hinaus helfen, vereinzelte Strukturen der Leistungserbringung und Versorgung aufzudecken, die Fehlverhalten begünstigen können, und organisatorische Maßnahmen zu dessen Vermeidung zu entwickeln.[160]

Zu den sonstigen geeigneten Fällen zählen auch **Einzelfälle pflichtwidrigen Verhaltens**, die Anlass für das Ergreifen organisatorischer Maßnahmen geben können. Hierzu zählen insbesondere Pflichtverletzungen, die sich wegen ihrer Art der Begehungsweise oder wegen der Höhe des eingetretenen Schadens als **besonders schwerwiegend** erwiesen haben oder bei denen die Art der Begehungsweise den **Verdacht der Wiederholung** begründet.[161]

---

[156] Da die Stellen zur Bekämpfung von Fehlverhalten im Gesundheitswesen bei den Krankenkassen und ihren Verbänden nach § 197a Abs. 3 SGB V den gleichen gesetzlichen Auftrag haben und eine gegenseitige Beteiligung vorgeschrieben ist, kann der Erfahrungsaustausch auch gemeinsam organisiert werden, BT-Drs. 18/6446 v. 21.10.2015, S. 24.
[157] BT-Drs. 18/6446 v. 21.10.2015, S. 24.
[158] BT-Drs. 18/6446 v. 21.10.2015, S. 24.
[159] Die Aufnahme von versichertenbezogenen Daten ist zur Erreichung des Informationszwecks nicht erforderlich, hiervon ist daher abzusehen, BT-Drs. 18/6446 v. 21.10.2015, S. 24.
[160] BT-Drs. 18/6446 v. 21.10.2015, S. 25.
[161] BT-Drs. 18/6446 v. 21.10.2015, S. 25.

2.4.3. Regelungspflicht der Kassenärztlichen Bundesvereinigung

Der Gesetzgeber hat die Sorge, dass sich die einzelnen Kassenärztlichen Vereinigungen der Fehlverhaltensbekämpfung in sehr unterschiedlicher Intensität widmen.[162] Angesichts der hohen Bedeutung der Bekämpfung von Fehlverhalten im Gesundheitswesen fordert der Gesetzgeber deshalb, dass alle Kassenärztlichen Vereinigungen einen ihrer Größe und Finanzkraft entsprechenden Anteil an der Fehlverhaltensbekämpfung tragen. Andernfalls würden die Kassenärztlichen Vereinigungen, die nur in geringem Umfang persönliche und sächliche Verwaltungsmittel für diese Aufgabe einsetzen, von der Tätigkeit diesbezüglich sehr engagierter Kassenärztlicher Vereinigungen profitieren.[163] Um eine Tätigkeit der Stellen zur Fehlverhaltensbekämpfung nach vergleichbaren Maßstäben zu gewährleisten, wird die **Kassenärztliche Bundesvereinigung** daher beauftragt, das Nähere für die Tätigkeit der genannten Stellen verbindlich für ihre jeweiligen Mitglieder zu regeln.[164] Darüber hinaus hat die KBV die Berichte ihrer Mitglieder regelmäßig in einem eigenen **Bericht zusammenzuführen** und durch dessen Veröffentlichung **Transparenz** über die Arbeit und die Ergebnisse der Stellen zur Bekämpfung von Fehlverhalten im Gesundheitswesen herzustellen.[165]

2.4.4. Zuständigkeit der Wirtschaftsstrafkammer des Landgerichts

Die neuen §§ 299a und 299b StGB werden ebenso wie § 299 StGB regelmäßig Sachverhalte erfassen, für deren Beurteilung besondere Kenntnisse des Wirtschaftslebens erforderlich sind. Damit ist (ebenso wie für die Fälle der Bestechlichkeit und Bestechung im geschäftlichen Verkehr nach § 299 StGB) für diese neuen Tatbestände **die Wirtschaftsstrafkammer bei den Landgerichten** zuständig. § 74c Abs. 1 S. 1 Nr. 5a GVG wird daher um die Tatbestände der Bestechlichkeit und der Bestechung im Gesundheitswesen ergänzt.[166]

---

[162] BT-Drs. 18/6446 v. 21.10.2015, S. 25. Vgl. zur Staatsaufsicht über die Kassen(zahn)ärztlichen Vereinigungen *Schnapp*, S. 751 ff.
[163] BT-Drs. 18/6446 v. 21.10.2015, S. 25.
[164] § 81a Abs. 6 SGB V. Die KBV hat hierzu mit Wirkung zum 1.1.2017 „Bestimmungen der Kassenärztlichen Bundesvereinigung nach § 81a Abs. 6 SGB V" erlassen.
[165] BT-Drs. 18/6446 v. 21.10.2015, S. 25. Es wurde eine Frist von sechs Monaten (also bis 4. Dezember 2016) nach Inkrafttreten des Gesetzes vorgegeben, innerhalb derer die Kassenärztlichen Bundesvereinigungen und der Spitzenverband Bund der Krankenkassen verbindliche Regelungen zu erlassen haben, vgl. BT-Drs. 18/8106 v. 13.04.2016, S. 2. Eine solche Regelung ist mittlerweile erfolgt.
[166] BT-Drs. 18/6446 v. 21.10.2015, S. 24.

3 Voraussetzungen der Strafbarkeit nach §§ 299a, 299b StGB

3.1. Ausübung eines Heilberufs mit staatlich geregelter Ausbildung

Mögliche Adressaten der Bestechlichkeit nach § 299a StGB können **nur Angehörige eines Heilberufs** sein, der „für die Berufsausübung oder die Führung der Berufsbezeichnung eine staatlich geregelte Ausbildung erfordert". Die Abgrenzung des Kreises möglicher Täter folgt der Regelung des § 203 Abs. 1 Nr. 1 StGB (Verletzung von Privatgeheimnissen).[167] § 203 StGB lautet:

> „Wer unbefugt ein fremdes Geheimnis, namentlich ein zum persönlichen Lebensbereich gehörendes Geheimnis oder ein Betriebs- oder Geschäftsgeheimnis, offenbart, das ihm als Arzt, Zahnarzt, Tierarzt, Apotheker oder Angehörigen eines anderen Heilberufs, der für die Berufsausübung oder die Führung der Berufsbezeichnung eine staatlich geregelte Ausbildung erfordert, ..."

3.1.1. Akademische Heilberufe

Normadressaten sind somit zunächst die **akademischen Heilberufe**, deren Ausübung eine durch Gesetz und Approbationsordnung geregelte Ausbildung voraussetzt. Dies sind die folgenden Berufsgruppen:[168]

- Ärzte,
- Zahnärzte,
- Tierärzte,
- Psychologische Psychotherapeuten,
- Kinder- und Jugendlichenpsychotherapeuten,
- Apotheker.

3.1.2. Sonderstellung der Apotheker

Grundsätzlich sind auch die Apotheker[169] als Adressaten von den beiden Strafvorschriften der §§ 299a, 299b StGB umfasst. Hieran besteht aufgrund des klaren Wortlauts kein Zweifel, denn die Apotheker gehören zu den akademischen Heilberufen und unterliegen auch dem zur Einhaltung der Schweigepflicht verpflichteten potentiellen Täterkreis des § 203 StGB. Insbesondere haben auch die Apotheker aufgrund der Apothekenpflicht für Arzneimittel (§§ 43, 48 AMG) im Gesundheits-

---

[167] BT-Drs. 18/6446 v. 21.10.2015, S. 17. Der Begriff „Angehörige eines Heilberufs" ist enger als der Begriff „Fachkreise" nach HWG, vgl. hierzu Kap. 7.2.1, S. 152.
[168] BT-Drs. 18/6446 v. 21.10.2015, S. 17.
[169] Vgl. zum Beruf des Apothekers ausführlich *Quaas/Zuck*, S. 775 ff., zur Approbation *Haage*, Nr. 130 und zum Apothekenrecht *Deutsch/Spickhoff*, S. 1224 ff.

wesen eine ganz erhebliche **Schlüsselstellung**.[170] Allerdings sind die möglichen strafbaren Handlungsalternativen[171] nach dem Gesetzeswortlaut der §§ 229a, 299b StGB so definiert, dass für Apotheker tatsächlich nur noch eine beschränkte Anwendbarkeit des Gesetzes in Betracht kommt. Dies gilt zumindest für die passive „Bestechlichkeit" der Apotheker nach § 299a StGB.

3.1.2.1. Geringe Anwendbarkeit des § 299a StGB auf Apotheker

Mit der endgültigen Beschlussfassung des Gesetzes vom 14.04.2016[172] entfiel das Tatbestandsmerkmal der „Abgabe" (von Arznei-, Heil- und Hilfsmitteln). Strafbar ist eine unlautere Bevorzugung im Wettbewerb nach dem heutigen Gesetzeswortlaut nur noch beim „Bezug" von Arznei- oder Hilfsmitteln oder Medizinprodukten und dann auch nur unter der Voraussetzung, dass diese **zur unmittelbaren Anwendung** durch den Heilberufsangehörigen oder einen seiner Berufshelfer bestimmt sind, § 299a Nr. 2 StGB.

Im ursprünglichen Gesetzentwurf vom 21.10.2015 und der zugrundeliegenden Gesetzesbegründung[173] war demgegenüber die Möglichkeit der Strafbarkeit der Apotheker nach § 299a StGB ausdrücklich auch „für die Abgabe von Arzneimitteln an den Patienten" vorgesehen, sofern in unlauterer Weise (z.B. unter Umgehung der geltenden Preisvorgaben) auf Bezugs- und Abgabeentscheidungen der Apotheker eingewirkt wird. Fälle solcher unlauteren Einwirkung auf Apotheker sind beispielsweise **Naturalrabatte** der Arzneimittelhersteller an Apotheken, um den Absatz bestimmter (teurerer) Arzneimittel zu fördern.[174] Ein anderes Beispiel sind **überteuerte Mietverträge** mit Apothekern im selben Haus einer Arztpraxis oder eines Ärztehauses, um im Gegenzug Patienten zugeführt zu bekommen.

Nachdem die für Apotheker typische Handlungsform des „Bezugs von Arzneimitteln zur Abgabe an Patienten" als eigene Handlungsform allerdings aus dem Gesetzeswortlaut gestrichen wurde, sind die **Apotheker im Kernbereich ihrer kaufmännischen Tätigkeit**, das heißt bei ihren Bezugs- und Abgabeentscheidungen über Arzneimittel, praktisch **nicht mehr** vom Tatbestand des § 299a StGB **erfasst**.[175] Denn die in § 299a Nr. 1-3 StGB beschriebenen Handlungsformen der „Verordnung", des „Bezugs" und der „Zuführung" werden überwiegend nicht auf Apotheker anwendbar sein:

---

[170] Der Apotheker ist Freiberufler und Gewerbetreibender zugleich, vgl. BVerfG, Beschl. v. 22.05.1996 – 1 BvR 744/88, 1 BvR 60/89, 1 BvR 1519/91.
[171] Vgl. hierzu eingehend Kap. 3.3, S. 54 ff.
[172] Auf Basis von „Beschlussempfehlung und Bericht vom 13.04.2016", vgl. hierzu Kap. 2.2.3, S. 16 f.
[173] BT-Drs. 18/6446 v. 21.10.2015, S. 11.
[174] Vgl. die Beispielsfälle in *Schneider-Danwitz*, § 197a SGB V, Rn. 28. Vgl. auch *Gaßner/Klass*; *Transparency International*, Studie „Korruption und Betrug im deutschen Gesundheitswesen", 06.08.2001, www.transparency.de/uploads/media/DOK486_KorruptionGes_wesen_2001_08_06.pdf.
[175] Ebenso *Brettel/Mand*, S. 100; *Kirsch*, S. 270.

Der Begriff der **Verordnung** meint die **ärztliche Verschreibung** von Arznei-, Heil- und Hilfsmitteln oder weiteren Medizinprodukten zugunsten des Patienten (unabhängig von einer Verschreibungspflicht) sowie alle Tätigkeiten, die im engen inneren Zusammenhang mit dieser **ärztlichen Tätigkeit** stehen.[176] Die Handlungsvariante der „Verordnung" (Nr. 1) kann also von Apothekern nicht aktiv gemäß § 299a StGB erfüllt werden.

Die Handlungsvariante „**Zuführung**" (Nr. 3) meint jede Einwirkung auf den Patienten mit der Absicht, dessen Auswahl eines Arztes oder eines anderen Leistungserbringers zu beeinflussen.[177] Erfasst werden danach Zuweisungen, Überweisungen sowie Verweisungen und Empfehlungen. Insoweit bleibt die Strafbarkeit der Apotheker zwar denkbar – wenn auch nicht wirklich praxisrelevant –, etwa wenn der Apotheker von einer Arztpraxis einen Vorteil dafür erhält, dass er seinem Kunden den Arzt empfiehlt.

Unter **Bezug** (Nr. 2) ist jegliche Form des Sich-Verschaffens zu verstehen, sei es auf eigene oder fremde Rechnung.[178]

3.1.2.2. Bezugsentscheidungen nur bei unmittelbarer Anwendung

Der Apotheker „bezieht" die Arzneimittel zwar von Pharmagroßhändlern oder sonstigen Unternehmen. Als wichtige Restriktion der neuen Fassung sind jedoch inzwischen nur noch solche Bezugsentscheidungen erfasst, die **zur unmittelbaren Anwendung** durch **den Heilberufsangehörigen** oder einen seiner **Berufshelfer** bestimmt sind.[179] Dies trifft im Zweifel insbesondere für **Tierärzte** oder **Onkologen** zu. Da die Apotheker indessen kaum ein Mittel am oder beim Patienten „unmittelbar anwenden", bleibt diese Alternative für die Apotheker wohl fast immer irrelevant. Denn die Abgabe der Arzneimittel an Patienten ist eine „mittelbare" Handlungsform, da der Apotheker das Medikament dem Patienten ja gerade nicht selbst verabreicht. Vielmehr nimmt der Patient die Medikamente entsprechend der ärztlichen Anweisung typischerweise zu Hause selbst ein. Die meisten Bezugsentscheidungen der Apotheker unterliegen somit nicht dem Straftatbestand der §§ 299a und 299b StGB.

Damit können beispielsweise Verkaufsförderungsmaßnahmen der Großhändler und direkt vertreibenden Händler gegenüber Apotheken – selbst wenn sie die im

---

[176] Vgl. hierzu auch Kap. 3.3.1, S. 55 f.
[177] Vgl. hierzu Kap. 3.3.3, S. 63 ff.
[178] Vgl. hierzu Kap. 3.3.2.1, S. 59.
[179] Der ursprünglich vorgesehene Wortlaut des § 299a Abs. 2 StGB-E a.F. gem. BT-Drs. v. 21.10.2015 lautete wie folgt: *Ebenso wird bestraft, wer als Angehöriger eines Heilberufs im Sinne des Absatzes 1 einen Vorteil dafür fordert, sich versprechen lässt oder annimmt, dass er bei dem Bezug von Arznei-, Heil- oder Hilfsmitteln oder Medizinprodukten, (...) die zur Abgabe an den Patienten bestimmt sind, seine berufsrechtliche Pflicht zur Wahrung der heilberuflichen Unabhängigkeit verletze.*

Detail streitigen arzneimittelpreis- und heilmittelwerberechtlichen Grenzen überschreiten – nicht als Korruptionsstraftat geahndet werden.[180] Auch die Nichtweitergabe von Rabatten an die Kunden (Patienten) bleibt seitens der Apotheker straflos.[181]

3.1.2.3. Kritik an der Streichung der Abgabeentscheidungen

Der **Bundesrat** hat zutreffend darauf hingewiesen, dass die Beschränkung des Gesetzes auf den Bezug und die Verordnung von Arzneimitteln, Hilfsmitteln und Medizinprodukten nur „zur unmittelbaren Anwendung" dazu führt, dass ganze Berufsgruppen, vor allem die der Apotheker, aus dem Anwendungsbereich des Gesetzes herausfallen. Vor dem Hintergrund der Bedeutung, die diese Berufsgruppen innerhalb des Gesundheitswesens haben, könnten **nicht zu rechtfertigende Strafbarkeitslücken** entstehen.[182] Der Bundesrat schloss seinen Bericht daher mit der Bitte an die Bundesregierung, das Auftreten und den Umfang der aufgezeigten Strafbarkeitslücken in der Zukunft zu beobachten und gegebenenfalls eine entsprechende Änderung der §§ 229a, 229b StGB in die Wege zu leiten.[183]

Der **AOK-Bundesverband** zeigte sich ebenfalls enttäuscht, dass Apotheker von den geplanten Neuregelungen an entscheidender Stelle **ausgenommen** sind. Den Apothekern werde nun bei der Abgabe von Arzneimitteln ein großer Entscheidungsspielraum eingeräumt. Dies könne zu maßgeblichen Marktbeeinflussungen führen, die nicht nur den Wettbewerb, sondern auch Patienteninteressen betreffen könnten.[184] Die **Problematik** hat sich nach der Entscheidung des **EuGH** vom Oktober 2016 insoweit verschärft, als die in Deutschland gesetzlich vorgeschriebenen einheitlichen **Apothekenabgabepreise** einen Verstoß gegen Art. 34 und Art. 36 AEUV darstellen und das Gesetz damit **europarechtswidrig** ist und aufgehoben werden muss.[185]

Angesichts der Bedeutung der Absatzkette zwischen pharmazeutischer Industrie und Apothekern ist deren „strafrechtliche Immunisierung" kriminalpolitisch auch durch die juristische Literatur nicht nachzuvollziehen.[186] Die Entscheidung wird daher auch im Apothekenhandel zu mehr Wettbewerb führen und damit verbunden zur Erhöhung der Korruptionsanfälligkeit. Allerdings wird wohl zu Recht vermutet, dass die geänderte Beschlussfassung nicht etwa bewusst eine kriminalpolitisch

---

[180] *Brettel/Mand*, S. 103.
[181] Vgl. zur damit verbundenen Kritik der *Autorin* Kap. 10.3.3, S. 212 f.
[182] BR-Drs. 181/16 v. 13.05.2016, S. 3.
[183] BR-Drs. 181/16 v. 13.05.2016.
[184] „Auch für diesen Bereich müssen wir einen wirksamen Korruptionsschutz vorsehen und nicht einfach weiterwurschteln." Vgl. Pressemitteilung des AOK-Bundesverbandes vom 14.04.16, abrufbar unter www.aok-bv.de/presse/pressemitteilungen/2016/index_16240.html.
[185] EuGH, Urt. v. 16.10.2016 – C – 148/15.
[186] *Kubiciel*, jurisPR-Compl 3/2016, S. 2. Nach dessen Auffassung verstößt diese Herausnahme der Apotheker offensichtlich gegen internationales und europäisches Recht.

erwünschte Privilegierung der Apotheker war, sondern einen – aus der Streichung der Bezugnahme auf die berufsrechtlichen Pflichten resultierenden – „Kollateraleffekt" darstellt.[187]

3.1.2.4. Anwendbarkeit des § 299b StGB auch auf Apotheker

Im Hinblick auf die **aktive Bestechung** nach § 299b StGB ist die Sachlage allerdings anders zu beurteilen. Hier können durchaus alle drei Handlungsvarianten **auch vom Apotheker** erfüllt werden, wenn dieser beispielsweise einem Arzt einen Vorteil dafür verspricht, anbietet oder gewährt, dass der Arzt bei der Verordnung bzw. dem Bezug der Arzneimittel oder bei der Zuführung der Patienten den Apotheker als Leistungserbringer unlauter bevorzugt. Denn **Verordnungsentscheidungen** umfassen alle Tätigkeiten, die mit dem Verordnen in einem engen Zusammenhang stehen, wie beispielsweise die Übersendung der Verordnung an einen Leistungserbringer.[188] Damit ist auch der Fall erfasst, dass der Apotheker dem Arzt für die Übersendung von Verschreibungen an ihn einen Vorteil anbietet, verspricht oder gewährt.[189]

Apotheker können sich auch strafbar machen, wenn sie dem Arzt einen Vorteil dafür versprechen, dass dieser bei der **Zuführung von Patienten** seine Apotheke unlauter bevorzugt, indem der Arzt beispielsweise die Patienten direkt an seine Apotheke verweist.[190] Ferner kann auch die **Bezugsalternative** durch Apotheker verwirklicht werden: Hierzu müssten die Beteiligten eine Absprache treffen, wonach der Arzt beim Bezug der Mittel zur unmittelbaren Anwendung beim Patienten die Apotheke unlauter bevorzugt, weil der **Apotheker** hierfür einen **Vorteil verspricht**, anbietet oder gewährt.[191]

Die Regelung des § 299b StGB (aktive Bestechung durch den Apotheker) behält somit – im Unterschied zu § 299a StGB – weiterhin Relevanz und birgt ein Strafbarkeitsrisiko auch für Apotheker.[192] Dennoch werden die „klassischen" Formen der Zusammenarbeit zwischen den Apothekern und der Industrie, wie beispielsweise Zuwendungen im Zusammenhang mit dem Bezug von Arzneimitteln durch die Apotheke (Rabatte, Skonti etc.), Mengenrabatte, rückwirkend gewährte Rabatte beim Bezug, Nebenleistungen für die Werbung, Zurverfügungstellung von Werbe- und

---

[187] *Kubiciel*, jurisPR-StrafR 11/2016, S. 3; a.A: *Geiger*, medstra 2016, S. 17, der feststellt, dass viele Rabattierungsmöglichkeiten seit der Aufhebung des Rabattgesetzes gerade erwünscht seien.
[188] BT-Drs. 18/6446 v. 21.10.2015, S. 20.
[189] Der Fall ist vergleichbar mit der Entscheidung des BGH, Urt. v. 13.03.2014 – I ZR 120/13 (Kooperationsapotheke).
[190] Dies muss jedoch konkret nachweisbar sein, vgl. OLG Braunschweig, Beschl. v. 23.02.2010 – Ws 17/10.
[191] Dies ist insbesondere bei Verordnung und Herstellung von Zytostatika vorstellbar.
[192] Ebenso *Meyer*, S. 14; *Brettel/Mand*, S. 103.

Verkaufshilfen, Werbekostenzuschüsse und Ähnliches nach §§ 299a, 299b StGB straffrei bleiben.[193]

Zu beachten ist allerdings, dass sich der Apotheker nach **§ 10 ApoG** nicht verpflichten darf, bestimmte Arzneimittel ausschließlich oder bevorzugt anzubieten oder abzugeben oder anderweitig die Auswahl der von ihm abzugebenden Arzneimittel auf das Angebot bestimmter Hersteller oder Händler oder von Gruppen von solchen zu beschränken.[194] Regal- und Platzierungsmieten im Sinne von Zahlungen für die besondere Präsentation von Arzneimitteln in den Verkaufsräumen der Apotheke wären zumindest danach unzulässig und zugleich nach § 3 UWG wettbewerbswidrig.[195] Auch die **Kooperations- und Zuweisungsverbote nach § 11 ApoG** bleiben unberührt, sodass neben der Nichtigkeit und Wettbewerbswidrigkeit entsprechender Absprachen jedenfalls eine Ordnungswidrigkeit sowie der Widerruf der Betriebserlaubnis in Betracht kommen.[196]

3.1.3. Einbeziehung der nicht-akademischen Heilberufe

Eine Begrenzung des Täterkreises auf akademische Heilberufsgruppen hat der Gesetzgeber ausdrücklich nicht beabsichtigt. Vom Tatbestand des § 299a StGB erfasst werden daher auch die sogenannten **Gesundheitsfachberufe**.[197] Angehörige der Gesundheitsfachberufe sind **nicht-akademische Heilberufsgruppen**, deren Ausbildung ebenfalls gesetzlich geregelt ist.[198] Es handelt sich (in alphabetischer Reihenfolge) um die folgenden Berufe:[199]

- Altenpfleger,
- Dentalhygieniker,
- Diät-Assistenten,
- Dialysepfleger,
- Ergotherapeuten,
- Gesundheits- und Krankenpfleger,

---

[193] Vgl. Zusammenarbeit mit der Industrie Kap. 11, S. 227 ff.
[194] Vgl. hierzu auch Kap. 7.1.1, S. 145.
[195] Ebenso *Dieners*, PharmR 2015, S. 533.
[196] Vgl. hierzu Kap. 7.1.2, S. 145 ff.
[197] Der früher oftmals benutzte Begriff „Heilhilfsberufe" wird von den Verbänden nicht mehr verwendet, weil die Berufe heute nicht nur auf eine Hilfe für andere Gesundheitsberufe reduzierbar sind, vgl. *Haage*, Rn. 3. Gegen eine Anwendung des § 203 Abs. 1 Nr. 1 StGB auf sogenannte Heilhilfsberufe (Krankenpflegepersonal, MTA und Rettungsassistenten) *Knauer/Brose*, §§ 203 ff. StGB, Rn. 12; anders die h.M., vgl. *Kargl*, § 203, Rn. 30 m.w.N.
[198] Vgl. zu den Rechtsgrundlagen und den Einzelregelungen zu den Gesundheitsfachberufen ausführlich *Haage*.
[199] Angelehnt an die Aufzählung von *Haage* mit Hinweis darauf, dass die Dentalhygieniker und Dialysepfleger lediglich Zusatzqualifikationen zum zahnärztlichen Fachangestellten bzw. zum Gesundheits- und Krankenpfleger sind und die Ausbildung zum Osteopathen lediglich in Hessen staatlich geregelt ist, vgl. *Haage*, Rn. 43, 52, 109.

- Gesundheits- und Kinderkrankenpfleger,
- Hebammen,
- Logopäden,
- Krankengymnasten,
- Masseure und Physiotherapeuten,
- Medizinische Fachangestellte,
- Medizinisch-technische Assistenten,
- Notfallsanitäter,[200]
- Orthoptisten,
- Osteopathen,
- Pharmazeutisch-technische Assistenten,
- Podologen,
- Zahnärztliche Fachangestellte.

Zwar sind die nicht-akademischen Heilberufsgruppen nicht in demselben Maß wie Ärzte und Apotheker in die Ausgabenverteilung im Gesundheitswesen eingebunden, sie haben insbesondere für andere Leistungserbringer nicht dieselbe wirtschaftliche Bedeutung wie diese. Das generelle Risiko unlauterer Einflussnahme auf Entscheidungen nicht-akademischer Heilberufsgruppen dürfte daher etwas weniger schwer wiegen.[201] Hieraus will der Gesetzgeber aber nicht den Schluss ziehen, dass korruptive Einflussnahmen auf Angehörige nicht-akademischer Heilberufsgruppen und korruptiv beeinflusste Verhaltensweisen im Bereich der nichtärztlichen Gesundheitsversorgung weniger strafwürdig seien. Vielmehr seien die von nicht-akademischen Heilberufsgruppen zu treffenden Entscheidungen und zu erbringenden Leistungen für die Patienten und damit für die Gesundheitsversorgung insgesamt in gleicher Weise wichtig und notwendig.[202]

Diese Ansicht ist richtig. Denn bei Gesundheitsfachberufen kann es ebenfalls zu korruptiven Absprachen kommen, beispielsweise bezüglich der **Weiterverweisung von Patienten an bestimmte Leistungserbringer**.[203] So kann gerade das Pflegepersonal erheblichen Korruptionsrisiken ausgesetzt sein, etwa bei der „Vertriebsförderung" von Heil- und Hilfsmitteln, beim Entlass- und Überleitungsmanagement[204] ebenso wie bei Kooperationen mit Pflegedienstleistern oder Bestattungsunternehmen.[205] Andere Leistungserbringer, die sich nicht auf solche Praktiken einlassen, werden dadurch im Wettbewerb benachteiligt. Auch die Patienten können sich

---

[200] Der Beruf der Notfallsanitäter wurde mit Gesetz vom 22.05.2013 neu eingeführt und das Rettungsassistentengesetz zum 01.01.2015 aufgehoben, vgl. *Haage*, Rn. 3, Fn. 10.
[201] BT-Drs. 18/6446 v. 21.10.2015, S. 17.
[202] BT-Drs. 18/6446 v. 21.10.2015, S. 17; a.A.: *Brettel/Duttge/Schuhr*, S. 934; kritisch ebenfalls *Badle*, medstra 1/2015, S. 3.
[203] BT-Drs. 18/6446 v. 21.10.2015, S. 17.
[204] Vgl. zum Entlassmanagement Kap. 8.5.3, S. 183 ff.
[205] *Schneider*, Rechtsgutachten, S. 6.

nicht mehr darauf verlassen, dass die Entscheidung ausschließlich medizinischen Erwägungen folgt und dem Patientenwohl dient.[206] Es war dem Gesetzgeber daher ein Anliegen, auch für die Leistungen dieser nicht-akademischen Heilberufsangehörigen mit den Mitteln des Strafrechts sicherzustellen, dass sie wettbewerbskonform und frei von unzulässiger Einflussnahme erbracht werden. Dies gilt umso mehr, als jedenfalls im Bereich der gesetzlichen Krankenversicherung eine **Übertragung ärztlicher Aufgaben auf nicht-ärztliche Heilberufsgruppen** gesetzlich **zunehmend ermöglicht** wird[207] und mit einer Ausklammerung dieser Heilberufsgruppen Schutzlücken entstehen würden.[208]

3.1.4. Gesundheitshandwerker

§ 299a StGB sieht als Adressaten der Bestechlichkeit sogenannte „Angehörige eines Heilberufs" vor. Der Begriff des Heilberufs ist ebenso wenig legal definiert wie der Begriff des Gesundheitsfachberufes, der in der Gesetzesbegründung zusätzlich zu den akademischen Heilberufen als Umschreibung für den potentiellen Täterkreis genannt wird.[209] Zweifelhaft ist hierbei, ob auch die sogenannten Gesundheitshandwerker vom Adressatenkreis des § 299a StGB umfasst werden. Die Gesundheitshandwerker unterliegen der **Handwerksordnung** und dürften aus diesem Grund nicht dem Adressatenkreis des § 299a StGB unterfallen.[210] **Gesundheitshandwerker** sind:

- Augenoptiker,
- Hörgeräte-Akustiker,
- Zahntechniker,
- Orthopädie-Mechaniker/Bandagisten,
- Orthopädieschuhmacher.

Die Definition „Angehörige eines Heilberufs" nach § 299a StGB ist identisch mit § 203 Abs. 1 Nr. 1 StGB („*Heilberuf, der für die Berufsausübung oder die Führung der Berufsbezeichnung eine staatlich geregelte Ausbildung erfordert*"), sodass die

---

[206] BT-Drs. 18/6446 v. 21.10.2015, S. 17.
[207] Vgl. etwa § 63 Abs. 3c SGB V: „*Modellvorhaben nach Absatz 1 können eine Übertragung der ärztlichen Tätigkeiten, bei denen es sich um selbständige Ausübung von Heilkunde handelt und für die die Angehörigen der im Krankenpflegegesetz geregelten Berufe auf Grund einer Ausbildung nach § 4 Abs. 7 des Krankenpflegegesetzes qualifiziert sind, auf diese vorsehen. Satz 1 gilt für die Angehörigen des im Altenpflegegesetz geregelten Berufes auf Grund einer Ausbildung nach § 4 Abs. 7 des Altenpflegegesetzes entsprechend. Der Gemeinsame Bundesausschuss legt in Richtlinien fest, bei welchen Tätigkeiten eine Übertragung von Heilkunde auf die Angehörigen der in den Sätzen 1 und 2 genannten Berufe im Rahmen von Modellvorhaben erfolgen kann.*"
[208] BT-Drs. 18/6446 v. 21.10.2015, S. 17; zustimmend *Kubiciel*, MedR 2016, S. 3.
[209] BT-Drs. 18/6446 v. 21.10.2015, S. 17.
[210] Vgl. hierzu näher *Quaas/Zuck*, S. 790 m.w.N.

beiden potentiellen Täterkreise die gleichen sein dürften.[211] Begrifflich wird in der Praxis darüber hinaus regelmäßig zwischen Gesundheitsfachberufen und Gesundheitshandwerken unterschieden.[212] Für die **Zahntechniker** wurde bereits entschieden, dass diese **keinen Heilberuf** ausüben.[213] Bei der strafrechtlich gebotenen restriktiven Auslegung des Täterkreises spricht daher einiges dafür, dass die **Gesundheitsfachwerke nicht vom Täterkreis** des § 299a StGB **umfasst** sein sollen.[214]

Allerdings gibt es hierfür eigentlich **keinen nachvollziehbaren Grund**. Denn wenn Wettbewerb und Vertrauen im Gesundheitswesen strafrechtlich geschützt werden sollen, so muss dies auch für die Gesundheitshandwerker gelten. Auch ein Optiker oder Hörgeräteakustiker kann von den Herstellern von Gläsern, Linsen oder Hörgeräten bestochen werden, ebenso wie die Angehörigen der Gesundheitsfachberufe. Es ist daher nach Ansicht der *Autorin* hier eine **Strafbarkeitslücke** festzustellen, die weder für die Gesundheitshandwerker noch für die Heilpraktiker[215] nachvollziehbar ist.

Demgegenüber kann Täter im Sinne des § 299b StGB (aktive Bestechung im Gesundheitswesen) jedermann sein. Damit fallen beispielsweise die Gesundheitshandwerksberufe ebenso wie die Industrievertreter, Sanitätshändler oder Mitarbeiter der Krankenhäuser oder der Krankenkassen in aktiver Hinsicht unter den potentiellen Täterkreis der „Bestechung im Gesundheitswesen" nach § 299b StGB.[216]

3.1.5. Heilpraktiker nicht vom Straftatbestand erfasst

Heilpraktiker unterliegen der Strafvorschrift des § 299a StGB deshalb nicht, weil deren Ausbildung nicht „staatlich geregelt" ist.[217] Diese Schlussfolgerung ist zwar richtig und angesichts des insoweit eindeutigen Wortlauts auch konsequent. Die **Ausnahme der Heilpraktiker** von der Strafbarkeit nach §§ 299a, 299b StGB ist allerdings nach Ansicht der *Autorin* absolut **inakzeptabel** und auch **gefährlich** – insbesondere im Hinblick auf den Schutz der Patienten.[218]

---

[211] Auch die Gesetzesbegründung verweist in BT-Drs. 18/6446 v. 21.10.2015, S. 17 auf § 203 Abs. 1 Nr. 1 StGB.
[212] So listet beispielsweise auch die Bundesärztekammer auf ihrer Homepage unter dem Begriff der Gesundheitsfachberufe nicht die Gesundheitshandwerker oder die Gesundheitstechnikberufe auf, vgl. www.bundesaerztekammer.de/fileadmin/user_upload/downloads/1.pdf.
[213] OLG Hamburg, Urt. v. 07.05.2014 – 5 U 199/11; *Weidemann*, § 203 Rn. 15.
[214] *Heil/Oeben*, S. 218; ebenso für die Optiker *Dann/Scholz*, S. 2078; a.A.: *Grinblat*, S. 5.
[215] Vgl. hierzu nachfolgendes Kap. 3.1.5, S. 37 f.
[216] *Heil/Oeben*, S. 218.
[217] Vgl. auch *Gaede/Lindemann/Tsambikakis*, S. 147; *Tsambikakis*, S. 133 m.w.N. in Fn. 33.
[218] Ebenso *Medizinrechtsausschuss*, der schon im Jahr 2014 gefordert hatte, die Normadressaten des geplanten § 299a StGB auf Heilberufsangehörige, die „mit Erlaubnis" tätig werden (wie etwa die Heilpraktiker), auszuweiten, vgl. S. 395 und S. 397.

Denn gerade die Heilpraktiker sind – nach ausdrücklicher gesetzlicher Regelung – neben den Ärzten zur Ausübung der Heilkunde am Menschen befugt: Nach § 1 Abs. 2 HeilprG ist Ausübung der Heilkunde jede berufs- oder gewerbsmäßig vorgenommene Tätigkeit zur Feststellung, Heilung oder Linderung von Krankheiten, Leiden oder Körperschäden bei Menschen, auch wenn sie im Dienste von anderen ausgeübt wird.[219] Grundsätzlich dürfen Heilpraktiker alle Untersuchungs- und Behandlungsmethoden anwenden, die sie tatsächlich beherrschen.[220] Es wird daher auch mit den Heilpraktikern ein Behandlungsvertrag nach § 630a BGB geschlossen.[221]

Leistungen der Heilpraktiker werden zunehmend sowohl von Kassenpatienten als auch von Privatpatienten in Anspruch genommen.[222] Darüber hinaus erstatten jedenfalls die privaten Krankenkassen gemäß § 4 Nr. 2 MB-KK auch Leistungen der Heilpraktiker.[223] Nach § 4 Nr. 14 Satz 1 UStG sind die Umsätze der Heilpraktiker (ebenso wie bei Ärzten und Zahnärzten) von der **Umsatzsteuerpflicht befreit**.[224]

Heilpraktiker sind somit ausdrücklich **zur Ausübung der Heilkunde berechtigt**.[225] Sie sind ebenfalls „Behandler" im Gesundheitswesen, selbst wenn sie – im Gegensatz zu den nicht-akademischen Berufsgruppen – tatsächlich keine staatlich geregelte Ausbildung durchlaufen müssen.[226] Dies wird beispielsweise auch vom Bundesinstitut für Arzneimittel und Medizinprodukte im Rahmen der „Empfehlungen zu Anwendungsbeobachtungen" festgestellt, wonach die Beteiligung an Anwendungsbeobachtungen[227] zwar als „ärztliche Tätigkeit" gilt. Bei Arzneimitteln, die nicht der ärztlichen Verschreibungspflicht unterliegen, sind Anwendungsbeobachtungen allerdings auch bei anderen Heilberufen möglich.[228]

Die Heilpraktiker unterfallen auch dem **Verbot des § 11 Abs. 1 ApoG**. Danach dürfen Apotheker und deren Personal mit Ärzten und „Personen, die sich mit der Behandlung von Krankheiten befassen", keine Rechtsgeschäfte und Absprachen tref-

---

[219] Vgl. zur Entstehung des Heilpraktikergesetzes *Laufs*, S. 115, Rn. 1 ff. Vgl. zur Fortentwicklung des Heilkundebegriffs ausführlich *Quaas/Zuck*, S. 766 ff. m.w.N. Vgl. zur Berufsausübung als Heilpraktiker *Deutsch/Spickhoff*, S. 66 ff. und S. 371 f.
[220] Vgl. zu den Ausnahmen *Rieger/Hespeler*, Rn. 11.
[221] Vgl. nur *Spickhoff*, Medizinirecht, § 630a BGB, Rn. 15, der die Heilpraktiker dort übrigens auch zu den „Heil(hilfs)berufen" zählt.
[222] Vgl. allerdings zur aktuellen Forderung des Gemeinsamen Bundesausschusses und der KBV, alternative Behandlungsmethoden als erstattungsfähige Leistungen vollständig auszuschließen und Heilpraktikerbehandlungen sogar völlig zu verbieten, den Beitrag im Deutschen Ärzteblatt vom 29.08.2016: „Homöopathische Therapien sollen auf den Prüfstand" unter www.aerzteblatt.de/nachrichten/70242.
[223] Vgl. *Quaas/Zuck*, S. 770 m.w.N. und *Rieger/Hespeler*, Rn. 26.
[224] BFH, Urt. v. 18.03.2015 – XI R 15/11.
[225] Hierzu schon immer kritisch *Laufs*, S. 118, Rn. 7 ff.
[226] Allerdings gibt es eine Vielzahl von privaten Angeboten für die Ausbildung zum Heilpraktiker, die – je nach Bundesland und Prüfeinrichtung – durchaus mit einer anspruchsvollen Abschlussprüfung enden. Diese ist Voraussetzung dafür, dass die Heilpraktiker eine entsprechende Genehmigung zur Führung der Bezeichnung „Heilpraktiker" erhalten.
[227] Vgl. hierzu Kap. 12.2, S. 238 ff.
[228] *BfArM-Empfehlungen*, S. 7, Fn. 3.

fen.²²⁹ Auch Heilpraktiker zählen zu diesen „Personen", da sie Verordnungen ausstellen oder Medikamente, Heil- und Hilfsmittel aus Apotheken beziehen lassen können.²³⁰

Heilpraktiker sind damit – jedenfalls im Hinblick auf die **Verordnung von Medikamenten** und die **Durchführung von Behandlungsmaßnahmen** mittels bestimmter Methoden oder Medizinprodukte – ebenso anfällig für Bestechung und Bestechlichkeit, wie Ärzte, Zahnärzte oder sonstige Therapeuten.

Es ist daher völlig unverständlich, weshalb nicht auch die Heilpraktiker ausdrücklich in den Straftatbestand miteinbezogen wurden. Immerhin werden in **Nr. 26 MiStra**²³¹ auch die **Heilpraktiker** ausdrücklich als „**Angehörige der Heilberufe**" genannt. Unklar ist, ob die Herausnahme der Heilpraktiker auf einem gesetzgeberischen Versehen beruht oder auf der weiterhin bestehenden kategorischen Ablehnung der Heilpraktiker durch die Ärzteschaft. Eine solch überhebliche Haltung hätte dann die Konsequenz der Straflosigkeit der Heilpraktiker – selbst im Falle der eindeutigen und nachweislichen Verwirklichung der neuen Straftatbestände der §§ 299a, 299b StGB.²³² Diese Strafbarkeitslücke muss dringend geschlossen werden, da für eine **Privilegierung der Heilpraktiker** angesichts deren gesetzlich zulässiger Ausübung der Heilkunde an den Patienten **keinerlei sachliche Rechtfertigungsgründe** bestehen.²³³

3.1.6. Weitere Strafbarkeitslücken auf Nehmerseite

Vom Straftatbestand der Bestechlichkeit nach § 299a StGB ist auf Nehmerseite ferner nicht umfasst das **nicht-ärztliche Management-Personal** beispielsweise von Kliniken, Medizinischen Versorgungszentren oder großen Arztpraxen. Dieses Personal hat allerdings oftmals gerade im Zusammenhang mit dem Bezug von Heil- und Hilfsmitteln erhebliche **Entscheidungsbefugnisse** und ist daher ebenfalls anfällig für korruptive Angebote. Im Rahmen des Entlassmanagements werden zunehmend auch **Sozialarbeiter** eingesetzt, die aufgrund ihrer Empfehlungs- und Entscheidungsbefugnisse für Anschlussbetreuung ebenfalls korruptionsanfällig sein können. Es ist daher nicht wirklich nachvollziehbar, weshalb diese Personenkreise nicht auch vom Straftatbestand umfasst sind, zumal die weiteren Korruptionstatbestände nicht zwingend anwendbar sind.²³⁴

---

[229] Vgl. hierzu näher Kap. 7.1.2, S. 145 ff.
[230] *Prütting*, § 11 ApoG, Rn. 3.
[231] Anordnung über Mitteilungen in Strafsachen, vgl. den Wortlaut dieser Vorschrift in Kap. 16.1.7, S. 317.
[232] Auch die Tatbestände der §§ 299 und 331-333 StGB sind bei den selbständig tätigen Heilpraktikern nicht anwendbar.
[233] Ebenso *Schneider*, Rechtsgutachten, S. 17.
[234] Ebenso *Pragal/Handel*, medstra 2016, S. 27.

Der Tatbestand erfasst ferner nicht den gesamten Bereich der sogenannten „**mittelbaren Korruption**", beispielsweise durch Zuwendungen an Mitglieder der **Fachgesellschaften** oder an die medizinischen **Fachgesellschaften** selbst als Gegenleistung für bestimmte Empfehlungen zur Verordnung von Arznei- oder Hilfsmitteln.[235]

Schließlich sind auch die aktuell bekannt gewordenen Vorwürfe des „**Upcodings**" von Diagnosen durch Ärzte auf Forderung der **Krankenkassen** – teilweise unter Zahlung von Prämien – nicht von den neuen Korruptionstatbeständen erfasst. Denn das Upcoding erfüllt keine der drei genannten Handlungsalternativen der „Verordnung", des „Bezugs" oder der „Zuführung" von Patienten, weshalb auch diese Maßnahmen korruptionsrechtlich nicht erfasst sind.

Es ist bedauerlich, dass der Gesetzgeber hier einige **Strafbarkeitslücken** belassen hat, obwohl er diese einerseits mit dem aus dem Heilmittelwerberecht entlehnten Begriff der „**Fachkreise**"[236] und andererseits mit einem ergänzenden Auffangtatbestand leicht hätte schließen können.

3.2. Die Vorteilszuwendung nach §§ 299a, 299b StGB

3.2.1. Handlungsvarianten auf Nehmerseite

Der **Tatbestand der Bestechlichkeit** nach § 299a Abs. 1 StGB erfordert zunächst das **Fordern, Sich-Versprechen-Lassen oder Annehmen eines Vorteils**.[237] Er entspricht damit den Tatbestandsvarianten des bereits bestehenden Straftatbestands der Bestechlichkeit nach § 299 Abs. 1 StGB, sodass nach Ansicht des Gesetzgebers auf die hierzu entwickelten Auslegungsgrundsätze zurückgegriffen werden kann.[238]

Fordern ist die ausdrückliche oder stillschweigende Erklärung des Täters, dass er einen Vorteil als Gegenleistung für eine unlautere Bevorzugung eines anderen begehrt. Das Verlangen ist daher eine auf Abschluss einer Unrechtsvereinbarung zielende Erklärung.[239]

Ein **Sich-Versprechen-Lassen** liegt vor, wenn der Täter ausdrücklich oder konkludent erklärt, einen angebotenen Vorteil anzunehmen. **Annehmen** bedeutet die tatsächliche Entgegennahme eines geforderten oder angebotenen Vorteils. Bei der Annahme durch einen Dritten muss diesbezüglich Kenntnis und Einverständnis des Täters vorliegen.[240] Das Sich-Versprechen-Lassen und das Annehmen verlangen also

---

[235] *Pragal/Handel*, medstra 2016, S. 27.
[236] Vgl. hierzu Kap. 7.2.1, S. 152.
[237] Vgl. zum Begriff des Vorteils Kap. 3.2.3, S. 42 ff.
[238] BT-Drs. 18/6446 v. 21.10.2015, S. 17; vgl. zum Straftatbestand des § 299 StGB Kap. 4.1, S. 81 ff.
[239] *Dannecker*, § 299 StGB, Rn. 32.
[240] *Krick*, § 299, Rn. 22; *Dannecker*, § 299, Rn. 32; *Tsambikakis*, S. 133; BGH, Urt. v. 25.07.1960 – 2 StR 91/60.

eine **Übereinkunft von Geber und Nehmer**.[241] Im Rahmen des Sich-Versprechen-Lassens bedarf es ferner einer **Mitwirkungshandlung** durch den Vorteilsgeber. Ob es tatsächlich zu einem Austausch der Leistungen kommt, ist unerheblich.[242]

Im **Fall des Forderns** reicht eine nur von **einer Seite intendierte Vereinbarung aus**, mithin das **einseitige Verlangen** einer Leistung.[243] Dies kann auch in verdeckter Form erfolgen. Mit dem bloßen „**Fordern**" sollen auch untaugliche Anbahnungsbemühungen unter Vollendungsstrafe gestellt werden. Es soll nicht darauf ankommen, ob die Forderung Erfolg hat, sondern darauf, ob sie dem potenziellen Geber zugeht. **Fordern** ist hierbei jede Erklärung des Täters, mit der er das Begehren einer Gegenleistung für eine unlautere Bevorzugung im Wettbewerb ausdrücklich oder konkludent zum Ausdruck bringt.[244] Der Tatbestand des Forderns ist daher auch dann erfüllt, wenn das damit verbundene Ansinnen erfolglos bleiben sollte.[245]

Dies ist **kritisch zu sehen**: Denn damit könnten schon allein vertragliche Verhandlungen (beispielsweise über Kooperationen oder über die Vergütung eines Honorararztes)[246] als unzulässiges „Fordern" angesehen werden. Vertragsverhandlungen und ein damit verbundenes „Fordern" einer Vergütung, die vom Geschäftspartner möglicherweise als unangemessen angesehen wird und damit von der Klinik oder einer dritten Institution abgelehnt wird, darf daher nicht als vollendete Tat angesehen werden und erst recht nicht zu einer potentiellen Kriminalisierung des verhandelnden Arztes führen.[247] Dies würde den Bogen überspannen.[248]

---

[241] BT-Drs. 18/6446 v. 21.10.2015, S. 17.
[242] *Dannecker*, § 299, Rn. 33; *Tsambikakis*, S. 133. Ein „Sich-Versprechen-Lassen" ist allerdings nicht gegeben, wenn der Täter von einem Angebot ausgeht und dieses annimmt, tatsächlich aber kein Angebot vorlag. In diesem Fall ist dann aber gegebenenfalls ein Fordern in Betracht zu ziehen.
[243] BT-Drs. 18/6446 v. 21.10.2015, S. 17 mit Verweis auf *Fischer*, StGB, § 299, Rn. 17; BGH, 30.04.1957 – 1 StR 287/56; *Kuhlen*, § 331, Rn. 20; *Korte*, § 331, Rn. 50; *Heine/Eisele*, § 331, Rn. 25.
[244] *Tsambikakis*, S. 133 m.w.N.
[245] BT-Drs. 18/6446 v. 21.10.2015, S. 17. Eine Korrektur dieser weiten Vorverlagerung der Strafbarkeit durch Rücktrittsmöglichkeiten ist nicht vorgesehen, vgl. *Dannecker*, § 299 StGB, Rn. 32 m.w.N.
[246] Vgl. hierzu Kap. 8.2.3, S. 168 ff.
[247] Vgl. zur Beurteilung der Angemessenheit der Vergütung Kap. 8.3.3, S. 171 ff.
[248] Auch *Schneider/Ebermann* weisen zutreffend darauf hin, dass durch diese problematische Vorverlagerung der Verantwortlichkeit in die Sphäre der Abgabe und des Empfangs von Willenserklärungen das Merkmal des Vorteils jede eigenständige Bedeutung in der Dogmatik der Korruptionsdelikte verliere, HRRS 6/2013, S. 221; kritisch ebenso *Geiger*, medstra 2/2015, S. 104.

3.2.2. Handlungsvarianten auf Geberseite

Die Tathandlungen der Bestechung werden auf der **Geberseite** in § 299b StGB durch die Begriffe „anbieten, versprechen oder gewähren" umschrieben.[249] **Anbieten** bezieht sich auf einen einseitigen Vorschlag, der auf den Abschluss der Unrechtsvereinbarung gerichtet ist (sogenannte **Verhandlungsstufe**). Unter **Versprechen** wird das „Kausalgeschäft" im Hinblick auf den Abschluss der Unrechtsvereinbarung verstanden (sogenannte **Vereinbarungsstufe**). **Gewähren** bedeutet die tatsächliche Zuweisung des Vorteils (sogenannte **Leistungsstufe**).[250] Konkludente Erklärungen – bei durchgängiger Informationskette auch an Mittelsmänner – reichen aus. Ob sich der Vorteil realisiert, ist unerheblich.[251]

Zu **kritisieren** ist allerdings, dass die drei Tathandlungen auf Nehmer- und Geberseite jeweils gleichgestellt sind, obwohl sich deren Unrechtsgehalt deutlich voneinander unterscheidet: Denn das „Anbieten", „Fordern" und „Versprechen" des Vorteils sind lediglich **Vorstufen** des „Gewährens" und „Annehmens" des Vorteils, was zumindest im Rahmen der Strafzumessung **mildernd zu berücksichtigen** ist.[252]

3.2.3. Der Begriff des Vorteils

Zur Auslegung des Vorteilsbegriffs verweist der Gesetzgeber ebenfalls auf die rechtlichen Grundsätze, die zu den bereits existierenden Korruptionstatbeständen der §§ 299, 331 ff. StGB (Bestechung und Vorteilsannahme)[253] entwickelt wurden.[254] Danach deckt der Vorteilsbegriff **jede Zuwendung ab, auf die der Täter keinen Rechtsanspruch hat** und die seine wirtschaftliche, rechtliche oder persönliche Lage objektiv verbessert.[255] Hierbei unterfallen dem neuen Straftatbestand des § 299a Abs. 1 StGB aufgrund eines **weiten Vorteilsbegriffs** sämtliche denkbaren Vorteile. Sie umfassen sowohl **materielle als auch immaterielle Zuwendungen,** sofern diese objektiv messbar sind.[256] **Zuwendungen** für eine in der **Vergangenheit** liegende Bevorzugung erfüllen den Tatbestand allerdings nicht, es sei denn der Zuwendung liegt eine vorausgegangene Unrechtsvereinbarung zugrunde und der Täter hat sich den Vorteil bereits vorab versprechen lassen.[257]

---

[249] Vgl. hierzu auch *Schneider*, Rechtsgutachten, S. 14.
[250] *Schneider*, Rechtsgutachten, S. 15; *Fischer*, StGB, § 333, Rn. 4; *Kuhlen*, § 333, Rn. 4 ff; *Korte*, § 333, Rn. 10 f.; *Heine/Eisele*, § 333, Rn. 3; *Schuhr*, § 331 StGB, S. 2765, Rn. 34 f. m.w.N.
[251] *Tsambikakis*, S. 138.
[252] Ebenso *Schneider*, Erste Bestandsaufnahme, S. 47.
[253] Die Straftatbestände werden in Kap. 4, S. 81 ff. dargestellt.
[254] BT-Drs. 18/6446 v. 21.10.2015, S. 17. Kritisch zur mangelnden Konkretisierung des Vorteilsbegriffs *Wigge*, S. 449 ff.
[255] BGH, Beschl. v. 29.04.2015 – 1 StR 235/14; BGH, Urt. v. 18.06.2003 – 5 StR 489/02; BGH, Urt. v. 11.04.2001 – 3 StR 503/00.
[256] BT-Drs. 18/6446 v. 21.10.2015, S. 16 f.
[257] BT-Drs. 18/6446 v. 21.10.2015, S. 20; BGH, Urt. v. 10.07.2013 – 1 StR 532/12; *Fischer*, StGB, § 299, Rn. 13.

Die Vorteile beziehen sich sowohl auf **Vorteile für den Täter** selbst als auch auf **Vorteile für einen Dritten**.[258] Drittvorteile sind solche, die der Vorteilsnehmer nicht selbst vereinnahmt, sondern die einem anderen zugutekommen. In der Praxis des Gesundheitswesens ist der „Dritte" beispielsweise die Krankenhausbetreibergesellschaft, für die der Vorteilsnehmer tätig ist, oder der Verein (etwa eine medizinische Fachgesellschaft oder eine Kongressagentur zur Vermittlung von Standgebühren), für die der Angehörige des Heilberufs Vorteile einwirbt oder annimmt.[259] Dritte sind aber auch schlichtweg der Ehegatte, andere Familienangehörige oder Mitarbeiter der Praxis oder einer Klinikabteilung.

Das Tatbestandsmerkmal entspricht damit weitgehend auch dem Vorteilsbegriff der berufsrechtlichen Regelungen der §§ 31, 32 MBO,[260] der ebenfalls jede Leistung des Zuwendenden erfasst, auf die der Empfänger keinen durch eine Gegenleistung gedeckten Anspruch hat und die ihn materiell oder auch immateriell in seiner wirtschaftlichen Lage objektiv besser stellt.[261] Der Straftatbestand des neuen § 299a StGB geht darüber nur insoweit hinaus, als **auch immaterielle Vorteile**[262] einbezogen werden; hinsichtlich der materiellen Vorteile sind die Vorteilsbegriffe identisch.[263]

3.2.4. Beispiele von Vorteilen

3.2.4.1. Materielle Vorteile

Vorteile in Form von **Geldzahlungen** finden sich als **Provisionen, Prämien, Gutschriften, Rabatte, Sonder-** oder **Rückvergütungen, Honorare** oder **Umsatzbeteiligungen**. Vorteile können ferner gewährt werden in Gestalt von **Firmenbeteiligungen**, von Gegenständen wie etwa **Luxusgüter**, Fahrzeuge, Computer oder ähnliches, durch **Auftragsvergabe** an die betreffenden oder an diesen nahestehenden natürlichen oder juristischen Personen, sowie durch Urlaubseinladungen, Tickets für Veranstaltungen, Darlehen, Stundungen, Vermittlung von Nebenbeschäftigungen und vielem mehr.[264] Zu den materiellen Vorteilen können ferner – ebenso wie bei § 31 MBO – Einladungen zu unentgeltlichen Kongressen oder die Übernahme der Kosten von Fortbildungsveranstaltungen zählen.[265] Auch **Bezuschussungen** von **Weihnachtsfeiern**, Geburtstagsfeiern, Jubiläen oder ähnlichen Veranstaltungen stellen Vorteile dar.

---

[258] BT-Drs. 18/6446 v. 21.10.2015, S. 17.
[259] *Schneider*, Erste Bestandsaufnahme, S. 28.
[260] Vgl. hierzu Kap. 5, S. 103 ff.
[261] BT-Drs. 18/6446 v. 21.10.2015, S. 17, mit Verweis auf *Scholz*, § 31 MBO, Rn. 5.
[262] Vgl. hierzu näher das nachfolgende Kap. 3.2.4.2, S. 45 f.
[263] BT-Drs. 18/6446 v. 21.10.2015, S. 17, mit Verweis auf *Fischer*, StGB, § 331, Rn. 11e.
[264] *Passarge*, S. 483.
[265] Siehe hierzu beispielsweise BGH, Urt. v. 23.10.2002 – 1 StR 541/01. Vgl. zur berufsrechtlich zulässigen Annahme von Fortbildungskosten ausführlich Kap. 13.1, S. 251 ff.

Auch sonstige **Vermögens- oder Gewinnbeteiligungen** an Gesellschaften (die gegebenenfalls nur zum Zwecke der Verschleierung des Zuweisungstatbestandes gegründet wurden) oder sonstige Einnahmen hieraus werden vom Vorteilsbegriff erfasst.[266] Das gilt sowohl für Teilberufsausübungsgemeinschaften nach § 18 Abs. 1 MBO als auch für Apparategemeinschaften oder Trägergesellschaften für Rehabilitationskliniken, vor allem, wenn der Überweiser keine oder nur eine geringe Bareinlage zu leisten hat und daher kein wirtschaftliches Risiko trägt.[267] Ob bei der Zuweisung noch weitere (im Zweifel ebenfalls an der Gesellschaft beteiligte) Unternehmen zwischengeschaltet sind, ist unerheblich.[268]

Als Vorteil ist auch die Möglichkeit der **Abrechnung nach der GOÄ** statt nach dem EBM[269] und die Gewährung eines Kostenvorteils für Basislaborleistungen bewertet worden, wenn ein Gruppenprofil unter Einschluss von Speziallaborleistungen in Auftrag gegeben wird.[270] Dasselbe gilt, wenn sich der Gewinnzufluss aus der Unterbeteiligung, wie im Bereich der Labormedizin, mangels anderer Einflussfaktoren ersichtlich aus dem Zuweisungsverhalten des Arztes speist und dem Arzt Vorteile verschafft, die ihm bei einem Direktbezug untersagt wären.[271]

Ärzte, die **an Unternehmen** im Gesundheitsbereich **beteiligt** sind, bleiben auch dann Vorteilsempfänger, wenn sie ihre **Beteiligung** auf **Strohmänner** oder auf **nahe Verwandte** übertragen.[272] Zwar werden die Gewinne dann nicht mehr unmittelbar an den Arzt ausgeschüttet; erhält ein Verwandter jedoch zur Umgehung gesetzlicher Verbote entsprechende Gewinne oder Zuwendungen, ist die Beteiligung nach der Rechtsprechung des BGH „nicht anders zu bewerten als eine unmittelbare Beteiligung des Arztes".[273]

Ein Vorteil kann nach Ansicht des BGH auch im **Abschluss eines Vertrages** liegen[274] – beispielsweise eines sogenannten „**Beratervertrages**"[275] – der Leistungen an den Täter zur Folge hat. Ein Vorteil im strafrechtlichen Sinn liegt nach Ansicht des Gesetzgebers selbst dann vor, wenn diese Leistungen nur das angemessene Entgelt für die von ihm selbst aufgrund des Vertrags geschuldeten Leistungen sind.[276] Demnach kann auch in der **Verschaffung von Verdienstmöglichkeiten**, die beispielswei-

---

[266] BT-Drs. 18/6446 v. 21.10.2015, S. 17, mit Verweis auf *Scholz*, § 31 MBO, Rn. 6; vgl. hierzu auch Kap. 9, S. 187 ff.
[267] *Scholz*, § 31 MBO, Rn. 6. m.w.N.
[268] LBG Heilberufe Münster, Urt. v. 06.07.2011 – 6t A 1816/09.T (Zytostatika).
[269] OLG Düsseldorf, Urt. v. 01.09.2009 – I-20 U 121/08, 20 U 121/08.
[270] BGH, Urt. v. 22.06.1989 – I ZR 120/87.
[271] LBG Heilberufe Münster, Urt. v. 06.07.2011 – 6t A 1816/09.T (Zytostatika); OLG Stuttgart, Urt. v. 10.05.2007 – 2 U 176/06.
[272] Nahe Verwandte sind Personen, die in gerader Linie oder in der Seitenlinie bis zum dritten Grad verwandt sind, vgl. BGH Urt. v. 13.01.2011 – I ZR 111/08 (Hörgeräteversorgung II).
[273] *Wissing/Cierniak*, S. 43.
[274] BGH, Beschl. v. 29.04.2015 – 1 StR 235/14.
[275] Vgl. hierzu Kap. 12.3, S. 245 ff.
[276] BT-Drs. 18/6446 v. 21.10.2015, S. 18, mit Verweis auf BGH, Urt. v. 10.03.1983 - 4 StR 375/82 (Vorteilsannahme durch Staatsbankvorstand).

se in der Teilnahme an einer vergüteten **Anwendungsbeobachtung**[277] oder im **Abschluss eines Behandlungsvertrags** zu sehen sind, ein Vorteil liegen.[278] Vorteile sind selbstverständlich auch **Kick-back-Zahlungen, Rabatt- und Prämiensysteme** sowie **Bonuszahlungen**.[279] Die Vereinbarung eines **Rabatts** ist ebenfalls ein materieller Vorteil,[280] der allerdings im Zweifel keinen Korruptionsvorwurf begründen kann.[281]

3.2.4.2. Immaterielle Vorteile

Zu den **immateriellen Vorteilen** gehören beispielsweise Orden, Ehrungen und Ehrenämter.[282] Darunter sind auch **Ehrendoktorwürden** oder **Ehrenprofessuren** ebenso wie **Ehrenvorstandschaften** oder **Ehrenmitgliedschaften** zu zählen.

Auch eine **besondere Kundenbindung** – etwa durch einen angebotenen Service, der die Ärzte entlastet – kann einen unzulässigen Vorteil darstellen.[283] Darüber hinaus ist jedoch einer weiteren Ausdehnung des Vorteilsbegriffs entgegenzutreten.[284] Denn schon der BGH hat die Ausdehnung des Vorteilsbegriffs auf immaterielle Vorteile in seiner **Grundsatzentscheidung zum Drittmittelrecht** kritisch bewertet:[285]

> „Soweit gerade im Blick auf eine berufliche Stellung ein solcher Vorteil immaterieller Art in Betracht zu ziehen ist, muss dieser allerdings einen objektiv messbaren Inhalt haben und den Amtsträger in irgendeiner Weise tatsächlich besser stellen .... Ob dazu schon die bloße "Befriedigung des Ehrgeizes" oder die Erhaltung oder Verbesserung von "Karrierechancen" genügen kann, wie dies vereinzelt vertreten wird ..., kann hier dahingestellt bleiben, weil das Landgericht darauf nicht abgehoben hat und sich solches auch aus den Feststellungen nicht ergibt. Es erscheint dem Senat zudem eher fernliegend. Ansehensmehrung und Steigerung der wissenschaftlichen Reputation des Angeklagten hier als Vorteil im Sinne des § 331 Abs. 1 StGB begreifen zu wollen, hieße ihm letztlich anzulasten, dass er seine forschungs- und klinikbezogenen Aufgaben möglichst gut zu erfüllen versuchte; eine solche Betrachtung würde den Bereich der objektiven Messbarkeit oder Darstellbarkeit eines Vorteils verlassen und ins Unbestimmte abgleiten."

---

[277] Vgl. hierzu Kap. 12.2, S. 238 ff.
[278] BT-Drs. 18/6446 v. 21.10.2015, S. 18.
[279] *Wissing/Cierniak*, S. 43.
[280] BGH, Urt. v. 11.04.2001 – 3 StR 503/00.
[281] Vgl. hierzu ausführlich Kap. 10.1, S. 201 ff.
[282] BT-Drs. 18/6446 v. 21.10.2015, S. 16 f.
[283] OLG Koblenz, Urt. v. 14.02.2006 – 4 U 1680/05.
[284] Ebenso *Schneider*, Erste Bestandsaufnahme, S. 30 m.w.N. zum ebenfalls kritischen strafrechtlichen Schrifttum.
[285] BGH, Urt. v. 23.05.2002 – 1 StR 372/01 (Drittmitteleinwerbung).

3.2.5. Rechtlich zulässige Vorteile

3.2.5.1. Bonuszahlungen für wirtschaftliche Verordnungsweise

Bonuszahlungen auf sozialrechtlicher Grundlage[286] stellen zwar ebenfalls einen „Vorteil" dar. Entsprechende Vereinbarungen, die den Vertragsarzt zu einem **wirtschaftlichen Verordnungsverhalten** in dem Sinne veranlassen sollen, dass unter mehreren – ähnlich geeigneten – Arzneimitteln nach Möglichkeit **das preisgünstigste Präparat verordnet** wird, dienen allerdings sowohl dem wirtschaftlichen Wettbewerb als auch den Interessen des Patienten bzw. der gesetzlichen Krankenversicherung.[287] Solche Bonuszahlungen an Ärzte erfüllen den Tatbestand einer Vorteilsnahme daher nicht.[288]

Denn **Bonuszahlungen** werden nicht für eine unlautere Bevorzugung im Wettbewerb oder für eine Verletzung der Pflicht zur Wahrung der heilberuflichen Unabhängigkeit gewährt, sondern für eine **wirtschaftliche Verordnungsweise und eine sinnvolle Mittelallokation**.[289] Es fehlt damit an einer tatbestandlich vorausgesetzten inhaltlichen Verknüpfung zwischen Vorteil und Verordnungsentscheidung und damit an einer Unrechtsvereinbarung.[290] Bonuszahlungen sind grundsätzlich auch **berufsrechtlich zulässig**,[291] wenn dem Arzt die Möglichkeit erhalten bleibt, aus medizinischen Gründen eine andere als die mit finanziellen Anreizen verbundene Entscheidung zu treffen.[292]

---

[286] Vgl. beispielsweise § 84 Abs. 4 SGB V: „Werden die Zielvereinbarungen nach Absatz 1 Nr. 2 erfüllt, entrichten die beteiligten Krankenkassen auf Grund einer Regelung der Parteien der Gesamtverträge auch unabhängig von der Einhaltung des vereinbarten Ausgabenvolumens nach Absatz 1 Nr. 1 einen vereinbarten Bonus an die Kassenärztliche Vereinigung."

[287] BT-Drs. 18/6446 v. 21.10.2015, S. 20. Kritisch hierzu im Hinblick auf „dubiose" Kostendämpfungsmaßnahmen seitens der gesetzlichen Krankenkassen (dargestellt anhand eines nachdenklich stimmenden Beispiels zur augenärztlichen Versorgung) *Geiger*, medstra 2/2015, S. 101 f.

[288] BT-Drs. 18/6446 v. 21.10.2015, S. 20. Vgl. hierzu auch *Bundesärztekammer*, Wahrung der ärztlichen Unabhängigkeit – Umgang mit der Ökonomisierung des Gesundheitswesens – Hinweise und Erläuterungen, DÄBl 2007, S. 1607 f.

[289] BT-Drs. 18/6446 v. 21.10.2015, S. 20 mit Verweis auf *Scholz*, § 32 MBO, Rn. 7 sowie mit Verweis auf BT-Drs. 17/6906 v. 05.09.2011, S. 56 bezüglich der Vereinbarkeit mit dem sozialrechtlichen Verbot von Zuweisungsprämien.

[290] BT-Drs. 18/6446 v. 21.10.2015, S. 20.

[291] § 32 Abs. 1 S. 2 MBO, vgl. hierzu Kap. 5.1.4.2, S. 116.

[292] BT-Drs. 18/6446 v. 21.10.2015, S. 20.

3.2.5.2. Sozialadäquate Zuwendungen und Geschenke

Eine **Geringwertigkeits- oder Bagatellgrenze** im Hinblick auf den „Vorteil" ist im Gesetz zwar ebenso wenig vorgesehen wie bei § 299 StGB und §§ 331 ff. StGB.[293] Wo es aber, wie bei geringfügigen und allgemein üblichen **Werbegeschenken**[294] oder bei **kleineren Präsenten von Patienten**, an einer objektiven Eignung fehlt, konkrete heilberufliche Entscheidungen zu beeinflussen, ist ebenso wie bei § 299 StGB von einer **sozialadäquaten Zuwendung** auszugehen, die den Tatbestand der Vorschrift nicht erfüllt.[295] Sozialadäquate Zuwendungen fallen somit nicht unter den Vorteilsbegriff.[296]

Als **sozialadäquat** können solche Geschenke und Aufmerksamkeiten angesehen werden, die der **Höflichkeit oder Gefälligkeit** entsprechen und sowohl sozial üblich als auch unter Gesichtspunkten des Rechtsschutzes allgemein gebilligt sind.[297] Dies sind regelmäßig **Vorteile**, die **so gering** sind, dass sie bei vernünftiger Betrachtungsweise nicht den Eindruck erwecken können, dass deren Annahme zu einer Verpflichtung des Nehmers gegenüber dem Geber führt. Unter diese **Bagatellgrenze** fallen regelmäßig einfache Werbekugelschreiber, Notizbücher, Blöcke, Kalender oder Schlüsselanhänger.[298]

Zuwendungen, die sich im **Rahmen des gesellschaftlich Üblichen** und Gebilligten halten, fallen aus dem Vorteilsbegriff heraus. Das folgt daraus, dass sozialadäquaten Zuwendungen die Eignung fehlt, eine wettbewerbswidrige Beeinflussung des Marktes hervorzurufen.[299] Denn **übliches Verhalten beeinflusst nicht** sachwidrig.[300]

Nicht jede Leistung oder Zuwendung kann somit schon als strafrechtlich relevante Vorteilsverschaffung gewertet werden. Unter dem rechtlichen Gesichtspunkt, in gewissem Umfang übliche und deshalb sozialadäquate Vorteile von der Strafbarkeit auszunehmen, können gewohnheitsmäßig anerkannte, relativ geringwertige **Aufmerksamkeiten** aus gegebenen Anlässen vom Tatbestand ausgenommen sein.[301] Ein persönliches Verhältnis zwischen Empfänger und Zuwendendem vermag die Anwendung der Korruptionsvorschriften grundsätzlich jedoch nicht zu hindern.[302]

---

[293] BT-Drs. 18/6446 v. 21.10.2015, S. 17.
[294] Vgl. hierzu auch Kap. 10.5.1, S. 218 f.
[295] BT-Drs. 18/6446 v. 21.10.2015, S. 17 mit Verweis auf *Krick*, § 299 StGB, Rn. 29.
[296] Ebenso *Schneider*, Erste Bestandsaufnahme, S. 31. Wenn und soweit ein Vorteil angenommen werden sollte, fehlt es bei Sozialadäquanz oder Geringfügigkeit jedenfalls an der Unrechtsvereinbarung.
[297] *Fischer*, StGB, § 331, Rn. 25.
[298] BGH, Urt. v. 02.02.2005 – 5 StR 168/04 zur Annahme sozialadäquater Vorteile; LAG Thüringen, Urt. v. 25.09.2008 – 3 Sa 645/07 zu geringwertigen Werbeartikeln. Vgl. zur Zulässigkeit geringfügiger Werbegaben nach § 7 HWG auch Kap. 10.5.2, S. 219 ff.
[299] *Rogall*, § 299, Rn. 43.
[300] *Schuhr*, § 299, Rn. 53.
[301] *Neurath*, § 299, Rn. 16.
[302] *Neurath*, § 299, Rn. 16.

Allerdings ist es schwierig, das Maß des gesellschaftlich Üblichen und Akzeptablen im Einzelfall zu bestimmen und zuverlässig anzugeben, wann eine Zuwendung ungeeignet erscheint, unlauteres Verhalten im Wettbewerb hervorzurufen. Eine **feste Wertgrenze**, die allen Einzelfällen gerecht wird, dürfte sich **kaum festlegen** lassen.[303] Hilfreich wird jedenfalls eine Prüfung dahingehend sein, ob die Zuwendungen „ohne Rücksicht auf eine besondere Gegenleistung gegeben zu werden pflegen" oder ob der Vorteil eine unmittelbare Wirkung auf sich anbahnende oder bestehende Geschäftsverbindungen entfaltet.[304]

Bei der Abgrenzung zur straflosen „Klimapflege" kommt es darauf an, **ob der Vorteil aufgrund seiner Geringfügigkeit objektiv zur Willensbeeinflussung ungeeignet** ist.[305] Eine Straflosigkeit kommt allerdings nur dann in Betracht, wenn der Zuwendung nach den Umständen des Einzelfalles, insbesondere nach dem betroffenen **Geschäftsbereich, der Stellung und der Lebensumstände der Beteiligten** sowie dem Wert der Zuwendung **objektiv die Eignung fehlt**, geschäftliche Entscheidungen sachwidrig und in einer den fairen Wettbewerb gefährdenden Weise zu beeinflussen.[306]

Die Grenzen sozialadäquater und damit strafloser Vorteilsgewährungen sind aufgrund der unterschiedlichen Schutzzwecke der jeweiligen Straftatbestände im Geschäftsverkehr grundsätzlich **weiter zu ziehen als in der öffentlichen Verwaltung** gem. §§ 331 ff. StGB.[307] Denn der Bereich der öffentlichen Verwaltung ist immer strenger zu überwachen und zu reglementieren.

Wird die Zuwendung als **Dankeschön**, beispielsweise für eine **vergangene gute Zusammenarbeit** erteilt, so wäre dies grundsätzlich schon nicht tatbestandsmäßig.[308]

Bei **Geschenken von Patienten als Dank** für eine erfolgreiche Behandlung handelt es sich um nachträgliche Zuwendungen, die ohnehin nicht vom Tatbestand erfasst sind.[309] Dies gilt sowohl für Geschenke an Ärzte, als auch für Geschenke an das Praxis- oder das Klinikpersonal. Diese Zuwendungen sind also rechtlich nicht angreifbar und dürfen somit angenommen bzw. als Arbeitgeber genehmigt werden.

---

[303] *Rogall*, § 299, Rn. 43.
[304] *Rogall*, § 299, Rn. 43.
[305] *Tiedemann*, § 299, Rn. 28.
[306] *Krick*, § 299 StGB, Rn. 29; *Rogall*, § 299, Rn. 43.
[307] *Krick*, § 299, Rn. 29; ebenso *Rogall*, § 299, Rn. 43; *Tiedemann*, § 299, Rn. 28 und *Schuhr*, § 299, Rn. 53; *Momsen*, § 299, Rn. 15.1; ebenso *Fischer*, StGB, § 299, Rn. 16a. Vgl. zu §§ 331 ff. StGB Kap. 4.2, S. 87 ff.
[308] BGH, Urt. v. 27.03.1968 – I ZR 163/65.
[309] BT-Drs. 18/6446 v. 21.10.2015, S. 18.

3.2.5.3. Wertgrenzen bei Geschenken

Nicht sozialadäquat sind demgegenüber Vorteile, deren Annahme den **Eindruck erweckt**, dass die **Unabhängigkeit** der ärztlichen Entscheidung **beeinflusst** wird, und die damit bereits berufsrechtlich unzulässig sind, § 32 MBO.[310] Nicht geklärt ist allerdings die Frage, ab welchem Betrag die Grenze gezogen werden muss: Die **Geringfügigkeitsgrenze** des § 7 Abs. 1 Nr. 1 HWG[311] ist für Geschenke, die der Höflichkeit und Sitte entsprechen, definitiv zu gering. Denn mit geringfügigen Beträgen von ein bis fünf Euro können kaum Geschenke gemacht werden, die einen aufrichtigen Dank, den besonderen Respekt oder die persönliche Wertschätzung für den Heilberufsangehörigen angemessen ausdrücken können.[312]

Eine weitere Grenze könnte der Betrag **von derzeit 35,- €** für die **steuerliche Absetzbarkeit von Geschenken** an Geschäftspartner darstellen.[313] In der juristischen Literatur werden Zuwendungen unterhalb der Schwelle von 25,- €[314] bis maximal 50,- € als geringfügig angesehen.[315] In der Leitlinie zu § 5 FSA-Kodex Patientenorganisation findet sich demgegenüber ein höherer **Betrag von 60,- €**:

> *„Hiervon zu unterscheiden sind Gefälligkeiten oder Zuordnungen untergeordneter Natur, wie sie auch im Wirtschaftsleben allgemein üblich sind und deren Erbringung als sozialadäquat anzusehen ist, auch wenn keine finanzielle Gegenleistung erfolgt. Der Wert für das Erreichen der Erheblichkeitsschwelle liegt bei EUR 60,00 für eine einzelne Leistung."*[316]

Auch die **Bundesärztekammer** hatte in den ehemaligen Erläuterungen zu § 33 MBO einmalige Zuwendungen in **Höhe von bis zu 50,- €** als nicht dazu geeignet angesehen, **Ärzte** in ihrer unabhängigen Entscheidung zu beeinflussen.[317] Nachdem diese Beurteilung bereits im Jahr 2003 erfolgte, darf inzwischen ein adäquater Aufschlag von bis zu 10,- €, insgesamt somit ein **Betrag von 60,- €** angenommen werden. Zur Bestimmung der Sozialadäquanz kann auch auf das geschäftliche Umfeld, die entsprechenden Gepflogenheiten sowie auf die Lebensumstände der Beteiligten abgestellt werden. Denn die Frage, in welcher Höhe die Zuwendungen den Empfänger beeinflussen und einen „**Druck der Dankbarkeit**" ausüben können, kann auch vom persönlichen Lebenszuschnitt und den eigenen finanziellen Lebensumständen des Empfängers abhängen.

---

[310] BT-Drs. 18/6446 v. 21.10. 2015, S. 18; vgl. hierzu sehr eindrucksvoll (auch unter dem Aspekt der unsachlichen und damit wettbewerbswidrigen Beeinflussung) die Urteilsbegründung des LG München, Urt. v. 12.01.2008 – 1 HK O 13279-07.
[311] Vgl. hierzu Kap. 10.5.2, S. 219 f.
[312] So ist beispielsweise eine gute Flasche Wein kaum für 5,- € zu finden.
[313] § 4 Abs. 5 Nr. 1 EStG.
[314] Vgl. *Schneider*, Erste Bestandsaufnahme, S. 31 m.w.N. zu Stimmen bis 25,- €.
[315] So *Schneider/Ebermann*, A&R 5/2015, S. 204 m.w.N.
[316] Vgl. Punkt 9.4 Leitlinien FSA gem. § 5 FSA-Kodex Patientenorganisationen.
[317] Hinweise und Erläuterungen zu § 33 MBO, beschlossen von den Berufsordnungsgremien der Bundesärztekammer am 12.08.2003.

3.2.5.4. Kontrollüberlegungen

Für die Bestimmung einer Wertgrenze bei Geschenken sind entsprechende Regelungen einzelner **Bundesbehörden**[318] im Rahmen der §§ 299a, 299b StGB **kein geeigneter Maßstab**.[319] Denn bei der Beurteilung der Sozialadäquanz ist grundsätzlich zu berücksichtigen, dass sich die meisten Urteile und Wertgrenzen auf die Regelungen der §§ 331 ff. StGB und damit auf **Amtsträger** beziehen. Amtsträger sind jedoch keine selbständigen Unternehmer, sondern werden für die Erfüllung ihrer Dienstaufgaben im Öffentlichen Dienst adäquat bezahlt. Sie sollen daher **grundsätzlich keinerlei** weitere **Zuwendungen** erhalten. Es besteht insoweit ein erheblicher Unterschied zur freien Wirtschaft, weshalb diese meist sehr geringen Wertgrenzen nach Auffassung der *Autorin* nicht auf §§ 299a, 299b StGB angewendet werden können.

Zur Überprüfung der Zulässigkeit und Sozialadäquanz eines Geschenkes durch Industrie, Klinik oder sonstigem Geschäftspartner empfehlen sich die folgenden **Kontrollüberlegungen**:

- Kann durch das Geschenk ein Interessenkonflikt bei dem Beschenkten entstehen oder könnte dieser es als ungerechtfertigte persönliche Bereicherung auffassen?
- Wäre das Geschenk oder die Einladung in der gleichen Art und Weise erfolgt, wenn der Zuwender dieses aus eigenen finanziellen Mitteln hätte bestreiten müssen?
- Liegt in der Zuwendung dem Anschein nach die Absicht, einen unlauteren, sachfremden Einfluss auszuüben?[320]

3.2.5.5. Das Arbeitsessen

Bei Bewirtungen im Sinne eines **Arbeitsessens** muss die Einladung einem **berufsbezogenen Zweck** dienen, wie beispielsweise der Vorbereitung und Organisation von Forschungs- und Fortbildungsprojekten mit einem entsprechend hierfür fachlich kompetenten Arzt. In diesem Fall liegt jedenfalls **keine Unrechtsvereinbarung** durch „Annahme des Vorteils als Gegenleistung für eine Bevorzugung im Wettbewerb" vor. Es kommt daher nach einer **Entscheidung des BGH** nicht darauf an, ob der mit der Essenseinladung verbundene Vorteil auch aus anderen Gründen, namentlich aus Gesichtspunkten der Sozialadäquanz zulässig wäre.[321] Die Bewirtung

---

[318] Im Bundesministerium des Innern gilt seit April 2009 die Wertgrenze von 25,- € pro Kalenderjahr und Vorteilsgeber ohne Anzeigepflicht, im Bundesministerium der Justiz eine Wertgrenze von sogar nur 5,- €.
[319] A.A. wohl *Schneider*, Rechtsgutachten, S. 13.
[320] *Schröder*, ArbR Aktuell 2014, S. 530 ff.
[321] So BGH, Urt. v. 25.02.2003 – 5 StR 363/02 im Zusammenhang mit der Beurteilung der Strafbarkeit nach § 331 StGB durch einen Universitätsprofessor.

im Zusammenhang mit einer Arbeitsbesprechung kann daher den zuvor genannten **Rahmen auch überschreiten.** Anlass, Beteiligte und Ergebnis dieser Arbeitsessen sollten sorgfältig dokumentiert werden und auch durch nachfolgende Projekte plausibel und nachvollziehbar sein. Die Annahme von Einladungen in sehr teure **Gourmet-Restaurants** sollte jedoch künftig gut überlegt und wohl dosiert sein.

3.2.5.6. Zulässige Vorteilsannahme im Interesse der Patienten

Da die Pflicht zur Wahrung der heilberuflichen Unabhängigkeit dem **Schutz des Patienten dient**, können Vorteile, die dem Patienten selbst zugutekommen, wie etwa an den **Patienten weiterzureichende Preisnachlässe**, ebenfalls nicht den Tatbestand des § 299a StGB erfüllen.[322] Ferner sind solche Vorteilszuwendungen nicht vom Tatbestand umfasst, mit denen der **Patient selbst versucht**, eine heilberufliche Entscheidung zu beeinflussen, etwa um eine ärztlich nicht mehr vertretbare Behandlung im Bereich der „wunscherfüllenden Medizin" oder eine berufsrechtlich unzulässige ärztliche Hilfe zur Selbsttötung zu erlangen.[323]

Rechtlich fraglich ist indessen die **kostenlose Abgabe von Medizinprodukten** durch die Ärzte an ihre Patienten – beispielsweise von Verbandsmaterial oder **Blutzuckermessgeräten**. Beim Bezug von Arznei-, Heil- oder Hilfsmitteln und von Medizinprodukten, die zur Weitergabe an Patienten bestimmt sind, setzt die Strafbarkeit voraus, dass dem Bezug des Medizinproduktes und dessen Weitergabe an den Patienten **ein Vorteil des Heilberufsangehörigen** gegenübersteht. Ohne das Hinzutreten eines erkennbaren Vorteils kann daher aus dem Bezug eines unentgeltlichen Blutzuckermessgerätes und der unentgeltlichen Weitergabe an den Patienten nicht ohne Weiteres auf eine Unrechtsvereinbarung geschlossen werden, da eine Günstigerstellung des Heilberufsangehörigen durch diesen Vorgang **nicht zu erkennen** ist.[324] Eine mögliche Zeitersparnis etwa wegen des Wegfalls der schriftlichen Verordnung vermag jedenfalls einen wirtschaftlichen Vorteil nicht zu verifizieren.[325] In Bezug auf § 299b StGB scheitert der Vorwurf der Korruption auf der Seite der abgebenden Industrie, denn spiegelbildlich müsste auch hier im Zusammenhang mit der unentgeltlichen Weitergabe **dem Behandler** oder einem Dritten ein Vorteil

---

[322] BT-Drs. 18/6446 v. 21.10.2015, S. 23.
[323] BT-Drs. 18/6446 v. 21.10.2015, S. 22.
[324] So jedenfalls *Großkopf/Schanz*, S. 227; anders im Hinblick auf den mit einer Serviceleistung verbundenen Vorteil jedoch OLG Koblenz, Urt. v. 14.02.2006 – 4 U 1680/05.
[325] *Großkopf/Schanz*, S. 227. Ob die Weitergabe von bezogenen Medizinprodukten oder beispielsweise von Sprechstundenbedarf oder Verbandsmaterial und eine daraus möglicherweise resultierende Budgetentlastung im Einzelfall einen dem Arzt zurechenbaren Vorteil darstellt und damit Bestandteil einer Unrechtsvereinbarung sein könnte, wird die Rechtsprechung in der Zukunft klären müssen.

angeboten, versprochen oder gewährt worden sein.[326] Das Problem ist allerdings rechtlich nicht ohne Weiteres qualifizierbar und noch nicht abschließend gelöst.[327]

3.2.5.7. Zulässige Weitergabe von Rabatten

Eine Strafbarkeit kommt nicht in Betracht, wenn der Heilberufsangehörige die ihm beim Bezug gewährten Rabatte und sonstigen Vorteile zugunsten des Patienten oder des zuständigen Kostenträgers annimmt, um sie an diesen weiterzureichen. Derartige **Rabatte** dienen dem Wettbewerb und sind im Sinne und Interesse des Patienten bzw. des Kostenträgers.[328] Dies gilt entsprechend, wenn der Heilberufsangehörige im Interesse des Patienten bzw. des Kostenträgers uneigennützig Vorteile fordert oder sich versprechen lässt.[329]

Preisnachlässe, die Heilberufsangehörigen gezielt in **verdeckter Form** gewährt werden, um sie dem **Patienten vorzuenthalten**, sollten nach dem ursprünglichen Gesetzesentwurf hingegen vom Tatbestand erfasst sein, wenn sie als Gegenleistung für einen Verstoß gegen die Wahrung der heilberuflichen Unabhängigkeit gewährt werden.[330] Diese Tatbestandsalternative wurde jedoch nicht in den endgültigen Gesetzestext übernommen,[331] weshalb sich im Hinblick auf die Nichtweitergabe von Rabatten an die Patienten gravierende **Strafbarkeitslücken**, insbesondere jedoch **inakzeptable Widersprüche** ergeben.[332] Dies gilt insbesondere für **Apotheker**, die Preisnachlässe und Rabatte nach dem endgültig beschlossenen Gesetzeswortlaut gerade nicht an die Patienten weitergeben müssen,[333] wohingegen Ärzte und Zahnärzte hierzu unter bestimmten Umständen durchaus verpflichtet sind.[334]

---

[326] *Großkopf/Schanz*, S. 227.
[327] Als explizite Reaktion auf das Gesetz zur Bekämpfung von Korruption im Gesundheitswesen hat das Unternehmen Roche Deutschland die Abgabe kostenloser Blutzuckermessgeräte in Praxen und Kliniken jedoch eingestellt, „um potenzielle rechtliche Risiken sowohl für das Unternehmen als auch für Kunden und Partner zu vermeiden". Die Versorgung der Patienten mit Blutzuckermessgeräten werde aber weiterhin über die etablierten Vertriebswege sichergestellt, vgl. Ärztezeitung v. 15.08.2016.
[328] BT-Drs. 18/8106 v. 13.04.2016, S. 15. Die Situation ist vergleichbar mit der nach § 299 StGB zu beurteilenden Gewährung von Vorteilen an das Unternehmen, die nach ganz überwiegender Auffassung ebenfalls straflos ist, weil es sich in der Sache um eine straflose „Geschäftsinhaberbestechung" handelt, Übersicht über den Meinungsstand bei *Rönnau*, S. 304 ff. m.w.N.
[329] Vgl. BT-Drs. 18/8106 v. 13.04.2016, S. 15. Zur weiteren Beurteilung der Rechtmäßigkeit von Rabatten und zur Pflicht der Weitergabe an Patienten oder Krankenkassen wird auf die Ausführungen in Kap. 10.1, S. 201 ff. verwiesen.
[330] BT-Drs. 18/6446 v. 21.10.2015, S. 23.
[331] Vgl. hierzu Kap. 2.2.3, S. 16 f.
[332] Vgl. zur Kritik der *Autorin* dazu Kap. 10.3.3, S. 212 f.
[333] Vgl. hierzu bereits Kap. 3.1.2, S. 29 ff.
[334] Vgl. hierzu weiter Kap. 10.3, S. 207 ff.

3.2.5.8. Betreiben eines eigenen Labors

Eine strafrechtliche Relevanz von **Unternehmensbeteiligungen** entfällt nach ausdrücklicher Klarstellung des Gesetzgebers für Fälle, in denen **Ärzte oder Zahnärzte eigene Labore betreiben** und Laborleistungen selbst erbringen.[335]

Ob in solchen Fällen überhaupt eine tatbestandlich vorausgesetzte Zuführung von Patienten oder Untersuchungsmaterial vorliegt, ist im Einzelfall zu prüfen. Jedenfalls kann ein Angebot zur Durchführung solcher Laborleistungen zu besonders günstigen Konditionen nur dann zu einer unlauteren Bevorzugung führen, wenn das Angebot rechtlich oder faktisch an eine andere Zuführungsentscheidung gekoppelt ist.[336]

Das sogenannte **Partnerfactoring** bei Zahnarztpraxen und Dentallaboren[337] stellt nach Sicht der *Autorin* ebenfalls keinen Vorteil im Sinne der §§ 299a, 299b StGB dar und damit keinen Strafbarkeitsvorwurf. Die Frage ist allerdings ungeklärt und umstritten.

3.2.6. Unternehmensbeteiligung

Die **Beteiligung an einem Unternehmen im Gesundheitswesen** kann ebenfalls zu Zuwendungen von **Vorteilen** im Sinne des § 299a StGB führen.[338] Die vom BGH in seiner wettbewerbsrechtlichen Rechtsprechung hierzu aufgestellten Grundsätze können auch bei Anwendung von § 299a StGB herangezogen werden:[339] **Vereinbarungen**, nach denen die **Gewinnbeteiligung** oder **sonstige Vorteile des Arztes** unmittelbar von der **Zahl seiner Verweisungen** oder dem damit **erzielten Umsatz** abhängen, sind danach **stets unzulässig**.[340]

Ist der Arzt demgegenüber nur mittelbar, insbesondere über **allgemeine Gewinnausschüttungen** am Erfolg eines Unternehmens beteiligt, kommt es für die Zulässigkeit der Beteiligung darauf an, ob er bei objektiver Betrachtung durch seine Patientenzuführung einen **spürbaren Einfluss** auf den Ertrag aus seiner Beteiligung nehmen kann.[341]

---

[335] BT-Drs. 18/6446 v. 21.10.2015, S. 19, vgl. hierzu Kap. 9.4, S. 192 ff.
[336] BT-Drs. 18/6446 v. 21.10.2015, S. 19, mit Verweis auf BGH, Urt. v. 21.04.2005 – I ZR 201/02.
[337] Vgl. hierzu ausführlich *Fehn*, S. 333 ff.
[338] BT-Drs. 18/6446 v. 21.10.2015, S. 19.
[339] BT-Drs. 18/6446 v. 21.10.2015, S. 19.
[340] BGH, Urt. v. 13.01.2011 – I ZR 111/08 (Hörgeräteversorgung II).
[341] BT-Drs. 18/6446 v. 21.10.2015, S. 19. Die Zulässigkeit von Unternehmensbeteiligungen wird ausführlich in Kap. 9, S. 187 ff. dargestellt. In diesem Zusammenhang wird auch auf § 128 Abs. 2 SGB V hingewiesen, wonach die Beteiligung von Ärzten an Unternehmen im Rahmen der Hilfsmittelversorgung grundsätzlich untersagt ist, vgl. hierzu die weiteren Ausführungen dazu in Kap. 6.4.6, S. 135 f.

3.2.7. Vorteile für nicht indizierte Entscheidungen

Im Hinblick auf Vorteile, die für eine nicht indizierte heilberufliche Entscheidung gewährt werden, verweist der Gesetzgeber ebenfalls auf die zu § 299 StGB entwickelten Grundsätze.[342] Danach schützt § 299 StGB zwar nicht den Wettbewerb bei einer illegalen Betätigung. Dies soll nach ganz überwiegender Auffassung aber nur auf Geschäftsbetriebe mit ausschließlich illegaler Tätigkeit abzielen („betrogene Betrüger"), wohingegen bei einem grundsätzlich legalen Betrieb einzelne rechtswidrige Betätigungen sehr wohl strafbar nach §§ 299a, 299b StGB sein können.[343]

Für die §§ 299a, 299b StGB gilt daher, dass Verordnung eines Arzneimittels als Gegenleistung für einen Vorteil auch dann zu einer „Bevorzugung im Wettbewerb" um den Medikamentenabsatz führt (und damit strafbar ist), wenn mit dem Vorteil zugleich das Außerachtlassen der medizinischen Indikation erkauft werden sollte.[344] Eine **Strafbarkeit wegen Körperverletzung** bleibt in diesen Fällen unberührt.[345]

3.3. Die drei Handlungsalternativen der §§ 299a, 299b StGB

Nach dem Gesetzeswortlaut ist die Vorteilsannahme bzw. die Vorteilsgewährung im Gesundheitswesen und die damit verbundene unlautere Bevorzugung im Wettbewerb strafbar bei folgenden drei Handlungsalternativen:

1. bei der **Verordnung** von Arznei-, Heil- oder Hilfsmitteln oder von Medizinprodukten,
2. bei dem **Bezug** von Arznei- oder Hilfsmitteln oder von Medizinprodukten, die jeweils zur unmittelbaren Anwendung durch den Heilberufsangehörigen oder einen seiner Berufshelfer bestimmt sind, oder
3. bei der **Zuführung** von Patienten oder Untersuchungsmaterial.

Die Begrifflichkeiten stammen überwiegend aus den Berufsordnungen der betroffenen Berufsgruppen[346] sowie aus dem Sozial- und Medizinrecht.[347] Im Übrigen verweist der Gesetzgeber für die Definitionen ergänzend auf die in der Rechtsprechung hierzu entwickelten Begriffsbestimmungen.[348] Die drei Handlungsalternativen werden nachfolgend näher dargestellt.

---

[342] BT-Drs. 18/8106 v. 13.04.2016, S. 16.
[343] *Heine/Eisele*, § 299 Rn. 6 m. w. N.; enger *Dannecker*, § 299, Rn. 25.
[344] Vgl. hierzu Änderungsantrag der Fraktionen von CDU/CSU und SPD zum Entwurf des Gesetzes zur Bekämpfung von Korruption im Gesundheitswesen v. 12.04.2016, S. 14.
[345] So ausdrücklich BT-Drs. 18/8106 v. 13.04.2016, S. 16, vgl. hierzu z.B. OLG Frankfurt, Urt. v. 21.05.1985 – 1 Ss 219/87; ferner ausführlich *Ulsenheimer*, S. 337, Rn. 548.
[346] Vgl. beispielsweise § 31 MBO, vgl. hierzu Kap. 5.1.2, S. 105 ff.
[347] BT-Drs. 18/6446 v. 21.10.2015, S. 20.
[348] BT-Drs. 18/6446 v. 21.10.2015, S. 20, mit Verweis auf *Wabnitz*, § 32 SGB V, Rn. 4.

3.3.1. Verordnungsentscheidungen – 1. Handlungsalternative

Eine Strafbarkeit wegen **Bestechlichkeit nach § 299a Nr. 1 StGB** droht, wenn ein Angehöriger eines Heilberufs einen Vorteil für sich oder einen Dritten als Gegenleistung dafür **fordert**, **sich versprechen** lässt oder **annimmt**, dass er

>   1. *bei der Verordnung von Arznei-, Heil- oder Hilfsmitteln oder von Medizinprodukten*
>   *...ihn oder einen anderen im inländischen oder ausländischen Wettbewerb in unlauterer Weise bevorzuge...*

Wegen **Bestechung** eines Angehörigen eines Heilberufs macht sich **umgekehrt** nach § 299b Nr. 1 StGB strafbar, wer diesem einen Vorteil für diesen oder einen Dritten als Gegenleistung dafür **anbietet**, **verspricht** oder **gewährt**, dass er

>   1. *bei der Verordnung von Arznei-, Heil- oder Hilfsmitteln oder von Medizinprodukten*
>   *... ihn oder einen anderen im inländischen oder ausländischen Wettbewerb in unlauterer Weise bevorzuge...*

3.3.1.1. Begriff der Verordnung

Der **Begriff der Verordnung** im Sinne der §§ 299a, 299b StGB meint die **Verschreibung von Arzneimitteln, Heil- und Hilfsmittel und Medizinprodukten zugunsten von Patienten**.[349] Nicht entscheidend ist hierbei, ob für das verschriebene Mittel oder Produkt eine **Verschreibungspflicht** nach AMG besteht.[350] Ebenfalls erfasst sind Tätigkeiten, die mit dem Verordnen in einem engen inneren Zusammenhang stehen, wie beispielsweise die **Übersendung der Verordnung** an einen anderen Leistungserbringer.[351] Die Verordnungs-Variante deckt diejenigen Fälle ab, für die ursprünglich in der Entscheidung des Großen Strafsenats des Bundesgerichtshofs[352] eine Strafbarkeitslücke identifiziert worden war, nämlich die Begünstigung von Vertragsärzten im Gegenzug für die Verordnung eines bestimmten Produktes.[353]

Die vom **BGH aktuell** bestätigte Verurteilung eines Arztes wegen **Untreue** zu Lasten der Krankenkassen dürfte nach heutiger Rechtslage auch den Straftatbestand der Bestechlichkeit nach § 299a StGB erfüllen:[354] Ein Chirurg in eigener Praxis mit der Zulassung als „Durchgangsarzt" arbeitete darüber hinaus als „Kooperationsarzt"

---

[349] BT-Drs. 18/6446 v. 21.10.2015, S. 20. Vgl. zur Verordnung von Arzneimitteln auch § 29 BMV-Ä, zur Verordnung von Heilmitteln und Hilfsmitteln § 30 BMV-Ä sowie zur Verordnung weiterer Leistungen § 25a BMV-Ä, sowie die jeweilige Kommentierung von *Trieb*.
[350] Daher sind auch Heilpraktiker zwingend in den Täterkreis aufzunehmen, vgl. hierzu bereits die Kritik der *Autorin* in Kap. 3.1.5, S. 37 ff. Vgl. zur Apotheken- und Verschreibungspflicht *Deutsch/Spickhoff*, S. 1220 ff.
[351] BT-Drs. 18/6446 v. 21.10.2015, S. 20.
[352] BGH, Beschl. v. 29.03.2012 – GSSt 2/11.
[353] *Heil/Oeben*, S. 220.
[354] BGH, Urt. v. 16.08.2016 – 4 StR 163/16.

mit einem Gesundheitszentrum zusammen, welches Physiotherapie und Krankengymnastik anbietet. Er hatte hundertfache **Heilmittelverordnungen** ausgestellt, **ohne** dass hierfür seitens der Patienten eine **medizinische Indikation** bestand. Die Physiotherapieleistungen wurden durch das Gesundheitszentrum gegenüber den Krankenkassen zwar abgerechnet, tatsächlich aber nie erbracht, was der Arzt auch wusste. Der Arzt erhielt von diesen Zahlungen zwar keinen Anteil, es ging ihm aber darum, seine **einträgliche Stellung** als Kooperationsarzt des Gesundheitszentrums **zu erhalten**, was nach der Rechtsprechung des BGH zweifelsohne einen „Vorteil" darstellt.[355] Die Verordnung von Heilmitteln an nur einen Leistungserbringer zum Zwecke der Aufrechterhaltung einer ärztlichen Position in dessen Unternehmen stellt eine Unrechtsvereinbarung im Sinne der §§ 299a, 299b StGB dar, sodass – neben dem Untreuetatbestand – nach heutiger Rechtslage auf beiden Seiten auch die neuen Straftatbestände der §§ 299a, 299b StGB verwirklicht wären.[356]

Keine Verordnungen in diesem Sinne sind jedoch Fälle der **mittelbaren Beeinflussung**, bei denen etwa durch Unternehmen auf die Verordnungsempfehlungen von **medizinischen Fachgesellschaften** oder von werbenden **Selbsthilfegruppen** eingewirkt wird.[357] Es stellt auch **keine Verordnung** im Sinne des § 299a Nr. 1 StGB dar, wenn beispielsweise eine Rehaklinik einem Heilmittelerbringer ermöglicht, einmal wöchentlich in den Räumen der Klinik seine Produkte zu präsentieren und die Patienten in die Handhabung (beispielsweise eines Rollstuhls) einzuweisen.[358]

3.3.1.2. Begriff des Arzneimittels

Der Begriff „**Arzneimittel**" ist im **Arzneimittelgesetz** (AMG) definiert. Arzneimittel sind danach:

> „*Stoffe oder Zubereitungen aus Stoffen, die zur Anwendung im oder am menschlichen oder tierischen Körper bestimmt sind und als Mittel mit Eigenschaften zur Heilung oder Linderung oder zur Verhütung menschlicher oder tierischer Krankheiten oder krankhafter Beschwerden bestimmt sind oder die im oder am menschlichen oder tierischen Körper angewendet oder einem Menschen oder einem Tier verabreicht werden können, um entweder die physiologischen Funktionen durch eine pharmakologische, immunologische*

---

[355] Vgl. zum Vorteilsbegriff Kap. 3.2.3, S. 42 ff.
[356] Voraussetzung ist jedoch stets ein strafrechtlich relevanter „enger Zusammenhang" der Vorteilsannahme mit der Verordnungsentscheidung. Eine allzu weite Auslegung könnte als Verstoß gegen das verfassungsmäßig garantierte Bestimmtheitsgebot nach Art. 103 Abs. 2 GG zu werten sein. Insofern bedarf es eines engen zeitlichen, personellen und räumlichen Zusammenhangs zwischen der Zuwendung und der eigentlichen Verordnung, vgl. auch *Heil/Oeben*, S. 220.
[357] *Tsambikakis*, S. 135. Vgl. kritisch zur fehlenden Strafbarkeit dieser mittelbaren Einflussnahme Kap. 3.1.6, S. 39 f.
[358] Zu prüfen ist allerdings eine damit verbundene unlautere „Zuführung von Patienten" im Sinne der Handlungsvariante Nr. 3 sowie ein Verstoß gegen § 128 SGB V; vgl. hierzu Kap. 6.2, S. 125 ff.

oder metabolische Wirkung wiederherzustellen, zu korrigieren oder zu beeinflussen oder eine medizinische Diagnose zu erstellen."[359]

3.3.1.3. Begriff des Heilmittels

Der Begriff des **Heilmittels** erfasst **ärztlich verordnete Dienstleistungen**, die einem Heilzweck dienen oder einen Heilerfolg sichern und nur von entsprechend **ausgebildetem Personal** (z.B. Physiotherapeut, Masseur, Ergotherapeut etc.) erbracht werden dürfen. Dies gilt für Kassenpatienten und Privatpatienten gleichermaßen.[360] Die Verordnung von Heilmitteln für Kassenpatienten richtet sich nach § 32 SGB V.[361] Die Erbringung von Heilmitteln durch zugelassene Leistungserbringer richtet sich nach **§ 124 SGB V** sowie nach der hierauf basierenden **Heilmittel-Richtlinie**[362] und hat stets unter Berücksichtigung des Wirtschaftlichkeitsgebotes zu erfolgen.[363] Danach sind Heilmittel „**persönlich zu erbringende medizinische Leistungen**",[364] insbesondere:

- Physikalische Therapie,[365]
- Podologische Therapie,[366]
- Stimm-, Sprech- und Sprachtherapie,[367]
- Ergotherapie.[368]

3.3.1.4. Begriff des Hilfsmittels

Der Begriff „Hilfsmittel" ist in **§ 33 Abs. 1 SGB V** definiert.[369] Hilfsmittel sind danach:

> „... Sehhilfen, Hörhilfen, Körperersatzstücke, orthopädische und andere Hilfsmittel, die im Einzelfall erforderlich sind, um den Erfolg der Krankenbehandlung zu sichern, einer drohenden Behinderung vorzubeugen oder eine Behinderung auszugleichen, soweit die Hilfsmittel nicht als allgemeine Gebrauchsgegenstände des täglichen Lebens anzusehen oder nach § 34 Abs. 4 SGB V ausgeschlossen sind."

---

[359] § 2 Abs. 1 AMG; vgl. zu Begriff und Abgrenzung ausführlich *Deutsch/Spickhoff*, S. 981 ff., vgl. zum Anspruch der Versicherten auf Arzneimittel *Pflugmacher*, § 31 SGB V u. *Axer*, § 31 SGB V.
[360] BT-Drs. 18/6446 v. 21.10.2015, S. 20.
[361] Vgl. zum Anspruch auf Heilmittel *Pflugmacher*, § 32 SGB V und *Butzer*, § 32 SGB V.
[362] Richtlinie des Gemeinsamen Bundesausschusses über die Verordnung von Heilmitteln in der vertragsärztlichen Versorgung, in Kraft getreten am 1. Juli 2011.
[363] Vgl. hierzu umfassend *Bahner*, Honorarkürzungen, Arzneimittelregresse, Heilmittelregresse. Ein vorsätzlicher Verstoß gegen diese Verpflichtung kann den Straftatbestand der Untreue erfüllen, vgl. BGH, Urt. v. 16.08.016 – 4 StR 162/16.
[364] § 2 Abs. 1 HeilM-RL.
[365] § 17 Abs. 1 HeilM-RL. Vgl. zu den einzelnen Maßnahmen der physikalischen Therapie §§ 18 bis 25 HeilM-RL.
[366] § 28 Abs. 4 Nr. 1 bis 4 HeilM-RL.
[367] §§ 31 bis 33 HeilM-RL.
[368] §§ 36 bis 40 HeilM-RL.
[369] Vgl. zum Anspruch auf Hilfsmittel *Pflugmacher*, § 33 SGB V und *Butzer*, § 33 SGB V.

Der Gesetzgeber definiert **Hilfsmittel** als sächliche Mittel, die durch ersetzende, unterstützende oder entlastende Wirkung den Erfolg der Krankenbehandlung sichern, eine Behinderung ausgleichen oder ihr vorbeugen.[370] Die Versorgung von Hilfsmitteln für **Kassenpatienten** ist in der sogenannten **Hilfsmittel-Richtlinie**[371] geregelt. Danach sind Hilfsmittel sächliche Mittel oder technische Produkte, die individuell gefertigt oder als serienmäßig hergestellte Ware in unverändertem Zustand oder als Basisprodukt mit entsprechender handwerklicher Zurichtung, Ergänzung bzw. Abänderung von den Leistungserbringern abgegeben werden. Dazu können auch solche sächlichen Mittel oder technischen Produkte zählen, die dazu dienen, Arzneimittel oder andere Therapeutika, die zur inneren Anwendung bestimmt sind, in den Körper zu bringen (z.B. bestimmte Spritzen oder Inhalationsgeräte).[372]

3.3.1.5. Begriff des Medizinprodukts

Der Begriff „**Medizinprodukt**" ist im **Medizinproduktegesetz** (MPG) definiert.[373] Medizinprodukte sind danach

> „...alle einzeln oder miteinander verbunden verwendeten Instrumente, Apparate, Vorrichtungen, Software, Stoffe und Zubereitungen aus Stoffen oder andere Gegenstände einschließlich der vom Hersteller speziell zur Anwendung für diagnostische oder therapeutische Zwecke bestimmten und für ein einwandfreies Funktionieren des Medizinproduktes eingesetzten Software, die vom Hersteller zur Anwendung für Menschen mittels ihrer Funktionen zum Zwecke
>
> - der Erkennung, Verhütung, Überwachung, Behandlung oder Linderung von Krankheiten,
> - der Erkennung, Überwachung, Behandlung, Linderung oder Kompensierung von Verletzungen oder Behinderungen,
> - der Untersuchung, der Ersetzung oder der Veränderung des anatomischen Aufbaus oder eines physiologischen Vorgangs oder
> - der Empfängnisregelung
>
> zu dienen bestimmt sind und deren bestimmungsgemäße Hauptwirkung im oder am menschlichen Körper weder durch pharmakologisch oder immunologisch wirkende Mittel

---

[370] BT-Drs. 18/6446 v. 21.10.2015, S. 20, mit Verweis auf *Wabnitz*, § 33 SGB V, Rn. 2.
[371] Richtlinie des Gemeinsamen Bundesausschusses über die Verordnung von Hilfsmitteln in der vertragsärztlichen Versorgung, zuletzt geändert am 17.12.2015, in Kraft getreten am 24.03.2016.
[372] § 2 Abs. 1 HilfsM-RL. Zu den Hilfsmitteln zählen auch Zubehörteile, ohne die die Basisprodukte nicht oder nicht zweckentsprechend betrieben werden können. Der Anspruch umfasst auch die notwendige Änderung, Instandsetzung und Ersatzbeschaffung von Hilfsmitteln, die Ausbildung in ihrem Gebrauch und, soweit zum Schutz der Versicherten vor unvertretbaren gesundheitlichen Risiken erforderlich, die nach dem Stand der Technik zur Erhaltung der Funktionsfähigkeit und der technischen Sicherheit notwendigen Wartungen und technischen Kontrollen, § 2 HilfsM-RL.
[373] Vgl. zu den Begriffsbestimmungen, zum Betreiben und Instandhalten von Medizinprodukten ausführlich *Jäkel*.

noch durch Metabolismus erreicht wird, deren Wirkungsweise aber durch solche Mittel unterstützt werden kann."[374]

Hierunter fallen als sogenannte „Sonderanfertigungen" im Sinne des § 3 Abs. 8 MPG auch **zahntechnische Leistungen** wie etwa **Kronen, Brücken** sowie festsitzender oder herausnehmbarer **Zahnersatz** etc.[375]

3.3.2. Bezugsentscheidungen – 2. Handlungsalternative

3.3.2.1. Begriff des Bezugs

Eine Strafbarkeit wegen Bestechung oder Bestechlichkeit nach §§ 229a, 299b StGB droht künftig ferner, wenn ein Angehöriger eines Heilberufs einen Vorteil für sich oder einen Dritten als Gegenleistung dafür **fordert, sich versprechen** lässt oder **annimmt**, dass er …

> 2. bei dem Bezug von Arznei- oder Hilfsmitteln oder von Medizinprodukten, die jeweils zur unmittelbaren Anwendung durch den Heilberufsangehörigen oder einen seiner Berufshelfer bestimmt sind …
>
> …ihn oder einen anderen im inländischen oder ausländischen Wettbewerb in unlauterer Weise bevorzuge…

Unter **Bezug** ist **jegliche Form des Sich-Verschaffens** zu verstehen, **sei es auf eigene oder fremde Rechnung**.[376] Unter Bezug zählen mithin auch Teil-Handlungen wie die **Bestellung**, die **Abnahme**, die **Prüfung** oder die **Bezahlung**.[377]

Vom Bezug umfasst sind nur Arznei- und Hilfsmittel sowie Medizinprodukte, nicht jedoch auch Heilmittel, da diese als persönlich zu erbringende Leistung nur „verordnet", nicht jedoch „bezogen" werden können.

Eine gesonderte Erfassung von **Abgabeentscheidungen** ist im Gesetz nicht mehr vorgesehen.[378] Denn nach (geänderter) Ansicht des Gesetzgebers decke bereits der Tatbestand des „Bezugs" auch die Abgabe.[379] Voraussetzung sei allerdings (ebenfalls neu eingefügt), dass die bezogenen Arznei- oder Hilfsmittel und Medizinprodukte **zur unmittelbaren Anwendung** durch den Heilberufsangehörigen oder einen seiner Berufshelfer und nicht nur zur bloßen Abgabe bestimmt seien.[380] Für den

---

[374] § 3 Abs. 1 MPG. Vgl. zum Medizinproduktegesetz *Deutsch/Spickhoff*, S. 1245 ff.
[375] Vgl. zur Abrechnung von Materialien Kap. 10.3.2, S. 211 und zur Beteiligung an Dentallaboren Kap. 9.5, S. 196 ff.
[376] BT-Drs. 16/6446 v. 21.10.2015, S. 22.
[377] *Fischer*, StGB, § 299, Rn. 14 m.w.N.
[378] Die Abgabe erfasst jede Form der Übergabe von Arznei-, Heil- oder Hilfsmitteln an Patienten, einschließlich der Verabreichung, vgl. BT-Drs. 18/6446 v. 21.10.2015, S. 20.
[379] BT-Drs. 18/8106 v. 13.04.2016, S. 15.
[380] Werden die Vorteile ausdrücklich bezogen auf die unmittelbare Anwendung als besondere Form der Abgabe gewährt, wie etwa bei sogenannten rückwirkend gewährten Zielrabatten,

Adressatenkreis der Apotheker wird § 299a StGB daher nur noch eine geringe Rolle spielen.[381]

3.3.2.2. Unmittelbare Anwendung am Patienten

Die tatbestandlichen Bezugsentscheidungen wurden in der endgültigen Gesetzesversion beschränkt auf den Bezug lediglich solcher Arznei- und Hilfsmittel und Medizinprodukte, die **zur unmittelbaren Anwendung durch den beziehenden Heilberufsangehörigen oder einen seiner Berufshelfer bestimmt** sind.[382] Erfasst wird hierdurch der Bezug von Arznei- und Hilfsmitteln und Medizinprodukten, die der Heilberufsangehörige nicht zunächst verordnet, sondern ohne vorherige Verordnung **unmittelbar beim oder am Patienten anwendet**, zum Beispiel:

- Prothesen,
- Implantate,
- unmittelbar vom Heilberufsangehörigen anzuwendende Arzneimittel,
- Bandagen/Schienen.[383]

Mit dieser Aufteilung wird verhindert, dass Heilberufler, die Heilmittel auf eigene Rechnung und noch nicht im Kontakt zum Patienten „beziehen", vorschnell in Ermittlungsverfahren geraten. Denn insbesondere niedergelassene Vertragsärzte handeln beim Bezug beruflich benötigter Gegenstände als „Geschäftsherren", die zunächst ihre eigenen wirtschaftlichen Interessen verfolgen und dies – selbst unter Annahme von Vorteilen – auch tun dürfen.[384]

Erforderlich für die unmittelbare Anwendung beim Patienten ist die **„Einmaligkeit"** der Anwendung, wie die beispielhafte Auflistung oben zeigt. Werden also (insbesondere) **Medizinprodukte** zur **Anwendung für mehrere Patienten** bezogen (beispielsweise der Bohrer oder das Ultraschallgerät), so fällt deren Anwendung nicht unter die Bezugsvariante, sondern gilt als **„allgemeiner Praxisbedarf"** bzw. als

---

dürfte die Vereinbarung in aller Regel aber auch die vorgelagerte, zwingend erforderliche Bezugsentscheidung beinhalten, vgl. BT-Drs. 18/8106 v. 13.04.2016, S. 15.

[381] Vgl. hierzu eingehend Kap. 3.1.2, S. 29 ff.

[382] In diesen Fällen können die geschützten Rechtsgüter des lauteren Wettbewerbs und der Integrität heilberuflicher Entscheidungen auch durch auf Bezugsentscheidungen gerichtete Vorteile in strafwürdiger Weise beeinträchtigt werden, vgl. BT-Drs. 18/8106 v. 13.04.2016, S. 1. Nach dem ursprünglichen Gesetzentwurf vom 21.10.2015 sollte die Strafbarkeit von Bezugsentscheidungen – anders als bei Verordnungs-, Abgabe- und Zuführungsentscheidungen – keine zusätzliche unlautere Bevorzugung im Wettbewerb erfordern. Denn die Unlauterkeit einer Bevorzugung könne sich schon aus Verstößen gegen Preis- und Rabattvorschriften ergeben, bei denen es an einem korruptionsspezifischen Unrechtsgehalt sowie an einer Beeinträchtigung des Vertrauens in die Integrität heilberuflicher Entscheidungen fehle, vgl. BT-Drs. 18/6446 v. 21.10.2015, S. 22.

[383] Vgl. BT-Drs. 18/8106 v. 13.04.2016, S. 15.

[384] So zutreffend *Gaede*, S. 264 f.

"**Praxiseinrichtung**", ebenso wie der Stuhl im Wartezimmer und die Untersuchungsliege, auf denen der Patient ebenfalls "unmittelbar" sitzt oder liegt. Die Bezugsvariante "zur unmittelbaren Anwendung" erfordert daher im Zweifel entweder das "Einbringen" (wie etwa die Implantate), das "Einnehmen" (wie etwa Arzneimittel) oder die "ausschließliche Nutzung durch den Patienten" (wie etwa Prothesen).

Die Anwendung muss nicht durch den Heilberufsangehörigen selbst vorgenommen werden. Es genügt, wenn sie durch einen seiner **Berufshelfer** erfolgt, der organisatorisch und weisungsgebunden in die Tätigkeit des Heilberufsangehörigen einbezogen ist, der also für den Heilberufsangehörigen handelt.[385] Unter **Berufshelfer** fallen etwa der Kranken- oder Altenpfleger, die Sprechstundenhilfe oder die medizinisch-technische Assistentin.[386]

Erfolgt der **Bezug** durch den Arzt **aufgrund einer Verordnung** und wendet er das Mittel oder Produkt anschließend unmittelbar an, wie etwa im Bereich der ambulanten **Krebstherapie** oder bei ärztlich verordneten Betäubungsmittelgaben im Bereich der **Substitutionstherapie**,[387] wird die Unrechtsvereinbarung und damit die Strafbarkeit in der Regel bereits an die vorgelagerte **Verordnungsentscheidung** anknüpfen.[388] Die Strafbarkeit von Bezugsentscheidungen erfordert freilich auch bei dieser Tatbestandsvariante die "**unlautere**" Bevorzugung eines Wettbewerbers.[389]

3.3.2.3. Sprechstundenbedarf und Praxisbedarf

Unsicherheiten verbleiben beim **Sprechstundenbedarf** und beim sogenannten **Praxisbedarf** (Verbrauchsmaterial im Praxisalltag), da diese jedenfalls zum Teil an den Patienten abgegeben bzw. bei dessen Behandlung verwendet werden.[390]

Der Begriff Sprechstundenbedarf fasst als **Sammelbezeichnung Produkte** zusammen, die im Rahmen der vertragsärztlichen Behandlung **durch den Arzt verbraucht** oder von ihm **den Patienten übergeben** werden, auf die der Patient also einen Sachleistungsanspruch geltend machen kann. Darunter können **Arzneimittel, Impfstoffe, Verbandmittel, Materialien, Instrumente** und **sonstige Gegenstände** und Stoffe zu verstehen sein. Sowohl der Sprechstundenbedarf als auch der Praxisbedarf beziehen sich auf die Versorgung in einer **Vielzahl von Behandlungsfällen**, in denen aufgrund der **Geringwertigkeit des Produkts** die Einzelverordnung in keinem

---

[385] Die Grundsätze, die zu den in § 203 Abs. 3 S. 2 StGB genannten berufsmäßig tätigen Gehilfen entwickelt worden sind, können übertragen werden, vgl. BT-Drs. 18/8106 v. 13.04.2016, S. 15.
[386] Siehe zu dem Merkmal "Berufshelfer" auch *Spickhoff*, StGB, § 203, Rn. 21 ff.
[387] Vgl. § 5 Abs. 5 der Betäubungsmittel-Verschreibungsverordnung.
[388] BT-Drs. 18/8106 v. 13.04.2016, S. 14.
[389] Vgl. hierzu Kap. 3.4.1.2, S. 69 f. Die ursprüngliche Anknüpfung der Strafbarkeit an die schlichte Verletzung berufsrechtlicher Pflichten – ohne zusätzliche Unrechtsvereinbarung – wurde nach richtiger und begründeter Kritik nicht in das Gesetz aufgenommen, vgl. hierzu Kap. 2.2.3, S. 16 f.
[390] *Tsambikakis*, S. 135; *Pragal/Handel*, medstra 2015, S. 342.

Verhältnis steht (Pflaster, Venenverweilkanülen, etc.). Der Vertragsarzt verbraucht diese Produkte in einer unbestimmten Menge pro Patient aus einer Verpackung, die ihrer Art nach von vornherein **für mehrere Patienten bestimmt** ist, zum Beispiel medizinische Gase oder Schmerzmittel für Notfälle.[391]

Sprechstundenbedarf ist danach unter Berücksichtigung der regionalen **Sprechstundenbedarfsvereinbarungen** abzugrenzen von den Produkten, die der Arzt im Rahmen der vertragsärztlichen Behandlung dem Patienten entweder persönlich verordnet (als Arzneimittel oder als Sachkosten im Rahmen der vertragsärztlichen Abrechnung) oder für die er keine gesonderte Kostenerstattung beanspruchen kann (regelmäßig „**Praxisbedarf**" genannt), weil sie nicht Gegenstand des Sachleistungsanspruchs des Patienten sind oder mit **den vom Vertragsarzt abgerechneten Gebühren abgegolten** sind.[392]

Aufgrund des direkten Bezugs solcher Verbrauchsmittel, die zum Sprechstundenbedarf oder zum Praxisbedarf zählen, wie zum Beispiel Handschuhe, Alkoholtupfer oder Desinfektionsmittel zur heilberuflichen Tätigkeit, könnte zwar zunächst eine „unmittelbare Anwendung" im Sinne der §§ 299a Nr. 2, 299b Nr. 2 StGB zu bejahen sein.[393] Allerdings spricht die **fehlende gesonderte Abrechenbarkeit** dieser Produkte, deren Abgeltung für Kassenpatienten über den Einheitlichen Bewertungsmaßstab (EBM) erfolgt, dafür, diesen Bereich ebenfalls dem rein **unternehmerischen Kontext** zuzuordnen.[394]

Wenn und soweit Sprechstundenbedarf, Material oder Medizinprodukte (etwa aufgrund der Sprechstundenbedarfsvereinbarung oder der Abrechnungsregelungen nach EBM oder sonstiger Vereinbarungen) **pauschal vergütet** werden, müssen etwaige mit dem Bezug verbundene Vorteile nicht weitergegeben werden, weder an den Patienten noch an die Krankenkassen.[395] Selbst wenn also diese pauschal von den Krankenkassen vergüteten Materialien „zur unmittelbaren Anwendung" beim Patienten im Sinne des § 299a Nr. 2 StGB bestimmt sind, dürfen die mit dem Bezug verbundenen Vorteile beim Arzt verbleiben.

---

[391] *Flasbarth*, Rn. 1. Ob Produkte als Sprechstundenbedarf bestimmt werden können, richtet sich zunächst danach, ob sie überhaupt im Rahmen des Sachleistungsprinzips durch die gesetzlichen Krankenkassen geschuldet sind. Sodann ist zu differenzieren, ob die Produkte bereits im Rahmen der vertragsärztlichen Vergütung abgegolten sind oder als Sachleistung per Einzelverordnung bzw. als Sprechstundenbedarf erbracht werden können, *Flasbarth*, Rn. 7 m.w.N.

[392] *Flasbarth*, Rn. 2. Leistungsrechtlich sind die als Sprechstundenbedarf abzugebenden Gegenstände solche, die in § 31 SGB V als Arznei- und Verbandmittel geführt werden oder als zu verbrauchende Medizinprodukte unmittelbar bei der ärztlichen Tätigkeit, also im Rahmen des § 28 Abs. 1 SGB V zur Anwendung kommen, *Flasbarth*, Rn. 4.

[393] *Dieners/Cahnbley*, S. 49.

[394] So zutreffend *Tsambikakis*, S. 135; *Pragal/Handel*, medstra 2016, S. 26 und ebenso *Geiger*, medstra 1/2016, S. 10.

[395] Vgl. hierzu ausführlich Kap. 10.3, S. 207 ff.

3.3.2.4. Wirtschaftliche Bezugsentscheidungen ohne Patientenbezug

Der Bezug von Arznei- oder Hilfsmitteln oder von Medizinprodukten, **die nicht zur Weitergabe an den Patienten** oder zur Anwendung beim Patienten bestimmt sind, ist demgegenüber vom Tatbestand der neuen Strafvorschriften überhaupt nicht erfasst. Beim Bezug von **allgemeinen Praxisgegenständen**, beispielsweise beim Erwerb eines Behandlungsstuhls oder von sonstigen Medizinprodukten zur Ausstattung der Behandlungsräume, handelt es sich um Entscheidungen, bei denen der Behandler **seine eigenen wirtschaftlichen Interessen verfolgen** darf.[396]

Etwaige **Preisnachlässe** oder sonstige **Vorteile**[397] im Zusammenhang mit solchen Einkaufsentscheidungen **müssen** daher nach ausdrücklicher Klarstellung des Gesetzgebers **nicht weitergegeben werden** und können keinen Strafbarkeitsvorwurf nach §§ 229a, 299b StGB begründen. Patienteninteressen sind dadurch grundsätzlich auch dann nicht betroffen, wenn bei dem Bezug von Gegenständen für den eigenen Bedarf ausnahmsweise eine unlautere Bevorzugung erfolgen sollte.[398]

3.3.3. Zuführungsentscheidungen – 3. Handlungsalternative

Eine Strafbarkeit wegen Bestechung oder Bestechlichkeit nach §§ 299a, 299b StGB liegt bei der dritten Handlungsvariante künftig ferner vor, wenn ein Angehöriger eines Heilberufs einen Vorteil für sich oder einen Dritten als Gegenleistung dafür fordert, sich versprechen lässt oder annimmt, dass er

> 3. bei der Zuführung von Patienten oder Untersuchungsmaterial
>
> ... ihn oder einen anderen im inländischen oder ausländischen Wettbewerb in unlauterer Weise bevorzuge.

3.3.3.1. Zuführung von Patienten

§ 299a Nr. 3 StGB verbietet die unlautere Vorteilsannahme im Zusammenhang mit der „Zuführung von Patienten oder Untersuchungsmaterial". Der **Begriff der Zuführung** entspricht inhaltlich dem sozial- und berufsrechtlichen **Zuweisungsbegriff** des § 73 Abs. 7 SGB V[399] und des § 31 MBO.[400] Zu verstehen ist darunter jede **Einwirkung auf den Patienten** mit der Absicht, dessen Auswahl **eines Arztes oder eines anderen Leistungserbringers zu beeinflussen**.[401]

---

[396] BT-Drs. 18/6446 v. 21.10.2015, S. 22.
[397] Vgl. zu Rabatten und Preisnachlässen ausführlich Kap. 10, S. 201 ff.
[398] BT-Drs. 18/6446 v. 21.10.2015, S. 22.
[399] Vgl. zu dieser Regelung Kap. 6.1, S. 121.
[400] Vgl. zu dieser Regelung Kap. 5.1.2, S. 105 ff.
[401] BT-Drs. 18/6446 v. 21.10.2015, S. 20.

Mit der Verwendung des allgemeineren Begriffes „Zuführung" anstelle des ursprünglich genannten Begriffs der „Zuweisung" soll deutlich gemacht werden, dass es auf die Form der Einwirkung auf den Patienten nicht ankommt. Erfasst werden danach **Zuweisungen** und **Überweisungen** sowie **Verweisungen**. Unter dem Begriff „Zuführung" will der Gesetzgeber auch **Patientenzuführungen im Rahmen vertraglicher Kooperationen** wie beispielsweise **Berufsausübungsgemeinschaften** erfassen.[402]

Auch **mündliche** und **unverbindliche Empfehlungen** sollen nach der Gesetzesbegründung eine „Zuführung von Patienten" im Sinne des § 299a Nr. 3 StGB darstellen.[403] Allein der Wunsch des Patienten, sämtliche Leistungen aus einer Hand zu erhalten, reicht nach Ansicht des BGH nicht aus, um beispielsweise eine Verweisung an einen bestimmten Optiker sowie eine Abgabe und Anpassung der Brille durch den Augenarzt oder die Zur-Verfügung-Stellung von Medizingeräten zu rechtfertigen.[404] Entsprechendes wurde für die Empfehlung eines bestimmten Hörgeräteakustikers durch einen Ohrenarzt über den verkürzten Versorgungsweg entschieden.[405]

3.3.3.2. Unterschiede zwischen Zuweisung und Empfehlung

Vergleicht man allerdings die Terminologie der §§ 299a, 299b StGB mit der Begrifflichkeit des § 31 MBO, zeigt sich, dass bloße Empfehlungen bestimmter Anbieter, die das Selbstbestimmungsrecht des Patienten wahren, nicht unter den Begriff der Zuführung bzw. Zuweisung fallen. Denn in der berufsrechtlichen Regelung des § 31 MBO, auf den die Gesetzesbegründung Bezug nimmt, wird begrifflich sehr wohl zwischen Zuweisung (§ 31 Abs. 1 MBO) und Empfehlung (§ 31 Abs. 2 MBO) unterschieden. Dies ist nur folgerichtig, da die **Begriffe** der **Zuweisung** bzw. **Zuführung** einerseits und der **Empfehlung** andererseits **nicht identisch sind**.[406] Hierfür spricht auch der Wortlaut. Denn **Synonyme** für „**Zuweisen**" sind laut *Duden*:

> „anweisen, übertragen, zuschieben, zuteilen; (gehoben) anbefehlen, überantworten; (salopp) aufs Auge drücken; (Wirtschaft) allozieren."

„**Empfehlen**" bedeutet demgegenüber:

> „jemandem als vorteilhaft, geeignet, zuverlässig vorschlagen; jemandem raten, sich für jemanden, etwas zu entscheiden."

Die Begriffe „Zuweisen" oder „Zuführen" setzen damit ein **Autoritätsverhältnis** zwischen dem Zuweisenden und dem Zugewiesenen voraus, das **ausgenutzt** wird, um den Zugewiesenen in eine bestimmte Richtung zu drängen und ihn zu manipu-

---

[402] BT-Drs. 18/6446 v. 21.10.2015, S. 20.
[403] BT-Drs. 18/6446 v. 21.10.2015, S. 20.
[404] Vgl. BGH, Urt. v. 09.07.2009 – I ZR 13/07 (Brillenversorgung I).
[405] Vgl. BGH, Urt. v. 24.07.2014 – I ZR 68/13 (Hörgeräteversorgung III).
[406] So zutreffend *Schneider*, Erste Bestandsaufnahme, S. 51 ff.

lieren („aufs Auge drücken").[407] Im Falle von Informationsdefiziten des Patienten – etwa im Hinblick auf notwendige Therapien, Qualität der Versorgung konkurrierender Anbieter – ist ein **fachliches Autoritätsverhältnis** zwar vorstellbar, es ist aber eine Frage des Einzelfalles, ob dieses tatsächlich zielgerichtet zur Manipulation des Patienten ausgenutzt wird.[408] An diesem Punkt unterscheidet sich die „autoritäre" Zuweisung von Patienten von der die Autonomie des Patienten respektierenden Empfehlung. Immerhin gehören die **sachliche Information** im Rahmen der **ärztlichen Aufklärung** und **Beratung** sowie die neutrale Darstellung von Vor- und Nachteilen von Angeboten auf dem Gesundheitsmarkt zu den ureigenen ärztlichen Aufgaben.[409]

3.3.3.3. Kritik an der Strafbarkeit einer ärztlichen Empfehlung

Die potentielle strafrechtliche Sanktionierung einer reinen Empfehlung ist daher **höchst kritisch** zu sehen. Denn hier riskieren Ärzte und Zahnärzte eine vorschnelle und oftmals unberechtigte Strafverfolgung, die mit dem Recht der Patienten auf Information und Selbstbestimmung und mit der Anforderung des **EuGH** an einen **durchschnittlich informierten, aufmerksamen und verständigen Durchschnittsverbraucher**[410] definitiv nicht zu vereinbaren sind. Auch bietet diese strenge Sicht eine **nicht unerhebliche Missbrauchs- und Verleumdungsgefahr** für „böswillige" Kollegen oder Patienten.

Daher ist zwingend zu unterscheiden zwischen einer ärztlich „aufgedrängten" Empfehlung und einer vom Patienten ausdrücklich erbetenen Empfehlung.[411] Eine solche **Empfehlung** – durchaus basierend auf der Kompetenz oder der Erfahrung guter Zusammenarbeit – darf indessen nach Überzeugung der *Autorin* grundsätzlich **immer gegeben** werden![412] Wer eine andere Auffassung vertritt, missachtet das Informationsbedürfnis und das Selbstbestimmungsrecht des Patienten.[413]

---

[407] *Schneider*, Erste Bestandsaufnahme, S. 52.
[408] *Schneider*, Erste Bestandsaufnahme, S. 52.
[409] Zutreffend *Scholz*, § 31 MBO, Rn. 13; vgl. zum Informationsanspruch der Patienten auch *Bahner*, Werberecht für Ärzte, S. 17 ff.
[410] EuGH, Urt. v. 16.07.1998 – Rs. C-210/96 m.w.N.
[411] So vertraten beispielsweise nicht nur die niedergelassenen Ärzte, sondern auch Kliniken und die dort tätigen Ärzte über Jahrzehnte hinweg die falsche und für Patienten unter Umständen gesundheitsgefährdende Auffassung, dass es ihnen angeblich berufsrechtlich überhaupt nicht gestattet sei, dem Patienten (selbst auf dessen ausdrückliche Bitte und Nachfrage) andere Ärzte oder Einrichtungen zu nennen. Es wurden aufgrund dieser völlig irrigen und unzutreffenden Annahme daher selbst dann keine Auskünfte oder Empfehlungen erteilt, wenn die Patienten einen dringenden Beratungsbedarf ausdrücklich äußerten und nicht wussten, an wen sie sich denn nun – etwa zur ambulanten Weiterbehandlung – kompetent wenden könnten. Diese absurde Haltung und falsche Rechtsauffassung hat die *Autorin* als Patientin mehrfach selbst erlebt.
[412] Ebenso OLG Saarbrücken, Urt. v. 25.09.2013 – 1 U 42/13.
[413] Vgl. hierzu ausführlich *Bahner*, Werberecht für Ärzte, S. 17 ff.

Freilich darf der empfehlende Arzt hierfür **keinen finanziellen oder sonstigen materiellen Vorteil** im Sinne der Vorschriften der §§ 299a, 299b StGB **erhalten** oder **fordern**.[414] Empfiehlt er jedoch (auch ohne triftigen Grund) einen Nachbehandler oder einen Arzt, mit dem er nach seiner Erfahrung im Interesse des Patienten gut zusammenarbeitet (beispielsweise durch schnelle und zuverlässige Kommunikation), oder der aus anderen Gründen einen guten Ruf hat, so mag dies zwar einen Vorteil für den „Empfehler" darstellen, dieser ist jedoch nicht „unlauter" und darf daher nicht strafrechtlich sanktioniert werden. Denn **im Vordergrund** steht der **Patient** und dessen gute Behandlung, die (im Zweifel nur) aufgrund einer „guten Empfehlung" durch kompetente Weiterbehandler fortgesetzt werden kann.

3.3.3.4. Zuführung von Untersuchungsmaterial

Mit „Zuführung von Untersuchungsmaterial" ist insbesondere die **Weiterleitung von Proben zur Durchführung von Laboruntersuchungen** gemeint.[415] Mit Untersuchungsmaterial sind **Blut-, Stuhl- und Urinproben** gemeint.[416] In Betracht kommt darüber hinaus sämtliches Untersuchungsmaterial für die Pathologie, etwa **Haut-, Gewebe- oder Haarproben**.

Vereinbarungen, nach denen Vorteile, beispielsweise in Form einer Gewinnbeteiligung, dafür gewährt werden, dass sich ein Arzt oder Zahnarzt zur **Zuweisung von Patienten oder Untersuchungsmaterial an ein bestimmtes Labor** verpflichtet, können daher künftig strafbar sein.[417] In den Fokus werden daher vermutlich die seit Jahrzehnten üblichen „**Laborgemeinschaften**" geraten, sofern es sich hierbei nicht um sogenannte „Eigenlabore" handelt.[418]

3.3.3.5. Entscheidungen im beruflichen Kontext

Der Vorteilsnehmer muss – anders als bei dem Straftatbestand der Bestechlichkeit und Bestechung im geschäftlichen Verkehr (§ 299 StGB)[419] – nicht in einem Angestellten- oder Beauftragtenverhältnis stehen. Regelmäßig wird die von der Unrechtsvereinbarung erfasste unlautere Bevorzugung bei dem Bezug, der Verordnung oder der Zuführung aber im Rahmen eines **vertraglichen Verhältnisses zum Patienten** erfolgen.[420] Vom Tatbestand werden allerdings nur solche heilberuflichen Handlungen erfasst, die „**im Zusammenhang mit der Ausübung dieses Berufs**"

---

[414] Ebenso *Tsambikakis*, S. 136.
[415] BT-Drs. 18/6446 v. 21.10.2015, S. 20.
[416] *Schneider*, Rechtsgutachten, S. 15.
[417] BT-Drs. 18/6446 v. 21.10.2015, S. 19. Vgl. zur Nichtigkeit der vertraglichen Vereinbarung, ausschließlich mit einem Zahnlabor zusammen zu arbeiten BGH, Urt. v. 23.02.2012 – I ZR 231/10 (Dentallaborleistungen).
[418] Vgl. hierzu näher Kap. 9.5, S. 196 ff.
[419] Vgl. hierzu nachfolgendes Kap. 4.1, S. 81 ff.
[420] BT-Drs. 18/6446 v. 21.10.2015, S. 21.

erfolgen. Private Handlungen, die außerhalb der beruflichen Tätigkeit erbracht werden, bleiben von der Strafbarkeit ausgenommen.[421]

3.4. Die Unrechtsvereinbarung

3.4.1. Bedeutung und Problematik dieses Kriteriums

Die **Unrechtsvereinbarung** ist das „**Kernstück aller Bestechungsdelikte**".[422] Sie ist sämtlichen Korruptionstatbeständen des StGB immanent und begründet die **besondere Strafwürdigkeit von Korruption**.[423] Das Kriterium der Unrechtsvereinbarung dient im Rahmen des § 299a StGB der Abgrenzung zwischen strafrechtlich relevantem Verhalten und der Gewährung solcher Vorteile, die ihren Grund ausschließlich in der Behandlung von Patienten oder anderen heilberuflichen Leistungen haben.[424]

Das **Merkmal** der „Unrechtsvereinbarung" weist jedoch im Randbereich **fehlende Trennschärfe** und Konturen auf, führt zu **Beweisschwierigkeiten** und lässt dem Tatrichter erhebliche Entscheidungsmacht, wie der BGH selbst einräumt.[425] Ein wesentlicher Grund hierfür ist, dass die Beteiligten eine solche Unrechtsvereinbarung in der Regel nicht ausdrücklich, erst recht meist nicht schriftlich treffen. Dies ist für die Annahme einer Unrechtsvereinbarung auch nicht erforderlich. Eine Unrechtsvereinbarung kann auch mündlich oder sogar „stillschweigend" erfolgen. Daher ist die Schlussfolgerung einer **Unrechtsvereinbarung** meist nur anhand von **Indizien** feststellbar.[426] Als Indizien dafür nennen die Gesetzesmaterialien **Entschädigungen ohne erkennbare Gegenleistung** oder Zahlungen, die über den wirtschaftlichen Wert der erbrachten heilberuflichen Gegenleistung hinaus eine **verdeckte Zuwendung** enthalten.[427]

Nicht ausreichend für die Annahme einer Unrechtsvereinbarung ist es nach der ausdrücklichen Gesetzesbegründung allerdings, dass mit der Zuwendung nur „**das allgemeine Wohlwollen**" des Nehmers erkauft werden soll.[428] Dies ist letztlich auch konsequent und richtig, da der Heilberufsangehörige im Rahmen des § 299a StGB – anders als bei der Vorteilsnahme – keine Dienstherrengenehmigung in Bezug auf die Annahme des Vorteils einholen kann.[429] Nicht ausreichend für die Annahme einer Unrechtsvereinbarung ist es ferner, wenn die Zuwendung als **Belohnung** für

---

[421] BT-Drs. 18/6446 v. 21.10.2015, S. 20.
[422] BGH, Urt. v. 14.10.2008 – 1 StR 260/08 (WM-Tickets).
[423] BT-Drs. 18/6446 v. 21.10.2015, S. 18.
[424] *Wissing/Cierniak*, S. 43.
[425] BGH, Urt. v. 14.10.2008 – 1 StR 260/08 (WM-Tickets).
[426] *Brettel/Mand*, S. 104.
[427] BT-Drs. 18/6446 v. 21.10.2015, S. 18.
[428] BT-Drs. 18/6446 v. 21.10.2015, S. 18; *Fischer*, StGB, § 299, Rn. 13.
[429] *Heil/Oeben*, S. 220.

eine bereits erfolgte Handlung in der **Vergangenheit** gedacht ist (soweit diese nicht ihrerseits Gegenstand einer Unrechtsvereinbarung war).[430]

Auch das **bloße Annehmen** eines Vorteils ist zur Tatbestandsverwirklichung nicht ausreichend. Der Täter muss den Vorteil vielmehr **als Gegenleistung** für eine **zumindest intendierte unlautere Bevorzugung** im Wettbewerb fordern, sich versprechen lassen oder annehmen.[431]

3.4.1.1. Die notwendige Verknüpfung von Vorteil und Gegenleistung

Die Unrechtsvereinbarung erfordert somit eine **inhaltliche Verknüpfung von Vorteil und Gegenleistung.**[432] Taugliches **Abgrenzungskriterium** ist hierbei nicht die Art der Leistungsbeziehung, sondern die mit ihr verfolgte **Zielsetzung**.[433] So sind beispielsweise die Anwendungsbeobachtung, der Beratervertrag, die Studie oder die Beteiligung daran nicht per se unzulässig.[434] Es ist ihre **unlautere inhaltliche Ausgestaltung**, die Verknüpfung mit einer Vorteilsgewährung bei dem Bezug, der Verordnung oder der Abgabe von Arznei-, Heil- oder Hilfsmitteln oder von Medizinprodukten oder bei der Zuführung von Patienten oder Untersuchungsmaterial, die ihnen ihr Gepräge als Unrechtsvereinbarung verleiht.[435]

Die in den Amtsträgerdelikten der Vorteilsannahme und Vorteilsgewährung vorgesehene Lockerung der Unrechtsvereinbarung[436] (mit der Folge einer Verschärfung der Strafbarkeit) findet in den neuen Straftatbeständen allerdings keine Entsprechung. Heranzuziehen sind vielmehr diejenigen Grundsätze, die zur Unrechtsvereinbarung bei der Bestechlichkeit und Bestechung im geschäftlichen Verkehr (§ 299 StGB) entwickelt wurden.[437] An die nach §§ 299a, 299b StGB vorausgesetzte **Unrechtsvereinbarung** werden damit **besondere Anforderungen** gestellt.[438]

---

[430] BT-Drs. 18/6446 v. 21.10.2015, S. 18; *Fischer*, StGB, § 299, Rn. 13.
[431] BT-Drs. 18/6446 v. 21.10.2015, S. 18. Der Vorteil für einen ebenfalls zumindest intendierten Verstoß gegen die berufsrechtliche Pflicht des Arztes/Zahnarztes/Therapeuten oder Apothekers zur Wahrung seiner heilberuflichen Unabhängigkeit gilt nach der endgültigen Gesetzesversion indessen nicht mehr als strafrechtlich relevant.
[432] BT-Drs. 18/6446 v. 21.10.2015, S. 18.
[433] So zutreffend *Badle*, medstra 3/2015, S. 139.
[434] Vgl. zu diesen Leistungen für die Industrie Kap. 12, S. 237 ff.
[435] *Badle*, medstra 3/2015 S. 139. *Badle* beschreibt zugleich die Schwierigkeit, die Unrechtsvereinbarung in der Praxis der Strafverfolgung nachzuweisen, vgl. S. 140.
[436] §§ 331, 333 StGB, vgl. hierzu Kap. 4.2, S. 87 ff.
[437] BT-Drs. 18/6446 v. 21.10.2015, S. 18 mit Verweis auf *Krick*, § 299 StGB, Rn. 24 f. und *Rönnau*, S. 307 f.
[438] BT-Drs. 18/6446 v. 21.10.2015, S. 18.

3.4.1.2. Die unlautere Bevorzugung im Wettbewerb

Die allgemeine Vorschrift der Bestechlichkeit nach § 299 StGB, auf die der Gesetzgeber zur Auslegung der neuen Korruptionstatbestände verweist,[439] setzt eine Unrechtsvereinbarung dergestalt voraus, dass der **Vorteil als Gegenleistung** für eine **künftige unlautere Bevorzugung** angenommen bzw. gewährt wird.[440] Bevorzugung in diesem Sinne bedeutet dabei die **sachfremde Entscheidung** zwischen zumindest zwei Bewerbern, setzt also Wettbewerb und Benachteiligung eines Konkurrenten voraus.[441] Als „sachfremd" angesehen werden Entscheidungen, die durch die Zuwendung eines sozial nicht mehr adäquaten Vorteils[442] geleitet und geeignet sind, Mitbewerber durch die Umgehung der „Regelungen des Wettbewerbs"[443] und durch Ausschaltung der Konkurrenz zu schädigen.[444]

Eine unlautere Bevorzugung liegt somit in der **sachgrundlosen Bevorzugung** des Vorteilsgebers gegenüber anderen Anbietern. **Sachgerecht** in diesem Sinne ist allerdings nicht als „Gesinnung" oder „Motiv" zu verstehen, sondern ist lediglich fokussiert auf die **Grundsätze des gesundheitsrechtlichen Primärrechts**.[445] Entscheidend ist somit die Ausfüllung dieses normativen Tatbestandsmerkmals mit gesundheitsrechtlichen Normen und gesundheitspolitischen Erwägungen.[446] Insofern weisen auch die neuen Straftatbestände eine enge Verbindung zum Gesundheitsrecht auf.[447] Die **zentralen Auslegungsdirektiven** für das Vorliegen einer Unrechtsvereinbarung haben daher nicht nur den zu § 299 Abs. 1 und 3 StGB entwickelten Auslegungsgrundsätzen zu folgen,[448] sondern insbesondere den **Wertungen** der einschlägigen, **gesundheitsmarktbezogenen Regelungen** aus Berufsrecht, Heilmittelwerberecht, Sozialrecht und Preisbestimmungsrecht.[449]

Zur Erfüllung des Tatbestandes braucht die vereinbarte **unlautere Bevorzugung** im Wettbewerbsrecht tatsächlich **nicht eingetreten** zu sein. Es muss auch keine objek-

---

[439] BT-Drs. 18/6446 v. 21.10.2015, S. 18.
[440] BGH, Beschl. v. 29.04.2015 – 1 StR 235/14 m.w.N.; BGH, Urt. v. 10.07.2013 – 1 StR 532/12; BGH, Beschl. v. 14.07.2010 – 2 StR 200/10.
[441] BGH, Beschl. v. 29.04. 2015 – 1 StR 235/14; BGH, Urt. v. 18.06.2003 – 5 StR 489/02.
[442] Vgl. hierzu Kap. 3.2.3, S. 42 ff.
[443] Kritisch zum Verweis auf die allgemeinen Grundsätze des „lauteren Wettbewerbs" *Brettel/Mand*, S. 102, da von einem regulierten Wettbewerb jedenfalls im GKV-System nicht gesprochen werden könne, es sich vielmehr um eine „sozialstaatliche Lenkung mit einzelnen Wettbewerbselementen" handle.
[444] *Fischer*, StGB, § 299, Rn. 16; *Brettel/Mand*, S. 102 m.w.N.; vgl. zu weiteren Beispielen der Bevorzugung *Dannecker*, § 299 StGB, Rn. 43 m.w.N.
[445] So zutreffend *Nestler*, S. 73.
[446] Vgl. hierzu beispielhaft die Entscheidung des BGH, Urt. v. 01.12.2016 – I ZR 143/15 über die zulässige Werbung eines Hilfsmittellieferanten mit dem Verzicht auf Zuzahlung, vgl. hierzu auch Kap. 10.5.6, S. 223 f.
[447] Ebenso *Kubiciel*, jurisPR-Compl 3/2016, S. 3.
[448] BT-Drs. 18/6446 v. 21.10.2015, S. 21.
[449] Zutreffend *Brettel/Mand*, S. 102. All diese zur Beurteilung relevanten Regelungen werden hier im vorliegenden Buch eingehend dargestellt.

tive Schädigung eines Mitbewerbers eingetreten sein. Vielmehr genügt es, wenn die zum Zwecke des Wettbewerbs vorgenommenen Handlungen nach der Vorstellung des Täters geeignet sind, seine eigene Bevorzugung oder die eines Dritten im Wettbewerb zu veranlassen. Der Vorstellung eines bestimmten verletzten Mitbewerbers bedarf es nicht.[450] Danach ist das **Tatbestandsmerkmal** der **Bevorzugung im Wettbewerb subjektiviert**; es reicht aus, wenn nach der **Vorstellung des Täters** der Wettbewerb unlauter beeinflusst werden soll.[451]

3.4.1.3. Die zulässige Bevorzugung eines Wettbewerbers

Die eventuelle Bevorzugung eines Wettbewerbers muss allerdings keinesfalls zwingend zugleich unlauter sein. So ist der Zahnarzt beispielsweise grundsätzlich frei, das ihm geeignet erscheinende gewerbliche Labor zu wählen, auch wenn dieses im Vergleich zu Mitbewerbern teurer ist,[452] wie das folgende Beispiel zeigt: Bevorzugt ein Zahnarzt von vornherein das Labor seines Freundes, so verstößt er (nur) dann gegen medizinrechtliche Vorgaben, wenn dieses Labor mindere Qualität liefert oder überhöhte Preise verlangt, die der Zahnarzt an seine Patienten weiterreicht. Ansonsten wäre es durchaus ein sachlicher und damit legitimer Grund für den Zahnarzt, dasjenige Labor zu bevorzugen, bei dem er **aus guter Erfahrung** von einer **Verlässlichkeit der Kommunikation**,[453] insbesondere aber von der **guten Qualität** der zahntechnischen Leistungen überzeugt ist.[454] Dies gilt umso mehr, als der **Zahnarzt** bei etwaigen Problemen der von ihm verwendeten Zahntechnik und des von ihm eingesetzten Zahnersatzes gegenüber dem Patienten zunächst **selbst** im Fokus und **in der Haftung** steht: Denn der Zahnarzt selbst ist es, der dem Ärger seiner Patienten für nicht korrekten Zahnersatz ausgesetzt ist. Er ist es auch, der den Zahnersatz wieder entfernen und neu einsetzen muss – meist als **Garantieleistung** und ohne zusätzliche Kosten für den Patienten.

Gerade in Fällen einer **eigenen unmittelbaren Haftung** für die von ihm bezogenen medizintechnischen Produkte muss es dem Arzt und Zahnarzt daher zwingend selbst überlassen bleiben, mit wem er zusammenarbeiten will. Selbst wenn ein Zahnarzt aufgrund schlechter oder guter Erfahrungen daher **nur mit einem einzigen Zahnlabor** zusammenarbeitet, stellt dies – trotz der Benachteiligung anderer Zahnlabore – noch **keine unlautere Bevorzugung** des einen „ausgewählten" Zahnlabors dar.[455]

Eine **Unrechtsvereinbarung** im strafrechtlichen Sinne kann sich nur dann ergeben, wenn die Auswahl und Bezugsentscheidung die Gefahr von Behandlungsfehlern birgt, zumindest jedoch die substantiierbare Gefahr einer nicht sachgerechten Be-

---

[450] BGH, Beschl. v. 29.04.2015 – 1 StR 235/14 m.w.N.
[451] *Fischer*, StGB, § 299, Rn. 15.
[452] *Spickhoff*, GOZ 250, § 9, Rn. 4.
[453] Vgl. *Brettel/Duttge/Schuhr*, S. 933.
[454] Vgl. hierzu auch die Stellungnahme der BZÄK, Kap. 9.5.4, S. 199.
[455] So zutreffend *Brettel/Duttge/Schuhr*, S. 933.

handlung.[456] **Unzulässig** ist freilich auch die **Zuwendung oder Annahme von Vorteilen** an den Zahnarzt als „Gegenleistung" für die Inanspruchnahme eines Zahnarztlabors. Unzulässig wäre erst recht eine vertragliche Verpflichtung zur **ausschließlichen Inanspruchnahme** nur eines Labors.[457]

Liegt jedoch keiner dieser Aspekte vor, ist die Inanspruchnahme nur eines Labors (oder einer Klinik) zulässig. Insbesondere ist es **realitätsfern** anzunehmen, dass etwa der Patient den Zahnarzt instruieren könnte, in welchem Zahnlabor die Zahntechnik zu fertigen sei. Angesichts der zuvor beschriebenen Haftungsproblematik würde ein solches Ansinnen den Zahnarzt durchaus dazu berechtigen, die zahnärztliche Behandlung abzulehnen, insbesondere im Falle schlechter Erfahrungen des Zahnarztes mit dem vom Patienten gewünschten Zahnlabor.

3.4.2. Unlauterkeit durch Verletzung des Wettbewerbsrechts

Zur Beurteilung der Unlauterkeit im Sinne der §§ 299a, 299b StGB ist es **zwingend notwendig**, auf das **Wettbewerbsrecht** und den **Rechtsbruchtatbestand** des § 3a UWG zurückzugreifen. Zwar ist der Begriff der strafrechtlichen Unlauterkeit im Sinne des Korruptionsstrafrechts weder mit der zivilrechtlichen Auslegung des § 138 BGB (Sittenwidriges Rechtsgeschäft; Wucher) noch mit der wettbewerbsrechtlichen Bedeutung des § 3 UWG identisch.[458] Der wettbewerbsrechtliche Begriff der **Unlauterkeit** dient jedoch dazu, **erlaubtes** und **unerlaubtes** geschäftliches Handeln gegenüber Marktteilnehmern zu unterscheiden. Was danach erlaubt ist, kann freilich nicht strafrechtlich verfolgt werden.[459] Was danach unerlaubt ist, könnte indessen ein erstes Indiz für eine Unrechtsvereinbarung nach §§ 299a, 299b StGB darstellen.

Unlautere geschäftliche Handlungen sind unzulässig, § 3 Abs. 1 UWG.[460] Ein Verhalten ist dann „unlauter", wenn es gegen eine vom Gesetzgeber oder den Gerichten für den Anwendungsbereich des UWG aufgestellte **Verhaltensregel** verstößt. Es ist also die **Summe der Verhaltensregeln** für geschäftliche Handlungen, die den Begriff der Unlauterkeit im UWG konstituiert.[461] **Unlauterkeit** ist somit **kein feststehender Begriff**, unter dem sich ein konkretes geschäftliches Handeln subsumieren lässt. Vielmehr ist stets nach der **jeweils dafür geltenden Verhaltensregel** zu fragen.[462]

---

[456] *Brettel/Duttge/Schuhr*, S. 933.
[457] Vgl. hierzu BGH, Urt. v. 23.02.2012 – I ZR 231/10 (Dentallaborleistungen).
[458] *Heine/Eisele*, § 299 ff., Rn. 19.
[459] Vgl. hierzu Kap. 3.4.5, S. 78.
[460] Die Anknüpfung an den Begriff der geschäftlichen Handlung ermöglicht es, den Anwendungsbereich des Lauterkeitsrechts von dem des allgemeinen Deliktsrechts abzugrenzen, vgl. *Köhler*, § 3 UWG, Rn. 2.1.
[461] *Köhler*, § 3 UWG, Rn. 2.15.
[462] Diese Regeln können sich im Laufe der Zeit – entsprechend den jeweiligen wirtschaftlichen und gesellschaftlichen Anschauungen – wandeln: Was gestern noch als unlauter galt (z.B. Ra-

Die Verknüpfung dieser entsprechenden Regeln zum Wettbewerbsrecht erfolgt über den „Rechtsbruchtatbestand" des § 3a UWG.

3.4.2.1. Der Rechtsbruchtatbestand des § 3a UWG

Unlauter handelt nach § 3a UWG, wer **einer gesetzlichen Vorschrift zuwider handelt**, die auch dazu bestimmt ist, im Interesse der Marktteilnehmer das **Marktverhalten zu regeln**, und der Verstoß geeignet ist, die Interessen von Verbrauchern, sonstigen Marktteilnehmern oder Mitbewerbern spürbar zu beeinträchtigen.[463] Die Frage, ob eine geschäftliche Handlung unlauter ist, weil sie gegen eine gesetzliche Vorschrift verstößt, gehörte und gehört allerdings zu den **schwierigsten und umstrittensten Fragen** des Wettbewerbsrechts.[464]

Daher ist der Rechtsbruchtatbestand des § 3a UWG vor dem Hintergrund der **Schutzzweckbestimmung** in § 1 UWG[465] zu sehen. Danach kann es nicht Aufgabe des Wettbewerbsrechts sein, alle nur denkbaren Gesetzesverstöße im Zusammenhang mit geschäftlichen Handlungen (auch wettbewerbsrechtlich) zu sanktionieren. Vielmehr liegt der „eigentliche Zweck des UWG darin, das Marktverhalten der Unternehmen im Interesse der Marktteilnehmer, insbesondere der Mitbewerber und der Verbraucher, und damit zugleich das Interesse der Allgemeinheit an einem unverfälschten Wettbewerb zu regeln".[466]

In diese Schutzzweckbestimmung fügt sich § 3a UWG ein. Daher ist der Tatbestand so gefasst, dass **nicht jede geschäftliche Handlung**, die auf dem Verstoß gegen eine gesetzliche Vorschrift beruht und Auswirkungen auf den Wettbewerb haben kann, **unlauter** ist. Vielmehr knüpft die Vorschrift an sogenannte **Marktverhaltensregelungen** an.

3.4.2.2. Die Bedeutung der Marktverhaltensregelungen

Das Marktverhalten der Unternehmer wird nicht nur durch speziell wettbewerbsrechtliche Verhaltensanforderungen,[467] sondern auch durch eine Vielzahl **außerwettbewerbsrechtlicher Normen** geregelt. Zweck des § 3a UWG ist es daher, zum Schutze der Verbraucher, der Mitbewerber und der sonstigen Marktteilnehmer Verstöße gegen solche **außerwettbewerbsrechtlichen Marktverhaltensregelungen**

---

batte und Zugaben), ist heute erlaubt oder gar im Sinne eines innovativen Wettbewerbs erwünscht, vgl. *Köhler*, § 3 UWG, Rn. 2.15.

[463] Mit der Änderung des UWG durch die UWG-Novelle 2015 wurde die bisherige Regelung des § 4 Nr. 11 UWG in § 3a UWG neu gefasst, vgl. *Köhler*, § 3a UWG, Rn. 1.5.
[464] *Köhler*, § 3a UWG, Rn. 1.1.
[465] Vgl. hierzu Kap. 2.3.2, S. 19 f.
[466] *Köhler*, § 3a UWG, Rn. 1.6 mit Hinweis auf die Gesetzesbegründung.
[467] Vgl. § 3 Abs. 2, Abs. 3, S. 4-7 UWG.

auch wettbewerbsrechtlich zu sanktionieren.[468] Eine Vorschrift wird nur dann von § 3a UWG erfasst, wenn sie (zumindest auch) den **Schutz der Interessen der Marktteilnehmer** bezweckt.[469] Der Rechtsbruchtatbestand des § 3a UWG setzt somit zunächst eine Zuwiderhandlung gegen eine entsprechende gesetzliche Verbotsvorschrift voraus, wobei das Verhalten den Tatbestand dieser Norm vollständig erfüllen muss.[470]

3.4.2.3. Die Spürbarkeitsklausel des § 3a UWG

Eine Zuwiderhandlung gegen eine Marktverhaltensregelung ist allerdings nur dann unlauter im Sinne des § 3a UWG, wenn sie zugleich geeignet ist, die Interessen von Verbrauchern, Mitbewerbern oder sonstigen Marktteilnehmern **spürbar zu beeinträchtigen**. Die Spürbarkeitsklausel hat den Zweck, solche Fälle des Verstoßes gegen eine Marktverhaltensregelung von der Verfolgung auszunehmen, die keine nennenswerte Auswirkung auf andere Marktteilnehmer haben. Sie entspricht daher dem Schutzzweck des UWG und dem unionsrechtlichen Grundsatz der Verhältnismäßigkeit.[471]

Die Interessen von Mitbewerbern können dann spürbar beeinträchtigt sein oder werden, wenn sie **Nachteile** in Gestalt einer **Einbuße an vorhandenen Vermögenswerten** oder in Gestalt einer **Minderung ihrer Marktchancen** erleiden oder erleiden können, wenn mit anderen Worten der Wert ihres Unternehmens gemindert wird oder werden kann.[472]

3.4.2.4. Abstrakter Verbraucherschutz von Gesundheitsnormen

Einzelne Marktverhaltensregelungen verbieten allerdings ein Marktverhalten schlechthin (per se), bezwecken also einen abstrakten Verbraucherschutz. Dies betrifft unter anderem alle Vorschriften, die dem Schutz der **Gesundheit** oder **Sicherheit** der Verbraucher dienen.[473]

---

[468] Köhler, § 3a UWG, Rn. 1.6.
[469] Marktteilnehmer sind nach der Legaldefinition des § 2 Abs. 1 Nr. 2 UWG neben den Mitbewerbern und Verbrauchern alle Personen, die als Anbieter oder Nachfrager von Waren oder Dienstleistungen tätig sind.
[470] Köhler, § 3a UWG, Rn. 1.84 m.w.N.
[471] Köhler, § 3a UWG, Rn. 1.96.
[472] Köhler, § 3a UWG, Rn. 1.100.
[473] Nach Art. 3 Abs. 3 UGP-RL bleiben „die Rechtsvorschriften der Gemeinschaft oder Mitgliedstaaten in Bezug auf die Gesundheits- und Sicherheitsaspekte von Produkten" unberührt. Nach Erwägungsgrund 9 S. 3 UGP-RL können die Mitgliedstaaten daher „unter Berufung auf den Schutz der Gesundheit und der Sicherheit der Verbraucher in ihrem Hoheitsgebiet für Geschäftspraktiken Beschränkungen aufrecht erhalten oder einführen oder diese Praktiken verbieten, beispielsweise im Zusammenhang mit Spirituosen, Tabakwaren und Arzneimitteln".

Hierher gehören etwa die **Werbeverbote des HWG**.[474] Auch **§ 11 Abs. 1 ApoG**[475] ist eine Marktverhaltensregelung im Sinne des § 3a UWG.[476] Soweit Marktverhaltensregelungen daher zumindest auch dem Schutz der Gesundheit und Sicherheit von Verbrauchern dienen, ist die Spürbarkeit grundsätzlich zu bejahen[477] und ihre Einhaltung kann nach § 3a UWG durchgesetzt werden.[478]

Nur **ausnahmsweise** kann **bei Vorschriften**, die dem **Schutz der Gesundheit** der Verbraucher dienen, die **Spürbarkeit von Verstößen verneint** werden.[479] So ist beispielsweise ein Verstoß gegen die arzneimittelrechtlichen Preisbestimmungen dann nicht geeignet, die Interessen von Mitbewerbern und sonstigen Marktteilnehmern spürbar zu beeinträchtigen, wenn die für eine entsprechende Heilmittelwerbung nach § 7 HWG bestehenden Grenzen eingehalten sind.[480]

3.4.2.5. Verstöße gegen das Berufsrecht

Die **Berufsordnungen der Landesärztekammern** sind zwar keine Gesetze im formellen, jedoch im materiellen Sinne.[481] Ob die einzelnen berufsrechtlichen Regelungen **Marktverhaltensregelungen** im Sinne des § 3a UWG sind, ist daher durch Auslegung zu ermitteln.[482] **Gesetzliche Berufspflichten** zur **Wahrung der Interessen Dritter** stellen nach der Rechtsprechung des BGH jedoch immer Marktverhaltensregelungen dar.[483] Macht der „Interessenwahrer" (beispielsweise der Arzt oder Apotheker) bei einer Empfehlung oder Beratung nicht deutlich, dass er damit (auch) einen kommerziellen Zweck verfolgt und ergibt sich dies auch nicht unmittelbar aus den Umständen, erfüllt er damit zugleich den Tatbestand des § 5a Abs. 6 UWG,[484] sofern auch geschäftliche Relevanz gegeben ist.[485]

---

[474] *Köhler*, § 3a UWG, Rn. 1.25; vgl. zu § 7 HWG Kap. 7.2, S. 152 ff. und Kap. 10.5, S. 218 ff.
[475] Vgl. hierzu Kap. 7.1.2, S. 145 ff.
[476] *Köhler*, § 3a UWG, Rn. 1.138; BGH, Urt. v. 13.03.2014 – I ZR 120/13 (Kooperationsapotheke).
[477] *Köhler*, § 3a UWG, Rn. 1.102; BGH, Urt. v. 08.01.2015 – I ZR 123/13 (Abgabe ohne Rezept).
[478] Ständige Rechtsprechung zu § 4 Nr. 11 UWG 2008; vgl. *Köhler*, § 3a UWG, Rn. 1.25 m.w.N.
[479] BGH, Urt. v. 12.02.2015 – I ZR 213/13 (Fahrdienst zur Augenklinik). So hat der BGH die Spürbarkeit eines Verstoßes gegen eine landesrechtliche Bestimmung, die Krankentransporte durch private Unternehmer einem Genehmigungsvorbehalt unterstellte, in einem Fall verneint, in dem der Beförderer zwar über die Genehmigung nach dem am Zielort des Transports geltenden Landesrecht verfügte, nicht aber über die Genehmigung nach dem am Ausgangsort geltenden Landesrecht, da die Genehmigungsvoraussetzungen ähnlich waren, vgl. BGH, Urt. v. 15.01.2009 – I ZR 141/06 (Überregionaler Krankentransport).
[480] BGH, Urt. v. 09.09.2010 – I ZR 193/07 (Unser Dankeschön für Sie).
[481] BVerfG, Beschl. v. 09.05.1972 – 1 BvR 518/62, 1 BvR 308/64 (Facharztbeschluss); *Köhler*, § 3a UWG, Rn. 1.132.
[482] *Köhler*, § 3a UWG, Rn. 1.132 m.w.N zur Rechtsprechung.
[483] BGH, Urt. v. 24. 06. 2010 – I ZR 182/08; BGH, Urt. v. 23.02.2012 – I ZR 231/10.
[484] „Unlauter handelt auch, wer den kommerziellen Zweck einer geschäftlichen Handlung nicht kenntlich macht, sofern sich dieser nicht unmittelbar aus den Umständen ergibt, und das Nichtkenntlichmachen geeignet ist, den Verbraucher zu einer geschäftlichen Entscheidung zu veranlassen, die er andernfalls nicht getroffen hätte."

Bloße Verstöße gegen berufsrechtliche Verbote der Annahme von Vorteilen, wie sie beispielsweise in § 32 Abs. 1 MBO geregelt sind,[486] führen indessen nach dem ausdrücklichen Willen des Gesetzgebers **nicht zur Strafbarkeit nach § 299a StGB**.[487] Denn an dem erforderlichen Gegenleistungsverhältnis zwischen Vorteil und Pflichtverletzung fehlt es, wenn sich die Pflichtverletzung des Nehmers in der Annahme des Vorteils erschöpft. Ein Vorteil, dessen Annahme eine Pflichtverletzung begründet, ist nicht zugleich Gegenleistung für diese Pflichtverletzung.[488]

Daher ist beispielsweise die Annahme eines Vorteils für die Teilnahme an einer wissenschaftlichen Fortbildungsveranstaltung, der über die **notwendigen Reisekosten und Tagungsgebühren hinausgeht**, zwar ein Verstoß gegen berufsrechtliche Pflichten (§ 32 Abs. 2 MBO).[489] Dieser Verstoß ist jedoch nur dann strafbar, wenn der Vorteil als **Gegenleistung für eine unlautere Bevorzugung** entgegengenommen wird.[490] Unlauterkeit liegt erst recht nicht vor, wenn die **Bevorzugung berufsrechtlich zulässig ist**.[491] In diesen Fällen wird ohnehin bereits der erforderliche Zusammenhang zwischen Vorteil und heilberuflicher Handlung fehlen, weshalb der Zuwendung in diesen Fällen keine Unrechtsvereinbarung zugrunde liegt.[492]

3.4.2.6. Das Wettbewerbsverhältnis zwischen Mitbewerbern

Die unlautere Bevorzugung erfordert stets einen Wettbewerb zwischen mindestens zwei Bewerbern (Mitbewerber), setzt also **Wettbewerb und Benachteiligung eines Konkurrenten voraus**.[493] **Mitbewerber** ist nach der Legaldefinition des § 2 Abs. 1 Nr. 3 UWG jeder Unternehmer, der mit einem oder mehreren Unternehmern als Anbieter oder Nachfrager von Waren oder Dienstleistungen in einem konkreten Wettbewerbsverhältnis steht.[494] Grundsätzlich sind im Interesse eines wirksamen wettbewerbsrechtlichen Individualschutzes an das Bestehen eines konkreten Wettbewerbsverhältnisses **keine hohen Anforderungen** zu stellen.[495] Ein besteht daher nicht nur dann, wenn zwei Parteien gleichartige Waren oder Dienstleistungen innerhalb desselben Endverbraucherkreises abzusetzen suchen. Es besteht vielmehr auch dann, wenn zwischen den Vorteilen, die eine Partei durch eine Maßnahme für ihr Unternehmen oder das eines Dritten zu erreichen sucht, und den Nachteilen, die die andere Partei dadurch erleidet, eine **Wechselwirkung** in dem

---

[485] *Köhler*, § 3 UWG, Rn. 6.20.
[486] Vgl. hierzu Kap. 5.1.4, S. 114 ff.
[487] BT-Drs. 18/6446 v. 21.10.2015, S. 22.
[488] BT-Drs. 18/6446 v. 21.10.2015, S. 22.
[489] Vgl. hierzu Kap. 5.1.4.3, S. 117.
[490] BT-Drs. 18/6446 v. 21.10.2015, S. 22.
[491] Vgl. etwa zur Bonuszahlung bei Auswahl preisgünstiger Arzneimittel Kap. 5.1.4.2, S. 116 f.
[492] BT-Drs. 18/6446 v. 21.10.2015, S. 22.
[493] BT-Drs. 18/6446 v. 21.10.2015, S. 21.
[494] Der Begriff des konkreten Wettbewerbsverhältnisses geht zurück auf die frühere Rechtsprechung zum UWG.
[495] *Köhler*, § 2 UWG, Rn. 98.

Sinne besteht, dass der eigene Wettbewerb gefährdet und der fremde Wettbewerb beeinträchtigt werden kann.[496] Unerheblich ist auch, ob die Beteiligten **unterschiedlichen Branchen** angehören.[497]

3.4.2.7. Fehlende Wettbewerbslage kein Ausschlusskriterium

An einer Wettbewerbslage kann es allerdings fehlen, wenn ein Unternehmen eine **Monopolstellung** innehat.[498] Dies war ein durchaus berechtigter Kritikpunkt gegen die Streichung der ursprünglich geplanten Regelung des § 299a Nr. 2 StGB: Denn diese Tatbestandsvariante sollte ursprünglich auch solche Vorteile erfassen, die dafür erfolgen, dass ein Heilberufsangehöriger seine berufsrechtliche **Pflicht zur Wahrung der heilberuflichen Unabhängigkeit** verletzt.[499] Die Tatbestandsvariante sollte daher auch dann greifen, wenn es an einer Wettbewerbslage fehlt, etwa bei Monopolsituationen oder soweit bei medizinisch nicht indizierten Verordnungen schon kein „Handeln im Wettbewerb" vorliege.[500]

Allerdings ist der Gesetzgeber zwischenzeitlich zu der Auffassung gelangt, dass es im Gesundheitswesen ohnehin kaum zu echten Monopolsituationen kommen dürfte, selbst bei Medikamenten, die unter Patentschutz stehen, da hier regelmäßig Re- oder Parallelimporte die Monopolsituation auflösen.[501] Selbst wenn von einer Monopolsituation auszugehen sei, könnten Vorteilsgewährungen von Seiten des Monopolisten wettbewerbsrelevant sein, soweit sie dazu dienen, seine Marktstellung langfristig abzusichern und künftige Wettbewerber auszuschalten oder schlechter zu stellen.[502] Auch bei **Absprachen** etwa zwischen einem **Hausarzt** und dem **einzigen** ortsansässigen **Facharzt** oder einer im weiten Umkreis **einzigen Klinik** über die Vorteilsgewährung bei der Zuführung von Patienten liegt nach Ansicht des Gesetzgebers häufig ein „Handeln im Wettbewerb" vor.[503] An das Vorliegen des Merkmals

---

[496] *Köhler*, § 2 UWG, Rn. 107; BGH, Urt. v. 10.04.2014 – I ZR 43/13.
[497] *Köhler*, § 2 UWG, Rn. 100.
[498] Vgl. *Heine/Eisele*, § 299, Rn. 23.
[499] BT-Drs. 18/6446 v. 21.10.2015, S. 21.
[500] Vgl. BT-Drs. 18/6446 v. 21.10.2015, S. 21. Der Vorteil musste allerdings die Gegenleistung dafür sein, dass der Vorteilsnehmer seine berufsrechtliche Pflicht zur Wahrung der heilberuflichen Unabhängigkeit verletzt.
[501] BT-Drs. 18/8106 v. 13.04.2016, S. 15. Dies erfasse auch den Bereich der personalisierten oder individualisierten Medizin oder eine gezielte Therapie. Auch wenn dies nicht der Fall sein sollte, seien bei der Prüfung des Vorliegens einer Wettbewerbssituation andere auf dem Markt befindliche Arzneimittel zu berücksichtigen, die im Sinne einer Therapiealternative ebenfalls in der konkreten Situation verordnet werden könnten und damit im Wettbewerb zu dem patentgeschützten Medikament stünden.
[502] BT-Drs. 18/8106 v. 13.04.2016, S. 15 mit Verweis auf *Fischer*, StGB, § 299, Rn. 15a; *Heine/Eisele*, § 299, Rn. 23 jeweils m. w. N.; enger *Krick*, § 299 Rn. 27.
[503] Deshalb sei in jedem Einzelfall zu prüfen, wie weit der angemessene räumliche Einzugsbereich zu ziehen ist und ob sich in diesem nicht weitere Fachärzte oder Kliniken befinden, an die der Vorteilsnehmer ebenfalls Patienten zu vergleichbaren Behandlungen zuführen könnte. Außerdem sei - ähnlich dem Beispiel der Einführung eines neuen Arzneimittels oder Me-

„Wettbewerb" seien daher – wie bei § 299 StGB[504] – keine zu strengen Maßstäbe anzulegen.[505]

3.4.3. Die Bedeutung der außerstrafrechtlichen Normen

Neben den allgemeinen und besonderen **Straftatbeständen**, die in Fällen der Bestechung, Bestechlichkeit, Vorteilsgewährung und Vorteilsannahme im Gesundheitswesen in Betracht kommen, finden sich im **Berufsrecht der Heilberufler** (insbesondere der Ärzte, Zahnärzte und Apotheker), im **Sozialgesetzbuch V** (Recht der Gesetzlichen Krankenversicherung) sowie im **Arzneimittelgesetz**, im **Apothekengesetz** und im **Heilmittelgesetz** weitere Vorschriften und Regelungen zur Wahrung der beruflichen Unabhängigkeit. Auch diese Regelungen spielen bei der **Beurteilung** einer **Unrechtsvereinbarung** im Sinne der §§ 299a, 299b StGB eine maßgebliche Rolle. Darüber hinaus stellen diese Regelungen eigenständige Verbotsnormen dar, deren Verstoß auch berufs- oder disziplinarrechtlich sowie als Ordnungswidrigkeit sanktioniert werden kann. Sämtliche Regelungen werden im vorliegenden Buch dargestellt.

3.4.4. Weitere Beurteilungskriterien der Unrechtsvereinbarung

In der Praxis muss das Vorliegen einer Unrechtsvereinbarung durch eine **umfassende Analyse** aller **Umstände des Einzelfalls** geprüft werden. Hierbei sind neben der **Einhaltung der rechtlichen Vorgaben** folgende weitere Aspekte und Kriterien zu berücksichtigen:[506]

- Die Beziehung des Vorteilsgebers zum Vorteilsnehmer,
- die Höhe des Vorteils,
- die Transparenz/Intransparenz von Vereinbarungen,
- das Vorliegen einer plausiblen Alternativ-Erklärung, die nicht auf Koppelung gerichtet ist,
- die Einhaltung vorgeschriebener Verfahren.[507]

---

dizinproduktes – dann von einem „Handeln im Wettbewerb" auszugehen, wenn die Vorteilsgewährung in der Absicht erfolge, eine dauerhafte Patientenbindung aufzubauen und weitere Markteintritte und damit einen Wettbewerbslage zu verhindern.

[504] Für § 299 StGB ist der konkrete Wettbewerbsbegriff des § 2 Abs. 1 Nr. 3 UWG, maßgeblich, vgl. *Dannecker*, § 299, Rn. 48 m.w. N.
[505] BT-Drs. 18/8106 v. 13.04.2016, S. 15 mit Verweis auf *Bähr*, § 2 UWG, Rn. 236.
[506] *Dann/Scholz*, S. 2078 m.w.N. zur Rspr.
[507] Dies gilt insbesondere im Drittmittelbereich, im Bereich der Anwendungsbeobachtungen sowie für Angestellte und Beauftragte im Gesundheitswesen.

Bei der Prüfung und Bewertung der Unrechtsvereinbarung sollten auch die verschiedenen **Kodizes der Gesundheitsbranchen** Berücksichtigung finden.[508] Denn diese liefern – auch aus Sicht der *Autorin* – wichtige Konkretisierungen und Präzisierungen der Möglichkeiten und Grenzen von Zuwendungen nach der aktuellen Rechtslage insbesondere des Berufs- und Sozialrechts, des HWG sowie der zum Korruptionsrecht ergangenen Rechtsprechung und bieten somit **brauchbare Anhaltspunkte**. Werden die dort beschriebenen Kriterien eingehalten, bedarf es eines erheblichen Begründungsaufwandes seitens der Staatsanwaltschaft, um aus ihrer Sicht dennoch eine Unrechtsvereinbarung zu begründen und nachzuweisen.[509] Der Begriff „unlauter" im Sinne der §§ 299a, 299b StGB ist auch offen für eine Einbeziehung solcher informellen Kodizes.[510]

3.4.5. Rechtlich zulässige Maßnahmen können nicht strafbar sein

Die nachfolgende Darstellung der vielfältigen Regelungen im Gesundheitswesen hat auch zum Ziel, diejenigen Handlungen, Maßnahmen, Zuwendungen oder Kooperationen aufzuzeigen, die nach den **außerstrafrechtlichen Spezialvorschriften eindeutig zulässig** sind. Gestatten nämlich das Sozialrecht, das Berufsrecht, das Heilmittelwerberecht, das Apotheker- oder Arzneimittelrecht ausdrücklich bestimmte Maßnahmen oder Zuwendungen, so muss klar sein, dass diese nicht strafbar sind.[511]

Würde demgegenüber das Strafrecht über diejenigen Grenzen und Verbote hinausgehen, die in den hier beschriebenen Spezialregelungen des Gesundheitswesens normiert sind, brächte die **Divergenz** der Verhaltensgebote eine inakzeptable **Rechtsunsicherheit** mit sich.[512] Zulässige Maßnahmen und Zuwendungen dürfen auch nicht dadurch kriminalisiert werden, dass durch eine weite und großzügige Auslegung unbestimmter Rechtsbegriffe (etwa der Begriffe „geringfügig", „angemessen" oder „unlauter") letztlich doch eine Strafbarkeit konstruiert wird. Das Berufs- und Sozialrecht müssen daher eine strafbarkeitsindizierende oder eine exkludierende Wirkung entfalten.[513]

Grundsätzlich zulässige Maßnahmen sind beispielsweise Zuwendungen im Zusammenhang mit beruflichen **Fortbildungsmaßnahmen**, die **Annahme von Rabat-**

---

[508] *Badle*, medstra 3/2015, S. 140. Vgl. zu den Kodizes näher Kap. 11.2, S. 230 ff.
[509] So zutreffend *Badle*, medstra 3/2015 S. 140, der als leitender Oberstaatsanwalt seinen Kollegen empfiehlt, diese Kodizes als Prüfungsmaßstab zu übernehmen. Wird demgegenüber gegen diese Richtlinien und Kodizes verstoßen, kann hieraus nicht zwingend auf eine Unrechtsvereinbarung geschlossen werden, vgl. hierzu Kap. 11.2.2, S. 232 ff.
[510] Dies gilt jedenfalls dort, wo es an formellen Primärnormen im Gesundheits- und Sozialrecht fehlt oder diese konkretisierungsbedürftig sind, so zutreffend *Kubiciel*, MedR 2016, S. 4.
[511] Ebenso *Schneider*, Erste Bestandsaufnahme, S. 56; *Kirsch*, S. 271; wohl auch *Brettel/Mand*, S. 103; ebenso jedenfalls für das Berufsrecht *Geiger*, CCZ 2016, S. 176.
[512] So auch *Brettel/Duttge/Schuhr*, S. 931.
[513] Ebenso *Dann/Scholz*, S. 2078.

ten und **bestimmten Zugaben** sowie die verschiedenen gesetzlich vorgesehenen **Kooperationen im Gesundheitswesen**, sei es innerhalb medizinischer Institutionen, wie etwa zwischen niedergelassenen Ärzten und Kliniken, sei es in Form der Zusammenarbeit mit der Industrie.

Auch hinsichtlich der **einseitigen Leistungen** (insbesondere Einladungen zu Fortbildungsveranstaltungen, Bewirtungen, Geschenke, Rabatte, Musterabgaben) muss die **Einhaltung der wettbewerbs- und berufsrechtlichen Vorgaben** sowie der Industriekodizes **Auswirkungen auf die strafrechtliche Bewertung** des Vorliegens einer vermeintlichen Unrechtsvereinbarung haben.[514] Eine Unrechtsvereinbarung liegt dann schlichtweg nicht vor, die Annahme entsprechender **Vorteile** unter Berücksichtigung aller rechtlichen Vorgaben ist somit **nicht unlauter** im Sinne des Korruptionsstrafrechts.

Umgekehrt ist allerdings gerade **nicht** zwingend zu schließen, dass ein **Verstoß** gegen außerstrafrechtliche Regelungen – etwa ein Verstoß gegen das Berufsrecht oder gegen das Wettbewerbsrecht – automatisch auch einen **Strafrechtsvorwurf** begründet. Denn das Strafrecht hat eigenständige Tatbestandsmerkmale, die – trotz der Idee der „Einheit der Rechtsordnung" – nicht mit den Begriffen anderer Rechtsmaterien identisch sein müssen. Insbesondere verfügt das **Strafrecht** kraft seines ultima-ratio-Prinzips über eine **eigene Erheblichkeitsschwelle**, die in der Regel höher ist, als die entsprechenden Verbotsnormen des UWG oder des HWG.[515]

3.4.6. Exkurs: Festlegung auf einen Vertretbarkeitsmaßstab

Allerdings ist zuzugeben, dass man durchaus von einem „Vorschriftendschungel" sprechen kann, der nur noch von wenigen Experten durchblickt wird.[516] Zur Vermeidung der damit verbundenen erheblichen Rechtsunsicherheiten – sowohl seitens der Beteiligten im Gesundheitswesen als auch seitens der juristischen Berater – wäre eine einschränkende Regelung hilfreich. Diese könnte so formuliert sein, dass Unlauterkeit dann ausgeschlossen ist, wenn das Verhalten zum Handlungszeitpunkt jedenfalls einer **vertretbaren Auslegung** entsprach und noch nicht gegenteilig durch zuständige Gerichte entschieden wurde.

Folgender Vorschlag aus der Literatur eignet sich hierfür gut:[517]

> *„Eine Bevorzugung im Wettbewerb ist nicht als unlauter anzusehen, wenn sie auf einer Vereinbarung[518] beruht, der eine vertretbare Auslegung von Vorschriften des Gesundheitsrechts zugrunde liegt, die ein Wettbewerbsverhalten gestatten. Dies gilt nur, solan-*

---

[514] Ebenso *Heil/Oeben*, S. 222.
[515] So zutreffend *Schneider*, Erste Bestandsaufnahme, S. 56, der dies als „Prinzip der asymmetrischen Akzessorietät" bezeichnet.
[516] *Sonntag/Valluet/Clausen*, S. 82.
[517] Vgl. *Gaede/Lindemann/Tsambikakis*, S. 152 ff.
[518] Der Vorschlag von *Gaede/Lindemann/Tsambikakis* spricht von „Kooperationsvereinbarung". Die *Autorin* hält diesen Begriff für zu eng und schlägt daher das Wort „Vereinbarung" vor.

ge die zugrunde gelegte Auslegung nicht bereits durch die rechtskräftige Entscheidung eines Gerichts verworfen wurde."

Das rechtliche Instrument der gegenteiligen „Negativbescheinigung" findet sich schon im gesundheitsrechtlichen Bereich selbst: So ist im Rahmen der integrierten Versorgung nach § 140a SGB V[519] auch die Inanspruchnahme neuer Untersuchungs- und Behandlungsmethoden möglich, **solange** der Gemeinsame Bundesausschuss hierzu **„keine ablehnende Entscheidung"** getroffen hat.[520] Auch der **„Vertretbarkeitsmaßstab"** zur Auslegung von Rechtsvorschriften ist dem Rechtssystem nicht fremd: So räumt etwa die in § 93 Abs. 1 S. 2 AktG normierte **„Business Judgement Rule"**[521] dem Vorstand der Aktiengesellschaft einen **weiten Handlungsspielraum** für unternehmerische Entscheidungen ein.[522] Dieser findet seine Grenze nach herrschender aktienrechtlicher Auffassung erst bei **evident unvertretbaren Entscheidungen.**[523]

---

[519] Vgl. hierzu auch Kap. 8.5.1, S. 181 f.
[520] Vgl. § 104 Abs. 2 S. 2 u.3 SGB V i.V.m. § 137c Abs. 1 SGB V.
[521] Unter Business Judgement Rule versteht man international ein Rechtsprinzip, das die Verantwortlichen in Unternehmen vor einer weit gefassten persönlichen Haftung für die Folgen ihrer Entscheidungen schützt, sofern diese sorgfältig vorbereitet wurden und an den Interessen des Unternehmens ausgerichtet waren, vgl. wikipedia, Stand 17.01.2017 unter www.wikipedia.org/wiki/Business_Judgement_Rule. § 93 Abs. 1 S. 2 AktG lautet: *„Eine Pflichtverletzung liegt nicht vor, wenn das Vorstandsmitglied bei einer unternehmerischen Entscheidung vernünftigerweise annehmen durfte, auf der Grundlage angemessener Information zum Wohle der Gesellschaft zu handeln."*
[522] BGH, Urt. v. 21.04.1997 – II ZR 175/95: *„Dazu gehört neben dem bewußten Eingehen geschäftlicher Risiken grundsätzlich auch die Gefahr von Fehlbeurteilungen und Fehleinschätzungen, der jeder Unternehmensleiter, mag er auch noch so verantwortungsbewußt handeln, ausgesetzt ist. ... Eine Schadenersatzpflicht des Vorstandes kann daraus nicht hergeleitet werden. Diese kann erst in Betracht kommen, wenn die Grenzen, in denen sich ein von Verantwortungsbewußtsein getragenes, ausschließlich am Unternehmenswohl orientiertes, auf sorgfältiger Ermittlung der Entscheidungsgrundlagen beruhendes unternehmerisches Handeln bewegen muß, deutlich überschritten sind, die Bereitschaft, unternehmerische Risiken einzugehen, in unverantwortlicher Weise überspannt worden ist oder das Verhalten des Vorstands aus anderen Gründen als pflichtwidrig gelten muß."*
[523] BGH, Urt. v. 21.04.1997 – II ZR 175/95, vgl. hierzu auch *Feddersen*, S. 1169 ff.

4 Übersicht der weiteren Korruptionstatbestände

Zur Erfassung der beiden neuen Straftatbestände §§ 299a, 299b StGB ist es hilfreich, auch die bereits bestehenden Regelungen des Korruptionsstrafrechts zu kennen. Denn einerseits behalten diese Regelungen trotz der neuen Straftatbestände auch künftig im Bereich des Gesundheitswesens ihre Berechtigung. Andererseits verweist der Gesetzgeber zur Auslegung der neuen Straftatbestände wiederholt auf die Tatbestandsmerkmale insbesondere des § 299 StGB, zu denen teilweise völlige Übereinstimmung besteht. Dies gilt insbesondere für den Vorteilsbegriff und die Unrechtsvereinbarung, die ebenfalls Tatbestandsmerkmales des § 299 StGB sind. Darüber hinaus kommt unter bestimmten Umständen auch die Anwendung der „schärferen" Regelungen der §§ 331 ff. StGB in Betracht, etwa bei der Bestechung oder Bestechlichkeit des Chefarztes einer Universitätsklinik.[524] Es handelt sich um die folgenden Straftatbestände:

- § 299 StGB: Bestechlichkeit und Bestechung im geschäftlichen Verkehr,
- §§ 331 und 333 StGB: Vorteilsannahme und Vorteilsgewährung im Amt,
- §§ 332 und 334 StGB: Bestechlichkeit und Bestechung im Amt,
- § 108e StGB: Bestechlichkeit und Bestechung von Mandatsträgern.

4.1. Bestechlichkeit und Bestechung nach § 299 StGB

Der allgemeine Straftatbestand der Bestechung und Bestechlichkeit nach § 299 Abs. 1 StGB[525] stellt **Angestellte** oder **Beauftragte** eines geschäftlichen Betriebs unter Strafe, wenn sie für eine **unlautere Bevorzugung** anderer Wirtschaftsteilnehmer einen **Vorteil fordern, sich versprechen lassen oder annehmen.**[526] Absatz 1 erfasst – genau wie bei § 299a StGB – die Perspektive aus der Sicht des Vorteilsnehmers, Absatz 2 – wie bei § 299b StGB – als sein Spiegelbild die Perspektive des Vorteilsgebers.

---

[524] Eine eingehende und anschauliche Darstellung der von der Rechtsprechung bislang entschiedenen Einzelfälle betreffend Ärzte (zu Vorteilsannahme und Bestechlichkeit) sowie betreffend Firmenangehörige (zu Vorteilsgewährung und Bestechung) findet sich bei *Ulsenheimer*, Handbuch des Arztrechts, S. 1816, Rn. 58 ff.

[525] Vgl. den Wortlaut der Vorschrift in Kap. 16.1.1, S. 309.

[526] § 299 StGB wurde mit Art. 1 Nr. 11 des zweiten Gesetzes zur Bekämpfung der Korruption vom 20.11.2015 um Abs. 1 Nr. 2 und Abs. 2 Nr. 2 erweitert. Danach sind nunmehr auch korruptive Verhaltensweisen erfasst, die sich im Innenverhältnis zwischen Vorteilsnehmer und Vorteilsgeber gegenüber dem Geschäftsherrn als Pflichtverletzung darstellen, vgl. BT-Drs. 18/4350 v. 18.3.2015, S. 6; BT-Drs. 18/6389 v. 14.10.2015, S. 3 f.

Schutzgut des § 299 StGB ist die **strafwürdige Störung des Wettbewerbs** sowie die **abstrakte Gefahr sachwidriger Entscheidungen**.[527]

4.1.1. Tatbestandsvoraussetzungen des § 299 StGB

Der **Vorteilsbegriff**, die Ausnahmen für **sozialadäquate Vorteile** sowie die Voraussetzungen für die Annahme einer **Unrechtsvereinbarung** wurden bereits ausführlich bei §§ 299a, 299b StGB dargestellt. Sie stimmen mit den Voraussetzungen des Bestechungstatbestands nach § 299 StGB überein, weshalb zur Vermeidung von Wiederholungen auf diese Ausführungen verwiesen wird.[528]

4.1.1.1. Geschäftsbetrieb

Voraussetzung der Strafbarkeit nach § 299 Abs. 1 und Abs. 2 StGB ist zunächst, dass der Täter als Beauftragter oder Angestellter eines **geschäftlichen Betriebes** handelt. Diese Voraussetzung dient in erster Linie der **Abgrenzung** vom Handeln **im privaten Bereich**. Gefordert wird eine auf gewisse Dauer angelegte bestimmte regelmäßige Teilnahme am Wirtschaftsleben, welche sich durch den Austausch von Leistungen und Gegenleistungen vollzieht.[529] Obwohl die freiberufliche Tätigkeit handelsrechtlich nicht zum Gewerbe gezählt wird, können im Sinne des § 299 StGB auch freiberufliche Tätigkeiten als geschäftlicher Betrieb angesehen werden.[530] Bezüglich ihrer wirtschaftlichen Tätigkeit stellen daher auch **niedergelassene Ärzte**, **Krankenhäuser** und andere **medizinische Einrichtungen** ungeachtet der Organisationsform einen **geschäftlichen Betrieb** dar.[531]

4.1.1.2. Eigenschaft als Angestellter oder Beauftragter

Der Täterkreis ist nach dem Wortlaut des § 299 StGB auf Handlungen durch **Angestellte** und **Beauftragte** beschränkt, bzw. umgekehrt das Handeln gegenüber diesem Personenkreis. **Betriebsinhaber** oder **Selbständige** werden von § 299 StGB **nicht erfasst**.[532]

---

[527] BGH, Beschl. v. 29.04.2015 – 1 StR 235/14. Vgl. zur Entstehungsgeschichte und zum Schutzzweck des § 299 StGB ausführlich *Dannecker*, § 299, Rn. 1 ff.
[528] Vgl. Kap. 3.2, S. 40 ff. und Kap. 3.4, S. 67 ff.
[529] *Schuhr*, § 299 StGB, Rn. 6, 7.
[530] *Fischer*, StGB, § 299, Rn. 4.
[531] *Schuhr*, § 299 StGB, Rn. 8.
[532] *Passarge*, S. 484; Schmiergeldzahlungen an den Betriebsinhaber können jedoch gegen das UWG verstoßen, vgl. *Dannecker*, § 299 StGB, Rn. 15.

Als Angestellte werden all diejenigen betrachtet, die in einem **Dienstverhältnis** stehen und gegenüber ihrem Dienstherren **weisungsgebunden** sind.[533] Als **Angestellte** werden dabei auch **Geschäftsführer** einer Gesellschaft,[534] Angehörige eines **Betriebsrates** oder **Beamte** bzw. **Angestellte** einer öffentlich-rechtlichen Körperschaft angesehen.[535] Bei Letzteren gilt dies jedoch nur dann, wenn sie am Wirtschaftsverkehr – insbesondere bei fiskalischem Handeln[536] – teilnehmen, nicht jedoch bei hoheitlicher Tätigkeit.[537] Auch angestellte Ärzte, im Krankenhaus beschäftigte Ärzte sowie die in medizinischen Versorgungszentren beschäftigten Ärzte sind „Angestellte" im Sinne der Vorschrift.[538] Erforderlich ist jedoch, dass der Angestellte Entscheidungskompetenz hat oder zumindest Entscheidungen beeinflussen kann.[539] **Betriebsinhaber** sowie **Freiberufler** und weitere **Selbständige** selbst kommen als mögliche **Täter** des § 299 StGB allerdings nicht in Betracht.[540]

Beauftragter im Sinne des § 299 StGB ist, wer – ohne Angestellter oder Inhaber eines Betriebes zu sein – auf Grund seiner Stellung im Betrieb berechtigt und verpflichtet ist, auf Entscheidungen dieses Betriebes, die den Waren- oder Leistungsaustausch betreffen, unmittelbar oder mittelbar Einfluss zu nehmen.[541]

Ob dem Verhältnis des Beauftragten zu dem jeweiligen geschäftlichen Betrieb eine **Rechtsbeziehung** zu Grunde liegt **oder** dieser lediglich durch seine **faktische Stellung** im oder zum Betrieb in der Lage ist, Einfluss auf geschäftliche Entscheidungen auszuüben, ist **unerheblich**.[542] Schon vom Wortsinn her ist dem Begriff des Beauftragten die Übernahme einer Aufgabe im Interesse des Auftraggebers immanent, der sich den Beauftragten frei auswählt und ihn bei der Ausübung seiner Tätigkeit anleitet, sei es, dass er ihm im Rahmen eines zivilrechtlichen Auftrags- oder Geschäftsbesorgungsvertrags[543] Weisungen erteilt oder ihn bevollmächtigt, sei es,

---

[533] *Krick*, § 299 StGB, Rn. 4; *Dannecker*, § 299 StGB, Rn. 19.
[534] Vgl. hierzu BGH, Urt. v. 15.03.2001 – 5 StR 454/00 zur Verurteilung eines Geschäftsführers des Roten Kreuzes, der für den Bezug von Testseren für die Untersuchung von Spenderblut verantwortlich war.
[535] *Krick*, § 299 StGB, Rn. 4.
[536] Unter fiskalischem Handeln versteht man in Abgrenzung zum hoheitlichen Handeln die wirtschaftliche Betätigung des Staates, also auch der öffentlich-rechtlichen Körperschaft (z.B. öffentlich-rechtlich betriebenes Krankenhaus). Es sind diejenigen Fälle gemeint, in denen der Staat am Markt wie ein privates Wirtschaftssubjekt auftritt und als „normaler" Nachfrager agiert, vgl. zum Begriff *Kirchhof*, Art. 83 GG, Rn. 105.
[537] *Krick*, § 299 StGB, Rn. 4; vgl. zur Abgrenzung *Dannecker*, § 299 StGB, Rn. 21a.
[538] *Krick*, § 299 StGB, Rn. 4.
[539] *Dannecker*, § 299 StGB, Rn. 19.
[540] BGH, Urt. v. 10.07.2013 – 1 StR 532/12; vgl. zur Kritik daran *Dannecker*, § 299 StGB, Rn. 27 f.
[541] BGH, Beschl. v. 29.03.2012, GSSt 2/11 m.w.N. zu Rspr. und Lit. Vgl. zur Stellung des Beauftragten ausführlich *Dannecker*, § 299 StGB, Rn. 22 ff.
[542] BGH, Beschl. v. 29.03.2012, GSSt 2/11 m.w.N. zu Rspr. und Lit.
[543] §§ 665, 675 BGB.

dass der Beauftragte faktisch mit einer für den geschäftlichen Betrieb wirkenden Befugnis handelt.[544]

Im **medizinischen Bereich** sind hier unter anderem solche Fälle von Bedeutung, in welchen die Praxis oder Klinik bzw. ihr Träger rechtlich selbständig sind und ein nicht angestellter Arzt als Beauftragter der Gesellschaft in Frage kommt.[545] **Niedergelassene Ärzte** sind jedoch keine Beauftragten der Krankenkassen.[546]

4.1.1.3. Geschäftlicher Verkehr

Das **Tatverhalten** des § 299 StGB muss „im geschäftlichen Verkehr" erfolgen. In Abgrenzung zum Merkmal des geschäftlichen Betriebes, welches sich auf die Person des Täters bezieht, hat das Merkmal des geschäftlichen Verkehrs die **Tathandlungen** als Bezugspunkt.[547] Unter geschäftlichem Verkehr werden dabei alle Maßnahmen erfasst, die der Förderung eines beliebigen Geschäftszwecks dienen, die also jede selbständige, wirtschaftliche Zwecke verfolgende Tätigkeit fördern, in welcher eine Teilnahme am Wettbewerb zum Ausdruck kommt.[548] **Ausgenommen** bleiben somit Tätigkeiten, die **rein privaten Zwecken** dienen, sowie **betriebsinterne Vorgänge**, die das Außenverhältnis des Unternehmens nicht betreffen. Auch rein **hoheitliche Tätigkeiten** gegenüber anderen Hoheitsträgern unterfallen nicht dem „geschäftlichen Verkehr" im Sinne des § 299 StGB.[549]

4.1.1.4. Bezug von Waren oder Dienstleistungen

Der Vorteil muss im Zusammenhang mit dem **Bezug von Waren oder Dienstleistungen** stehen.[550] **Waren** sind alle wirtschaftlichen Güter einschließlich Immobilien, Immaterialgüterrechte, Software und Strom.[551] Mit Dienstleistungen sind alle Leistungen des geschäftlichen Lebens einschließlich solcher der freien Berufe gemeint.[552] Werden der Bestand der Ware, die Leistung oder der Bezug nur vorgetäuscht, ist dies für die Strafbarkeit nicht ausreichend.[553] Auch die **bloße Nachfrage** ist keine Leistung im Sinne des § 299 StGB.[554]

---

[544] BGH, Beschl. v. 29.03.2012, GSSt 2/11 m.w.N. zu Rspr. und Lit.
[545] *Schuhr*, § 299 StGB, Rn. 8.
[546] BGH, Beschl. v. 29.03.2012, GSSt 2/11 m.w.N. zu Rspr. und Lit.; vgl. hierzu Kap. 1.3.1, S. 9.
[547] *Heine/Eisele*, § 299, Rn. 9.
[548] *Heine/Eisele*, § 299, Rn. 9.
[549] *Heine/Eisele*, § 299, Rn. 9.
[550] *Schuhr*, § 299 StGB, Rn. 35.
[551] *Schuhr*, § 299 StGB, Rn. 36.
[552] *Fischer*, StGB, § 229, Rn. 14.
[553] BGH, Urt. v. 18.04.2007 – 5 StR 506/06.
[554] *Schuhr*, § 299 StGB, Rn. 37.

Der **Begriff des Bezuges** erfasst alle Tätigkeiten, die sich geschäftlich auf die **Erlangung** bzw. auf den **Absatz der Waren oder Leistungen** beziehen. Dazu gehören beispielsweise **Vertragsschluss, Bestellung, Lieferung, Entgegennahme**, Beanstandung, Prüfung und Zahlungsabwicklung.[555] Besticht allerdings ein Apotheker einen Arzt, damit dieser Patienten gezielt zu ihm schicke, bezieht die Apotheke dabei keine Leistung des Arztes und der Arzt keine Leistung der Apotheke. Ein Bezugsverhältnis ergibt sich erst zwischen dem Patienten und der Apotheke, dieses gehört aber nicht zum geschäftlichen Verkehr, sondern ist „privat".[556] Dieser Fall ist allerdings nach der Neuregelung der §§ 299a, 299b StGB inzwischen strafbar.

4.1.2. Verletzung einer Dienstpflicht gegenüber dem Geschäftsherrn

Wegen Bestechung bzw. Bestechlichkeit im geschäftlichen Verkehr macht sich auch strafbar, wer bei dem Bezug von Waren und Dienstleistungen für sich oder einen Dritten **ohne entsprechende Einwilligung** des Geschäftsherrn einen Vorteil fordert, sich anbieten lässt oder annimmt.[557] Die beiden Alternativen des § 299 Abs. 1 Nr. 2 und Abs. 2 Nr. 2 StGB wurden neu eingeführt.[558]

§ 299 Abs. 1 Nr. 2 und Abs. 2 Nr. 2 StGB schützen die **Interessen des Geschäftsherrn** an der **loyalen und unbeeinflussten Erfüllung der Pflichten** durch seine **Angestellten** und **Beauftragten** im Bereich des Austausches von Waren und Dienstleistungen.[559] Hierbei ist nicht entscheidend, dass die Gefahr einer Wettbewerbsverzerrung eintritt. Entscheidend ist lediglich, dass es zu einer **Verletzung der Pflichten** des Arbeitnehmers **gegenüber seinem Arbeitgeber**, dem Geschäftsherrn, kommen soll (sog. „**Geschäftsherrenmodell**").[560] Solche dem Angestellten oder Beauftragten gegenüber dem Geschäftsherrn obliegenden **Pflichten** können sich nach der Gesetzesbegründung insbesondere **aus Gesetz** und **Vertrag** ergeben, sie müssen sich jedoch auf den Bezug von Waren oder Dienstleistungen beziehen.[561]

Mit den Tatbestandsmerkmalen „eine Handlung vornehme oder unterlasse" soll klargestellt werden, dass für die Pflichtverletzung des Vorteilsnehmers die bloße Annahme des Vorteils bzw. das bloße Verschweigen der Zuwendung gegenüber dem Geschäftsherrn nicht ausreichend ist, sondern hierfür ein darüber hinausge-

---

[555] BGH, Urt. v. 02.05.1957 – 4 StR 119-120/56.
[556] *Schuhr*, § 299 StGB, Rn. 37.
[557] Das als Einschränkung gedachte Merkmal „ohne Einwilligung des Unternehmens" wurde erst auf Empfehlung des Rechtsausschusses in den jeweiligen Nr. 2 der beiden Absätze des § 299 StGB eingefügt.
[558] § 299 StGB wurde durch Gesetz vom 20.11.2015, BGBl. I S. 205, um das sogenannte Geschäftsherrenmodell ergänzt, vgl. den Wortlaut im Anhang, Kap. 16.1.1, S. 309.
[559] BT-Drs. 18/4350 v. 18.03.2015, S. 21; vgl. kritisch hierzu *Passarge*, S. 484, der den Arbeitgeber vor Pflichtverletzungen des Arbeitnehmers sowohl arbeitsrechtlich als auch strafrechtlich hinreichend geschützt sieht.
[560] *Dann*, NJW 2016, S. 204.
[561] BT-Drs. 18/4350 v. 18.03.2015, S. 21.

hendes Verhalten notwendig ist.[562] Dabei muss der **Vorteil** auch hier zur Begründung einer Unrechtsvereinbarung eine **Gegenleistung** für die im Interesse des Vorteilsgebers liegende **Pflichtverletzung** durch den Vorteilsnehmer darstellen.[563]

Eines Schutzes des Geschäftsherrn bedarf es nicht, wenn das Unternehmen **in Kenntnis** der Unrechtsvereinbarung die Annahme bzw. Gewährung des Vorteils vorab **gestattet** und damit in die Tat einwilligt. Die Regelung soll die Rechtssicherheit insbesondere für Angestellte und Beauftragte erhöhen, indem sie verdeutlicht, dass bei einem **transparenten** und **vom Unternehmen gebilligten Verhalten** kein Risiko einer Strafbarkeit nach § 299 StGB besteht.[564] Erforderlich ist dabei, dass das Unternehmen sowohl die Annahme bzw. das Gewähren des Vorteils als auch die Verbindung des Vorteils mit der pflichtwidrigen Handlung oder Unterlassung des Angestellten oder Beauftragten gestattet.[565]

Eine Möglichkeit der nachträglichen Genehmigung entsprechend der Regelung des § 331 Abs. 3 StGB[566] enthält § 299 StGB allerdings nicht.[567] Die **Einwilligung** muss stets **vor der Tat erteilt** werden. Willensmängel machen sie unwirksam.[568]

4.1.3. Antragsdelikt

§ 299 StGB ist ein relatives Antragsdelikt; Bestechung und Bestechlichkeit im geschäftlichen Verkehr werden also – im Gegensatz zu den neuen Straftatbeständen der §§ 299a, 299b StGB – nur auf Antrag verfolgt, vgl. § 301 Abs. 1 StGB. Antragsberechtigt ist neben dem Verletzten jeder der in § 8 Abs. 3 Nr. 1, 2, 4 UWG bezeichneten Gewerbetreibenden, Verbände und Kammern, § 301 Abs. 2 StGB. Die Tat kann auch ohne Antrag von der zuständigen Strafverfolgungsbehörde verfolgt werden, wenn sie wegen des besonderen öffentlichen Interesses an der Strafverfolgung ein Einschreiten von Amts wegen für erforderlich hält, § 301 Abs. 1 Hs. 2 StGB.

---

[562] BT-Drs. 18/6389 v. 14.10.2015, S. 15.
[563] *Hoven*, S. 556.
[564] BT-Drs. 18/6389, v. 14.10.2015, S. 15.
[565] BT-Drs. 18/6389, v. 14.10.2015, S. 15.
[566] Vgl. den Wortlaut des § 331 Abs. 3 StGB in Kap. 16.1.2, S. 310.
[567] *Dann*, NJW 2016, S. 205.
[568] Vgl. BT-Drs. 18/6389, v. 14.10.2015, S. 15 mit Verweis auf *Fischer*, StGB, vor § 32, Rn. 3b.

4.2. Vorteilsannahme und Vorteilsgewährung nach §§ 331, 333 StGB

Die Norm des § 331 StGB[569] sanktioniert die Annahme, das Fordern oder das Sich-Versprechen-Lassen eines Vorteils durch einen **Amtsträger**, wobei der Vorteil **für die Dienstausübung** gewährt werden muss. Nahezu spiegelbildlich hierzu regelt § 333 StGB[570] das Anbieten, Versprechen oder Gewähren eines Vorteils gegenüber einem Amtsträger für dessen Dienstausübung.[571]

4.2.1. Eigenschaft als Amtsträger

Entscheidend ist bei beiden Vorschriften der §§ 331, 333 StGB, dass an der Tat ein **Amtsträger beteiligt** ist.[572] Von diesem Begriff werden nach § 11 Abs. 1 Nr. 2 StGB erfasst:

a) Beamte und Richter,

b) Personen in sonstigen öffentlich-rechtlichen Amtsverhältnissen,

c) Wer sonst dazu bestellt ist, bei einer Behörde oder bei einer sonstigen Stelle oder in deren Auftrag Aufgaben der öffentlichen Verwaltung unbeschadet der zur Aufgabenerfüllung gewählten Organisationsform wahrzunehmen.

Amtsträger sind somit zunächst diejenigen **Ärzte**, die den **Beamtenstatus** haben.[573]

Beamter ist derjenige, der nach **beamtenrechtlichen Vorschriften** wirksam in ein **öffentliches Amt berufen** ist.[574] Dabei werden die **Professoren an den öffentlichen Hochschulen** – soweit sie nicht ausnahmsweise in ein privatrechtliches Dienstverhältnis eintreten – nach Bundesbeamtengesetz bzw. nach den jeweiligen Hochschulgesetzen der Länder **verbeamtet**.[575] Damit fallen **beamtete Professoren** unter den **Begriff des Amtsträgers** nach §§ 331, 333 StGB.[576] Die Beamteneigenschaft muss zum Zeitpunkt der Tat bestehen.[577]

Fakultäten und Organe einer Universität werden ebenfalls als Behörden im Sinne des § 11 Abs. 1 Nr. 2 lit. c StGB verstanden.[578]

---

[569] Vgl. den Wortlaut der Vorschrift im Anhang, Kap. 16.1.2, S. 310.
[570] Vgl. den Wortlaut der Vorschrift in Kap. 16.1.2, S. 310.
[571] *Heintschel-Heinegg*, § 331, Rn. 1; vgl. hierzu auch *Taschke*, S. 14 ff.
[572] Vgl. allgemein zum Begriff des Amtsträgers *Fischer*, StGB, § 11, Rn. 12 ff.
[573] *Ulsenheimer*, Handbuch des Arztrechts, S. 1817, Rn. 65.
[574] *Saliger*, § 11, Rn. 19.
[575] *Battis*, § 132, Rn. 2.
[576] *Schuhr*, §§ 331-338 StGB, Rn. 15.
[577] BGH, Beschl. v. 01.03.2004 – 5 StR 271/03.
[578] *Schuhr*, §§ 331-338 StGB, Rn. 15.

Sonstige Stellen werden funktionell dann den Behörden gleichgestellt, wenn sie rechtlich befugt sind, bei der Ausführung von Gesetzen und der Erfüllung öffentlicher Aufgaben mitzuwirken.[579] Dazu gehört auch die **öffentliche Daseinsvorsorge**, wobei hier die mit der Erhaltung der Gesundheit der Bürger sowie Heilung der Kranken betrauten Einrichtungen wie öffentlich-rechtliche Krankenhäuser unter den Begriff der „sonstigen Stellen" fallen.[580]

Öffentliche Verwaltung im Sinne von § 11 Abs. 1 Nr. 2c StGB ist nicht allein die Gesamtheit der von Hoheitsträgern ausgeübten Eingriffs- und Leistungsverwaltung; vielmehr sind **auch Mischformen sowie die Tätigkeit von Privatrechtssubjekten** erfasst, wenn diese wie ein "**verlängerter Arm**" hoheitlicher Gewalt tätig werden.[581] Letztlich beruht die Bestimmung des Begriffs der Wahrnehmung von **Aufgaben öffentlicher Verwaltung** im Sinne von § 11 Abs. 1 Nr. 2c StGB auf einer **wertenden Abgrenzung**. Dies gilt insbesondere in Bereichen, die nicht zur unmittelbaren staatlichen Verwaltung zählen. Zu prüfen ist jeweils, ob der Tätigkeit der betreffenden Person im Verhältnis zum Bürger der **Charakter** – wenn auch nur mittelbar – eines **hoheitlichen Eingriffs** zukommt oder ob das persönliche Verhältnis zwischen den Beteiligten so im Vordergrund steht, dass ein hoheitlicher Charakter der Erfüllung öffentlicher Aufgaben dahinter zurücktritt.[582]

Amtsträger sind somit nicht nur Ärzte mit Beamtenstatus, sondern alle **angestellten Ärzte** und Pflegekräfte, die in **Universitätskliniken, Kreis-, Bezirks- oder Städtischen Krankenhäusern tätig** sind.[583] So wurden von der Rechtsprechung etwa der Chefarzt eines öffentlich-rechtlichen Krankenhauses,[584] der ärztliche Direktor der Herzchirurgie[585] oder ein Oberarzt[586] als Amtsträger eingestuft. Als sonstige beamtete Ärzte lassen sich die **Amtsärzte**, also Leiter staatlicher oder kommunaler Ge-

---

[579] BGH, Urt. v. 14.11.2003 – 2 StR 164/03.
[580] *Ulsenheimer*, Handbuch des Arztrechts, S. 1817, Rn. 65.
[581] Für die Zuordnung der Tätigkeit von Privaten zum Bereich öffentlicher Verwaltung kommt es darauf an, dass der Ausführende dem Bürger nicht auf der Ebene vertraglicher Gleichordnung mit der grundsätzlichen Möglichkeit individueller Aushandlung des Verhältnisses entgegentritt, sondern quasi als ausführendes Organ hoheitlicher Gewalt. Es fehlt Rechtsbeziehungen im Rahmen öffentlicher Verwaltung daher typischerweise ein bestimmendes Element individuell begründeten Vertrauens, der Gleichordnung und der Gestaltungsfreiheit, vgl. BGH, Beschl. v. 29.03.2012, GSSt 2/11.
[582] BGH, Beschl. v. 29.03.2012, GSSt 2/11.
[583] *Ulsenheimer*, Handbuch des Arztrechts, S. 1817, Rn. 65; *Frister/Lindemann/Peters*, S. 245, Rn. 253. Sehr kritisch dazu und die Amtsträgerschaft sowohl für angestellte als auch für beamtete Ärzte öffentlicher Krankenhäuser mit überzeugender Argumentation unter Berufung auf die Urteilsbegründung in BGH, Urt. v. 29.03.2012 – GSSt 2/11 ablehnend: *Geiger*, medstra 2/2015, S. 98 f.
[584] OLG Karlsruhe, Beschl. v. 26.10.1982 – 3 Ws 149/82.
[585] LG Heidelberg, Beschl. v. 02.07.1999 – 1 KLs 42 Js 22565/96, bestätigt durch BGH, Beschl. v. 23.05.2002 – 1 StR 372/01.
[586] BGH, Urt. v. 25.02.2003 – 5 StR 363/02.

sundheitsämter, **Hilfsärzte** bei den Gesundheitsämtern oder andere beamtete **Anstaltsärzte** anführen.[587]

Niedergelassene Vertragsärzte üben ihren Beruf hingegen in **freiberuflicher Tätigkeit** aus,[588] auch wenn die Zulassung zur vertragsärztlichen Versorgung zur Teilnahme an dieser Versorgung nicht nur berechtigt, sondern auch verpflichtet.[589] Der **Vertragsarzt** ist jedoch **nicht Angestellter oder bloßer Funktionsträger einer öffentlichen Behörde**; er wird im konkreten Fall nicht aufgrund einer in eine hierarchische Struktur integrierten Dienststellung tätig, sondern aufgrund der individuellen, freien Auswahl der versicherten Person. Er nimmt damit eine im Konzept der gesetzlichen Krankenversicherung vorgesehene, speziell ausgestaltete **Zwischenposition** ein, die ihn von dem in einem öffentlichen Krankenhaus angestellten Arzt, aber auch von solchen Ärzten unterscheidet, die in einem staatlichen System ambulanter Heilfürsorge nach dem Modell eines Poliklinik-Systems tätig sind.[590]

Auch **Belegärzte** eines Krankenhauses sind keine Amtsträger, weil sie Freiberufler sind und lediglich auf gleichberechtigter vertraglicher Basis die Einrichtungen des Krankenhauses in Anspruch nehmen.[591] Die Stellung des Konsiliararztes in einer Universitätsklinik oder städtischen Klinik ist allerdings noch nicht geklärt.[592]

Kliniken in kirchlicher oder privater Trägerschaft unterliegen ebenfalls nicht der Strafbarkeit nach §§ 331, 333 StGB, da sie nicht als „sonstige Stellen" im Sinne des § 11 Abs. 1 Nr. 2c StGB anzusehen sind. Auch deren Mitarbeiter sind somit keine Amtsträger.[593]

Der nach § 11 Abs. 1 Nr. 2c StGB „**zur Wahrnehmung öffentlicher Aufgaben Bestellte**" muss durch einen öffentlich-rechtlichen Bestellungsakt generell mit **amtlichen Funktionen** bestellt sein.[594] Damit wird beispielsweise ein freiberuflich tätiger Arzt, der spontan von der Polizei zur Durchführung einer Blutentnahme gerufen wird, mangels genereller Bestellung nicht zum Amtsträger.[595] Ferner wurden die Mitarbeiter einer medizinisch-psychologischen Begutachtungsstelle nicht als Amtsträger angesehen.[596]

---

[587] *Laufs*, S. 144, Rn. 15 ff.
[588] § 18 Abs. 1 Nr. 1 Satz 2 EStG.
[589] § 95 Abs. 3 Satz 1 SGB V.
[590] BGH, Urt. v. 29.3.2012 – GSSt 2/11, vgl. hierzu bereits Kap. 1.3.1, S. 9 f.
[591] *Ulsenheimer*, Handbuch des Arztrechts, S. 1818, Rn. 66.
[592] A.A. *Ulsenheimer*, der die Amtsträgerschaft auch für Konsiliarärzte verneint, vgl. § 331, Rn. 994.
[593] *Ulsenheimer*, § 331, Rn. 995.
[594] *Saliger*, § 11, Rn. 28 f.
[595] OLG Dresden, Beschl. v. 01.08.2001 – 3 Ss 25/01.
[596] BGH, Beschl. 14.01.2009 – 1 StR 470/08.

4.2.2. Der Vorteilsbegriff des § 331 StGB

Der Begriff des **Vorteils** wird in § 331 StGB sehr **weit gefasst** und geht über den Vorteilsbegriff der §§ 299, 299a, 299b StGB hinaus.[597]

Die Rechtsprechung versteht unter einem Vorteil „jede Leistung, auf die der Amtsträger keinen Anspruch hat und die die wirtschaftliche, rechtliche oder auch nur persönliche Lage objektiv verbessert".[598] Dabei ist es egal, ob der Vorteil dem Amtsträger selbst oder einem Dritten, beispielsweise dem Krankenhaus, in dem er tätig ist, zugutekommt. Daher stellt auch die Verbesserung von Arbeits- und Forschungsbedingungen in einer Klinik einen Vorteil im Sinne des § 331 StGB dar.[599] Zudem sind nicht nur materielle Vorteile erfasst. Auch **immaterielle Vorteile** können im Einzelfall strafrechtlich relevant sein.[600] Nachdem die Rechtsprechung früher sogar „die Befriedigung des Ehrgeizes und der Eitelkeit" als strafbaren Vorteil genügen ließ,[601] ist sie heute deutlich zurückhaltender.

Das Gesetz sieht allerdings auch bei Amtsträgerdelikten **keine Bagatellgrenze** vor: Sogar bei einem nur geringwertigen Vorteil – wie zwei Freibieren – droht die Strafbarkeit.[602] Andererseits liegt **kein Vorteil** vor, wenn ein **Anspruch auf die Leistung** besteht. Dies hat zur Folge, dass insbesondere Vergütungen für genehmigte oder genehmigungsfreie **Nebentätigkeiten** keinen strafrechtlich relevanten Vorteil darstellen.[603]

4.2.3. Zulässigkeit sozialadäquater Vorteile

Sozialadäquate Zuwendungen führen in der Regel – ebenso wie bei den §§ 299, 299a, 299b StGB – nicht zur Strafbarkeit.[604] Eine sozialadäquate Zuwendung – beispielsweise der Euro in der **Kaffeekasse** oder das **Trinkgeld** für den Krankentransport – liegt vor, wenn die Zuwendung sich im **sozial üblichen Rahmen** bewegt und aus **Höflichkeit** und **Konvention** geleistet wird.[605]

Nach Ansicht des BGH ist bei der Wertung des Kriteriums der Sozialadäquanz nur das Anbieten, Versprechen oder Gewähren in gewissem Umfang **üblicher Vorteile** von der Strafbarkeit auszunehmen, soweit es sich um gewohnheitsmäßig aner-

---

[597] Vgl. hierzu Kap. 3.2.3, S. 423.2 ff.
[598] Allgemeine Ansicht, vgl. nur BGH, Urt. v. 14.10.2008 – 1 StR 260/08 (WM-Tickets); BGH, Urt. v. 23.05.2002 – 1 StR 372/01.
[599] BGH, Urt. v. 23.05.2002 – 1 StR 372/01 (Einwerbung von Drittmitteln).
[600] *Kuhlen*, § 331, Rn. 44, vgl. hierzu auch Kap. 3.2.4.2, S. 45.
[601] Obiter dictum, BGH, Urt. v. 03.02.1960 – 4 StR 437/59.
[602] BGH, Urt. v. 03.12.1997 – 2 StR 267/97. (Der Polizeibeamte, der dauerhafte Verstöße gegen die Sperrstunde nicht meldete, hatte allerdings im Gegenzug mindestens in 90 Fällen mindestens zwei Biere vom Gastwirt erhalten.)
[603] *Fischer*, StGB, § 331, Rn. 25b.
[604] BGH, Urt. v. 10.03.1983 – 4 StR 375/82, vgl. hierzu Kap. 3.2.5.2, S. 47 f.
[605] *Schuhr*, §§ 331-338 StGB, Rn. 55.

kannte, relativ geringwertige Aufmerksamkeiten aus gegebenen Anlässen handelt.[606]

Allerdings **unterscheiden sich die Grenzen** der sozialadäquaten Zuwendungen nach §§ 299 ff. StGB von denjenigen nach §§ 331 ff. StGB. Denn §§ 331 ff. StGB betrifft die sogenannten „Amtsträger", die aufgrund ihres Status grundsätzlich zur Ausführung der ihnen übertragenen Dienstaufgaben verpflichtet sind und hierfür keine zusätzlichen Vorteile erlangen dürfen. Hier ist also ein strengerer Maßstab anzulegen als im Rahmen der „freien Wirtschaft" und der damit verbundenen unternehmerischen Entscheidungen. Einheitliche Wertgrenzen wurden bislang nicht festgelegt. Selbst kleinste Zuwendungen, wie die Zahlung von 2,50 € oder eines Fünf-Euro-Scheines in die Getränkekasse, können nach der Rechtsprechung einen Vorteil darstellen.[607] Dies **vermag nicht zu überzeugen**, denn **minimale Vorteile** dürften **kaum geeignet** sein, **die Lauterkeit des öffentlichen Dienstes in Frage zu stellen**. Sie stellen keine Motivation für Amtshandlungen dar.[608] Daher ist bei sozialadäquaten Leistungen von relativ geringem Wert bei einer Wertgrenze von etwa **50,- €**[609] der Vorteil zu verneinen.[610]

Sozialadäquate Zuwendungen werden zwar **oft** nur einen **geringen Wert** haben, **zwingend ist das jedoch nicht**.[611] Die Obergrenzen für den Wert unbedenklicher Zuwendungen an Amtsträger variieren in der **juristischen Literatur** zwischen 30,- € und 50,- €.[612] **Richtigerweise** ist bei der Betrachtung im Einzelfall nicht eine starre Wertgrenze, sondern der Lebenszuschnitt des betroffenen Amtsträgers bei der Beurteilung der Sozialadäquanz heranzuziehen.[613] Selbst wertvollere Zuwendungen – über die mitunter genannte Grenze von 30,- € oder 50,- € hinaus – können zum

---

[606] BGH, Urt. v. 26.05.2011 – 3 StR 492/10; BGH, Urt. v. 02.02.2005 – 5 StR 168/04.
[607] BGH, Urt. v. 22.06.2000 – 5 StR 268/99 (5,- DM je Auskunft für einen Polizeibeamten); OLG Düsseldorf, Urt. v. 13.10.1986 – 5 Ss 295/86 – 228/86 I; *Korte*, § 331, Rn. 63; *Fischer*, StGB, § 331, Rn. 11c m.w. Beispielen.
[608] *Rosenau*, § 331, Rn. 16.
[609] So etwa OLG Hamburg, 11.07.2000 – 2 Ws 129/00. Beispiele wären Werbegeschenke zu Weihnachten, die Flasche Champagner zum Dank, die Einladung zu einem Arbeitsessen oder der Doktorschmaus, vgl. *Rosenau*, § 331, Rn. 16.
[610] Weiterreichende interne Verwaltungsvorschriften, die dienstrechtlich die Grenze teilweise bei Bagatellzuwendungen ziehen oder gar keine Vorteile ohne Genehmigung zulassen, lassen die Strafbarkeit nicht aufleben; denn das ist allein Sache des Gesetzgebers, der dem Ultima-ratio-Prinzip des Strafrechts verpflichtet ist. Daher ist es nach Ansicht von *Rosenau* dogmatisch verfehlt, unter Hinweis auf eine rechtfertigende Genehmigung nach § 331 Abs. 3 StGB engere Grenzen zu ziehen. Zunächst müsse der Tatbestand erfüllt sein, bevor er gerechtfertigt sein könne. Die Rechtfertigung könne nicht umgekehrt den Tatbestand bestimmen, so die berechtigte Kritik von *Rosenau*, § 331, Rn. 16.
[611] BGH, Urt. v. 10.03.1983 – 4 StR 375/82.
[612] Z.B. *Fischer*, StGB § 331, Rn. 26a: 30,- €.
[613] *Schlund*, S. 568 ff. m.w.N.

Tatbestandsausschluss führen, **sofern sie etwa aus Höflichkeit oder mit Rücksicht auf bestimmte soziale Regeln** nicht zurückgewiesen werden können.[614]

Bei **Bewirtungen**[615] kommt es nicht allein auf eine bestimmte Höhe der Rechnung an, sondern auf die **gesamten Umstände**, wozu etwa der Rahmen der Einladung, der Anlass, die Beteiligten und ihre Beziehungen untereinander sowie eine etwaige Gegeneinladung gehören.[616] Bei entsprechendem **Lebenszuschnitt** der Beteiligten **können auch größere Zuwendungen als angemessen empfunden werden**, wofür vor allem ihre fehlende Heimlichkeit ein wichtiges Indiz bildet.[617]

Im Übrigen kann nur die Annahme oder Gewährung von Vorteilen für ein **nicht pflichtwidriges** dienstliches Handeln sozialadäquat sein.[618]

Bei **Zuwendungen im Wert von mehreren hundert Euro** handelt es sich allerdings nicht mehr um geringwertige Aufmerksamkeiten.[619] Schließlich lässt sich eine Sozialadäquanz nicht allein aus einer etwaigen „Üblichkeit" herleiten, da dies bestehende Strukturen der Korruption verfestigen würde, denen durch die Strafrechtsbestimmungen gerade entgegengewirkt werden soll.[620] Zudem wird man dort, wo die Annahme selbst kleiner Geschenke durch Rechtsvorschriften ausdrücklich verboten ist, nicht annehmen können, sie sei von der Allgemeinheit gebilligt.[621]

Eine wichtige Grenzmarke kann daher der erklärte Wille des Gesetzgebers sein, einem bis dahin sozial üblichen Verhalten gerade Einhalt zu gebieten, oder es bestimmten Kontrollen zu unterwerfen.[622] Daher sind beispielsweise Honorarzahlungen für wertlose Fachgutachten oder scheinbare Fachtagungen ebenso wenig sozialadäquat wie verschleierte „Kick-back"-Zuwendungen.[623]

---

[614] *Heine/Eisele*, § 331, Rn. 40. So zeigt der Claassen-Fall (BGH, Urt. v. 14.10.2008 – 1 StR 260/08), dass auch Hospitality-Einladungen, die in der Regel den Grenzwert von 50 Euro deutlich übersteigen, in bestimmten Fällen als sozialadäquat anzusehen sind und damit die Unrechtsvereinbarung entfallen kann.
[615] Vgl. hierzu auch Kap. 13.2.5.3, S. 264 f.
[616] *Heine/Eisele*, § 331, Rn. 40 m.w.N.
[617] *Kuhlen*, § 331, Rn. 99. *Sowada* regt an, in bestimmten Fallkonstellationen eventuell eine eigenständige teleologische Begrenzung des Merkmals der Unrechtsvereinbarung anzunehmen. In der Sache hält *Sowada* daher zu Recht eine gewisse Flexibilität als Folge der rechtsgutsbezogenen Gesamtbetrachtung für sinnvoll, jedenfalls soweit das Vertrauen in die Nichtkäuflichkeit evident ist. Wenn sich hingegen ein Unternehmer für eine zu seinen Gunsten getroffene Verwaltungsentscheidung z.B. durch eine großzügige Spende an die Gemeinde bedankt, mit der er noch zahlreiche weitere Projekte durchzuführen beabsichtigt, wird man diese Zuwendung nicht als „sozialadäquat" ansehen können; *Sowada*, § 331, Rn. 74.
[618] *Kuhlen*, § 331, Rn. 99.
[619] Vgl. OLG Celle, Beschl. v. 28.09.2007 – 2 Ws 261/07.
[620] BGH, Urt. v. 26.05.2011 – 3 StR 492/10.
[621] *Kuhlen*, § 331, Rn. 99.
[622] *Heine/Eisele*, § 331, Rn. 40.
[623] *Heine/Eisele*, § 331, Rn. 40 m.w.N; ebenso *Fischer*, StGB, § 331, Rn. 27.

Die Beziehungen zwischen Vorteil und Dienstausübung entfallen hier auch **nicht etwa deshalb**, weil entsprechende Vorteilsgewährungen üblich wären.[624] Ein persönliches Verhältnis zwischen Amtsträger und Zuwender vermag die Anwendung der Korruptionsvorschriften grundsätzlich nicht zu hindern.[625]

Indizien gegen eine Unrechtsvereinbarung sind nach alledem eine relative **Geringfügigkeit des Vorteils**, die **Nachvollziehbarkeit von Geldflüssen**, die **Einhaltung vorgesehener Verfahren** sowie die **Trennung** verschiedener Felder innerhalb der Beziehung. Zudem kann eine Vorteilsannahme unter Umständen **genehmigt** werden und damit zur Straflosigkeit führen. Erforderlich ist hierfür zwingend, dass die Vorteilsannahme gegenüber dem Dienstherrn **offengelegt** wird und sie **genehmigungsfähig** ist.[626]

4.2.4. Die Handlungsformen

Die Strafbarkeit nach § 331 StGB setzt voraus, dass der Amtsträger den Vorteil für sich oder einen Dritten **fordert, sich versprechen lässt** oder **annimmt**. Spiegelbildlich hierzu sieht § 333 Abs. 1 StGB vor, dass der Vorteil einem Amtsträger für ihn selbst oder einen Dritten angeboten, versprochen oder gewährt wird. Für die Strafbarkeit nach § 331 StGB reicht es bereits aus, dass der **Amtsträger** den **Vorteil** für die Dienstausübung **einseitig verlangt**, wobei die Forderung auf der anderen Seite lediglich zur Kenntnis gelangt sein muss.[627] Auf die Zustimmung oder Annahme des Angebotes durch den Aufgeforderten kommt es nicht an.[628] Auf der Geberseite reicht zumindest das **Anbieten** im Sinne des § 333 StGB als eine auf den Abschluss der Vereinbarung zielende Erklärung, die ebenfalls nicht vom Amtsträger angenommen werden braucht.[629]

In zeitlicher Hinsicht sind sämtliche Diensthandlungen erfasst, sodass es **unerheblich** ist, ob der Vorteil **für eine vergangene oder künftige Diensthandlung** gewährt wird.[630] Vielmehr ist es bereits ausreichend, dass der Vorteil einer Diensthandlung gebührt, die nach der Vorstellung des Vorteilsgebers noch nicht konkretisiert ist.[631] Die Vereinbarung darüber, wofür konkret der Vorteil gewährt wird, muss aber im Zeitpunkt der Tathandlung vorliegen.[632]

---

[624] BGH, Urt. v. 02.02.2005 – 5 StR 168/04.
[625] BGH, Urt. v. 02.02.2005 – 5 StR 168/04.
[626] *Kuhlen*, § 331, Rn.125 ff.
[627] *Korte*, § 331, Rn. 50, 52.
[628] *Korte*, § 331, Rn. 52.
[629] *Korte*, § 333, Rn. 52.
[630] *Korte*, § 333, Rn. 98.
[631] BGH, Urt. v. 14.10.2008 – 1 StR 260/08 (WM-Tickets).
[632] *Korte*, § 333, Rn. 95.

4.2.5. Die Dienstausübung

Voraussetzung der Strafbarkeit wegen Vorteilsnahme ist ferner, dass der Vorteil seinen **Grund in der Dienstausübung** hat.[633] Das Tatbestandsmerkmal der **Dienstausübung** wird von der Rechtsprechung sehr **weit ausgelegt**. Als Dienstausübung wird dabei jegliche Tätigkeit des Amtsträgers verstanden, die zu seinem dienstlichen Aufgabenkreis gehört und in dienstlicher Eigenschaft vorgenommen wird.[634]

So gehören folgende Tätigkeiten zur **Dienstausübung eines Arztes**:[635]

- Forschung,
- Vortragstätigkeit,
- Bestellungen bestimmter Medizinprodukte oder Veranlassung solcher Bestellungen durch Mitarbeiter,
- Mitwirkung bei der Auswahl der Lieferanten und Medizinprodukte,
- Verhandlungen mit Herstellern,
- Beeinflussung der Entscheidung zugunsten eines bestimmten Produktes.[636]

Nicht dienstlich sind hingegen Tätigkeiten, die zumindest auch von einem anderen, sachkundigen **Privatmann** erledigt werden können.[637] Ist der Amtsträger sowohl mit Verwaltungsaufgaben als auch mit anderen Aufgaben betraut, sind nur die Verwaltungsaufgaben dienstlich.[638] Für das **Gesundheitswesen** hat diese Einschränkung ganz **erhebliche Auswirkungen**: Denn nur die Organisation und Sicherstellung der Gesundheitsfürsorge ist eine öffentliche Aufgabe.[639] Die **allgemeinen medizinischen Leistungen**, also beispielsweise therapeutische Untersuchungen und Entscheidungen, sind daher **nicht als Dienstausübung** anzusehen.[640] Denn diese allgemeinen medizinischen Leistungen, insbesondere die Behandlung von Patienten, werden regelmäßig auch „von Privaten" erbracht, also insbesondere von selbständig tätigen, niedergelassenen Ärzten.[641]

---

[633] *Frister/Lindemann/Peters*, S. 247, Rn. 257 ff.; *Schuhr*, §§ 331-338 StGB, Rn. 37.
[634] BGH, Urt. v. 10.03.1983 – 4 StR 375/82.
[635] Beispiele nach *Ulsenheimer*, Handbuch des Arztrechts, S. 1819, Rn. 70.
[636] Vgl. zu den Voraussetzungen, unter denen sich ein an einem Universitätskrankenhaus tätiger Arzt, der durch Verwendung von Medizinprodukten deren Nachbestellung bewirkt, wegen Vorteilsannahme oder Bestechlichkeit strafbar macht, wenn er von dem Lieferanten der Medizinprodukte Sachleistungen (z.B. Finanzierung der Kongressteilnahme) oder Honorare (z.B. für Vorträge und Beratungsleistungen) empfängt ausführlich OLG Hamburg, Beschl. v. 14.01.2000 – 2 Ws 243/99.
[637] BGH, Urt. v. 30.10.1962 – 1 StR 385/62.
[638] *Schuhr*, §§ 331-338 StGB, Rn. 37.
[639] *Schuhr*, §§ 331-338 StGB, Rn. 19.
[640] *Schuhr*, §§ 331-338 StGB, Rn. 37.
[641] BGH, Urt. v. 29.03.2012 – GSSt 2/11.

Leistungen von medizinischen **Privatdozenten** sind ebenfalls keine dienstlichen Handlungen.[642] Nicht erfasst bleiben ferner alle **Nebentätigkeiten**, die nicht mit dem Amt in Verbindung stehen.[643] Nebentätigkeiten zählen zwar grundsätzlich nicht zur Dienstausübung; steht das Honorar für die Nebentätigkeit jedoch außer Verhältnis zur Leistung der Nebentätigkeit, so kann die Vergütung ausnahmsweise als Gegenleistung für die Dienstausübung selbst gesehen werden.[644]

Ebenfalls nicht erfasst sind alle **rein privaten Handlungen**, die völlig außerhalb des Aufgabenbereiches des Amtsträgers liegen.[645] Ob eine Handlung als Dienstausübung im Sinne von § 331 StGB (Vorteilsannahme) zu qualifizieren ist, richtet sich nicht danach, ob der Amtsträger nach der internen Geschäftsverteilung konkret zuständig war. Die Grenze zur Privathandlung ist erst dann überschritten, wenn die Tätigkeit in keinerlei funktionalem Zusammenhang mehr mit dienstlichen Aufgaben steht.[646]

4.2.6. Die Unrechtsvereinbarung

Erforderlich ist stets, dass die **Diensthandlung und der Vorteil in einem Gegenseitigkeitsverhältnis** dergestalt stehen, dass der **Vorteil** nach dem (angestrebten) ausdrücklichen oder stillschweigenden Einverständnis der Beteiligten seinen **Grund gerade in der Dienstausübung** hat. Dies erfordert, dass es Ziel **der Vorteilszuwendung** ist, **auf die künftige Dienstausübung Einfluss** zu nehmen.[647]

Diese Gegenseitigkeitsbeziehung begründet allerdings nur dann eine **Unrechtsvereinbarung**, wenn sie „**unlauter**" ist.[648] Dabei kommt es nicht darauf an, ob die Gewährung eines Vorteils „bisher so üblich" war. Vielmehr muss eine Gesamtschau des Falles vorgenommen werden, um zu entscheiden, ob die konkrete Beziehung sachwidrig war.[649] Hierbei verbieten sich pauschale Bewertungen in Anlehnung an Begrifflichkeiten wie „allgemeine Klimapflege" oder „Anfüttern", wie der BGH ausdrücklich festgestellt hat. Die Abgrenzung ist nach den **fallbezogenen Umständen** – insbesondere der gesamten **Interessenlage der Beteiligten** – vorzunehmen.[650]

Als **mögliche Indizien** für oder gegen die Absicht, mit dem Vorteil auf die künftige Dienstausübung Einfluss zu nehmen oder vergangene Dienstausübung zu honorieren, fließen nach der Rechtsprechung des BGH in die **wertende Beurteilung** folgen-

---

[642] BGH, Urt. v. 15.03.2001 – 5 StR 454/00.
[643] *Ulsenheimer*, Handbuch des Arztrechts, S. 1819, Rn. 69.
[644] *Heine/Eisele*, § 331, Rn. 41.
[645] *Ulsenheimer*, Handbuch des Arztrechts, S. 1819, Rn. 69 m.w.N.
[646] BGH, Urt. v. 17.03.2015 – 2 StR 281/14.
[647] BGH, Urt. v. 14.10.2008 – 1 StR 260/08 (WM-Tickets); BGH, Urt. v. 02.02.2005 – 5 StR 168/04 m.w.N.
[648] *Schuhr*, §§ 331-338 StGB, Rn. 53.
[649] BGH, Urt. v. 14.10.2008 – 1 StR 260/08 (WM-Tickets); BGH, Urt. v. 02.02.2005 – 5 StR 168/04.
[650] BGH, Urt. v. 14.10.2008 – 1 StR 260/08; BGH, Urt. v. 02.02.2005 – 5 StR 168/04 m.w.N.

de Aspekte ein: Die **Stellung des Amtsträgers** und die Beziehung des Vorteilsgebers zu dessen dienstlichen Aufgaben, die **Vorgehensweise** bei dem Angebot, dem Versprechen oder dem Gewähren von Vorteilen sowie die **Art, der Wert und die Zahl solcher Vorteile**.[651] Relevant sind ferner die **lange Dauer** eines geschäftlichen Kontaktes ohne sachlichen Grund, die **Heimlichkeit des Vorgehens** sowie „besonders für Korruption **anfällige Berührungspunkte**".[652]

4.3. Bestechlichkeit und Bestechung im Amt nach §§ 332, 334 StGB

Die Norm des § 332 StGB[653] verbietet die Annahme, das Fordern oder das Sich-Versprechen-Lassen eines Vorteils durch einen **Amtsträger** für dessen **Vornahme einer Diensthandlung.** Der Amtsträger muss dabei gegen seine **Dienstpflichten verstoßen.** § 332 StGB stellt eine **erschwerte Form** der passiven **Bestechung** unter Strafe und ist damit eine Qualifikation des Straftatbestands der Vorteilsannahme nach § 331 StGB.[654] Der Gegensatz zu der Grundnorm des § 331 Abs. 1 StGB ist das **Erfordernis einer konkreten Diensthandlung** und nicht allgemein die Dienstausübung, zudem ist hier eine **Pflichtverletzung des Amtsträgers** erforderlich.[655]

Entsprechend dem Verhältnis der Grunddelikte der §§ 331 und 333 StGB zueinander hat auch der Straftatbestand der Bestechlichkeit nach § 332 StGB ein Pendant in Form des § 334 StGB: Diese Norm stellt die aktive Bestechung (also das Anbieten, Versprechen oder Gewähren eines Vorteils) unter denselben Voraussetzungen unter Strafe.

4.3.1. Die Diensthandlung

Die Strafbarkeit wegen Bestechlichkeit setzt voraus, dass der Vorteil für eine **konkrete Diensthandlung** vorgesehen ist. Unter einer Diensthandlung wird dabei eine Handlung verstanden, die zu den dienstlichen Obliegenheiten gehört und **in amtlicher Eigenschaft** vorgenommen wird.[656] Es muss jedoch keine nach Ort, Zeit und Art präzise bestimmte Handlung sein, um dem Erfordernis der Bestimmtheit zu genügen, vielmehr reicht es schon aus, dass:

- der Amtsträger innerhalb eines **bestimmten Aufgabenbereichs**

---

[651] BGH, Urt. v. 14.10.2008 – 1 StR 260/08; BGH, Urt. v. 02.02.2005 – 5 StR 168/04 m.w.N. Relevant war es beispielsweise im entschiedenen Fall, dass eine „organisierte Zusammenarbeit" von der Bundesregierung offiziell gefördert wurde und (hier: die Teilnahme am Fußballspiel durch Regierungsmitglieder) bei derartigen Ereignissen weltweiten Gepflogenheiten entspricht.
[652] BGH, Urt. v. 28.10.2004 – 3 StR 301/03; BGH, Urt. v. 14.10.2008 – 1 StR 260/08 (WM-Tickets).
[653] Vgl. den Wortlaut der Vorschrift im Anhang, Kap. 16.1.2, S. 310 f.
[654] *Sowada*, § 332, Rn. 1.
[655] *Sowada*, § 332, Rn. 1.
[656] *Gädigk*, Vergaberecht, § 332, Rn. 3.

- nach einer **gewissen Richtung** hin tätig werden soll und
- die **grob ins Auge gefasste Handlung** nach ihrem sachlichen Gehalt
- mindestens **in groben Umrissen erkennbar und festgelegt** ist.[657]

Obwohl die Rechtsprechung somit an die Bestimmtheit der Handlung keine allzu großen Anforderungen stellt, reicht es jedenfalls noch nicht aus, wenn ein Amtsträger verspricht, bei verschiedenen zuständigen Behörden zugunsten des Vorteilsgebers seinen Einfluss geltend zu machen.[658] Auch liegt in dem mit dem Vorteil **erkauften allgemeinen Wohlwollen** im Sinne des Vorteilsgebers **keine konkrete Diensthandlung** vor.[659]

Nimmt jedoch ein **Oberarzt** für die Vornahme einer Diensthandlung (hier: die Bestellung von **Herzschrittmachern**) jeweils eine als „**Bonus**" bezeichnete Zahlung an und lässt sich außerdem noch in **Gourmet-Restaurants** und zu **mehrtägigen Auslandsreisen** einladen, besteht zwischen diesen Einladungen und den nachfolgenden Bestellungen ein erkennbarer Zusammenhang, weshalb nicht der Tatbestand der Vorteilsannahme sondern der der **Bestechlichkeit** erfüllt ist.[660]

Gemäß § 332 Abs. 3 StGB kann der Vorteil auch für die Vornahme **künftiger Handlungen** versprochen oder gewährt werden. Dies setzt jedoch voraus, dass der Amtsträger seine Bereitschaft, die Handlung vorzunehmen, irgendwie nach außen erkennbar zeigt.[661]

4.3.2. Pflichtwidrigkeit der Diensthandlung

Die geplante oder vorgenommene Diensthandlung muss gegen die Pflichten des Amtsträgers verstoßen. Eine **Diensthandlung** ist dabei immer dann **pflichtwidrig**, wenn sie **gegen Gesetze, Verwaltungsvorschriften, Richtlinien oder allgemeine Dienstanweisungen verstößt**, welche für den jeweiligen Amtsträger verbindlich sind.[662] Eine strafbare Diensthandlung ist immer auch pflichtwidrig.[663] Verletzt der

---

[657] BGH, Urt. v. 28.10.2004 – 3 StR 460/03.
[658] BGH, Beschl. v. 26.10.1999 – 4 StR 393/99.
[659] BGH, Beschl. v. 26.10.1999 – 4 StR 393/99.
[660] BGH, Urt. v. 19.10.1999 – 1 StR 264/99. Die Verurteilung des Oberarztes wegen Bestechlichkeit in 11 Fällen (Annahme von 184.000,- DM = 15 % der Bestellsumme für Herzschrittmacher), Vorteilsannahme in 15 Fällen (Einladungen zu aufwendigen Essen in Gourmet-Restaurants und zwei mehrtägige Reisen an den Sitz der Lieferfirma in Italien, jeweils mit Ehefrau) und Untreue in 26 Fällen zu einer Freiheitsstrafe von einem Jahr und sechs Monaten (bei Strafaussetzung zur Bewährung) wurde daher auf Revision der Staatsanwaltschaft aufgehoben, da eine Verurteilung nicht „nur" wegen Vorteilsannahme, sondern auch in den 15 weiteren Fällen wegen Bestechlichkeit hätte erfolgen müssen.
[661] BGH, Urt. v. 23.10.2002 – 1 StR 541/01.
[662] *Heine/Eisele*, § 332, Rn. 7.
[663] *Korte*, § 332, Rn. 23.

Amtsinhaber beispielsweise seine Schweigepflicht, so liegt darin eine pflichtwidrige Diensthandlung.[664]

Das **Unterlassen einer rechtlich gebotenen Diensthandlung** wird nach **§ 336 StGB** der **Vornahme einer pflichtwidrigen Diensthandlung gleichgestellt**. Ein Fall des pflichtwidrigen Unterlassens würde etwa vorliegen, wenn vom zuständigen Beamten eine dienstlich gebotene Kontrolle von Betrieben oder Einrichtungen unterlassen wird.[665]

Liegt die Diensthandlung hingegen im **Ermessen** des Amtsträgers, so kann sie nur dann pflichtwidrig sein, wenn die Pflichtwidrigkeit in der Ermessensausübung selbst liegt.[666] Ein Ermessen liegt immer vor, wenn das konkrete Handeln dem Amtsträger nicht unmittelbar durch Vorschriften oder Weisungen vorgegeben ist und dem Einzelnen damit ein **Entscheidungsspielraum** verbleibt. Überschreitet der Handelnde die Grenzen seiner Entscheidungsbefugnis und trifft damit eine im Ergebnis unrichtige Entscheidung, ist die Ermessensausübung pflichtwidrig.[667] Ausreichend ist dabei, dass der Amtsträger bekundet, er werde bei seiner Entscheidung den versprochenen oder gewährten Vorteil berücksichtigen und sich somit nicht alleine von sachlichen Gesichtspunkten leiten lassen.[668]

4.4. Bestechlichkeit und Bestechung von Mandatsträgern

Aus Gründen der Vollständigkeit wird nachfolgend auch die Strafvorschrift des § 108e StGB zur Bestechlichkeit und Bestechung von Mandatsträgern vorgestellt.[669] Denn selbstverständlich ist es auch im Bereich des Gesundheitswesens vorstellbar, dass Landtags- oder Bundestagsabgeordnete bzw. sonstige Mandatsträger bestochen werden oder bestechlich sind.

4.4.1. Sinn und Zweck der Regelung

Die Vorschrift des § 108e StGB wurde in ihrer neuen Fassung mit Wirkung zum 01.09.2014 eingeführt.[670] Mit der Einführung wollte der Gesetzgeber die bestehen-

---

[664] BGH, Urt. v. 03.02.1960 – 4 StR 437/59.
[665] BGH, Urt. v. 19.06.2002 – 2 StR 43/02.
[666] *Heine/Eisele*, § 332, Rn. 11.
[667] *Korte*, § 332, Rn. 30.
[668] BGH, Urt. v. 09.07.2009 – 5 StR 263/08.
[669] Vgl. den Gesetzeswortlaut im Anhang, Kap. 16.1.3, S. 312.
[670] Die Schwierigkeit in der Formulierung eines Straftatbestandes bestand darin, einerseits strafwürdiges korruptives Verhalten von und gegenüber Abgeordneten wirksam zu erfassen und auf der anderen Seite dem Grundsatz des freien Mandats und den Besonderheiten der parlamentarischen Willensbildung Rechnung zu tragen, also insbesondere allgemein als zulässig anerkannte Verhaltensweisen im politischen Raum nicht unter Strafe zu stellen, vgl. BT-Drs. 18/476 v. 11.02.2014, S. 5.

den **Strafbarkeitslücken schließen**, da ein **Abgeordneter kein Amtsträger** im strafrechtlichen Sinne ist und seine Bestechung bzw. Bestechlichkeit somit bislang nicht nach §§ 331 ff. StGB bestraft werden konnten.[671]

Geschütztes Rechtsgut ist das öffentliche Interesse an der Integrität parlamentarischer Prozesse und der Unabhängigkeit der Mandatsausübung sowie der Sachbezogenheit parlamentarischer Entscheidungen. Die freie Willensbildung und Willensbetätigung in den Parlamenten soll vor unzulässiger Einflussnahme geschützt werden.[672]

Die Vorschrift stellt **jede unlautere Beeinflussung** von Handlungen oder Unterlassungen bei der Mandatsausübung durch die genannten Mandatsträger unter Strafe. Denn die Gewährung von Belohnungen für eine Mandatstätigkeit kann dem Empfänger durchaus einen Anreiz bieten, sein Verhalten an den Vorstellungen des Zuwendenden auszurichten.[673] Da dies jedoch das schützenswerte Interesse an der Integrität parlamentarischer Prozesse und an der Unabhängigkeit der Mandatsausübung nachhaltig untergräbt, ist die Pönalisierung solchen Verhaltens zwingend geboten.[674]

4.4.2. Täterkreis und Tathandlung des § 108e StGB

§ 108e Abs. 1 StGB stellt die passive Bestechlichkeit der **Abgeordneten** unter Strafe. Der **Täterkreis** des § 108e Abs. 1 StGB erfasst die Mitglieder der Volksvertretung des **Bundes** oder eines **Landes**, Absatz 3 erfasst ferner Mitglieder der Volksvertretung einer Stadt, Gemeinde oder eines Landkreises, die Mitglieder des Europäischen Parlaments, einer parlamentarischen Versammlung, einer internationalen Organisation und eines Gesetzgebungsorgans eines ausländischen Staates. Umgekehrt wird nach § 108e Abs. 2 StGB jede natürliche Person bestraft, die ihrerseits aktiv einem Mandatsträger einen solchen Vorteil für die Vornahme oder Unterlassung einer Handlung anbietet, verspricht oder gewährt.

Im Hinblick auf die Tatbestandsvoraussetzungen des **Vorteils** und der **Unrechtsvereinbarung** gelten die bisherigen Ausführungen zu §§ 299, 299a, 299b, 331, 333 StGB. Die Handlung muss **bei der Wahrnehmung des politischen Mandates** auf Weisung oder im Auftrag des Bestechenden vorgenommen bzw. unterlassen werden. Um einen Auftrag oder eine Weisung handelt es sich immer dann, wenn der

---

[671] BT-Drs. 18/476 v. 11.02.2014, S. 8.
[672] BT-Drs. 18/476 v. 11.02.2014, S. 6. Vgl. hierzu kritisch *Fischer*, der die Sachgerechtigkeit und Legitimität parlamentarisch organisierter Entscheidungen als einziges Schutzgut ansieht, *Fischer*, StGB, § 108e, Rn. 3.
[673] *Heintschel-Heinegg*, § 108e StGB, Rn. 1.
[674] *Sinn/Rudolphi*, § 108e, Rn. 7. Kritisch zur rechtspolitischen Bedeutung *Fischer*, StGB, § 108e, Rn. 5.

Mandatsträger dazu **bewegt** werden soll, sich dem Interesse des Auftraggebers zu **unterwerfen**.[675]

4.4.3. Vorteil und Unrechtsvereinbarung

Unter Vorteil ist dabei jede Leistung des Zuwenders zu verstehen, die das Mitglied oder einen Dritten materiell oder immateriell in seiner wirtschaftlichen, rechtlichen oder auch nur persönlichen Lage objektiv besserstellt und auf die das Mitglied keinen Anspruch hat. Dabei kommt es nicht auf den Wert der Zuwendung an.[676] Der **Vorteil** muss daher als **Gegenleistung** dafür gewährt werden, dass der Mandatsträger im Auftrag oder auf Weisung des Vorteilsgebers handelt. Voraussetzung der Strafbarkeit ist, dass der Mandatsträger sich durch den Vorteil zu seiner Handlung bestimmen lässt und seine innere Überzeugung den Interessen des Vorteilsgebers unterordnet. Ein derartiges Verhalten stünde in Widerspruch zu Art. 38 Abs. 1 S. 2 GG, wonach die Abgeordneten an Aufträge und Weisungen gerade nicht gebunden und nur ihrem Gewissen unterworfen sind (freies Mandat).[677]

Die Norm des § 108e StGB enthält insoweit einen entscheidenden Unterschied zu den anderen Korruptionstatbeständen, als der versprochene **Vorteil ungerechtfertigt** sein muss. Dies ist dann nicht der Fall, wenn die Annahme eines Vorteils im Einklang mit den für die Rechtsstellung des Mitglieds maßgeblichen Vorschriften steht[678] oder wenn die Annahme des Vorteils **anerkannten parlamentarischen Gepflogenheiten** entspricht.[679] Damit wird klargestellt, dass es insbesondere im parlamentarischen Raum Zuwendungen gibt, die zulässig sind und die Schwelle zur Strafbarkeit nicht überschreiten.[680]

---

[675] BT-Drs. 18/476 v. 11.02.2014, S. 8.
[676] BT-Drs. 18/476 v. 11.02.2014, S. 7.
[677] BT-Drs. 18/476 v. 11.02.2014, S. 5 f. Der Tatbestand verlangt somit eine enge Kausalbeziehung zwischen dem ungerechtfertigten Vorteil und der Handlung des Mitglieds. Für die Strafbarkeit reicht es nicht aus, dass Vorteile nur allgemein für die Mandatsausübung zugewendet werden bzw. das Mitglied wegen der von ihm gemäß seiner inneren Überzeugung vertretenen Positionen einen Vorteil erhält. Die Unterstützung des Mitglieds durch einen Vorteilsgeber ist also nicht strafbar, wenn sie für Handlungen erfolgt, die durch seine innere Überzeugung motiviert und nicht durch die Vorteilsgewährung beeinflusst sind. Die Grenze zur Strafbarkeit wird erst dann überschritten, wenn das Mitglied sich „kaufen lässt", d. h. wenn es sich den Interessen des Vorteilsgebers unterwirft und seine Handlungen durch die Vorteilsgewährung bestimmt sind („Kommerzialisierung des Mandats"), vgl. BT-Drs. 18/476 v. 11.02.2014, S. 7; vgl. hierzu die berechtigte Kritik von *Fischer*, StGB, § 108e, Rn. 25 ff.
[678] Für die Landtage und die Volksvertretungen der Gemeinden gelten die entsprechenden Gesetze des Landes und die dazugehörigen Verhaltensregeln.
[679] Politische Ämter und Funktionen sind nach dem Entwurf ebenso wenig als Vorteil anzusehen wie nach dem Parteiengesetz oder entsprechenden Gesetzen zulässige Spenden, vgl. BT-Drs. 18/476 v. 11.02.2014, S. 6 f.
[680] Auf diese Weise wird auch der Unterscheidung zwischen einerseits Amtsträgern, denen jede Annahme von Belohnungen, Geschenken und sonstigen Vorteilen grundsätzlich verboten ist

4.5. Konkurrenzen

Das **Konkurrenzverhältnis** zwischen § 299 StGB und den neuen Tatbeständen der §§ 299a, 299b StGB ist noch weitgehend ungeklärt. Die neuen Regelungen der §§ 299a, 299b StGB stellen jedoch keine speziellen Regelungen im Sinne der „lex specialis" dar, welche die anderen Korruptionsdelikte in Zukunft verdrängen werden. Dies gilt sowohl im Hinblick auf die Amtsträgerdelikte der §§ 331 ff. StGB als auch im Hinblick auf die allgemeine Regelung der Bestechung und Bestechlichkeit nach § 299 StGB.[681]

Die Norm des § 299 StGB schützt nach allgemeiner Ansicht vorrangig den lauteren (fairen) Wettbewerb als Rechtsgut der Allgemeinheit.[682] Es verbleiben daher durchaus Fälle, in welchen die Strafbarkeit für Berufsangehörige der Heilberufe auch aus § 299 StGB möglich bleibt. So kommt etwa im Fall eines mit Beschaffungsaufgaben betrauten Angestellten oder eines im Krankenhaus beschäftigten Honorararztes die Strafbarkeit nach § 299 StGB grundsätzlich in Betracht.[683] Auch für Angestellte und Beauftragte im Gesundheitswesen kann die allgemeine Vorschrift des § 299 StGB greifen.[684]

Nach Einschätzung des Gesetzgebers wird aber beim Täter, der durch sein Verhalten den Tatbestand beider Vorschriften erfüllt, regelmäßig Tateinheit angenommen.[685] Dabei wird gemäß § 52 StGB die Rechtsfolge nur auf die schwerere Strafe erkannt. Da aber sowohl §§ 299a, 299b StGB als auch § 299 StGB dieselbe Rechtsfolge vorsehen, bleibt es bei einem einheitlichen Strafmaß.

(siehe z. B. § 71 des Bundesbeamtengesetzes), und andererseits Mandatsträgern, die zur Annahme finanzieller Zuwendungen von außen berechtigt sein können (siehe z. B. für Spenden § 44a Abs. 2 S. 4 des Abgeordnetengesetzes), Rechnung getragen, vgl. BT-Drs. 18/476 v. 11.02.2014, S. 7.

[681] *Gaede*, S. 267.
[682] *Dannecker*, § 299, Rn. 4.
[683] *Krick*, § 299, Rn. 4.
[684] BT-Drs. 18/6446 v. 21.10.2015, S. 9.
[685] BT-Drs. 18/6446 v. 21.10.2015, S. 16.

5 Berufsrechtliche Normen zur Wahrung der Unabhängigkeit

Berufsrechtliche Pflichten zur Wahrung der heilberuflichen Unabhängigkeit ergeben sich insbesondere aus den **Berufsordnungen** für Ärzte, Zahnärzte, Psychotherapeuten und Apotheker, die von den jeweiligen Kammern erlassen werden und für alle verkammerten Mitglieder verbindlich sind. Die ausführlichsten Vorschriften finden sich hierbei im Berufsrecht der Ärzte (§§ 30 - 33 MBO). Aber auch im Berufsrecht der Zahnärzte, Apotheker und Psychotherapeuten finden sich Regelungen zum Verbot der Zuweisung gegen Entgelt und zur Wahrung der beruflichen Unabhängigkeit.[686]

Die berufsrechtlichen Regelungen spielen bei der **Beurteilung** einer **Unrechtsvereinbarung** im Sinne der §§ 299a, 299b StGB[687] eine nicht zu unterschätzende Rolle. Werden die berufsrechtlichen Regelungen nämlich eingehalten, so kann eine Strafbarkeit nicht konstruiert werden.[688] Wird gegen das Berufsrecht verstoßen, so ist im Umkehrschluss zwar keinesfalls zwingend eine Strafbarkeit nach §§ 299a, 299b StGB anzunehmen. Es bedarf hierzu vielmehr stets einer Vorteilsannahme verbunden mit einer unlauteren Bevorzugung im Wettbewerb.[689] Ein Verstoß gegen die berufsrechtlichen Pflichten zur Wahrung der Unabhängigkeit könnte jedoch zumindest ein erstes Indiz und damit ein Aufgreifkriterium für eine weitergehende Unrechtsvereinbarung darstellen. Die Einhaltung des Berufsrechts ist allen Heilberufsangehörigen daher dringend nahezulegen.[690]

5.1. Berufsrechtliche Regelungen der Ärzte

Ärzte sind berufsrechtlich verpflichtet, heilberufliche Verordnungs-, Abgabe- und Zuführungsentscheidungen **allein im Interesse der Patienten** zu treffen. Sie dürfen sich hierbei nicht davon leiten lassen, ob ihnen bei der Verschreibung eines bestimmten Präparates oder bei der Zuführung von Patienten ein persönlicher Vorteil zufließt, **§§ 30-33 Musterberufsordnung für Ärzte** (MBO). Diese berufsrechtlichen Pflichten **gelten** sowohl **für die niedergelassenen Ärzte** als auch für **die angestellten Ärzte** in Arztpraxen, Medizinischen Versorgungszentren und in Krankenhäusern.[691] Die Regelungen werden nachfolgend im Einzelnen auf Basis des Wortlauts der Musterberufsordnung (MBO) dargestellt.[692]

---

[686] Vgl. hierzu Kap. 5.2, S. 119.
[687] Vgl. hierzu Kap. 3.4, S. 67 ff.
[688] Vgl. hierzu Kap. 3.4.5, S. 78.
[689] Vgl. hierzu Kap. 3.4.2.5, S. 74.
[690] Vgl. zu den honorarrechtlichen Folgen eines Berufsrechtsverstoßes Kap. 14.8, S. 296.
[691] Vgl. hierzu auch *Scholz*, MedR 2015, S. 635 ff.
[692] Die meisten Regelungen der (unverbindlichen) Musterberufsordnung wurden von den Landesärztekammern in die jeweilige Berufsordnung gleichlautend übernommen und sind somit für alle berufstätigen Ärzte verbindlich.

> Wie häufig kommt es Ihrer Einschätzung nach in Ihrer Fachrichtung vor, dass Patienten und Untersuchungsmaterial einem bestimmten Arzt zugewiesen werden?
> Originalfrage an niedergelassene Ärzte [693]

5.1.1. § 30 MBO: Ärztliche Unabhängigkeit

Ärztinnen und Ärzte sind verpflichtet, in allen vertraglichen und sonstigen beruflichen Beziehungen zu Dritten ihre ärztliche Unabhängigkeit für die Behandlung der Patientinnen und Patienten zu wahren.

Die §§ 30 ff. MBO haben die Wahrung der ärztlichen Unabhängigkeit bei der Zusammenarbeit mit Dritten zum Ziel. **Geschütztes Rechtsgut** des § 30 MBO ist speziell das **Arzt-Patienten-Verhältnis**, welches gegen eine mögliche Einflussnahme durch Nichtärzte geschützt werden soll.[694] Die **heilberufliche Unabhängigkeit** dient insbesondere dem **Schutz des Patienten**.[695] Die Norm wurde unverändert in nahezu alle Berufsordnungen der Ärzte der einzelnen Länder übernommen.[696]

Die heutige Fassung des § 30 MBO stellt jedoch lediglich einen **programmatischen Appell** an die Ärzteschaft dar, bei der gesamten beruflichen Tätigkeit die ärztliche Unabhängigkeit zu wahren, wobei die verbindlichen Einzelheiten erst in den §§ 31 bis 33 MBO speziell geregelt sind.[697] Es handelt sich allerdings um die Grundnorm, in deren Licht auch die §§ 31-33 MBO auszulegen sind.[698]

Verträge und Vereinbarungen, die gegen die berufsrechtlichen Vorschriften verstoßen, sind nach § 134 BGB nichtig und stellen in der Regel einen Wettbewerbsverstoß dar.[699] Die Erfüllung der vereinbarten vertraglichen Pflichten kann daher nicht verlangt werden.[700]

---

[693] *Bussmann*, GKV-Studie „Zuweisung gegen Entgelt", S. 27, Rn. 21. Knapp 93 % der befragten niedergelassenen Ärzte antworteten, dass es aus ihrer Sicht in ihrer Fachrichtung durchaus Zuweisungen an einen bestimmten Fachkollegen gebe, ohne Alternativen anzubieten. Fast jeder zweite Befragte (46 %) hält diese Praxis sogar für häufig, vgl. *Bussmann*, S. 27.
[694] *Lippert*, Vorbem. zu §§ 30 ff., Rn. 2.
[695] *Scholz*, § 30 MBO, Rn. 1; *Rehborn*, § 30 MBOÄ, Rn. 1.
[696] So wurde § 30 MBO in unveränderter Fassung in die ärztlichen Berufsordnungen in Baden-Württemberg, Bayern, Berlin, Brandenburg, Bremen, Hamburg, Hessen, Mecklenburg-Vorpommern, Niedersachsen, Saarland, Sachsen, Sachsen-Anhalt, Thüringen und in § 31 BO Schleswig-Holstein aufgenommen, in ähnlicher Weise auch in die Berufsordnung der Ärzte Rheinland-Pfalz.
[697] *Lippert*, § 30, Rn. 1.
[698] *Rehborn*, § 30 MBOÄ, Rn. 2.
[699] Vgl. zu den weiteren Konsequenzen auch Kap. 14.5.4, S. 291 f.
[700] BGH, Urt. v. 23.02.2012 – I ZR 231/10 (Dentallaborleistungen).

> **Und wie häufig kommt es vor,
> dass die zuweisenden Kollegen hierfür
> wirtschaftliche Vorteile erhalten?**
>
> Originalfrage an niedergelassene Ärzte [701]

5.1.2. § 31 Abs. 1 MBO: Unerlaubte Zuweisung

(1) Ärztinnen und Ärzten ist es nicht gestattet, für die Zuweisung von Patientinnen und Patienten oder Untersuchungsmaterial oder für die Verordnung oder den Bezug von Arznei- oder Hilfsmitteln oder Medizinprodukten ein Entgelt oder andere Vorteile zu fordern, sich oder Dritten versprechen oder gewähren zu lassen oder selbst zu versprechen oder zu gewähren.

Das Verbot der **Zuweisung gegen Entgelt** zählt zu den **Kernregelungen des ärztlichen Berufsrechts**.[702] Die Patienten sollen sich darauf verlassen können, dass der Arzt die gesamte Behandlung einschließlich etwaiger Empfehlungen anderer Leistungserbringer allein an medizinischen Erwägungen im Interesse des Patienten ausrichtet.[703]

5.1.2.1. Sinn und Zweck des Zuweisungsverbotes

Ärzte sind nach dem Behandlungsvertrag und dem Berufsrecht gehalten, die Entscheidung darüber, an wen sie einen Patienten verweisen oder wem sie Untersuchungsmaterial zur Laboruntersuchung überlassen, **allein** nach ärztlichen Gesichtspunkten mit **Blick auf das Patienteninteresse** zu treffen.[704] Ihre Nachfrageentscheidung darf nicht nach den eigenen Interessen als Nachfrager oder Nachfragedisponent des Patienten getroffen werden, insbesondere darf der Arzt seine Entscheidung nicht davon abhängig machen, ob ihm für die Überweisung eine Gegenleistung zufließt oder nicht.

Dieser – für Ärzte und Zahnärzte gleichermaßen geltende – Gesichtspunkt kommt in dem berufsrechtlichen Verbot zum Ausdruck, sich für die Zuweisung von Patienten oder für die Zuweisung von Untersuchungsmaterial eine Gegenleistung gewähren zu lassen oder selbst eine solche Gegenleistung zu gewähren.[705] Hierbei geht es

---

[701] *Bussmann*, GKV-Studie „Zuweisung gegen Entgelt", S. 32, Rn. 26. Jeder zweite niedergelassene Arzt kennt eine solche Zuweisungspraxis in der eigenen Fachrichtung. Aus Sicht der nichtärztlichen Leistungserbringer gaben 83 % der Befragten an, dass es eine entsprechende Praxis gebe, zuweisenden niedergelassenen Ärzten wirtschaftliche Vorteile für die Beteiligung an der Arznei- oder Hilfsmittelversorgung zu gewähren, 65 % hielten Vergütungen gegenüber zuweisenden Ärzten für gelegentlich oder gar für häufig, vgl. *Bussmann*, S. 35.
[702] *Wollersheim*, S. 157 m.w.N. zur Entwicklung der Vorschrift.
[703] BGH, Urt. v. 13.01.2011 – I ZR 111/08 (Hörgeräteversorgung II).
[704] BGH, Urt. v. 23.02.2012 – I ZR 231/10; BGH, Urt. v. 21.04.2005 – I ZR 201/02 (Quersubventionierung von Laborgemeinschaften I); BGH, Urt. v. 24.06.2010 – I ZR 182/08 (Brillenversorgung II).
[705] BGH, Urt. v. 23.02.2012 – I ZR 231/10 m.w.N. zur Rechtsprechung des BGH.

insbesondere um den **Schutz der Patienten vor überflüssigen oder gar schädlichen Leistungen**, die von Behandlern „vorrangig aus pekuniärem Interesse veranlasst" sind.[706]

Die Norm soll jedoch nicht nur verhindern, dass der Arzt seine Entscheidung von vornherein wegen des ihm gewährten Vorteils festlegt. Sie soll auch einen ungerechtfertigten Wettbewerbsvorteil gegenüber den ärztlichen Kollegen verhindern.[707] Die Norm stellt gleichzeitig eine **eigenständige Ausprägung** des **Gebotes zum fairen Wettbewerb** und zur **Wahrung der ärztlichen Freiberuflichkeit** dar.[708]

5.1.2.2. Verbot der Vorteilszuwendung

§ 31 Abs. 1 MBO verbietet es Ärzten ausdrücklich, für Abgabe-, Verordnungs- und Zuweisungsentscheidungen **Vorteile** zu fordern, anzunehmen oder sich versprechen zu lassen. Der **Vorteilsbegriff** deckt dabei jede Zuwendung ab, auf die der Arzt keinen Rechtsanspruch hat und die seine wirtschaftliche, rechtliche oder persönliche Lage objektiv verbessert.[709] Im Übrigen deckt sich der Vorteilsbegriff der MBO mit dem der §§ 299a, 299b StGB, weshalb insoweit auf die entsprechenden Ausführungen verwiesen werden kann.[710]

Ein Verstoß gegen § 31 Abs. 1 MBO liegt beispielsweise vor, wenn sich ein Arzt gegenüber einem Vorteilsgeber vertraglich oder in sonstiger Weise zur **Verordnung bestimmter Arzneimittel** oder zur **Zuweisung von Patienten verpflichtet**. Die ärztliche Gegenleistung besteht in diesen Fällen in einer unzulässigen Einschränkung der ärztlichen Entscheidungsfreiheit; auf die zivilrechtliche Wirksamkeit entsprechender Vereinbarungen kommt es nicht an.[711] Unerheblich ist auch, ob es tatsächlich zu einer konkreten Benachteiligung von Patienteninteressen gekommen ist und ob die Vereinbarung gegenüber dem Patienten transparent gemacht wurde.

Es stellt auch einen Verstoß gegen das Verbot der Zuweisung gegen Entgelt dar, wenn ein Laborarzt niedergelassenen Ärzten die Durchführung von **Laboruntersuchungen**, die diese selbst gegenüber der Kasse abrechnen können, unter Selbstkosten in der Erwartung anbietet, dass die niedergelassenen Ärzte ihm im Gegenzug Patienten für Untersuchungen überweisen, die nur von einem Laborarzt vorgenommen werden können. Einem solchen Angebot unter Selbstkosten steht es gleich, wenn die günstigen Preise für die von den niedergelassenen Ärzten abzurechnenden Laboruntersuchungen dadurch ermöglicht werden, dass der Laborarzt

---

[706] Vgl. *Dahm*, S. 34 mit Verweis auf *Rehborn*.
[707] *Rehborn*, § 31 MBO, Rn. 5; *Ratzel*, § 31 MBO, Rn. 3.
[708] *Scholz*, § 31 MBO, Rn. 1.
[709] *Lippert*, Vorbem. zu §§ 30 ff., Rn. 2 mit Verweis auf die st. Rspr. seit BGH, Urt. v. 10.03.1983 – 4 StR 375/82.
[710] Vgl. Kap. 3.2.3, S. 42 ff.
[711] BGH, Urt. v. 25.01.2012 – 1 StR 45/11 (Abrechnungsbetrug eines Privatarztes).

einer von ihm betreuten Laborgemeinschaft der niedergelassenen Ärzte freie Kapazitäten seines Labors unentgeltlich oder verbilligt zur Verfügung stellt.[712]

5.1.2.3. Begriffsbestimmungen

Der berufsrechtliche Begriff der „Zuweisung" nach § 31 Abs. 1 MBO ist nicht wortgleich mit dem in §§ 299a, 299b StGB verwendeten Begriff der „Zuführung", meint jedoch inhaltlich dasselbe.[713] Der **Begriff der Zuweisung** umfasst alle Fälle der Überweisung, Verweisung und Empfehlung von Patienten an bestimmte andere Ärzte, Apotheken, Geschäfte oder Anbieter von gesundheitlichen Leistungen; entscheidend für eine unerlaubte Zuweisung ist hierbei, dass der Arzt für die Patientenzuführung an einen anderen Leistungserbringer einen Vorteil erhält oder sich versprechen lässt.[714]

Die Tatbestandsmerkmale der **Verordnung** bzw. des **Bezuges** und die einzelnen Tatbestandsvarianten des **Versprechens** bzw. des **Gewährens** samt der passiven Alternativen wurden in die neuen §§ 299a, 299b StGB übernommen.[715] Die Verwirklichung des § 31 Abs. 1 MBO setzt ferner ebenfalls eine Unrechtsvereinbarung voraus.[716] Trotz des vom Regelungszweck mitumfassten fairen Wettbewerbs wird jedoch – im Gegensatz zu §§ 229a, 299b StGB – **keine unlautere Wettbewerbsbevorzugung** als Tatbestandsmerkmal **verlangt**. Vielmehr verbietet § 31 Abs. 1 MBO jegliche Vorteilsgewährung, sofern sie in direktem Zusammenhang mit der Zuweisung steht.[717]

5.1.2.4. Zuweisungsverbot im Klinikbereich

Für den **Bereich der Krankenhäuser** sehen § 31a Krankenhausgestaltungsgesetz **Nordrhein-Westfalen**[718] sowie § 32 Krankenhausgesetz **Bremen** ebenfalls das Verbot für Krankenhäuser und deren Träger vor, für die Zuweisung von Patienten ein Entgelt oder andere Vorteile zu versprechen, sich gewähren oder versprechen zu lassen. In besonders schweren Fällen ist gemäß § 31a Abs. 3 KHGestG NRW als **Sanktion** sogar die ganze oder teilweise **Herausnahme aus dem Krankenhausplan** vorgesehen.[719]

---

[712] BGH, Urt. v. 21.04.2005 – I ZR 201/02 (Quersubventionierung von Laborgemeinschaften I).
[713] Vgl. zum Begriff der „Zuführung" Kap. 3.3.3.1, S. 63 f.
[714] BGH, Urt. v. 13.01.2011 – I ZR 111/08 (Hörgeräteversorgung II).
[715] Es wird daher auf die Definitionen in Kap. 3.3, S. 54 ff. verwiesen.
[716] *Lippert*, Vorbem. zu §§ 30 ff., Rn. 6; vgl. zur Unrechtsvereinbarung Kap. 3.4, S. 67 ff.
[717] *Lippert*, Vorbem. zu §§ 30 ff., Rn. 6.
[718] Vgl. zu den Motiven des Landesgesetzgebers *Dahm*, S. 28.
[719] Zutreffend weist *Halbe* jedoch darauf hin, dass im Hinblick auf die Reichweite und die Bedeutung der Art. 12, 14 GG die Voraussetzungen für die Annahme eines „besonders schweren Falles" sehr hoch anzusetzen sind, vgl. *Halbe*, S. 170.

Es ist vom Sinn und Zweck der Norm her allein darauf abzustellen, ob dem Handeln ein unwerter Inhalt innewohnt.[720] Ein solcher ist zum Beispiel dann nicht gegeben, wenn ein **Vertragsarzt selbst Inhaber einer Klinik** ist und Patienten seiner Praxis bei entsprechender Indikation dann in seiner Klinik stationär behandelt werden.[721] Wer also in zulässiger und genehmigter Weise neben seiner niedergelassenen ärztlichen Tätigkeit eine **Privatklinik betreibt**, **Belegarzt** ist oder **Chefarzt** in einer Klinik, darf selbstverständlich seine Patienten auch dorthin stationär verweisen. Wenn die Patienten dies nicht wünschen, steht es ihnen stets frei, sich anderweitig stationär behandeln zu lassen. Meist suchen die Patienten jedoch den Arzt gerade deshalb auf, weil sie ihm vertrauen und seine stationäre Weiterbehandlung ausdrücklich wünschen. Auch aus der Regelung des § 31 Abs. 2 MBO[722] ergibt sich sinngemäß, dass die Verweisung an „externe, dritte" Ärzte erfolgen muss.

5.1.2.5. Beurteilungskriterien

Unter welchen Umständen ein Verstoß gegen § 31 MBO oder gegen § 31a KHGestG NRW vorliegt, ist im Ergebnis „Tatfrage", wobei die vom **Bundesgerichtshof** genannten „Indizien"[723] bedeutsam werden können. Dazu gehören unter anderem folgende Beurteilungskriterien:

- Die Stellung des Arztes und seine Möglichkeiten zur Einflussnahme,
- die Beziehung des Vorteilsgebers zu den Aufgaben des Arztes,
- die Vorgehensweise bei der Vertragsanbahnung („Bestechungs- oder Erpressungsmodell"),
- der Wert und die Zahl solcher Vorteile,
- typische Umstände wie Heimlichkeit oder fehlende Transparenz bei der Vertragsgestaltung.[724]

5.1.2.6. Zulässige Inanspruchnahme von Internetportalen

Der Bundesgerichtshof hat entschieden, dass der **Provisionsanspruch eines Internetportals gegen einen Zahnarzt** in Höhe von 20 % vom zahnärztlichen Honorar **keine unzulässige Zuweisung** gegen Entgelt darstellt und damit nicht gegen das berufsrechtliche Zuweisungsverbot verstößt.[725] Denn die Provision wird nicht für

---

[720] *Halbe*, S. 169.
[721] *Medizinrechtsausschuss*, S. 396.
[722] Vgl. nachfolgendes Kap. 5.1.3, S. 109 ff.
[723] BGH, Urt. v. 14.10.2008 – 1 StR 260/08 (WM-Tickets).
[724] *Dahm*, S. 35.
[725] Hier des § 2 Abs. 8 MBO-Z, wonach es dem Zahnarzt unter anderem nicht gestattet ist, für die Zuweisung von Patienten ein Entgelt zu versprechen oder zu gewähren.

die Vermittlung von Patienten, sondern für die Nutzung der Internetplattform als „virtueller Marktplatz" gezahlt.[726]

Auch wenn der Vergütungsanspruch des Internetportals gegen den Zahnarzt in der Weise erfolgsbezogen ist, dass zwischen dem Patienten und einem der ein Gegenangebot abgebenden Zahnärzte ein Behandlungsvertrag abgeschlossen wird, geht es hier **nicht** um die **Zahlung einer Vermittlungsprovision**. Vielmehr geht es um **Informationen für die Patienten** über einen „Markt", zu dem der Zugang außerordentlich erschwert wäre, wenn man sich nicht über die Internetplattform der Klägerin oder anderer vergleichbarer Unternehmen einen ersten Überblick über die Möglichkeiten verschaffen könnte, bei einer unter Umständen sehr kostenintensiven zahnärztlichen Behandlung Geld zu sparen, ohne auf Qualität verzichten zu müssen. *„Es liegt auf der Hand, dass ein Patient kaum in der Lage wäre, zwei oder drei weitere Zahnärzte aufzusuchen, um sich von ihnen nach einer entsprechenden Untersuchung einen Heil- und Kostenplan aufstellen zu lassen. Vor allem hätte er auch im Vorhinein keine Gewähr, dass er Zahnärzte finden würde, die im Rahmen des gebührenrechtlich Zulässigen zu Nachgaben bereit wären."*[727]

5.1.3. § 31 Abs. 2 MBO: Unerlaubte Empfehlung und Verweisung

(2) Ärzte dürfen ihren Patientinnen und Patienten nicht ohne hinreichenden Grund bestimmte Ärztinnen oder Ärzte, Apotheken, Heil- und Hilfsmittelerbringer oder sonstige Anbieter gesundheitlicher Leistungen empfehlen oder an diese verweisen.

Der Arzt darf seine Patienten nicht an andere Anbieter gesundheitlicher Leistungen, die in § 31 Abs. 2 MBO im Einzelnen aufgezählt sind, verweisen. Im Unterschied zur Regelung des § 31 Abs. 1 MBO ist das **Verbot** nicht an das Versprechen bzw. an die Forderung eines Vorteils gekoppelt. Vielmehr **gilt** es **generell**.[728] Voraussetzung ist jedoch eine Verweisung an einen anderen Arzt. Die Verweisung an eine Einrichtung, in welcher der Arzt (oder ein anderer Leistungserbringer) selbst tätig ist oder die er selbst leitet, ist vom Wortlaut des § 31 Abs. 2 MBO nicht erfasst.[729]

Schutzzweck des § 31 Abs. 2 MBO ist insbesondere das **Ansehen und die Integrität des ärztlichen Berufsstandes** insgesamt.[730] Der Arzt soll den Wettbewerb nicht

---

[726] BGH, Urt. v. 24.03.2011 – III ZR 69/10 (Nutzungsentgelt für Zahnarzt-Internetplattform) unter Verweis auf BGH, Urt. v. 01.12.2010 – I ZR 55/08, Rn. 22 (Zahnarztmeinung).
[727] BGH, Urt. v. 24.03.2011 – III ZR 69/10. „Erkennt man dieses Interesse der Patienten als berechtigt an, bestehen im Ansatz auch keine Bedenken dagegen, dass die Klägerin für die Nutzung solcher erleichterter Marktzugangsmöglichkeiten ein Entgelt verlangt. Es liegt nahe, dass sie ihr Geschäftsmodell so aufgebaut hat, dass sie insoweit den Zahnarzt, der schließlich aus der Behandlung des Patienten die wirtschaftlichen Vorteile erzielt, in Anspruch nimmt."
[728] *Scholz*, § 31 MBO, Rn. 17.
[729] Vgl. für die Verweisung in eine Klinik Kap. 5.1.2.4, S. 107 f.
[730] *Rehborn*, § 31 MBOÄ, Rn. 1b.

beeinträchtigen und seine Therapie nicht an eigenen wirtschaftlichen Interessen oder den Interessen Dritter ausrichten.[731] Der Patient soll nicht durch die besondere Sachkunde und infolge des Vertrauens in den Arzt in seiner Entscheidung gelenkt werden, wenn dafür **kein hinreichender Grund** im Sinne des § 31 Abs. 2 MBO vorliegt.[732]

5.1.3.1. Begriff der Verweisung

Der Begriff der Verweisung ist **umstritten**. Ohne Weiteres liegt eine **berufsrechtlich unzulässige** Verweisung dann vor, wenn ein Augenarzt Patienten im Zusammenhang mit einer von ihm durchgeführten Refraktion ohne hinreichenden Grund den Abschluss eines Liefervertrags über eine Brille mit einem bestimmten Optikgeschäft vermittelt.[733] Wenn und soweit der Arzt für diese „Vermittlung" einen Vorteil erhält, ist dies auch strafrechtlich relevant und im Zweifel ein Fall des § 299a StGB.

Der Begriff der Verweisung ist aber nicht auf Fälle einer den Patienten bindenden Überweisung beschränkt.[734] Schon nach Wortlaut und Überschrift **erfasst die Norm grundsätzlich auch Empfehlungen** für bestimmte Leistungserbringer, die der Arzt seinen Patienten von sich aus erteilt.[735]

Daher erfüllt auch die Überlassung eines mit einem Firmenschild versehenen Behandlungsraums an ein **Sanitätshaus** und die Anbringung von Wegweisern **in der orthopädischen Praxis** zu diesem Behandlungsraum den Tatbestand einer **unerlaubten Patientenzuweisung** nach § 31 Abs. 2 MBO durch die dort ansässigen Ärzte. Denn ein Arzt, der in seiner Praxis einen Raum für die Tätigkeit eines Orthopädietechnikers bereithält und Schilder duldet, die den Weg dorthin weisen, spricht damit gegenüber seinen Patienten eine entsprechende Empfehlung aus.[736]

Die Vorschrift soll die unbeeinflusste Wahlfreiheit des Patienten in Bezug auf Apotheken, Geschäfte und Anbieter gesundheitlicher Leistungen gewährleisten.[737] Diese Wahlfreiheit ist schon dann beeinträchtigt, wenn der Arzt dem Patienten von sich aus einen bestimmten Erbringer gesundheitlicher Leistungen nahelegt oder auch nur empfiehlt.[738]

---

[731] OLG Stuttgart, Urt. v. 23.08.1996 – 2 U 120/96.
[732] *Rehborn*, § 31 MBOÄ, Rn. 19.
[733] BGH, Urt. v. 09.07.2009 – I ZR 13/07 (Brillenversorgung I).
[734] BGH, Urt. v. 16.06.2016 – I ZR 46/15 (Orthopädietechniker).
[735] BGH, Urt. v. 13.01.2011 – I ZR 111/08 (Hörgeräteversorgung II).
[736] BGH, Urt. v. 16.06.2016 – I ZR 46/15 (Orthopädietechniker). Darüber hinaus stellt eine solche Untervermietung im vertragsärztlichen Bereich auch einen Verstoß gegen § 128 SGB V dar, vgl. hierzu Kap. 6.4, S. 130 ff.
[737] BGH, Urt. v. 16.06.2016 – I ZR 46/15 (Orthopädietechniker).
[738] BGH, Urt. v. 16.06.2016 – I ZR 46/15 (Orthopädietechniker). Anders verhält es sich, wenn der Patient – weil er keinen geeigneten Leistungserbringer kennt oder weil er eine Alternative sucht – den Arzt um eine Empfehlung bittet.

5.1.3.2. Begriff der Empfehlung

Unter einer **Empfehlung** sind alle Hinweise auf einen nachfolgenden Leistungserbringer zu verstehen, die diesen als vorteilhaft, geeignet, zuverlässig oder ähnliches darstellen und mittelbar oder unmittelbar nahelegen, sich gerade für ihn zu entscheiden.[739] Vom Verbot umfasst sind auch Empfehlungen, die der Arzt – ohne vom Patienten darum gebeten worden zu sein – seinen Patienten von sich aus erteilt,[740] auch wenn sie lediglich in Form von Plakaten, Flyern, Visitenkarten bzw. Gutscheinen oder gar als Empfehlungen einer bestimmten Apotheke durch Rezeptaufdruck erfolgen.

Im Unterschied zu den strafrechtlichen Vorschriften der §§ 299a, 299b StGB enthält § 31 Abs. 2 MBO ein **unbedingtes Empfehlungsverbot** für Ärzte. Der **Arzt** soll seine **starke Vertrauensstellung** gegenüber den Patienten **nicht** zur Generierung von Zusatzverdiensten und zum Eingriff in den Wettbewerb zwischen gleichwertigen Anbietern gesundheitlicher Leistungen **missbrauchen**.[741]

Dem Arzt kommt auch bei der **Empfehlung eines Krankenhauses** eine besondere Verantwortung zu. Jede Empfehlung, die er ausspricht, schafft für einen erheblichen Teil seiner Patienten einen Druck, dem sie sich nur schwer entziehen können.[742]

Es stellt auch eine **unzulässige Empfehlung** dar, wenn in einer Software für Arztpraxen ein Modul zum Drucken von Vouchern für eine bestimmte Versandapotheke integriert ist.[743]

Eine unzulässige Empfehlung liegt nach Ansicht des BGH sogar dann vor, wenn der Arzt den Patienten zunächst nach der Kenntnis eines geeigneten Leistungserbringers befragt und – nachdem der Patient diese verneint – von sich aus einen bestimmten Anbieter empfiehlt.[744]

---

[739] *Rehborn*, § 31 MBOÄ, Rn. 22.
[740] Vgl. BGH, Urt. v. 13.01.2011 – I ZR 111/08 (Hörgeräteversorgung II) zu § 31 BO a.F. der Ärztekammer Niedersachsen (entsprach § 34 Abs. 5 MBO-Ä a.F.). Auch wenn die neue Fassung der Berufsordnung explizit Empfehlungen einbezieht, hat sich die Rechtslage durch die Änderung nicht in entscheidender Weise geändert, da nach der Rechtsprechung des BGH der Begriff der Verweisung die Empfehlung bereits umfasste (BGH, Urt. v. 24.07.2014 – I ZR 68/13).
[741] OLG Stuttgart, Urt. v. 23.08.1996 – 2 U 120/96.
[742] „Erwägungen, den Arzt, auf den man sich im Hinblick auf die eigene Gesundheit oder diejenige von Familienangehörigen angewiesen fühlt, und dessen Wohlwollen man selbst bei Kleinigkeiten wie Terminvergaben nicht verlieren will, nicht zu verärgern und sich ihm gegebenenfalls auch dankbar zu zeigen, werden vielen Patienten in den Sinn kommen und sie umso mehr unter Druck setzen, als sie sich zu einer Entscheidung ausdrücklich aufgefordert sehen und dies in einer Situation, in der sie der Entscheidung aus ihrer Sicht schlecht entfliehen können, ohne den befürchteten Schaden bereits zu verursachen." So jedenfalls OLG Düsseldorf, Urt. v. 01.09.2009 – I-20 U 121/08, 20 U 121/08. Vgl. zur Kritik der *Autorin* an diesem Empfehlungsverbot Kap. 3.3.3.3, S. 65.
[743] OLG Koblenz, Urt. v. 14.02.2006 – 4 U 1680/05.
[744] BGH, Urt. v. 13.01.2011 – I ZR 111/08 (Hörgeräteversorgung II).

5.1.3.3. Zulässigkeit einer Empfehlung nach BGH

Die einzige **Ausnahme** vom Empfehlungsverbot nach § 31 Abs. 2 MBO stellt das Vorhandensein eines **hinreichenden Grundes** dar. Der Begriff „hinreichender Grund" ist mit Blick auf die Berufsfreiheit des Art. 12 Abs. 1 GG weit auszulegen.[745]

Anders verhält es sich daher, wenn der Patient – weil er keinen geeigneten Leistungserbringer kennt oder weil er eine Alternative sucht – den **Arzt um eine Empfehlung bittet**. Schon die mit dem Behandlungsvertrag übernommene **Fürsorgepflicht** spricht dafür, dass der Arzt auf der Grundlage seiner Erfahrungen die erbetene Empfehlung erteilen darf, wenn nicht erteilen muss.[746] Es entspricht auch einem berechtigten Interesse der Patienten, von Ärzten ihres Vertrauens bei Bedarf Empfehlungen für Leistungserbringer zu erhalten. Erbittet der Patient die Empfehlung, ist es zudem seine eigene Entscheidung, ob er sich bei der Ausübung seiner Wahlfreiheit beeinflussen lässt. Es entspricht dem Leitbild des selbstbestimmten Patienten, diese Entscheidung dem Patienten zu ermöglichen. Unter diesen Umständen ist dem Arzt nicht zuzumuten, eine Empfehlung zu verweigern oder wider besseres Wissen außer dem seines Erachtens besten Anbieter weitere alternative Versorgungsmöglichkeiten anzugeben, die er für weniger geeignet hält.[747]

Wünscht ein Patient ausdrücklich eine möglichst kostengünstige Versorgung, ist es einem Arzt auch nicht verwehrt, ihm den nach den – nachprüfbaren und aussagekräftigen – Erfahrungen des Arztes preiswertesten Anbieter gesundheitlicher Leistungen zu empfehlen. Damit darf der Arzt einem berechtigten **Informationsbedürfnis des Patienten** entsprechen.[748] Der Arzt ist auch nicht gehalten, alle im Umkreis befindlichen Leistungserbringer zu benennen, sondern darf sich auf den- oder diejenigen beschränken, die er (ohne sachfremde Erwägungen) für am ehesten geeignet hält.[749]

Nach der Rechtsprechung des BGH ist zudem – auch ohne Nachfrage des Patienten – eine **neutrale Information** über die verfügbaren Versorgungswege und ihre allgemeinen Vor- und Nachteile zulässig, sofern dabei kein bestimmter Leistungserbringer empfohlen wird.[750]

---

[745] BGH, Urt. v. 24.06.2010 – I ZR 182/08 (Brillenversorgung II); *Rehborn*, § 31 MBOÄ, Rn. 23.
[746] BGH, Urt. v. 13.01.2011 – I ZR 111/08 (Hörgeräteversorgung II).
[747] BGH, Urt. v. 13.01.2011 – I ZR 111/08 (Hörgeräteversorgung II).
[748] BGH, Urt. v. 13.01.2011 – I ZR 112/08; vgl. zum Informationsanspruch der Patienten ausführlich *Bahner*, Werberecht für Ärzte, S. 17 ff.
[749] *Rehborn*, § 31 MBOÄ, Rn. 32a.
[750] BGH, Urt. v. 24.07.2014 – I ZR 68/13 (Hörgeräteversorgung III).

5.1.3.4. Weitere hinreichende Gründe für eine Empfehlung

Ein hinreichender Grund für die Verweisung an einen bestimmten Leistungserbringer kann sich nach Ansicht des BGH auch aus **der Qualität der Versorgung**, der Vermeidung von Wegen bei **gehbehinderten Patienten** und aus **schlechten Erfahrungen** ergeben, die Patienten bei anderen Anbietern gemacht haben.[751] Auch medizinische Erwägungen des Arztes, beispielsweise die Sicherung des Therapieerfolgs, stellen einen hinreichenden Grund für eine Empfehlung des Arztes dar.[752] Die **Qualität der Versorgung** erfordert, dass die Verweisung an einen bestimmten Hilfsmittelanbieter aus Sicht des behandelnden Arztes aufgrund der speziellen Bedürfnisse des einzelnen Patienten besondere Vorteile in der Versorgungsqualität bietet.[753]

Kein hinreichender Grund ist nach Ansicht des BGH indessen der Wunsch des Patienten, sämtliche Leistungen aus einer Hand zu erhalten.[754] Kein hinreichender Grund ist ferner die **größere Bequemlichkeit eines bestimmten Versorgungswegs** allgemein und für sich allein.[755] Die Vermeidung erneuter Sehschärfenmessungen durch den Optiker stellt ebenfalls keinen hinreichenden Grund für eine Verweisung des Augenarztes an einen bestimmten Optiker dar und kann auch nicht als „notwendiger Bestandteil ärztlicher Therapie" betrachtet werden.[756] Nach Auffassung des BGH reichen hierfür eine langjährige vertrauensvolle Zusammenarbeit und die hieraus gewonnenen guten Erfahrungen oder die allgemeine hohe fachliche Kompetenz eines Anbieters oder seiner Mitarbeiter[757] alleine nicht aus. Dies ist freilich zu kritisieren, da es genau hierauf auch aus Sicht des Arztes ankommen kann. Daher ist die rechtliche Beurteilung einer ärztlichen Empfehlung mit der gebotenen Zurückhaltung vorzunehmen, wie die *Autorin* bereits zu §§ 299a, 299b StGB ausgeführt hat.[758]

---

[751] BGH, Urt. v. 24.07.2014 – I ZR 68/13; BGH, Urt. v. 29.06.2000 – I ZR 59/98 (Verkürzter Versorgungsweg); BGH, Urt. v. 09.07.2009 – I ZR 13/07 (Brillenversorgung II); BGH, Urt. v. 13.01.2011 – I ZR 111/08 (Hörgeräteversorgung II).
[752] BGH, Urt. v. 29.06.2000 – I ZR 59/98 (Verkürzter Versorgungsweg); BGH, Urt. v. 28.09.2000 – I ZR 141/98 (Augenarztanschreiben).
[753] BGH, Urt. v. 13.01.2011 – I ZR 111/08 (Hörgeräteversorgung II).
[754] BGH, Urt. v. 09.07.2009 – I ZR 13/07 (Brillenversorgung I).
[755] BGH, Urt. v. 24.07.2014 – I ZR 68/13 (Hörgeräteversorgung III); BGH, Urt. v. 13.01.2011 – I ZR 111/08 (Hörgeräteversorgung II); BGH, Urt. v. 09.07.2009 – I ZR 13/07 (Brillenversorgung I).
[756] BGH, Urt. v. 24.06.2010 – I ZR 182/08 (Brillenversorgung II).
[757] BGH, Urt. v. 13.01.2011 – I ZR 111/08 (Hörgeräteversorgung II).
[758] Vgl. Kap. 3.3.3.3, S. 65.

5.1.3.5. Rechtsfolgen eines Verstoßes

Der Verstoß gegen § 31 MBO kann für den betroffenen Arzt zum einen **berufsrechtliche Sanktionen** zur Folge haben, die allerdings sehr selten sind und sich auch in der berufsgerichtlichen Rechtsprechung kaum finden lassen.[759] Zum anderen kann der Verstoß gegen § 31 MBO die **Nichtigkeit** der zugrundeliegenden vertraglichen Regelung nach § 134 BGB zur Folge haben.[760] Denn die Regelung des § 31 Abs. 2 MBO (in der Umsetzung durch die Berufsordnungen der Länder) stellt nach ständiger Rechtsprechung des BGH eine **Marktverhaltensregel** im Sinne des § 3a UWG (früher § 4 Nr. 11 UWG) dar.[761] Wenn ein Arzt gegen diese Marktverhaltensregel verstößt, handelt regelmäßig **auch der Dritte**, der den Arzt zu einem entsprechenden Verhalten veranlasst, wettbewerbswidrig. Dies gilt auch dann, wenn der Dritte kein Arzt ist und deshalb der Berufsordnung nicht unterliegt.[762]

Ein Verstoß gegen § 31 Abs. 1 MBO erfüllt im Zweifel auch den Straftatbestand des § 299a StGB. Anders ist dies jedoch bei einem **Verstoß gegen** das Verweisungs- und Empfehlungsverbot des **§ 31 Abs. 2 MBO**: Dieser allein **erfüllt nicht den Straftatbestand** des § 299a StGB. Dies ist nur der Fall, wenn der Arzt **im Gegenzug** für die Verweisung oder die Empfehlung an einen externen Leistungserbringer einen **Vorteil fordert oder annimmt** und auch die weiteren Strafbarkeitsvoraussetzungen, insbesondere die **unlautere Bevorzugung** im Wettbewerb erfüllt.

5.1.4. § 32 Abs. 1 MBO: Unerlaubte Zuwendungen

(1) Ärztinnen und Ärzten ist es nicht gestattet, von Patientinnen und Patienten oder Anderen Geschenke oder andere Vorteile für sich oder Dritte zu fordern oder sich oder Dritten versprechen zu lassen oder anzunehmen, wenn hierdurch der Eindruck erweckt wird, dass die Unabhängigkeit der ärztlichen Entscheidung beeinflusst wird.

Nach dem ausdrücklichen Wortlaut des § 32 Abs. 1 MBO darf der Arzt **keine Geschenke** oder **andere Vorteile** für sich oder Dritte empfangen. Die Regelung betrifft alle **approbierten Ärzte** unmittelbar selbst. Demgegenüber muss der Dritte – die Person, für die der Vorteil gegebenenfalls bestimmt sein soll – nicht selbst Arzt sein.[763] Der Kreis der möglichen Vorteilsgeber ist nicht beschränkt, kann also jede

---

[759] *Ratzel*, § 31, Rn. 1 f.
[760] BayObLG, Urt. v. 06.11.2000 – 1Z RR 612/98 (Pachtvertrag über Arztpraxis in den Räumen eines Hotel-Sanatoriums).
[761] Diese Bestimmung hat durch die Umsetzung der Richtlinie 2005/29/EG über unlautere Geschäftspraktiken keine Änderung erfahren und ist auf berufsrechtliche Bestimmungen, die Marktverhalten in unionsrechtskonformer Weise regeln, weiterhin anzuwenden, vgl. BGH, Urt. v. 16.06.2016 – I ZR 46/15 (Orthopädietechniker); BGH, Urt. v. 24.07.2014 – I ZR 68/13 (Hörgeräteversorgung III); BGH, Urt. v. 13.01.2011 – 1 ZR 112/08 (Hörgeräteversorgung II); SG München, Urt. v. 20.01.2014 – S 38 KA 805/13 ER.
[762] BGH, Urt. v. 16.06.2016 – I ZR 46/15 (Orthopädietechniker); *Halbe*, S. 168 m.w.N.
[763] *Lippert*, § 32, Rn. 1.

Person oder jedes Unternehmen sein.[764] Unter Geschenken bzw. Vorteilen werden alle Formen einseitiger Zuwendungen verstanden, auf die der Arzt keinen durch Gegenleistung abgedeckten Anspruch hat.[765]

5.1.4.1. Hintergrund und Voraussetzungen des § 32 Abs. 1 MBO

Der Hintergrund der Regelung des § 32 MBO ist die Konzentration der Verordnungs- und Überweisungsentscheidungen im Gesundheitssystem beim einzelnen Arzt.[766] Daher darf der Arzt grundsätzlich keine unentgeltlichen Zuwendungen oder Geschenke vom Patienten oder jedem Dritten empfangen.[767] **Schutzgut** des § 32 MBO ist damit das **abstrakte Vertrauen** in die Unabhängigkeit der ärztlichen (diagnostischen und/oder therapeutischen) Entscheidungen[768] und das **Ansehen** und die **Integrität der Ärzteschaft** insgesamt.[769]

Voraussetzung ist allerdings, dass durch die Schenkung der Eindruck erweckt wird, die **ärztliche Entscheidung** erfolge nicht mehr unabhängig, sondern werde **durch die Gabe beeinflusst**. Insoweit ist das **Motiv des Schenkers** im Hinblick auf das Schutzgut der Regelung, nämlich das Vertrauen in die Freiheit und Unabhängigkeit ärztlicher Entscheidungen, nur **von untergeordneter Bedeutung**. Es genügt der äußere Eindruck, dass die Unabhängigkeit der ärztlichen Entscheidung durch die Zuwendung beeinflusst wird.[770] Der Eindruck muss sich zwar konkret ergeben, wird aber aus der objektiven Sicht bestimmt.[771] Dem Arzt muss damit nicht nachgewiesen werden, er habe sich von der Gabe konkret beeinflussen lassen.[772]

Nach Ansicht des **Bundesverfassungsgerichts** genügt bereits der „böse Schein" einer solchen Zuwendung, um Zweifel an der ärztlichen Integrität zu wecken.[773] Ein solcher „böser Schein" liegt bei Geschenken durch die Pharmaindustrie oder durch zuweisungsabhängige Institutionen (wie Fachärzte, Kliniken oder Reha-Zentren) freilich näher als bei Geschenken von Patienten. Es ist – insbesondere im ländlichen Bereich – auch heute noch vielfach üblich, dass Patienten als Dank für die gute Betreuung durch den Arzt Geschenke mitbringen (beispielsweise die selbstgemachte Marmelade, der Kuchen, Wein oder ähnliches). Solche Geschenke werden im Zweifel die ärztliche Unabhängigkeit freilich nicht beeinflussen.

---

[764] *Scholz*, § 32 MBO, Rn. 3.
[765] *Scholz*, § 32 MBO, Rn. 3.
[766] *Scholz*, § 32 MBO, Rn. 1, vgl. hierzu bereits Kap. 1.2, S. 3 ff.
[767] *Scholz*, § 32 MBO, Rn. 1.
[768] *Lippert*, Vorbem. zu §§ 30 ff., Rn. 2.
[769] *Scholz*, § 32 MBO, Rn. 1 mit Verweis auf Ärztegerichtshof des Saarlands, Urt. v. 25.08.2010 – ÄGH 1/09.
[770] Landesberufsgericht für Heilberufe Münster, Beschl. v. 06.11.2007 – 6t E 1292/06. Hier ging es um vier Geldgeschenke einer Patientin an ihren Hausarzt in Höhe von insgesamt 362.492,82 EUR.
[771] Landesberufsgericht für Heilberufe Münster, Beschl. v. 06.11.2007 – 6t E 1292/06.
[772] *Scholz*, § 32 MBO, Rn. 3.
[773] BVerfG, Beschl. v. 01.06.2011 – 1 BvR 233/10, 1 BvR 235/10.

Die Norm enthält **keine Geringfügigkeitsgrenze**, somit umfasst sie sämtliche Geschenke unabhängig von ihrem Wert.[774] Allerdings wird bei einem **geringfügigen und sozialadäquaten Vorteil** der Eindruck der unzulässigen Beeinflussung entfallen.[775] Dies gilt insbesondere bei kleineren Geschenken von Patienten an den Arzt oder sein Team, die aus Dankbarkeit oder (etwa an Weihnachten) aus Tradition übergeben werden.[776]

In **strafrechtlicher** Hinsicht sind **Geschenke als Dankeschön**, beispielsweise an oder von Kollegen für eine vergangene gute Zusammenarbeit oder Geschenke von Patienten als Dank für eine erfolgreiche Behandlung, schon nicht vom Tatbestand erfasst, wie der Gesetzgeber ausdrücklich betont hat.[777] Dies gilt sowohl für Geschenke an Ärzte, als auch für Geschenke an das Praxis- oder das Klinikpersonal. Im Übrigen ist darauf hinzuweisen, dass Verstöße gegen § 32 Abs. 1 MBO lediglich berufsrechtlich sanktioniert werden können, nicht jedoch strafrechtlich und auch nicht wettbewerbsrechtlich. Denn **§ 32 MBO** ist – im Gegensatz zur Regelung des § 31 MBO – **keine Marktverhaltensregelung**.[778]

5.1.4.2. Ausnahme für Wirtschaftlichkeitsanreize

(1) Eine Beeinflussung ist dann nicht berufswidrig, wenn sie einer wirtschaftlichen Behandlungs- oder Verordnungsweise auf sozialrechtlicher Grundlage dient und der Ärztin oder dem Arzt die Möglichkeit erhalten bleibt, aus medizinischen Gründen eine andere als die mit finanziellen Anreizen verbundene Entscheidung zu treffen.

Eine mögliche Beeinflussung ist dann **nicht berufswidrig**, wenn sie einer **wirtschaftlichen Behandlungs- oder Verordnungsweise** auf sozialrechtlicher Grundlage **dient**, § 32 Abs. 1 S. 2 MBO.[779] Diese Ausnahme hat diejenigen finanziellen Anreize im Blick, die im **Sozialrecht** an unterschiedlichen Stellen vorgesehen sind und den Arzt für ein bestimmtes wirtschaftliches Verhalten mit finanziellen Vorteilen **belohnen** sollen.[780] Zwar stellen sie unter Umständen ebenfalls eine Beeinflussung des Arztes dar; sie sind aber nicht berufswidrig, weil sie auf sozialrechtlicher Grundlage basieren und die finanzielle Stabilität der sozialen Krankenversicherung im Blick haben.[781]

Diese **Ausnahme** ist **auch** in der Gesetzesbegründung zu **§§ 299a, 299b StGB** ausdrücklich enthalten; entsprechende Vorteile aufgrund von rechtlichen Vorgaben

---

[774] *Lippert*, § 32, Rn. 11.
[775] So zutreffend *Scholz*, § 32 MBO, Rn. 5.
[776] Hierzu wird auf die Ausführungen in Kap. 3.2.5.2, S. 47 f. verwiesen, die auch auf die berufsrechtliche Regelung des § 32 Abs. 1 MBO anwendbar sind.
[777] BT-Drs. 18/6446 v. 21.10.2015, S. 18.
[778] Vgl. hierzu Kap. 3.4.2.5, S. 74 f.
[779] Vgl. hierzu kritisch *Wollersheim*, S. 160.
[780] *Scholz*, § 32 MBO, Rn. 7.
[781] *Scholz*, § 32 MBO, Rn. 7.

zur Einhaltung des Wirtschaftlichkeitsgebotes stellen danach keinen unlauteren Vorteil dar.[782]

5.1.4.3. Ausnahme für Fortbildungen

(2) Die Annahme von geldwerten Vorteilen in angemessener Höhe ist nicht berufswidrig, sofern diese ausschließlich für berufsbezogene Fortbildung verwendet werden. Der für die Teilnahme an einer wissenschaftlichen Fortbildungsveranstaltung gewährte Vorteil ist unangemessen, wenn er über die notwendigen Reisekosten und Tagungsgebühren hinausgeht.

Zulässig ist die Annahme angemessener Vorteile ferner dann, wenn diese ausschließlich für **berufsbezogene Fortbildungen** verwendet werden, § 32 Abs. 2 MBO.[783] Unter die Ausnahme dieser Regelung fallen auch **Zuwendungen** in Form von **Fachbüchern** bzw. **Fachzeitschriften** und kostenloser **Zugang zu Online-Fortbildungen**.[784] Dabei muss der berufliche bzw. wissenschaftliche Zweck der Fortbildung im Vordergrund stehen, woran es dann fehlt, wenn am Tagungsort sehr viel Zeit für Freizeitaktivitäten vorgesehen ist.[785] Die Höhe der zulässigen Zuwendung wird auf die notwendigen Reisekosten und Tagungsgebühren begrenzt.[786] **Nicht gestattet** ist die Übernahme der Kosten für eine Begleitperson, Kosten für Verlängerungstage oder für das Rahmenprogramm der Tagung.[787]

Schließlich erlaubt § 32 Abs. 3 MBO auch die Annahme von **Sponsorengeldern**, wenn damit **Fortbildungsveranstaltungen unterstützt** werden sollen.[788]

(3) Die Annahme von Beiträgen Dritter zur Durchführung von Veranstaltungen (Sponsoring) ist ausschließlich für die Finanzierung des wissenschaftlichen Programms ärztlicher Fortbildungsveranstaltungen und nur in angemessenem Umfang erlaubt. Das Sponsoring, dessen Bedingungen und Umfang sind bei der Ankündigung und Durchführung der Veranstaltung offen zu legen.

5.1.4.4. Offenlegung der Zuwendungen

Die Annahme von Sponsoring-Beiträgen Dritter zur Durchführung von Fortbildungsveranstaltungen ist offenzulegen, § 32 Abs. 3 S. 2 MBO. Wird also beispielsweise eine Fortbildungsveranstaltung eines Ärztezirkels durch eine Klinik oder ein Pharmaunternehmen gefördert, so ist dieses Sponsoring schon bei der Einladung an die potenziell teilnehmenden Ärzte anzugeben. Ob und inwieweit die Höhe des

---

[782] Vgl. hierzu bereits Kap. 3.2.5.1, S. 46.
[783] Vgl. hierzu ausführlich Kap. 13.2, S. 258 ff.
[784] *Scholz*, § 32 MBO, Rn. 8.
[785] *Scholz*, § 32 MBO, Rn. 10.
[786] Vgl. hierzu Kap. 13.2.5.1, S. 263.
[787] *Scholz*, § 32 MBO, Rn. 10.
[788] Für den weiteren Rahmen und Umfang der zulässigen Annahme von Fortbildungsmaßnahmen und der damit zusammenhängenden Zuwendungen wird auf Kap. 13.2, S. 258 ff. verwiesen.

Beitrages tatsächlich offenbart werden muss, ist nicht näher konkretisiert. Die Vorschrift des § 32 Abs. 3 MBO sieht vor, dass lediglich „Bedingungen und Umfang des Sponsoring" bei der Ankündigung und Durchführung der Veranstaltung offenzulegen sind. Nach Auffassung der *Autorin* ist hierbei allenfalls der Gesamtbetrag („Umfang") der finanziellen Zuwendung zu nennen. Eine weitere Unterteilung etwa in Raumkosten, Bewirtungskosten und Referentenkosten ist indessen nicht erforderlich. Es reicht aus, darzulegen, dass die Tagung ganz oder teilweise mit einem bestimmten Betrag oder einer bestimmten Dienstleistung durch ein externes Unternehmen unterstützt und gesponsert wird.

Soweit Fortbildungen durch die **Pharmaindustrie** unterstützt werden, besteht seit dem Jahr 2016 nach dem **Transparenzkodex** eine Offenlegungspflicht über Höhe und Umfang der Zuwendungen.[789]

5.1.5. § 33 MBO: Zuwendungen bei vertraglicher Zusammenarbeit

Soweit Ärztinnen und Ärzte Leistungen für die Hersteller von Arznei- oder Hilfsmitteln oder Medizinprodukten oder die Erbringer von Heilmittelversorgung erbringen (z.B. bei Anwendungsbeobachtungen), muss die hierfür bestimmte Vergütung der erbrachten Leistung entsprechen. Die Verträge über die Zusammenarbeit sind schriftlich abzuschließen und sollen der Ärztekammer vorgelegt werden.

Die Vorschrift des § 33 MBO umfasst all diejenigen Leistungen des Arztes, die nicht unmittelbar auf die Patientenbehandlung gerichtet sind.[790] Es geht hierbei um die **Zusammenarbeit zwischen Arzt und Industrie**, insbesondere in Form von Berater- und Referentenverträgen sowie durch Teilnahme an Anwendungsbeobachtungen.[791] Die Regelung soll für **Transparenz** im Verhältnis des Arztes zur einschlägigen Industrie sorgen.[792] Die ärztliche Unabhängigkeit wird dadurch gewahrt, dass die Vergütung der vom Arzt erbrachten Leistung entsprechen soll, die Verträge schriftlich abzuschließen sind und der Ärztekammer vorgelegt werden sollen, vgl. § 33 S. 2 MBO.

Die **große Schwierigkeit** bei Verträgen zwischen Ärzten und der Industrie besteht allerdings in der Bestimmung der **Angemessenheit der Vergütung**.[793] Bei ihrer Bemessung sind alle Umstände des Einzelfalles miteinzubeziehen, insbesondere der **zeitliche Aufwand** für die übernommene Tätigkeit, die **Schwierigkeit der Aufgabe** und die **individuelle Kompetenz** des Beauftragten.[794] Vom Vergütungsbegriff werden allerdings nicht nur Geldzahlungen, sondern sämtliche geldwerten Leistungen

---

[789] Dies gilt allerdings nur für solche Pharmaunternehmen, die Mitglied des Verbands Forschender Arzneimittelhersteller e.V. (vfa) sowie des Vereins "Freiwillige Selbstkontrolle für die Arzneimittelindustrie" (FSA) sind, vgl. hierzu auch Kap. 11.2, S. 230 f.
[790] *Scholz*, § 33 MBO, Rn. 1.
[791] Diese Kooperationsformen werden in Kap. 12, S. 237 ff. weitergehend dargestellt.
[792] *Lippert*, Vorbem. zu §§ 30 ff., Rn. 2; vgl. hierzu auch Kap. 11.3, S. 233 ff.
[793] Vgl. hierzu ausführlich Kap. 8.3.3, S. 171 ff.
[794] *Scholz*, § 33 MBO, Rn. 3.

umfasst, etwa die Überlassung von Geräten oder sonstiger Einrichtungsgegenstände.[795] Im Endeffekt sollen dem die Leistung erbringenden Arzt keine verdeckten Vorteile zufließen.

5.2. Weitere berufsrechtliche Regelungen der Heilberufsangehörigen

Die Musterberufsordnung der **Bundeszahnärztekammer** verbietet ebenfalls die Annahme von Vorteilen für die Verordnung, die Empfehlung und den Bezug von Arznei-, Heil- und Hilfsmitteln sowie Medizinprodukten und für die Zuweisung und Vermittlung von Patienten, § 2 Abs. 7 und § 2 Abs. 8 MBO-Z.[796]

Auch **Apotheker** sind bei der Abgabe von Arzneimitteln und der Zuführung von Patienten berufsrechtlich gegenüber Patienten zur heilberuflichen Unabhängigkeit verpflichtet. Diese Verpflichtung kommt in dem **Gebot zur herstellerunabhängigen Beratung**[797] zum Ausdruck, welches in allen Berufsordnungen der Landesapothekerkammern enthalten ist. Eine Verletzung dieser Pflicht kann beispielsweise dadurch erfolgen, dass der Apotheker für die Abgabe bestimmter Arzneimittel Vorteile erhält und danach seine Beratung und Abgabe ausrichtet.[798]

Darüber hinaus verbieten die Berufsordnungen der **Landesapothekerkammern** Absprachen, die darauf abzielen, die Auswahl der abzugebenden Arzneimittel zugunsten bestimmter Hersteller oder Händler zu beschränken, soweit hierdurch die Unabhängigkeit heilberuflicher Entscheidungen beeinträchtigt wird.[799]

§ 10 und § 11 ApoG enthalten weitere Kooperations- und Zuweisungsverbote.[800]

Auch **Psychotherapeuten** dürfen sich für die Zuweisung bzw. Überweisung von Patientinnen oder Patienten weder ein Entgelt noch sonstige Vorteile versprechen lassen noch selbst versprechen, annehmen oder leisten.[801]

---

[795] *Lippert*, § 33, Rn. 7, 8.
[796] Vgl. den Abdruck der Vorschrift in Kap. 16.1.9, S. 319 f.
[797] Vgl. beispielsweise § 7 Abs. 1 BO Apothekerkammer Berlin, § 7 Abs. 2 der BO Bayerische Landesapothekerkammer, § 8 BO Landesapothekerkammer Baden-Württemberg.
[798] BT-Drs. 18/6446 v. 21.10.2015, S. 22.
[799] Vgl. etwa § 13 Abs. 1 BO Bayerische Landesapothekerkammer; §§ 3, 19 Nr. 4 BO Landesapothekerkammer Baden-Württemberg.
[800] Diese werden in Kap. 7.1, S. 145 ff. dargestellt.
[801] § 5 Abs. 7 S. 2 MBO-P.

6 Sozialrechtliche Normen zur Wahrung der Unabhängigkeit

Neben den in Kapitel 5 beschriebenen berufsrechtlichen Regelungen enthält auch das Sozialgesetzbuch (SGB V) zwei maßgebliche Vorschriften zur Wahrung der Unabhängigkeit ärztlicher Entscheidungen und zu den Grenzen der Kooperation mit anderen Leistungsträgern. Es handelt sich um die Regelung des § 73 Abs. 7 SGB V und um die umfassende Regelung des § 128 SGB V, die nachfolgend ausführlich dargestellt werden.

6.1. Das Zuweisungsverbot nach § 73 Abs. 7 SGB V

6.1.1. Sinn und Zweck der Regelung

Nachdem in den Medien wiederholt Berichte darüber aufgetaucht waren, dass Vertragsärzte für die Zuweisung von Patienten – insbesondere an bestimmte Krankenhäuser – wirtschaftliche Vorteile erhalten oder eingefordert haben (sog. „Kopfprämien", „Fangprämien", „Zuweisungspauschalen"), reagierte der Gesetzgeber im Rahmen des GKV-Versorgungsstrukturgesetzes vom 22.12.2011 mit der **Einführung des § 73 Abs. 7 SGB V**.[802] Für den Bereich der **gesetzlichen Krankenkassen** normiert seither auch § 73 Abs. 7 SGB V das bislang nur berufsrechtlich in § 31 MBO verankerte Verbot, sich für die Zuweisung von Patienten Entgelt oder sonstige wirtschaftliche Vorteile versprechen zu lassen:

> *(7) Es ist Vertragsärzten nicht gestattet, für die Zuweisung von Versicherten ein Entgelt oder sonstige wirtschaftliche Vorteile sich versprechen oder gewähren zu lassen oder selbst zu versprechen oder zu gewähren. § 128 Absatz 2 Satz 3 gilt entsprechend.*

Die Vorschrift orientiert sich an den entsprechenden berufsrechtlichen Regelungen, die in § 31 Musterberufsordnung der Ärzte ihre Grundlage haben.[803] In § 73 Abs. 7 SGB V wird neben der berufsrechtlichen Verpflichtung nun auch eine vertragsärztliche Verpflichtung statuiert.

Die Norm des § 73 Abs. 7 SGB V soll die **therapeutische Unabhängigkeit** der Vertragsärzte bei der Behandlung gesetzlich versicherter Patienten wahren. Gleichzeitig soll sie sicherstellen, dass die Entscheidung einer Zuweisung nur nach medizinischen Kriterien erfolgt und nicht von wirtschaftlichen Vorteilen geleitet ist.[804] Dies dient dem Patientenschutz[805] und sichert zugleich die Wirtschaftlichkeit des vertragsärztlichen Finanzierungssystems.[806] Die Regelung hat auch Auswirkungen auf

---

[802] *Huster*, § 73, Rn. 7.
[803] BT-Drs. 17/6906 v. 05.09.2011, S. 55. Vgl. zu § 31 MBO Kap. 5.1.2, S. 105 ff.
[804] *Bäune*, in SGB V Kommentar, § 73, Rn. 16.
[805] *Klückmann*, § 73, Rn. 35a.
[806] *Sproll*, § 73, Rn. 58.

die Sicherung der freien Arztwahl der Versicherten.[807] Um diesen Schutzzweck zu erreichen, wird Verträgen zwischen Ärzten, die gegen dieses Verbot verstoßen, die privatrechtliche Wirksamkeit versagt.[808]

§ 31 Abs. 1 MBO verbietet den Ärzten darüber hinaus, für die Zuweisung von Untersuchungsmaterial oder für die Verordnung bzw. den Bezug von Arznei- oder Hilfsmitteln oder Medizinprodukten ein Entgelt oder einen sonstigen Vorteil zu verlangen oder zu fordern und stellt auch auf einen Dritten als potentiellen Vorteilsbegünstigten ab. Diese Erweiterungen finden sich zwar nicht in § 73 Abs. 7 SGB V, sie werden jedoch von der Regelung des § 128 SGB V erfasst.[809] Der Bereich der **Heilmittelversorgung**, der in § 73 Abs. 7 SGB V ebenfalls nicht genannt ist, wird nunmehr durch § 128 Abs. 5b SGB V normiert.

6.1.2. Voraussetzungen

Zuweisung im Sinne der § 73 Abs. 7 SGB V, 31 MBO bedeutet jede Art der „Patientensteuerung" oder „Patientenvermittlung" durch Einwirkung des Arztes auf den Patienten mit der Absicht, dessen Auswahl eines Arztes oder eines anderen Leistungserbringers zu beeinflussen.[810] Es kann sich um Verordnungen an namentlich benannte Leistungserbringer handeln (z.B. Einweisung in ein bestimmtes Krankenhaus) oder um Überweisungen an bestimmte Ärzte. Die Zuweisung bedeutet jedoch nicht nur jegliche Bestrebung, Patienten selbst zu erhalten, sondern auch umgekehrt die Vermittlung von Patienten an andere Leistungserbringer.[811] Das Verbot des § 73 Abs. 7 S. 1 SGB V gilt nicht nur bei Zuweisung zwischen Vertragsärzten, sondern auch bei Zuweisungen von Vertragsärzten an Apotheken, Geschäfte oder Anbieter gesundheitlicher Leistungen im Sinne des § 31 Abs. 2 MBO.[812]

Die Begriffe „Entgelt oder sonstige wirtschaftliche Vorteile" erfassen – insbesondere im Zusammenhang mit der Verweisung auf § 128 Abs. 2 S. 3 SGB V – **jede Art von denkbarem wirtschaftlichen Vorteil**.[813] Die Norm setzt jedoch voraus, dass der Vorteil gerade oder zumindest auch für die Zuweisung gewährt worden ist.[814] Es muss also ein **Zusammenhang** zwischen dem **finanziellen Vorteil** und der **Zuweisung** bestehen. Nach dem Normzweck soll hierfür aber ein nach außen objektiv

---

[807] *Schirmer*, S. 11.
[808] *Schirmer*, S. 11. Denn die jeweiligen Verbotsregelungen in den Berufsordnungen der Landesärztekammern sind sogenannte Schutzgesetze im Sinne des § 134 BGB (Unwirksamkeit von Verträgen, die gegen gesetzliche Verbote verstoßen). Diese Erwägungen, die für die Einordnung als Verbotsgesetz sprechen, können auch auf die sozialrechtlichen Vorschriften übertragen werden.
[809] BT-Drs. 17/6906 v. 05.09.2011, S. 55 f; vgl. hierzu Kap. 6.2, S. 125 ff.
[810] *Bäune*, in SGB V Kommentar, § 73, Rn. 17, vgl. hierzu auch Kap. 5.1.2, S. 105 ff.
[811] *Sproll*, § 73, Rn. 59.
[812] *Klückmann*, § 73, Rn. 35a.
[813] *Bäune*, in SGB V Kommentar, § 73, Rn. 18; vgl. zum Vorteilsbegriff ausführlich Kap. 3.2.3, S. 42 ff.
[814] *Bäune*, in SGB V Kommentar, § 73, Rn. 19.

erkennbarer Wille des Arztes ausreichen, für die Zuweisung wirtschaftliche Vorteile zu erhalten.[815]

Der erforderliche Zusammenhang ist folglich dann nicht gegeben, wenn die entgeltliche Leistung des Dritten allgemein auf die Steigerung des Patientenaufkommens beispielsweise im Sinne einer **Werbemaßnahme** gerichtet ist.[816] Dem Arzt bleiben daher sowohl eigener unternehmerischer Einsatz als auch ehrenamtliches Engagement stets möglich, ohne dass dies als unerlaubter Vorteil gewertet wird.[817]

Auch die schlichte **Anmietung von Praxisräumen** oder die entgeltliche **Überlassung der Operationsmöglichkeiten** durch ein Krankenhaus an Vertragsärzte ist nicht per se verboten.[818] Wichtig ist hier allerdings, dass das gezahlte Entgelt wirtschaftlich angemessen ist und dem Wert der Leistung tatsächlich entspricht.[819]

Die Regelung des § 73 Abs. 7 SGB V ermöglicht insbesondere im Rahmen der Zulassung von **Teil-Berufsausübungsgemeinschaften** nach § 33 Ärzte-ZV die Prüfung, ob diese nicht allein zu dem Zweck gegründet werden, die nach § 73 Abs. 7 S. 1 SGB V genannten unlauteren Zuweisungen oder sonstige wirtschaftlichen Vorteile zu verschleiern.[820]

6.1.3. Weitere unzulässige Zuwendungen nach § 73 Abs. 7 SGB V

Der **Verweis** des § 73 Abs. 7 S. 2 SGB V auf § 128 Abs. 2 S. 3 SGB V hat zur Folge, dass auch die dort aufgezählten Verhaltensweisen als ein sonstiger unzulässiger wirtschaftlicher Vorteil im Sinne der Verbotsvorschrift angesehen werden.

§ 128 Abs. 2 S. 3 SGB V lautet:

> *Unzulässige Zuwendungen im Sinne des Satzes 1 sind auch die unentgeltliche oder verbilligte Überlassung von Geräten und Materialien und Durchführung von Schulungsmaßnahmen, die Gestellung von Räumlichkeiten oder Personal oder die Beteiligung an den Kosten hierfür sowie Einkünfte aus Beteiligungen an Unternehmen von Leistungserbringern, die Vertragsärzte durch ihr Verordnungs- oder Zuweisungsverhalten selbst maßgeblich beeinflussen.*

Durch die entsprechende Anwendung des § 128 Abs. 2 S. 3 SGB V soll in erster Linie **verhindert** werden, dass Vertragsärzte die **Zuweisungsverbote** des § 73 Abs. 7 SGB V **umgehen**.[821] Das Hauptaugenmerk wurde dabei auf die Umgehung des Zuwen-

---

[815] *Sproll*, § 73, Rn. 61. Ein solcher Zusammenhang fehlt beispielsweise bei der Teilnahme des Arztes an kostenlosen Podiumsdiskussionen, da diese nur mittelbar die Gewinnung der Patienten zur Folge haben können.
[816] *Bäune*, in SGB V Kommentar, § 73, Rn. 22; siehe auch BVerfG, Beschl. v. 08.12.2010 – 1 BvR 1287/08. Vgl. zum Werberecht der Ärzte auch *Bahner*.
[817] So auch *Sproll*, § 73, Rn. 62.
[818] *Nebendahl*, § 73 SGB V, Rn. 20; vgl. hierzu auch Kap. 8.5.2, S. 182 f.
[819] *Nebendahl*, § 73 SGB V, Rn. 20; vgl. hierzu auch Kap. 8.3.3, S. 171 ff.
[820] BT-Drs. 17/6906 v. 05.09.2011, S. 56.
[821] *Klückmann*, § 73, Rn. 35d.

dungsverbots durch die Beteiligung der Vertragsärzte an Unternehmen von Leistungserbringern im Hilfsmittelbereich gelegt.[822] Dabei wurde die Rechtsprechung des BGH mit eingebracht, wonach auch **Einkünfte aus** solchen **Beteiligungen** unzulässige Zuwendungen darstellen, wenn die Vertragsärzte deren Höhe durch ihr Verordnungs- oder Zuweisungsverhalten selbst maßgeblich beeinflussen.[823]

Die Regelung hat im Zusammenhang mit § 73 Abs. 7 S. 1 SGB V zur Folge, dass die hier aufgeführten wirtschaftlichen Vorteile bzw. Vergünstigungen vom Vertragsarzt für eine Zuweisung nicht beansprucht oder versprochen werden dürfen.[824] Nach dem **erweiterten Vorteilsbegriff** des § 73 Abs. 7 SGB V i.V.m. § 128 Abs. 2 S. 3 SGB V fallen hierunter beispielsweise:[825]

- Erträge aus Unternehmensbeteiligungen,[826]
- Übernahme von Kosten durch Heil- und Hilfsmittelerbringer,
- Erhöhte Gewinnbeteiligung innerhalb der ärztlichen Kooperation,
- Sachzuwendungen oder Zuweisungen von Dienstleistungen,
- Vergünstigter Bezug von Laborleistungen.[827]

Die gesetzlich zulässigen **Vereinbarungen zwischen Vertragsärzten und Krankenkassen** über **finanzielle Anreize** für die Mitwirkung an der Erschließung von Wirtschaftlichkeitsreserven und die Verbesserung der Qualität der vertragsärztlichen Versorgung sind vom Vorteilsbegriff grundsätzlich ausgenommen.[828]

Andere sozialrechtlich zulässigen Vereinbarungen – etwa zwischen dem Vertragsarzt und Krankenhausträger zur Erbringung vor- und nachstationärer Leistungen im Sinne des § 115a Abs. 1 S. 2 SGB V – werden vom **Zuwendungsverbot** des § 73 Abs. 7 SGB V hingegen **erfasst**.[829] Zu solchen Vereinbarungen zählen etwa die sektorenübergreifende Zusammenarbeit zwischen Vertragsärzten und Krankenhäusern im Rahmen der vor- und nachstationären Behandlung nach § 115a Abs. 1 S. 2 und 3 SGB V, der ambulanten Operationen nach § 115b Abs. 1 S. 4 SGB V oder der ambu-

---

[822] BT-Drs. 17/6906 v. 05.09.2011, S. 85.
[823] BT-Drs. 17/6906 v. 05.09.2011, S. 85; BT-Drs. 17/8005 v. 30.11.2011, S. 54: Ursprünglich war im Gesetzentwurf allerdings noch vorgesehen, dass schon die Möglichkeit der Beeinflussung ausreiche. Dies wurde jedoch geändert, es muss tatsächlich eine Beeinflussung vorliegen. Vgl. zu den Unternehmensbeteiligungen auch Kap. 9, S. 187 ff.
[824] *Klückmann*, § 73, Rn. 35c.
[825] Beispiele nach *Bäune*, in SGB V Kommentar, § 73, Rn. 18; vgl. ausführlicher zu Beteiligungen als Vorteil Kap. 9, S. 187 ff.
[826] BGH, Urt. v. 22.06.1989 – I ZR 120/87.
[827] BGH, Urt. v. 21.04.2005 – I ZR 201/02 (Quersubventionierung von Laborgemeinschaften), vgl. hierzu auch Kap. 9.4.2, S. 193 ff.
[828] BT-Drs. 17/6906 v. 05.09.2011, S. 56, vgl. hierzu auch die Ausführungen in Kap. 3.2.5.1, S. 46.
[829] *Bäune*, in SGB V Kommentar, § 73, Rn. 21; a.A. sind hier wohl *Sproll*, § 73, Rn. 59 und *Nebendahl*, § 73 SGB V, Rn. 20, diese nehmen sämtliche gesetzlich zulässige Kooperationsformen aus dem Anwendungsbereich aus.

lanten spezialfachärztlichen Versorgung nach § 116b Abs. 2 SGB V.[830] Hier kommt es entscheidend darauf an, ob das für die Erbringung der medizinischen Leistung gewährte Entgelt entsprechend dem Wert der Leistung in angemessener Höhe nachvollziehbar ermittelt worden ist.[831]

6.2. Zuwendungs- und Kooperationsverbote nach § 128 SGB V

Neben der Verbotsvorschrift des § 73 Abs. 7 SGB V verbietet auch die ausführliche Vorschrift des § 128 SGB V[832] diverse Formen des Zusammenwirkens von **Heil- und Hilfsmittelerbringern** mit Ärzten, da es in der Praxis oft zu unlauteren Praktiken in der Zusammenarbeit dieser Gruppen gekommen ist.[833] Die Vorschrift soll nach dem Willen des Gesetzgebers den „deutlichen Fehlentwicklungen zwischen Leistungserbringern und Vertragsärzten" entgegenwirken, nachdem allein die damals bestehenden strafrechtlichen, berufsrechtlichen und wettbewerbsrechtlichen Verbote „fragwürdige Formen der Zusammenarbeit" offenbar nicht wirksam verhindern konnten.[834]

§ 128 SGB V enthält einerseits **Zuwendungsverbote** und beschreibt andererseits Formen **unzulässiger Zusammenarbeit** zwischen Vertragsärzten und anderen Leistungserbringern mit Blick auf die **Versorgung mit Hilfsmitteln, Heilmitteln und Medikamenten**.[835] Zusammengefasst enthält § 128 SGB V in der aktuellen Fassung vier Verbote:

- Depotverbot,
- Beteiligungsverbot,
- Zuwendungsverbot,
- Verbot der Zahlung zusätzlicher Vergütungen an Ärzte.

6.2.1. Entstehung der Norm

Die Vorschrift des § 128 SGB V mit dem jetzigen Regelungsgehalt trat zum 01.04.2009 in Kraft und hat seither mehrere Änderungen durchlaufen.[836] Zuletzt wurde die Norm im Zuge des GKV-Versorgungsstrukturgesetzes mit Wirkung zum 01.01.2012 geändert, wobei insbesondere die Definition der wirtschaftlichen Vorteile auch auf Einkünfte aus Unternehmensbeteiligungen ausgedehnt, sowie das

---

[830] *Nebendahl*, § 73 SGB V, Rn. 20.
[831] *Nebendahl*, § 73 SGB V, Rn. 20; vgl. hierzu eingehend Kap. 8.3.3, S. 171 ff.
[832] Vgl. den Wortlaut der Vorschrift in Kap. 16.1.8, S. 318 f.
[833] *Wabnitz*, § 128 SGB V, Rn. 20. Vgl. zur Entwicklung der Norm *Dahm*, S. 29.
[834] BT-Drs. 16/10609, v. 15.10.2008, S. 58.
[835] Vgl. zu § 128 SGB V die weiteren Kommentierungen bei *Wabnitz, Dalichau, Schlegel/Voelzke/ Engelmann, Butzer, Armbruster*.
[836] *Schneider*, jurisPK-SGB V, § 128, Rn. 1.

gesamte Regelungsregime mit der Einführung des § 128 Abs. 5b SGBV auch **auf den Heilmittelbereich erweitert** wurde.[837] Schließlich wurden Verstöße gegen § 128 SGB V ausdrücklich als Verletzung der vertragsärztlichen Pflichten beschrieben.[838]

6.2.2. Anwendungsbereich

§ 128 SGB V bezieht sich auf die Versorgung mit Hilfsmitteln[839] im Bereich der gesetzlichen Krankenversicherung. Die Regelung gilt ausschließlich für die **ambulante Versorgung** durch niedergelassene **Vertragsärzte** im Rahmen der vertragsärztlichen Versorgung von Kassenpatienten und für **Krankenhäuser**, soweit sie aufgrund gesetzlicher oder vertraglicher Regelungen zur **ambulanten Behandlung** berechtigt sind.[840] Gesetzgeberisches Ziel des § 128 SGB V ist die Unterbindung der Beeinflussung und Gewährung finanzieller Vorteile für Verordner im Zusammenhang mit der durch sie veranlassten Versorgungsleistung für Hilfsmittel in der GKV.[841]

Die Regelungen der Absätze 2, 3, 5 und 5a SGB V gelten nach ausdrücklicher gesetzlicher Klarstellung in § 128 Abs. 5b SGB V inzwischen **auch für die Versorgung mit Heilmitteln** entsprechend.

Darüber hinaus erweitert § 128 Abs. 6 SGB V die Anwendbarkeit der Zuwendungsverbote auf die Erbringung von Leistungen nach § 31 SGB V (**Arzneimittel**) und § 116b Abs. 6 SGB V (**Verordnungen im Rahmen der ambulanten spezialfachärztlichen Versorgung**) sowohl zwischen pharmazeutischen Unternehmern, Apotheken, pharmazeutischen Großhändlern und sonstigen Anbietern als auch gegenüber Vertragsärzten, Ärzten in Krankenhäusern und Krankenhausträgern.[842]

---

[837] *Armbruster*, § 128, Rn. 9.
[838] *Butzer*, § 128, Rn. 1.
[839] Vgl. zum Begriff des Hilfsmittels Kap. 3.3.1.4, S. 57 f.
[840] Hier werden Hilfsmittel, enterale Ernährung, Arzneimittel oder beispielsweise Blutzuckerteststreifen aufgrund ärztlicher Verordnung zu Lasten der GKV abgegeben („Homecare-Markt"), vgl. *Schirmer*, S. 12.
[841] *Schirmer*, S. 12.
[842] Vgl. hierzu Kap. 6.6, S. 139.

6.3. Das Depotverbot des § 128 Abs. 1 SGB V

(1) Die Abgabe von Hilfsmitteln an Versicherte über Depots bei Vertragsärzten ist unzulässig, soweit es sich nicht um Hilfsmittel handelt, die zur Versorgung in Notfällen benötigt werden. Satz 1 gilt entsprechend für die Abgabe von Hilfsmitteln in Krankenhäusern und anderen medizinischen Einrichtungen.

§ 128 Abs. 1 SGB V regelt die grundsätzliche **Unzulässigkeit** der **Abgabe von Hilfsmitteln über Depots** bei Vertragsärzten, Krankenhäusern und anderen medizinischen Einrichtungen. Die Vorschrift verbietet die Versorgung der Versicherten aus einem Depot, das bei einem Vertragsarzt, Krankenhaus oder einer anderen medizinischen Einrichtung unterhalten wird[843] und anerkennt eine **Ausnahme** nur noch bei der **Notfallversorgung**.[844]

Unter den Begriff des Hilfsmittels[845] fallen Hilfen, die von den Patienten getragen oder mitgeführt oder bei einem Wohnungswechsel mitgenommen werden können und die unter Berücksichtigung der Umstände des Einzelfalls erforderlich sind, um einer drohenden Behinderung vorzubeugen, den Erfolg einer Heilbehandlung zu sichern oder eine Behinderung bei der Befriedigung von Grundbedürfnissen des täglichen Lebens auszugleichen.[846]

Die Abgabe von Hilfsmitteln über Depots bei Vertragsärzten wird durch § 128 Abs. 1 SGB V grundsätzlich untersagt, da solche Depots den Ärzten, Kliniken oder Reha-Zentren in besonderem Maße einen Anreiz bieten, sich gegen unzulässige Zuwendungen für die Einrichtung eines Depots ungerechtfertigte Wettbewerbsvorteile zu verschaffen. Das **Wahlrecht der Versicherten** unter den versorgungsberechtigten Leistungserbringern wird durch Hilfsmitteldepots bei Vertragsärzten faktisch eingeschränkt.[847] Für Hilfsmitteldepots in Krankenhäusern und anderen medizinischen Einrichtungen gelten die gleichen Grundsätze.[848]

Hilfsmittel dürfen somit nicht von Vertragsärzten, zugelassenen Krankenhäusern oder anderen zugelassenen medizinischen Einrichtungen abgegeben werden. Die Abgabe von Hilfsmitteln hat ausschließlich über Apotheken, Sanitätshäuser oder die sonstigen Hilfsmittelerbringer zu erfolgen.

---

[843] Beispiel: Ein Vertragsarzt, der eine Schwerpunktpraxis für Diabetologie betreibt, weist seine Diabetes-Patienten bei Bedarf in die Handhabung der bei jedem Messvorgang benötigten Diabetes-Teststreifen ein. Er unterhält in seinen Praxisräumen ein Depot eines Sanitätshauses, in dem die Teststreifen vorgehalten werden, und bietet diese seinen Patienten an. Dies ist nach § 128 Abs. 1 SGB V unzulässig, vgl. Beispiel aus *Schirmer/Schröder*, S. 4.
[844] Vgl. hierzu nachfolgendes Kap. 6.3.2, S. 129 f.
[845] Vgl. hierzu auch Kap. 3.3.1.4, S. 57 f.
[846] *Schirmer*, S. 14.
[847] BT-Drs. 16/10609, v. 15.10.2008, S. 58.
[848] BT-Drs. 16/10609, v. 15.10.2008, S. 58.

6.3.1. Begriffe und Voraussetzungen

Der Begriff „Depot" ist im Gesetz nicht näher definiert. Ein Depot im Sinne des § 128 Abs. 1 SGB V liegt vor, wenn die **Abgabe von Hilfsmitteln in den Praxisräumen** erfolgt und es sich um einen Aufbewahrungsort für bewegliche Sachen handelt, unabhängig davon, wer das Depot befüllt.[849] Ein Depot wird unterhalten, wenn **Hilfsmittel vorrätig** sind, **ohne** dass konkret der **Anlass** für ihre Verwendung schon feststeht.[850] Der Gesetzeswortlaut „bei Vertragsärzten" macht deutlich, dass hierfür ein gewisser **räumlicher Bezug zur Arztpraxis** bestehen muss, sodass eine Aufbewahrung in den Räumlichkeiten einer eigenen versorgungsberechtigten oder zugelassenen Betriebsstätte (z.B. Apotheke, Sanitätshaus) nicht als Depot im Sinne dieser Vorschrift zu qualifizieren ist.[851]

Ferner bedarf es einer **Abgabe** der Hilfsmittel **über das Depot**. Begrifflich ist darunter die Überlassung des als Sachleistung gewährten Hilfsmittels an die versicherte Person zu verstehen.[852] **Nicht erfasst** ist demgegenüber die Überlassung, wenn das Hilfsmittel – **leihweise** – zu Anpassungs-, Schulungs- oder Wartungszwecken vorgehalten wird, oder wenn das Hilfsmittel **vom Arzt direkt implantiert** oder **verbraucht** wird.[853]

Die Vorschrift erfasst **nur die Fälle**, in denen **Hilfsmittel zu Lasten der GKV** abgegeben werden, nicht aber Fälle der Hilfsmittelversorgung außerhalb ihrer Leistungspflicht. Bei der Versorgung von **Privatpatienten** wäre daher die Abgabe eines Hilfsmittels durch den Arzt an den Patienten aus seinem ärztlichen Depot zulässig. Auch Hilfsmittel, die gesetzlich Versicherte selbst finanzieren müssen, sollen dem Regelungsgehalt der Norm nicht unterfallen.[854]

Dem Zweck der Vorschrift nach muss das Depot nicht unbedingt bei dem Arzt unterhalten werden, der die Verordnung des Hilfsmittels vornimmt.[855] Das Verbot greift somit auch dann, wenn das Depot nicht „bei" einem Vertragsarzt, sondern „von" einem Vertragsarzt unterhalten wird.[856] Die **bloße Unterhaltung des Depots** – ohne Abgabe der Hilfsmittel – ist dem Wortlaut nach zwar nicht untersagt, jedoch wird ein derartiges **Verbot** zunehmend in zahlreichen **Verträgen zwischen Krankenkassen und einzelnen Leistungserbringern geregelt**.[857]

---

[849] *Wabnitz*, § 128 SGB V, Rn. 4.
[850] *Schirmer*, S. 14. Unerheblich ist die Organisationsform des Depots. Es kann auch in einem Ärztehaus untergebracht sein und ist vom Depotverbot erfasst, wenn dem Arzt ein unmittelbarer Zugriff möglich ist. Auch die Zwischenschaltung eines Mitarbeiters des Hilfsmittelanbieters ändert nichts an dem Verbot.
[851] *Schirmer*, S. 14.
[852] *Butzer*, § 128, Rn. 11.
[853] *Luthe*, § 128, Rn. 10.
[854] BT-Drs. 17/6906 v. 05.09.2011, S. 85; *Armbruster*, § 128, Rn. 17.
[855] *Armbruster*, § 128, Rn. 19.
[856] *Nolte*, § 128, Rn. 4.
[857] *Nolte*, § 128, Rn. 4.

Durch § 128 Abs. 1 S. 2 SGB V wird das Depotverbot ausdrücklich auf **Krankenhäuser** und andere **medizinische Einrichtungen** ausgedehnt. Krankenhäuser können dabei nur solche sein, die zur Versorgung der gesetzlich Versicherten **zugelassen** sind.[858] Als weitere medizinische Einrichtungen zählen all diejenigen Einrichtungen, die der medizinischen Behandlung der Versicherten dienen (z.B. Vorsorge- und Rehabilitationseinrichtungen), die **einen Versorgungsauftrag abgeschlossen** haben und die Hilfsmittel als eigenständige Leistung abgeben.[859]

Wird die Abgabe der Hilfsmittel gegenüber den Krankenkassen hingegen nicht als eigene Leistung abgerechnet, sondern im Rahmen von **Fallpauschalen** oder Pflegesätzen (etwa als Bestandteil einer Krankenhaus- oder Rehabilitationsbehandlung), findet die **Vorschrift keine Anwendung**.[860] Auch sind Depots bei reinen **Privatkliniken, berufsgenossenschaftlichen Unfallkrankenhäusern** und **Rehabilitationseinrichtungen** nach dem Recht der **Gesetzlichen Rentenversicherung** von der Norm nicht betroffen.[861]

6.3.2. Ausnahme: Notfallversorgung

Von dem Depotverbot ausgenommen sind Produkte, die zur Versorgung in Notfällen benötigt werden. Beispielhaft wird in der Gesetzesbegründung die Versorgung mit Hilfsmitteln beschrieben, die von den Versicherten in Notfällen sofort benötigt werden, wie Gehstützen und bestimmte Bandagen.[862] Im Zusammenhang mit der Hilfsmittelabgabe ist eine **Notfallversorgung** dann **anzunehmen**, wenn im Einzelfall

- aus medizinischen Gründen eine umgehende Versorgung mit einem Hilfsmittel im Zusammenhang mit einer ärztlichen Tätigkeit in Anbetracht eines akuten Ereignisses in einer Arztpraxis oder einer medizinischen Einrichtung notwendig ist und
- die im konkreten Fall benötigte Versorgung nicht im Vorfeld planbar ist und
- der Versicherte sich das Hilfsmittel nicht bei einem Anbieter in der gebotenen Eile selbst besorgen kann oder die Beschaffung durch ihn unzumutbar wäre und
- der Versicherte nach der Versorgung wieder nach Hause geht, also die Versorgung nicht im Rahmen eines stationären Aufenthaltes erfolgt.[863]

Die Bewertung, ob ein solcher Notfall vorliegt, muss in der jeweiligen Situation der behandelnde (Not-)Arzt vornehmen.[864] Eine Hilfestellung zur Entscheidungsfindung

---

[858] *Butzer*, § 128, Rn. 9.
[859] *Schneider*, jurisPK-SGB V, § 128, Rn. 15.
[860] *Schloßer*, Rn. 57; *Armbruster*, § 128, Rn. 25; vgl. hierzu auch Kap. 10.3.1.3, S. 209 f.
[861] *Luthe*, § 128, Rn. 9.
[862] BT-Drs. 16/10609 v. 15.10.2008, S. 58.
[863] *Schirmer*, S. 14 f.
[864] *Armbruster*, § 128, Rn. 23.

bieten insoweit die „Hinweise des GKV-Spitzenverbandes der Krankenkassen zur Umsetzung des § 128 Abs. 1 SGB V".[865]

Zu beachten ist aber, dass das **Entgeltverbot** des § 128 Abs. 2 SGB V **auch** auf die **Notfallversorgung** anzuwenden ist, weshalb der Arzt aus der Notfallversorgung des Versicherten mit dem jeweiligen Hilfsmittel keinen wirtschaftlichen Vorteil ziehen darf.[866]

6.3.3. Weitere Ausnahmen vom Depotverbot

Vom Depotverbot nicht erfasst sind ferner **Produktmuster** oder sonstige **Test- bzw. Vorführgeräte**, die den **Versicherten nicht überlassen** werden. Denn diese Gegenstände unterfallen schon nicht dem Hilfsmittelbegriff. Nicht erfasst sind weiterhin **Ersatzteile** von Hilfsmitteln, Instrumente, Gegenstände und Materialien, die unmittelbar der ärztlichen Behandlung zugeordnet sind.[867] Ebenfalls nicht erfasst sind **Körperersatzstücke**, die im Rahmen einer Behandlung durch den Arzt **verbraucht** oder **implantiert** werden, da in diesen Fällen **keine Abgabe an den Versicherten** vorliegt und eine Vergütung über den Einheitlichen Bewertungsmaßstab erfolgt. Für diese Produkte ist daher eine Bevorratung und Verwendung im Rahmen eines **Depots** weiterhin **zulässig**.[868]

Freilich darf auch der Bezug dieser Hilfsmittel „zur unmittelbaren Anwendung am Patienten" nicht durch unlautere Bevorzugung eines Hilfsmittelerbringers erfolgen. Vorteile darf der Arzt für den Bezug daher nicht fordern, da ansonsten § 299a Nr. 2 StGB verwirklicht ist.

6.4. Zuwendungs- und Beteiligungsverbote nach § 128 Abs. 2 SGB V

(2) Leistungserbringer dürfen Vertragsärzte sowie Ärzte in Krankenhäusern und anderen medizinischen Einrichtungen nicht gegen Entgelt oder Gewährung sonstiger wirtschaftlicher Vorteile an der Durchführung der Versorgung mit Hilfsmitteln beteiligen oder solche Zuwendungen im Zusammenhang mit der Verordnung von Hilfsmitteln gewähren. Unzulässig ist ferner die Zahlung einer Vergütung für zusätzliche privatärztliche Leistungen, die im Rahmen der Versorgung mit Hilfsmitteln von Vertragsärzten erbracht werden, durch Leistungserbringer.....

---

[865] Die Hinweise sind abrufbar auf der Homepage des GKV-Spitzenverbandes unter www.gkv-spitzenverband.de.
[866] *Schneider*, jurisPK-SGB V, § 128, Rn. 14, mit der Überlegung, ob der Wegfall jedes wirtschaftlichen Vorteils für den Arzt zur Auflösung auch solcher Depots führen wird, die nur für Notfälle unterhalten werden.
[867] *Butzer*, § 128, Rn. 7.
[868] *Schirmer*, S. 14.

6.4.1. Übersicht der Regelung des § 128 Abs. 2 SGB V

Die Vorschrift des § 128 Abs. 2 SGB V beinhaltet **vier spezielle Formen von Verboten**:

- Vereinbarung von Provisionen und sonstigen wirtschaftlichen Vorteilen im Zusammenhang mit der Verordnung (Zuwendungsverbot),
- Bezahlung zusätzlicher Honorare an Ärzte (Vergütungsverbot),
- Zuwendung unentgeltlicher oder verbilligter unentgeltlicher Maßnahmen, z.B. Fortbildungen, Schulungen (Schenkungsverbot),
- Zuwendungen für Beteiligung an der Versorgung (Beteiligungsverbot).

§ 128 Abs. 2 SGB V verbietet es den **Erbringern von Hilfsmitteln und Heilmitteln**,[869] Ärzten im Zusammenhang mit einer Versorgung der Versicherten mit Heil- oder Hilfsmitteln Zuwendungen zu gewähren oder diese gegen Entgelt an der Durchführung der Versorgung zu beteiligen. Über die Verordnung von Hilfsmitteln sollen die Vertragsärzte grundsätzlich unbeeinflusst von eigenen finanziellen Interessen entscheiden und nicht von der Ausstellung einer Verordnung oder der Steuerung von Versicherten zu bestimmten Leistungserbringern profitieren können.[870] Um entsprechende Konfliktsituationen zu verhindern, werden den Leistungserbringern **sämtliche Geldzahlungen** und **sonstige Zuwendungen** an Vertragsärzte im Zusammenhang mit der Versorgung mit Hilfsmitteln ausdrücklich **untersagt**.[871]

Durch die Erweiterung der Norm um die Absätze 5b und 6 werden die Zuwendungsverbote jetzt auch auf die **Heilmittelerbringer** und den **Bereich der Arzneimittelversorgung** erstreckt.[872]

Einschränkend lassen sich die Verbote jedoch nur auf die Versorgung mit Hilfsmitteln anwenden, die verschreibungspflichtig sind und **zu Lasten der gesetzlichen Krankenversicherung verordnet** werden dürfen.[873] Der eindeutige Wortlaut des § 128 Abs. 2 SGB V spricht nämlich von der „Durchführung der Versorgung der Versicherten", außerdem sprechen Sinn und Zweck der Vorschrift für die Einbeziehung nur **verschreibungsfähiger** Hilfsmittel in den Regelungsbereich der Verbotsnorm.[874]

---

[869] Vgl. für die Heilmittelerbringer den Verweis in § 128 Abs. 5b SGB V.
[870] BT-Drs. 16/10609 v. 15.10.2008, S. 58.
[871] Dies gilt auch im Falle einer Beteiligung der Vertragsärzte an der Durchführung der Versorgung, die ohnehin nur noch nach Maßgabe des § 128 Abs. 4 SGB V zulässig ist. BT-Drs. 16/10609 v. 15.10.2008, S. 58.
[872] *Butzer*, § 128, Rn. 39, 40.
[873] *Armbruster*, § 128, Rn. 28.
[874] *Armbruster*, § 128, Rn. 28.

6.4.2. Adressaten der Regelung des § 128 Abs. 2 SGB V

Das **Zuwendungsverbot in Form der Gewährung wirtschaftlicher Vorteile** richtet sich an die **Leistungsanbieter**, also an die **Hersteller, Erbringer** oder **Vertreiber** von Hilfsmitteln, Heilmitteln und Arzneimitteln. Dabei handelt es sich um diejenigen Anbieter, die an die Kassenpatienten Hilfsmittel abgeben und die Abgabe den gesetzlichen Krankenkassen in Rechnung stellen (z.B. Sanitätshäuser). Das **Verbot** betrifft deren **Zusammenarbeit mit Vertragsärzten** und **Ärzten in Krankenhäusern** oder sonstigen **medizinischen Einrichtungen** (z.B. Reha-Einrichtungen oder MVZ).

Die Regelung betrifft jedoch auch die Vertragsärzte selbst bzw. Ärzte in Krankenhäusern oder anderen vergleichbaren medizinischen Einrichtungen, welche die unzulässigen Leistungen nicht annehmen dürfen.[875] Zum Tatbestand der Vorschrift gehört somit zwingend, dass an der Versorgung einerseits ein Leistungserbringer und auf der anderen Seite ein Vertragsarzt oder ein angestellter Arzt beteiligt ist. Findet die Versorgung hingegen ohne den Vertragsarzt oder ohne den Leistungserbringer statt, so ist die Vorschrift nicht anwendbar.[876]

6.4.3. Allgemeines Verbot der Gewährung wirtschaftlicher Vorteile

§ 128 Abs. 2 S. 1 SGB V untersagt die Gewährung von Entgelten oder sonstiger wirtschaftlicher Vorteile an Vertragsärzte und Klinikärzte. Nach dem Willen des Gesetzgebers sind **sämtliche Zahlungen** oder sonstige **Zuwendungen** von den Leistungserbringern an Vertragsärzte **untersagt**.[877] Bloß immaterielle Vorteile dürften von der Norm des § 128 Abs. 2 SGB V hingegen nicht erfasst sein.[878]

Wirtschaftliche Vorteile im Sinne des § 128 Abs. 2 S. 1 SGB V sind alle geldwerten Vorteile, die sich auf die Einkommenssituation des Arztes positiv auswirken.[879] Neben reinen Provisionszahlungen oder Rabatten werden auch alle **Umgehungskonstellationen** erfasst.[880] Diese hat der Gesetzgeber in § 128 Abs. 2 S. 3 SGB V beschrieben. Als wirtschaftlicher Vorteil wird danach auch die **unentgeltliche** oder **verbilligte Überlassung** von **Geräten** und **Materialien**, die **Durchführung** von **Schulungsmaßnahmen**, die Gestellung von Räumlichkeiten oder Personal oder die Beteiligung an den Kosten hierfür aufgefasst. Die Auflistung hat jedoch nur **beispielhafte Natur** und ist nicht abschließend.[881]

---

[875] *Armbruster*, § 128, Rn. 26.
[876] *Schneider*, jurisPK-SGB V, § 128, Rn. 16.
[877] BT-Drs. 16/10609 vom 15.10.2008, S. 58.
[878] *Armbruster*, § 128, Rn. 28.
[879] *Luthe*, § 128, Rn. 20.
[880] *Butzer*, § 128, Rn. 15.
[881] *Armbruster*, § 128, Rn. 32.

Zu den wirtschaftlichen Vorteilen zählen beispielsweise auch Leistungen an den Vertragsarzt unterhalb des **Selbstkostenpreises**.[882] Umfasst ist auch der Abschluss von **vergüteten Verträgen** über **Anwendungsbeobachtungen, Beratungen** oder **sonstige Dienstleistungen** (etwa Vorträge), bei denen die erbrachte oder vorgesehene Leistung des Arztes erkennbar nicht von besonderer Bedeutung ist und damit der Umgehung des Zuwendungsverbotes dient.[883]

Weiterhin zählen zu den Zuwendungen jegliche Formen von **verbilligten** oder **unentgeltlichen Sachmitteln oder Dienstleistungen**.[884] Unter einem wirtschaftlichen Vorteil werden auch **Beteiligungen** an Unternehmen von Hilfsmittelherstellern oder Heilmittelerbringern erfasst, soweit die Vertragsärzte durch ihr Verordnungs- oder Zuweisungsverhalten auf die Einkünfte hieraus selbst **maßgeblich Einfluss haben**.[885] Eine Zuweisung kann auch dann bestehen, wenn als **Zuwendungsempfänger Dritte** – etwa Angehörige – eingeschaltet werden.[886]

Problematisch ist beispielsweise auch die Fallkonstellation, dass Ärzte einem Hilfsmittelerbringer **Räumlichkeiten** (etwa einen Keller oder einen Abstellraum in der Praxis) **zu überhöhten Preisen** zur Verfügung stellen.[887] Hier muss im Hinblick auf eine angemessene Miethöhe ein sogenannter „Fremdvergleich" angestellt werden: Würde ein Mieter, der keinerlei zusätzliche Vorteile aus der Anmietung von Räumlichkeiten hat, ebenfalls diesen Mietpreis zahlen, oder übersteigt der Mietpreis die üblichen gewerblichen Mietpreise in vergleichbaren Lagen und Objekten deutlich?

6.4.4. Allgemeines Beteiligungsverbot an der Hilfsmittelversorgung

Nach der ersten Verbotsalternative des § 128 Abs. 2 S. 1 SGB V ist es den Hilfsmittelerbringern untersagt, Vertragsärzte, angestellte Ärzte in Krankenhäusern und gleichgestellte Einrichtungen an der Durchführung der Hilfsmittelversorgung – gegen Entgelt oder sonstige wirtschaftliche Vorteile – zu beteiligen. Zielrichtung dieses Verbotes ist insbesondere der sogenannte **verkürzte Versorgungsweg**. Hierbei ist der Arzt unmittelbar in die Versorgung eingebunden, indem er entweder die Hilfsmittel direkt an den Patienten abgibt oder – viel häufiger – an der Versorgung mitarbeitet. Die Mitarbeit gestaltet sich oft in Form der vorbereitenden Messungen oder Anpassungsmaßnamen in der vertragsärztlichen Praxis.[888] Der Arzt erhält hierfür im Zusammenhang mit der Hilfsmittelversorgung gesonderte Vergütungen direkt vom Hersteller der Hilfsmittel und nicht wie üblich von der Krankenkasse oder

---

[882] BGH, Urt. v. 17.09.2009 – I ZR 103/07 (Laborleistungen II).
[883] *Butzer*, § 128, Rn. 17. Vgl. zu den verschiedenen Formen der Zusammenarbeit mit der Industrie auch Kap. 12, S. 237 ff.
[884] *Armbruster*, § 128, Rn. 31.
[885] Vgl. hierzu auch Kap. 9.2, S. 188 ff.
[886] *Butzer*, § 128, Rn. 17.
[887] Vgl. zur Problematik der Überlassung von Räumlichkeiten an Hilfsmittelerbringer in unmittelbarer Nähe einer Arztpraxis BGH, Urt. v. 16.06.2016 – I ZR 46/15 (Orthopädietechniker).
[888] *Butzer*, § 128, Rn. 15.

der Kassenärztlichen Vereinigung; somit verfolgt der Arzt teilweise eigene finanzielle Interessen, was der Gesetzgeber unterbinden will.

Nach der Wertung des ärztlichen Berufsrechts (§ 31 MBO), wird die Versorgungsform des direkten Versorgungsweges jedoch dann als erlaubt angesehen, wenn die **Abgabe der Hilfsmittel Teil der ärztlichen Therapie** ist und **sachliche Gründe** vorliegen, die eine Versorgung der Versicherten direkt in der Arztpraxis als medizinisch sinnvoll erscheinen lassen.[889] Innerhalb der gesetzlichen Krankenversicherung ist ein solcher Versorgungsweg allerdings nur im Rahmen der **direkten Verträge mit Krankenkassen** nach § 128 Abs. 4, 4a, 4b SGB V zulässig.[890]

6.4.5. Verbot von Vergütungen und Zuwendungen für Verordnungen

§ 128 Abs. 2 S. 2 SGB V verbietet auch die **Zahlung einer Vergütung** durch den Leistungsanbieter an den Arzt für „zusätzliche privatärztliche Leistungen", die der Arzt im Rahmen der Versorgung mit Hilfsmitteln selbst erbringt. Damit dürfen die Vertragsärzte ihren Patienten keine privatärztlichen Behandlungen (etwa die sogenannten „Individuellen Gesundheitsleistungen" – IGeL) unter dem Hinweis anbieten, dass bestimmte Leistungserbringer von Hilfsmitteln bereit sind, die Kosten hierfür zu übernehmen.[891] Das bekannteste Beispiel war die Vergütung für das Nehmen eines Ohrabdruckes durch einen HNO-Arzt, auf den der Akustiker für die Anfertigung eines passgenauen Hörgeräts zurückgreift. Unzulässig sind aber auch sonstige Honorarzahlungen an Ärzte, etwa für die Einweisung in den Umgang mit Rollstühlen oder Blutzuckermessgeräten. Auch diese Fälle werden nunmehr als verbotene Umgehung eingeordnet. Das Verbot richtet sich einerseits an die Hilfsmittelhersteller und andererseits spiegelbildlich an den Vertragsarzt, vgl. § 128 Abs. 5a SGB V.[892]

Die zweite Alternative des § 128 Abs. 2 S. 1 SGB V untersagt die Gewährung der oben beschriebenen **Zuwendungen** im **Zusammenhang mit der Verordnung von Hilfsmitteln**. Diese Variante des Beteiligungsverbotes umfasst damit **Provisionszahlungen** für konkrete Versorgungsvorgänge.[893] Denn die Hersteller von Hilfsmitteln sind in großem Umfang an solchen Zuwendungen an Ärzte interessiert, weil der Vertragsarzt durch sein Verordnungsverhalten die Auftragslage des Herstellers positiv beeinflussen kann.[894] Dies umfasst die Vereinbarungen von **Verordnungsprämien** und sog. **Kick-back-Modellen**, die auch nach dem ärztlichen Berufsrecht verboten sind.[895] Dabei ist es erforderlich, dass die Zuwendung „im Zusammen-

---

[889] BGH, Urt. v. 29.06.2000 – I ZR 59/98 (Verkürzter Versorgungsweg).
[890] *Butzer*, § 128, Rn. 15, vgl. hierzu auch nachfolgendes Kap. 6.5.1, S. 137 f.
[891] *Nolte*, § 128, Rn. 12.
[892] *Schirmer*, S. 15.
[893] *Nolte*, § 128 Rn. 10.
[894] *Schneider*, jurisPK-SGB V, § 128, Rn. 19.
[895] *Butzer*, § 128, Rn. 16.

hang" mit der Hilfsmittelversorgung erfolgt, was jedoch keine unmittelbare Gegenleistung für ein bestimmtes Verhalten, sondern eine zumindest ohne andere erkennbare Veranlassung gewährte Leistung an den Vertragsarzt erfordert.[896] Ein innerer Zusammenhang zwischen der Verordnung und der Zuwendung ist dagegen nicht erforderlich und muss auch nicht nachgewiesen werden.[897]

6.4.6. Verbot von Beteiligungen von Ärzten an Unternehmen

§ 128 Abs. 2 S. 3 SGB V verbietet Ärzten auch die **Beteiligung** an Unternehmen von **Hilfsmittelherstellern** oder **Heilmittelerbringern**, soweit die Vertragsärzte durch ihr Verordnungs- oder Zuweisungsverhalten selbst maßgeblich Einfluss nehmen.[898] Tritt ein Arzt einem Unternehmen im Gesundheitsbereich als Gesellschafter bei oder gründen Ärzte gemeinsam ein solches Unternehmen, erlangen sie durch die erwirtschafteten Gewinne einen Vorteil. Solange sich die erlangten Vorteile aus der **Unternehmensbeteiligung** ausschließlich als **Ergebnis eines unternehmerischen Risikos am Markt** darstellen, sind diese **zulässig** und begründen grundsätzlich nicht den Verdacht einer Unrechtsvereinbarung.[899]

Führt ein Arzt einem **Unternehmen** jedoch Patienten zu, an dem er **selbst beteiligt** ist, kann eine unzulässige und strafbare Verknüpfung von Unternehmensbeteiligung und medizinischen Entscheidungen vorliegen. Die Gewinnchancen dürfen sich nämlich nicht aufgrund wettbewerbs- oder berufsrechtswidrigen Verhaltens der beteiligten Ärzte erhöhen.[900]

Nicht erforderlich ist in diesen Fällen, dass die Höhe der Gewinnausschüttungen an den beteiligten Arzt unmittelbar von der Zahl seiner Patientenzuweisungen oder dem dadurch generierten Umsatz abhängt. Auch bei Ärzten, die nur eine ihrem Gesellschaftsanteil entsprechende Gewinnausschüttung erhalten, kann im Einzelfall eine Unrechtsvereinbarung vorliegen.[901] Deren Inhalt ist eine künftige unlautere Bevorzugung des Unternehmens im Wettbewerb gegen Zahlung einer dadurch erhöhten Gewinnausschüttung.[902] Im Sinne dieses Verbotes ist die Vorschrift auch anwendbar, wenn der Arzt als Teilhaber eines Lieferantenunternehmens eine Zuwendung dafür erhält, dass er Patienten **gezielt Produkte** dieses Unternehmens

---

[896] *Butzer*, § 128, Rn. 17.
[897] *Armbruster*, § 128, Rn. 30.
[898] Der ursprüngliche Wortlaut „Einfluss nehmen *können*" wurde ausdrücklich durch GKV-VStG zum 01.01.2012 gestrichen. Die neue Formulierung lautet „selbst maßgeblich beeinflussen", BT-Drs. 17/8005 v. 30.11.2011, S. 54 und fordert somit eine konkrete und tatsächliche Einflussnahme.
[899] Vgl. zur Unrechtsvereinbarung Kap. 3.4, S. 67 ff.
[900] Vgl. hierzu Kap. 9.2, S. 188 ff.
[901] OLG Stuttgart, Urt. v. 10.05.2007 – 2 U 176/06 (Labor-Beteiligung).
[902] OLG Stuttgart, Urt. v. 10.05.2007 – 2 U 176/06 (Labor-Beteiligung).

empfiehlt. Die Erzielung von Rendite ist zwar grundsätzlich erlaubt, verboten ist jedoch eine als Rendite kaschierte Zuwendung.[903]

Nach der aktuellen Normfassung reicht für die Annahme einer unzulässigen Zuwendung allerdings eine nur „faktische Möglichkeit" der Einflussnahme auf die Einkünfte aus der Unternehmensbeteiligung durch das Verordnungsverhalten nicht aus.[904] Erforderlich ist vielmehr eine **tatsächliche Beeinflussung** der Unternehmensgewinne durch das Verordnungs- oder Zuweisungsverhaltens.[905] Nicht ausreichend ist, dass die Einkünfte lediglich beeinflusst werden können, indem der Vertragsarzt durch sein Verhalten generell auf die wirtschaftliche Ertragsposition des betreffenden Unternehmens maßgeblich positiv Einfluss nehmen kann.[906] Hierdurch dürften zumindest Bagatellfälle vom Regelungsgehalt ausgenommen sein.[907]

Im Hinblick auf die Unternehmensbeteiligung von Ärzten gelten **die Grundsätze**, die der **Bundesgerichtshof** in seiner **wettbewerbsrechtlichen Rechtsprechung** aufgestellt hat.[908] Danach sind Fälle, in denen der Arzt nur mittelbar, insbesondere über **allgemeine Gewinnausschüttungen**, am Erfolg eines Unternehmens beteiligt ist, differenziert danach zu beurteilen, „ob bei objektiver Betrachtung ein spürbarer Einfluss der Patientenzuführungen des einzelnen Arztes auf seinen Ertrag aus der Beteiligung ausgeschlossen erscheint". Ob dies der Fall ist, hängt grundsätzlich vom **Gesamtumsatz des Unternehmens**, dem Anteil der Verweisungen des Arztes an dieses und der Höhe seiner Beteiligung ab.[909]

Auch wenn die Rechtsprechung dazu keine konkreten Zahlen festgelegt hat, ist davon auszugehen, dass eine Unrechtsvereinbarung immer dann anzunehmen ist, wenn ein Anreiz besteht, die Zahl der Zuweisungen an das Unternehmen aufgrund der erwarteten Gewinnausschüttung wettbewerbs- oder berufsrechtswidrig zu erhöhen.[910] Der BGH verneint indessen einen entsprechenden Einfluss bei der Beteiligung eines Arztes an einem größeren Pharmaunternehmen, dessen Medikamente er verordnet, weil in diesem Fall kein objektiver Zusammenhang zwischen der Zahl der Verordnungen und den Erträgen aus der Beteiligung ersichtlich ist.[911]

---

[903] *Schirmer*, S. 16.
[904] *Armbruster*, § 128, Rn. 36.
[905] *Armbruster*, § 128, Rn. 36 mit Verweis auf BT-Drs. 17/8005 v. 30.11.2011, S. 54.
[906] *Luthe*, § 128, Rn. 20a.
[907] *Armbruster*, § 128, Rn. 36.
[908] BT-Drs. 18/6446 v. 21.10.2015, S. 19 mit Verweis auf BGH, Urt. v. 13.01.2011 – I ZR 111/08 (Hörgeräteversorgung II).
[909] BGH, Urt. v. 13.01.2011 – I ZR 111/08 (Hörgeräteversorgung II).
[910] *Wissing/Cierniak*, S. 44.
[911] BGH, Urt. v. 13.01.2011 – I ZR 111/08 (Hörgeräteversorgung II).

6.4.7. Unentgeltliche oder verbilligte Schulungsmaßnahmen

> (2) .... ³Unzulässige Zuwendungen im Sinne des Satzes 1 sind auch die unentgeltliche oder verbilligte Überlassung von Geräten und Materialien und Durchführung von Schulungsmaßnahmen, die Gestellung von Räumlichkeiten oder Personal oder die Beteiligung an den Kosten hierfür sowie Einkünfte aus Beteiligungen an Unternehmen von Leistungserbringern, die Vertragsärzte durch ihr Verordnungs- oder Zuweisungsverhalten selbst maßgeblich beeinflussen.

Die relativ weite Definition des § 128 Abs. 2 S. 3 SGB V, auf welchen auch § 73 Abs. 7 SGB V verweist,[912] zeigt den ernsthaften Willen des Gesetzgebers, sämtliche Formen der Zusammenarbeit zwischen Heilmittelerbringern und Ärzten zu unterbinden.[913]

§ 128 Abs. 2 S. 3 SGB V verbietet zwar auch die Durchführung unentgeltlicher oder verbilligter Schulungsmaßnahmen für Ärzte in Praxen oder Kliniken. Dieses Verbot kann jedoch nicht gelten für solche Schulungen, die für den Einsatz von Medizinprodukten **rechtlich zwingend** vorgesehen sind. Dies gilt insbesondere für die Regelung des § 5 MPBetreibV,[914] die den Herstellern von Medizinprodukten verbindlich durchzuführende „Schulungsmaßnahmen" für bestimmte (in Anlage 1 genannte) Medizinprodukte vorschreibt.[915]

Die von zahlreichen Unternehmen und Verbänden angebotenen kostenfreien Schulungsmaßnahmen sollten allerdings dann nicht unter das Verbot fallen, wenn sie unabhängig von der Hilfsmittelversorgung und frei von wirtschaftlichen Interessen gewährt werden.[916]

6.5. Zulässige Kooperationen nach § 128 Abs. 4 SGB V

6.5.1. Vertragsschluss mit den Krankenkassen

> (4) Vertragsärzte dürfen nur auf der Grundlage vertraglicher Vereinbarungen mit Krankenkassen über die ihnen im Rahmen der vertragsärztlichen Versorgung obliegenden Aufgaben hinaus an der Durchführung der Versorgung mit Hilfsmitteln mitwirken. Die Absätze 1 bis 3 bleiben unberührt. Über eine Mitwirkung nach Satz 1 informieren die Krankenkassen die für die jeweiligen Vertragsärzte zuständige Ärztekammer.

§ 128 Abs. 4 S. 1 SGB V sieht **Ausnahmen von den** zuvor dargestellten **Beteiligungs- und Kooperationsverboten** vor. **Vertragsärzte** können über die ihnen im Rahmen

---

[912] Vgl. hierzu bereits Kap. 6.1, S. 121 ff.
[913] *Wabnitz*, § 128 SGB V, Rn. 6.
[914] Verordnung über das Errichten, Betreiben und Anwenden von Medizinprodukten = Medizinprodukte-Betreiberverordnung.
[915] Im Zweifel handelt es sich bei diesen Medizinprodukten jedoch nicht zugleich um Hilfsmittel im Sinne des § 128 SGB V, sodass Ausnahmen des Verbotes nach § 128 Abs. 2 S. 3 SGB V aufgrund rechtlich vorgeschriebener Schulungsverpflichtungen eher selten vorkommen dürften.
[916] *Nolte*, § 128 Rn. 10.

der vertragsärztlichen Versorgung obliegenden Aufgaben hinaus dann **an der Versorgung** der Versicherten **mit Hilfsmitteln mitwirken**, wenn eine entsprechende **Vereinbarung mit den Krankenkassen** abgeschlossen wird. Somit bleibt eine Zusammenarbeit zwischen Vertragsärzten und Leistungserbringern im Rahmen eines „verkürzten Versorgungsweges" nur noch auf der Grundlage eines mit der Krankenkasse abgeschlossenen Vertrages zulässig.[917] Ein Anspruch auf Vertragsabschluss besteht indessen nicht.[918] Darüber hinaus muss die vom Arzt übernommene Mitwirkung auch berufs- und wettbewerbsrechtlich zulässig sein.[919]

6.5.2. Weitere Vorgaben für Verträge mit Krankenkassen

In den einzelnen Verträgen zur Mitwirkung an der Hilfsmittelversorgung sind die von den Vertragsärzten zusätzlich zu erbringenden Leistungen und die Höhe der hierfür gezahlten **Vergütungen eindeutig festzulegen**, § 128 Abs. 4a S. 3 SGBV. Dabei sind die Zahlungen nur im **Verhältnis** zwischen **Krankenkassen** und **Vertragsärzten** zu leisten.[920] Die Vorschrift soll **Transparenz** schaffen und sicherstellen, dass nur eine der Leistung **angemessene Vergütung** erfolgt. Dadurch soll Interessenkonflikten der Vertragsärzte entgegengewirkt werden.[921] Der Gesetzgeber wollte darüber hinaus einem möglichen Missbrauch (wie etwa durch verdeckte Provisionszahlungen im Zusammenwirken zwischen Leistungserbringer und Vertragsarzt) zuvorkommen.[922]

§ 128 Abs. 4b SGB V sieht außerdem vor, dass Vertragsärzte die im Rahmen solcher Verträge ausgestellten **Verordnungen** den Krankenkassen **zur Genehmigung vorlegen** müssen. Wird die Leistung ohne entsprechende Vorlage erbracht, entfällt für die Krankenkasse die Vergütungspflicht.[923] Die Genehmigungspflicht dient auch der Beratungsfunktion der Versicherten, die so die Möglichkeit erhalten, vor der Versorgung objektiv über die zur Wahl stehenden Versorgungswege aufgeklärt zu werden.[924] Die **Ärztekammer** ist von der Krankenkasse über entsprechende Kooperationsvereinbarungen **zu informieren**, um die Einhaltung der berufsrechtlichen Regelungen sicherzustellen, § 128 Abs. 4 S. 3 SGB V.[925]

Diese Vorschriften präzisieren die Voraussetzungen für die Teilnahme der Vertragsärzte an der Versorgung der Versicherten mit Hilfsmitteln und enthalten **Vorgaben zwingender Art** für die Ausgestaltung des Verfahrens.[926] **Vereinbarungen** zwischen

---

[917] BT-Drs. 16/10609, v. 15.10.2008, S. 58.
[918] BT-Drs. 16/13428 v. 17.06.2009, S. 92.
[919] *Butzer*, § 128, Rn. 26.
[920] BT-Drs 16/10609, v. 15.10.2008, S. 58.
[921] BT-Drs 16/10609, v. 15.10.2008, S. 58.
[922] *Schneider*, jurisPK-SGB V, § 128, Rn. 28.
[923] *Schneider*, jurisPK-SGB V, § 128, Rn. 28.
[924] *Knittel*, § 128, Rn. 11.
[925] BT-Drs. 16/10609, v. 15.10.2008, S. 58.
[926] *Schirmer*, S. 17.

den **Leistungserbringern** und den Krankenkassen auf Basis dieser Regelungen, sowie die **Gewährung angemessener Entgelte** für das Bereitstellen von personellen und materiellen Ressourcen im Rahmen der sektorenübergreifenden Zusammenarbeit zwischen unterschiedlichen Leistungserbringern bleiben somit im Rahmen der Vorgabe nach § 128 Abs. 4 SGB V **zulässig**.[927]

6.6. Pharmaklausel des § 128 Abs. 6 SGB V

(6) Ist gesetzlich nichts anderes bestimmt, gelten bei der Erbringung von Leistungen nach den §§ 31 und 116b Absatz 7 die Absätze 1 bis 3 sowohl zwischen pharmazeutischen Unternehmern, Apotheken, pharmazeutischen Großhändlern und sonstigen Anbietern von Gesundheitsleistungen als auch jeweils gegenüber Vertragsärzten, Ärzten in Krankenhäusern und Krankenhausträgern entsprechend. ...

§ 128 Abs. 6 SGB V enthält eine sogenannte „Pharmaklausel"[928] und **erweitert die Verbotsvorschriften** des § 128 Abs. 1 bis 3 SGB V auf die Belieferung mit **Arznei- und Verbandmitteln** gemäß § 31 SGB V und auf die Verordnung von Hilfsmitteln durch Krankenhausärzte im Rahmen der **ambulanten spezialfachärztlichen Versorgung** nach § 116b Abs. 7 SGB V.

Die Verbote gelten sowohl **zwischen pharmazeutischen Unternehmen, Apotheken, pharmazeutischen Großhändlern** und **sonstigen Anbietern von Gesundheitsleistungen** als auch jeweils **gegenüber Vertragsärzten**, Ärzten in Krankenhäusern und Krankenhausträgern.[929] Somit richtet sich das Gesetz nicht nur an Ärzte, sondern auch und gerade an diejenigen Teilnehmer bei der Erbringungen von Gesundheitsleistungen, die berufswidriges Verhalten der Ärzte initiiert oder unterstützt haben und sich auf diese Weise Wettbewerbsvorteile verschaffen.[930]

Die Rechtsfolgen[931] sowie einige Tatbestandsmerkmale der auf Hilfsmittel zugeschnittenen Absätze 1 bis 3 werden hierdurch auf die Erbringung bestimmter Verordnungsleistungen ausgedehnt. Damit gelten die zuvor dargestellten Verbote (Depotverbot, Zuwendungsverbot, Verbot der Unternehmensbeteiligung sowie das Verbot kostenloser Schulungen und Raum- und Personalgestellung) auch für diese erweiterten Leistungsbereiche.

---

[927] *Nebendahl*, § 73 SGB V, Rn. 20; solche sektorenübergreifende Zusammenarbeit ist beispielsweise auch in den §§ 115a Abs. 1, S. 2 und 3, 115b Abs. 1 S. 4, 116b Abs. 2 und 140a SGB V ausdrücklich vorgesehen.
[928] *Schirmer*, S. 16.
[929] Der Verweis in § 128 Abs. 6 SGB V ist sehr weitgehend und erfasst mit dem Begriff „sonstige Anbieter von Gesundheitsleistungen" vielfache Konstellationen, die einer näheren Prüfung bedürfen. Zur Auslegung dürfte § 31 Abs. 2 MBO in Betracht kommen, der ebenfalls von „Anbietern von gesundheitlichen Leistungen" spricht.
[930] *Schirmer*, S. 16.
[931] Vgl. hierzu Kap. 6.7, S. 142 ff.

6.6.1. Zuwendungsverbote auch im Arzneimittelbereich

Angesichts der Pharmaklausel ist die **Versorgung mit apothekenpflichtigen Arzneimitteln** sowie mit Verbandmitteln, Teststreifen, arzneimittelähnlichen Medizinprodukten und bilanzierten Diäten zur enteralen Ernährung ebenso erfasst, wie die ambulante spezialfachärztliche Versorgung bei seltenen Erkrankungen und Erkrankungen mit besonderen Verlaufsformen. § 128 Abs. 6 SGB V bezieht sich allerdings nur auf die Versorgung aufgrund ärztlicher **Einzelverordnungen**,[932] nicht aber **auf den Sprechstundenbedarf**.[933]

Ferner ging es dem Gesetzgeber nur um die Versorgung der Versicherten im **ambulanten Bereich**, weshalb die Vorschrift nicht auf die im § 39 SGB V geregelte – als Komplexleistung zu erbringende – Krankenhausbehandlung anzuwenden ist.[934] Da § 128 Abs. 6 SGB V somit nur diejenigen Leistungen umfasst, die gemäß § 31 SGB V generell zu Lasten der gesetzlichen Krankenversicherung verordnungsfähig sind, unterliegen Fertigarzneimittel, die sich noch im Stadium klinischer Erprobung befinden und noch nicht nach AMG zugelassen sind, ferner Rezepturarzneimittel, deren klinische Prüfung noch nicht abgeschlossen ist und überlassene Diagnose- und Analysegeräte für klinische Studien nicht dem Anwendungsbereich der Vorschrift.[935]

6.6.2. Ausnahmen vom Zuwendungsverbot des § 128 Abs. 6 SGB V

> (6) ... ²Hiervon unberührt bleiben gesetzlich zulässige Vereinbarungen von Krankenkassen mit Leistungserbringern über finanzielle Anreize für die Mitwirkung an der Erschließung von Wirtschaftlichkeitsreserven und die Verbesserung der Qualität der Versorgung bei der Verordnung von Leistungen nach den §§ 31 und 116b Absatz 7.

§ 128 Abs. 6 S. 2 SGB V sieht eine Ausnahme vom Zuwendungsverbot bei der Verordnung von Arznei- und Verbandmitteln sowie Hilfsmitteln im Rahmen der ambulanten spezialfachärztlichen Versorgung dann vor, wenn zwischen den Krankenkassen und den Leistungserbringern (gesetzlich zulässige) Vereinbarungen über finanzielle Anreize für die Mitwirkung an der Erschließung von Wirtschaftlichkeitsreserven und die Verbesserung der Qualität der Versorgung geschlossen wurden.

Im Rahmen des Abschlusses von **Einzelverträgen** zwischen Krankenkassen und Leistungserbringern, z. B. bei sogenannten **Modellvorhaben** nach den §§ 63 ff. SGB V und **Verträgen der integrierten Versorgung** nach § 140a SGB V[936], kann also von gesetzlichen Bestimmungen des SGB V abgewichen werden.

---

[932] *Schirmer*, S. 16.
[933] *Schloßer*, Rn. 56. A.A. *Flasbarth*, Rn. 46.
[934] *Luthe*, § 128, Rn, 40.
[935] *Butzer*, § 128, Rn. 42.
[936] Vgl. hierzu auch Kap. 8.5.1, S. 181 f.

Das bedeutet, dass auch **Selektivverträge**, die **Leistungserbringer mit Krankenkassen** abschließen, von den Vorgaben des Leistungserbringungsrechts **abweichen können**. Hierzu gehören auch die Bestimmungen über die Zuwendungen in **§§ 73 Abs. 7, 128 SGB V**.[937] Eine abschließende Beurteilung der Zulässigkeit solcher abweichender Vereinbarungen ergibt sich unter Umständen jedoch erst nach einer rechtlichen Prüfung durch die zuständige Aufsichtsbehörde, der diese Verträge nach der geltenden Regelung des § 71 Abs. 5 SGB V zur Prüfung vorzulegen sind.[938] Angesichts der mangelnden Konkretisierung des Vorteilsbegriffes stellt sich für die Vertragspartner von Selektivverträgen daher durchaus die Frage, ob Vereinbarungen und Selektivverträge, die von den Sozialgerichten als rechtswidrig eingestuft wurden, zukünftig auch nach § 299a StGB strafbar sein können.[939]

6.6.3. Pflichtenverstoß nach § 128 Abs. 5a SGB V

(5a) Vertragsärzte, die unzulässige Zuwendungen fordern oder annehmen oder Versicherte zur Inanspruchnahme einer privatärztlichen Versorgung anstelle der ihnen zustehenden Leistung der gesetzlichen Krankenversicherung beeinflussen, verstoßen gegen ihre vertragsärztlichen Pflichten.

In § 128 Abs. 5a SGB V wird ausdrücklich klargestellt, dass die Forderung oder Annahme unzulässiger Zuwendungen durch Vertragsärzte einen **Verstoß gegen deren vertragsärztliche Pflichten** darstellt.[940]

Dasselbe gilt für die Beeinflussung von Versicherten mit dem Ziel, diese zum Verzicht auf die ihnen zustehende Leistung der gesetzlichen Krankenversicherung und zur **Inanspruchnahme einer privatärztlichen Versorgung** zu bewegen.[941] Ein Verstoß gegen vertragsärztliche Pflichten kann in diesem Fall jedoch nur dann vorlie-

---

[937] *Wigge*, S. 451.
[938] *Wigge* beschreibt allerdings, dass im Rahmen der Überprüfung von Verträgen zur integrierten Versorgung in der Vergangenheit sowohl das Bundesversicherungsamt als auch das Bundessozialgericht sehr strenge Prüfungskriterien angelegt hätten und zudem die gesetzlichen Anforderungen an die Zulässigkeit dieser Selektivverträge in einer Weise ausgelegt haben, dass viele Verträge rückwirkend als rechtswidrig angesehen worden sind, S. 451.
[939] So die berechtigte Sorge von *Wigge*, S. 451 f. *Wigge* hatte daher zur Klarstellung zulässiger Zuwendungen und der gewünschten Privilegierung von Kooperationen und Verträgen zwischen Krankenkassen und Leistungserbringern folgende Gesetzesergänzung vorgeschlagen: „Ein unlauteres Handeln liegt nicht vor, wenn gesetzlich zulässige Vereinbarungen von Krankenkassen mit Leistungserbringern oder zwischen Leistungserbringern über finanzielle Anreize für die Mitwirkung an der Erschließung von Wirtschaftlichkeitsreserven oder die Verbesserung der Qualität der Versorgung getroffen werden." Der Gesetzgeber ist diesem Vorschlag im Gesetzestext zwar nicht gefolgt, hat jedoch zumindest in seiner Gesetzesbegründung eine vergleichbare Erklärung abgegeben, vgl. BT-Drs. 18/6446 v. 21.10.2015, S. 20.
[940] BT-Drs. 17/6906, v. 05.09.2011, S. 85.
[941] BT-Drs. 17/6906, v. 05.09.2011, S. 85.

gen, wenn die privatärztliche Versorgung dem Versicherten tatsächlich keinen zusätzlichen Vorteil bietet, wobei es auf den jeweiligen Einzelfall ankommt.[942]

Die Rechtsfolgen eines **Verstoßes gegen § 73 Abs. 7 SGB V** sind in der Norm selbst nicht ausdrücklich geregelt. Das tatbestandliche Vorgehen begründet jedoch ebenfalls einen Verstoß gegen die vertragsärztlichen Pflichten.[943]

6.7. Sanktionsmöglichkeiten

6.7.1. Sanktionsmöglichkeiten der KV nach § 81 Abs. 5 SGB V

Verstöße gegen vertragsärztliche Pflichten können verfolgt und sanktioniert werden. Die Disziplinargewalt über das Vertragsarztrecht wird gem. § 75 Abs. 5 SGB V von den Kassen(zahn)ärztlichen Vereinigungen ausgeübt. Sie überwachen somit die Einhaltung der vertragsärztlichen Pflichten und ergreifen gegebenenfalls die notwendigen Maßnahmen nach § 81 Abs. 5 SGB V. Da § 128 Abs. 5a SGB V nunmehr auch Pflichtverstöße bei Verstoß gegen die Verbotsregelungen des § 128 SGB V statuiert, ist die **Disziplinargewalt** der Kassen(zahn)ärztlichen Vereinigungen auf ein Fehlverhalten im Bereich der Versorgung mit Hilfsmitteln **ausgedehnt** worden.[944]

6.7.2. Sanktionsmöglichkeiten der Krankenkassen nach § 128 SGB V

Nach § 128 Abs. 3 SGB V haben darüber hinaus die **Krankenkassen** in eventuelle Verträge mit den Leistungserbringern geeignete Regelungen aufzunehmen und vertraglich sicherzustellen, dass Verstöße gegen die Verbote nach § 128 Abs. 1 und 2 SGB V angemessen geahndet werden. Für den Fall **schwerwiegender und wiederholter Verstöße** ist vorzusehen, dass **Leistungserbringer** für die Dauer von bis zu zwei Jahren von der Versorgung der Versicherten **ausgeschlossen** werden können.[945] Der Gesetzgeber begründet dies mit der „Gewährleistung einer wirksamen Abschreckung". Schwerwiegende Verstöße liegen nach der Ansicht des Gesetzge-

---

[942] *Wabnitz*, § 128 SGB V, Rn. 12.
[943] *Bäune*, in SGB V Kommentar, § 73, Rn. 23.
[944] *Schneider*, jurisPK-SGB V, § 128, Rn. 30. Die disziplinarischen Sanktionsmöglichkeiten der KV werden in Kap. 14.5.3.2, S. 290 f. dargestellt.
[945] Da der Ausschluss von der Versorgung einen erheblichen Eingriff in die Grundrechte der Leistungserbringer darstellt und von Gesetzes wegen nur für den Fall schwerwiegender und wiederholter Verstöße vorgesehen ist, wird bei Erstverstößen in der Regel eine vorherige Pflicht zur Abmahnung zu vereinbaren sein, vgl. *Luthe*, § 128, Rn. 23.

bers vor, wenn **Zuwendungen in erheblicher Höhe**[946] und über **längeren Zeitraum** gewährt worden sind.[947]

Um eine effektive Kontrolle zu ermöglichen, werden die **Krankenkassen verpflichtet**, über Anhaltspunkte für ein etwaiges Fehlverhalten auch die zuständigen **Kassen(zahn)ärztlichen Vereinigungen zu informieren**, § 128 Abs. 5 S. 2 SGB V. Diese Informationspflicht besteht immer dann, wenn Auffälligkeiten bei der Ausführung von Verordnungen von Vertragsärzten bekannt werden oder auf eine mögliche Zuweisung von Versicherten an bestimmte Leistungserbringer oder sonstige unzulässige Praktiken in der Zusammenarbeit mit Leistungserbringern hindeuten.[948] Gleiche Pflichten treffen die Krankenkassen nach § 128 Abs. 5 S. 3 SGB V, wenn Hinweise auf die Forderung oder Annahme unzulässiger Zuwendungen oder unzulässige Beeinflussung von Versicherten bestehen. Solche Auffälligkeiten liegen etwa dann vor, wenn die Hilfsmittelverordnungen eines Arztes regelmäßig und ohne ersichtlichen Grund nur von bestimmten Leistungserbringern ausgeführt werden.[949]

6.7.3. Sanktionsmöglichkeiten der Ärztekammer

Die Ärztekammern sind für die Überwachung des ärztlichen Berufsrechts zuständig. Da die in § 128 Abs. 4 bis 4b SGB V beschriebenen Formen der Kooperation auch berufsrechtlich zulässig sein müssen,[950] sind Krankenkassen verpflichtet, auch die **zuständigen Ärztekammern** über zulässige Kooperationen nach § 128 Abs. 4 bis 4a SGB V **zu informieren**, § 128 Abs. 4 S. 3 SGB V. Die gleiche Verpflichtung besteht nach § 128 Abs. 5 S. 1 und S. 3 SGB V, wenn sich Anhaltspunkte für ein Fehlverhalten bei der Versorgung mit Hilfsmitteln ergeben. Die Sanktionsmöglichkeiten der Ärztekammern bei Vorliegen eines Verstoßes gegen die Regelungen der jeweiligen Berufsordnung richten sich jeweils nach dem (Landes-)Gesetz über das Berufsrecht der Kammern.[951]

6.7.4. Sanktionsmöglichkeiten nach UWG

Verstöße gegen § 128 SGB V können zugleich **Verstöße gegen das UWG** darstellen. Dies gilt insbesondere für das Verbot der Zuweisung gegen Entgelt, weil es sich insoweit auch um eine **Marktverhaltensregel** im Sinne **des Wettbewerbsrechts handelt**.[952]

---

[946] Vgl. zum Vorteil großen Ausmaßes Kap. 14.1.4.1, S. 277 f.
[947] BT-Drs. 16/10609 v. 15.10.2008, S. 58.
[948] BT-Drs. 16/10609 v. 15.10.2008, S. 58.
[949] *Butzer*, § 128, Rn. 38.
[950] *Butzer*, § 128, Rn. 26.
[951] Vgl. zu den berufsrechtlichen Sanktionen Kap. 14.5.4, S. 291 f.
[952] *Schirmer*, S. 21, vgl. hierzu auch Kap. 3.4.2.2, S. 72 f.

Zwar regelt § 69 SGB V die Vertragsbeziehungen der Leistungsträger untereinander abschließend, was dazu führt, dass aus wettbewerbsrechtlicher Sicht **gegenseitige Ansprüche** aus UWG gesperrt sind. Die Norm des § 69 SGB V erfasst jedoch nur solche **Ansprüche** der Leistungsträger, in denen es unmittelbar um Handlungen in **Erfüllung** des ihnen übertragenen öffentlich-rechtlichen **Versorgungsauftrages** geht.[953] Die allgemeinen Grundsätze des Wettbewerbsrechts können demgegenüber für die Begründung von **Schadensersatzansprüchen** eines Vertragsarztes gegenüber einem konkurrierenden Leistungserbringer dann Anwendung finden, wenn der Konkurrent außerhalb der gesetzlichen Vorschriften ambulante Leistungen erbringt.[954] Die Abgrenzung im Einzelfall ist aber schwierig.[955]

6.8. Konkurrenz des § 128 SGB V zu anderen Regelungen

Die Verbote des § 128 SGB V treten selbständig neben einschlägige berufsrechtliche, wettbewerbsrechtliche und strafrechtliche Regelungen. Dies bedeutet zugleich, dass Spielräume, welche das Berufsrecht, das Wettbewerbsrecht und auch das Strafrecht bieten, im Rahmen des § 128 SGB V keine Auswirkungen auf den Umfang erlaubter Zusammenarbeitsformen haben.[956] Für die Auslegung des § 128 SGB V kommt es daher vorrangig auf dessen Text und seine immanenten Regelungszusammenhänge, gegebenenfalls auch auf die Begründungen des Gesetzgebers an. Erst wenn danach keine eindeutigen Ergebnisse auffindbar sind, können externe Regelungstatbestände ergänzend herangezogen werden.[957]

§ 128 SGB V geht insoweit auch dem Berufsrecht vor, selbst wenn im Berufsrecht die Möglichkeit von Kooperationsgemeinschaften zwischen Ärzten und Nicht-Ärzten zugelassen ist (sogenannte medizinische Kooperationsgemeinschaften gemäß § 23b MBO).[958] Daher darf im Rahmen berufsrechtlich zulässiger Kooperationen **keine Zuweisung gegen Entgelt** erfolgen. Schließlich sind gegenseitige Gewinnbeteiligungen oder Gewinnausschüttungen im Rahmen berufsrechtlich zulässiger Kooperationen in Bezug auf die Verordnung und Erbringung von Heil- und Hilfsmitteln im Bereich der gesetzlichen Krankenversicherung nach § 128 SGB V ebenfalls ausgeschlossen.[959]

---

[953] *Bäune*, in SGB V Kommentar, § 69, Rn. 11.
[954] BSG, Urt. v. 23.03.2011 – B 6 KA 11/10 R.
[955] *Bäune*, in SGB V Kommentar, § 69, Rn. 11.
[956] *Schirmer*, S. 13. Diese strenge Auffassung gilt jedoch nur, soweit nicht anders lautende Regelungen nach Sinn und Zweck vorrangig sind, so etwa § 5 MPBetreibV mit der dort geregelten Pflicht zur Einweisung und Schulung.
[957] *Schirmer*, S. 13.
[958] *Schirmer*, S. 13. Wenn z.B. Orthopäden mit Krankengymnasten und Masseuren oder Augenärzte mit Orthoptisten, Fachärzte für Humangenetik mit Biologen und Hals-Nasen-Ohrenärzte mit Logopäden zusammenarbeiten, ist dies grundsätzlich durch die Berufsordnung für Ärzte nicht verboten. Vgl. zu den vielfältigen Kooperationsmöglichkeiten auch Kap. 8, S. 161 ff.
[959] Ebenso *Schirmer*, S. 13; vgl. hierzu auch Kap. 6.4, S. 130 ff.

7 Weitere Normen zur Wahrung der Unabhängigkeit

7.1. Beschränkungen durch das Apothekengesetz

Das Apothekengesetz enthält mit den §§ 10, 11 ApoG zwei maßgebliche Regelungen, die die **Unabhängigkeit der Apotheker** gewährleisten sollen.

7.1.1. Bindungsverbot nach § 10 ApoG

Der Erlaubnisinhaber darf sich nicht verpflichten, bestimmte Arzneimittel ausschließlich oder bevorzugt anzubieten oder abzugeben oder anderweitig die Auswahl der von ihm abzugebenden Arzneimittel auf das Angebot bestimmter Hersteller oder Händler oder von Gruppen von solchen zu beschränken.

§ 10 ApoG stellt eine Einschränkung der Vertragsfreiheit des Apothekeninhabers dar, um dessen Unabhängigkeit zu gewährleisten.[960] Sie verbietet es, sich in wirtschaftliche Abhängigkeit von pharmazeutischen Herstellern und Händlern zu begeben und dient der **Korruptionsbekämpfung**.[961] Die Vorschrift **verbietet Beschränkungen des Arzneimittelangebotes**, um die Arzneimittelversorgung nicht zu beeinträchtigen und schützt zugleich die Unabhängigkeit und die Eigenverantwortlichkeit der Apotheker. Der Apotheker soll nicht in die Lage versetzt werden, die Abgabe eines verschriebenen Arzneimittels deshalb ablehnen zu müssen, weil er sich exklusiv an einen Konkurrenten gebunden hat.[962]

Nachdem Apotheker angesichts der beschränkten Tatbestandsvoraussetzungen dem Straftatbestand des § 299a StGB überwiegend nicht unterfallen werden,[963] verbietet jedenfalls die spezifische Vorschrift des § 10 ApoG entsprechende Bindungsverträge und ähnliche Absprachen der Apotheker mit Pharmaherstellern und Händlern. Ein Verstoß gegen § 10 ApoG kann als **Ordnungswidrigkeit** geahndet werden und zum **Widerruf der Apothekenbetriebserlaubnis** führen.[964]

7.1.2. Kooperations- und Zuweisungsverbote nach § 11 ApoG

(1) Erlaubnisinhaber und Personal von Apotheken dürfen mit Ärzten oder anderen Personen, die sich mit der Behandlung von Krankheiten befassen, keine Rechtsgeschäfte vornehmen oder Absprachen treffen, die eine bevorzugte Lieferung bestimmter Arzneimittel, die Zuführung von Patienten, die Zuweisung von Verschreibungen oder die Fertigung von Arzneimitteln ohne volle Angabe der Zusammensetzung zum Gegenstand haben.

---

[960] *Sieper*, § 10 ApoG, Rn. 1.
[961] *Prütting*, § 10 ApoG, Rn. 1.
[962] *Sieper*, § 10 ApoG, Rn. 1 m.w.N.
[963] Vgl. hierzu ausführlich Kap. 3.1.2, S. 29 ff.
[964] Vgl. hierzu Kap. 7.1.3, S. 150 f.

Das **Apothekengesetz** enthält in § 11 Abs. 1 ferner ein grundsätzliches Verbot der Vereinbarung von Rechtsgeschäften oder Absprachen, die eine bevorzugte Lieferung bestimmter Arzneimittel, die Zuführung von Patienten, die Zuweisung von Verschreibungen oder die Fertigung von Arzneimitteln ohne volle Angabe der Zusammensetzung zum Gegenstand haben.

7.1.2.1. Gesetzeszweck des § 11 ApoG

Die Vorschrift des § 11 ApoG[965] dient dem Ziel, die **Unabhängigkeit der Apotheker** gegenüber anderen Heilberufen zu wahren und hebt die vom Gesetzgeber ausdrücklich gewollte **strikte Trennung** zwischen dem **Beruf des Arztes** und dem **des Apothekers** einschließlich seines Personals hervor.[966] Verstöße gegen § 11 ApoG sind grundsätzlich geeignet, eine Unrechtsvereinbarung zu begründen.[967]

Die Regelung soll sicherstellen, dass der Erlaubnisinhaber einer Apotheke sich bei seinem Kontakt zu anderen Gesundheitsberufen wie insbesondere zu Ärzten, die Einfluss auf sein Entscheidungsverhalten haben, nicht von sachfremden und vor allem nicht von finanziellen Erwägungen leiten lässt.[968] Diese **Trennung soll somit gewährleisten**, dass der **Arzt** sich bei der Auswahl der Arzneimittel ausschließlich von fachlich-medizinischen Gesichtspunkten und seinem ärztlichen Gewissen leiten lässt und der **Apotheker** die ihm zugewiesene **Kontrollfunktion** bei der Belieferung von Verschreibungen gemäß § 17 ApBetrO sachlich und eigenverantwortlich wahrnimmt.[969]

Dem Patienten soll dadurch die Sicherheit gegeben werden, dass auch die Verordnung von Medikamenten durch den Arzt nur zum Zwecke seiner Heilung und nicht etwa wegen eines möglichen wirtschaftlichen Interesses des Arztes oder eines Dritten getroffen wird.[970] Zudem soll die Bestimmung des § 11 ApoG die **Wahlfreiheit des Patienten** gewährleisten.[971] Sie soll damit Verhaltensweisen der Apotheker entgegenwirken, die die ordnungsgemäße Versorgung der Bevölkerung mit Arzneimitteln beeinträchtigen können. Die Vorschrift des § 11 Abs. 1 ApoG stellt damit eine **Marktverhaltensregelung** im Sinne von § 3a UWG dar. Wegen des bezweck-

---

[965] Vgl. den Abdruck des gesamten Wortlauts des § 11 ApoG in Kap. 16.1.11, S. 321.
[966] OLG NRW, Beschl. v. 14.02.2013 – 13 A 2521/11; OLG Hamm, Urt. v. 29.08.2006 - 19 U 39/06; OVG NRW, Urt. v. 02.09.1999 – 13 A 3323/97.
[967] OLG Braunschweig, Beschl. v. 23.02.2010 – Ws 17/10 (allerdings noch unter der Annahme, der Kassenarzt sei Beauftragter im Sinne des § 299 StGB; im Ergebnis wurde die Strafbarkeit jedoch mangels Nachweis eines Verstoßes gegen § 11 ApoG verneint).
[968] BGH, Urt. v. 18.06.2015 – I ZR 26/14 m.w.N. (Zuweisung von Verschreibungen).
[969] BGH, Urt. v. 13.03.2014 – I ZR 120/13 m.w.N (Kooperationsapotheke).
[970] OVG NRW, Urt. v. 02.09.1999 – 13 A 3323/97.
[971] LSG Berlin-Brandenburg, Urt. v. 11.04.2008 – L 1 KR 78/07.

ten Schutzes der Gesundheit der Verbraucher sind Verstöße gegen sie regelmäßig geeignet, die Interessen der Verbraucher spürbar zu beeinträchtigen.[972]

Eine Parallelregelung zu § 11 ApoG findet sich im **Berufsrecht der Apotheker** – so beispielsweise in § 12 der Berufsordnung der Landesapothekerkammer Baden-Württemberg.[973]

7.1.2.2. Anwendungsbereich des § 11 ApoG

Die Norm statuiert in § 11 Abs. 1 S. 1 ApoG ein **grundsätzliches Abspracheverbot** zwischen Apothekern und Heildienstleistern.[974] Ausdrücklich werden zwar Absprachen und Rechtsgeschäfte genannt, jedoch kommt es nicht wesentlich auf die Unterscheidung zwischen ihnen an, da beide gleichermaßen verboten sind.[975]

Die Restriktionen des § 11 ApoG sind in ihrem **Anwendungsbereich relativ weit** und treffen neben dem **Apotheker** als Erlaubnisinhaber auch das **pharmazeutische Personal** und sonstige **Hilfspersonen** wie z.B. die Apothekerhelfer.[976] Ferner betrifft das Verbot auch **Ärzte**[977] und sonstige Personen, die sich mit der Behandlung von Krankheiten befassen, somit z.B. **Zahnärzte**, Tierärzte, Heilpraktiker,[978] Psychotherapeuten, Hebammen, aber auch Krankenpfleger und Arzthelfer(innen).[979]

7.1.2.3. Handlungsverbote des § 11 ApoG

§ 11 ApoG bezeichnet als Inhalt verbotener Rechtsgeschäfte und Absprachen **vier Handlungsalternativen**, nämlich

---

[972] BGH, Urt. v. 18.06.2015 – I ZR 26/14 (Zuweisung von Verschreibungen), damals noch bezogen auf § 4 Nr. 11 UWG; BGH, Urt. v. 08.01.2015 – I ZR 123/13 (Abgabe ohne Rezept).
[973] *„§ 12 Freie Apothekenwahl: Vereinbarungen, Absprachen und Handlungen, die eine bevorzugte Lieferung bestimmter Arzneimittel, die Zuführung von Patienten, die Zuweisung von Verschreibungen oder die Abgabe von Arzneimitteln ohne vollständige Angabe der Zusammensetzung zum Gegenstand haben oder zur Folge haben können, sind vorbehaltlich gesetzlich geregelter Ausnahmen unzulässig. Hierunter fallen insbesondere Vereinbarungen, Absprachen oder Handlungen, die zum Zwecke haben, dass a) Arzneimittel unter Decknamen oder Bezeichnungen verordnet werden, die nicht jedem Apotheker die Anfertigung oder bei Fertigarzneimitteln die Abgabe ermöglichen; b) Kunden an eine bestimmte Apotheke verwiesen werden, soweit dies gesetzlich nicht anders geregelt ist."*
[974] *Sieper*, § 11 ApoG, Rn. 1. Solche Absprachen können auch stillschweigend getroffen werden oder aus einer eingespielten Übung hervorgehen oder durch schlüssige Handlungen zustandekommen, vgl. OVG NRW, Urt. v. 02.09.1999 – 13 A 3323/97; OLG Hamm, Urt. v. 29.08.2006 – 19 U 39/06.
[975] *Senge*, § 11 ApoG, Rn. 3.
[976] *Senge*, § 11 ApoG, Rn. 1.
[977] So ausdrücklich OVG NRW, Urt. v. 02.09.1999 – 13 A 3323/97.
[978] Heilpraktiker sind demgegenüber vom Straftatbestand des § 299a StGB ausdrücklich nicht erfasst, vgl. hierzu Kap. 3.1.5, S. 37 ff.
[979] *Sieper*, § 11 ApoG, Rn. 1 mit Verweis auf OLG Karlsruhe, Urt. v. 14.06.2013 – 4 U 254/12.

- die bevorzugte Lieferung bestimmter Arzneimittel,
- die Zuführung von Patienten,
- die Zuweisung von Verschreibungen,
- die Fertigung von Arzneimitteln ohne volle Angabe der Zusammensetzung.

Die Absprache bzw. das Rechtsgeschäft müssen auf die **Zuweisung von Patienten** vom Arzt (bzw. dem „Behandler") an die Apotheke – insbesondere durch Zuweisung von Verschreibungen – oder aber von der Apotheke an den Arzt (bzw. den „Behandler") gerichtet sein.[980]

Allein der **Vorteil**, der durch die **Nähe einer Arztpraxis zu einer Apotheke** entsteht, stellt für sich genommen **keine Unrechtsvereinbarung** dar. Die mit der Ansiedlung einer Arztpraxis einhergehenden Vorteile für den Apotheker durch erhöhten Umsatz rezeptpflichtiger Medikamente beruhen auf dem Standortvorteil und der Entscheidung der Patienten, in gerade dieser Apotheke ihr Rezept einzulösen. Dass ein Apotheker Interesse daran hat, in seiner Nähe möglichst viele Arztpraxen unterzubringen, erschließt sich von selbst.[981]

Nach Ansicht des Landgerichts Limburg liegt ein Verstoß gegen § 11 ApoG vor, wenn in einer Arztpraxis im Rahmen des **Wartezimmerfernsehens** eine **bestimmte Apotheke präsentiert** wird.[982] Allgemeine Werbemaßnahmen sind indessen nur dann verboten, wenn entsprechende Rechtsgeschäfte und Absprachen vorausgehen.[983]

Unter **Zuweisung von Verschreibungen** zählt alles, was dazu dient, ärztliche Verschreibungen unter Ausschluss anderer Apotheken unmittelbar einer einzelnen Apotheke oder mehreren Apotheken anteilmäßig oder im Wechsel zukommen zu lassen.[984] Hierbei wird vorausgesetzt, dass der Patient gerade kein **Rezept** erhalten hat, vielmehr muss dieses **direkt vom Arzt** an die **Apotheke** weitergeleitet worden sein, die dem Patienten sodann die verschriebenen Arzneimittel abgibt. Die unmittelbare Abgabe von Arzneimitteln vom Apotheker an den Vertragsarzt ist im Rahmen der Arzneimittelversorgung ebenso wenig vorgesehen, wie die Auswahl der Apotheke durch den Arzt.[985] Denn bei einer solchen Verfahrensweise wird dem

---

[980] *Sieper*, § 11 ApoG, Rn. 1. Nach anderer Ansicht des OVG NRW kommt eine Zuführung von „Patienten" nicht in Betracht zwischen Arzt und Apotheker, da der Patient des Arztes nicht zugleich Patient des Apothekers, sondern nur dessen „Kunde" sei. Diese Tatbestandsvariante richte sich deshalb nur an den Apotheker und dessen Personal, OVG NRW, Urt. v. 02.09.1999 – 13 A 3323/97.
[981] OLG Braunschweig, Beschl. v. 23.02.2010 – Ws 17/10.
[982] LG Limburg, Urt. v. 17.12.2012 – 5 O 29/11.
[983] Zutreffend *Prütting*, § 11 ApoG, Rn. 5.
[984] OVG NRW, Urt. v. 02.09.1999 – 13 A 3323/97.
[985] LSG Berlin-Brandenburg, Urt. v. 11.04.2008 – L 1 KR 78/07 (Das LSG hatte den Vertragsarzt hierbei noch als „Vertreter der Krankenkasse" angesehen, was aber an der Aussage nichts ändert.).

Patienten die Freiheit genommen, die Apotheke, in der er ein vom Arzt ausgestelltes Rezept einlösen will, frei zu wählen.[986]

Das Verbot betrifft auch Absprachen, die auf die **bevorzugte Lieferung bestimmter Arzneimittel** oder auf die Fertigung von Arzneimitteln ohne volle Angabe der Zusammensetzung gerichtet sind, § 11 Abs. 1 S. 1 ApoG.

Eine unzulässige „Zuweisung von Verschreibungen" wurde von der Rechtsprechung auch angenommen, wenn eine **Apotheke** in erheblichem Umfang **Verordnungen unmittelbar vom Arzt** erhält und anschließend den Patienten die Arzneimittel aushändigt.[987] Eine unzulässige „Zuweisung von Verschreibungen" wurde von der Rechtsprechung ferner angenommen bei einer Vereinbarung zwischen der Arztpraxis und der Apotheke über einen regelmäßigen **Hol- und Bringdienst für hochpreisige Medikamente**.[988]

Eine „Zuweisung von Verschreibungen" im Sinne des § 11 Abs. 1 ApoG wurde hingegen **verneint** in Fällen, bei welchen der Arzt oder sein Personal das Rezept an seinen Patienten lediglich mit der **Bitte** aushändigt, dieses in einer **bestimmten Apotheke** einzulösen.[989] Ein Verstoß gegen § 11 ApoG komme allenfalls dann in Betracht, wenn die Einlösung des Rezepts auf einer „intensiven" und **den Patienten einschüchternden Empfehlung** des Arztes oder seines Personals beruhe, die Praxis dem Patienten gegenüber also **massiv** auftrete.[990]

Eine **Ausnahme** vom Zuweisungsverbot kann nach sozialrechtlichen Vorschriften auch dann angenommen werden, wenn der Lieferdienst an das Krankenbett vom klaren **Einverständnis des Patienten** gedeckt ist und im Rahmen des **Entlassmanagements** im Krankenhaus ausgeübt wird.[991]

---

[986] OVG NRW, Urt. v. 02.09.1999 – 13 A 3323/97.
[987] OLG NRW, Beschl. v. 14.02.2013 – 13 A 2521/11; LSG Berlin-Brandenburg, Urt. v. 11.04.2008 – L 1 KR 78/07.
[988] OLG Hamm, Urt. v. 29.08.2006 – 19 U 39/06; der Kaufvertrag über eine Apotheke wurde deshalb als sittenwidrig und damit als nichtig angesehen.
[989] OVG NRW, Urt. v. 02.09.1999 – 13 A 3323/97.
[990] Allerdings verbleibt dem Patienten selbst in einem solchen Fall die Möglichkeit des Einlösens in einer Apotheke seiner Wahl, wie das Gericht zutreffend feststellt, vgl. OVG NRW Urt. v. 02.09.1999 – 13 A 3323/97.
[991] BGH, Urt. v. 13.03.2014 – I ZR 120/13 (Kooperationsapotheke); vgl. zum Entlassmanagement auch Kap. 8.5.3, S. 183 ff.

7.1.2.4. Ausnahmen von den Verboten des § 11 Abs. 1 S. 1 ApoG

Ausdrückliche Ausnahmen von den in § 11 Abs. 1 S. 1 ApoG genannten Verboten finden sich zunächst in § 11 Abs. 1 S. 2 ApoG: Danach fallen die Vereinbarungen zwischen Vertragsärzten und Apotheken, die im Rahmen von **Verträgen zur integrierten Versorgung** nach § 140a SGB V getroffen werden,[992] ausdrücklich nicht unter die Verbotsvorschrift des § 11 Abs. 1 S. 1 ApoG.

Weitere Ausnahmetatbestände regeln die Absätze 2 bis 4. Nach § 11 Abs. 2 ApoG sind Apotheken, die **anwendungsfertige Zytostatika-Zubereitungen** im Rahmen des üblichen Apothekenbetriebs herstellen und direkt an Praxen zur unmittelbaren Applikation an Patienten abgeben, vom Zuweisungsverbot ausgenommen.[993] Diese **Ausnahme** gestattet allerdings **nur** die **Abgabe an den anwendenden Arzt**, nicht an den Patienten selbst.[994] Voraussetzung ist eine entsprechende Anforderung und die Abgabe direkt an den anfordernden Arzt.[995] Die Ausnahme findet keine Anwendung auf übrige Medikamente, die unmittelbar beim Patienten Anwendung finden und daher zum Zeitpunkt der Behandlung stets in der Praxis vorhanden sein müssen.[996]

Schließlich enthält § 11 Abs. 4 ApoG eine Ausnahmeregelung, die im Falle einer **Pandemie** unter weiteren Voraussetzungen Anwendung findet.[997]

Wird eine Apotheke unter den engen Bedingungen des § 9 ApoG zulässigerweise verpachtet, so darf die Höhe der Pacht ausnahmsweise vom Umsatz abhängig sein, § 8 S. 3 ApoG.[998] Die Kooperation der Apotheke mit einem Heim zur **Heimversorgung** ist nach § 12a ApoG auf der Grundlage eines Heimversorgungsvertrages zulässig, sofern die Genehmigung der zuständigen Behörde vorliegt.[999] Im Heimversorgungsvertrag dürfen allerdings ebenfalls keine unzulässigen Vorteile nach § 11 ApoG und § 229a, 299b StGB vereinbart werden.

7.1.3. Sanktionen und Rechtsfolgen

Wird gegen das Bindungsverbot nach § 10 ApoG oder gegen das Zuweisungsverbot nach § 11 Abs. 1 S. 1 ApoG verstoßen, ohne dass eine Ausnahmeregelung greift, sind die getroffenen Vereinbarungen zunächst nach § 134 BGB **nichtig,** wie § 12 ApoG ausdrücklich festlegt. Zudem stellen unzulässige Zuweisungen nach § 25 Abs.

---

[992] Vgl. zur integrierten Versorgung auch Kap. 8.5.1, S. 181 f.
[993] § 11 Abs. 2 ApoG gestattet allerdings nicht die Beteiligung von Ärzten an einer Gesellschaft mit Apothekern, die Zytostatika herstellen, so zu Recht LBG Heilberufe Münster, Urt. v. 06.07.2011 – 6t A 1816/09.T (Zytostatika).
[994] *Sieper*, § 11 ApoG, Rn. 5.
[995] *Sieper*, § 11 ApoG, Rn. 6.
[996] BGH, Urt. v. 18.06.2015 – I ZR 26/14 (Zuweisung von Verschreibungen).
[997] Vgl. den Wortlaut der Vorschrift in Kap. 16.1.11, S. 321.
[998] *Prütting*, § 4 ApoG, Rn. 9.
[999] Vgl. hierzu näher *Saalfrank*, Rn. 137 ff.

1 Nr. 2 ApoG eine Ordnungswidrigkeit dar, die nach § 25 Abs. 3 ApoG mit einer **Geldbuße von bis zu 20.000 Euro** geahndet werden kann.

Die Erlaubnis zum Betrieb einer Apotheke wird im Übrigen nur erteilt, wenn der Antragsteller eine **eidesstattliche Versicherung** darüber abgibt, dass er keine Vereinbarungen getroffen hat, die gegen § 8 Abs. 2, § 9 Abs. 1, § 10 oder 11 ApoG verstoßen. Wurde diese eidesstattliche Versicherung **falsch** abgegeben, so handelt es sich hierbei um eine **Straftat nach § 156 StGB**,[1000] die strafrechtliche Sanktionen in gleicher Höhe wie der Verstoß gegen die neuen Korruptionstatbestände der §§ 299a, 299b StGB nach sich ziehen kann. Rechtswidrige Vereinbarungen, die erst nach Erteilung der Erlaubnis getroffen werden, führen zum **Widerruf der Betriebserlaubnis** nach § 4 Abs. 2 ApoG.[1001]

Verstöße gegen das Zuweisungsverbot können auch Auswirkungen auf den **Vergütungsanspruch** des Apothekers gegenüber den Krankenkassen haben.[1002] So ist es der Krankenkasse gestattet, Arzneimittel, die unter Verstoß gegen § 11 Abs. 1 ApoG direkt an die Arztpraxis geliefert werden, zu retaxieren, also den bereits an den Apotheker erstatteten Betrag zurückzuverlangen oder zu verrechnen.[1003]

Die in § 11 Abs. 1 S. 1 ApoG geregelten Tatbestände sind darüber hinaus **Marktverhaltensregelungen** im Sinne des § 3a UWG, deren Verletzung geeignet ist, die Interessen der Verbraucher und Mitbewerber spürbar zu beeinträchtigen.[1004] Ein Verstoß gegen § 11 ApoG ist zugleich **wettbewerbswidrig** und kann im Wege des Wettbewerbsprozesses untersagt werden.[1005]

Aus **vertragsärztlicher Sicht** kommt ein Verstoß gegen §§ 73, 128 SGB V in Betracht.[1006]

[1000] „Wer vor einer zur Abnahme einer Versicherung an Eides Statt zuständigen Behörde eine solche Versicherung falsch abgibt …. wird mit Freiheitsstrafe bis zu drei Jahren oder mit Geldstrafe bestraft."
[1001] *Sieper*, § 12 ApoG, Rn. 1; vgl. hierzu auch OLG Hamm, Urt. v. 29.08.2006 – 19 U 39/06.
[1002] *Saalfrank*, Rn. 59; LSG Berlin-Brandenburg, Urt. v. 11.04.2008 – L 1 KR 78/07.
[1003] LSG Berlin-Brandenburg, Urt. v. 11.04.2008 – L 1 KR 78/07. Der Apotheker erhielt daher die Direktlieferungen größerer Mengen an Botox an eine Nervenärztin – trotz ärztlicher Verordnung und medizinischer Notwendigkeit – in Höhe von ca. 45.000,- € nicht erstattet, weil die Direktlieferung unzulässig war.
[1004] Vgl. hierzu Kap. 3.4.2.2, S. 72 f.
[1005] Dies gilt allerdings nur für diejenigen, die auch Adressaten des § 11 ApoG sind (also Apotheker), nicht jedoch für „dritte Störer" (etwa der Anbieter eines TV-Wartezimmers); vgl. BGH, Urt. v. 12.03.2015 – I ZR 84/15 (TV-Wartezimmer), das Urteil ist allerdings für die *Autorin* nicht wirklich nachvollziehbar.
[1006] *Sieper*, § 11 ApoG, Rn. 2; vgl. hierzu Kap. 6, S. 121 ff.

7.2. Beschränkungen durch das Heilmittelwerbegesetz

7.2.1. Das allgemeine Zugabeverbot des § 7 Abs. 1 HWG

Eine weitere bedeutende Regelung zur Wahrung der Unabhängigkeit der Freiberufler findet sich in § 7 HWG mit dem dort verankerten Zugabeverbot.[1007]

> *(1) Es ist unzulässig, Zuwendungen und sonstige Werbegaben (Waren oder Leistungen) anzubieten, anzukündigen oder zu gewähren oder als Angehöriger der Fachkreise anzunehmen...*

Die Vorschrift des § 7 Abs. 1 HWG enthält ein **grundsätzliches Verbot**, im Zusammenhang mit der Werbung für Heilmittel[1008] **Zuwendungen** oder sonstige **Werbegaben** anzubieten, anzukündigen oder zu gewähren oder als Angehöriger der Fachkreise anzunehmen, wenn keiner der in § 7 Abs. 1 S. 1 Nr. 1 bis 5 HWG geregelten **Ausnahmetatbestände** vorliegt.[1009] Die **Norm gilt** dabei sowohl für die Werbung gegenüber dem **allgemeinen Publikum**, also den Verbrauchern bzw. den **Patienten**, als auch für die Werbung **innerhalb der Fachkreise**.[1010]

Zu den **Fachkreisen** gehören die Angehörigen der Heilberufe oder des Heilgewerbes, Einrichtungen die der Gesundheit von Mensch und Tier dienen, oder sonstige Personen, soweit sie mit Arzneimitteln, Medizinprodukten, Verfahren, Behandlungen, Gegenständen oder anderen Mitteln erlaubterweise Handel treiben oder sie in Ausübung ihres Berufes anwenden.[1011] Das grundsätzliche Verbot von Werbegaben gilt gemäß § 1 Abs. 1 Nr. 1a HWG auch für die Werbung **für Medizinprodukte** im Sinne von § 3 MPG.[1012]

[1007] Das HWG hat allgemein zum Zweck, die Bevölkerung vor Gesundheitsgefahren zu schützen, die im Bereich der Heilmittelwerbung auftreten können, wenn die Patienten durch unsachliche Werbung zum Konsum oder Gebrauch der Heilmittel bewogen werden. Die Werbeverbote sollen insbesondere der Gefahr der missbräuchlichen Anwendung der Heilmittel entgegenwirken, die durch Werbung entstehen kann, BGH, Urt. v. 03.12.1998 – I ZR 119/96 (Hormonpräparate). Anlass für das seit 1965 bestehende HWG war Ende der fünfziger Jahre die Werbung für das Schlafmittel Contergan, wonach dieses angeblich auch für schwangere Frauen gut geeignet sei.

[1008] Der Begriff des „Heilmittels" nach HWG unterscheidet sich vom Heilmittelbegriff nach SGB V (vgl. hierzu Kap. 3.3.1.3, S. 57.) Heilmittel im Sinne des HWG sind Arzneimittel, Medizinprodukte und „andere Mittel, Verfahren, Behandlungen und Gegenstände" sowie „operative plastisch-chirurgische Eingriffe" im Sinne des § 1 HWG, vgl. hierzu auch *Mand*, HK-AKM, Rn. 2.

[1009] Hierzu wird auf die Ausführungen in Kap. 10.5, S. 218 ff. verwiesen.

[1010] *Sosnitza*, § 7 HWG, Rn. 15. Vgl. weiter zu den Werbeadressaten *Mand*, HK-AKM, Rn. 29.

[1011] Vgl. die Definition in § 2 HWG, vgl. auch § 3 FSA-Kodex Fachkreise. Der Begriff der Fachkreise im Sinne des HWG ist deutlich weiter gefasst als der Begriff der „Angehörigen der Heilberufe" nach §§ 299a, 299b StGB, vgl. hierzu Kap. 3.1, S. 29 ff. Denn der Begriff Fachkreise umfasst – im Gegensatz zu §§ 299a, 299b StGB – auch die sogenannten „Gesundheitshandwerker", Heilpraktiker, alle Klinik- oder Praxismitarbeiter mit oder ohne akademische Ausbildung sowie alle Mitarbeiter der Pharma- oder Medizinprodukteindustrie.

[1012] BGH, Urt. v. 06.11.2014 – I ZR 26/13 (Kostenlose Zweitbrille).

7.2.2. Sinn und Zweck des Zugabeverbotes

Die Spezialregelung des § 7 Abs. 1 HWG soll der abstrakten Gefahr einer **unsachlichen Beeinflussung** begegnen, die von einer Wertreklame ausgeht, weil und soweit diese geeignet ist, ein wirtschaftliches Interesse an der Verschreibung oder der Abgabe von Arzneimitteln zu wecken.[1013] Hierbei sind die **Beeinträchtigung** der **Therapiefreiheit** des Arztes, ein von sachfremden Interessen beeinflusstes Empfehlungs- und Beratungsverhalten des Apothekers oder ein von eben solchen Anreizen gesteuerter Arzneimittelkonsum die markantesten Beispiele.[1014]

Auch nach dem **Wegfall der Zugabeverordnung**[1015] liegt dem heilmittelwerberechtlichen Zugabeverbot der Zweck zugrunde, das Gewähren oder Annehmen von Zugaben zu untersagen. Denn Ärzte und Apotheker sollen die Entscheidung darüber, welches Medikament sie verschreiben oder empfehlen, allein im Interesse des Patienten treffen und sich dabei nicht davon leiten lassen, ob ihnen bei der Empfehlung oder Verschreibung eines bestimmten Präparats ein persönlicher Vorteil zufließt.[1016] In Bezug auf die Angehörigen der Gesundheitsberufe sollen durch das Zugabeverbot solche Werbepraktiken der Pharmaunternehmen unterbunden werden, die bei Behandlern einen **wirtschaftlichen Anreiz zu Verschreibung** oder **Abgabe von Arzneimitteln** wecken könnten.[1017]

7.2.2.1. Begriff der Werbegabe nach § 7 Abs. 1 HWG

Der Begriff der Zuwendungen und Werbegaben im Sinne des § 7 Abs. 1 HWG ist weit auszulegen. Er umfasst grundsätzlich **jede** aus Sicht des Empfängers nicht berechnete **geldwerte Vergünstigung**, die **im Zusammenhang mit der Werbung für ein oder mehrere konkrete Heilmittel** gewährt wird.[1018] Werbegaben sind somit alle Vergünstigungen, insbesondere **Waren oder Leistungen** sowie alle sonstigen Zuwendungen, die akzessorisch oder abstrakt zum Zwecke der Absatzförderung von Heilmitteln gewährt werden.[1019]

[1013] BGH, Urt. v. 17.08.2011 – I ZR 13/10 (Arzneimitteldatenbank); BGH, Urt. v. 25.04.2012 – I ZR 105/10 (Das große Rätselheft, m.w.N.); vgl. auch *Köhler*, § 3a UWG, Rn. 1.230.

[1014] *Brixius*, § 7 HWG, Rn. 7 m.w.N.; *Mand*, HK-AKM, Rn. 90.

[1015] Das Rabattgesetz und die Zugabeverordnung wurden mit Wirkung zum 25. Juli 2001 ersatzlos abgeschafft.

[1016] BGH, Urt. v. 23.02.2012 – I ZR 231/10 (Dentallaborleistungen) m.w.N. zur Rechtsprechung des BGH.

[1017] BGH, Urt. v. 25.04.2012 – I ZR 105/10 (Das große Rätselheft).

[1018] BGH, Urt. v. 06.11.2014 – I ZR 26/13 (Kostenlose Zweitbrille); BGH, Urt. v. 12.02.2015 – I ZR 213/13 (Fahrdienst zur Augenklinik); *Köhler*, § 3a UWG, Rn. 1.230; *Brixius*, § 7 HWG, Rn. 20.

[1019] *Brixius*, § 7 HWG, Rn. 20. Waren und Leistungen werden hierbei in einem weiten wettbewerbsrechtlichen Sinn verstanden, der über den gewöhnlichen handelsrechtlichen Sinn hinausgeht, vgl. *Sosnitza*, § 7 HWG, Rn. 16.

Der Begriff der Werbegabe setzt voraus, dass die **Vergünstigung unentgeltlich gewährt** wird.[1020] Als **unentgeltlich** gilt die Gabe aber auch dann, wenn ein **besonders günstiges Angebot** gewährt wird, wie beispielsweise ein Dental-Scanner zu 28 % des Normalpreises.[1021] Die **Werbegabe** wird **meist unabhängig vom Abschluss eines Geschäftes** gewährt, mit dem Ziel, den Beworbenen zum Bezug von Waren oder Leistungen zu bewegen.[1022]

Als mögliche Werbegaben kommen in Betracht:

- Bewirtungen,[1023]
- Unentgeltliche Beförderung,[1024]
- Überlassung von Fahrzeugen,[1025]
- Rabatte in Geld oder Naturalien,[1026]
- Erstattung von Werbekosten,[1027]
- Zugaben wie Multimediageräte,[1028]
- Einkaufsgutscheine,[1029]
- Treuepunkte,[1030]
- Medizinische Geräte wie Fieberthermometer,[1031]
- Kostenlose Zweitbrille.[1032]

Auch **Muster und Proben** können **Werbegaben** im Sinne des § 7 HWG sein, was jedoch davon abhängig ist, ob sie vordergründig der **Absatzförderung** (dann Werbegaben) oder lediglich der **Information** und ihrer **Erprobung durch Fachkreise** dienen sollen.[1033] Der Verweis des § 7 Abs. 1 S. 3 HWG auf **§ 47 Abs. 3 AMG** stellt klar, dass es Pharmaunternehmen nach den Vorgaben dieser Norm erlaubt bleibt, an die dort genannten Berufsgruppen wie etwa Ärzte, Zahn- und Tierärzte **Muster** von Fertigarzneimitteln **abzugeben**. Jedoch ist bei **Produktproben** die spezielle Vorschrift des § 11 Nr. 14 und Nr. 15 HWG zu beachten, die Werbung mit Produkt-

---

[1020] BGH, Urt. v. 30.01.2003 – I ZR 142/00 (Kleidersack); kritisch dazu *Mand*, HK-AKM, Rn. 101.
[1021] OLG Köln, Urt. v. 23.02.2011 – 6 W 2/11.
[1022] *Pelchen/Anders*, § 7 HWG, Rn. 3.
[1023] Vgl. hierzu auch Kap. 13.2.5.3, S. 264 f. und Kap. 3.2.5.5, S. 50 f.
[1024] Dies ist nur in beschränktem Maße zulässig, vgl. Kap. 10.5.4, S. 221.
[1025] *Pelchen/Anders*, § 7 HWG, Rn. 3.
[1026] OLG Frankfurt a.M., Urt. v. 30.06.2005 – 6 U 53/05; vgl. hierzu Kap. 10.5.3, S. 220 f.
[1027] BGH, Urt. v. 05.11.1971 – I ZR 85/69.
[1028] LG Bielefeld, Beschl. v. 02.01.2008 - 15 O 1/07.
[1029] OLG Frankfurt a. M., Urt. v. 06.09.2012 – 6 U 143/11.
[1030] BGH, Beschl. v. 11.12.2003 – I ZR 68/01.
[1031] OLG Frankfurt, Beschl. v. 26.04.2011 – 6 U 44/11.
[1032] BGH, Urt. v. 06.11.2014 – I ZR 26/13 (Kostenlose Zweitbrille).
[1033] *Sosnitza*, § 7 HWG, Rn. 18.

proben außerhalb der Fachkreise gegenüber dem „Laienpublikum" generell verbietet.[1034]

Nicht als Werbegaben werden regelmäßig **reine Werbemittel** (Werbehilfen) angesehen, die ein Hersteller den Leistungserbringern kostenlos **zur Weitergabe an Endkunden** überlässt, sofern sie für den unmittelbaren Empfänger **keinen gewichtigen Vorteil** darstellen.[1035] Der **Begriff der Werbegabe** wird von der Rechtsprechung daher insoweit **einschränkend ausgelegt**, dass eine solche nur dann vorliegen kann, wenn ihr Anbieten, Ankündigen oder Gewähren zumindest die **abstrakte Gefahr** einer **unsachgemäßen Beeinflussung** des Werbeadressaten begründet.[1036] So hat der BGH die abstrakte Gefahr der Beeinflussung bei einem **Preisausschreiben für Apotheker** verneint, bei dem sich der Apotheker mit den Angaben in einer Werbebeilage näher befassen musste, was entsprechendes Fachwissen erforderte, um an der beiliegenden Verlosung teilzunehmen.[1037]

7.2.2.2. Zweitnutzen für Fachkreise durch die Werbegabe

Bei Geschenken und Werbegaben ist die **abstrakte Gefahr** einer **unsachgemäßen Beeinflussung** dann gegeben, wenn nicht die Werbung an Endverbraucher im Vordergrund steht, sondern ein **Zweitnutzen für den Angehörigen** des Heilberufs gegeben ist. Für den Zweitnutzen ist auf den Wert der Zuwendung abzustellen. Je höher dieser Wert ausfällt, desto eher ist ein Zweitnutzen zu bejahen.[1038] Der Zweitnutzen kann beispielsweise darin gesehen werden, dass Kunden einer Apotheke die Werbegabe des Unternehmens, die in der Apotheke ausliegt oder in die Einkaufstüte gegeben wird, als Zuwendung der Apotheke auffassen und somit die Attraktivität der Apotheke gesteigert wird. Dies hat der BGH im Fall der Abgabe eines Rätselheftes bejaht, das auch den Aufdruck der Apotheke trug, über die es an die Verbraucher ausgegeben wurde:

> *„Werbehilfen können allerdings zugleich Werbegaben sein, wenn sie dem Einzel- oder Zwischenhändler einen über die Werbung hinausgehenden gewichtigen Zweitnutzen bieten. ... Angesichts der Hinweise auf die jeweilige Apotheke auf der Titelseite und der Rückseite der Hefte sowie der Vielzahl der Rätsel in deren Inneren ... ist die tatrichterliche Würdigung ..., der Apotheker könne das Rätselheft als sein Werbegeschenk präsen-*

[1034] § 11 Abs. 1 Nr. 14 und 15 HWG bestimmen: *„Außerhalb der Fachkreise darf für Arzneimittel, Verfahren, Behandlungen, Gegenstände oder andere Mittel nicht geworben werden .... durch die Abgabe von Arzneimitteln, deren Muster oder Proben oder durch Gutscheine dafür (Nr. 14) .... durch die nicht verlangte Abgabe von Mustern oder Proben von anderen Mitteln oder Gegenständen oder durch Gutscheine dafür (Nr. 15)."*

[1035] Ein solcher „gewichtiger Vorteil" wurde von der Rechtsprechung etwa für Kalender oder unregelmäßig erscheinende Rätselhefte mit Herstelleraufdruck oder bei einem Tablet-PC zu Werbezwecken mit eingeschränktem Funktionsumfang verneint, vgl. *Fritzsche*, § 7 HWG, Rn. 8, vgl. zur Zulässigkeit geringwertiger Zugaben auch Kap. 10.5.2, S. 219 f.

[1036] BGH, Urt. v. 25.04.2012 – I ZR 105/10 (Das große Rätselheft); kritisch dazu *Mand*, HK-AKM, Rn. 101.

[1037] BGH, Urt. v. 12.12.2013 – I ZR 83/12 (Testen Sie Ihr Fachwissen).

[1038] *Schneider*, Erste Bestandsaufnahme, S. 58.

tieren, ohne selbst Kosten aufwenden zu müssen, aus Rechtsgründen nicht zu beanstanden".[1039]

7.2.2.3. Notwendigkeit des Produktbezugs der Zugabe

Grundvoraussetzung für die Anwendung des heilmittelrechtlichen Zugabeverbots ist allerdings der **Produktbezug**, da die bloße Werbung für das Unternehmen (Imagewerbung) heilmittelwerberechtlich nicht relevant ist.[1040] Werbegaben ohne Produktbezug werden somit von den Werbeverboten des § 7 HWG nicht erfasst. Ob eine produktbezogene Werbung vorliegt, ist auf Basis einer **Gesamtbetrachtung** des jeweiligen Einzelfalls zu beurteilen.[1041] Soweit Werbung auf ein konkretes Produkt abzielt, ist die Anwendung des HWG jedoch zwingend.[1042]

Nach dem Zweck der Vorschrift gilt das Werbeverbot somit nur für solche Werbung, die sich auf ein **konkretes** Arzneimittel oder anderes Heilmittel im Sinne des § 1 Abs. 1 Nr. 2 HWG bezieht.[1043] Verboten ist eine Werbung mittels Zugaben also nur im Rahmen der konkreten **Produktabsatzwerbung**.[1044] Wann eine solche vorliegt, ist stets individuell anhand des Einzelfalls zu prüfen, wobei es durchaus zu Abgrenzungsschwierigkeiten kommen kann.[1045]

7.2.2.4. Zulässige Image- oder Unternehmenswerbung

Vom **Zuwendungsverbot** des § 7 Abs. 1 HWG **nicht erfasst** ist die allgemeine Unternehmenswerbung (auch Imagewerbung, Vertrauenswerbung, Aufmerksamkeitswerbung), die ohne Bezugnahme auf bestimmte Produkte, Verfahren oder Behandlungen für Ansehen und Leistungsfähigkeit des Unternehmens allgemein wirbt.[1046] Nicht vom Zuwendungsverbot betroffen sind somit Werbegaben im Rahmen von nicht produktbezogenen **Imagekampagnen**,[1047] Sponsoring[1048] und ähnliche Aktivitäten ohne einen konkreten Produktbezug.[1049] Auch **Fort- und Weiterbildungsveranstaltungen**[1050] unterfallen daher nicht dem Zugabeverbot des § 7 HWG, da diese Veranstaltungen nur selten der unmittelbaren Absatzförderung dienen,

---

[1039] BGH, Urt. v. 25.04.2012 – I ZR 105/10 (Das große Rätselheft).
[1040] *Mand*, HK-AKM, Rn. 219; *Brixius*, § 7 HWG, Rn. 12 und § 1 HWG, Rn. 3 m.w.N. zur Rechtsprechung und Literatur; *Deutsch/Spickhoff*, S. 1151, Rn. 1880.
[1041] BGH, Urt. v. 17.06.1992 – I ZR 221/90.
[1042] *Brixius*, § 7 HWG, Rn. 12.
[1043] BGH, Urt. v. 21.06.1990 – I ZR 240/88.
[1044] *Fritzsche*, § 7 HWG, Rn. 4.
[1045] *Dieners*, Handbuch Compliance, S. 39; *Brixius*, § 7 HWG, Rn. 12.
[1046] *Köhler*, § 3a UWG, Rn. 1.221 m.w.N zur Rechtsprechung.
[1047] Vgl. unter anderem die von der *Autorin* erstrittenen Entscheidungen BVerfG, Beschl. v. 01.06.2011 – 1 BvR 233/10; 1 BvR 235/10.
[1048] Vgl. hierzu Kap. 13.1, S. 251 ff.
[1049] *Fritzsche*, § 7 HWG, Rn. 3.
[1050] Vgl. hierzu Kap. 13.2, S. 258 ff.

sondern typischerweise der medizinisch-wissenschaftlichen Information oder allenfalls der „allgemeinen Vertrauenswerbung".[1051] Der Nennung des Namens eines Sponsors für die Durchführung einer Veranstaltung fehlt es im Regelfall am notwendigen Produktbezug.[1052]

Für die Abgrenzung zwischen zulässiger Unternehmenswerbung und unzulässiger Produktwerbung soll es nach der Rechtsprechung darauf ankommen, ob nach dem **Gesamterscheinungsbild** der Werbung die **Darstellung des Unternehmens** oder aber die Anpreisung bestimmter oder zumindest **individualisierbarer Produkte** im Vordergrund steht.[1053]

7.2.2.5. Unzulässige Handlungsvarianten

Unzulässige Handlungen im Sinne des § 7 Abs. 1 HWG sind das **Anbieten, Ankündigen** oder das **Gewähren von Zugaben**. Das **Anbieten** ist jede Erklärung gegenüber anderen Personen, eine Ware oder Leistung zur Verfügung zu stellen.[1054] Unter **Ankündigen** versteht man jede Mitteilung für einen größeren unbegrenzten und unbestimmten Personenkreis, so beispielsweise in Prospekten, auf Etiketten oder auf Preislisten.[1055] Das **Gewähren** umfasst jede tatsächliche Leistung, unabhängig davon, ob ein Ankündigen oder ein Anbieten vorausgegangen sind.[1056] Ergänzend zu diesen Alternativen enthält § 7 Abs. 1 S. 1 Alt. 4 HWG für die Angehörigen der Fachkreise das **Verbot**, entsprechende Zuwendungen oder Werbegaben **anzunehmen**.

7.2.2.6. Unzulässige medizinische Gratisleistungen

Die Werbung mit medizinischen Gratisleistungen verstößt gegen das Zugabeverbot des § 7 Abs. 1 HWG. So ist beispielsweise die Werbung eines Augenarztes oder einer Augenklinik für einen unentgeltlichen „Lasik Quick-Check" unzulässig und

---

[1051] *Schloßer*, Rn. 53.
[1052] *Schloßer*, Rn. 53; *Fritzsche*, § 7 HWG, Rn. 15.
[1053] BGH, Urt. v. 31.10.2002 – I ZR 60/00 (Klinik mit Belegärzten), vgl. hierzu auch *Bahner*, Werberecht für Ärzte, S. 320 ff.; BGH, Urt. v. 26.03.2009 – I ZR 99/07 (DeguSmiles); BGH, Urt. v. 26. 3. 2009 – I ZR 213/06 (Festbetragsfestsetzung): *„Die bloße Unternehmenswerbung, die nur mittelbar den Absatz der Produkte des Unternehmens fördern und die Aufmerksamkeit des Publikums nicht auf bestimmte Arzneimittel lenken soll, ist vom Anwendungsbereich des Heilmittelwerbegesetzes ausgenommen, weil und soweit bei ihr nicht die Gefahren bestehen, denen das Heilmittelwerbegesetz mit der Einbeziehung produktbezogener Werbung in seinen Anwendungsbereich entgegenwirken will, dass nämlich ein bestimmtes, in seinen Wirkungen und Nebenwirkungen vom Publikum nicht überschaubares Mittel ohne ärztliche Aufsicht oder missbräuchlich angewandt werden könnte oder dass es dem Werbeadressaten ermöglicht würde, bei Arztbesuchen auf die Verschreibung eines bestimmten Arzneimittels zu drängen."*
[1054] *Sosnitza*, § 7 HWG, Rn. 20.
[1055] *Sosnitza*, § 7 HWG, Rn. 19.
[1056] BGH, Urt. v. 20.05.1960 – I ZR 93/59.

damit zugleich in wettbewerbsrechtlicher Hinsicht unlauter.[1057] Denn hierbei handelt es sich um eine unentgeltliche Zuwendung von nicht geringem Wert, die **keine handelsübliche Nebenleistung** mehr ist.[1058] Handelsüblich sind Nebenleistungen, wenn sie sich nach allgemeiner Auffassung der beteiligten Verkehrskreise **im Rahmen vernünftiger kaufmännischer Gepflogenheiten** halten. Die Angesprochenen dürfen die Leistung aber nicht als eine Besonderheit ansehen, sondern sie muss ihren **Erwartungen entsprechen**. Eine **Leistung**, die von dem Werbenden gerade als eine **Besonderheit** seines Angebots herausgestellt wird, kann daher **nicht** als **handelsüblich** angesehen werden.[1059] Die Gratisleistung stellt auch nicht nur eine Auskunft oder einen Ratschlag im Sinne der Ausnahmevorschrift des § 7 Abs. 1 S. 2 HWG dar.[1060] Denn die Mitteilung eines Untersuchungsergebnisses geht über eine Auskunft oder einen Ratschlag hinaus.[1061] **Unzulässig** ist auch ein **kostenloses ärztliches Beratungsgespräch**.[1062]

7.2.2.7. Bonussysteme und Zugabeverbot

Der Bundesgerichtshof hat in mehreren Entscheidungen zu Bonussystemen Stellung genommen. Diese sollen nicht grundsätzlich dem Anwendungsbereich des Heilmittelwerbegesetzes und dessen Restriktionen unterfallen.[1063] Die heilmittelwerberechtlichen Normen – und damit auch § 7 HWG – sollen in diesen Fällen allenfalls dann einschlägig sein, wenn sich die Bonusgaben nach dem Gesamterscheinungsbild des Prämiensystems und aus Sicht des adressierten Verbrauchers tatsächlich als **Werbung für konkrete Produkte** darstellen, wohingegen die Imageförderung des Unternehmens in den Hintergrund tritt.[1064]

Das Ausloben und Gewähren von **Prämien für den Bezug von Medizinprodukten** stellt beim Vorliegen der weiteren Voraussetzungen des § 7 Abs. 1 HWG allerdings eine produktbezogene und daher eine nach § 1 Abs. 1 Nr. 1a, § 7 HWG **verbotene Werbung** dar. Dies gilt unabhängig davon, ob die für die Gewährung der Prämien

---

[1057] OLG Köln, Urt. v. 20.05.2016 – I-6 U 155/15, 6 U 155/15. Dieser „Lasik Quick-Check" soll durch Einsatz einer sog. PentaCam und eines Autorefraktometers klären, ob eine Sehfehlerkorrektur mittels Lasik (Laseroperation) für die entsprechende Person grundsätzlich geeignet ist oder ob ein Ausschlusskriterium vorliegt. Nach einer offiziellen Abrechnungsempfehlung des Bundesverbandes für Augenärzte beträgt der übliche Preis zur Prüfung der Machbarkeit eines solchen Lasik-Eingriffs mindestens 80,- €.
[1058] Vgl. zur Zulässigkeit handelsüblicher Nebenleistungen Kap. 10.5.4, S. 221 f.
[1059] OLG Köln, Urt. v. 20.05.2016 – I-6 U 155/15, 6 U 155/15.
[1060] Vgl. hierzu Kap. 10.5.7, S. 224.
[1061] OLG Köln, Urt. v. 20.05.2016 – I-6 U 155/15, 6 U 155/15.
[1062] OLG München, Urt. v. 15.01.2015 – 6 U 1186/14. Die auf eine Augenlaserbehandlung bezogene kostenlose "Erstberatung und Eignungsprüfung" beinhaltete insbesondere die Messung der Sehstärke, die Dicke und Stabilität der Hornhaut und die Vorderkammertiefe der Augen.
[1063] BGH, Urt. v. 09.09.2010 – I ZR 26/09 (Bonus-Taler); anders noch BGH, Urt. v. 26.03.2009 – I ZR 99/07 (Degu Smiles).
[1064] *Brixius*, § 7 HWG, Rn. 15.

erforderlichen Prämienpunkte allein für genau benannte Medizinprodukte, für eine nicht näher eingegrenzte Vielzahl von Medizinprodukten oder sogar für das gesamte (neben Medizinprodukten auch andere Produkte umfassende) Sortiment angekündigt werden.[1065]

Unzulässig ist auch die Werbung einer Apotheke mit der Abgabe einer **Geschenkkarte** eines Internetversandhändlers im Wert von 5,- € oder 10,- € (je nach Kaufpreis) beim **Kauf eines Blutdruckmessgeräts**.[1066]

7.2.2.8. Zuwendungen bei Studien und Anwendungsbeobachtungen

Die **Beistellung von Geräten** im Zusammenhang mit Studien oder **Anwendungsbeobachtungen**[1067] kann heilmittelwerberechtlich ebenfalls relevant sein. Soweit die Beistellung zwingende Voraussetzung für die Teilnahme oder die ordnungsgemäße Durchführung einer Anwendungsbeobachtung durch den Arzt ist, sie diesem Zweck dient und auf die Anwendungsbeobachtung limitiert ist, droht kein Verstoß gegen § 7 HWG.[1068] Beides ist im Einzelfall zu ermitteln, im Zweifel auf Basis der jeweiligen Vertragsinhalte.

Zuwendungsrelevant kann ferner die an Ärzte geleistete **Aufwandsentschädigung** sein, die aufgrund des im Verhältnis zur Regelversorgung erhöhten Dokumentationsaufwands gezahlt wird.[1069] Diese Entschädigung darf einen angemessenen Umfang nicht überschreiten, keinen Anlass zur Verordnung des Arzneimittels bieten und muss den erbrachten Leistungen entsprechen.[1070] Ein Stundensatz für die Vergütung des Dokumentationsaufwands von 75,- €[1071] ist für die Berechnung der Vergütung der ärztlichen Tätigkeit bei einer Anwendungsbeobachtung in der Regel angemessen; ein Stundensatz von 150,- € hingegen unangemessen hoch.[1072] Soweit die Angemessenheitsschwelle nicht überschritten wird, liegt keine unzulässige Zuwendung im Sinne des § 7 HWG vor.[1073]

[1065] BGH, Urt. v. 26.03.2009 – I ZR 99/07 (Degu Smiles).
[1066] OLG Köln, Urt. v. 01.07.2016 – 6 U 151/15. Die Geschenkkarte stelle weder eine geringwertige Kleinigkeit dar (vgl. hierzu Kap. 10.5.2, S. 219 f.), noch einen nach § 7 Abs. 1 Nr. 2 HWG zulässigen Barrabatt (vgl. hierzu Kap. 10.5.3, S. 220 f.).
[1067] Vgl. hierzu Kap. 12.2, S. 238 ff.
[1068] *Brixius*, § 7 HWG, Rn. 26 ff. Die Nachweispflicht obliegt hier Zuwendendem und Empfänger gleichermaßen. Die Beistellung von Gerätschaften darf nicht Bestandteil der Vergütung sein, da diese nach § 18 Abs. 1 Nr. 6 FSA-Kodex Fachkreise nur in Geld bestehen darf.
[1069] Vgl. hierzu Kap. 12.2.3, S. 240.
[1070] Vgl. §§ 18, 19 FSA-Kodex Fachkreise.
[1071] Analog Ziffer 80 GOÄ je angefangene Stunde Arbeitszeit, vgl. auch *Broglie/Pranschke-Schade/Schade*, S. 1466 f.
[1072] FSA-Schiedsstelle, Entscheidung v. 09.02.2009 – FS II 5/08/2007. 12-217; vgl. hierzu auch die großzügigere Auffassung der *Autorin* in Fn. 1540, S. 240.
[1073] *Brixius*, § 7 HWG, Rn. 28.

7.2.3. Weitere Zugabeverbote des § 7 HWG und Rechtsfolgen

Ausdrücklich verboten bleibt nach § 7 Abs. 3 HWG jegliche Werbung mit der finanziellen Zuwendung oder Geldentschädigung für die Entnahme oder sonstige Beschaffung von Blut-, Plasma-, oder Gewebespenden zur Herstellung von Blut- und Gewebeprodukten und anderen Produkten zur Anwendung bei Menschen. Kein Verstoß gegen diese Norm liegt jedoch vor, wenn Organspendern eine Aufwandsentschädigung gewährt wird, die sich am unmittelbaren Aufwand orientiert, vgl. § 10 S. 2 Transfusionsgesetz.[1074]

Verstöße gegen § 7 HWG können nach § 15 Abs. 1 Nrn. 4, 4a, Abs. 3 HWG als Ordnungswidrigkeit mit einem **Bußgeld** von **bis zu 50.000,- €** geahndet werden. Das Verbot von Zugaben und Werbegeschenken ist eine **Marktverhaltensregelung** im Sinne des § 3a UWG und kann daher auch **wettbewerbsrechtlich** verfolgt werden.[1075] Dies geschieht in der Praxis deutlich häufiger als die Sanktion mit Bußgeldern.

[1074] BGH, Urt. v. 30.04.2009 - I ZR 117/07.
[1075] *Köhler*, § 3 UWG, Rn. 8.66; *Mand*, HK-AKM, Rn. 3; BGH, Urt. v. 12.02.2015 – I ZR 213/13 (Fahrdienst zur Augenklinik). Der Umstand, dass die Richtlinie 2005/29/EG über unlautere Geschäftspraktiken, die keinen dem § 3a UWG (zuvor § 4 Nr. 11 UWG) vergleichbaren Unlauterkeitstatbestand kennt, in ihrem Anwendungsbereich (Art. 3 der Richtlinie) zu einer vollständigen Harmonisierung des Lauterkeitsrechts geführt hat, steht der Anwendung der § 1 Abs. 1 Nr. 1a, § 7 Abs. 1 S. 1 HWG nicht entgegen. Die sich aus diesen heilmittelwerberechtlichen Vorschriften ergebende Beschränkung der Werbung mit Werbegaben stellt eine nationale Regelung in Bezug auf die Gesundheitsaspekte von Medizinprodukten dar. Da das Unionsrecht weder in der Richtlinie 93/42/EWG über Medizinprodukte noch in anderen Bestimmungen eine gemäß Art. 3 Abs. 4 der Richtlinie 2005/29/EG vorrangig anzuwendende Reglementierung der Werbung für Medizinprodukte enthält, bleibt die Regelung in § 1 Abs. 1 Nr. 1a, § 7 Abs. 1 S. 1 HWG von der Richtlinie 2005/29/EG nach deren Art. 3 Abs. 3 unberührt, vgl. BGH, Urt. v. 06.11.2014 – I ZR 26/13 (Kostenlose Zweitbrille).

8 Medizinische Kooperationen im Gesundheitswesen

Auch **Kooperationen** und die ihnen **zugrundeliegenden Verträge** stellen nach Ansicht des BGH grundsätzlich einen **Vorteil** im Sinne der §§ 299 ff. StGB dar.[1076] Der Gesetzgeber hat in den letzten Jahren allerdings eine Vielzahl von Kooperationsmöglichkeiten und damit moderne Versorgungsstrukturen geschaffen, die hierdurch in einem **Spannungsverhältnis** stehen: Einerseits will der Gesetzgeber eine stärkere Kooperation der Leistungserbringer im Gesundheitswesen fördern, um Sektorengrenzen zu überwinden und wettbewerbliche Elemente in das Gesundheitssystem zu implementieren.[1077] Andererseits existieren vielfältige Verbotsnormen bezüglich der Kooperationen zwischen den Leistungserbringern. Im Hinblick auf eine zwingend erforderliche Rechtssicherheit müssen diese erkennbar widerstreitenden Interessen und unterschiedlichen Zielsetzungen im Interesse aller Leistungserbringer harmonisiert werden.[1078]

8.1. Liberalisierung der Zusammenarbeit

Bereits mit dem Vertragsarztrechtsänderungsgesetz[1079] wurden neue Kooperationsmöglichkeiten zwischen den unterschiedlichen Leistungserbringern eingeführt.[1080] Völlig neu war insbesondere die (bis dahin unzulässige) Vereinbarkeit einer **vertragsärztlichen Tätigkeit** niedergelassener Ärzte mit einer **stationären Tätigkeit** bzw. einer **Zusammenarbeit mit** einem zugelassenen **Krankenhaus** nach § 108 SGB V oder einer Vorsorge- oder Rehabilitationseinrichtung nach § 111 SGB V.[1081] Ferner wurden neben den bekannten Berufsausübungsgemeinschaften an einem Standort (Gemeinschaftspraxen) auch sogenannte **überörtliche Berufsausübungsgemeinschaften** (ÜBAG) zugelassen, bei denen die Gesellschafter jeweils ihre Vertragsarztsitze innehaben, jeder Gesellschafter unter Einhaltung bestimmter Vorgaben aber an bis zu zwei weiteren Standorten der ÜBAG tätig sein kann, auch wenn sich diese in anderen Planungs- oder KV-Bezirken befinden.[1082] Weitere strukturelle Änderungen im Hinblick auf die Kooperationsmöglichkeiten schuf sodann das GKV-Versorgungsstrukturgesetz.[1083] Damit wurde die sogenannte „**ambulante spezialfachärztliche Versorgung**" gemäß § 116b SGB V als neue Versorgungs-

---

[1076] Vgl. hierzu Kap. 3.2.4.1, S. 43 ff.
[1077] *Halbe*, S. 168 ff.; *Hartmannsgruber*, S. 340, Rn. 305 ff.
[1078] So zutreffend *Halbe*, S. 168.
[1079] Gesetz vom 22.12.2006, BGBl. I S. 3439.
[1080] Vgl. den Überblick von der traditionellen Einzelpraxis zu den vielfältigen Kooperationsmöglichkeiten bei *Steinhilper,* Handbuch des Arztrechts, S. 431 ff.
[1081] *Halbe* bezeichnet dies sogar als „revolutionär", S. 171.
[1082] Vgl. hierzu auch *Halbe*, S. 171; vgl. hierzu auch nachfolgendes Kap. 8.1.2, S. 164 f.
[1083] Gesetz vom 22.12.2011, BGBl. I S. 2983.

form ausgestaltet, für die besondere Regelungen gelten.[1084] Ferner wurde der Betrieb sogenannter **"Praxisnetze"** im Rahmen des § 87 Abs. 4 SGB V gefördert.[1085] Schließlich wurde ein sogenanntes **"Entlassmanagement"** als Teil der Krankenhausbehandlung eingeführt, um Probleme beim Übergang in die ambulante Versorgung nach der Krankenhausbehandlung zu lösen.[1086]

8.1.1. Kooperationsmöglichkeiten nach SGB V

Folgende Kooperationsmöglichkeiten zwischen Leistungserbringern aus verschiedenen Versorgungsbereichen (beispielsweise Arzt und Krankenhaus) zur gemeinsamen Behandlung von Patienten sind für den Bereich der gesetzlichen Krankenversicherung im SGB V gesetzlich vorgesehen und wurden vom Gesetzgeber ausdrücklich als „gesundheitspolitisch erwünscht und im Interesse des Patienten" bestätigt:[1087]

- Gründung von Berufsausübungsgemeinschaften von Ärzten (auch fachübergreifend, auch ortsübergreifend, vgl. § 98 Abs. 2 Nr. 13a SGB V i.V.m. § 33 Abs. 2 (Zahn)Ärzte-ZV,[1088] auch als Teil-Berufsausübungsgemeinschaft,[1089] auch als MVZ nach § 95 Abs. 1 S. 2 SGB V[1090]),
- Gründung von Praxisnetzen nach § 87b Abs. 2 S. 2, Abs. 4 S. 1 SGB V,[1091]
- Kooperationsvereinbarungen über die Durchführung von vor- und nachstationären Behandlungen (§ 115a SGB V),[1092]

[1084] Vgl. hierzu *Szabados*, § 116b SGB V.
[1085] Im Bereich der Schnittstelle zwischen ambulantem und stationärem Versorgungsbereich war eines der Hauptziele eine bessere Koordination der Behandlungsabläufe zwischen Krankenhäusern, niedergelassenen Ärzten und weiteren medizinischen Einrichtungen, vgl. *Halbe*, S. 171.
[1086] § 39 Abs. 1 S. 4 SGB V, vgl. hierzu näher Kap. 8.5.3, S. 183 ff.
[1087] BT-Drs. 18/6446 v. 21.10.2015, S. 18.
[1088] Vgl. hierzu ausführlich *Möller* und *Michels/Möller*.
[1089] Vgl. zur Genehmigungsfähigkeit einer diabetologischen Teil-BAG BSG, Urt. v. 25.03.2015 – B 6 KA 21/14.
[1090] Vgl. zu den Medizinischen Versorgungszentren ausführlich *Möller/Dahm/Remplik*.
[1091] Praxisnetze können von den KVen gefördert werden, wenn mindestens 20 und höchstens 100 vertragsärztliche und psychotherapeutische Praxen aus mindestens 3 Facharztgruppen einschließlich der Hausärzte teilnehmen, vgl. zu den Praxisnetzen näher *Möller*, S. 1085, Rn. 478 ff.
[1092] „Das Krankenhaus kann bei Verordnung von Krankenhausbehandlung Versicherte in medizinisch geeigneten Fällen ohne Unterkunft und Verpflegung behandeln, um 1. die Erforderlichkeit einer vollstationären Krankenhausbehandlung zu klären oder die vollstationäre Krankenhausbehandlung vorzubereiten (vorstationäre Behandlung) oder 2. im Anschluß an eine vollstationäre Krankenhausbehandlung den Behandlungserfolg zu sichern oder zu festigen (nachstationäre Behandlung). Das Krankenhaus kann die Behandlung nach Satz 1 auch durch hierzu ausdrücklich beauftragte niedergelassene Vertragsärzte in den Räumen des Krankenhauses oder der Arztpraxis erbringen." Vgl. hierzu auch *Thomae*, Rn. 25 ff.

- Kooperationsvereinbarungen über ambulantes Operieren im Krankenhaus (§ 115b SGB V),[1093]
- Kooperationsvereinbarungen über die Durchführung ambulanter spezialfachärztlicher Versorgung (§ 116b SGB V),[1094]
- Verträge über sektorenübergreifende besondere Versorgungsform nach § 140a SGB V (sogenannte „integrierte Versorgung"),[1095]
- Kooperationsverträge zur Organisation eines Versorgungs- und Entlassmanagements nach §§ 11 Abs. 4, 39 Abs. 1a SGB V,[1096]
- Modellvorhaben nach §§ 63 ff. SGB V.[1097]

Der **Bundesverband Medizintechnologie** (BVMed) hat darüber hinaus die Forderung nach weiteren Kooperationsmöglichkeiten als „wichtig und auch politisch erwünscht" erhoben.[1098]

[1093] „Der Spitzenverband Bund der Krankenkassen, die Deutsche Krankenhausgesellschaft oder die Bundesverbände der Krankenhausträger gemeinsam und die Kassenärztlichen Bundesvereinigungen vereinbaren 1. einen Katalog ambulant durchführbarer Operationen und sonstiger stationsersetzender Eingriffe, 2. einheitliche Vergütungen für Krankenhäuser und Vertragsärzte. .... In der Vereinbarung ist vorzusehen, dass die Leistungen nach Satz 1 auch auf der Grundlage einer vertraglichen Zusammenarbeit des Krankenhauses mit niedergelassenen Vertragsärzten ambulant im Krankenhaus erbracht werden können." Vgl. hierzu ausführlich *Clement, Hänlein* und *Szabados*, § 115b SGB V.

[1094] „Die ambulante spezialfachärztliche Versorgung umfasst die Diagnostik und Behandlung komplexer, schwer therapierbarer Krankheiten, die je nach Krankheit eine spezielle Qualifikation, eine interdisziplinäre Zusammenarbeit und besondere Ausstattungen erfordern. ..." Vgl. hierzu ausführlich *Schroeder-Printzen*, S. 395 ff.

[1095] „Die Krankenkassen können Verträge mit den in Absatz 3 genannten Leistungserbringern über eine besondere Versorgung der Versicherten abschließen. Sie ermöglichen eine verschiedene Leistungssektoren übergreifende oder eine interdisziplinär fachübergreifende Versorgung (integrierte Versorgung) sowie unter Beteiligung vertragsärztlicher Leistungserbringer oder deren Gemeinschaften besondere ambulante ärztliche Versorgungsaufträge." Vgl. ausführlich zur integrierten Versorgung *Bäune*, in Handbuch Medizinrecht, S. 604 ff. und Kap. 8.5.1, S. 181 f.

[1096] Vgl. hierzu Kap. 8.5.3, S. 183 ff.

[1097] Nach § 63 Abs. 3 SGB V kann bei der Vereinbarung und Durchführung von Modellvorhaben von den Vorschriften des Vierten und des Zehnten Kapitels des SGB V, soweit es für die Modellvorhaben erforderlich ist, und des Krankenhausfinanzierungsgesetzes, des Krankenhausentgeltgesetzes sowie den nach diesen Vorschriften getroffenen Regelungen abgewichen werden. Damit kann bei Modellvorhaben insbesondere von den beiden Regelungen der §§ 73 Abs. 7 und 128 SGB V – beide im Vierten Kapitel des SGB V geregelt – abgewichen werden.

[1098] Genannt wurden folgende Kooperationsformen: Verkürzter Versorgungsweg in der Hörgeräteversorgung; Teilnahme eines Leistungserbringers an der integrierten Versorgung; Produktschulungen und kostenlose Demonstration der Produkte und Handhabungstechniken von Medizinprodukten, ggf. durch Inanspruchnahme von Ärzten oder Pflegepersonal als Referenten; Schulungen von Pflegekräften in Pflegeeinrichtungen und ambulanten Pflegediensten; Organisation von User-Meetings zu Erfahrungsaustausch und Falldiskussion zwischen Ärzten; wissenschaftliche Schulungen und Fortbildungen; kurzfristige Geräteüberlassungen zur Pro-

8.1.2. Kooperationsmöglichkeiten nach ärztlichem Berufsrecht

Auch nach dem (in den jeweiligen Berufsordnungen verankerten) **ärztlichen Berufsrecht** dürfen sich Ärztinnen und Ärzte zu Berufsausübungsgemeinschaften,[1099] Organisationsgemeinschaften, Kooperationsgemeinschaften und Praxisverbünden zusammenschließen, vgl. § 18 Abs. 1 S. 1 MBO.[1100]

Eine **Berufsausübungsgemeinschaft** ist ein Zusammenschluss von Ärzten untereinander, mit Ärztegesellschaften oder mit ärztlich geleiteten Medizinischen Versorgungszentren, die den Vorgaben des § 23a Abs. 1, a, b und d MBO entsprechen, oder dieser untereinander zur gemeinsamen Berufsausübung, § 18 Abs. 2a MBO.[1101] Der Zusammenschluss zur gemeinsamen Ausübung des Arztberufs kann auch zum **Erbringen einzelner Leistungen** erfolgen (sogenannte **Teil-Berufsausübungsgemeinschaft**), sofern er nicht einer Umgehung des § 31 MBO dient, § 18 Abs. 1 S. 2 MBO.[1102] Auch das Vertragsarztrecht gestattet die Teil-Berufsausübungsgemeinschaft,[1103] enthält jedoch in § 33 Abs. 2 S. 3 Ärzte-ZV ebenfalls ein Umgehungsverbot.[1104]

---

dukterprobung; Versorgungsforschungsprojekte und Post Market Surveillance nach dem Medizinproduktegesetz, vgl. www.medtech-kompass.de.

[1099] Vgl. hierzu *Weimer*.

[1100] Vgl. hierzu ausführlich *Möller* und *Michels/Möller*.

[1101] Eine gemeinsame Berufsausübung setzt die auf Dauer angelegte berufliche Zusammenarbeit selbständiger, freiberuflich tätiger Gesellschafter voraus. Erforderlich ist, dass sich die Gesellschafter in einem schriftlichen Gesellschaftsvertrag gegenseitig verpflichten, die Erreichung eines gemeinsamen Zweckes in der durch den Vertrag bestimmten Weise zu fördern und insbesondere die vereinbarten Beiträge zu leisten. Erforderlich ist weiterhin regelmäßig eine Teilnahme aller Gesellschafter der Berufsausübungsgemeinschaft an deren unternehmerischem Risiko, an unternehmerischen Entscheidungen und an dem gemeinschaftlich erwirtschafteten Gewinn, § 18 Abs. 2a S. 3 MBO.

[1102] Eine Umgehung liegt insbesondere vor, wenn der Gewinn ohne Grund in einer Weise verteilt wird, die nicht dem Anteil der persönlich erbrachten Leistungen entspricht, § 18 Abs. 1 S. 3 MBO. Die weitere Regelung des § 18 Abs. 1 S. 4 MBO, wonach die Anordnung einer Leistung, insbesondere aus den Bereichen der Labormedizin, der Pathologie und der bildgebenden Verfahren, keinen Leistungsanteil im Sinne des Satzes 3 darstellt, wurde vom BGH in einem von der *Autorin* durch alle Instanzen geführten langjährigen Gerichtsverfahren schließlich zu Recht für verfassungswidrig erklärt, vgl. BGH, Urt. v. 15.05.2014 – I ZR 137/12. Diese Entscheidung ist – auch wenn sie für eine privatärztliche Teilgemeinschaftspraxis getroffen wurde – entgegen der Auffassung von *Rompf* (S. 572) selbstverständlich auch übertragbar auf das gleichlautende Verbot von Teilberufsausübungsgemeinschaften nach § 33 Abs. 2 S. 4 Ärzte-ZV, da beide Verbote ursprünglich denselben Zielen dienten, jedoch unverhältnismäßig und damit verfassungswidrig sind. Dies gilt auch für § 33 Abs. 2 S. 4 Ärzte-ZV, weshalb es für die *Autorin* nicht nachvollziehbar ist, dass diese Regelung nicht ebenfalls längst aufgehoben wurde.

[1103] Vgl. zur Pflicht des Zulassungsausschusses, eine Teil-BAG zu genehmigen BSG v. 25.03.2015 – B 6 KA 21/14 R.

[1104] § 33 Abs. 2 S. 3 Ärzte-ZV lautet: *„Die gemeinsame Berufsausübung bezogen auf einzelne Leistungen, ist zulässig, sofern diese nicht einer Umgehung des Verbots der Zuweisung von*

Zulässig ist auch die **Zugehörigkeit zu mehreren Berufsausübungsgemeinschaften**, § 18 Abs. 3 MBO. Ärzte können hierbei auch in der Form der **juristischen Person** des Privatrechts ärztlich tätig sein, § 23a MBO. Bei allen Formen der ärztlichen Kooperation muss die **freie Arztwahl** gewährleistet bleiben, § 18 Abs. 4 MBO.

Ärzte können sich auch mit selbständig tätigen und zur eigenverantwortlichen Berufsausübung befugten Berufsangehörigen **anderer akademischer Heilberufe** im Gesundheitswesen oder staatlicher Ausbildungsberufe im Gesundheitswesen sowie anderen **Naturwissenschaftlern** und Angehörigen **sozialpädagogischer Berufe** – auch beschränkt auf einzelne Leistungen – zur kooperativen Berufsausübung **zusammenschließen** (**medizinische Kooperationsgemeinschaft**), § 23b Abs. 1 MBO.[1105]

Ärzte dürfen ihren Beruf danach einzeln oder gemeinsam in allen für den Arztberuf zulässigen Gesellschaftsformen ausüben, wenn ihre eigenverantwortliche, medizinisch unabhängige sowie nicht gewerbliche Berufsausübung gewährleistet ist. **Ärzte** dürfen nach einer aktuellen Entscheidung des **Bundesverfassungsgerichts** sogar **mit Rechtsanwälten und Apothekern** zusammenarbeiten.[1106] Bei beruflicher Zusammenarbeit, gleich in welcher Form, haben Ärzte jedoch stets die Einhaltung der ärztlichen Berufspflichten zu gewährleisten, § 18 Abs. 2 MBO.

8.1.3. Zielsetzung der Reglementierung der Kooperationen

Es ist festzustellen, dass die zuvor beschriebenen sozial- und berufsrechtlichen Regelungen **vergleichbare Zielsetzungen** haben:

- Schutz der ärztlichen Behandlungsfreiheit und Gewährleistung der Unabhängigkeit der Entscheidung von sachfremden Erwägungen,
- Sicherstellung einer ordnungsgemäßen Patientenversorgung, die ausschließlich am Wohl des Patienten ausgerichtet ist,
- Schutz des Grundsatzes der freien Arztwahl als Ausdruck des Selbstbestimmungsrechts des Patienten,
- Schutz der Äquivalenz zwischen Leistung und Gegenleistung zur Verhinderung ungerechtfertigter – insbesondere wirtschaftlicher – Vorteile,
- Sicherstellung der Finanzierbarkeit des Gesundheitssystems.[1107]

Versicherten gegen Entgelt oder sonstige wirtschaftliche Vorteile nach § 73 Abs. 7 des Fünften Buches Sozialgesetzbuch dient".

[1105] Die Kooperation ist in der Form einer Partnerschaftsgesellschaft nach dem PartGG oder aufgrund eines schriftlichen Vertrages über die Bildung einer Kooperationsgemeinschaft in der Rechtsform einer Gesellschaft bürgerlichen Rechts oder einer juristischen Person des Privatrechts gemäß § 23a MBO gestattet.

[1106] BVerfG, Beschl. v. 12.01.2016 – 1 BvL 6/13.

[1107] *Halbe*, S. 168 m.w.N.

8.2. Niedergelassene Ärzte in der stationären Versorgung

Zwar war es zunächst rechtlich umstritten, inwieweit niedergelassene Vertragsärzte unter Beibehaltung ihrer eigenen Praxis in einen Versorgungsauftrag des Krankenhauses einbezogen werden können.[1108] Dies hat der Gesetzgeber zwischenzeitlich klargestellt und gesetzlich geregelt, dass niedergelassene Vertragsärzte befugt sind, im Auftrag eines Krankenhauses **vor- und nachstationäre Leistungen zu** erbringen, auch in der Praxis des Vertragsarztes.[1109] Ebenso ist klargestellt, dass auch niedergelassene Vertragsärzte bei ambulanten Operationen eines Krankenhauses hinzugezogen werden können, mit der Folge der Abrechnung dieser Leistungen als Krankenhausleistung.[1110]

Die sektorenübergreifende und interdisziplinäre Kooperation zwischen niedergelassenen Ärzten und Krankenhäusern ist allerdings keinesfalls neu, wie insbesondere das **Belegarztwesen** und die **konsiliarärztliche Tätigkeit** zeigen. Die Heranziehung externer Ärzte zur Unterstützung der Klinik bei der stationären Behandlung – sowohl der eigenen als auch der fremden Patienten – ist vielmehr schon seit Jahrzehnten **etabliert**.

8.2.1. Der Belegarzt

Ein Belegarzt ist ein **niedergelassener Vertragsarzt**, dem **zusätzlich** die **Möglichkeit der Krankenhausbehandlung** eingeräumt wird.[1111] Die Tätigkeit der Belegeärzte ist eine der ältesten Formen der „Verzahnung" und kollidiert nicht mit dem Verbot der unerlaubten Zuweisung.[1112] Sie ist für die vertragsärztliche Versorgung in § 121 SGB V, §§ 39, 40 BMV-Ä und in § 18 Krankenhausentgeltgesetz geregelt und definiert:

> „Belegärzte sind nicht am Krankenhaus angestellte Vertragsärzte, die berechtigt sind, ihre Patienten (Belegpatienten) im Krankenhaus unter Inanspruchnahme der hierfür bereitgestellten Dienste, Einrichtungen und Mittel stationär oder teilstationär zu behandeln, ohne hierfür vom Krankenhaus eine Vergütung zu erhalten."

Zu den **Belegpatienten** gehören sowohl **eigene Patienten** des Belegarztes als auch an ihn zur belegärztlichen Behandlung **überwiesene Patienten**. Für die Versorgung der Belegpatienten werden die vom Krankenhaus bereitgestellten Dienste, Einrichtungen und Mittel in Anspruch genommen, also alle personellen und sächlichen Hilfen, die das Krankenhaus als Träger allgemein und speziell für den Belegarzt bereithält.[1113] Im herkömmlichen Belegarztmodell, in dem der Belegarzt keine Ver-

---

[1108] *Schirmer*, S. 18. Vgl. hierzu auch *Kuhla/Bedau*, S. 722, Rn. 145 ff. und *Clement*, Rn. 66a.
[1109] Vgl. hierzu Fn. 1092, S. 162.
[1110] Vgl. hierzu Fn. 1093, S. 163.
[1111] Vgl. zum Belegarzt ausführlich *Peikert*, HK-AKM, Nr. 805.
[1112] *Wollersheim*, S. 163.
[1113] Dies sind insbesondere ärztliche und pflegerische Hilfeleistungen, nichtärztliche Gesundheitsleistungen wie Ergotherapie, Krankengymnastik sowie Labor- und Radiologieassistenz, vgl. *Trieb*, § 39, Rn. 3 f.

gütung vom Krankenhaus erhält, ist daher der Krankenhausträger gegenüber dem Patienten ausschließlich für die Unterbringungs-, Verpflegungs- und Pflegeleistungen verantwortlich. Die ärztlichen Leistungen hat ausschließlich der Belegarzt zu erbringen, die dieser mit der Kassenärztlichen Vereinigung abrechnet.[1114]

Die belegärztliche Behandlung ist über § 73 Abs. 6 SGB V ausdrücklich in die vertragsärztliche Versorgung einbezogen. § 103 Abs. 7 SGB V berücksichtigt die **Interessen der Krankenhäuser mit Belegärzten** und ermöglicht unter bestimmten Voraussetzungen deren Zulassung, was Voraussetzung für eine belegärztliche Tätigkeit ist – trotz bestehender Zulassungsbeschränkungen.[1115]

Die Patienten, die der Belegarzt in das Krankenhaus einweist, werden auf der Grundlage eines mit dem Krankenhaus zu schließenden **Belegarztvertrages** grundsätzlich ausschließlich von diesem Arzt behandelt. Nach der klassischen Vergütungsvariante werden die Leistungen des Krankenhauses als gesonderte Fallpauschalen für Belegabteilungen gegenüber den Krankenkassen abgerechnet. Der Belegarzt erhält die Vergütung für seine belegärztlichen Leistungen aus der vertragsärztlichen Gesamtvergütung.[1116] Alternativ können Krankenhäuser nach neuerer Rechtslage mit Belegärzten auch Honorarvereinbarungen für die belegärztlichen Leistungen schließen und gegenüber den Krankenkassen 80 % der Fallpauschalen für Hauptabteilungen abrechnen. In diesem Fall treffen Krankenhaus und Belegarzt eine **Vergütungsvereinbarung**.[1117]

8.2.2. Der Konsiliararzt

Seit vielen Jahrzehnten gibt es ferner die Verzahnung zwischen Krankenhaus und Vertragsarzt in Form der **Beratung durch einen Konsiliararzt**. Die rechtlichen Voraussetzungen des Konsiliararztes sind in § 2 Abs. 2 S. 2 Nr. 2 Bundespflegesatzverordnung und im Krankenhausentgeltgesetz geregelt.

In der Regel zieht ein Krankenhaus den Konsiliararzt zwecks **ergänzender Klärung einer medizinischen Fragestellung** hinzu. Der Konsiliararzt unterstützt seine ärztli-

---

[1114] Vgl. dazu etwa *Bäune*, MedR 2014, S. 82 m.w.N.; *Hänlein*, § 121, Rn. 8 ff.

[1115] § 115 Abs. 2 Satz 1 Nr. 1 SGB V erklärt die Förderung des Belegarztwesens zum Vertragsinhalt der von den Gesamtvertragspartnern mit den Vereinigungen der Krankenhausträger zu schließenden gemeinsam Verträge mit dem Ziel, durch enge Zusammenarbeit zwischen Vertragsärzten und zugelassenen Krankenhäusern eine nahtlose ambulante und stationäre Behandlung der Versicherten zu gewährleisten. § 121 Abs. 1 SGB V regelt ergänzend die Förderung des Belegarztwesens, § 121 Abs. 3 bis 5 SGB V enthält Regelungen zur Vergütung, vgl. hierzu *Szabados*. § 18 Abs. 1 S. 1 KHEntG übernimmt die Definition nach § 121 Abs. 2 SGB V und definiert in Satz 2 weiter die Leistungen des Belegarztes, § 18 Abs. 2 und 3 KHEntG regeln die Krankenhausvergütung für Belegbetten, vgl. hierzu *Kutlu*; §§ 38 bis 41 BMV-Ä und §§ 30 bis 33 EKV-Ä regeln den Inhalt der belegärztlichen Tätigkeit, die Voraussetzungen der Anerkennung als Belegarzt und Fragen der Abrechnung und Vergütung, vgl. hierzu *Trieb*.

[1116] Voraussetzung ist allerdings eine Anerkennung des Belegarztes nach § 40 BMV-Ä.

[1117] Vgl. *Kutlu*, § 18 KHEntG, Rn. 7.

chen Klinikkollegen, indem er diese nach entsprechender Untersuchung des Patienten berät. Die konsiliarärztlich-beratende Tätigkeit niedergelassener Ärzte für Krankenhäuser ist ebenfalls **etabliert und zulässig**. Sie betrifft in der Regel **Fachgebiete, die am Krankenhaus nicht vertreten** sind,[1118] oder bei denen der **Konsiliararzt** in einem von Krankenhausseite vorgehaltenen Fachgebiet **als Spezialist eingesetzt** wird. Der niedergelassene Arzt erhält für die von ihm erbrachten Konsile aufgrund eines bestehenden **Konsiliararztvertrages** vom Krankenhaus die vereinbarte Vergütung. Das Krankenhaus wiederum rechnet die erbrachten Behandlungsleistungen gegenüber den Patienten oder den Krankenkassen ab. Der Konsiliararzt erbringt folglich **Leistungen für das Krankenhaus** und wird dafür **vom Krankenhaus** zulässigerweise **vergütet**.[1119]

Angesichts der neuen Vorschriften der §§ 299a, 299b StGB dürften allerdings künftig jedenfalls diejenigen „Konsiliararztverträge" anfällig für eine strafrechtliche Überprüfung sein, deren Sinn, Zweck und Nutzen sich nicht ohne Weiteres erschließt.[1120] Insoweit hilft die nachfolgend dargestellte dreistufige Prüfung, die insbesondere auf der zweiten Stufe den Bedarf und die Notwendigkeit der Beauftragung eines Konsiliararztes offenlegen wird.[1121]

8.2.3. Der Honorararzt

Die Einbeziehung von Vertragsärzten in die Leistungserbringung durch Krankenhäuser wird häufig unter dem Schlagwort „Honorararzt-Modell" diskutiert, wobei es eine eindeutige Definition des Begriffs „Honorararzt" nicht gibt.[1122] Als Honorararzt wird ein Facharzt verstanden, der im stationären und/oder ambulanten Bereich des Krankenhauses ärztliche Leistungen für den Krankenhausträger erbringt, ohne bei diesem angestellt oder als Belegarzt oder Konsiliararzt tätig zu sein.[1123]

Das **Honorararzt-Modell** entstand infolge der Änderung des § 20 Abs. 2 S. 2 Ärzte-ZV, wodurch es den niedergelassenen Vertragsärzten ermöglicht werden sollte, operative Leistungen – auch ohne den zuvor zwingend erforderlichen Belegarztstatus innezuhaben – an „eigenen" Patienten im Krankenhaus zu erbringen.[1124] Diese

---

[1118] Z.B. kinderärztliche Leistungen bei der Geburtshilfe oder augenärztliche Untersuchungen bei Diabetespatienten, vgl. *Wollersheim*, S. 163.
[1119] *Schirmer/Schröder*, S. 11.
[1120] Ein niedergelassener Hausarzt wird nur schwer als Konsiliararzt in Betracht kommen, auch nicht der niedergelassene Orthopäde in einer orthopädischen Universitätsklinik, während ein niedergelassener Neurochirurg in einem Kreiskrankenhaus sehr wohl als Konsiliararzt denkbar und notwendig sein kann.
[1121] Vgl. hierzu Kap. 8.4.3, S. 177.
[1122] *Wollersheim*, S. 161.
[1123] *Clausen*, ZMGR 2/2106, S. 82. Vgl. auch *Reiserer* und *Hanau* zum arbeits- und sozialversicherungsrechtlichen Status der Honorarärzte.
[1124] *„Die Tätigkeit in oder die Zusammenarbeit mit einem zugelassenen Krankenhaus nach § 108 des Fünften Buches Sozialgesetzbuch oder einer Vorsorge- oder Rehabilitationseinrichtung*

vom Gesetzgeber bewusst angestrebte Öffnung der bis dahin strikten Sektorengrenze zwischen ambulanter und stationärer Leistungserbringung[1125] sollte **Doppeluntersuchungen vermeiden** und dem Patienten eine **Versorgung aus einer Hand** ermöglichen, beginnend bei der ambulanten Diagnostik über die stationäre Versorgung bis hin zur Rehabilitation.[1126]

Aus der **Sicht der Krankenhäuser** werden folgende **Anlässe** für den **Einsatz von Honorarärzten** genannt:

- Belegungsschwankungen,
- Besetzungsschwierigkeiten,
- Einführung neuer medizinischer Verfahren.[1127]

In der Regel erbringt ein Honorararzt seine Leistungen nicht aufgrund eines eigenen Status. Vielmehr schließt er mit dem Krankenhaus einen Dienstvertrag nach § 611 BGB und wird als Erfüllungsgehilfe des Krankenhauses tätig, was nach einer Neuregelung des Krankenhausentgeltgesetzes seit 01.01.2013 grundsätzlich auch möglich und abrechnungsfähig ist.[1128] Es ist hierbei **grundsätzlich** auch **zulässig**, dass der im Krankenhaus tätige **Honorararzt zugleich in eigener Praxis** mit Vertragsarztzulassung **tätig ist**. Soweit die beiden Tätigkeitsfelder getrennt sind und keine weiteren Nebenabsprachen getroffen werden, ist die Tätigkeit eines Vertragsarztes als Honorararzt zulässig.[1129]

Zur **Vergütung der honorarärztlichen Leistungen** durch das Krankenhaus sind unterschiedliche Möglichkeiten denkbar: In Betracht kommt die Vergütung auf Basis der GOÄ, deren Anwendung im Verhältnis zwischen Krankenhaus und Honorararzt allerdings keinesfalls zwingend ist,[1130] oder die Berechnung nach Stundensätzen, nach pauschalen Festgehältern oder aber als Beteiligung an der DRG.[1131] Freilich muss der Vergütung auch eine tatsächliche Gegenleistung gegenüberstehen. Erhält der Vertragsarzt beispielsweise eine Vergütung des Honorararztes durch das Krankenhaus nur für die Einweisung des Patienten, stellt dies eine unzulässige Zuweisung gegen Entgelt dar und wäre künftig strafbar nach §§ 299a, 299b StGB.[1132]

---

nach § 111 des Fünften Buches Sozialgesetzbuch ist mit der Tätigkeit des Vertragsarztes vereinbar."

[1125] BT-Drs. 18/4095 v. 25.02.2015, S. 100 zu Nr. 40 (§ 92a und § 92b); vgl. hierzu auch Kap. 8.1, S. 161 ff.
[1126] *Pragal/Handel*, medstra 2016, S. 22.
[1127] *Hanau*, S. 77.
[1128] *Wollersheim*, S. 161 m.w.N. zur Entwicklung des Honorararztes.
[1129] *Wollersheim*, S. 162.
[1130] Vgl. BGH, Urt. v. 12.11.2009 – III ZR 110/09.
[1131] *Halbe*, S. 173, mit Verweis auf BGH, Urt. v. 12.11.2009 – III ZR 110/09.
[1132] So auch *Bäune*, in Handbuch Medizinrecht, S. 619 für die Vergütung im Rahmen von Verträgen der integrierten Versorgung nach § 140 SGB V.

8.3. Zuweisung und Verdienstchancen in Kooperationen

8.3.1. Zulässigkeit nach dem Willen des Gesetzgebers

Niedergelassene Ärzte dürfen also grundsätzlich auch kooperativ, interdisziplinär, überregional und stationär tätig sein und entsprechende Kooperationsvereinbarungen schließen. Sie dürfen ihre Patienten sodann auch ihrem Kooperationspartner zuweisen und schließlich für die Erbringung ihrer Leistungen einen Verdienst beanspruchen, wie der **Gesetzgeber** ausdrücklich **betont** hat:

> *Soweit im Rahmen der beruflichen Zusammenarbeit Verdienstmöglichkeiten eingeräumt werden, ist zu berücksichtigen, dass die berufliche Zusammenarbeit gesundheitspolitisch grundsätzlich gewollt ist und auch im Interesse des Patienten liegt.*[1133]

Die Gewährung angemessener Entgelte für heilberufliche Leistungen innerhalb einer Kooperation und dementsprechend die Verschaffung entsprechender Verdienstmöglichkeiten ist nach ausdrücklicher Gesetzesbegründung daher grundsätzlich zulässig; dies gilt beispielsweise bei einem **angemessenen Entgelt** für eine **ambulante Operation** nach § 115b Abs. 1 Satz 4 SGB V, die der niedergelassene Vertragsarzt in einem Krankenhaus erbringt, nachdem er den **Patienten dem Krankenhaus zuvor zugewiesen** hat.[1134] Dass solche Kooperationen denknotwendig auch mit einer **Lenkung der Patienten** einhergehen, dürfte nicht zu bestreiten sein.[1135]

Selbstverständlich wird ein niedergelassener Arzt durch eine **weitere Tätigkeit als Operateur** im Krankenhaus **weitere Einnahmen** erzielen und darf dies auch, selbst wenn er durch einen Vertrag mit attraktiver Vergütung einen entsprechenden Anreiz hat. Wäre der Anreiz zum Zusatzverdienst als strafrechtliche Unrechtsvereinbarung zu werten, wäre dies das Ende der vom Gesetzgeber erwünschten modernen Kooperationsformen.[1136]

Daher kann **ohne Hinzutreten weiterer Umstände** die **Honorierung** heilberuflicher Leistungen im Rahmen zulässiger beruflicher Zusammenarbeit grundsätzlich **nicht** den **Verdacht** begründen, dass die Einräumung der zugrundeliegenden Verdienstmöglichkeit als **Gegenleistung für die Zuweisung** des Patienten erfolgen soll und eine **Unrechtsvereinbarung** vorliegt.[1137]

Ebenso wenig kann ohne das Hinzutreten weiterer Umstände aus dem Vorliegen von auch **wechselseitigen Zuweisungen** auf ein konkludent verabredetes Gegenleistungsverhältnis zwischen den Zuweisungen und damit auf eine Unrechtsvereinbarung geschlossen werden.[1138] Die Gewährung von **Vorteilen**, die ihren **Grund** ausschließlich in der **Behandlung von Patienten** oder anderen heilberuflichen Leis-

---

[1133] BT-Drs. 18/6446 v. 21.10.2015, S. 18 mit Verweis auf *Halbe*, S. 170 f.
[1134] BT-Drs. 18/6446 v. 21.10.2015, S. 18 mit Verweis auf *Nebendahl*, § 73 SGB V, Rn. 20.
[1135] *Halbe*, S. 172.
[1136] So zutreffend *Halbe*, S. 172.
[1137] So der Gesetzgeber ausdrücklich in BT-Drs. 18/6446 v. 21.10.2015, S. 19.
[1138] BT-Drs. 18/6446 v. 21.10.2015, S. 19.

tungen finden, erfüllt nach ausdrücklicher Bekräftigung des Gesetzgebers nicht den Tatbestand der Bestechung bzw. Bestechlichkeit im Gesundheitswesen.[1139]

Voraussetzung ist hierbei, dass die im Rahmen der Kooperation ausgetauschten Leistungen und Gegenleistungen in einem **Äquivalenzverhältnis** stehen, und dass die notwendigen Vereinbarungen über die Kooperation keinerlei Regelungen enthalten, die einen – über die Durchführung der Kooperation hinausgehenden – Anreiz zur Einweisung von Patienten in ein bestimmtes Krankenhaus bieten.[1140] Entspricht das Entgelt für den niedergelassenen Kooperationsarzt hingegen nicht dem Wert der erbrachten heilberuflichen Leistung[1141] und wurde es nicht nachvollziehbar festgelegt, kann es eine **verdeckte „Zuweiserprämie"** enthalten und damit strafbar sein.[1142]

8.3.2. Zulässige Zuweisungen nach Ansicht der KBV

Die **Kassenärztliche Bundesvereinigung** weist in diesem Zusammenhang ebenfalls darauf hin, dass die vom Gesetzgeber gewollten Verbindungen zwischen ambulantem und stationärem Sektor zwangsläufig **besondere Beziehungen** zwischen Krankenhaus und kooperierendem niedergelassenen Arzt bedingen: Sie können für den niedergelassenen Arzt durchaus **Anlass** sein, Patienten gerade dieses Krankenhaus und nicht andere **Krankenhäuser zu empfehlen**. **Empfehlungen**, die aus solchen gewollten Kooperationen resultieren, sind **rechtlich** aber **nicht zu missbilligen**; insbesondere werden solche Auswirkungen als **unvermeidliche Begleiterscheinungen** der vom Gesetzgeber ausdrücklich gewünschten und im Interesse der Patienten liegenden Kooperation beider Sektoren toleriert.[1143]

8.3.3. Zur Angemessenheit der Vergütung

Da der Gesetzgeber im Interesse einer Verbesserung der Patientenversorgung die Kooperationsmöglichkeiten zwischen Vertragsärzten und Krankenhäusern konkret erweitert hat, muss eine **leistungsorientierte Vergütung** (auch nach der GOÄ) möglich sein. Dass sich für den Vertragsarzt insofern bessere Verdienstmöglichkeiten als

---

[1139] BT-Drs. 18/6446 v. 21.10.2015, S. 18.
[1140] Zudem müssen die Vereinbarungen dem niedergelassenen Arzt die Freiheit belassen, Patienten auch in andere Krankenhäuser einzuweisen. In jedem Fall muss sich – auch bei grundsätzlich zulässigen Kooperationen – jeder Vertragspartner ohne jede Zwangslage frei für oder gegen eine Kooperation entscheiden können, vgl. *Schirmer*, S. 20.
[1141] Vgl. zur Angemessenheit der Vergütung Kap. 8.3.3, S. 171 ff.
[1142] BT-Drs. 18/6446 v. 21.10.2015, S. 18 mit Verweis auf *Nebendahl*, § 73 SGB V, Rn. 20. *Tsambikakis* will den „Vorteil" bei zulässigen Kooperationsformen somit durch konkrete Betrachtung der Verknüpfung von Leistung und Gegenleistung am Tatbestandsmerkmal der Unrechtsvereinbarung wieder beschränken, S. 134 m.w.N.
[1143] Vgl. *Schirmer*, S. 20. Dies hat jedenfalls dann zu gelten, wenn die jeweilige Kooperation gemäß den einschlägigen, insbesondere sozialrechtlichen Vorschriften erfolgt.

bei der Abrechnung über die KV ergeben, dürfte in der Marktwirtschaft kein Hindernis, sondern einen gewollten Anreiz darstellen, sich überhaupt auf die notwendigen Kooperationen mit Krankenhäusern einzulassen.[1144]

Zulässig ist nach Ansicht der *Autorin* auch eine **umsatzbezogene Vergütung** entsprechend der **Anzahl** der durch den Kooperationsarzt **tatsächlich behandelten Patienten**. Denn auch Kliniken und Belegärzte erhalten ihre Vergütung auf Basis der tatsächlich durchgeführten Behandlungen. Die umsatzbezogene Vergütung eines **Honorararztes**, der ja im Zweifel gerade nicht angestellt ist, sondern freiberuflich zum Einsatz kommt, ist daher auch im Honorararztwesen zulässig, sofern nicht weitere Umstände auf eine mögliche Unrechtsvereinbarung hindeuten.

Welche Vergütung oder Honorierung angemessen ist, ist allerdings höchst umstritten, was schon dazu geführt hat, dass aufgrund des Gesetzes gegen Korruption im Gesundheitswesen eine große Anzahl von Verträgen (insbesondere Honorararztverträge mit Kliniken) gekündigt wurden.[1145] Es besteht derzeit eine enorme **Unsicherheit** bei allen Vertragspartnern, welche Art und Ausgestaltung von Kooperationen heute überhaupt noch zulässig ist. In der juristischen Praxis werden sogar Stimmen laut, dass die zuvor genannten vielfältigen Kooperationsmöglichkeiten im Grunde nur noch im Ausnahmefall zulässig seien. Diese **Entwicklung ist absurd** und **muss gebremst werden**.

8.3.3.1. Ruf nach Konkretisierung

Die mit dem Antikorruptionsgesetz verbundene Verunsicherung hat dazu geführt, dass zunehmend eine Konkretisierung gefordert wird.

So sei jedenfalls dann eine regulatorische Rahmung erforderlich, wenn aufgrund des neuen Gesetzes die damit verbundene Verunsicherung zu einer **Lähmung** der gesetzlich **gewünschten Kooperationen** führe. Nur so könne rechtmäßiges von rechtswidrigem und strafbarem Verhalten sichtbar und für den betroffenen Leistungserbringer im Gesundheitswesen klar abgegrenzt werden. Denn wenn alle Formen der Zusammenarbeit dem Verdacht des korrupten Verhaltens ausgesetzt seien, werde eine Weiterentwicklung moderner Kooperationsformen, wie z.B. der Praxisnetze oder der ambulanten spezialärztlichen Versorgung, konterkariert.[1146]

Dies gelte letztlich ebenso für den in § 92a SGB V geplanten „**Innovationsfonds**", der eine Förderung von neuen Versorgungsformen durch den Gemeinsamen Bundesausschuss ermöglichen soll, die über die bisherige Regelversorgung hinausge-

---

[1144] Zutreffend *Schneider*, Rechtsgutachten, S. 24.
[1145] Vgl. beispielsweise den Artikel „BDI kritisiert Folgen des Antikorruptionsgesetzes", abrufbar unter www.aerzteblatt.de/nachrichten/70534.
[1146] *Halbe*, S. 174; Positionierung der KBV zum Koalitionsvertrag v. 24.03.2014, S. 20, abrufbar auf der Homepage der KBV unter www.kbv.de/html/8362.php.

hen.[1147] Wenn im Rahmen dieser modellhaften Versorgungsformen, die Erprobungscharakter für die gesetzliche Krankenversicherung haben sollen, nicht von den geltenden Bestimmungen im Einzelfall abgewichen werden könne, weil eine strafrechtliche Verfolgung der Vertragspartner droht, werde sich das Gesetz als „Innovationsbremse" erweisen.[1148]

8.3.3.2. Würzburger Erklärung vom 8. August 2016

Um einer Klärung dieser unsicheren Situation näher zu kommen, haben fünf Fachanwälte für Medizinrecht aus verschiedenen Anwaltskanzleien[1149] Richtlinien entworfen, anhand derer die **Angemessenheit der ärztlichen Vergütung innerhalb medizinischer Kooperationen** beurteilt werden kann.

Mit der **Würzburger Erklärung**[1150] *„Kooperation oder Korruption? Würzburger Erklärung zur Angemessenheit ärztlicher Vergütung innerhalb von medizinischen Kooperationen, Stand 8. August 2016"* wollen die Verfasser dazu beitragen, zulässige und erwünschte Kooperationen zwischen Ärzten und Kliniken zu unterstützen, und zugleich eine **voreilige Kriminalisierung** solcher Kooperationen zu **verhindern**. Die Verfasser sahen dringenden Klärungsbedarf, nachdem sie aufgrund eigener anwaltlicher Praxis feststellten, dass **Kooperationen zwar gesundheitspolitisch gewünscht** sind, diese jedoch unter Umständen künftig wegen „unzulässiger Zuweisung gegen Entgelt" unter **die neuen Straftatbestände zur Korruption im Gesundheitswesen** fallen könnten (§§ 299a, 299b StGB).

Die fünf Medizinanwälte entwickelten in der Würzburger Erklärung **Kriterien**, welche als Bemessungsgrundlagen dienen sollen. In Betracht kommen hierfür die folgenden Vergütungs- und Referenzsysteme: DRG,[1151] EBM,[1152] GOÄ,[1153] InEK-Aufschlüsselung.[1154] Innerhalb dieser Grenzen muss die Festlegung einer Vergütung im Ermessen der Vertragsparteien liegen. Die Autoren der Würzburger Erklärung zeigen anhand mehrerer Abrechnungsbeispiele auf, dass die Vergütung – je nach Zugrundelegung der Vergütungskriterien – durchaus erheblich variieren kann. Dennoch darf eine Vergütung, die sich **innerhalb des dabei ermittelten Korridors** be-

---

[1147] Danach sollten insbesondere Vorhaben gefördert werden, die eine Verbesserung der sektorenübergreifenden Versorgung zum Ziel haben und ein hinreichendes Potential aufweisen, dauerhaft in die Versorgung aufgenommen zu werden.
[1148] So zutreffend *Wigge*, S. 453.
[1149] *Beate Bahner* (Heidelberg), *Oliver Bechtler* (Frankfurt a.M.), *Karl Hartmannsgruber* (München), *Mareike Piltz* (Hannover), *Rita Schulz-Hillenbrand* (Würzburg). Die Erklärung fand 34 weitere unterstützende Medizinanwälte, vgl. medstra 6/2016, S. 354.
[1150] *Bahner/Bechtler/Hartmannsgruber/Piltz/Schulz-Hillenbrand*, medstra 6/2016, S. 343 ff., auch abrufbar unter www.medstra-online.de/pdf/Wuerzburg.pdf und unter www.beatebahner.de.
[1151] Diagnosebezogene Fallgruppen.
[1152] Einheitlicher Bewertungsmaßstab.
[1153] Gebührenordnung für Ärzte.
[1154] Institut für das Entgeltsystem im Krankenhaus.

wegt, **keinen unlauteren Vorteil im Sinne der neuen Korruptionstatbestände** darstellen.

Hierbei muss – bei allem Verständnis für eine erforderliche Korruptionsbekämpfung – auch die **Berufsfreiheit der Ärzte und Zahnärzte** nach Art. 12 GG und der Schutz der Gesundheitsunternehmen nach Art. 14 GG im Blick behalten werden.[1155] Denn an vielen Stellen wird über die grundrechtlich geschützten Positionen der beteiligten Leistungserbringer hinweggegangen bzw. werden die Grundrechte erst gar nicht berücksichtigt.[1156] Im Zweifel ist jedoch davon auszugehen, dass derartige Kooperationen dem Interesse einer guten Patientenversorgung dienen. Wirtschaftliche Interessen stehen dem nicht entgegen, sondern sind unabdingbar.[1157]

8.3.3.3. Plädoyer für Augenmaß und Zurückhaltung

Die Beurteilung der Zulässigkeit von Kooperationen und damit verbunden die Angemessenheit der ärztlichen Vergütung und Gewinnverteilung bedarf größter juristischer Sorgfalt und Differenziertheit, damit interdisziplinäre medizinische Kooperationen nicht vorschnell kriminalisiert und hierdurch möglicherweise redliche Ärzte samt Mitarbeiterschaft und Familien wirtschaftlich zerstört werden.[1158]

Damit wird keinesfalls die Existenz „schwarzer Schafe" unter Ärzten sowohl in Kliniken als auch im niedergelassenen Bereich in Abrede gestellt. Gerade Medizinrechtsanwälte kennen allesamt auch Ärzte, die sich nicht schämen, für Zuweisungen jedweder Art frech die Hand aufzuhalten und insbesondere Kliniken, Reha-Zentren, Facharztpraxen oder Laboreinrichtungen andernfalls die Zuweisung ihrer Patienten zur Konkurrenz „anzukündigen".[1159] Dies hatte bislang in einigen Facharztgruppen anscheinend durchaus „Tradition", die ab sofort strafrechtlich sanktioniert wird – und zwar völlig zu Recht! Denn eine solche Haltung zeigt den Missbrauch der Marktmacht, welche die Ärzte in ihrem Verordnungs- und Zuweisungsverhalten tatsächlich innehaben – ein solcher **Missbrauch muss bestraft werden**. Das Gesetz zur Bekämpfung von Korruption im Gesundheitswesen ist daher grundsätzlich sehr zu begrüßen: Denn hierdurch werden endlich die **redlichen Ärzte** gewürdigt, die sich weder den Verlockungen und Reizen der spendablen Industrie hingaben, noch einer finanziellen Gier, auch wenn sie für diese „Bravheit und Korrektheit" im Zweifel von korrupten ärztlichen Kollegen müde belächelt wurden. Diese Zeiten zusätzlicher (teilweise sehr erheblicher!) Einnahmequellen durch Zu-

---

[1155] *Bahner/Bechtler/Hartmannsgruber/Piltz/Schulz-Hillenbrand*, S. 344; ebenso *Halbe*, S. 173.
[1156] *Halbe*, S. 173.
[1157] Vgl. Darstellung der Würzburger Erklärung unter www.medstra-online.de/news vom 12.08.2016.
[1158] Vgl. beispielhaft den Korruptionsvorwurf gegen einen Atomforscher, der zwar nach einem jahrelangen Prozess freigesprochen wurde, dennoch seine berufliche Existenz verloren hat, vgl. den Artikel „Was passiert, wenn ein Staatsanwalt sich irrt?", Rhein-Neckar-Zeitung vom 06.07.2016.
[1159] Vgl. hierzu auch *Wittig*, S. 126: „Nachtrag: Erpressung durch Orthopäden".

weisungsprämien, Rückvergütungen, verkappte Honorarverträge etc. sind ab sofort vorbei, und das ist auch richtig so!

Allerdings ist eben nicht jeder Geldfluss a priori als unerlaubte Zuweisung gegen Entgelt oder gar als Bestechlichkeit zu werten. Es wäre folglich inakzeptabel, schon im Vorfeld alle Kooperationsverträge als tendenziell strafrechtlich relevant einzustufen und erst im Rahmen eines staatsanwaltschaftlichen Ermittlungsverfahrens die „Angemessenheit der Vergütung" zu prüfen. Es kann auch nicht sein, dass in diesen Fällen das Indiz für die Unrechtsvereinbarung nur dann entfällt, wenn die vereinbarte Vergütung so bescheiden ausfällt, dass für den niedergelassenen Arzt keinerlei „Anreiz" mehr besteht, Patienten beispielsweise in das Krankenhaus seines Kooperationspartners einzuweisen.[1160] Auch die damit einhergehenden weiteren Konsequenzen („Preisdumping", „Diskreditierung der innersektoralen Kooperationen" oder gar „Whistleblowing" von Kollegen, die keine Kooperationen schließen, alles jeweils unter Berufung auf die Gefahr der §§ 299a, 299b StGB),[1161] sind unerfreulich und führen zu einer **Kultur des Misstrauens und der Angst**.

Gerade die **Missbrauchsgefahr** missgünstiger und neidischer **Kollegen** darf hierbei nicht unterschätzt werden.[1162] Denn solche Kollegen könnten durch entsprechende Anzeigen bei Kammern oder Staatsanwaltschaften versuchen, das Strafrecht zu instrumentalisieren und unerwünschte (aber nicht zwingend unlautere) Kooperationen ihrer ärztlichen Konkurrenten hierdurch zu diskreditieren und zu kriminalisieren.[1163]

Zu berücksichtigen ist auch, dass die beiden Straftatbestände der §§ 299a, 299b StGB ausdrücklich im 26. Abschnitt des Strafgesetzbuches und damit im **Wettbewerbsbereich** normiert wurden.[1164] Wenn man also den Wettbewerb durch Ermöglichung von Kooperationen und damit verbundener Änderungen im SGB V und in den ärztlichen Berufsordnungen ausdrücklich wünscht, dann muss man einen solchen **Wettbewerb** freilich auch grundsätzlich **erlauben und schützen**.[1165] Daher ist nur bei *„Hinzutreten weiterer Umstände"* eine Überprüfung oder gar Ermittlung angemessen und erforderlich.[1166] Die *Autorin* empfiehlt daher dringend, gerade in dieser Frage Zurückhaltung und Augenmaß zu zeigen, und sich zunächst entweder

---

[1160] Ebenso *Schneider/Ebermann*, HRRS, 6/2013, S. 221.
[1161] Vgl. anschaulich *Schneider/Ebermann*, HRRS, 6/2013, S. 221.
[1162] *„Dort, wo Konkurrenz herrscht, feuert der Straftatbestand das Denunziantentum unter Kollegen an.", Campos Nave,* S. 229 ff. Auch die *Autorin*, Fachanwältin für Medizinrecht, unter anderem im Werberecht spezialisiert, kennt in über 20-jähriger Tätigkeit keinen Fall, in dem sich beispielsweise Patienten über angeblich unzulässige Werbemaßnahmen von Ärzten und Zahnärzten beschwert hätten: Sämtliche Anzeigen und berufsrechtliche Verfahren wurden ausschließlich durch „Kollegen" initiiert, denen die Werbung der Konkurrenz ein Dorn im Auge war und die daher die Ärztekammer für die Verfolgung eines vermeintlichen (meist nicht vorliegenden) Werbe- und Wettbewerbsverstoßes zu instrumentalisieren versuchten.
[1163] Ebenso *Brettel/Mand*, S. 106; *Gaede*, S. 265.
[1164] Vgl. Kap. 2.1, S. 13.
[1165] Ebenso *Nestler*, S. 74.
[1166] *Gaede* bezeichnet dies als „Zauberwort", S. 264 f.

entsprechende **medizinrechtliche Expertise** einzuholen oder der strafrechtlichen **Unschuldsvermutung** zu folgen, die immerhin ganz wesentlicher Teil des Rechtsstaates ist.

8.4. Zulässigkeitsprüfung von Kooperationen

8.4.1. Mitwirkung der Krankenkassen bei Kooperationsverträgen

Zur Beurteilung der rechtlichen Zulässigkeit von Kooperationen ist zunächst zwischen Verträgen zu unterscheiden, die unter Mitwirkung der Krankenkassen abgeschlossen werden und solchen Verträgen, die im Gesundheitswesen ohne die Krankenkassen als Vertragspartner vereinbart werden. Verträge mit Krankenkassen unterliegen nicht dem strikten Vorbehalt des Gesetzes, da die Krankenkassen generell auf Basis der §§ 53 ff. SGB X zum Abschluss von Verträgen im Rahmen ihrer Aufgabenerfüllung ermächtigt sind.[1167]

So sieht beispielsweise § 128 Abs. 6 S. 2 SGB V für **Selektivverträge** vor, dass **Vereinbarungen von Krankenkassen** mit Leistungserbringern über finanzielle Anreize für die Mitwirkung an der Erschließung von Wirtschaftlichkeitsreserven und der Verbesserung der Qualität der Versorgung zulässig sind.[1168] Jedenfalls wird man aus § 128 Abs. 6 S. 2 SGB V eine **weitgreifende Befugnisnorm** auch für **Vorteilszuwendungen** im Rahmen von Kooperationen mit Krankenkassen entnehmen können.

Wenngleich die Steuerung der Heil-, Hilfs- und Arzneimittelverordnungen und die Steuerung der Zuführung von Patienten durch Verträge mit Krankenkassen nicht grenzenlos möglich sein dürfte, wird man im Regelfall davon ausgehen dürfen, dass jedenfalls Verträge mit Krankenkassen keinem strafrechtlichen Risiko unterliegen.[1169]

8.4.2. Einhaltung der vier Grundprinzipien

Die beteiligten Vertragsparteien sollten jedoch zur Vermeidung des Vorwurfs einer unzulässigen Zuweiserpauschale in allen Fällen der Kooperation **Transparenz** über die Zusammenarbeit herstellen. Dies bedeutet nicht nur eine entsprechende Information der Patienten, sondern auch die Vorlage der Verträge bei den Ärzte-

---

[1167] BVerfG, Beschl. v. 13.09.2005 – 2 BvF 2/03.
[1168] Vgl. hierzu Kap. 6.5, S. 137 ff. Wettbewerbsrechtliche Schranken finden wegen § 69 Abs. 1 S. 3 SGB V keine Berücksichtigung, zu beachten sind aber die kartellrechtlichen Schranken, vgl. § 69 Abs. 2 S. 1 SGB V. Zwar beschränkt sich die Befugnisnorm des § 128 Abs. 6 S. 2 SGB V auf „gesetzlich zulässige" Vereinbarungen, ohne dies genauer zu konkretisieren. Der zulässige Rahmen dürfte aber weit sein, vgl. *Burgardt*, S. 70 und *Butzer*, § 128 SGB V, Rn. 43 m.w. N.
[1169] Ebenso *Burgardt*, S. 73.

kammern, Kassenärztlichen Vereinigungen, Krankenkassen und – soweit vorhanden – den Clearingstellen.[1170]

Bei jeder Kooperation sind ferner folgende **vier Grundprinzipien** einzuhalten:[1171]

- Äquivalenz zwischen Leistung und Gegenleistung, Vermeidung von Doppelzahlung (Äquivalenzprinzip);
- Trennung zwischen der ärztlichen Leistung und einer etwaigen weiteren Zuwendung (Trennungsprinzip);
- Anzeige der Kooperation bei der Ärztekammer unter Vorlage der Verträge, Transparenz der Geldflüsse (Transparenzprinzip);
- Schriftliche Dokumentation und Darlegung der Kooperation (Dokumentationsprinzip).

8.4.3. Drei-Stufen-Prüfung

Für die rechtliche Prüfung von Kooperationen ohne Krankenkassen ist es hilfreich, konkrete Kriterien zur Verfügung zu haben, weshalb die *Autorin* vorschlägt, die Prüfung der rechtlichen Zulässigkeit in **drei Stufen** vorzunehmen.

In der **ersten Stufe** ist zu prüfen, ob die medizinische Kooperation überhaupt auf einer **sozial- und berufsrechtlichen Grundlage** basiert und hierbei zugleich die weiteren sozial- und berufsrechtlichen Reglementierungen und Beschränkungen, die in diesem Buch umfassend dargestellt sind, berücksichtigt wurden.

Sodann ist in **einer zweiten Stufe** zu prüfen, ob an der vereinbarten Kooperationsleistung überhaupt ein **nachvollziehbares Interesse** besteht und ob die Auswahl des Heilberuflers als Schuldner der vergüteten Dienstleistung nachvollziehbar ist.[1172]

> *„Stellt sich heraus, dass das Interesse des Dienstleistungsgläubigers an der vergüteten Dienstleistung gleich Null war, liegt es nahe, dass jeder Cent der Vergütung für die Erzeugung von Absatzeffekten und damit für eine unlautere (durch den Vorteil bewirkte) Bevorzugung gezahlt wurde. Die Frage der Verhältnismäßigkeit der Vergütung stellt sich unter diesen Voraussetzungen nicht. … Anders liegt es hingegen, wenn das Interesse an der erbrachten Dienstleistung uneingeschränkt plausibel ist und zum Beispiel eine ernsthafte wissenschaftliche Fragestellung verfolgt oder ein Spezialist oder ein erfahrener und sicher arbeitender Praktiker im Klinikum beschäftigt wird. Sofern dies uneingeschränkt bejaht wird, kann die Vergütung nach dem individuell zu bestimmenden Wertgrenzprodukt vorgenommen werden."*[1173]

[1170] *Wollersheim*, S. 167. Vgl. zu den Clearingstellen Kap. 15.3, S. 301 ff.
[1171] *Halbe*, S. 175; vgl. hierzu auch Kap. 11.3, S. 233 f.
[1172] *Schneider*, Erste Bestandsaufnahme, S. 35 f sieht insoweit eine zweistufige Prüfung vor, die hier beginnt.
[1173] *Schneider*, medstra 2016, S. 195 ff.

Erst in einer **dritten Prüfungsstufe** ist sodann die **Angemessenheit der Vergütung** zu überprüfen.[1174]

Hierbei ist zu berücksichtigen, dass berufliche Kooperationen von Ärzten durch die neuen Korruptionstatbestände nach §§ 299a, 299b StGB weder verhindert noch erschwert werden sollen.[1175] Die intersektorale und interdisziplinäre Zusammenarbeit ist vom Gesetzgeber ausdrücklich gewünscht; auf die dabei entstehenden besonderen Verdienstmöglichkeiten müssen niedergelassene Ärzte auch in Zukunft nicht verzichten.[1176] Nach zutreffender Auffassung müssen die sozialrechtlich zulässigen Kooperationen daher sogar schon **tatbestandsausschließende** Wirkung entfalten, denn was sozialrechtlich gewollt ist, kann nicht strafrechtlich sanktioniert werden.[1177]

8.4.4. Unzulässige Kooperations- und Beteiligungsmodelle

Zwar können zulässige Kooperationen, also rechtskonformes Verhalten, keinen Strafbarkeitsvorwurf begründen. Andererseits zeigt die **staatsanwaltschaftliche Ermittlungspraxis** bei genauer Prüfung solcher Verträge oder Kooperationsvereinbarungen durchaus, dass gelegentlich in recht kreativer Weise die Begrifflichkeit des Medizin- oder Sozialrechts verwendet bzw. die darin vorgesehenen Formalien oder sonstigen Voraussetzungen außer Acht gelassen werden.[1178] Die Rechtsprechung hat darüber hinaus insbesondere auf **wettbewerbsrechtlicher** Basis bereits einige Kooperationsmodelle untersagt:

So ist beispielsweise ein **Kooperationsvertrag** zwischen **Zahnärzten** und einem **Dentallabor mit Ausschließlichkeitsklausel** wegen unsachlicher Einflussnahme auf die ärztliche Behandlungstätigkeit und der damit verbundenen Verletzung der Patienteninteressen für **nichtig** erklärt worden.[1179]

Untersagt wurden ferner **Kooperationsverträge** zwischen einer orthopädischen Sportklinik und niedergelassenen Orthopäden, Chirurgen und Allgemeinärzten über die Erbringung von **vor- und nachstationären Leistungen**.[1180] Denn tatsächlich seien die vertraglich vorgesehenen Leistungen keine vor- und nachstationären Leistun-

---

[1174] Vgl. hierzu Kap. 8.3.3, S. 171 ff. sowie *Bahner/Bechtler/Hartmannsgruber/Piltz/Schulz-Hillenbrand*; ebenso *Schneider/Ebermann*, A&R 5/2015, S. 203 und *Bäune*, in Handbuch Medizinrecht, S. 618 für Integrationsverträge.
[1175] So zutreffend *Wissing/Cierniak*, S. 43.
[1176] *Wissing/Cierniak*, S. 43.
[1177] So zutreffend *Halbe*, S. 175; *Schneider/Ebermann*, HRRS 2013, S. 224, vgl. hierzu Kap. 3.4.5, S. 78.
[1178] *Gädigk*, medstra 5/2015, S. 270.
[1179] BGH, Urt. v. 23.02.2012 – I ZR 231/10 (Dentallaborleistungen); vgl. zur Beteiligung an Dentallaboren auch Kap. 9.5, S. 196 ff.
[1180] LSG BW, Beschl. v. 04.11.2014 – L 5 KR 141/14 ER-B.

gen nach § 115a SGB V,[1181] sondern fast ausschließlich Leistungen der vertragsärztlichen Versorgung, die als solche vom Vertragsarzt zu leisten und von der Kassenärztlichen Vereinigung als Vertragsarztleistungen zu vergüten sind.[1182] Eine zusätzliche Vergütung durch die Klinik für „stationäre Auftragsleistungen" nach § 115a Abs. 1 S. 2 SGB V sei daneben nicht zulässig.[1183] Nach der aktuellen Rechtslage könnten solche Verträge auch die neuen **Straftatbestände** der §§ 299a, 299b StGB erfüllen.[1184]

Auch die **gesellschaftsrechtliche Beteiligung eines Arztes** an einem **Zytostatika herstellenden Unternehmen**[1185] verstößt gegen § 31 BO, wenn nach dem Geschäftsmodell ein spürbarer Einfluss auf den Gewinn des Unternehmens dadurch erzielt wird, dass die Patienten an Apotheker verwiesen werden, die an dem Unternehmen ebenfalls beteiligt sind und bei diesem die Herstellung der Zytostatika in Auftrag geben.[1186]

Eine **Teil-Berufsausübungsgemeinschaft** zwischen **Zuweisern** und **Operateuren** (etwa in der Augenheilkunde) ist nach der Rechtsprechung des BSG **nur zulässig**, wenn die nichtoperativ tätigen Ärzte am Gesamtergebnis (nur) in dem Verhältnis beteiligt werden, in welchem der Wert der von ihnen erbrachten Leistungen zum Wert der Gesamtleistungen steht.[1187]

[1181] Vgl. zu den rechtlichen Voraussetzungen für die Inanspruchnahme und Vergütung vor- und nachstationärer Leistungen ausführlich BSG, Urt. v. 17.09.2013 – B 1 KR 21/12 R.

[1182] Vgl. ebenso für eine augenärztliche Kooperation OLG Koblenz, Urt. v. 20.05.2003 – 4 U 1532/02.

[1183] Im Übrigen lägen auch deshalb keine nachstationären Leistungen vor, weil diese außerhalb der Frist des § 115a Abs. 2 S. 2 SGB V erbracht werden sollten. Die Vergütung der vereinbarten „vor- und nachstationären Auftragsleistungen" durch die Klinik stelle daher in Wirklichkeit eine „rechtswidrige Zuweiservergütung" dar, so LSG BW, Beschl. v. 04.11.2014 – L 5 KR 141/14 ER-B.

[1184] Hierbei ist ergänzend darauf hinzuweisen, dass die vor- und nachstationären Behandlungen zwar durch niedergelassene Ärzte in den Räumen des Krankenhauses oder der Arztpraxis erbracht werden können, vgl. § 115a Abs. 1 S. 2 SGB V. Allerdings erfolgt die Vergütung für die vor- und nachstationären Leistungen durch das jeweilige Krankenhaus auf Basis entsprechender Vergütungsvereinbarungen, die nach § 115a Abs. 3 SGB V nur durch die Verbände der Krankenkassen und der Kassenärztlichen Vereinigungen mit der Landeskrankenhausgesellschaft oder den Vereinigungen der Krankenhausträger abgeschlossen werden. Fehlt es an einer solchen Vereinbarung, dürfte dies ebenfalls ein Indiz für eine Unrechtsvereinbarung im Sinne der §§ 299a, 299b StGB sein.

[1185] Zytostatika sind natürliche oder synthetische Substanzen, die das Zellwachstum beziehungsweise die Zellteilung hemmen. Sie werden vor allem zur Behandlung von Krebs (Chemotherapie), teilweise auch zur Behandlung von Autoimmunerkrankungen eingesetzt. Vgl. zur Chemotherapie und den damit verbundenen „Geschäften mit der Hoffnung" auch Wittig, S. 127 ff.

[1186] LBG Heilberufe Münster, Urt. v. 06.07.2011 – 6t A 1816/09.T (Zytostatika).

[1187] BSG v. 25.03.2015 – B 6 KA 24/14 R. Nicht genehmigungsfähig ist danach insbesondere eine „asymmetrische" Teil-BAG, in der ein Vertragsarzt seine gesamte ärztliche Tätigkeit einbringt, während die anderen Ärzte nur Teile ihres Behandlungsspektrums vergesellschaften.

Für unzulässig wurden ferner Kooperationsvereinbarungen zwischen **Laborärzten** und niedergelassenen Hausärzten über die gekoppelte Erbringung von **Basis- und Speziallaborleistungen** erklärt.[1188]

Eine **Kooperation** zwischen **Arzt und Apotheker** ist auch dann **nicht statthaft**, wenn hierdurch ein gemeinsam von beiden entwickeltes Arzneimittel vertrieben werden soll.[1189]

[1188] BGH, Urt. v. 21.04.2005 –I ZR 201/02 (Quersubventionierung von Laborgemeinschaften I), vgl. hierzu Kap. 9.4.2, S. 193 ff.

[1189] BVerwG, Beschl. v. 24.03.1994 – 3 B 49/93. Eine Kooperation zwischen Arzt und Apotheker ist nach Ansicht des BVerwG keinesfalls grundsätzlich ausgeschlossen (ebenso aktuell BVerfG, Beschl. v. 12.01.2016 – 1 BvL 6/13), sie darf nur nicht gegen die Zuweisungsverbote des § 11 ApoG verstoßen. Vgl. zu den weiteren zulässigen Kooperationsmöglichkeiten der Ärzte *Saalfrank*, Rn. 72 f.

8.5. Weitere Kooperationsformen

8.5.1. Verträge zur integrierten Versorgung

Ergänzend zur ambulanten und stationären Versorgung können die **Krankenkassen** auch Verträge über eine „besondere (integrierte) Versorgung" abschließen, § 140a SGB V.[1190] Diese Verträge sollen eine **„verschiedene Leistungssektoren übergreifende"** oder eine **„interdisziplinär fachübergreifende Versorgung"** (integrierte Versorgung) unter Beteiligung vertragsärztlicher Leistungserbringer oder deren Gemeinschaften durch besondere ambulante ärztliche Versorgungsaufträge ermöglichen. Bei der integrierten Versorgung können neben den bisher zugelassenen Leistungserbringern auch Apotheken,[1191] **Pharmaunternehmen** und **Hersteller von Medizinprodukten Vertragspartner** sein, § 140a Abs. 3 Nr. 5 u. Nr. 6 SGB V.[1192]

Die Verträge können vom gesetzlich verpflichtenden Leistungskatalog der Krankenversicherung abweichen und beispielsweise auch **neue Untersuchungs- und Behandlungsmethoden** vorsehen. Die Verträge können auch Abweichendes von den Vorschriften des gesamten Rechts der Beziehungen der Leistungserbringer zu den Krankenkassen vorsehen und damit auch **von den Regelungen der §§ 73, 128 SGB V abweichen**.[1193] Darüber hinaus können die Verträge auch Abweichendes zu den Vorschriften des Krankenhausfinanzierungsgesetzes, des Krankenhausentgeltgesetzes und Abweichendes zum Vergütungsrecht der niedergelassenen Vertragsärzte beinhalten, § 140a Abs. 2 SGB V.

Diese Regelungen führen dazu, dass im Rahmen der integrierten Versorgung die vertraglich vereinbarte **Vergütung** oder **Gewinnverteilung** per se nicht dem Verdacht einer unerlaubten „Zuweiserpauschale" oder einer unzulässigen Kooperation im Sinne der §§ 73, 128 SGB V, der §§ 30 ff. MBO oder im Sinne der §§ 299a, 299b StGB ausgesetzt ist. Denn Kooperations-, Beteiligungs- oder Depotverbote nach § 128 SGB V sind bei Verträgen zur integrierten Versorgung ausdrücklich ausgenommen, sodass diese Verträge vom Strafbarkeitsvorwurf ausgenommen sind, wenn und soweit nicht darüber hinausgehende Unrechtsvereinbarungen oder strafrechtlich relevante Vereinbarungen getroffen werden.[1194] Allerdings darf auch

---

[1190] Die integrierte Versorgung wurde durch das GKV-VSG vom 16.07.2015 in § 140a SGB V vollständig neu geregelt, die §§ 140b-d SGB V wurden zugleich aufgehoben, vgl. zur Neuregelung ausführlich *Motz*, § 140a und *Adolf*, § 140a.
[1191] Vgl. § 129 Abs. 5a i.V.m. § 140a Abs. 3 Nr. 1 SGB V, vgl. hierzu näher *Saalfrank*, Rn. 63 ff.
[1192] Kritisch hierzu *Motz*, § 140a, Rn. 60. Leistungen können im Rahmen dieser Verträge auch dann erbracht werden, wenn deren Erbringung vom Zulassungs-, Ermächtigungs- oder Berechtigungsstatus des jeweiligen Leistungserbringers nicht gedeckt ist, § 140a Abs. 3 S. 2 SGB V. Vgl. zur Beteiligung von Medizinprodukteherstellern an der besonderen ambulanten ärztlichen Versorgung *Braun*, GesR 11/2016, S. 680 ff.
[1193] Vgl. zu diesen beiden Regelungen ausführlich Kap. 6, S. 121 ff.
[1194] In Betracht kommt hier beispielsweise der aktuelle Vorwurf des „konzertierten Upcodings" zwischen einigen Krankenkassen und Leistungserbringern, um hierdurch mehr Geld aus dem Gesundheitsfonds zu erhalten, vgl. Kap. 3.1.6, S. 39 f. Solche Vereinbarungen sind selbstver-

im Rahmen der integrierten Versorgung keine „Zuweisung gegen Entgelt" erfolgen. Dies ist dann anzunehmen, wenn eine Kooperation nicht geeignet ist, Behandlungsabläufe im Sinne des funktionellen Verständnisses sektorenübergreifender Versorgung zu verbessern, oder wenn eine Verpflichtung zur Zuweisung an bestimmte Krankenhäuser oder andere Leistungserbringer (bei entsprechender zusätzlicher Vergütung) nicht durch medizinische Erwägungen gedeckt ist.[1195]

8.5.2. Ambulantes Operieren und Kostenbeteiligung

Kooperationen sind seit vielen Jahren auch im Bereich des ambulanten Operierens üblich und zulässig. Wer beispielsweise als chirurgischer, gynäkologischer, orthopädischer oder augenärztlicher Facharzt oder als Anästhesist ein **ambulantes Operationszentrum** oder einen **Operationssaal** bereithält, der auch von anderen Ärzten genutzt wird, darf von diesen Ärzten einen **angemessenen Kostenbeitrag** verlangen. Dies stellt keine unzulässige Zuweisung und keinen sonstigen unlauteren Vorteil dar, wie der **Bundesgerichtshof** bereits im Jahr 2003 entschieden hat.[1196] Beim ambulanten Operieren werden die Ärzte verschiedener Fachrichtungen gleichzeitig im Sinne horizontaler Arbeitsteilung tätig: Neben dem jeweils fachbezogenen Instrumentarium ist hierfür ein von allen Fachärzten genutzter Operationsraum notwendig. Das betriebswirtschaftliche Risiko, insoweit nicht kostendeckend zu arbeiten, verbleibt dem Arzt, der den Operationssaal vorhält, weshalb er die anderen Fachärzte daran beteiligen darf. Denn Zahlungen, die ihren Grund in der Behandlung selbst haben, sind als **pauschaler Aufwendungsersatz sachlich gerechtfertigt** und damit zulässig.[1197]

Eine Beteiligung der mitbehandelnden Fachärzte an den Kosten der für die Operation gemeinsam genutzten Einrichtungen ist daher, solange sie nicht über eine anteilige Belastung hinausgeht und nicht zu einem Gewinn (verdeckte Provision) führt, bei einem an Sinn und Zweck der Regelung orientierten Verständnis kein diesem gewährtes „Entgelt" oder ein ihm versprochener „anderer Vorteil". Dem Inhaber eines solchen Raumes oder Zentrums ist es **nicht verwehrt**, bei dem dadurch entlasteten Kooperationspartner einen **Kostenausgleich** zu suchen.[1198] Eine Beteiligung an den Raum- und Nutzungskosten ist allerdings ausgeschlossen,

---

ständlich auch zukünftig unzulässig und können die Straftatbestände der Untreue, des Betruges und der Bestechlichkeit erfüllen.

[1195] *Motz*, § 140a, Rn. 40. Diese Abgrenzung zwischen erlaubter und unerlaubter Zuweisung ist in der Praxis allerdings unbestimmt und daher schwer zu handhaben, wie *Motz* zutreffend feststellt.

[1196] BGH, Urt. v. 20.03.2003 – III ZR 135/02 (Kostenpauschale OP-Raum).

[1197] BGH, Urt. v. 20.03.2003 – III ZR 135/02 (Kostenpauschale OP-Raum).

[1198] Die Gefahr eines Missbrauchs dergestalt, dass möglicherweise der „Meistbietende" den Zuschlag erhält, wird damit zwar nicht ausgeräumt, es wäre jedoch unverhältnismäßig, deswegen eine wirtschaftlich berechtigte und vielleicht sogar kalkulatorisch notwendige Kostenverteilung zu untersagen, BGH, Urt. v. 20.03.2003 – III ZR 135/02 (Kostenpauschale OP-Raum).

wenn solche Aufwendungen im Einzelfall bereits im Rahmen der ärztlichen Liquidation vom Patienten oder vom Kostenträger vollständig ersetzt würden.[1199]

Für die **völlig eigenständige Nutzung** eines OP-Raumes durch operierende Ärzte darf nach Ansicht der *Autorin* selbstverständlich ebenfalls eine entsprechende Kostenpauschale verlangt werden. Auch dies stellt keine unzulässige Zuweisung gegen Entgelt dar.

8.5.3. Entlassmanagement

8.5.3.1. Zielsetzung des Entlassmanagements

Die Krankenhausbehandlung von Kassenpatienten umfasst inzwischen auch ein sogenanntes „Entlassmanagement".[1200] **Ziel des Entlassmanagements** ist es, den Patienten nach seinem stationären Aufenthalt einen reibungslosen Übergang zur Akutversorgung, zur Rehabilitation oder zur Pflege zu ermöglichen, um vor allem Pflegebedürftigkeit oder eine baldige stationäre Wiedereinweisung zu vermeiden. Das Entlassmanagement dient ferner dem Ziel, die **Kontinuität der Versorgung zu gewährleisten**, die Kommunikation zwischen den beteiligten ambulanten oder stationären Versorgungsbereichen zu verbessern, die Patienten und ihre Angehörigen zu entlasten sowie eine erneute Krankenhausbehandlung zu vermeiden.[1201]

Das Entlassmanagement ist dem **Aufgabenbereich der Krankenhäuser** zugeordnet. Danach obliegt es den Krankenhäusern, den Übergang in den nächsten Versorgungsbereich – wie etwa die **häusliche Krankenpflege** oder die Inanspruchnahme von **Pflegeleistungen** nach dem SGB XI – zu planen und organisieren und in diesem Zusammenhang insbesondere die **weitere Versorgung mit Heil- und Hilfsmitteln sowie mit Medikamenten zu koordinieren**.[1202] Insoweit schließt das Entlassmanagement an die eigentliche operative und pflegerische stationäre Krankenhausbehandlung an und fällt zeitlich in die letzte Phase, bevor der Patient wieder ambulant versorgt wird. Das Entlassmanagement ist damit eine der **zentralen Schnittstellen** zwischen dem stationären und dem ambulanten Sektor.[1203] Gegenstand des Entlassmanagements ist allerdings nur die **Planung und Organisation** des Wechsels der Versorgungsumgebung, nicht die Erbringung der Anschluss-Versorgung nach

---

[1199] BGH, Urt. v. 20.03.2003 – III ZR 135/02 (Kostenpauschale OP-Raum).
[1200] § 39 Abs. 1a SGB V: „*Die Krankenhausbehandlung umfasst ein Entlassmanagement zur Unterstützung einer sektorenübergreifenden Versorgung der Versicherten beim Übergang in die Versorgung nach Krankenhausbehandlung. § 11 Absatz 4 Satz 4 gilt.*" Das Entlassmanagement war zuvor in § 39 Abs. 1 S. 4 bis 6 SGB V geregelt.
[1201] BGH, Urt. v. 13.03.2014 – I ZR 120/13 (Kooperationsapotheke) unter Hinweis auf die Begründung des Regierungsentwurfs des GKV-VStG, BT-Drucks. 17/6906 v. 05.09.2011, S. 55.
[1202] BGH, Urt. v. 13.03.2014 – I ZR 120/13 (Kooperationsapotheke) m.w.N. zur Literatur.
[1203] *Braun*, Rn. 2 m.w.N. zu Rechtsprechung und Literatur. Vgl. zu den Kernaufgaben des Entlassmanagements *Braun*, Rn. 4.

dem Krankenhausaufenthalt durch die Klinik selbst.[1204] Kernstück des Entlassmanagements ist der **Entlassplan**.[1205]

Praxiswichtige Fallkonstellationen betreffen unter anderem die **Hilfsmittelversorgung** nach § 33 SGB V. Patienten sind in der Regel auf die entsprechende Unterstützung angewiesen, zum Beispiel bei der Stomaversorgung oder soweit es um Maßnahmen der sogenannten Heimbeatmung in dafür vorgesehenen Heimbeatmungsbetten, ferner um Krankenbetten, Rollstühle, enterale Ernährung nach Legen einer Magensonde usw. geht.[1206] Diese Hilfsmittel müssen zum Zeitpunkt der Entlassung in der Häuslichkeit des Versicherten vorhanden sein; nur dann können ein strukturiertes und gesichertes Entlassmanagement und anschließend eine anspruchsgerechte Versorgung erfolgen.[1207]

8.5.3.2. Besonderheiten des Entlassmanagements

Leistungserbringer für Hilfsmittel nach § 126 SGB V wirken daher maßgeblich an dieser Schnittstelle zwischen der stationären und der ambulanten Versorgung mit und bringen im Rahmen des Entlassmanagements ihre Kompetenz in die Behandlung der Erkrankung des Patienten ein. Dies erfolgt in der Praxis regelmäßig auf der Grundlage einer **Kooperation des Krankenhauses mit einem Netzwerk an Leistungserbringern**.[1208]

Ein „**Outsourcing**" des Entlassmanagements ist nach dem ausdrücklichen Gesetzeswortlaut zwar möglich, allerdings beschränkt auf Vertragsärzte und MVZ sowie auf ermächtigte Ärzte und Einrichtungen.[1209] Der Gesetzgeber hält dies insbesondere dann für sinnvoll, wenn eine umfassende ambulante Weiterbehandlung erforderlich und eine weiterbehandelnde Ärztin oder ein Arzt ausgewählt ist (z.B. bei der Weiterbehandlung onkologischer Patienten).[1210] Ein darüber hinausgehendes vollständiges Outsourcing des Entlassmanagements zum Beispiel auf Apotheken, auf Heil- oder Hilfsmittelerbringer oder auf sonstige externe private Anbieter dürfte angesichts des Gesetzeswortlauts nicht mehr zulässig sein.[1211] Die Mitwirkung die-

---

[1204] *Wagner*, § 39 SGB V, Rn. 35; *Braun*, Rn. 4.
[1205] *Wagner*, § 39 SGB V, Rn. 35.
[1206] *Schneider*, Rechtsgutachten, S. 26 m.w.N.
[1207] Die Verordnung der ambulant benötigten Hilfsmittel erfolgt nach derzeitiger Gesetzeslage regelmäßig nicht durch das Krankenhaus, sondern muss durch den niedergelassenen Arzt erfolgen.
[1208] Vgl. hierzu *Dieners/Heil*, S. 1; *Schneider*, Rechtsgutachten, S. 26.
[1209] § 39 Abs. 1a SGB V: „*Das Krankenhaus kann mit Leistungserbringern nach § 95 Absatz 1 Satz 1 vereinbaren, dass diese Aufgaben des Entlassmanagements wahrnehmen.*" Vgl. auch *Wagner*, § 39 SGB V, Rn. 41.
[1210] Vgl. BT-Drs. 18/4095 v. 25.02.2015, S. 76; BR-Drs. 641/14 v. 29.12.2014, S. 89; vgl. auch *Braun*, Rn. 11.
[1211] *Braun*, Rn. 12.

ser Heilberufsangehörigen ist nur möglich, aber zugleich auch zwingend notwendig im Rahmen von Kooperationsvereinbarungen mit den Krankenhäusern.[1212]

8.5.3.3. Zuweisungsverbote auch beim Entlassmanagement

Auch beim Entlassmanagement sind grundsätzlich die **rechtlichen Grenzen des Berufsrechts** der **Ärzte und Apotheker**, insbesondere die Regelungen der §§ 30 ff. MBO, des § 11 ApoG und das Depotverbot des § 128 SGB V zu beachten, soweit sie nicht ausdrücklich ausgeschlossen sind.[1213] Ohne Vorliegen eines sachlichen Grundes dürfen somit **Krankenhausärzte** auch zur Organisation der ambulanten Anschlussversorgung den Patienten **nicht** die **Inanspruchnahme** eines eventuellen **Kooperationspartners** der Klinik **empfehlen** oder gar diesem die Verordnung einer Leistung unmittelbar **zuleiten**, sofern nicht ausdrücklich eine entsprechende Empfehlung erbeten wird.[1214]

Der **Bundesgerichtshof** hat jedoch im Hinblick auf § 11 ApoG klargestellt, dass das in § 11 Abs. 4 SGB V geregelte **Versorgungsmanagement** und das in § 39 Abs. 1 S. 4 bis 6 SGB V geregelte **Entlassmanagement** eine einschränkende Auslegung des § 11 Abs. 1 Satz 1 ApoG fordern.[1215] Es ist danach mit **§ 11 Abs. 1 ApoG** vereinbar, wenn ein Krankenhaus oder eine vom Krankenhaus beauftragte Person im Rahmen des Entlassmanagements den Patienten die von ihnen zum Zeitpunkt ihrer Entlassung aus der Klinik benötigten Medikamente durch eine Apotheke an ihr Krankenbett liefern lässt, falls die Patienten keine Belieferung durch eine andere Apotheke wünschen.

Allerdings dürfen selbstverständlich **auch beim Entlassmanagement** im Rahmen entsprechender Kooperationen **keine Vorteile** für die eventuelle Bevorzugung bestimmter Heil- oder Hilfsmittelerbringer angenommen oder angeboten werden. Der Gesetzgeber hat in der Gesetzesbegründung nochmals ausdrücklich betont, dass eine Zuweisung von Versicherten durch Krankenhäuser an Apotheken ebenso wie bei Vertragsärzten nicht gestattet sei.[1216] Ansonsten unterliegt das **Entlassmanagement** schon im Vorfeld **nicht dem Verdacht einer strafbaren Korruption**, da eine entsprechende Kooperation und Zusammenarbeit vom Gesetzgeber in § 39 SGB V ausdrücklich gewünscht ist.[1217]

[1212] *Knispel*, S. 339 ff. m.w.N. zu gegenteiligen Auffassungen; ebenso *Braun*, Rn. 14; a.A.: *Dieners/Heil*.
[1213] *Wagner*, § 39 SGB V, Rn. 39.
[1214] *Knispel*, S. 344.
[1215] BGH, Urt. v. 13.03.2014 – I ZR 120/13 (Kooperationsapotheke), vgl. zu § 11 ApoG Kap. 7.1.2, S. 145 ff.
[1216] BT-Drs. 18/4095 v. 25.02.2015, S. 76 zu Nummer 9 (§ 39). Entsprechende Absprachen im Rahmen des Entlassmanagements wären daher strafrechtlich nach §§ 299a, 299b StGB angreifbar.
[1217] Nicht nachvollziehbar insoweit die von *Schneider* geäußerten Bedenken, vgl. Rechtsgutachten, S. 27.

9 Unternehmensbeteiligungen im Gesundheitswesen

9.1. Gewerblich-unternehmerische Freiheit auch für Heilberufler

Ärzte, Zahnärzte und sonstige Heilberufler dürfen sich – neben ihrer Heilberufstätigkeit – grundsätzlich auch gewerblich unternehmerisch betätigen. Dies hat das **Bundesverfassungsgericht** unter Berufung auf die **Berufsfreiheit** des Art. 12 GG schon im Jahre 1985 in seiner Sanatoriums-Entscheidung ausdrücklich bestätigt:

> *„Für die verfassungsrechtliche Beurteilung ist [...] von Bedeutung, dass es Ärzten nicht untersagt ist, Kliniken und Sanatorien zu betreiben, obwohl es sich dabei um gewerbliche, auf Gewinnerzielung ausgerichtete Unternehmen handelt. Der Gesetzgeber, dem die rechtliche Ordnung von Berufsbildern obliegt, hat davon abgesehen, eine ärztliche und eine gewerblich-unternehmerische Tätigkeit für unvereinbar zu erklären."*[1218]

Auch der **Bundesgerichtshof** hat der Bedeutung und Tragweite der **Berufsfreiheit** in seinen Entscheidungen zum Wettbewerbs- und Berufsrecht **Rechnung getragen** und diese bei der Auslegung einfachgesetzlicher Bestimmungen und Regelungen des ärztlichen Berufsrechts herangezogen:

> *„Bei der Beurteilung der Frage, ob die von der Beklagten den angesprochenen Ärzten vorgeschlagene gewerbliche Betätigung bei Verwendung der eigenen Praxisräume notwendigerweise berufsrechtswidrig ist, ist außerdem in Rechnung zu stellen, dass Ärzten eine gewerblich-unternehmerische Tätigkeit auf dem Gebiet des Heilwesens grundsätzlich nicht untersagt ist …. Dem Arzt ist daher gemäß § 3 Abs. 1 Satz 1 BÄO neben der Ausübung seines Berufs die Ausübung einer anderen Tätigkeit nicht grundsätzlich verboten, sondern im Grundsatz erlaubt und nur dann untersagt, wenn die Tätigkeit mit den ethischen Grundsätzen des ärztlichen Berufs nicht vereinbar ist."*[1219]

Nur wenn und soweit durch die weitere unternehmerische oder gewerbliche Tätigkeit des Arztes oder Zahnarztes **ethische Grundsätze** des ärztlichen oder zahnärztlichen Berufs verletzt werden, kann die unternehmerisch-gewerbliche Tätigkeit untersagt werden. Ob dies der Fall ist, muss anhand der durch §§ 299a, 299b StGB **geschützten Rechtsgüter** des lauteren Wettbewerbs und des Patientenvertrauens[1220] in jedem Einzelfall sorgfältig untersucht werden.

[1218] BVerfG, Beschl. v. 19.11.1985 – 1 BvR 38/78; vgl. hierzu auch eingehend *Bahner*, Werberecht für Ärzte, S. 318 ff.
[1219] BGH, Urt. v. 29.05.2009 – I ZR 75/05 zur gewerblichen Ernährungsberatung des niedergelassenen Arztes in der eigenen Praxis.
[1220] Vgl. hierzu Kap. 2.3, S. 17 ff.

9.2. Allgemeine Kapital- und Gesellschaftsbeteiligungen

Gewinne oder **sonstige Einnahmen** aus einer gesellschaftsrechtlichen Beteiligung können **Vorteile** sowohl im Sinne des § 31 MBO als auch im Sinne des § 229a StGB sein.[1221] Eine unzulässige und strafbare Verknüpfung zwischen Unternehmensbeteiligung und medizinischen Entscheidungen kann vorliegen, wenn ein **Arzt** einem **Unternehmen**, an dem er **selbst beteiligt** ist, einen Patienten zuführt und er für die Zuführung des Patienten wirtschaftliche Vorteile, etwa eine Gewinnbeteiligung, erhält.[1222] Denn solche Abreden benachteiligen Unternehmen, die keine Beteiligungen anbieten. Auch Patienten können sich in solchen Fällen nicht darauf verlassen, dass die ärztliche Empfehlung alleine aufgrund medizinischer Erwägungen getroffen wurde.[1223] Der BGH geht hierbei auch dann von einem Vorteil aus, wenn ein **naher Angehöriger** des Arztes als **Strohmann** an dem Unternehmen beteiligt ist und die Ausschüttungen erhält.[1224]

Die **Grenze zur zulässigen Kapitalbeteiligung** wird dann überschritten, wenn eine Beteiligung bzw. Gesellschaftskonstruktion vorliegt, die dem Arzt **Vorteile** verschafft, deren Annahme ihm **bei Direktbezug untersagt** wäre.[1225] Auch das Argument der Wirtschaftlichkeit und Qualität der Versorgung ist nicht geeignet, eine wirtschaftliche Beteiligung von Ärzten an externen Unternehmen (von Arznei-, Heil- oder Hilfsmitteln) zu rechtfertigen.[1226]

Differenzierter zu beurteilen sind Fälle, in denen der Arzt nur mittelbar, insbesondere über **allgemeine Gewinnausschüttungen**, am Erfolg eines Unternehmens beteiligt ist. § 31 MBO wird einer Beteiligung des Arztes etwa an einem größeren pharmazeutischen Unternehmen nicht entgegenstehen, wenn bei objektiver Betrachtung ein **spürbarer Einfluss der Patientenzuführungen** des einzelnen Arztes auf seinen Ertrag aus der Beteiligung **ausgeschlossen** erscheint.[1227] Zulässig ist daher die Kapitalbeteiligung eines Arztes an einem größeren Pharmaunternehmen (etwa in Form von Aktien), auch wenn er dessen Medikamente verordnet. Solange sich die erlangten Vorteile aus der Unternehmensbeteiligung ausschließlich als **Ergebnis eines unternehmerischen Risikos am Markt** darstellen, sind diese zulässig und begründen grundsätzlich nicht den Verdacht einer Unrechtsvereinbarung.[1228]

[1221] BGH, Urt. v. 13.01.2011 – I ZR 111/08 (Hörgeräteversorgung II); BT-Drs. 18/6446 v. 21.10.2015, S. 19.
[1222] BT-Drs. 18/6446 v. 21.10.2015, S. 19, mit Verweis auf *Scholz*, § 31 MBO, Rn. 6.
[1223] BT-Drs. 18/6446 v. 21.10.2015, S. 19.
[1224] BGH, Urt. v. 13.01.2011 – I ZR 111/08 (Hörgeräteversorgung II); vgl. dazu *Wissing/Cierniak* S. 43.
[1225] LBG Heilberufe Münster, Urt. v. 06.07.2011 – 6t A 1816/09.T (Zytostatika).
[1226] Denn der Bezug von diesen Unternehmen wäre gerade dann wirtschaftlicher, wenn die Ärzte nicht Gesellschafter wären und diese nicht aus ihrer gesellschaftsrechtlichen Beteiligung Gewinne erzielten, vgl. LBG Heilberufe Münster, Urt. v. 06.07.2011 – 6t A 1816/09.T (Zytostatika).
[1227] BGH, Urt. v. 13.01.2011 – I ZR 111/08 (Hörgeräteversorgung II).
[1228] *Wissing/Cierniak*, S. 44.

9.2.1. Mittelbare Gewinnbeteiligung

Insoweit gelten die Grundsätze, die der BGH in seiner wettbewerbsrechtlichen Rechtsprechung aufgestellt hat.[1229] Danach sind Fälle, in denen der **Arzt nur mittelbar**, insbesondere über allgemeine Gewinnausschüttungen, **am Erfolg eines Unternehmens beteiligt** ist, differenziert danach zu beurteilen,

> *"... ob bei objektiver Betrachtung ein spürbarer Einfluss der Patientenzuführungen des einzelnen Arztes auf seinen Ertrag aus der Beteiligung ausgeschlossen erscheint. Ob dies der Fall ist, hängt grundsätzlich vom Gesamtumsatz des Unternehmens, dem Anteil der Verweisungen des Arztes an dieses und der Höhe seiner Beteiligung ab."*[1230]

Der BGH verneint bei der **Kapitalbeteiligung** eines Arztes an einem **größeren Pharmaunternehmen**, dessen Medikamente er verordnet, jedenfalls dann einen entsprechenden Einfluss, wenn **kein objektiver Zusammenhang** zwischen der **Zahl der Verordnungen** und den **Erträgen aus der Beteiligung** ersichtlich ist.[1231]

Neben dem Zusammenhang zwischen der Zahl der Zuweisungen und dem entsprechenden Gewinn knüpft der BGH auch an die **Gesamthöhe** der dem Arzt zufließenden Vorteile an, um die wettbewerbsrechtliche Rechtmäßigkeit einer Unternehmensbeteiligung zu beurteilen.[1232] Entscheidend sind damit die folgenden Kriterien:

- Anteile am Unternehmen,
- Bedeutung der Zuweisungen an dessen Gesamtumsatz,
- Höhe der an den Arzt ausgeschütteten Gewinne.

9.2.2. Unmittelbare Gewinnbeteiligung

Gründen Ärzte ein Unternehmen im Gesundheitswesen in der **Absicht**, diesem **bevorzugt Patienten zuzuweisen**, um die eigene Gewinnausschüttung zu erhöhen, liegt darin konkludent eine **Unrechtsvereinbarung** im Sinne von § 299a StGB. Deren Inhalt ist eine künftige unlautere Bevorzugung des Unternehmens im Wettbewerb gegen Zahlung einer dadurch erhöhten Gewinnausschüttung.[1233] Nicht erforderlich ist in diesen Fällen, dass die Höhe der Gewinnausschüttungen an den beteiligten Arzt unmittelbar von der Zahl seiner Patientenzuweisungen oder dem dadurch generierten Umsatz abhängt. Auch bei Ärzten, die nur eine ihrem Gesellschaftsanteil entsprechende Gewinnausschüttung erhalten, kann im Einzelfall eine Unrechtsvereinbarung vorliegen.[1234]

[1229] BT-Drs. 18/6446, S. 19 mit Verweis auf BGH, Urt. v. 07.11.2002 – I ZR 64/00.
[1230] BGH, Urt. v. 07.11.2002 – I ZR 64/00.
[1231] BGH, Urt. v. 13.01.2011 – I ZR 111/08 (Hörgeräteversorgung II).
[1232] BGH, Urt. v. 07.11.2002 – I ZR 64/00.
[1233] *Wissing/Cierniak*, S. 44.
[1234] OLG Stuttgart, Urt. v. 10.05.2007 – 2 U 176/06 (Labor-Beteiligung); *Wissing/Cierniak*, S. 44.

Letztlich ist Maßstab, ob die Kapitalbeteiligung zu gleichen Konditionen prinzipiell auch jedem anderen Investor angeboten würde oder ob das Geschäftskonzept darauf aufbaut, dass sich der darüber hinausgehende Unternehmergewinn relativ sicher durch das Verordnungsverhalten oder die tatsächlichen Gegebenheiten wie räumliche Lage und korrespondierende Versorgungaufgaben beeinflussen lässt.[1235] So kann sich die Unzulässigkeit der Beteiligung schon aus der **Gesamthöhe** der zufließenden Vorteile ergeben, insbesondere wenn alle Beteiligten das Geschäftsmodell verinnerlichen und danach handeln und die Unternehmensbeteiligung erst durch die Steuerung der Verordnungen werthaltig wird.[1236] Insofern spielt es auch eine Rolle, ob nur Ärzte einer bestimmten Fachrichtung Gesellschafter werden können oder durch einen kleinen Gesellschafterkreis Druck ausgeübt wird, die Gesellschaft „zu bedienen".[1237]

Auch wenn die Rechtsprechung dazu **keine konkreten Zahlen** festgelegt hat, ist eine Unrechtsvereinbarung immer dann anzunehmen, wenn ein **Anreiz** besteht, die Zahl der Zuweisungen an das Unternehmen aufgrund der erwarteten Gewinnausschüttung wettbewerbs- oder berufsrechtswidrig zu erhöhen.[1238]

9.2.3. Gesetzliche Beteiligungsverbote

Im Bereich der **gesetzlichen Krankenversicherung** ist eine **Beteiligung** an Hilfsmittelunternehmen und Heilmittelerbringern seit einer Gesetzesänderung in 2012 **grundsätzlich untersagt**, wenn und soweit die Beteiligung durch das Verordnungs- oder Zuweisungsverhalten des Vertragsarztes selbst **maßgeblich beeinflusst** wird, § 128 Abs. 2 S. 3 SGB V.[1239] Ob ein Arzt, der gesellschaftsrechtlich an einem Hilfsmittellieferanten beteiligt ist, gegen § 31 MBO und künftig auch gegen § 299a StGB verstößt, wenn er Patienten an diesen Anbieter verweist, bestimmt sich danach, ob die **Verweisung kausal für** einen dem Arzt zufließenden **Vorteil** ist. Das dürfte jedenfalls der Fall sein, wenn die Gewinnbeteiligung oder sonstige Vorteile des Arztes unmittelbar von der Zahl seiner Verweisungen oder dem ohne Weiteres damit erzielten Umsatz abhängen.[1240] Ein Verstoß hiergegen dürfte künftig auch den Vorwurf einer Unrechtsvereinbarung nach § 299a StGB begründen.

Auch im **Apothekenwesen** sind **Beteiligungen** Dritter an der Apotheke nach § 8 S. 2 **ApoG untersagt**:

[1235] *Scholz*, § 31 MBO, Rn. 6. m.w.N.
[1236] LBG Heilberufe Münster, Urt. v. 06.07.2011 – 6t A 1816/09.T (Zytostatika).
[1237] *Scholz*, § 31 MBO, Rn. 6.
[1238] OLG Stuttgart, Urt. v. 10.05.2007 – 2 U 176/06 (Labor-Beteiligung); LBG Heilberufe Münster, Urt. v. 06.07.2011 – 6t A 1816/09.T (Zytostatika); *Wissing/Cierniak*, S. 44. Zutreffend weist *Wigge* darauf hin, dass eine Beteiligung an einem Gesundheitsunternehmen für den potentiellen Interessenten zukünftig zu einem unkalkulierbaren Risiko werden kann, *Wigge*, S. 450.
[1239] Eine Ausnahme gilt nur bei Verträgen, die mit den Krankenkassen geschlossen werden, vgl. hierzu auch Kap. 6.5.1, S. 137 f.
[1240] BGH, Urt. v. 13.01.2011 – I ZR 111/08 (Hörgeräteversorgung II).

„Beteiligungen an einer Apotheke in Form einer Stillen Gesellschaft und Vereinbarungen, bei denen die Vergütung für dem Erlaubnisinhaber gewährte Darlehen oder sonst überlassene Vermögenswerte am Umsatz oder am Gewinn der Apotheke ausgerichtet ist, insbesondere auch am Umsatz oder Gewinn ausgerichtete Mietverträge sind unzulässig."

9.3. Beteiligung von Ärzten an einer Apparategemeinschaft

Ärzten ist die Beteiligung an einer Apparategemeinschaft grundsätzlich gestattet. Die **Apparategemeinschaft** wird als **Unterform der Praxisgemeinschaft**[1241] gesehen, deren Zweck lediglich in der gemeinsamen Nutzung medizinischer Geräte oder von Räumen besteht.[1242] Grund und Berechtigung der Apparategemeinschaft finden sich in § 105 Abs. 2 SGB V, wonach die Kassenärztlichen Vereinigungen darauf hinzuwirken haben, dass **medizinisch-technische Leistungen**, die der Arzt zur Unterstützung seiner Maßnahmen benötigt, **wirtschaftlich erbracht** werden. Die Kassenärztlichen Vereinigungen sollen ermöglichen, solche Leistungen im Rahmen der vertragsärztlichen Versorgung von Gemeinschaftseinrichtungen der niedergelassenen Ärzte zu beziehen, wenn eine solche Erbringung medizinischen Erfordernissen genügt.

Die Apparategemeinschaft hat zum Zweck die gemeinsame Beschaffung und/oder Nutzung medizinischer Geräte, Räume und gegebenenfalls von Personal.[1243] Die gemeinsame Nutzung dieser Ressourcen erfolgt meist in räumlicher Trennung zur eigenen Praxis.[1244] Die Besonderheit der Apparategemeinschaft besteht in der **Ausnahme vom Grundsatz der persönlichen Leistungserbringungspflicht** bei gerätebezogenen Untersuchungsleistungen. Die Mitglieder der Apparategemeinschaft können Leistungen von anderen (qualifizierten) Mitgliedern erbringen lassen und sie sich dennoch als persönlich erbrachte Leistungen zuordnen lassen und gegenüber der KV abrechnen.[1245] Die **Rechtsform der Apparategemeinschaft** ist meist eine Gesellschaft des bürgerlichen Rechts (GbR), die im Zweifel nicht auf Gewinnerzielung ausgerichtet ist, sondern die entstandenen Kosten nach einem bestimmten Schlüssel auf die einzelnen Gesellschafter umlegt.[1246] Die Beteiligung von Ärzten an einer Apparategemeinschaft ist in rechtlicher Hinsicht ausdrücklich gestattet und erwünscht und somit als Kooperationsform unangreifbar. Etwas anderes gilt allerdings dann, wenn neben der reinen Kostenteilung ein sogenanntes **Gewinnpooling** (oder auch „Einnahmenpooling") vereinbart wird. Dieses liegt vor, wenn die Einnahmen der ärztlichen Gesellschafter zusammengeführt werden und der sich erge-

---

[1241] Vgl. zur Praxisgemeinschaft ausführlich *Ladurner*, § 33 Ärzte-ZV und *Kremer*.
[1242] *Broglie/Hartmann*, § 9, Rn. 59; vgl. zur Apparategemeinschaft umfassend auch *Peikert*.
[1243] *Prütting*, § 705, Rn. 28.
[1244] *Möller*, § 16, Rn. 451 m. w. N.
[1245] *Broglie/Hartmann*, § 9, Rn. 59.
[1246] *Möller*, § 16, Rn. 453. Es ist hierbei umstritten, ob die Apparategemeinschaft eine Außen- oder Innengesellschaft darstellt.

bende Überschuss nach einem vereinbarten Schlüssel verteilt wird.[1247] Eine solche Vereinbarung ist ein **Indiz** für einen möglichen **Gestaltungsmissbrauch** der Praxis-, oder Apparategemeinschaft zur **Umgehung** des Verbots der Zuweisung von Patienten oder Untersuchungsmaterial gegen Entgelt.[1248]

9.4. Beteiligung von Ärzten an einer Laborgemeinschaft

9.4.1. Erbringung und Abrechnung von Laborleistungen

Die **Laborgemeinschaft** ist ein **Unterfall der Apparategemeinschaft**: Es handelt sich um einen Zusammenschluss von Ärzten gleicher oder unterschiedlicher Fachrichtungen zur gemeinsamen Nutzung von Laboreinrichtungen zwecks Erbringung der in der eigenen Praxis anfallenden **Laboruntersuchungen**.[1249] Nach der Definition des § 1a Nr. 14a BMV-Ä sind Laborgemeinschaften „Gemeinschaftseinrichtungen von Vertragsärzten, welche dem Zweck dienen, **labormedizinische** Analysen regelmäßig in derselben gemeinschaftlich genutzten Einrichtung zu erbringen."[1250]

Soweit **niedergelassene Ärzte** selbst Laborleistungen erbringen, geschieht dies häufig nicht in der eigenen Praxis. Oftmals arbeiten Laborgemeinschaften mit Laborärzten oder von diesen gehaltenen Betriebsgesellschaften zusammen.[1251] Regelmäßig werden Räume, Personal, Fahrdienst etc. gemeinsam genutzt. Teilweise verfügen die Laborgemeinschaften nicht einmal mehr über eigene Ressourcen. Sie nutzen vielmehr mittels eines Dienstleistungsvertrages die Einrichtung des Laborarztes, dem auch die ärztliche Leitung der Laborgemeinschaft obliegt.[1252]

Laborgemeinschaften sind allerdings sowohl im privat- als auch im vertragsärztlichen Bereich auf die Erbringung von Leistungen des **Basislabors beschränkt**.[1253] Die

---

[1247] *Kremer*, Rn. 30.
[1248] *Kremer*, Rn. 30 m.w.N. zur Literatur zum Thema; ebenso *Ladurner*, § 33 Ärzte-ZV, Rn. 9.
[1249] Die Laborgemeinschaft ist Berufsausübungsgemeinschaft i. S. d. § 33 Abs. 2 S. 2 Ärzte-ZV und des § 18 Abs. 1 MBOÄ, *Prütting*, § 705, Rn. 29; die Laborgemeinschaft ist jedoch nur eine Kostengemeinschaft: Der jeweilige Gesellschafter rechnet die in der Laborgemeinschaft erbrachten Leistungen gegenüber seinen Patienten ab und beteiligt sich im Wege der Umlage an den entstandenen Kosten der Gesellschaft, vgl. *Möller*, § 16 Rn. 456.
[1250] Die Rechtsgrundlagen der Laborgemeinschaft finden sich in § 105 Abs. 2 SGB V und § 1a Nr. 14a BMV-Ä für den vertraglichen Bereich und in § 4 Abs. 2 GOÄ für den privatärztlichen Bereich.
[1251] BGH, Urt. v. 17.09.2009 – I ZR 103/07 (Laborgemeinschaften II).
[1252] *Möller*, § 16, Rn. 462 m. w. N.
[1253] Ärztliche Laborleistungen werden in der gesetzlichen Krankenversicherung – wie andere ärztliche Leistungen auch – nach dem Einheitlichen Bewertungsmaßstab (EBM) abgerechnet. Abschnitt O des EBM regelt die Laboratoriumsuntersuchungen, und zwar unter I. und II. die allgemeinen und unter III. die speziellen Untersuchungen. Entsprechend werden O-I-, O-II- und O-III-Leistungen unterschieden. O-I- und O-II-Leistungen können auch niedergelassene

Laborärzte erbringen daher für die der Laborgemeinschaft angeschlossenen niedergelassenen Ärzte die sogenannten O-I- und O-II-Leistungen (sogenanntes **Basis-Labor**), die in eigenem Namen nach dem Einheitlichen Bewertungsmaßstab gegenüber der KV von den niedergelassenen Ärzten abgerechnet werden können.[1254] Sind Untersuchungen der Kategorie O-III (sogenanntes **Speziallabor**) erforderlich, müssen die niedergelassenen Ärzte die Patienten bzw. das Untersuchungsmaterial an einen Laborarzt überweisen.[1255] Dies gilt auch im privatärztlichen Bereich.

9.4.2. Unzulässige Beteiligungsformen

Die **Beteiligung von niedergelassenen Ärzten an Laborarztpraxen** war in den vergangenen Jahren immer wieder **Gegenstand der Rechtsprechung**, wobei verschiedenste Beteiligungsmodelle[1256] für **unzulässig** erklärt wurden, weil diese jeweils eine unzulässige Zuweisung gegen Entgelt nach § 31 MBO darstellten.

So stellt beispielsweise die **Beteiligung eines Arztes** an einer Gesellschaft des bürgerlichen Rechts (GbR), die ihrerseits einen Geschäftsanteil an einer Labormedizin-GmbH hält, einen **Verstoß gegen das Verbot der Vorteilsannahme im Sinne des § 31 MBO** dar. Dies gilt nicht nur in dem Fall, dass die Gewinnzuteilung an die GbR-Gesellschafter sich an deren Volumen an Laborbeauftragungen ausrichtet, sondern auch dann, wenn sich die Gewinnverteilung nach der Höhe oder der Menge der GbR-Anteile des Arztes bestimmt.[1257] § 31 MBO bringt mit seinem berufsrechtlichen Verbot zum Ausdruck, dass Ärzte gehalten sind, die Entscheidung darüber, an wen sie einen Patienten verweisen oder wem sie Untersuchungsmaterial zu Laboruntersuchungen überlassen, allein nach ärztlichen Gesichtspunkten zu treffen. Ihre Nachfrageentscheidung darf nicht aus eigenen Interessen als Nachfrager oder Nachfragedisponent des Patienten getroffen werden, insbesondere darf der Arzt die Entscheidung, an welchen Facharzt er einen Patienten überweist, nicht davon abhängig machen, ob ihm für die Überweisung eine Gegenleistung zufließt oder nicht.[1258] Ähnlich wie beim heilmittelrechtlichen Zugabeverbot sollen sich Ärzte

---

Ärzte, die nicht Laborärzte sind, selbst erbringen und mit der Krankenkasse abrechnen; O-III-Leistungen sind Laborärzten vorbehalten und können nur von diesen abgerechnet werden.

[1254] Es handelt sich hierbei um eine Ausnahme vom Gebot der persönlichen Leistungserbringung. Diese Ausnahme gilt aber nur für niedergelassene Ärzte mit unmittelbarem Patientenkontakt, nicht indessen für Laborärzte selbst ohne direkten Patientenkontakt, vgl. BSG, Urt. v. 13.05.2015 – B 6 KA 27/14.

[1255] BGH, Urt. v. 17.09.2009 – I ZR 103/07 (Laborgemeinschaften II). Vgl. zu den Laborgemeinschaften weiter *Peikert*, *Steinhilper* (Handbuch des Arztrechts) und *Möller*.

[1256] Die möglichen Beteiligungsformen sind vielfältig, der Einfallsreichtum der Beteiligten nahezu unbegrenzt, wie das OLG Stuttgart feststellt, vgl. Urt. v. 10.05.2007 – 2 U 176/06 (Labor-Beteiligung).

[1257] OLG Stuttgart, Urt. v. 10.05.2007 – 2 U 176/06 (Labor-Beteiligung).

[1258] OLG Stuttgart, Urt. v. 10.05.2007 – 2 U 176/06 (Labor-Beteiligung); BGH, Urt. v. 21.04.2005 – I ZR 201/02 (Quersubventionierung von Laborgemeinschaften); BGH, Urt. v. 20.03.2003 – III ZR 135/02 (Kostenpauschale OP-Raum).

nicht davon leiten lassen, ob ihnen bei der Empfehlung oder Verschreibung eines bestimmten Präparats ein persönlicher Vorteil zufließt. Das OLG Stuttgart sieht in der Beteiligung des überweisenden Arztes am Liquidationserlös des die Leistung erbringenden Arztes eine unzulässige Vorteilsgewährung und argumentiert wie folgt:

> „Danach hat das Modell in Bezug auf die beitrittswilligen Ärzte einzig den Zweck, sich aus einer medizinisch gebotenen Vergabe von (auch) notwendigerweise fremd zu vergebenden Untersuchungen, die für den Arzt an sich einkommensneutral sind, eine weitere Einkommensquelle zu erschließen und sich aus diesem aufkommensneutralen ärztlichen Leistungsbereich einen weiteren Erwerbszweig im Rahmen eines Selbstbelohnungssystems zu verschaffen. ...
> Dieses Selbstbelohnungssystem, welches von der Teilhabe des Zuweisenden am Liquidationserlös des Laborleistungen Erbringenden lebt, läuft jedoch dem Grundgebot einer nicht von Eigennutz überlagerten ärztlichen Entscheidung grob zuwider und verzerrt, kommt es zu solchen Gesellschaften, das Nachfrageverhalten nachhaltig zu Lasten von qualitativ gleichwertigen, unter Umständen gar besseren Labors, die nur eben keine Selbstprovisionierungsmöglichkeit durch das Zuweisungsverhalten eröffnen. Diese Labors werden vielmehr am Markt ausgegrenzt, ohne dass diese Wettbewerbsverschiebung von einem sachlichen Grund getragen wäre."[1259]

§ 31 MBO ist nicht nur ein Verbotsgesetz im Sinne des § 134 BGB, sondern die Regelung ist auch dazu bestimmt, **ungerechtfertigte Wettbewerbsvorteile** von Ärzten untereinander zu verhindern. Dieser Schutzzweck gebietet es, jede Art der Patientenvermittlung gegen Entgelt oder sonstige Vorteile, die ihren Grund nicht in der Behandlung selbst haben, als verbotswidrig anzusehen.[1260]

Unzulässig ist ferner eine Kooperationsvereinbarung, wonach Laborärzte das sogenannte **Basislabor** (Laboruntersuchungen, die niedergelassene Ärzte selbst durchführen dürfen) **unter Selbstkostenpreis** anbieten,[1261] um dadurch die niedergelassenen Ärzte zu veranlassen, ihnen Patienten für das sogenannte **Speziallabor** (Laboruntersuchungen, die ausschließlich den Laborärzten vorbehalten sind) zu überweisen. Dies verstößt – auch ohne eine rechtliche Kopplung zwischen Vorteilsgewährung und Patientenüberweisung – gegen das Verbot der Ausübung eines unangemessenen unsachlichen Einflusses auf das Nachfrageverhalten.[1262]

Einem solchen Angebot unter Selbstkosten steht es gleich, wenn die günstigen Preise für die von den niedergelassenen Ärzten abzurechnenden Laboruntersu-

---

[1259] OLG Stuttgart, Urt. v. 10.05.2007 – 2 U 176/06 m.w.N. (Labor-Beteiligung).
[1260] OLG Stuttgart, Urt. v. 10.05.2007 – 2 U 176/06 m.w.N. (Labor-Beteiligung). Der Charakter als Schutzgesetz gebietet zudem als allgemeiner Rechtsgrundsatz ein Umgehungsverbot. Danach ist auch ein Geschäft unwirksam, das einen verbotenen Erfolg durch Verwendung von rechtlichen Gestaltungsmöglichkeiten zu erreichen sucht, die scheinbar nicht von der Verbotsnorm erfasst werden.
[1261] Es muss allerdings auch feststehen und bewiesen werden, dass das Basislabor tatsächlich unter Selbstkostenpreis angeboten wird, vgl. BGH, Urt. v. 17.09.2009 – I ZR 103/07 (Laborgemeinschaften II).
[1262] BGH, Urt. v. 17.09.2009 – I ZR 103/07 (Laborgemeinschaften II); BGH, Urt. v. 21.04.2005 – I ZR 201/02 (Quersubventionierung von Laborgemeinschaften).

chungen dadurch ermöglicht werden, dass der Laborarzt einer von ihm betreuten Laborgemeinschaft der niedergelassenen Ärzte **freie Kapazitäten seines Labors unentgeltlich oder verbilligt zur Verfügung** stellt.[1263]

Die **Quersubventionierung** einer ärztlichen Laborgemeinschaft durch eine Laborarztpraxis ist somit nach gefestigter Rechtsprechung des BGH **unzulässig**, sei es in der Form direkter Zahlungen oder in der Form der Überlassung vorhandener freier Kapazitäten (Personal, Laborräume, Laboreinrichtung).[1264]

Auch die **Minderung der Nebenkosten** des Gemeinschaftslabors, die nur bei einem gleichzeitigen Auftrag einer Spezialuntersuchung durch das Labor des Beklagten eintritt, stellt eine unzulässige „Zuweisung gegen Entgelt" dar. Denn dies erhöht den Gewinn aus der Liquidation der Analyse des Gemeinschaftslabors.[1265]

Verstöße gegen die bereits von der Rechtsprechung entschiedenen Beteiligungskonstellationen (sowie etwaige „pfiffige" Umgehungsvarianten) dürften heute nicht nur in wettbewerbsrechtlicher Hinsicht, sondern auch in strafrechtlicher Hinsicht wegen des Vorwurfs der Bestechung und Bestechlichkeit nach §§ 299a, 299b StGB verfolgt werden. Es ist den niedergelassenen Ärzten daher dringend zu empfehlen, etwaige Beteiligungen an Laborarzteinrichtungen in rechtlicher Hinsicht zu überprüfen oder vollständig zu beenden.[1266]

Im Hinblick auf Kooperationen der niedergelassenen Ärzte mit medizinischen Laboren und Zuwendungen durch die Labore haben der **Berufsverband Deutscher Laborärzte** (BDL), das Ärztliche Qualitätslabor (ÄQL) und die Akkreditierten Labore in der Medizin (ALM) im Juli 2016 einen gemeinsamen **Verhaltenskodex** entworfen, um angesichts des Antikorruptionsgesetzes mehr Sicherheit für alle Beteiligten zu schaffen.[1267]

[1263] BGH, Urt. v. 21.04.2005 – I ZR 201/02 (Quersubventionierung von Laborgemeinschaften).
[1264] BGH, Urt. v. 21.04.2005 – I ZR 201/02 (Quersubventionierung von Laborgemeinschaften).
[1265] Hierauf haben die Mitglieder der Laborgemeinschaft keinen Anspruch, wenn die Kostenminderung eine Verpflichtung des Laborinhabers zur anteilmäßigen Kostentragung übersteigt, vgl. BGH, Urt. v. 22.06.1989 – I ZR 120/87 (Gruppenprofil).
[1266] Unabhängig vom zu erwartenden Korruptionsvorwurf bei unzulässiger Beteiligung an einer Laborgemeinschaft ist die Abrechnung von Speziallaborleistungen durch einen niedergelassenen Arzt vom BGH als gewerbsmäßiger Betrug zu Lasten der Patienten bewertet und damit eine über dreijährige Haftstrafe des Arztes bestätigt worden, vgl. BGH, Beschl. v. 25.01.2012 – 1 StR 45/11.
[1267] Vgl. Pressemitteilung vom 11.10.2016 unter www.alm-ev.de/pressemitteilung/medizinische-labore-gemeinsamer-verhaltenskodex-soll-vertrauen-staerken.html.

9.5. Beteiligungen von Zahnärzten an Dentallaboren

9.5.1. Das Eigenlabor der Zahnarztpraxis

Die Erbringung des Zahnersatzes (Brücken, Kronen, Prothesen) und der weiteren Zahntechnik erfolgt üblicherweise durch selbständige, externe gewerbliche Zahnlabore. Die Zahntechnik kann allerdings auch durch den Zahnarzt selbst erbracht werden.[1268] Zahnärztliche Eigen- bzw. Gemeinschaftslabore stellen insoweit einen **Sonderfall** dar, denn der Betrieb ist nach § 11 S. 1 MBO-Z ausdrücklich erlaubt:

> *Der Zahnarzt ist berechtigt, im Rahmen seiner Praxis ein zahntechnisches Labor zu betreiben oder sich an einem gemeinschaftlichen zahntechnischen Labor mehrerer Zahnarztpraxen zu beteiligen. Das Zahnarztlabor kann auch in angemessener räumlicher Entfernung zu der Praxis liegen.*

Man spricht insoweit vom „Eigenlabor" oder „Praxislabor". Auch eine zahnärztliche **Gemeinschaftspraxis** kann ein **Praxislabor** betreiben.[1269] Denn berufsrechtlich sind Zahnärzte schon immer berechtigt, im Rahmen ihrer Praxis ein zahntechnisches Labor zu betreiben oder sich an einem gemeinschaftlichen zahntechnischen Labor mehrerer Zahnarztpraxen (Praxislaborgemeinschaft) zu beteiligen. Das Zahnarztlabor kann auch in angemessener räumlicher Entfernung zur Praxis liegen, § 11 MBO-Z. Zahntechnische Leistungen sind somit **Bestandteil** der **zahnärztlichen Behandlung** und gehören zum Leistungsbild des Zahnarztes, wie sich auch aus § 87 Abs. 1a S. 8 SGB V ergibt.[1270]

Im **Eigenlabor** oder auch **Praxislabor** dürfen die zahntechnischen Leistungen allerdings **ausschließlich für die eigenen Patienten** erbracht werden.[1271] Dies erfolgt dadurch, dass der Zahnarzt oder die Gemeinschaftspraxis **angestellte Zahntechniker**[1272] beschäftigen.

Das zahntechnische Praxislabor ist **kein handwerklicher Nebenbetrieb**, sondern ein sogenannter **Hilfsbetrieb** im Sinne von § 3 Abs. 3 HwO.[1273] Ein Hilfsbetrieb arbeitet ausschließlich für den Hauptbetrieb und dient dessen wirtschaftlicher Zweckbestimmung, mögen auch seine Leistungen über den Hauptbetrieb an Dritte gelan-

---

[1268] Vgl. zur Zulässigkeit bereits Kap. 3.2.5.8, S. 53.
[1269] *Scheuffler*, Nr. 4290, Rn. 1.
[1270] § 87 Abs. 1a S. 8 SGB V: „... *insbesondere muss aus dem Heil- und Kostenplan erkennbar sein, ob die zahntechnischen Leistungen von Zahnärzten erbracht werden oder nicht.*" Vgl. auch *Quaas/Zuck*, § 30, Rn. 23.
[1271] *Scheuffler*, Nr. 4290, Rn. 1.
[1272] *Quaas/Zuck*, § 30, Rn. 24.
[1273] BGH, Urt. v. 14.12.1979 – I ZR 36/78 (Praxiseigenes Zahnersatzlabor); vgl. auch BVerwG, Urt. v. 11.05.1979 – 5 C 16/79, wonach die Ausführung zahntechnischer Arbeiten in dem praxiseigenen Labor eines Zahnarztes ausschließlich für dessen Patienten keine Tätigkeit ist, deren Ausübung die Eintragung in die Handwerksrolle voraussetzt.

gen.[1274] Zahntechnische Leistungen und Arbeiten können dem Patienten regelmäßig nur über den Zahnarzt, d.h. nur im Rahmen einer zum spezifischen Bereich der Zahnheilkunde gehörenden Tätigkeit des Zahnarztes (Verordnen und Eingliedern von Zahnersatz) zugutekommen. Im allgemeinen können deshalb zahntechnische Leistungen und Arbeiten unmittelbar überhaupt nur an den Zahnarzt, nicht aber an den Patienten bewirkt werden. Von einem **handwerklichen Nebenbetrieb** kann daher nur gesprochen werden, wenn der Zahnarzt auch andere Zahnärzte mit Zahnersatz beliefert, der in seinem Labor hergestellt wird.[1275] Das Praxislabor gilt auch **steuerrechtlich** als unselbständiger Teil der Zahnarztpraxis; die Einkünfte werden den selbständigen Einkünften des Zahnarztes aus dessen Praxistätigkeit zugerechnet.[1276]

9.5.2. Die Praxislaborgemeinschaft

Zahnärzte dürfen auch ein **gemeinschaftliches Labor**, eine sogenannte „**Praxislaborgemeinschaft**"[1277], nach den Regeln über eine Praxisgemeinschaft im Sinne des § 33 Abs. 1 Zahnärzte-ZV betreiben. Bei einer Praxislaborgemeinschaft schließen sich **mehrere unabhängige Zahnarztpraxen** infrastrukturell zu einer **Praxisgemeinschaft** zusammen.[1278] Die dort angestellten Zahntechniker müssen abhängig beschäftigt sein und dürfen kein Unternehmerrisiko tragen. Der Zahntechniker muss von seinem jeweiligen Zahnarzt als Arbeitgeber fachlich angeleitet und beaufsichtigt werden.[1279] Auch die gemeinsame Beschäftigung mehrerer Zahntechniker oder sonstiger Hilfskräfte durch verschiedene Zahnärzte ist zulässig. Die in der Praxislaborgemeinschaft gefertigten zahntechnischen Arbeiten gelten für jeden an ihr beteiligten Zahnarzt als in seinem eigenen Praxislabor gefertigt.[1280] Im beschriebenen Rahmen ist auch die Praxislaborgemeinschaft steuerrechtlich unselbständiger Teil der jeweiligen Zahnarztpraxis mit der Folge, dass Einkünfte aus dem Betrieb des Labors den selbständigen Einkünften zuzurechnen sind.[1281]

Nach Ansicht der *Autorin* ist es auch zulässig, das **Eigenlabor** bzw. die **Praxislaborgemeinschaft** in Form einer **Kapitalgesellschaft** zu betreiben. Es wird dadurch nicht

---

[1274] Für die Frage, ob ein Nebenbetrieb oder ein Hilfsbetrieb vorliegt, kommt es entscheidend auf den unmittelbaren Leistungsaustausch zwischen der handwerklichen Leistungseinheit und dem Dritten an, der nicht stattfindet, wenn das praxiseigene Labor den Zahnersatz nur für den Betriebsinhaber selbst herstellt, also nicht unmittelbar für den Patienten.
[1275] BGH, Urt. v. 14.12.1979 – I ZR 36/78 (Praxiseigenes Zahnersatzlabor).
[1276] *Scheuffler*, Nr. 4290, Rn. 2.
[1277] *Scheuffler*, Nr. 4290, Rn. 1.
[1278] *Prütting*, § 705, Rn. 27.
[1279] *Scheuffler*, Nr. 4300, Rn. 1.
[1280] *Scheuffler*, Nr. 4300, Rn. 1.
[1281] § 18 Abs. 1 Nr. 1 S. 2 EStG. Bei Überschreiten der aufgezeigten Grenzen liegt für den Einzelzahnarzt eine gemischte Tätigkeit vor. Die freiberuflichen und die gewerblichen Einkünfte werden getrennt ermittelt, die freiberuflichen zahnärztlichen Einkünfte nicht in gewerbliche umqualifiziert; *Scheuffler*, Nr. 4300, Rn. 3.

zu einem „externen" Dentallabor, wenn und soweit die Zahnärzte **alleinige Gesellschafter** bleiben und in der Gesellschaft die Zahntechniker anstellen. Denn wenn schon die zahnärztliche Tätigkeit (jedenfalls beim Betrieb eines MVZ) auch in Form einer GmbH betrieben werden darf, dann muss dies „erst recht" für den ärztlichen „Hilfsbetrieb" gelten. Für das Betreiben eines Dentallabors kann es folglich nicht auf die Gesellschaftsform, sondern nur auf die Inhaberschaft ankommen; alles andere wäre eine formalistische Sichtweise, die der Rechtsprechung widerspricht. Denn es kann durchaus triftige Gründe dafür geben, die zulässige Praxislaborgemeinschaft nicht etwa als BGB-Gesellschaft, sondern als GmbH zu gestalten.[1282]

9.5.3. Das gewerbliche Dentallabor

Sobald ein **Zahntechniker selbständig** oder als **Gesellschafter** oder **Mitgesellschafter eines Dentallabors** – mit oder ohne Beteiligung von Zahnärzten – tätig wird, liegt weder ein Praxislabor noch eine Praxislaborgemeinschaft vor, sondern ein gewerbliches Labor, was sich insbesondere steuerrechtlich auswirkt. Das gewerbliche Labor kann in Form eines selbständigen Handwerksbetriebs (§ 1 Abs. 1 HwO), einer GmbH oder Kommanditgesellschaft betrieben werden. Folge dieser Rechtsformen ist die Umsatzsteuerpflicht.[1283]

Es ist **umstritten**, ob sich Zahnärzte auch an Dentallaboren beteiligen dürfen. Nach Ansicht des OLG München ist die Beteiligung von Zahnärzten an einem Dentallabor nicht zu beanstanden, denn **ein Zahnarzt, der selbst zur Ausführung zahntechnischer Arbeiten berechtigt ist, darf sich auch an einer Gesellschaft beteiligen, die als Labor zahntechnische Arbeiten erbringt**.[1284] Nach dieser Ansicht wäre eine eventuelle Beteiligung des Zahnarztes folglich nicht als „unlauterer" Vorteil zu sehen.

Die *Autorin* hält diese Frage – trotz einiger Entscheidungen zur Beteiligung an **Laborgemeinschaften**[1285] – noch nicht für abschließend geklärt. Die **Dentallaborentscheidung** des BGH bezog sich insbesondere auf die **Ausschließlichkeitsklausel**, mit welcher der Zahnarzt an das Dentallabor gebunden wurde.[1286] Die weiteren Laborentscheidungen des BGH bezogen sich nicht auf Dentallabore, sondern auf die Beteiligung von Ärzten an **Laborgemeinschaften**. Auch insoweit ist es Ärzten immer-

---

[1282] Denn bei einer Gemeinschaftspraxis mit Praxislabor oder bei der Beteiligung an einer Praxislaborgemeinschaft besteht die Gefahr, dass für die gesamten (zahnärztlichen und Labor-) Einkünfte gewerbliche Tätigkeit angenommen wird und somit gewerbesteuerpflichtige Einnahmen vorliegen (sog. Abfärbetheorie). Dieses Risiko lässt sich durch Begründung eines gewerblichen Labors in der Form einer GmbH oder Kommanditgesellschaft vermeiden. Gesellschafter ist hier nicht die Gemeinschaftspraxis als solche, sondern der einzelne Zahnarzt, vgl. *Scheuffler*, Nr. 4300, Rn. 3.
[1283] *Scheuffler*, Nr. 4300, Rn. 2.
[1284] OLG München, Urt. v. 12.01.1995 – 29 U 5862/94; *Scheuffler*, Nr. 4300, Rn. 2.
[1285] Vgl. hierzu Kap. 9.4, S. 192 ff.
[1286] BGH, Urt. v. 23.02.2012 – I ZR 231/10 (Dentallaborleistungen).

hin gestattet, jedenfalls das Basis-Labor selbst (in der eigenen Praxis) zu erbringen oder alternativ diese Leistungen durch einen Laborarzt (in dessen Praxis) erbringen zu lassen und als eigene Leistung abzurechnen. Insoweit ist auch eine **Beteiligung der Ärzte** an dieser Laborarztpraxis **zulässig**.[1287] Für unzulässig erklärt wurden lediglich Vereinbarungen, wonach durch „preiswerte" (und damit gewinnbringende) Angebote zum Basislabor der Arzt veranlasst werden sollte, auch das Speziallabor durch die Laborgemeinschaft zu beziehen. Eine solche Konstellation liegt indessen bei Dentallaboren nicht vor, da Zahnärzte grundsätzlich die **gesamte Zahntechnik auch im Eigenlabor** erbringen dürfen. Wenn und soweit sich die Beteiligung daran tatsächlich nur auf die eigenen Aufträge bezieht, teilt die *Autorin* insoweit die Meinung des OLG München, dass eine Beteiligung auch an einem externen Labor für die eigenen Aufträge möglich sein muss.

9.5.4. Stellungnahme der Bundeszahnärztekammer

Auch die Bundeszahnärztekammer hat sich des Themas angenommen, hierbei jedoch angesichts der insoweit nicht eindeutigen Rechtsprechung des BGH ihrerseits keine konkrete Rechtsauffassung vertreten, sondern nur eine „Warnung" ausgegeben. Die Stellungnahme vom Juli 2015 wird hier auszugsweise wiedergegeben:

> *„Für den Zahnarzt kann es von Vorteil sein, zahntechnische Leistungen nicht selbst, sondern in einem von einem Zahntechniker betriebenen gewerblichen Labor anfertigen zu lassen. Gründe dafür sind oftmals wirtschaftlicher Natur, finden sich aber auch in der oftmals guten Zusammenarbeit zwischen Zahnarzt und Zahntechniker. Das Verhältnis zwischen Zahnarzt und Zahntechniker ist in aller Regel eine echte Partnerschaft, die über Jahre hinweg wächst und gelebt wird. Das beiderseitige Vertrauen ist dabei Grundlage für eine herausragende Qualität zahntechnischer Leistungen und trägt damit entscheidend zum Wohle der Patienten bei.*
>
> *Inwieweit der Zahnarzt sich auch an gewerblichen Laboren beteiligen kann, ist eine Frage des Einzelfalls. Eine Beteiligung des Zahnarztes an einem gewerblichen Labor ist grundsätzlich möglich, unterliegt aber regelmäßig engen, berufsrechtlichen Voraussetzungen. Es sollte also immer genau geprüft werden, ob und unter welchen Voraussetzungen sich der Zahnarzt an einem gewerblichen Dentallabor gesellschaftsrechtlich beteiligen kann. ....*
>
> *....*
>
> *.... Soweit ein Vertragszahnarzt daher von einem gewerblichen Labor, an dem er selber beteiligt ist, in nicht ganz unerheblichem Umfang auch selbst zahntechnische Leistungen bezieht, sind damit rechtliche Risiken verbunden. Die Vielzahl der in den §§ 73 Abs. 7, 128 Abs. 2 Satz 3 SGB V verwendeten interpretationsfähigen Begriffe (Unternehmen, Zuweisung, maßgebliche Beeinflussung), die in unterschiedlicher Weise ausgelegt werden können, verdeutlicht das zunehmende Risiko, dass insbesondere Beteiligungen an kleineren gewerblichen Laboratorien, bei denen in erheblichem Umfang zahntechnische Leistungen bezogen werden, als unzulässige Zuwendungen und möglicherweise sogar als Bestechlichkeit oder Bestechung gewertet werden könnten. Um unnötige Risiken*

[1287] Vgl. BGH, Urt. v. 17.09.2009 – I ZR 103/07 (Laborgemeinschaften II).

auszuschließen, sollten derartige Beteiligungen, die über einen bloßen Aktienbesitz hinausgehen, daher kritisch überprüft und ggf. beendet werden." [1288]

Die *Autorin* teilt diese – etwas ängstliche – Rechtsauffassung der Bundeszahnärztekammer deswegen nicht, weil die Beteiligung von Zahnärzten an einem Dentallabor tatsächlich anders zu werten ist, als die Beteiligung von Ärzten an einer Laborgemeinschaft im ärztlichen Bereich: Zunächst ist festzustellen, dass es der Zahnarzt selbst ist, der gegenüber dem Patienten auch für die Zahntechnik haftet und eventuelle Gewährleistungsansprüche realisieren muss. Darüber hinaus wird dem Zahnarzt berufsrechtlich ausdrücklich gestattet, selbst ein Zahnlabor zu betreiben und damit die gesamte Zahntechnik selbst zu erbringen. Die Zahntechnik ist daher – im Gegensatz zum sogenannten „Speziallabor" oder zur Erbringung von Heil- oder Hilfsmitteln - gerade nicht zwingend „fremd zu vergeben" und daher für den Zahnarzt auch nicht zwingend „einkommensneutral".[1289] Die Herstellung von Zahnersatz und Zahntechnik wird berufsrechtlich vielmehr ausdrücklich als **originäre zahnärztliche Tätigkeit** angesehen.[1290] Daher dürfen bezüglich der Beteiligung von Zahnärzten an gewerblichen Dentallaboren jedenfalls keine strengeren Kriterien angelegt werden, als nach § 128 Abs. 2 S. 3 SGB V.[1291] Hierbei ist ohnehin schon fraglich, ob und inwieweit die Dentallabore als „Leistungserbringer" im Sinne des § 128 SGB V zu qualifizieren sind und die Regelung daher überhaupt anwendbar ist.

Die *Autorin* hält daher derzeit auch eine Beteiligung der Zahnärzte an gewerblichen Dentallaboren für zulässig, jedenfalls nicht für strafbar, sofern nicht ein ausdrückliches Beteiligungsverbot an gewerblichen Dentallaboren gesetzlich normiert ist.

[1288] Vgl. Stellungnahme der Bundeszahnärztekammer zur Beteiligung eines Zahnarztes an einem gewerblichen Labor unter www.bzaek.de/fileadmin/PDFs/b/Zahnmedizin_Zahntechnik.pdf, S. 11.
[1289] Vgl. hierzu die Ausführungen unter Kap. 9.4.2, S. 193.
[1290] Vgl. hierzu vorheriges Kap. 9.5.1, S. 196.
[1291] Vgl. hierzu Kap. 6.4.6, S. 135 f.

10 Rabatte, Preisgestaltung und Zugaben im Gesundheitswesen

10.1. Zulässigkeit von Verkaufsförderungsmaßnahmen

Verkaufsförderungsmaßnahmen sind alle **geldwerten Vergünstigungen** zur Förderung des Absatzes von Waren oder Dienstleistungen, die die Kaufentscheidung der Verbraucher oder sonstigen Marktteilnehmer positiv beeinflussen können.[1292] Sie sind trotz der von ihnen ausgehenden Anreize nach allgemeinem Wettbewerbsrecht **grundsätzlich zulässig** und stellen „anerkannte Werbe- und Marketingmethoden" dar.[1293]

Das Werben mit Rabatten und Preisnachlässen ist nach der Aufhebung des Rabattgesetzes[1294] wettbewerbsrechtlich grundsätzlich zulässig. Entsprechende Angebote unterliegen seither nur einer **Missbrauchskontrolle**.[1295] Ein Preisnachlass ist danach unter anderem dann wettbewerbswidrig, wenn von der Vergünstigung eine derart starke Anziehungskraft ausgeht, dass die Rationalität der Nachfrageentscheidung auch bei einem verständigen Verbraucher vollständig in den Hintergrund tritt.[1296] Da die **Anlockwirkung**, die von einer besonders **günstigen Preisgestaltung** ausgeht, **gewollte Folge des Wettbewerbs** ist, kann allerdings der Umstand allein, dass mit einem Rabatt geworben wird, die **Unlauterkeit nicht begründen**.[1297]

Auch aus der aktuellen Gesetzesbegründung zu §§ 299a, 299b StGB ergibt sich, dass es bei **branchenüblichen** und allgemein gewährten **Rabatten und Skonti** bereits an der Unrechtsvereinbarung fehlen könne, da diese nicht als Gegenleistung für eine konkrete Bezugsentscheidung gewährt, sondern **allgemein gegenüber jedermann angeboten** werden.[1298]

Auch die UGP-RL geht von der grundsätzlichen Zulässigkeit von Preisnachlässen aus.[1299] In diesen Fällen liegt in der Regel keine Wettbewerbsverzerrung und damit

---

[1292] *Köhler*, § 3 UWG, Rn. 8.2.
[1293] *Köhler*, § 3 UWG, Rn. 8.9 mit Hinweis auf Erwägungsgrund 6 S. 5 UGP-RL.
[1294] Das (aus dem Jahr 1933 stammende) Rabattgesetz regelte die Umstände, unter denen Einzelhändler Verbrauchern Preisnachlässe einräumen durften. Insbesondere durfte der Rabatt bei Barzahlung gemäß § 2 maximal 3 % des Warenpreises nicht überschreiten. Lediglich bei Abnahme einer größeren Menge oder mehrerer Stücke einer Ware konnte ein handelsüblicher Mengenrabatt gewährt werden, § 7.
[1295] BGH, Urt. v. 08.11.2007 – I ZR 60/05 (Nachlass bei der Selbstbeteiligung).
[1296] BGH, Urt. v. 22.05.2003 – I ZR 8/01 (Einkaufsgutschein); BGH, Urt. v. 09.06.2004 – I ZR 187/02 (500 DM-Gutschein für Autokauf).
[1297] BGH, Urt. v. 08.11.2007 – I ZR 60/05 (Nachlass bei der Selbstbeteiligung).
[1298] BT-Drs. 18/6446 v. 21.10.2015, S. 23 mit Verweis auf *Scholz*, § 31 MBO, Rn. 8; *Rönnau*, S. 317.
[1299] *Köhler*, § 3 UWG, Rn. 8.41. Das war allerdings nicht immer so: Das grundsätzliche Verbot von Rabatten im Rabattgesetz wurde erst 2001, die Begrenzung der Werbung mit Preisherabsetzungen durch das sogenannte Sonderveranstaltungsrecht erst durch die UWG-Novelle 2004 aufgehoben, vgl. *Köhler*, § 3 UWG, Rn. 8.41.

auch keine Unrechtsvereinbarung vor.[1300] Das UWG ist seit dem 12.12.2007 zwar im Lichte der UGP-RL auszulegen.[1301] Allerdings gibt es auch hier zulässige Beschränkungen. So stehen beispielsweise Regelungen über Verkaufsförderungsmaßnahmen, wie sie unter anderem in § 7 HWG[1302] enthalten sind, nicht im Widerspruch zur UGP-RL.[1303] Sind Verkaufsförderungsmaßnahmen allerdings nach diesen Bestimmungen zulässig, können sie auch nicht unlauter im Sinne des UWG sein.[1304] So ist zunächst zu untersuchen, ob und unter welchen Bedingungen insbesondere Rabatte im Gesundheitswesen einen unlauteren Vorteil und auf Basis einer Unrechtsvereinbarung einen Korruptionsvorwurf nach §§ 299a, 299b StGB begründen können.

10.2. Rabatte als klassisches Instrument des Wettbewerbs

Rabatte bzw. Preisnachlässe sind ökonomisch betrachtet ein **ureigenes Instrument des Preiswettbewerbs**.[1305] Ein Rabatt ist ein betragsmäßig oder prozentual festgelegter Abschlag vom angekündigten oder allgemein geforderten Preis (Grundpreis, Ausgangspreis).[1306] Rabatte sind Teil jedweden wirtschaftlichen Handelns und damit als wettbewerbsfördernde Maßnahmen erst einmal zu begrüßen.[1307] Rabatte müssen jedoch als solche klar erkennbar und die Bedingungen für ihre Inanspruchnahme leicht zugänglich sein, sie müssen ferner klar und unzweideutig angegeben werden.[1308] Auch das **Heilmittelwerbegesetz** gestattet – als Ausnahme vom Zugabeverbot des § 7 Abs. 1 HWG[1309] – ausdrücklich die **Gewährung von Rabatten** und damit verbunden auch die **Werbung mit Rabatten** im Gesundheitswesen.

> *(1) Es ist unzulässig, Zuwendungen und sonstige Werbegaben (Waren oder Leistungen) anzubieten, anzukündigen oder zu gewähren oder als Angehöriger der Fachkreise anzunehmen, es sei denn, dass ....*
> *die Zuwendungen oder Werbegaben in*
> *a) einem bestimmten oder auf bestimmte Art zu berechnenden Geldbetrag oder*
> *b) einer bestimmten oder auf bestimmte Art zu berechnenden Menge gleicher Ware gewährt werden;*
> *...*

[1300] Ebenso *Jary*, S. 99 ff.
[1301] *Köhler*, § 3 UWG, Rn. 8.8.
[1302] Vgl. hierzu Kap. 10.5, S. 218 ff.
[1303] BGH, Urt. v. 09.09.2010 – I ZR 98/08.
[1304] BGH, Urt. v. 09.09.2010 – I ZR 98/08; *Köhler*, § 3 UWG, Rn. 8.8.
[1305] Preiswettbewerb ist eine Unterform des Leistungswettbewerbs, der von unserer Wettbewerbsordnung grundsätzlich erwünscht ist.
[1306] *Köhler*, § 3 UWG, Rn. 8.37.
[1307] *Geiger*, medstra 1/2016, S. 9; ebenso *Campos Nave*, S. 231.
[1308] *Köhler*, § 3 UWG, Rn. 8.40, vgl. auch § 1 Abs. 6 Preisangaben-Verordnung.
[1309] Vgl. hierzu Kap. 10.5, S. 218 ff.

10.2.1. Definition und Funktion der Rabattmöglichkeiten

Nachfolgend werden zunächst die verschiedenen Rabattmöglichkeiten und Rabattformen dargestellt.[1310]

Beim **Barrabatt** wird der Kaufpreis um einen bestimmten Betrag oder einen prozentualen Anteil reduziert. Nach Aufhebung des Rabattgesetzes zum 25.07.2001 sind solche Barrabatte auch dann zulässig, wenn sie **3 % übersteigen**.[1311]

Beim **Naturalrabatt** wird der Kaufpreis zwar in voller Höhe fällig, es wird aber mehr an Waren als Draufgabe („2+1") oder Dreingabe („2 für 1") gewährt.

Mengenrabatte knüpfen ausschließlich an den Umfang der bei den betroffenen Herstellern bezogenen Waren an. Die mit einer erhöhten Abnahmemenge erzielten Effizienzvorteile (z.B. ersparte Fracht- und Lagerkosten) gibt der Anbieter ganz oder teilweise an den Abnehmer weiter.[1312]

Funktionsrabatte werden vorwiegend dem Handel gewährt und daher häufig auch als „Handelsrabatte" bezeichnet.[1313]

Als **Sonderform der Funktionsrabatte** können die **Finanzierungsfunktionsrabatte** angesehen werden, zu denen insbesondere die **Skonti** zählen.[1314] Skonti dienen meist der Disziplinierung und Beschleunigung des Zahlungsverhaltens der Vertragspartner.[1315] Innerhalb der Skonti lassen sich wiederum die echten von den unechten Skonti unterscheiden: **Echte Skonti** werden für eine **besonders rasche Zahlung** bzw. eine **vorfällige Zahlung** des Rechnungsbetrages gewährt.[1316] Ihnen steht damit eine adäquate Gegenleistung gegenüber, die darin besteht, dass der Schuldner über seine gesetzlichen Pflichten hinausgehend „vorleistet". **Unechte Skonti** werden demgegenüber auch für „nur" **fällige** Zahlungen gewährt. Sie prämieren damit lediglich die **pflichtgemäße Vertragserfüllung** des Schuldners. Deshalb wird ihnen der Charakter einer echten Gegenleistung bisweilen abgesprochen.[1317]

Treuerabatte werden zur **langfristigen Kundenbindung** eingesetzt und dienen meist als Anreiz, Waren oder Dienstleistungen nach Möglichkeit ausschließlich von einem Lieferanten zu beziehen. Sie werden mit diesem Ziel häufig auch als „Exklusivitätsrabatte" vereinbart. Treue- und Exklusivitätsrabatte sind wegen der mit

---

[1310] Vgl. hierzu insbesondere *Geiger*, medstra 1/2016, S. 11.
[1311] OLG Frankfurt, Urt. v. 13.02.2002 – 6 W 5/02; vgl. die damaligen §§ 2-4 Rabattgesetz.
[1312] Vgl. zur Funktion eines Mengenrabatts auch EuGH, Urt. v. 11.02.2015 – C-340/13 Rn. 12.
[1313] Mit Funktionsrabatten werden Leistungen, wie z.B. Werbung oder Lagerhaltung, die der Hersteller auf den Handel delegiert hat, anteilig abgegolten, vgl. *Geiger*, medstra 1/2016, S. 11.
[1314] Die Gewährung von Skonti ist eine besondere Art des Preisnachlasses, auf den allerdings kein Anspruch besteht, vgl. OLG Bamberg, Urt. v. 08.06.2016 – 3 U 216/15.
[1315] *Geiger*, medstra 1/2016, S. 12.
[1316] OLG Bamberg, Urt. v. 08.06.2016 – 3 U 216/15. Der Vorteil für den Gläubiger liegt in einer eventuellen Zinsersparnis, einer erhöhten Liquidität sowie einem geringeren Vorfinanzierungs- und Forderungsausfallvolumen.
[1317] *Geiger*, medstra 1/2016, S. 12.

ihnen verbundenen Marktzutrittsschranken für Wettbewerber das „enfant terrible" im Kartellrecht und können durchaus unzulässig sein.[1318]

Zeit- oder Saisonrabatte gelten für einen bestimmten Bestellzeitpunkt oder Bestellzeitraum. Solche Rabatte können insbesondere bei Werbung mit medizinischen Leistungen gegenüber Patienten problematisch sein.[1319]

(Umsatz-)Boni werden als **Gutschrift** oder **Rückvergütung** am Ende einer bestimmten Bezugsperiode für alle bis dahin getätigten Warenbezüge gewährt.[1320]

10.2.2. Gegenleistung als Voraussetzung eines zulässigen Rabatts

Rabatte haben meist den Charakter einer „Gegenleistung".[1321] Auch der **nationale Gesetzgeber** ging im Rahmen der **Aufhebung des Rabattgesetzes** im Jahr 2001 davon aus, dass Rabatte **Gegenleistungscharakter** haben. Im Gesetzesentwurf zur Aufhebung des Rabattgesetzes und zur Anpassung anderer Rechtsvorschriften[1322] heißt es:

> „Ein solches Unternehmen darf Rabatte an Endverbraucher nur als Gegenleistung für erzielte Effizienzsteigerungen und nicht als Gegenleistung für Treue, z.B. in Form von Gesamtumsatzrabatten, gewähren (...)."

Rabatte werden also in der Regel als „Gegenleistung" für ein Entgegenkommen des Vertragspartners eingeräumt.[1323] Relevant hierbei ist, dass Rabatte den Absatz durch eine Anreizwirkung auf Abnahmeentscheidungen sehr wohl begünstigen dürfen.[1324] Eine Unrechtsvereinbarung im Sinne des Korruptionsstrafrechts liegt folglich nur dann vor, wenn die Rabattgewährung Gegenleistung für eine **nicht zu billigende Wettbewerbsstörung** ist. Allein hierin kann der strafrechtlich relevante Kontext bestehen.[1325] Dies trifft für die meisten Rabattformen jedoch nicht zu.[1326]

[1318] *Geiger*, medstra 1/2016, S. 12.
[1319] LG Frankfurt/Oder, Urt. v. 24.07.2003 – 32 O 43/03; vgl. hierzu *Bahner*, Werberecht für Ärzte, S. 274 f.
[1320] *Geiger*, medstra 1/2016, S. 12.
[1321] *Geiger*, medstra 1/2016, S. 12. Dies entspricht auch der ständigen Rechtsprechung im Kartellrecht, wo Rabattsysteme marktbeherrschender Anbieter daraufhin überprüft werden, ob eine wirtschaftliche Rechtfertigung des jeweiligen Rabattmodells aufgrund einer eventuellen Gegenleistung angenommen werden kann, vgl. die Rechtsprechung des EuGH hierzu bei *Geiger*, medstra 1/2016, S. 12, Fn. 40.
[1322] BT-Drs. 14/5441 v. 06.03.2001, S. 8.
[1323] *Geiger*, medstra 1/2016, S. 15.
[1324] *Geiger*, medstra 1/2016, S. 12.
[1325] Zutreffend *Geiger*, medstra 1/2016, S. 12.
[1326] Allenfalls Treue- und Exklusivitätsrabatte, die bei marktbeherrschender Stellung auch kartellrechtlich als kritisch anzusehen sind, könnten auch strafrechtlich unzulässig sein, wenn sie faktisch zu einer Art Ausschließlichkeitsbindung führen, vgl. *Kirsch*, S. 271 m.w.N.; *Geiger*, medstra 1/2016, S. 15.

10.2.3. Zulässigkeit von Rabatten

Somit ist zunächst klarzustellen, dass Rabatte nicht per se unlauter oder anrüchig sind, sondern ganz im Gegenteil Bestandteil des lauteren Wettbewerbs sind, der ja durch das Antikorruptionsgesetz ausdrücklich geschützt werden soll.[1327] Rabatte im Gesundheitswesen sind vielmehr sowohl nach dem allgemeinen Wettbewerbsrecht als auch nach dem **Heilmittelwerbegesetz** als auch nach der **Preisangabenverordnung**[1328] ein grundsätzlich **zulässiges Mittel im Wettbewerb**. Freilich werden Rabatte gewährt, um Kunden zu gewinnen oder bereits bestehende Kunden zu halten, was jedoch Teil des zulässigen und lauteren Wettbewerbs ist und daher nicht sanktioniert werden darf.[1329] Gerade bei der rechtlichen Beurteilung von Rabatten muss daher der politische Wille nach einem fairen Preiswettbewerb, der im deutschen Wettbewerbsrecht Ausdruck findet, zwingend berücksichtigt werden.

Rabatte und Skonti, die sich innerhalb dieser rechtlichen Grenzen halten und lediglich gesetzlich zugestandene Spielräume nutzen, können daher nicht zum Gegenstand eines strafrechtlichen Vorwurfs gemacht werden.[1330] Nur wenn und soweit der freie Preiswettbewerb im Gesundheitswesen (insbesondere im Arzneimittelpreisrecht) erheblich eingeschränkt ist, könnten entsprechende Verstöße gegebenenfalls sanktioniert werden. Dies muss jedoch mit den Sanktionsmöglichkeiten der jeweiligen preisbeschränkenden Vorschriften geschehen, da ihnen ein „korruptionsspezifischer Unrechtsgehalt" gerade nicht innewohnt, wie in der Gesetzesbegründung ausdrücklich klargestellt wurde.[1331]

10.2.4. Dreistufiges Prüfschema

Zu klären ist also, ob und unter welchen Voraussetzungen Preisnachlässe, die zunächst Ausdruck eines grundsätzlich erwünschten Preiswettbewerbs sind, **ausnahmsweise** als **unlauter** und damit korruptionsrechtlich als strafbar zu qualifizieren sind.

Die Vereinbarung eines Rabatts stellt nach der Rechtsprechung des BGH einen **materiellen Vorteil** dar.[1332] Auch **nachträglich gewährte Preisnachlässe**[1333] fallen unter den **Vorteilsbegriff**. Ob **Skonti** den Rabatten gleichzusetzen sind, ist derzeit Gegen-

---

[1327] Vgl. hierzu Kap. 2.3.1, S. 18.
[1328] Preisangabenverordnung vom 18. Oktober 2002 (BGBl. I S. 4197), zuletzt geändert durch Artikel 11 des Gesetzes vom 11. März 2016 (BGBl. I S. 396).
[1329] Vgl. hierzu auch in werberechtlicher Hinsicht *Bahner*, Werberecht für Ärzte, S. 214 ff.
[1330] Ebenso *Geiger*, medstra 1/2016, S. 17.
[1331] BT-Drs. 18/6446 v. 21.10.2015, S. 20.
[1332] BGH, Urt. v. 11.04.2001 – 3 StR 503/00. Allerdings ging es hier um die Konstellation einer pflichtwidrigen Erteilung von Aufenthaltsgenehmigungen für drei polnische Bauerbeiter durch einen Amtsträger Zug und Zug gegen die Gewähr eines Rabattes von 26.000,- € für Bauleistungen am Haus des Amtsträgers. Vgl. zum Vorteilsbegriff Kap. 3.2.3, S. 42 f.
[1333] Insbesondere sogenannte „Lagerwertverlustausgleiche", vgl. *Geiger*, medstra 1/2016, S. 10.

stand einer heftigen Kontroverse.[1334] Jedenfalls im strafrechtlichen Sinne kann diese Auseinandersetzung dahinstehen, weil sowohl Rabatte als auch Skonti unter den weiten Vorteilsbegriff des BGH fallen.[1335]

Die Unterstellung einer Unrechtsvereinbarung aufgrund des mit der Rabattgewährung erlangten Vorteils kommt allerdings nur in Betracht, wenn der jeweilige Preisnachlass nicht allgemein zu klaren Bedingungen für alle Marktteilnehmer, sondern als „**Gegenleistung**" für die tatbestandlich erfassten **Pflichtverletzungen** des § 299a StGB gewährt wird.[1336] Für den Nachweis einer konkreten Unrechtsvereinbarung sind im Hinblick auf die Preisnachlässe also besondere Anforderungen zu stellen.[1337]

Es ist in einem **ersten Prüfungsschritt** festzustellen, ob überhaupt die Handlungsalternative Nr. 2 des Bezugs von Arzneimitteln, Hilfsmitteln oder Medizinprodukten zur unmittelbaren Anwendung nach § 299a StGB **erfüllt** ist.[1338] Auf welche Produkte oder Leistungen werden konkret Rabatte gewährt: Handelt es sich um Rabatte zur **unmittelbaren Anwendung** am Patienten, oder handelt es sich um **allgemeine Investitions- oder Einkaufsentscheidungen für die Praxis**, Klinik oder das Unternehmen? Rabatte auf solche Einkaufsentscheidungen sind nach der Gesetzesbegründung grundsätzlich zulässig.[1339] Sodann muss im Zusammenhang mit der Rabattgewährung zugleich eine **unlautere Bevorzugung** vorliegen. Diese kann beispielsweise dann angenommen werden, wenn die Rabatte „heimlich" gewährt werden und in unzulässiger Weise beim Empfänger verbleiben. Dies ist allerdings nur der Fall, wenn der mit dem Gewinn verbundene Rabatt gerade nicht beim Empfänger verbleiben darf.

Folglich ist nun in einem **zweiten Prüfungsschritt** zu untersuchen, ob und in welchem Umfang zulässige **Rabatte** und Skonti **an die Patienten** oder an die **Krankenkassen weiterzugeben** sind. Dieser Aspekt ist mit größter Sorgfalt und Differenziertheit zu betrachten. Insbesondere ist hierbei scharf zu trennen zwischen der allgemeinen unternehmerischen Bezugs- und Einkaufsentscheidung jedes Heilberuflers einerseits, bei der auch Rabatte und sonstige Zuwendungen zulässig sind, und der konkreten rechtlichen Verpflichtung zur Weitergabe von Rabatten andererseits.

Schließlich stellt sich erst auf einer **dritten Stufe** überhaupt die Frage einer **eventuellen Strafbarkeit** im Falle der pflichtwidrigen Nichtweitergabe von Rabatten und Skonti. Denn vor dem Hintergrund der ultima-ratio-Funktion des Strafrechts[1340] ist eine Nichtweitergabe von Rabatten beim Bezug von Arzneimitteln, Hilfsmitteln und

---

[1334] Siehe hierzu die Auseinandersetzung um die Rabattmodelle des Großhändlers AEP, die einen vorläufigen Höhepunkt in der Entscheidung des LG Aschaffenburg v. 22.10.2015 – 1 HK O 24/15 (nicht rechtskräftig) gefunden hat.
[1335] *Geiger*, medstra 1/2016, S. 10.
[1336] *Geiger*, medstra 1/2016, S. 11.
[1337] *Geiger*, medstra 1/2016, S. 11.
[1338] Vgl. hierzu Kap. 3.3.2.2, S. 60 ff.
[1339] Vgl. Kap. 3.3.2.4, S. 63.
[1340] Vgl. hierzu auch *Nestler*, S. 71.

sonstigen Medizinprodukten nur dann strafbar, wenn individuelle Umstände hinzutreten, die eine konkrete Unrechtsvereinbarung begründen.[1341] Immerhin gestatten § 7 HWG und die Berufsordnungen der Ärzte die Gewährung bzw. den Einbehalt von Rabatten jedenfalls in bestimmten Konstellationen, wenn und soweit die Rabatte nicht so hoch sind, dass die Gefahr einer versteckten Unentgeltlichkeit besteht.[1342]

10.3. Pflicht zur Weitergabe von Rabatten?

10.3.1. Spezifische Abrechnungsvorschriften für Ärzte und Zahnärzte

Da Rabatte grundsätzlich zulässig sind und diese vom Empfänger grundsätzlich auch einbehalten werden dürfen, bedarf es für den **Ausnahmefall** der **Pflicht zur Weitergabe von Rabatten** konkret **rechtlich verpflichtender Vorgaben**. Diese finden sich ausschließlich in verschiedenen Abrechnungsvorschriften der Ärzte und Zahnärzte. Spezifische Regelungen enthalten § 44 Abs. 6 BMV-Ä, § 10 GOÄ, §§ 4, 9 und 10 GOZ sowie die Erklärung zur Abrechnung von Material- und Laborkosten nach BMV-Z.[1343]

Rabatte, die schon nach diesen Abrechnungsvorschriften behalten werden dürfen, können selbstverständlich auch keinen Strafbarkeitsvorwurf begründen. Diese Regelungen werden nachfolgend dargestellt, da ihre Kenntnis für die zutreffende Einschätzung einer eventuellen Unrechtsvereinbarung im Sinne der §§ 299a, 299b StGB unerlässlich ist.

10.3.1.1. Abrechnungsvorschrift nach Bundesmantelvertrag-Ärzte

Eine wesentliche Regelung zur Abrechnung von Materialien und zum Umgang mit eventuellen Rabatten, Rückvergütungen und sonstigen Zuwendungen enthält **§ 44 Abs. 6 Bundesmantelvertrag-Ärzte (BMV-Ä)**:[1344] Danach werden die Kosten für Materialien gesondert abgerechnet, sofern sie nicht in den berechnungsfähigen Leistungen gemäß Kapitel 7.3 Allgemeine Bestimmungen des Einheitlichen Bewer-

---

[1341] So zutreffend *Heil/Oeben*, S. 220.
[1342] Siehe beispielhaft OLG Nürnberg, SO vom 10.06.2008 – 3 U 2224/07. Die Spannweite ist jedoch enorm: Werden „übliche" Rabatte und Skonti mit 3 % benannt, so reichen Rabatte im Arzneimittelverkehr ebenso wie beispielsweise im Buchhandel von mindestens 20 % bis hin zu 40 % oder gar 60 %. Wenn diese Rabatte also üblich sind, dann bedarf es einer sehr konkreten zusätzlichen Unrechtsvereinbarung, um eine Strafbarkeit zu begründen.
[1343] Sämtliche Regelungen sind abgedruckt in Kap. 16.1.13, S. 323 ff.
[1344] Vgl. den Wortlaut der Vorschrift unter Kap. 16.1.13.2, S. 324. Vgl. zur Vereinbarung der bundeseinheitlichen Preise für zahntechnische Leistungen auch *Wagner*, § 57 SGB V.

tungsmaßstabes (EBM) enthalten sind[1345] und auch nicht über Sprechstundenbedarf[1346] bezogen werden können.

Wenn und soweit diese **Materialien gesondert berechnungsfähig** sind, hat der Vertragsarzt diese zunächst unter **Beachtung des Wirtschaftlichkeitsgebotes** und der medizinischen Notwendigkeit auszuwählen.[1347] Der Arzt hat sodann im Zusammenhang mit der gesonderten Abrechnung von Materialien und Sprechstundenbedarf die rechnungsbegründenden Unterlagen, wie z.B. die Originalrechnungen, bei der rechnungsbegleichenden Stelle einzureichen. Die einzureichenden **Unterlagen** müssen mindestens **folgende Informationen** beinhalten:

- Name des Herstellers,
- Produkt-/Artikelbezeichnung inkl. Artikel- und Modellnummer,
- Versichertennummer des Patienten, im Rahmen dessen Behandlung die Materialien gesondert berechnet werden. [1348]

Der Vertragsarzt ist somit **verpflichtet**, die **tatsächlich gezahlten Preise in Rechnung zu stellen**. Insbesondere sieht § 44 Abs. 6 S. 7 BMV-Ä ausdrücklich vor, dass eventuell vom Hersteller oder vom Lieferanten gewährte **Rückvergütungen**, wie Preisnachlässe, Rabatte, Umsatzbeteiligungen, Bonifikationen und rückvergütungsgleiche Gewinnbeteiligungen **weiterzugeben sind**.[1349] Vertragsärzte, die entgegen diesen Vorgaben Preisnachlässe nicht weitergeben, machen sich gegebenenfalls wegen Betruges oder Untreue zum Nachteil der Krankenkassen strafbar.[1350]

Eine vergleichbare Regelung enthält der **Bundesmantelvertrag-Zahnärzte (BMV-Z)**.[1351] Die weitere Regelung des § 87 Abs. 1a S. 6 SGB V verpflichtet die Vertragszahnärzte dazu, bei Rechnungslegung eine Durchschrift der Rechnung des gewerblichen oder des praxiseigenen Labors über zahntechnische Leistungen[1352] beizufügen.

[1345] Vgl. den Wortlaut der Regelung in Kap. 16.1.13.1, S. 323.

[1346] Vgl. hierzu Kap. 3.3.2.3, S. 61 f.

[1347] Das Wirtschaftlichkeitsgebot ist normiert in § 12 SGB V und stellt eines der wesentlichen Prinzipien der medizinischen Versorgung im Rahmen der gesetzlichen Krankenversicherung dar. Vgl. zum Wirtschaftlichkeitsgebot ausführlich *Bahner*, Honorarkürzungen, Arzneimittelregresse, Heilmittelregresse, S. 23 ff.

[1348] Über die Notwendigkeit weiterer für die Prüfung der Abrechnung erforderlicher Angaben (z. B. die GOP der erbrachten Leistungen, den ICD, den OPS und das Datum der Leistungserbringung) entscheidet die rechnungsbegleichende Stelle, vgl. § 44 Abs. 6 S. 6 BMV-Ä.

[1349] Der Vertragsarzt bestätigt dies durch Unterschrift gegenüber der rechnungsbegleichenden Stelle.

[1350] *Trieb*, § 44, Rn. 18 m.w.N.

[1351] Vgl. den Abdruck der „Erklärung über die Abrechnung von Material- und Laborkosten" in Kap. 16.1.13.4, S. 325.

[1352] Und die Erklärung nach Anhang VIII der Richtlinie 93/42/EWG (Erklärung zu Produkten für besondere Zwecke) des Rates vom 14. Juni 1993 über Medizinprodukte (ABl. EG Nr. L 169 S. 1) in der jeweils geltenden Fassung.

10.3.1.2. Zulässiger Einbehalt von Skonti

Eine **Ausnahme** von der Pflicht zur Weitergabe von Rückvergütungen besteht nach der Regelung des § 44 Abs. 6 S. 7 BMV-Ä ausdrücklich nur für **Barzahlungsrabatte bis zu 3 %**. Auch nach der **Compliance-Richtlinie** der **Kassenzahnärztlichen Bundesvereinigung**[1353] dürfen „übliche Skonti" beim Vertragszahnarzt verbleiben.

> *„Soweit im Rahmen einer zahnärztlichen Behandlung für den Patienten Waren oder Dienstleistungen von Dritten bezogen werden und die Kosten dafür als Aufwendungsersatz gegenüber den Patienten oder Dritten (z. B. Kostenträgern) geltend gemacht werden (z.B. Sprechstundenbedarf, zahntechnische Leistungen), können hierfür jeweils nur die dem Vertragszahnarzt tatsächlich entstandenen Kosten in Ansatz gebracht werden. Im Zusammenhang mit dem jeweiligen Waren- bzw. Leistungsbezug erfolgende Rückvergütungen (sog. „kick-backs") sind daher grundsätzlich an den Patienten bzw. Dritten (z. B. Kostenträger) weiterzugeben. Übliche Skonti dürfen hingegen beim Vertragszahnarzt verbleiben."*

Zunächst stellt sich die Frage, was „übliche Skonti" sind: Handelt es sich um einen üblichen Barzahlungsrabatt, der schon nach dem Rabattgesetz bis zu 3 % stets zulässig war? Oder dürfen gerade nach dem Wegfall des Rabattgesetzes auch höhere Rabatte und Skonti gewährt werden, ohne dass diese weiterzugeben sind? Wenn ja, bis zu welcher Grenze können solche Rabatte und Skonti noch als „üblich" bezeichnet werden? Sind Skonti von 5 % oder gar 10 % und mehr tatsächlich unzulässig? All diese Fragen sind klärungsbedürftig, wobei allerdings ein strafrechtliches Ermittlungsverfahren mangels entsprechender fachlicher Expertise der Staatsanwaltschaften zur Klärung komplizierter Rabattfragen wohl kaum der richtige Rahmen sein dürfte.

10.3.1.3. Erstattung nach Festbeträgen und Kostenpauschalen

Eine Pflicht zur Weitergabe von Rabatten an den Patienten oder die Krankenkasse besteht dann nicht, wenn die Partner der Gesamtverträge **abweichende Regelungen** getroffen haben, insbesondere wenn für einzelne gesondert berechnungsfähige Materialien **Festbeträge, Maximalbeträge oder Kostenpauschalen** vereinbart wurden.[1354] Dies ist für eine Vielzahl von Leistungen oder Materialien zwischenzeitlich der Fall.[1355] Im Bereich der Radiologie haben sich beispielsweise die Krankenkassen und Kassenärztlichen Vereinigungen bei **Kontrastmitteln** auf eine **Pauschale** geeinigt, die sich an den Durchschnittspreisen der Kontrastmittel orientiert. Bei einem solchen Pauschalbetrag besteht **nach § 44 Abs. 6 S. 9 BMV-Ä** ausdrücklich **keine Weitergabepflicht** etwaiger Einkaufsvorteile mehr.

[1353] Vgl. hierzu Kap. 15.2, S. 300.
[1354] § 44 Abs. 6 S. 9 BMV-Ä.
[1355] Vgl. zu den Kostenpauschalen nach EBM bzw. auf Basis entsprechender Verträge *Wezel/Liebold*, Bd. 2, V 40.

Der Arzt ist also bei Leistungen und Behandlungen, die von den Krankenkassen lediglich mit einem Pauschalbetrag oder einem Festbetrag vergütet werden, frei, zwischen den Anbietern auszuwählen und sich hierbei auch von Rabatten oder sonstigen Vorteilen leiten zu lassen. Die **Annahme dieser Vorteile** ist somit ausdrücklich **nicht unlauter und erst recht nicht strafbar**, sondern im Rahmen der wirtschaftlichen und unternehmerischen Entscheidung ebenso zulässig wie die Annahme von Rabatten und sonstigen Vorteilen bei nicht patientenbezogenen Bezugsentscheidungen.[1356]

Dasselbe gilt für Krankenkassen, die mit einer Kassenärztlichen Vereinigung vereinbart haben, **Sprechstundenbedarf**[1357] mit einer Pauschale zu vergüten: Erhält der Arzt die Materialien des Sprechstundenbedarfs durch entsprechende Rabatte günstiger, darf er auch insoweit den Gewinn behalten, ohne gegen das vertragsarztrechtliche bzw. berufsrechtliche Zuwendungsverbot zu verstoßen.[1358] Wenn und soweit **Sachkosten** also mit einem bestimmten Betrag (beispielsweise für Anästhesieleistungen[1359]) abschließend und pauschal vergütet werden, sind auch insoweit gewährte Rabatte weder an den Patienten noch an die Krankenkasse weiterzugeben.[1360]

10.3.1.4. Abrechnung nach DRG-Fallpauschalen

Seit Einführung des leistungsorientierten pauschalierenden Entgeltsystems in Deutschland werden die allgemeinen Krankenhausleistungen über Fallpauschalen (DRG) abgerechnet.[1361] Mit den DRG-Fallpauschalen und eventuellen Zusatzentgelten und Zuschlägen im Sinne des § 7 Abs. 1 S. 1 KHEntgG sind nach ausdrücklicher Regelung des § 7 Abs. 1 S. 2 KHEntgG *„alle für die Versorgung des Patienten erforderlichen allgemeinen Krankenhausleistungen"* abgegolten. Dies sind nach der Legaldefinition des § 2 Abs. 2 KHEntgG alle Leistungen, die *„im Einzelfall nach Art und Schwere der Krankheit für die medizinisch zweckmäßige und ausreichende Versorgung des Patienten notwendig sind"*. Hierunter fallen **auch die mit einer Operation verbundenen Sach- und Materialkosten**.

Sind die Sach- und Materialkosten für eine Krankenhausbehandlung in der DRG-Fallpauschale bereits enthalten, können diese somit **nicht mehr gesondert abge-**

[1356] Ebenso *Brettel/Mand*, S. 104, deren weitere Annahme, dass hierdurch eine medizinische Unterversorgung resultieren könne, jedoch nicht nachvollziehbar ist.
[1357] Vgl. hierzu Kap. 3.3.2.3, S. 61.
[1358] *Schirmer/Schröder*, S. 3.
[1359] Vgl. etwa die Erstattung von Sachkosten für Anästhesieleistungen nach GOÄ-UV, Stand 01.04.2016.
[1360] Ebenso *Steinhilper* in FS Schwind, S. 173.
[1361] Vgl. §§ 1, 2 Krankenhausentgeltgesetz (KHEntgG), § 17 b Krankenhausfinanzierungsgesetz (KHG). Vgl. weiter zur differenzierten Bestimmung der tatsächlichen Vergütung der Krankenhausleistung *Kuhla/Bedau*, S. 711, Rn. 84 ff.

rechnet werden.¹³⁶² Rabatte, Skonti, Rückvergütungen und weitere zulässige Nachlässe, die im Zusammenhang mit dem Bezug solcher Sach- und Materialkosten stehen, dürfen also beim Arzt bzw. beim Krankenhaus verbleiben und sind weder an die Krankenkassen noch an den Patienten weiterzugeben. Der Einkauf dieser Materialien und Medizinprodukte unterliegt daher der unternehmerischen Entscheidung der jeweiligen medizinischen Einrichtung, die strafrechtlich nicht vorwerfbar ist.

10.3.2. Abrechnungsregelungen nach GOÄ und GOZ

Dieselben Prinzipien gelten auch bei der **privatärztlichen** und **privatzahnärztlichen** Behandlung. Bei der privatärztlichen Abrechnung sind nur diejenigen Kosten erstattungsfähig, die neben den Gebühren für ärztliche Leistungen ausdrücklich als **Auslagen nach § 10 Abs. 1 GOÄ**¹³⁶³ berechnet werden können. Die Berechnung von **Pauschalen** ist hierbei **unzulässig**, wie § 10 Abs. 1 S. 2 GOÄ ausdrücklich festlegt. Überschreiten die Auslagen den Betrag von 25,- € (50,- DM im Gesetzestext), so ist nach § 12 Abs. 2 GOÄ der Beleg oder ein sonstiger Nachweis beizufügen. Auch bei der privatärztlichen Abrechnung dürfen daher nur die **tatsächlich entstandenen Kosten** berechnet werden. Somit sind sämtliche Rabatte, Boni, Rückvergütungen oder sonstige Preisnachlässe an den Patienten weiterzugeben.

Etwas anderes gilt auch hier für den Fall, dass bestimmte Kosten (etwa für **Kleinmaterialien** oder **Einmalartikel**, vgl. § 12 Abs. 2 GOÄ) dem Patienten nicht berechnet werden können. Werden **Rabatte** oder sonstige Preisgaben oder Zugaben auf solche **nicht gesondert berechnungsfähige Materialen**, Medizinprodukte und Sprechstundenbedarf nach § 10 Abs. 2 GOÄ gewährt, so dürfen diese Rabatte selbstverständlich auch bei der Abrechnung privatärztlicher Leistungen behalten werden und müssen weder an den Patienten noch an dessen private Krankenkasse weitergegeben werden. Insoweit gelten dieselben Prinzipien wie bei der vertragsärztlichen Versorgung und der Abrechnung von Materialien und Sprechstundenbedarf nach § 44 Abs. 6 BMV-Ä.¹³⁶⁴

Bei der **privatzahnärztlichen Behandlung** gelten dieselben Prinzipien, die in § 9 GOZ¹³⁶⁵ verankert sind: Danach können neben den Gebühren für die zahnärztlichen Leistungen als Auslagen nur die dem Zahnarzt **tatsächlich entstandenen** angemessenen Kosten für zahntechnische Leistungen berechnet werden, soweit diese Kosten nicht nach den Bestimmungen des Gebührenverzeichnisses mit den Gebühren

---

¹³⁶² So grundsätzlich zutreffend VG Regensburg, Urt. v. 11.11.2013 – RO 8 K 13.1251 m.w.N. zur Rspr. u. Lit. Im vorliegenden Fall wurde allerdings im Berufungsverfahren die gesonderte Abrechnungsfähigkeit der Greenlaserlightvaporisation bejaht, vgl. VGH Bayern, Urt. v. 02.05.2016 – 14 B 151407.
¹³⁶³ Vgl. den Wortlaut der Vorschrift in Kap. 16.1.13.3, S. 324 und hierzu *Spickhoff*, GOÄ 240, § 10, Rn. 1.
¹³⁶⁴ Vgl. hierzu Kap. 10.3.1.1, S. 207 f.
¹³⁶⁵ Vgl. hierzu *Spickhoff*, GOZ 250, § 9.

abgegolten sind, § 9 Abs. 1 GOZ.[1366] Die Rechnung muss bei Ersatz von Auslagen den Betrag und die Art der einzelnen Auslage sowie Bezeichnung, Gewicht und Tagespreis verwendeter Legierungen enthalten, bei gesondert berechnungsfähigen Kosten Art, Menge und Preis verwendeter Materialien, § 10 GOZ.[1367] Auch insoweit sind etwaige **Rabatte und Preisnachlässe** daher **weiterzugeben**.[1368]

10.3.3. Kritik an der Privilegierung der Apothekerrabatte

Preisnachlässe, die in der regulären Vertriebskette des Arzneimittelhandels gegenüber Apotheken gewährt werden (nicht auch gegenüber dem Großhandel), sollten nach dem ursprünglich vorgesehenen Gesetzeswortlaut ebenfalls vom Straftatbestand umfasst sein. Nach dem aktuell in Kraft getretenen Gesetzeswortlaut sind die Apothekerrabatte jedoch korruptionsrechtlich nicht mehr erfasst.[1369]

Werden Rabatte auf Arzneimittel gewährt, so ist es nach §§ 299a, 299b StGB nicht strafbar, wenn diese Rabatte nicht vom Apotheker an die Patienten weitergegeben werden. Denn der Wortlaut des Gesetzes spricht im Rahmen der Bezugsvariante nur von Arzneimitteln, die „zur unmittelbaren Anwendung bestimmt" sind. Dies ist beim Verkauf von Medikamenten an die Patienten durch den Apotheker typischerweise gerade nicht der Fall.[1370]

Schon diese Differenzierung ist heikel und führt zu **inakzeptablen Brüchen innerhalb der Rechtsvorschrift** des § 299a StGB. Denn es ist nicht ersichtlich, weshalb der **Arzt Rabatte** auf Medikamente, Materialien oder Medizinprodukte dann **weitergeben muss**, wenn er diese am Patienten unmittelbar anwendet, der Apotheker hingegen die Rabatte bei sich behalten darf, nur weil er dem Patienten das Medikament nicht unmittelbar selbst einflößt oder verabreicht. Es kann bei Arzneimitteln, Heilmitteln und Medizinprodukten keinen Unterschied machen, ob Patienten das Heilmittel selbst einnehmen oder anwenden, oder ob der Arzt bzw. der Apotheker das Mittel verabreicht, einsetzt oder implantiert. Wenn und soweit Heilmittel jedweder Art **für den Patienten bestimmt** sind – egal ob unmittelbar oder mittelbar – muss strafrechtlich eine **einheitliche Bewertung** der Weitergabe von Rabatten, Rückvergütungen, Boni und sonstigen Preisnachlässen stattfinden. Andernfalls wäre jedenfalls die Berufsgruppe der Apotheker privilegiert, ohne dass diese Besserstellung durch plausible Gründe zu rechtfertigen ist. Denn freilich lassen sich auch Apotheker bei der Abgabe von Medikamenten davon leiten, wie hoch ihr eigener finanzieller Vorteil ist, wenn und soweit dieser beim Apotheker verbleiben kann.

[1366] Vgl. hierzu die ausführliche Entscheidung des BGH, Urt. v. 27.05.2004 – III ZR 264/03.
[1367] Vgl. den Abdruck der Vorschrift in Kap. 16.1.13.5, S. 326.
[1368] Vgl. auch *Clausen*, Medizinrecht, § 7, Rn. 374.
[1369] *Geiger*, medstra 1/2016, S. 9, vgl. hierzu auch Kap. 3.1.2, S. 29 ff.
[1370] Vgl. hierzu bereits Kap. 3.1.2.2, S. 31 f.

Diese Privilegierung der Apotheker im Hinblick auf den Einbehalt von Rabatten muss daher zur Vermeidung einer strafrechtlichen Diskriminierung zur Konsequenz haben, dass die **Nichtweitergabe eventueller Rabatte** durch Ärzte und Zahnärzte an Patienten oder Krankenkassen grundsätzlich ebenfalls **straflos bleiben muss** – jedenfalls nach § **299a StGB**. Ob und inwieweit möglicherweise sowohl bei Apothekern als auch bei Ärzten und Zahnärzten die Nichtweitergabe von Rabatten einen Verstoß gegen Abrechnungsregelungen, gegen Preisbindungsvorschriften, gegen berufsrechtliche Vorschriften oder gegen die Strafvorschrift des Betruges darstellt, bleibt davon unberührt und kann alle Berufsgruppen gleichermaßen betreffen. Nicht hinnehmbar ist indessen bezüglich der Weitergabe von Rabatten die offensichtlich gewünschte Privilegierung der Apotheker, soweit diese nicht auch den anderen Berufsgruppen bei vergleichbaren Sachverhalten zuteil wird.

10.4. Preisgestaltung, Kopplungsangebote, Kundenbindungssysteme

10.4.1. Preisgestaltung

Im Hinblick auf die Preisgestaltung stellt sich zunächst die Frage, ob ein Preis überhaupt ein relevanter Vorteil sein kann. Diese Frage ist dann zu bejahen, wenn der Preis den Wert der Leistung signifikant unterschreitet oder wenn zu Gunsten des Abrechnenden von dem abgewichen wird, was üblich ist.[1371] Man kann diesbezüglich auch von „Scheinentgelten" sprechen. Ein **Scheinentgelt** liegt beispielsweise vor, wenn ein Preis nicht die Selbstkosten des Anbieters deckt.[1372] Darüber hinaus kann ein vergünstigter Preis unter Umständen auch als Indiz für eine Unrechtsvereinbarung herangezogen werden. Wenn ein Preis nicht mehr als ordnungsgemäß kalkuliertes Äquivalent einer Leistung oder eines Produkts erscheint und trotzdem dauerhaft angeboten wird, besteht die Möglichkeit, dass er um einer anderen Leistung willen gewährt wird.[1373]

Allerdings ist auch der Einsatz von **Preisen unter den Selbstkosten** („Dumping-Preis") zur Förderung des Absatzes anderer, auskömmlich kalkulierter Produkte wettbewerbsrechtlich nicht generell untersagt.[1374] Insbesondere kann nicht davon ausgegangen werden, dass der durchschnittlich informierte und verständige Verbraucher durch das Angebot einzelner Waren oder Leistungen zu einem besonders günstigen Preis dazu verleitet wird, auf andere Angebote desselben Anbieters ungeprüft einzugehen.[1375] In der Gesetzesbegründung zu §§ 299a, 299b StGB wird daher ausdrücklich klargestellt, dass das Angebot zur Durchführung von **Laborleistungen zu besonders günstigen Konditionen** nur dann zu einer unlauteren Bevor-

---

[1371] *Dann/Scholz*, S. 2079.
[1372] *Dann/Scholz*, S. 2079.
[1373] *Wissing/Cierniak*, S. 43.
[1374] BGH, Urt. v. 21.04.2005 – I ZR 201/02 (Quersubventionierung von Laborgemeinschaften).
[1375] BGH, Urt. v. 21.04.2005 – I ZR 201/02 (Quersubventionierung von Laborgemeinschaften).

zugung führen kann, wenn das Angebot rechtlich oder faktisch an eine andere Zuführungsentscheidung gekoppelt ist.[1376]

Eine **Preisunterbietung** ist auch nicht schon dann unlauter, wenn sie auf einem vorhergehenden Rechtsbruch beruht (z.B. durch Steuer-, Zoll- oder Umweltschutzvergehen oder Tariflohnunterschreitung ermöglicht wird). Da derartige Normen **keine Marktverhaltensregelungen** im Sinne des § 3a UWG[1377] darstellen, ist ein Verstoß gegen sie wettbewerbsrechtlich irrelevant.[1378] Preisunterbietungen sind unter dem Gesichtspunkt des Rechtsbruchs nach § 3a UWG folglich nur dann **wettbewerbswidrig**, wenn die betreffende Vorschrift eine Marktverhaltensregelung im Sinne des § 3a UWG darstellt. Hierzu gehören insbesondere die **Gebührenordnungen der Ärzte**.[1379]

Preise, die hingegen wettbewerbsrechtlich zulässig sind, dürfen nicht als strafrechtlich relevanter Vorteil gewertet werden. Denn eine **Preisunterbietung**, bei der ein Unternehmer noch Gewinn erzielt oder zumindest seine Selbstkosten deckt, ist **Ausdruck eines erwünschten Preiswettbewerbs**.[1380] Ein automatischer Rückschluss von einem günstigen Preis auf eine Unrechtsvereinbarung wäre auch mit dem (einschränkbaren) Recht auf freie Preisgestaltung[1381] nicht in Einklang zu bringen.[1382] Vielmehr hat der **Bundesgerichtshof** ausdrücklich festgestellt:

> Die Anlockwirkung, die von einem besonders günstigen Angebot ausgeht, ist niemals wettbewerbswidrig, sondern gewollte Folge des Leistungswettbewerbs.[1383]

Letztlich stellt sich bei allen Unternehmen, die unterschiedliche Leistungen oder Waren anbieten, die Frage, welche Interessen sie mit ihrer Preisbildung im Einzelfall verfolgen. Grundsätzlich ist jeder attraktive Preis mit der Hoffnung verbunden, dass der Kunde nicht nur das konkret angebotene Produkt, sondern irgendwann auch andere Produkte aus dem Sortiment bezieht. Diese wettbewerbsrechtlich nicht zu beanstandende Hoffnung erfüllt nicht die Anforderungen an eine Unrechtsvereinbarung.[1384]

Soweit keine unzulässige **rechtliche oder faktische Kopplung**[1385] vorliegt, besteht trotz eines günstigen (wettbewerbsrechtlich zulässigen) Preises die berechtigte Erwartung, dass ein Arzt zukünftige Entscheidungen allein nach sachbezogenen

---

[1376] BT-Drs. 18/6446 v. 21.10.2015, S. 19 mit Verweis auf BGH, Urt. v. 21.04.2005 – I ZR 201/02 (Quersubventionierung von Laborgemeinschaften).
[1377] Vgl. hierzu Kap. 3.4.2.2, S. 72 f.
[1378] *Köhler*, § 4 UWG, Rn. 4.201.
[1379] *Köhler*, § 4 UWG, Rn. 4.202.
[1380] *Köhler*, § 4 UWG, Rn. 4.184 ff.
[1381] Vgl. BGH, Urt. v. 06.10.1983 – I ZR 39/83.
[1382] *Dann/Scholz*, S. 2079.
[1383] BGH, Urt. v. 21.04.2005 – I ZR 201/02 (Quersubventionierung von Laborgemeinschaften).
[1384] *Dann/Scholz*, S. 2079; ebenso *Schuhr*, § 299 StGB, Rn. 49.
[1385] Vgl. hierzu das nachfolgende Kap. 10.4.2, S. 215 ff.

Kriterien fällt.[1386] Umsatzerwartungen, die nicht auf eine vorteilsbasierte Koppelung zurückgehen, reichen für eine Unrechtsvereinbarung somit nicht aus.[1387]

10.4.2. Kopplungsangebote

10.4.2.1. Grundsätzliche Zulässigkeit nach Wettbewerbsrecht

Kopplungsangebote sind Angebote, in denen unterschiedliche Waren und/oder Dienstleistungen zu einem **Gesamtangebot** zusammengefasst werden. Sie stellen **Verkaufsförderungsmaßnahmen** dar, wenn dem Verbraucher ein Vorteil in Gestalt eines günstigeren Gesamtpreises oder einer (völlig oder teilweise) kostenlosen Überlassung von einzelnen Waren oder Dienstleistungen (Zugaben) in Aussicht gestellt wird. Dazu gehören auch die Fälle, bei denen neben der Hauptleistung Garantien gewährt oder Gewinnchancen eingeräumt werden. Unerheblich ist, ob die gekoppelten Waren oder Dienstleistungen funktionell oder branchenüblich zusammengehören oder ob sie zu einem Gesamtpreis angeboten werden.[1388] Eine besondere Erscheinungsform des Kopplungsangebotes ist die **Zugabe**, also die (völlig oder teilweise) unentgeltliche Gewährung einer Ware oder Dienstleistung für den Fall des Kaufs anderer Waren oder Dienstleistungen.[1389]

Kopplungsangebote einschließlich **Zugaben** sind wettbewerbsrechtlich zulässig. Sie stellen keine wettbewerbsfremden, sondern **wettbewerbskonforme Maßnahmen** dar.[1390] In Übereinstimmung mit der UGP-RL sind sie daher als **grundsätzlich zulässig** anzusehen, sofern keine speziellen gesetzlichen Kopplungsverbote eingreifen.[1391]

10.4.2.2. Kopplungsgeschäfte im Gesundheitswesen

Im Gesundheitswesen finden sich Koppelungsgeschäfte häufig dergestalt, dass im Zusammenhang mit dem Bezug von Medizinprodukten, Sprechstundenbedarf oder Materialien zugleich Hauptgeräte kostenlos oder verbilligt überlassen werden. Die Überlassung – teilweise teurer Geräte zur Diagnostik oder Befundung – wird dann

---

[1386] Ebenso hat das OLG Braunschweig entschieden, dass es nicht zu beanstanden ist, wenn ein Apotheker ein Interesse daran hat, in seiner Nähe möglichst viele Arztpraxen unterzubringen, solange keine Anhaltspunkte für eine gezielte Einwirkung auf die Patienten der Arztpraxen bestehen, OLG Braunschweig, Beschl. v. 23.02.2010 – Ws 17/10.
[1387] *Dann/Scholz*, S. 2079.
[1388] *Köhler*, § 3 UWG, Rn. 8.17.
[1389] *Köhler*, § 3 UWG, Rn. 8.18. Geldzuwendungen oder Geldgutscheine, die für den Fall des Erwerbs einer Ware oder Dienstleistung gewährt werden, sind keine Zugabe, sondern eine Erscheinungsform des Preisnachlasses, vgl. hierzu Kap. 10.5.3, S. 220.
[1390] *Köhler*, § 3 UWG, Rn. 8.21 m.w.N. zur Rechtsprechung.
[1391] *Köhler*, § 3 UWG, Rn. 8.21.

gekoppelt mit der Pflicht, eine bestimmte Anzahl von Materialien abzunehmen, etwa Blutzuckerteststreifen, Implantate, Kontrastmittel und ähnliches.

Auch solche Koppelungsgeschäfte dürfen keinesfalls a priori als unlautere Bevorzugung im Wettbewerb bewertet und damit kriminalisiert werden. Es ist nämlich durchaus eine erhebliche wirtschaftliche Entscheidung, ob sich der Arzt oder die Klinik zur **Abnahme einer großen Stückzahl bestimmter Materialien** verpflichtet, diese dann immerhin abnehmen, vorfinanzieren und selbst lagern muss. Diese Entscheidungen müssen ebenso als „unternehmerische" Entscheidungen gewertet werden, wie die Einkaufsentscheidung im Hinblick auf Rabattgewährung. Wer eine große Anzahl an Materialien abnimmt, erhält typischerweise einen deutlich höheren Rabatt als bei der Abnahme von kleineren Mengen oder gar Einzelstücken. Dies ist im normalen Alltagsgeschäft, etwa im Lebensmittelhandel nicht anders. Der Einkauf in einem kleinen Einzelhandelsladen ist selbstverständlich deutlich teurer als der Einkauf in großen Einkaufsketten, die zu ganz anderen Konditionen und Mengen einkaufen können. Allerdings hat der „teure" Einkauf kleiner Mengen umgekehrt durchaus erhebliche Vorteile für den Arzt, da er die Materialien nicht lagern und auch keine erheblichen finanziellen Vorleistungen erbringen muss. Das bezogene Material ist dann freilich entsprechend teurer – dies muss der Patient ebenfalls tragen, ohne dass dies berufs- oder strafrechtlich relevant ist.

Es ist daher – ohne das Hinzutreten weiterer Umstände – auch im Gesundheitswesen zunächst eine **rein unternehmerische Entscheidung**, zu welchen Mengen und Konditionen bestimmte Produkte oder Verbrauchsmaterialien eingekauft werden. Die Koppelung mit der Überlassung kostenloser oder verbilligter Geräte ist nach Auffassung der *Autorin* hierbei durchaus zulässig. Diese Ausführungen gelten ganz besonders grundsätzlich dann, wenn weder die Kosten der Verbrauchsmaterialien noch die Kosten der weiteren Geräte oder Materialien dem Patienten oder der Krankenkasse in Rechnung gestellt werden können, sondern Bestandteil einer pauschalen Vergütung sind.

Wenn nämlich schon Rabatte einbehalten werden dürfen, weil die Vergütung oder Honorierung von Leistungen im Gesundheitswesen pauschal erfolgt bzw. eine gesonderte Abrechnungsfähigkeit nicht gegeben ist,[1392] dann müssen auch Koppelungsgeschäfte zulässig sein, die entsprechende Waren oder Leistungen beinhalten. Jedenfalls in Fällen einer Pauschalvergütung (etwa durch die Krankenkassen oder auch durch die Patienten), die ja im Vorfeld stets bekannt ist bzw. dem Patienten gegenüber im Rahmen der wirtschaftlichen Aufklärungspflicht offenzulegen ist, ist es die unternehmerische Entscheidung des niedergelassenen (Zahn)Arztes oder der Klinik, ob der Bezug von Hilfsmitteln oder Medizinprodukten in Form eines Kopplungsgeschäfts erfolgt.

Relevant ist somit einzig und allein, ob der Einkaufsentscheidung **darüber hinaus** ein Bestechungstatbestand mit **Unrechtsvereinbarung** zugrunde liegt (dann Kor-

---

[1392] Vgl. hierzu ausführlich Kap. 10.3, S. 207 ff.

ruptionstatbestand) oder ob ein rein wirtschaftliches Angebot vorliegt, welches auch die anderen Mitbewerber unterbreiten bzw. die Kollegen annehmen können.[1393]

Nicht nachvollziehbar ist daher die gegenteilige Auffassung, wonach diese Art von Bedingung unlauter in das Entscheidungsverhalten der Verordner hinsichtlich bestimmter Verbrauchsmaterialien eingreife und somit grundsätzlich unter § 299a StGB fallen könne.[1394] Die *Autorin* sieht dies anders, soweit nicht konkrete „weitere Umstände hinzutreten", die auf einen unlauteren Vorteil und damit auf eine Unrechtsvereinbarung hindeuten. Hierbei sind freilich auch die Prinzipien des § 7 HWG und des § 128 SGB V zu berücksichtigen, weshalb im Zweifel jedes Angebot sehr sorgfältig und individuell rechtlich geprüft werden muss.[1395]

10.4.3. Kundenbindungssysteme

Kundenbindungssysteme (auch Treueprogramme, Bonusprogramme) sind Verkaufsförderungssysteme von Unternehmen mit dem Ziel, die Verbraucher durch Gewährung von Preisnachlässen, Zugaben oder sonstigen geldwerten Vergünstigungen zu einer Konzentration ihrer Bezüge auf das Unternehmen zu veranlassen.[1396] Kundenbindungsmaßnahmen haben zum Zweck, den Kunden generell günstig zu stimmen, ohne dabei ein konkretes Geschäft im Auge zu haben. In Anlehnung an heilmittelwerberechtliche Kategorien könnte man von einer – mit günstigen Preisen reflexartig verbundenen – **allgemeinen Imagewerbung** sprechen.[1397]

> *Die Aufhebung des Rabattgesetzes gibt kleinen und mittleren Unternehmen auch die Möglichkeit, gemeinsame Rabattkooperationen unter Beteiligung mehrerer kleiner und mittlerer Unternehmen, z. B. in Form von sog. Bonussystemen, zu gründen. Diese sind wegen der Kumulierung von Rabatten aus Kundensicht besonders attraktiv und können die Wettbewerbsposition der beteiligten mittelständischen Unternehmen gegenüber volumenstarken Rabattsystemen von großen Konzernen stärken.*[1398]

Grundsätzlich sind Kundenbindungssysteme **als Maßnahmen der Verkaufsförderung** also wettbewerbsrechtlich **zulässig**. Wettbewerbswidrig kann allenfalls die konkrete Ausgestaltung des Kundenbindungssystems sein.[1399] Beschränkungen im

---

[1393] Ähnlich wohl *Pragal/Handel*, medstra 2016, S. 25 für Gerätegestellungen durch eine Fachklinik an einen Vertragsarzt oder eine Allgemeinklinik. Die *Autoren* weisen zutreffend darauf hin, dass Finanzierungs- und Leasingangebote auch von den Banken oder den Geräteherstellern selbst angeboten werden, dann aber meist Sicherheiten verlangt werden, die kleinere Kliniken oder Praxen beispielsweise nicht stellen könnten.
[1394] *Schneider*, Rechtsgutachten, S. 29.
[1395] Vgl. zur Kombination des Bezugs von Fertigarzneimitteln mit einem Kleidersack BGH, Urt. v. 30.01.2003 – I ZR 142/00 (Kleidersack).
[1396] *Köhler*, § 3 UWG, Rn. 8.51.
[1397] *Dann/Scholz*, S. 2079; ebenso BGH, Urt. v. 06.10.1983 – I ZR 39/83.
[1398] BT-Drs. 14/5441 v. 06.03.2001, S. 8.
[1399] *Köhler*, § 3 UWG, Rn. 8.53.

Gesundheitswesen ergeben sich jedoch auch insbesondere aus dem Zugabeverbot des § 7 HWG.[1400]

10.5. Zulässige Zugaben und Werbegaben nach § 7 HWG

10.5.1. Überblick und Definitionen

„Zuwendungen und Werbegaben" im Gesundheitswesen sind nach § 7 Abs. 1 HWG **grundsätzlich verboten**.[1401] Die Vorschrift des § 7 HWG sieht jedoch **einige Ausnahmen** vom generellen Zugabeverbot des § 7 Abs. 1 HWG vor.[1402] So dürfen Zuwendungen und sonstige Werbegaben dann angeboten, angekündigt oder gewährt sowie von Angehörigen der **Fachkreise**[1403] angenommen werden, wenn es sich bei den Zuwendungen oder Werbegaben um **Gegenstände von geringem Wert** handelt, die durch eine dauerhafte und deutlich sichtbare Bezeichnung des Werbenden oder des beworbenen Produktes oder beider gekennzeichnet sind. Zugaben sind ferner dann zulässig, wenn es sich um **geringwertige Kleinigkeiten** handelt, § 7 Abs. 1 Nr. 1 HWG.

Der Begriff der **Werbegabe** ist der Oberbegriff, jedoch **nicht gleichbedeutend** mit dem Begriff der **Zugabe**. Denn die Werbegabe ist **gekennzeichnet** durch die **Bezeichnung des Werbenden** und/oder des beworbenen Produkts. Die Kennzeichnung muss auffällig („deutlich sichtbar") und mit dem Werbegegenstand so verbunden sein, dass sie nicht entfernt werden kann.[1404] Der Begriff ist weit gefasst, setzt aber voraus, dass die Vergünstigung unentgeltlich gewährt wird.[1405]

Werbegeschenke sind Waren und Dienstleistungen, die der Werbende unentgeltlich und unabhängig vom Kauf abgibt, um die Bereitschaft des Verbrauchers zum Kauf derselben oder anderer Waren oder Dienstleistungen zu fördern. Es handelt sich dabei um eine **Verkaufsförderungsmaßnahme** im Sinne des § 6 Abs. 1 Nr. 3 Telemediengesetz (TMG).[1406] Werbegeschenke sind im allgemeinen Geschäftsverkehr und nach dem Wettbewerbsrecht **grundsätzlich zulässige Maßnahmen** der Verkaufsförderung.[1407] Eine Beschränkung für Werbegeschenke ergibt sich jedoch

---

[1400] Vgl. zum Zugabeverbot Kap. 7.2.1, S. 152 ff.
[1401] Vgl. zum Zugabeverbot Kap. 7.2.1, S. 152 ff.
[1402] Vgl. den Wortlaut der Vorschrift in Kap. 16.1.12, S. 322.
[1403] Fachkreise im Sinne dieses Gesetzes sind Angehörige der Heilberufe oder des Heilgewerbes, Einrichtungen, die der Gesundheit von Mensch oder Tier dienen, oder sonstige Personen, soweit sie mit Arzneimitteln, Medizinprodukten, Verfahren, Behandlungen, Gegenständen oder anderen Mitteln erlaubterweise Handel treiben oder sie in Ausübung ihres Berufes anwenden, § 2 HWG.
[1404] *Erbs/Kohlhaas*, § 7 HWG, Rn. 7.
[1405] BGH, Urt. v. 30.01.2003 – I ZR 142/00 (Kleidersack).
[1406] *Köhler*, § 3 UWG, Rn. 8.61.
[1407] *Köhler*, § 3 UWG, Rn. 8.62 m.w.N.

aus § 7 Abs. 1 HWG, der entsprechende „Werbegaben" im Gesundheitswesen nur ausnahmsweise dann gestattet, wenn sie **„geringwertig"** sind.

Die **Zugabe** wird **neben** einer **entgeltlichen Warenlieferung oder Leistung**, offen oder verschleiert, unentgeltlich angeboten oder gewährt, während die **Werbegabe** oder das Werbegeschenk **ohne** ein solches **Hauptgeschäft** mit dem Ziel angeboten oder gewährt wird, zum (künftigen) Bezug von **Waren oder Leistungen** des Werbenden anzureizen. Dabei kann es sich um Waren oder Leistungen jeder Art und jeden Wertes handeln.[1408]

Leistungen, die zu den **typischen Leistungen von Apothekern** zählen bzw. als Packungsbeilagen oder Gebrauchsanleitungen Teil der Hauptleistung sind, zählen bereits nicht zu den Werbegaben.[1409]

10.5.2. Geringwertigkeit der Zugaben

Zuwendung von „geringem Wert" oder „geringwertige Kleinigkeiten" im Sinne des § 7 Abs. 1 Nr. 1 HWG sind Gegenstände von so geringem Wert, dass eine **relevante unsachliche Beeinflussung** der Werbeadressaten **ausgeschlossen scheint**. Dies sind insbesondere kleine Zugaben, die sich als Ausdruck allgemeiner Kundenfreundlichkeit darstellen.[1410] Als **Beispiele** für geringwertige Kleinigkeiten lassen sich etwa Luftballons, Streichhölzer, kleine Hefte, Fähnchen oder einfache Kugelschreiber anführen.[1411] Dabei ist eine Geringwertigkeitsgrenze nur schwer zu bestimmen, der Bundesgerichtshof hat diese jedoch zwischenzeitlich bei einem Betrag von etwa **einem Euro** gezogen.[1412] Bei einer Publikumswerbung stellen Werbegaben im Wert von 2,50 € sowie im Wert von 5,- € jedenfalls keine geringwertige Kleinigkeit dar.[1413]

Die Entscheidung bezog sich allerdings auf **Werbegaben gegenüber Laien** und nicht gegenüber Angehörigen von Fachkreisen. Diese dürften von geringfügigen Werbegaben weniger beeinflusst werden, als das Laienpublikum, weshalb gegenüber Fachkreisen etwas großzügigere Maßstäbe angenommen werden können.[1414] Bei der Bestimmung der Geringwertigkeit ist folglich auf den konkreten **Empfängerkreis** abzustellen, sodass beispielsweise ein Kalender für einen Arzt noch geringwertig sein kann, für einen Endkunden jedoch nicht mehr.[1415] Bei einer kostenlosen Dienstleistung wie zum Beispiel einem Fahrdienst, liegt die Wertgrenze höchstens

---

[1408] *Erbs/Kohlhaas*, § 7 HWG, Rn. 3.
[1409] *Fritzsche*, § 7 HWG, Rn. 26.
[1410] *Köhler*, § 3a UWG, Rn. 1.231; BGH, Urt. v. 09.09.2010 – I ZR 193/07 (Unser Dankeschön für Sie).
[1411] *Pelchen/Anders*, § 7 HWG, Rn. 6.
[1412] BGH, Urt. v. 08.05.2013 – I ZR 98/12 (RezeptBonus). Die Werbung einer Internetapotheke mit einem Bonus von 1,50 € je Rezepteinlösung wurde für unzulässig erklärt.
[1413] BGH, Urt. v. 09.09.2010 – I ZR 26/09 (Bonuspunkte).
[1414] Ebenso *Kröner*, S. 75.
[1415] *Pelchen/Anders*, § 7 HWG, Rn. 3.

bei 5,- €.[1416] Desgleichen ist eine Wertgrenze bei Sachzuwendungen zu ziehen.[1417] Ein Wert von 10,- € wurde jedenfalls nicht mehr als geringwertig angesehen.[1418]

Zulässig sind ferner **geringwertige Kleinigkeiten**, die als Werbegabe durch dauerhaften und **sichtbaren Reklameaufdruck** versehen sind, § 7 Abs. 1 S. 1 Nr. 1 HWG.[1419]

10.5.3. Zulässige Rabatte nach § 7 HWG

Zuwendungen und Werbegaben sind nach § 7 Abs. 1 S. 1 Nr. 2 HWG auch in Form von **Geldrabatten** oder **Mengenrabatten** zulässig.[1420] Zulässig sind auch Zuwendungen, die in einer bestimmten oder auf bestimmte Art zu berechnenden Menge **gleicher Ware (Naturalrabatt)** gewährt werden, § 7 Abs. 1 S. 1 Nr. 2 b HWG.[1421] Eine gleiche Ware liegt allerdings nur vor, wenn die zugegebene Ware mit der gekauften Ware **nach Gattung und Qualität identisch** ist, eine Gleichartigkeit, Ähnlichkeit oder Gebrauchsnähe genügt nicht.[1422]

Die bestimmte Summe bzw. Menge des Rabatts muss nicht zahlenmäßig fixiert sein; es genügt, wenn sie auf bestimmte Art berechnet werden kann.[1423] Dabei müssen diese Zugaben stets mit einem **Warenkauf in Verbindung** stehen, wobei es ohne Belang ist, ob Rabatte vorher oder nachträglich gewährt werden.[1424] Zu beachten ist, dass Naturalrabatte nicht auf apothekenpflichtige Arzneimittel gewährt werden dürfen. Da dies viele Arzneimittel betrifft, führt diese Ausnahme zu einem weitgehenden Ausschluss von Naturalrabatten für Arzneimittel.[1425] Auch **Einkaufsgutscheine** können dabei **Geldrabatte darstellen**.[1426] Sehen dagegen die Preisvorschriften für bestimmte Gruppen von Arzneimitteln **keine Regelungen** vor, so blei-

---

[1416] BGH, Urt. v. 12.02.2015 – I ZR 213/13 (Fahrdienst zur Augenklinik).
[1417] BGH, Urt. v. 06.07.2006 – 1 ZR 145/03 (Kunden werben Kunden).
[1418] OLG Stuttgart, Urt. v. 21.10.2004 – 2 U 79/04. Erst recht gilt dies für Werbegaben in Höhe von 400,- € (hier: Rabatt auf einen Wasserspender im Wert von 700,- €), vgl. hierzu die höchst instruktive Entscheidung des LG München, Urt. v. 12.01.2008 – 1 HK O 13279-07.
[1419] *Zimmermann*, HWG, § 7 HWG, Rn. 4.
[1420] Vgl. zu den Rabatten ausführlich Kap. 10, S. 201 ff.
[1421] Diese Regelungen sollen dazu beitragen, den Preiswettbewerb zum Wohl der Endverbraucher zu intensivieren, vgl. *Mand*, HK-AKM, Rn. 107.
[1422] Eine kostenlose Zweitbrille stellt daher keine zulässige Ausnahme vom Zugabeverbot des § 7 Abs. 1 S. 1 HWG dar, wenn Qualität, Gläser und Preis nicht identisch sind, vgl. BGH, Urt. v. 06.11.2014 – I ZR 26/13.
[1423] *Erbs/Kohlhaas*, § 7 HWG, Rn. 10 m.w.N.
[1424] *Sosnitza*, § 7 HWG, Rn. 29, 30.
[1425] *Fritzsche*, § 7 HWG, Rn. 24. Werbegaben in Form von geringwertigen Gegenständen, Kleinigkeiten oder Rabatten sind daher unzulässig, soweit sie gegen die Preisvorschriften aufgrund des Arzneimittelgesetzes verstoßen.
[1426] *Fritzsche*, § 7 HWG, Rn. 25 m.w.N.

ben **Preisnachlässe zulässig**, weil sie außerhalb und nicht gegen Preisvorschriften gewährt werden.[1427]

10.5.4. Handelsübliches Zubehör und Nebenleistungen

§ 7 Abs. 1 S. 1 Nr. 3 HWG gestattet ferner Werbegaben, die ein „**handelsübliches Zubehör**" zur Ware oder eine „**handelsübliche Nebenleistung**" darstellen.

Handelsüblich ist, was sich nach allgemeiner Auffassung der beteiligten Verkehrskreise im Rahmen vernünftiger kaufmännischer Gepflogenheiten hält. Zubehör sind dabei solche Sachen, die zwar nicht Bestandteil der Werbegabe sind, jedoch ihrem Zweck dienen sollen.[1428] Typisches Zubehör sind beispielsweise Behältnisse zur Aufbewahrung von Medikamenten oder Medizinprodukten, etwa die Dose für die Zahnspange oder Knirsch-Schiene.

Eine **Nebenleistung** ist eine zusätzliche Leistung, auf die der Kunde zwar keinen Anspruch hat, die aber nach der Verkehrsauffassung geeignet ist, die **Hauptleistung zu ermöglichen** oder zu fördern.[1429] Hierunter fallen beispielsweise **kostenlose Parkmöglichkeiten**, die Erstattung von Parkgebühren oder Lieferdienste.[1430] Zulässig ist auch die Übernahme von Versandkosten im Versandhandel.[1431] Die Norm selbst nennt die **Übernahme von Fahrtkosten** als handelsübliche Nebenleistung, diese muss jedoch angemessen sein, was jedenfalls dann der Fall ist, wenn die Kosten **drei Prozent** des Einkaufswertes bzw. der Leistung nicht überschreiten.[1432]

Nicht handelsüblich ist demgegenüber ein **privater Fahrdienst** (Shuttle-Service) von einer Praxis in die Klinik oder von einer Klinik zum Patienten nach Hause vor oder nach einer Operation.[1433] Der Fahrdienst einer Klinik, der die Abholung des Patienten an einem Sammelpunkt in einer 37 km entfernten Stadt und den Rücktransport des Patienten nach Hause über eine gegebenenfalls noch längere Wegstrecke umfasst, stellt weder eine geringwertige Kleinigkeit noch eine handelsübliche Nebenleistung dar.[1434]

[1427] *Zimmermann*, Arzneimittelrecht, § 28, Nr. 9, Rn. 90.
[1428] *Fritzsche*, § 7 HWG, Rn. 26; *Erbs/Kohlhaas*, § 7 HWG, Rn. 11 m.w.N.
[1429] *Erbs/Kohlhaas*, § 7 HWG, Rn. 11 m.w.N.; BGH, Urt. v. 07.03.1979 – I ZR 89/77 (damals noch zur Zugabeverordnung).
[1430] *Fritzsche*, § 7 HWG, Rn. 26.
[1431] *Mand*, HK-AKM, Rn. 109.
[1432] BGH, Urt. v. 03.11.1994 – I ZR 82/92 (Fahrkostenerstattung). Hier wurde bei einem Einkaufswert von 35,- DM die Fahrtkostenerstattung von 1,- DM für zulässig angesehen.
[1433] BGH, Urt. v. 12.02.2015 – I ZR 213/13; OLG Köln, Urt. v. 29.04.2016 – I-6 U 91/13, 6 U 91/13; OLG Köln, Urt. v. 22.11.2013 – 6 U 91/13.
[1434] BGH, Urt. v. 12.02.2015 – I ZR 213/13. „*Der Umstand, dass der Fahrdienst einer Klinik geeignet ist, deren Ansehen beim Publikum allgemein zu steigern, ändert nichts daran, dass der Fahrdienst aus der maßgeblichen Sicht des angesprochenen Verkehrs in erster Linie der Förderung des Absatzes der Dienstleistungen der Klinik dient und damit der Anwendungsbereich des Heilmittelwerbegesetzes eröffnet ist.*"

Eigenständige Nebenleistungen in Bezug auf die Ware wie etwa die Reinigung von Zahnprothesen oder Gutscheine hierfür, sind ebenfalls **nicht zulässig**.[1435]

10.5.5. Zulässige Verlosung von gesundheitsbezogenen Gutscheinen

Es ist Ärzten, Zahnärzten, Apotheken oder Kliniken allerdings im Rahmen einer „Imagewerbung" durchaus gestattet, Gutscheine für gesundheitsbezogene Produkte oder Behandlungen **zu verlosen**, wie das **Bundesverfassungsgericht** ausdrücklich festgestellt hat.[1436] Konkret ging es um eine **Werbeveranstaltung eines Zahnarztes**, der auch eine Verlosung mit **Gutscheinen** anbieten wollte. Zu gewinnen gab es **Patientenratgeber** und **Zahnbürsten**, aber auch eine **professionelle Zahnreinigung** sowie ein **Bleaching**. Das Bundesverfassungsgericht hat festgestellt, dass hierin keine Gefährdung von Gemeinwohlbelangen, insbesondere von Patienteninteressen zu sehen sei:

> „Soweit der Beschwerdeführer Zahnbürsten und Patientenratgeber als Preise angeboten hat, ist nicht anzunehmen, dass die Weitergabe dieser Produkte Gemeinwohlinteressen beeinträchtigen könnte. Gleiches gilt für die professionelle Zahnreinigung, die mangels anderer Hinweise als nützliche und die Zahngesundheit fördernde Leistung, deren Erbringung für den Patienten mit keinen nennenswerten gesundheitlichen Risiken verbunden ist, zu bewerten sein dürfte."

Die Verlosung eines Gutscheins für „Bleaching" wäre allerdings dann unzulässig, wenn diese Behandlung mit einem mehr als nur geringfügigen Eingriff in die körperliche Integrität verbunden ist. In diesem Fall können nach Ansicht des Bundesverfassungsgerichts durchaus schutzwürdige Interessen betroffen sein. Denn auch wenn mit dem Gewinn eines Gutscheins keine Verpflichtung zur Inanspruchnahme verbunden ist, wird durch die Kostenfreiheit doch ein erheblicher Einfluss auf den Gewinner ausgeübt, von der gewonnenen Leistung, ungeachtet möglicher gesund-

---

[1435] LG Leipzig, Urt. v. 01.03.2013 – 5 O 2508/12. Hier hatte ein Dentallabor den Zahnärzten ab einem Auftragswert von 1.000 Euro Patientengutscheine für Prophylaxeleistungen und Prothesenreinigungen zu ihrer freien Verfügung angeboten, was das Gericht als unzulässige Zuwendung i.S.d. § 7 Abs. 1 HWG bewertete, die der Absatzförderung diene. Bei einem Gutscheinwert von 20 bis 25 Euro liege eine Geringwertigkeit nicht mehr vor; vielmehr bestehe die Gefahr einer unsachlichen Beeinflussung der beim Erwerb von Dentalleistungen drittverantwortlich handelnden Zahnärzte. Nach Ansicht der *Autorin* ist demgegenüber jedenfalls die Prothesenreinigung durchaus als Nebenleistung zur Herstellung von Prothesen anzusehen, die bis zu einem Wert von 3 % der Auftragssumme (für Prothesen, nicht allgemein) zulässig sein muss.

[1436] BVerfG, Beschl. v. 01.06.2011 – 1 BvR 233/10. In dieser von der *Autorin* geführten Verfassungsbeschwerde bestätigte das Bundesverfassungsgericht die Verfassungswidrigkeit einer berufsrechtlichen Sanktion unter anderem auch wegen der Verlosung von Gutscheinen und hob die Entscheidung des Landesberufsgerichts für Heilberufe beim OVG NRW v. 18.11.2009 – 13 A 1633/07.T in weiten Teilen wegen eines Verstoßes gegen die Berufsfreiheit nach Art. 12 GG auf.

heitlicher Risiken, Gebrauch zu machen. Solche Werbemaßnahmen sind daher geeignet, das Schutzgut der Gesundheit der Bevölkerung zu beeinträchtigen.[1437]

10.5.6. Zulässige Werbung mit Verzicht auf Zuzahlung

Es stellt **keinen Verstoß gegen das Zugabeverbot** des § 7 HWG dar, wenn ein Unternehmen mit einem **Verzicht auf die gesetzliche Zuzahlung** bei medizinischen Hilfsmitteln wirbt, wie der **Bundesgerichtshof** aktuell entschieden hat.[1438]

Die Zentrale zur Bekämpfung unlauteren Wettbewerbs hatte gegen ein Unternehmen geklagt, welches im Internet mit medizinischen Hilfsmitteln handelt (insbesondere zur Behandlung von Diabetes). Das Unternehmen hatte damit geworben, dass seine Kunden keine gesetzliche Zuzahlung entrichten müssen, weil das Unternehmen diese übernehme. Die Wettbewerbszentrale vertrat die Rechtsauffassung, dass dies gegen die Zuzahlungsregelungen des § 33 Abs. 8 SGB V und § 43c Abs. 1 SGB V sowie gegen das Zugabeverbot nach § 7 Abs. 1 HWG[1439] verstoße, was das OLG Stuttgart bestätigte.[1440] Dies hat der Bundesgerichtshof nun anders gesehen und damit die **Bedeutung des Wettbewerbsrechts**[1441] betont: Denn die **gesetzlichen Zuzahlungsregelungen dienen** (nur) **der Kostendämpfung** im Gesundheitswesen und gerade **nicht dem Schutz der** dort tätigen **Mitbewerber**. Daher kann die Einhaltung dieser Regeln von vornherein nicht mit Mitteln des Wettbewerbsrechts durchgesetzt werden.

Der Zuzahlungsverzicht ist nach Ansicht des BGH auch **keine verbotene Heilmittelwerbung**. Denn nach § 7 Abs. 1 S. 1 Nr. 2a HWG sind bestimmte oder auf bestimmte Art zu berechnende **Rabatte** jeder Art für nicht preisgebundene Arzneimittel, Medizinprodukte und andere Heilmittel **erlaubt**.[1442] Gemäß § 33 Abs. 8 S. 3 SGB V und § 61 S. 1 SGB V[1443] sind die Zuzahlungen an die Höhe des Abgabepreises gekoppelt und lassen sich ohne Weiteres errechnen. Die gesetzlichen Regelungen zur Zuzahlung stehen einem solchen Rabatt bei Hilfsmitteln nach Ansicht des BGH nicht

---

[1437] Ob das Bleaching, auf das sich der als Hauptgewinn ausgewiesene Gutschein bezog, eine Leistung darstellt, die mehr als nur unerheblich in die körperliche Integrität eingreift und deren Nutzung gesundheitliche Risiken mit sich bringt, ließ sich allerdings durch das BVerfG nicht ermessen, weil in den angefochtenen Entscheidungen weder Feststellungen zu der Art des vorgesehenen Bleachings (externes oder internes Bleaching) noch zu den Gefahren, die mit der Anwendung der jeweiligen Methode verbunden sind, getroffen wurden, vgl. BVerfG, Beschl. v. 01.06.2011 – 1 BvR 233/10.
[1438] BGH, Urt. v. 01.12.2016 – I ZR 143/15.
[1439] Vgl. hierzu Kap. 7.2.1, S. 152 f.
[1440] OLG Stuttgart, Urt. v. 09.07.2015 – 2 U 83/14.
[1441] Vgl. hierzu Kap. 3.4.2, S. 71 ff.
[1442] Vgl. hierzu Kap. 10.5.3, S. 220 f.
[1443] § 61 S. 1 SGB V: *„Zuzahlungen, die Versicherte zu leisten haben, betragen 10 vom Hundert des Abgabepreises, mindestens jedoch 5 Euro und höchstens 10 Euro; allerdings jeweils nicht mehr als die Kosten des Mittels."*

entgegen. Denn nach § 33 Abs. 8 SGB V wird bei Hilfsmitteln der Verkäufer und nicht – wie etwa bei apothekenpflichtigen Arzneimitteln – die Krankenkasse Inhaber der Zuzahlungsforderung gegen die Versicherten. Der Vergütungsanspruch des Hilfsmittellieferanten gegen die Krankenkasse verringert sich automatisch um die Zuzahlung. Der Verkäufer der Hilfsmittel kann über die Zuzahlungsforderung frei verfügen, also darauf auch verzichten, da § 43c Abs. 1 SGB V nicht beim Vertrieb von Hilfsmitteln gelte.[1444]

10.5.7. Weitere zulässige Zugaben nach § 7 HWG

Zulässig sind weiterhin Werbegaben in Form von **Auskünften** oder **Ratschlägen**, § 7 Abs. 1 S. 1 Nr. 4 HWG. Der Grund dieser Ausnahme liegt darin, dass hierin keine sachfremde Beeinflussung zu sehen ist.[1445] Auskünfte und Ratschläge sind sich überschneidende Begriffe. Auskunft ist eine Mitteilung über den Inhalt des erfragten Gegenstandes, Ratschlag eine Empfehlung für seinen sachdienlichen und zweckmäßigen Gebrauch. Beide Begriffe können miteinander verknüpft sein.[1446]

Der BGH hat insoweit das **Bedürfnis der Pharmaindustrie** anerkannt, **Angehörige von Heilberufen** über die eigenen Produkte des pharmazeutischen Herstellers oder des Herstellers von Medizinprodukten **zu informieren**. Die Auskünfte und Ratschläge müssen allerdings einen **Bezug zu den** vom Unternehmen **angebotenen Leistungen** aufweisen.[1447] Soweit eine Zuwendung dieser Ziel- und Zwecksetzung verpflichtet ist, stellt sie sich nicht als unlauter dar.[1448]

Kostenlose Untersuchungen durch Ärzte oder Kliniken gehen aber über den Tatbestand des § 7 Nr. 4 HWG hinaus.[1449] Dies gilt beispielsweise für das Angebot eines kostenlosen Beratungsgesprächs bei der Bewerbung von Schönheitsoperationen.[1450]

[1444] BGH, Urt. v. 01.12.2016 – I ZR 143/15. Darin besteht auch der Unterschied zur Entscheidung des BGH, Urt. v. 08.11.2007 – I ZR 60/05 (Nachlass bei der Selbstbeteiligung). Die Werbung mit dem Versprechen „50 % Rabatt auf Selbstbeteiligung" (bei der Autoreparatur) wurde deshalb für wettbewerbswidrig erklärt, weil der Versicherungsnehmer die Vermögensinteressen seiner Haftpflichtversicherung zu wahren habe und daher eventuelle Rabatte offenzulegen und weiterzugeben habe.
[1445] *Zimmermann*, HWG, § 7 HWG, Rn. 8.
[1446] *Erbs/Kohlhaas*, § 7 HWG, Rn. 12 m.w.N.
[1447] *Mand*, HK-AKM, Rn. 110. Betriebswirtschaftliche Beratungen zum Praxismanagement sind daher unzulässig, auch wenn diese im Rahmen einer nicht produktbezogenen Imagewerbung gewährt werden, vgl. LG München, Urt. v. 12.01.2008 – 1 HK O 13279-07.
[1448] Vgl. etwa BGH, Urt. v. 17.08.2011 – I ZR 13/10. Die Entscheidung betrifft die unentgeltliche Zuwendung einer Arzneimitteldatenbank, die während der Recherche Werbebanner für Arzneimittel einblendet. Eine solche Informationsvermittlung werde nach Ansicht des BGH nicht als Geschenk empfunden, für das man sich, beispielsweise durch das Verschreiben bestimmter Präparate, gegenüber dem Zuwendenden „dankbar erweisen müsste".
[1449] OLG Celle, Beschl. v. 03.11.2011 – 13 U 167/11; vgl. hierzu auch Kap. 7.2.2.6, S. 157 f.
[1450] OLG Hamburg, Beschl. v. 03.03.2008 – 3 W 28/08. Vgl. weiter *Brixius*, § 7, Rn. 126 ff.

Als weitere Ausnahme vom Zugabeverbot sind schließlich **Kundenzeitschriften** zulässig, die unentgeltlich an Verbraucher abgegeben werden sollen und dem Zwecke der **Kundenwerbung** und den Interessen der verteilenden Person (etwa Apotheker, Klinik oder Praxisarzt) dienen. Die Zeitschriften müssen jedoch bereits nach ihrer Aufmachung und durch einen entsprechenden Aufdruck auf der Titelseite als Werbeträger identifizierbar sein. Auch müssen ihre **Herstellungskosten gering** sein, § 7 Abs. 1 Nr. 5 HWG.[1451]

Werbegaben an Angehörige der Heilberufe sind allerdings generell nur dann zulässig, wenn sie **zur Verwendung in der ärztlichen**, tierärztlichen oder pharmazeutischen **Praxis bestimmt** sind, § 7 Abs. 1 S. 2 HWG.[1452] Zusätzlich müssen stets die Zulässigkeitsvoraussetzungen nach § 7 S. 1 HWG erfüllt sein.[1453]

Schließlich gilt nach § 7 Abs. 2 HWG das allgemeine Zugabeverbot des § 7 Abs. 1 HWG nicht für Zuwendungen im Rahmen ausschließlich **berufsbezogener wissenschaftlicher Veranstaltungen** (Fortbildungen), sofern sie einen vertretbaren Rahmen nicht überschreiten. Das ist nach dem Wortlaut der Norm etwa dann der Fall, wenn die Zuwendungen in Bezug auf den wissenschaftlichen Zweck der Veranstaltung von untergeordneter Bedeutung sind und sich nicht auf andere als im Gesundheitswesen tätige Personen erstrecken.[1454] In sachlicher Hinsicht muss die Zuwendung die Durchführung der wissenschaftlichen Veranstaltung unterstützen, sie darf nicht der eigentliche Grund des Besuchs sein.[1455] Zu beachten ist hier, dass das Zugabeverbot des § 7 HWG grundsätzlich ohnehin nur die **Produktwerbung** für Heilmittel im Sinne des § 1 HWG betrifft, die bei wissenschaftlichen Veranstaltungen eher selten vorliegen dürfte.[1456]

[1451] Wird die Zeitschrift unabhängig vom Erwerb von Heilmitteln abgegeben, liegt allerdings schon keine produktbezogene Absatzwerbung vor, vgl. *Mand*, HK-AKM, Rn. 111.

[1452] Erforderlich ist ein funktioneller Bezug zur beruflichen Tätigkeit, was bei einer Zugabe in Form eines Hammers jedenfalls für die medizinische Tätigkeit verneint wurde, vgl. OLG Hamburg, Urt. v. 20.03.2014 – 3 U 96/13 (Hammer für Reparaturarbeiten).

[1453] *Fritzsche*, § 7 HWG, Rn. 29.

[1454] Vgl. hierzu ausführlich Kap. 13.2, S. 258 ff.

[1455] *Mand*, HK-AKM, Rn. 114.

[1456] *Fritzsche*, § 7 HWG, Rn. 31.

11 Grundsätze der Zusammenarbeit mit der Industrie

11.1. Hintergrund

Es ist seit Jahrzehnten absolut üblich, dass niedergelassene Ärzte, Zahnärzte und Klinikärzte nicht nur interdisziplinär und sektorenübergreifend miteinander kooperieren, sondern darüber hinaus auch mit der Industrie zusammenarbeiten. Die Industrie braucht die Ärzte und Kliniken zur Überprüfung der Wirksamkeit ihrer neuen Medikamente, Medizinprodukte oder sonstigen Heilmittel; die Medizin braucht umgekehrt die Industrie zur Fortentwicklung, Verbesserung und Innovation ihrer eigenen Leistungen, die ohne die Arznei-, Heil- und Hilfsmittel und ohne die erforderlichen Medizinprodukte der Industrie nicht möglich wären.[1457]

Es ist insbesondere auch der Staat selbst, der – bei gleichzeitigem Rückzug aus der Forschungsförderung – die Zusammenarbeit insbesondere der Hochschulen mit der Industrie verlangt und die Einwerbung von Drittmitteln und Sponsorengeldern ausdrücklich einfordert bzw. zur Voraussetzung weiterer Fördermittel macht.[1458] Im **„Gemeinsamen Standpunkt"**[1459] ist diese Kooperation zwischen Industrie und Medizin anschaulich beschrieben:

> *„Die Kooperation zwischen Industrie, medizinischen Einrichtungen und deren Mitarbeitern ist insbesondere aus rechtlichen Gründen notwendig bzw. forschungs- und gesundheitspolitisch erwünscht. Die medizinische Forschung und die Weiterentwicklung von Arzneimitteln und Medizinprodukten erfordert zwingend eine enge Zusammenarbeit der Industrie mit medizinischen Einrichtungen und deren Mitarbeitern, insbesondere Ärzten. Da die Industrie nicht über eigene Kliniken verfügt, in denen die gesetzlich vorgeschriebenen klinischen Prüfungen und die aus der Produktbeobachtungspflicht der Industrie oder aus Auflagen der Zulassungsbehörden resultierenden Anwendungsbeobachtungen durchgeführt werden können, ist sie auf diese Kooperation angewiesen. Medizinische Einrichtungen und deren Mitarbeiter verfügen andererseits oftmals nicht über ausreichende technische und finanzielle Mittel, um Forschungsergebnisse zu erzielen oder diese für die Entwicklung von Arzneimitteln und Medizinprodukten umzusetzen. Eine Infragestellung der üblichen und als legitim angesehenen Kooperations- und Unterstützungsformen der Industrie würde neben einer Gefährdung des Wirtschafts- und Forschungsstandortes Deutschland zu einer Stagnation der Gesundheitsversorgung der Patienten führen."*

[1457] Vgl. umfassend hierzu *Dieners*, S. 2 ff.; ebenso der eher industriekritische Arzt *Imhof*, der feststellt, dass ohne Drittmittelzuwendungen durch industrielle Sponsoren weder eine grundlagenmedizinische noch die angewandte medizinische Forschung und auch keine Weiterbildung von Assistenzärzten möglich wäre, vgl. *Imhof*, S. 142. Es sei also unsinnig, das Sponsoring von Forschungsvorhaben durch die Industrie unkritisch zu dämonisieren und kriminalisieren zu wollen. Allerdings müssten Wege zu einer verantwortlichen Kooperation zwischen Industrie und Forschung aufgezeigt werden, *Imhof*, S. 143.

[1458] Vgl. umfassend hierzu *Dieners*, S. 2 ff.; vgl. hierzu auch Kap. 13.3, S. 268 ff.

[1459] Vgl. hierzu Kap. 11.2, S. 230 und Fn. 1480, S. 231.

11.1.1. Varianten der Zusammenarbeit

Folgende Kooperationen zwischen medizinischen Einrichtungen, insbesondere Kliniken, Praxen und dort tätigen Ärzten einerseits und der Pharma-, bzw. Medizinprodukteindustrie andererseits, haben sich in den letzten Jahren und Jahrzehnten entwickelt:[1460]

- Studienverträge betreffend klinische Studien,[1461]
- Anwendungsbeobachtungen,[1462]
- Beraterverträge,[1463]
- Leih- und Geräteüberlassungsverträge zur Durchführung von Studien, klinischen Erprobungen oder Verbesserungen der Diagnostik,
- Testvereinbarungen und Firmenbesuche,
- Kongresseinladungen und -ausrichtungen,
- Forschungsverträge,
- Zuwendungen für Forschungsvorhaben,
- Übernahme von Gehaltszahlungen für Ärzte und andere Mitarbeiter (MTA) bei Forschungsvorhaben,
- Spenden an medizinische Einrichtungen und Fördervereine,[1464]
- Zahlung von Kongressreisen, Kongressgebühren und Hotelübernachtungen,[1465]
- Referentenhonorare für Vorträge,[1466]
- Übernahme von Publikationskosten,
- finanzielle Unterstützung von Symposien und Fortbildungsveranstaltungen.[1467]

11.1.2. Zahlungen der Pharmaindustrie an Ärzte und Kliniken

Viele deutsche Pharmafirmen haben auf Basis des **Transparenzkodex**[1468] erstmals im Jahre 2016 ihre Zahlungen an Ärzte und Kliniken offengelegt. Die Pharmaindustrie hat im Jahr 2015 rund 575 Millionen Euro an Ärzte und Krankenhäuser für Stu-

---

[1460] *Ulsenheimer*, Industriesponsoring, S. 1804, Rn. 3.
[1461] Vgl. hierzu *Dieners*, S. 101 ff. sowie Kap. 12.1, S. 237 f.
[1462] Vgl. hierzu Kap. 12.2, S. 238 ff.
[1463] Vgl. hierzu Kap. 12.3, S. 245 ff.
[1464] Vgl. hierzu Kap. 13.4, S. 271 ff.
[1465] Vgl. hierzu Kap. 13.1, S. 251 ff.
[1466] Vgl. hierzu Kap. 12.3, S. 245 ff.
[1467] Vgl. hierzu Kap. 13.2, S. 258 ff.
[1468] Vgl. den Wortlaut in Kap. 16.2.4, S. 348 ff.

dien, Fortbildungen und Sponsoring gezahlt, wie der Verband der forschenden Pharma-Unternehmen (vfa) am 20. Juni 2016 in Berlin mitteilte.[1469]

Die Zahlen stammen von 54 Unternehmen, die sich freiwillig im Rahmen des Transparenzkodex zur Offenlegung verpflichtet haben.[1470] Nach eigenen Angaben decken die Firmen gemeinsam 75 Prozent des deutschen Pharmamarktes für verschreibungspflichtige Medikamente ab.[1471] Im Detail zahlten die Unternehmen:

- 366 Mio. € für klinische Studien und Anwendungsbeobachtungen,
- 119 Mio. € an Ärzte und andere Fachkreisangehörige für Vortragshonorare und Fortbildungen,
- 90 Mio. € an medizinische Organisationen und Einrichtungen für Sponsoring von Veranstaltungen, Spenden und Stiftungen.

11.1.3. Grenzen der Zusammenarbeit

Die Zusammenarbeit der Ärzte und Kliniken mit der Industrie ist schon lange ein Stein des Anstoßes, hatte sie doch teilweise Auswüchse zur Folge, die einerseits strafrechtlichen Charakter annahmen und andererseits auch die Unabhängigkeit der Ärzte in gravierender Weise gefährdeten: So gab es für Ärzte und Klinikärzte Bonuskonten vielfältigster Art, insbesondere für umsatzabhängige Rückvergütungen (kick-backs). Für Anwendungsbeobachtungen wurden teilweise völlig überhöhte Vergütungen bezahlt (oft auf Privatkonten der Chefärzte oder der niedergelassenen Ärzte) oder es wurden deren private Geburtstagsfeiern und Jubiläen ganz oder teilweise finanziert.[1472]

Noch bis vor einigen Jahren wurden sogar ganze Familien oder weitere Begleitpersonen der Ärzte zu Wochenend- oder Urlaubsreisen von der Pharmaindustrie in noble Hotels (oftmals in attraktive Gebiete, auch ins Ausland) eingeladen,[1473] Vergnügungsveranstaltungen für Jung und Alt angeboten und auch sonstige Zuwendungen und Vorteile gewährt, die weit jenseits dessen lagen, was als „berufsbezogene" erforderliche und sinnvolle Zusammenarbeit gelten durfte.[1474]

[1469] www.spiegel.de/gesundheit/diagnose/transparenzkodex-pharmafirmen-zahlten-aerzten-und-kliniken-575-millionen-euro-a-1098584.html.

[1470] Mit der Veröffentlichung setzen die Mitgliedsunternehmen des vfa sowie des Vereins „Freiwillige Selbstkontrolle für die Arzneimittelindustrie" (FSA) ihren selbstauferlegten Transparenzkodex um, wonach die teilnehmenden Firmen auf ihren Webseiten bis zum 30. Juni 2016 die Leistungen im Detail veröffentlichen sollten.

[1471] Die tatsächlich in Deutschland gezahlten Zuwendungen an Ärzte und Kliniken liegen also vermutlich noch wesentlich höher.

[1472] Vgl. hierzu beispielhaft OLG Hamburg, Beschl. v. 14.01.2000 – 2 Ws 243/99 und BGH, Urt. v. 23.10.2002 – 1 StR 541/01.

[1473] Vgl. hierzu auch *Dieners*, Handbuch, S. 5.

[1474] Pharmareferenten berichteten der *Autorin*, dass einige Ärzte sich nicht einmal schämten, bei Fortbildungsveranstaltungen auch die Übernahme der Kosten privater Bezahlsender im Fern-

Dies rief schon vor Jahren die Staatsanwaltschaften wegen des Vorwurfs der Bestechung und Bestechlichkeit auf den Plan.[1475] Die Rechtsprechung hatte daraufhin in den vergangenen zwanzig Jahren – insbesondere basierend auf dem Korruptionsstrafrecht, den Zugabeverboten des HWG und den Regelungen des ärztlichen Berufsrechts – diesen Auswüchsen Einhalt zu gebieten versucht.[1476] Im Gegenzug hat auch die Industrie Regularien entwickelt, um dem Strafbarkeitsrisiko und dem damit verbundenen Imageverlust wirksam zu begegnen.

11.2. Freiwillige Selbstkontrolle der Industrie durch Verhaltenskodizes

Die **betroffenen Branchen**[1477] – insbesondere die Pharma- und Medizinprodukteindustrie – haben in den letzten Jahren aufgrund der meist sehr medienwirksamen Ermittlungsverfahren anerkennenswerte Initiativen zur Selbstregulierung ergriffen, die lauteres Verhalten im Gesundheitsmarkt fördern und korruptive Praktiken abwehren sollen, wie der Gesetzgeber selbst bekräftigt.[1478] Dazu gehört auch das Bestreben, unzulässiger Einflussnahme durch die Schaffung von mehr **Transparenz** entgegenzuwirken. Zu nennen sind hierbei insbesondere die folgenden Regelungen und Kodizes:[1479]

---

sehen (insbesondere für Pornofilme) zu fordern. Vgl. weitere Beispiele wie „Wintermantel für die Ehefrau" oder den „lindgrünen BMW für den Professor" bei *Ulsenheimer*, § 331, Rn. 986.

[1475] Vgl. hierzu ausführlich und beispielhaft *Taschke/Zapf*, S. 332 ff. sowie Kap. 1.2.3, S. 7 f.

[1476] *Ulsenheimer* beschreibt allerdings – im Zusammenhang mit dem Herzklappenverfahren – die geringe Quote tatsächlicher Schuldsprüche angesichts einer Zahl von 1500 Ermittlungsverfahren und bemerkt, dass „Maß und Ziel bei der Aufdeckung, Verfolgung und Ahndung von Korruption im Medizinalbereich keineswegs immer gewahrt wurden", vgl. *Ulsenheimer*, S. 617, Rn. 986.

[1477] In Deutschland ist die überwiegende Zahl der Arzneimittelhersteller in Verbänden organisiert. Drei wichtige Verbände der Pharmabranche sind der Verein „Arzneimittel und Kooperation im Gesundheitswesen e.V." (AKG), der Verein „Freiwillige Selbstkontrolle für die Arzneimittelindustrie e.V." (FSA) und der „Bundesverband der pharmazeutischen Industrie" (BPI). Ferner gibt es den Bundesverband der Medizintechnologie (BVMed).

[1478] BT-Drs. 18/6446 v. 21.10.2015, S. 13; ebenso *Taschke/Zapf*, S. 332 ff. Äußerst kritisch indessen *Fischer*, der meint, dass diese sogenannten „Selbstheilungskräfte" der Industrie und der Berufsgruppen keinesfalls geeignet seien, die korruptiven Strukturen im Gesundheitswesen zu stoppen. Dies sei nur möglich durch Sanktionierung der Korruption mit Hilfe des Strafrechts, *Fischer*, medstra 1/2015, S. 2. Ebenso *Gädigk*, die feststellt, dass die sog. „Selbstheilungskräfte" auch in der Vergangenheit nicht bewirkt hätten, dass eine angemessene Ahndung korrupter Verbindungen seitens der Kammern oder Krankenkassen erfolgt sei, vgl. *Gädigk*, medstra 5/2015, S. 271, ebenso *Kubiciel/Tsambikakis*, S. 11 f.; kritisch ebenfalls *Kölbel*, ZIS 7/2016, S. 459; a.A: *Badle*, medstra 3/2015, S. 140.

[1479] Vgl. zu den Unterschieden zwischen den jeweiligen Kodizes *Jung*.

11.2 Freiwillige Selbstkontrolle der Industrie durch Verhaltenskodizes

- Gemeinsamer Standpunkt zur strafrechtlichen Bewertung der Zusammenarbeit zwischen Industrie, medizinischen Einrichtungen und deren Mitarbeitern,[1480]
- Kodex Medizinprodukte des Bundesverbandes der Medizintechnologie e.V.,[1481]
- FSA-Kodex Fachkreise der Pharmaindustrie,[1482]
- FSA-Empfehlungen zur Zusammenarbeit der pharmazeutischen Industrie mit den Partnern im Gesundheitswesen und deren Mitarbeitern,[1483]
- FSA-Kodex Patientenorganisationen,[1484]
- AKG-Verhaltenskodex,[1485]
- Transparenzkodex der Pharmaindustrie,[1486]
- BPI-Kodex.[1487]

11.2.1. Verhaltenskodizes und Gesetz gegen unlauteren Wettbewerb

Der Begriff der Verhaltenskodizes ist in § 2 Abs. 1 Nr. 5 UWG definiert als:

„Vereinbarungen oder Vorschriften über das Verhalten von Unternehmern, zu welchem diese sich in Bezug auf Wirtschaftszweige oder einzelne geschäftliche Handlungen verpflichtet haben, ohne dass sich solche Verpflichtungen aus Gesetzes- oder Verwaltungsvorschriften ergeben."

Verhaltenskodizes sind (selbst wenn sie von der Kartellbehörde anerkannt worden sind) **keine gesetzliche Vorschriften** im Sinne des § 3a UWG.[1488] Verhaltenskodizes können allerdings die Qualität von „**anständigen Marktgepflogenheiten**" im Sinne

---

[1480] Stand September 2000, abrufbar unter www.bvmed.de/download/gemeinsamer-standpunkt.pdf; in der von zwei weiteren Verbänden getragenen Fassung vom 11.04.2001 abgedruckt bei *Dieners*, Handbuch, S. 621 ff.; vgl. hierzu weiter *Dieners*, S. 72, Rn. 19 ff. Nach Auffassung von *Schloßer*, Rn. 44, ist der Gemeinsame Standpunkt deshalb von besonderer Bedeutung, weil lediglich dieser „Kodex" übergreifend von allen Seiten (und nicht nur von Seiten der Industrie) entwickelt wurde und beide Sichtweisen berücksichtigt. Vgl. zur Forderung eines neuen Gemeinsamen Standpunkts *Sonntag/Valluet/Clausen*.
[1481] Stand Januar 2015, erstmalig entwickelt im Jahre 1997; vgl. hierzu auch *Dieners*, S. 71, Rn. 15 ff.; *Taschke/Zapf*, S. 332 ff. Dieser Kodex ist vollständig abgedruckt in Kap. 16.2.1, S. 327 ff.
[1482] Stand Mai 2015; der Kodex ist auszugsweise abgedruckt in Kap. 16.2.2, S. 335 ff.
[1483] Stand Dez. 2014; die Empfehlung ist abgedruckt in Kap. 16.2.3, S. 343 ff.
[1484] Stand Aug. 2012, abrufbar unter www.fsa-pharma.de/bezugsgruppen/patientenorganisation/.
[1485] Verhaltenskodex der Mitglieder der „Arzneimittel und Kooperation im Gesundheitswesen e.V." AKG e.V. in der Fassung vom 07.04.2008, geändert am 22.04.2015.
[1486] Stand Nov. 2013, dieser ist abgedruckt in Kap. 16.2.4, S. 348 ff.
[1487] Kodex der Mitglieder des Bundesverbandes der pharmazeutischen Industrie e.V. in der Fassung vom 28.06.1995, zuletzt geändert am 27.11.2001.
[1488] BGH, Urt. v. 09.09.2010 – I ZR 157/08 (FSA-Kodex I, damals noch zu § 4 Nr. 11 UWG); *Köhler*, § 2 UWG Rn. 115a.

des Art. 2h UGP-RL erlangen oder im Einzelfall auch eine gewisse **indizielle Bedeutung** für die **Frage der Unlauterkeit** besitzen.[1489]

11.2.2. Verstöße gegen Verhaltenskodizes

Verstöße gegen **Verhaltenskodizes** im Sinne des § 2 Abs. 1 Nr. 5 UWG oder sonstige Regelwerke von Verbänden sind allerdings **nicht wettbewerbswidrig** im Sinne des § 3 Abs. 1 UWG. Sie können zwar eine bestimmte tatsächliche Übung widerspiegeln. Daraus folgt aber nicht, dass ein von dieser Übung abweichendes Verhalten ohne Weiteres unlauter ist.[1490]

> *Für die Frage, ob ein bestimmtes Verhalten als unlauter im Sinne des ... UWG zu beurteilen ist, haben Regeln, die sich ein Verband oder ein sonstiger Zusammenschluss von Verkehrsbeteiligten gegeben hat, nur eine begrenzte Bedeutung. Ihnen kann zwar unter Umständen entnommen werden, ob innerhalb der in Rede stehenden Verkehrskreise eine bestimmte tatsächliche Übung herrscht. Aus dem Bestehen einer tatsächlichen Übung folgt aber noch nicht, dass ein von dieser Übung abweichendes Verhalten ohne Weiteres als unlauter anzusehen ist. Der Wettbewerb würde in bedenklicher Weise beschränkt, wenn das Übliche zur Norm erhoben würde. Regelwerken von (Wettbewerbs-)Verbänden kann daher allenfalls eine indizielle Bedeutung für die Frage der Unlauterkeit zukommen, die aber eine abschließende Beurteilung anhand der sich aus den Bestimmungen des Gesetzes gegen den unlauteren Wettbewerb ergebenden Wertungen nicht ersetzen kann.*[1491]

Derartigen Regelwerken unterhalb des Ranges einer Rechtsnorm kann daher allenfalls innerhalb der Gesamtwürdigung **indizielle Bedeutung** für die Feststellung der Unlauterkeit einer geschäftlichen Handlung im Sinne des § 3 Abs. 1 UWG zukommen.[1492] Dies ersetzt aber nicht eine abschließende Beurteilung nach den Wertungen des UWG, zumal es **verfassungsrechtlich bedenklich** wäre, zur Konkretisierung der Generalklausel des § 3 Abs. 1 UWG derartige Regelwerke heranzuziehen.[1493] Verstöße gegen Verhaltenskodizes erfüllen auch nicht ohne Weiteres den Tatbestand der „Verletzung der unternehmerischen Sorgfalt" nach § 3 Abs. 2 UWG.[1494] Ein Verstoß gegen einen Verhaltenskodex stellt daher auch unter dem Gesichtspunkt des Rechtsbruchs keine Zuwiderhandlung gegen §§ 3, 3a UWG dar.[1495]

Allerdings besteht durchaus die Gefahr, dass das Hinwegsetzen über Lauterkeitsbestimmungen erste Indizien für das Vorliegen einer Unrechtsvereinbarung schafft und der „Verletzer" sich damit angreifbar macht.[1496]

[1489] *Köhler*, § 2 UWG, Rn. 115a; BGH, Urt. v. 09.09.2010 – I ZR 157/08 (FSA-Kodex I).
[1490] *Köhler*, § 3 UWG, Rn. 2.31.
[1491] BGH, Urt. v. 09.09.2010 – I ZR 157/08 (FSA-Kodex I).
[1492] *Köhler*, § 3 UWG, Rn. 2.31 m.w.N.
[1493] BGH, Urt. v. 09.09.2010 – I ZR 157/08 (FSA-Kodex I).
[1494] *Köhler*, § 3 UWG, Rn. 2.31 m.w.N.
[1495] *Köhler*, § 2 UWG, Rn. 115a.
[1496] Ebenso *Schneider*, Erste Bestandsaufnahme, S. 59

Die **Einhaltung der Verhaltenskodizes** der Industrie minimiert demgegenüber das Risiko eines Strafverfahrens wegen Korruptionsverdacht für sämtliche an der Kooperation beteiligten Personen erheblich, schließt es unter Umständen sogar völlig aus. Denn die Einhaltung der einschlägigen Bestimmungen der Kodizes der Pharma- und Medizinprodukteindustrie stellt zumindest ein Indiz für das Vorliegen eines lauteren und damit straflosen Geschäftsgebarens dar.[1497] Ob eine von einem Kodex erfasste geschäftliche Handlung zugleich unlauter im Sinne des § 3 Abs. 1 UWG ist, müssen jedoch letztlich die Gerichte beurteilen.[1498]

11.3. Compliance-Grundsätze zur Zusammenarbeit mit der Industrie

Die Zusammenarbeit mit der Industrie ist auch künftig – trotz der neuen Korruptionsvorschriften im Gesundheitswesen (§§299a, 299b StGB) – rechtlich zulässig und medizinisch notwendig.[1499] Bei allen Kooperationen, die Ärzte eingehen möchten, gelten jedoch grundsätzlich als **oberste Handlungsmaximen** das **Patientenwohl** und die Sicherung der **Wahrung der ärztlichen Unabhängigkeit**.[1500] Darüber hinaus sind selbstverständlich eventuelle spezifische rechtliche Regelungen zu beachten, die allesamt in diesem Buch beschrieben sind. Bei der Zusammenarbeit mit der Industrie sind darüber hinaus folgende vier maßgebliche Grundsätze einzuhalten:

- Trennungsprinzip,
- Äquivalenzprinzip,
- Dokumentationsprinzip,
- Transparenzprinzip.

Diese vier Prinzipien hat der Bundesgerichtshof als **prägend in der Kooperation** zwischen Kliniken und Pharmaunternehmen und Medizinprodukteherstellern bewertet.[1501] Sie werden auch künftig und insbesondere bei der Beurteilung des Vorliegens einer Unrechtsvereinbarung im Sinne der §§ 299a, 299b StGB eine ganz **maßgebliche Rolle** spielen.

11.3.1. Trennungsprinzip

Das Trennungsprinzip bedeutet, dass Zuwendungen an Ärzte und andere Heilberufsangehörige nicht in Abhängigkeit vom Kauf von Waren oder von Verordnungs- oder Therapieentscheidungen erfolgen dürfen. Die sicherste Einhaltung des Tren-

---

[1497] Zutreffend *Rönnau*, S. 276; ebenso *Badle*, medstra 1/2015, S. 4 und *Schneider*, Erste Bestandsaufnahme, S. 59.
[1498] *Köhler*, § 2 UWG, Rn. 115a; BGH, Urt. v. 09.09.2010 – I ZR 157/08 (FSA-Kodex I).
[1499] Vgl. hierzu ausführlich *Dieners*, Handbuch.
[1500] *Schirmer/Schröder*, S. 2.
[1501] BGH, Urt. v. 23.05.2002 – 1 StR 372/01 (Einwerbung von Drittmitteln); *Taschke/Zapf*, S. 336.

nungsprinzips wird gewährleistet durch die personelle Trennung der Personen, die für den Einkauf und die Umsatzgeschäfte zuständig sind, von dem medizinischen Personal, das mit Verordnungs- und Therapieentscheidungen betraut ist.[1502] Zuwendungen sind in jedem Fall dann unzulässig, wenn dadurch die medizinische oder therapeutische Entscheidung des Arztes beeinflusst werden soll.[1503]

11.3.2. Äquivalenzprinzip

Das Äquivalenzprinzip erfordert, dass die (ärztliche) Leistung und die dafür erbrachte Gegenleistung in einem angemessenen Verhältnis stehen müssen.[1504] Dies soll gewährleisten, dass es sich bei Zahlungen – beispielsweise durch die Industrie – an Ärzte ausschließlich um das Entgelt für die Erfüllung von Verträgen handelt, die allein ärztliche Leistungen zum Inhalt haben und nicht die Verordnungs- oder Therapieentscheidung beeinflussen. Bei Zweifeln empfiehlt es sich, die zuständige Kassenärztliche Vereinigung bzw. die Ärztekammer einzubeziehen.[1505]

11.3.3. Dokumentationsprinzip

Das Dokumentationsprinzip erfordert die Dokumentation aller Formen der Zusammenarbeit. Dem Dokumentationsprinzip ist hierbei erst dann Genüge getan, wenn **alle Kooperationsverträge** (z.B. Beraterverträge der Chefärzte mit der Industrie oder Verträge des Krankenhauses mit niedergelassenen Ärzten) sowie alle anderen **Leistungsbeziehungen** umfassend schriftlich festgehalten werden.[1506] Kooperationsvereinbarungen sind daher schriftlich und vollständig zu dokumentieren. So können ordnungsgemäß vollzogene und rechtlich nicht zu beanstandende Geschäftsverbindungen jederzeit nachvollzogen werden.[1507]

[1502] Vgl. jedoch zu den Schwierigkeiten einer solchen Trennung bei Beschaffungsentscheidungen in Kliniken *Dann/Jones*, S. 264. Denn für bestimmte Beschaffungsentscheidungen sei sowohl medizinisches Fachwissen als auch ärztliche Berufserfahrung erforderlich, weshalb regelmäßig durchaus Personenidentität bestehe. Zur Vermeidung jedweder Korruptionsgefahr empfehlen *Dann/Jones* – neben der Einführung des 4-Augen-Prinzips – bei Arzneimittelbestellungen die hausinterne Bestellung lediglich unter Angabe des Wirkstoffs ohne Angabe des Herstellers.
[1503] *Schirmer/Schröder*, S. 2.
[1504] Vgl. zur Angemessenheit der Vergütung Kap. 8.3.3, S. 171 ff.
[1505] *Schirmer/Schröder*, S. 2.
[1506] *Dann/Jones*, S. 266.
[1507] *Schirmer/Schröder*, S. 2.

11.3.4. Transparenzprinzip

Das Transparenzprinzip fordert eine Transparenz der Finanzflüsse. Verträge der niedergelassenen Ärzte über die Zusammenarbeit mit der Industrie sollten daher der zuständigen KV oder Ärztekammer vorgelegt werden.[1508] Verträge der angestellten Klinikärzte müssen den Drittmittelrichtlinien entsprechen bzw. von der Geschäftsleitung genehmigt werden.[1509] Es ist folglich jede Gelegenheit zu nutzen, eine eventuelle **Annahme von Vorteilen transparent** zu gestalten, um nicht schon durch die Heimlichkeit des Vorgehens gewichtige Indizien für das Vorliegen einer Unrechtsvereinbarung zu schaffen.[1510]

11.3.5. Weitere Prinzipien

Die vier zuvor beschriebenen Compliance-Prinzipien der Zusammenarbeit mit der Industrie sind auch in den Kodizes der Pharma- und Medizinprodukteindustrie verankert.[1511]

Ergänzend sind folgende weitere Prinzipien zu berücksichtigen:

- Prinzip der Bargeldlosigkeit (keine Annahme von Bargeld),
- Prinzip der Kostendistanz (keine Verfügungsgewalt „gesponsorter" Ärzte über die Konten, auf die diese Zuwendungen fließen),
- Prinzip der Fremdnützigkeit (Eliminierung von Privatinteressen im Zusammenhang mit Zuwendungen).[1512]

Die Implementierung, Einhaltung und Überprüfung dieser Prinzipien kann am besten durch die Einrichtung eines **Compliance-Systems** gewährleistet werden.[1513]

[1508] *Schirmer/Schröder*, S. 2. Vgl. zur Einrichtung von Clearingstellen Kap. 15.3.1, S. 301 ff.
[1509] Vgl. hierzu auch Kap. 4.1.2, S. 85 f. und Kap. 13.3.3, S. 270.
[1510] *Dann/Jones*, S. 265.
[1511] Vgl. § 3 Kodex Medizinprodukte (abgedruckt in Kap. 16.2.1, S. 327 ff.) sowie § 18 FSA Kodex Fachkreise (abgedruckt in Kap. 16.2.2, S. 335 ff.)
[1512] *Dann/Jones*, S. 264.
[1513] Vgl. hierzu Kap. 15.4, S. 304 f.

12 Formen der Zusammenarbeit mit der Industrie

12.1. Klinische Prüfungen

Die klinische Prüfung eines Arzneimittels ist **für seine Zulassung erforderlich** und dient der **Arzneimittelsicherheit**.[1514] Die klinische Prüfung bei Menschen ist jede am Menschen durchgeführte Untersuchung, die dazu bestimmt ist, klinische oder pharmakologische Wirkungen von **Arzneimitteln** zu erforschen oder nachzuweisen oder Nebenwirkungen festzustellen oder die Resorption, die Verteilung, den Stoffwechsel oder die Ausscheidung zu untersuchen, mit dem Ziel, sich von der Unbedenklichkeit oder Wirksamkeit der Arzneimittel zu überzeugen.[1515] Klinische Prüfungen sind auch für **Medizinprodukte** vorgesehen.[1516]

Kennzeichen einer klinischen Prüfung sind die systematische Zuordnung der Patienten zu Behandlungsarmen im Sinne einer Randomisierung sowie die Verwendung von Arzneimitteln außerhalb der zugelassenen Indikation. Die Behandlung von Patienten einschließlich der Diagnose und Überwachung geht im Rahmen von klinischen Prüfungen **über die übliche ärztliche Praxis hinaus**.

Klinische Prüfungen sind für die Entwicklung und Zulassung von Arzneimitteln ein unverzichtbarer Bestandteil. Sie sind dazu bestimmt, die **Wirksamkeit von neuen Arzneimitteln** nachzuweisen und deren Verträglichkeit festzustellen.[1517] Die klinischen Prüfungen finden statt, bevor das Arzneimittel auf den Markt kommt. Sie müssen seit 2004 in Deutschland durch die jeweils zuständige Bundesoberbehörde[1518] **genehmigt** werden. Diese Genehmigung ist zusätzlich zur **positiven Bewertung** durch die zuständige **Ethikkommission** erforderlich.[1519] Aber auch nach der Zulassung eines Arzneimittels liefern klinische Prüfungen weiterhin wichtige Erkenntnisse über Langzeiteffekte der Behandlung oder Daten über Anwendungen außerhalb der zugelassenen Anwendungsbedingungen.

Ärzte erhalten für die Teilnahme und Mitwirkung an solchen Studien eine **Vergütung**.[1520] Diese Vergütung wird allerdings häufig vom herstellenden Pharma- oder Medizinprodukteunternehmer bezahlt, der die Zulassung beantragen will. Eine **aktuelle Studie** hat hierbei ergeben, dass die finanzielle Verbindung zwischen den

---

[1514] § 22 Abs. 2 Nr. 3 AMG; vgl. *Dieners*, S. 101, Rn. 15 m.w.N. und *Listl*, §§ 40-42 AMG.
[1515] § 4 Ziffer 23 S. 1 AMG.
[1516] §§ 19 ff. MPG, vgl. hierzu ausführlich *von Dewitz*.
[1517] Vgl. zum Recht der klinischen Arzneimittelprüfung, zum Prüfablauf und den weiteren Voraussetzungen ausführlich *Hart*.
[1518] Je nach Arzneimittel entweder durch das Bundesinstitut für Arzneimittel und Medizinprodukte (BfArM) oder durch das Paul-Ehrlich-Institut, deutsches Bundesinstitut für Impfstoffe und biomedizinische Arzneimittel (PEI).
[1519] Vgl. §§ 40 – 42 AMG. Vgl. zur Strafbarkeit im Falle eines Verstoßes gegen die Vorschriften des AMG *Ulsenheimer*, S. 582 ff.
[1520] Vgl. zur Zulässigkeit der Vergütung Kap. 12.2.3, S. 240.

Ärzten und der Industrie dazu führt, dass solche Studien deutlich häufiger zu günstigeren Ergebnissen für das Medikament geführt haben, als Studien, die nicht direkt von der Industrie finanziert wurden.[1521]

12.2. Anwendungsbeobachtungen

12.2.1. Definition und rechtliche Zulässigkeit

Anwendungsbeobachtungen stellen **keine klinische Prüfung** am Menschen dar, sondern **nichtinterventionelle Prüfungen**.[1522] Es handelt sich um Untersuchungen, die dazu bestimmt sind, Erkenntnisse bei der Anwendung bereits **zugelassener und registrierter Arzneimittel** zu sammeln.[1523] Wesentliches **Abgrenzungsmerkmal** zwischen klinischen Prüfungen und Anwendungsbeobachtungen ist somit der **Grundsatz der Nichtintervention**.[1524]

Anwendungsbeobachtungen erfordern die Planung, Durchführung, Aus- und Bewertung nach dem Stand der wissenschaftlichen Erkenntnis der beteiligten Disziplinen. Sie müssen eine medizinisch-wissenschaftliche Zielsetzung verfolgen, die als präzise Fragestellung vorab formuliert sein muss.[1525] Ein Arzneimittel darf allerdings nicht zu dem Zweck verordnet werden, einen Patienten in eine Anwendungsbeobachtung einzuschließen. Die Verordnung eines Arzneimittels und der Einschluss des Patienten in eine Anwendungsbeobachtung sind folglich zu trennen.[1526] Darüber hinaus darf beim Patienten kein zusätzliches Diagnose- oder Überwachungsverfahren benutzt werden.[1527]

[1521] Vgl. den Artikel „Interessenkonflikte: Finanzielle Verbindungen führen zu positiveren Ergebnissen", Deutsches Ärzteblatt, Newsletter vom 19.01.2017, abrufbar unter www.aerzteblatt.de/Nachrichten/72550. Hierbei hatten 60 % der Autoren der Studien einen Interessenkonflikt angegeben. Es wird daher mehr Transparenz und sogar der völlige Ausschluss von klinischen Studien bei Ärzten mit Interessenkonflikten zur Industrie gefordert. Allerdings seien die Verbindungen zwischen Industrie und Ärzte so eng, dass sich in vielen Bereichen kaum noch unabhängige Experten finden ließen, ebenso *Frank*, S. 148: Während der skandinavisch- und englischsprachige Raum in der Pharmaszene als *Evidence-Belt* bezeichnet werde, weil man dort gute (oder gut manipulierte) Studien brauche, um Neues auf dem Markt durchsetzen zu können, nenne man den deutschsprachigen Raum *Eminenz-Belt*, da man hier nur die Eminenz (also den Chef) überzeugen müsse... , vgl. *Frank*, S. 146.

[1522] Im Sinne des § 4 Abs. 23 S. 3 AMG, vgl. *BfArM-Empfehlungen* v. 07.07.2010, S. 2.

[1523] § 67 Abs. 6 AMG, vgl. den Abdruck der Vorschrift in Kap. 16.1.10, S. 320. Vgl. hierzu auch *Wigge/Wille*, § 19, Rn. 72.

[1524] *Broch*, S. 315 m.w.N. Anwendungsbeobachtungen sind aus dem Regelungsbereich der Richtlinie 2001/20/EG des Europäischen Parlaments und des Rates vom 04.04.2001 zu klinischen Prüfungen ausdrücklich ausgenommen.

[1525] Vgl. zu den Zielen der Anwendungsbeobachtung auch die *BfArM-Empfehlungen* v. 07.07.2010, S. 5.

[1526] *BfArM-Empfehlungen* v. 07.07.2010, S. 3.

[1527] *BfArM-Empfehlungen* v. 07.07.2010, S. 3.

Anwendungsbeobachtungen werden nicht nur von der Pharmaindustrie in Auftrag gegeben. Sie können den Unternehmen nach § 28 Abs. 3a AMG auch von den Arzneimittelbehörden auferlegt werden, wenn ein neues Arzneimittel zugelassen wird.[1528] Anwendungsbeobachtungen sind nach Ansicht des Gesetzgebers **forschungs- und gesundheitspolitisch wünschenswert**, sofern sie nicht dem reinen Marketing dienen und ihre **Ergebnisse öffentlich zugänglich** gemacht werden.[1529] Dies ist dann gewährleistet, wenn die nachfolgend dargestellten rechtlichen Voraussetzungen erfüllt sind.

12.2.2. Anzeige- und Auswertungspflicht

Anwendungsbeobachtungen sind der zuständigen Bundesoberbehörde, der Kassenärztlichen Bundesvereinigung, dem Spitzenverband Bund der Krankenkassen und dem Verband der Privaten Krankenversicherung e. V. unverzüglich **anzuzeigen**. Dabei sind Ort, Zeit, Ziel und Beobachtungsplan der Anwendungsbeobachtung anzugeben. Der Kassenärztlichen Bundesvereinigung und dem Spitzenverband Bund der Krankenkassen sind die **beteiligten Ärzte namentlich** mit Angabe der lebenslangen Arztnummer zu **benennen**.[1530]

Schließlich sollen Durchführung und **Ergebnisse** in einem **Abschlussbericht** dargestellt werden, der eine geeignete biometrische **Auswertung** und eine Bewertung aus medizinischer Sicht enthält. Die Ergebnisse sollen in regelmäßig aktualisierten Berichten dargestellt und nach wissenschaftlichen Kriterien publiziert werden.[1531] Schließlich wird empfohlen, alle Unterlagen einer Anwendungsbeobachtung für spätere Zugriffe und Auswertungen mindestens zehn Jahre zu archivieren.[1532]

Sofern beteiligte Ärzte **Leistungen zu Lasten der gesetzlichen Krankenversicherung** erbringen, sind auch die Art und die Höhe der jeweils an sie tatsächlich geleisteten Entschädigungen anzugeben.[1533] Ferner ist jeweils eine Ausfertigung der mit ihnen geschlossenen Verträge und jeweils eine Darstellung des Aufwandes für die betei-

---

[1528] *Broch*, S. 315, der darauf verweist, dass auch die Europäische Kommission und das Bundesministerium für Gesundheit als Auftraggeber von Anwendungsbeobachtungen in Erscheinung getreten sind, vgl. *Broch*, Fn. 17 und 18.
[1529] BT-Drs. 18/6446 v. 21.10.2015, S. 19. Vgl. jedoch zur Anfälligkeit der Anwendungsbeobachtungen für manipulative Einflussnahme Kap. 12.2.4, S. 241 f.
[1530] Vgl. § 67 Abs. 6 S. 1 und 2 AMG.
[1531] *BfArM-Empfehlungen* v. 07.07.2010, S. 6 f.
[1532] *BfArM-Empfehlungen* v. 07.07.2010, S. 7.
[1533] Zweck dieser Regelung ist es, dem Anzeigenden, der eine Entschädigung zahlen möchte, die Begründungslast für die Angemessenheit der Entschädigung aufzuerlegen. Dies soll der KBV und dem GKV-Spitzenverband als Anzeigeempfänger ermöglichen, die Angemessenheit besser nachvollziehen zu können, vgl. BT-Drs. 17/13770 v. 05.06.2013, S. 20; *Broch*, S. 316.

ligten Ärzte und eine Begründung für die Angemessenheit der Entschädigung zu übermitteln.[1534]

12.2.3. Vergütung des Aufwands

Ärzte dürfen sich unter Berücksichtigung der zuvor beschriebenen rechtlichen Voraussetzungen des § 67 AMG ihren **zusätzlichen Aufwand** für die Teilnahme an der Anwendungsbeobachtung durchaus ersetzen lassen.[1535] Denn die Beteiligung an einer Anwendungsbeobachtung gilt als ärztliche Tätigkeit.[1536] Allerdings dürfen Erstattung und Honorierung die wissenschaftliche Zielsetzung und die Auswahl der einzubeziehenden Patienten nicht beeinflussen.[1537] Die Entschädigung ist nach ihrer Art und Höhe daher so zu bemessen, dass **kein Anreiz für eine bevorzugte Verschreibung** oder Empfehlung bestimmter Arzneimittel entsteht.[1538]

> „Es soll eine gezielte Beeinflussung des ärztlichen Verschreibungsverhaltens mittels der Durchführung von Anwendungsbeobachtungen und der nichtinterventionellen Unbedenklichkeitsprüfung verhindert werden. [...] Die Honorierung sollte sich am Aufwand für zusätzlich erforderliche Dokumentations- und andere Maßnahmen orientieren. Anhalt für eine über die Regelversorgung hinaus durch die Prüfung entstehende Aufwandshonorierung bietet z.B. die Ärztegebührenordnung. [...] Es wird jedoch jeweils am Einzelfall zu prüfen sein, ob durch die ergänzenden Verdienstmöglichkeiten bei einem einzelnen an einer Prüfung beteiligten Arzt ein Anreiz entstehen könnte, die Einkommensmöglichkeiten auszuweiten."[1539]

Alternativ kommt eine Vergütung nach tatsächlichem Zeitaufwand als „Entschädigung" im Sinne des § 67 Abs. 6 S. 3 AMG in Betracht. Der **Begriff der Entschädigung** bedeutet „Ausgleich entstandener Auslagen" und schließt die Erzielung eines Ertrags aus der Tätigkeit somit grundsätzlich aus. Danach kann der regelmäßige Verdienst Maßstab sein, der nicht erzielt wird, weil der Studienarzt seine Zeit für die Durchführung der Studie aufwendet.[1540]

[1534] Vgl. § 67 Abs. 6 S. 5-6 AMG. Etwaige Veränderungen hinsichtlich der Entschädigung oder der Vertragsbedingungen mit den Pharmaunternehmen sind innerhalb von vier Wochen nach jedem Quartalsende zu übermitteln; die tatsächlich geleisteten Entschädigungen sind mit Zuordnung zu beteiligten Ärzten namentlich mit Angabe der lebenslangen Arztnummer zu übermitteln. Innerhalb eines Jahres nach Abschluss der Anwendungsbeobachtung sind unter Angabe der insgesamt beteiligten Ärzte die Anzahl der jeweils und insgesamt beteiligten Patienten und Art und Höhe der jeweils und insgesamt geleisteten Entschädigungen zu übermitteln.
[1535] BT-Drs. 18/6446 v. 21.10.2015, S. 19.
[1536] *BfArM-Empfehlungen* v. 07.07.2010, S. 7.
[1537] *BfArM-Empfehlungen* v. 07.07.2010, S. 7.
[1538] Vgl. § 67 Abs. 6 S. 3 AMG.
[1539] BT-Drs. 17/13770 v. 05.06.2013, S. 20; vgl. auch *BfArM-Empfehlungen* v. 07.07.2010, S. 7.
[1540] *Schneider*, Erste Bestandsaufnahme, S. 36. *Schneider* kalkuliert hierbei einen durchschnittlichen Stundenlohn von 49,- € bis ca. 67,- €. Die *Autorin* hält dies für unrealistisch gering und ist der Auffassung, dass ein geschätzter durchschnittlicher Gewinn eines Arztes von 130.000,- € mit einem Zeitaufwand von 40 Wochenstunden erzielt werden kann. Dies ergibt einen Ge-

12.2.4. Korruptionsanfälligkeit von Anwendungsbeobachtungen

Die Besonderheit von Anwendungsbeobachtungen ist, dass sie in aller Regel voraussetzen, dass das Arzneimittel schon zugelassen bzw. registriert ist. Daher steht unter Umständen schon die sachliche Notwendigkeit der Anwendungsbeobachtung in Frage.[1541] So wird der generelle wissenschaftliche Wert von Anwendungsbeobachtungen sowohl von den Krankenkassen als auch von entsprechenden Gremien[1542] durchaus bezweifelt.[1543]

Tatsächlich kann aber an der Berechtigung von Anwendungsbeobachtungen ebenso wie den klinischen Prüfungen nach § 23 MPG an sich kein Zweifel bestehen.[1544] Denn die entsprechenden regulatorischen Vorgaben derartiger Prüfungen sind gesetzlich ausdrücklich vorgesehen. Gerade die Hersteller von Medizinprodukten sind auch nach Markteinführung aus regulatorischen sowie aus produkthaftungsrechtlichen Gründen verpflichtet, die Wirksamkeit, Funktionstauglichkeit und Sicherheit ihrer Produkte laufend zu überwachen bzw. zu überprüfen.[1545] Anwendungsbeobachtungen liegen daher per se **im Interesse der Produktsicherheit** und damit **im Interesse der Patienten** an funktionsfähigen Medizinprodukten.[1546]

Die bloße Teilnahme an einer **vergüteten Anwendungsbeobachtung** kann den Straftatbestand des § 299a StGB nach ausdrücklicher Klarstellung in der Gesetzes-

---

winn von 74,- € pro Stunde (130.000,- € / 220 Arbeitstage pro Jahr / 8 h pro Tag = 74,- € pro Stunde.) Bei einer geschätzten Kostenquote von 50 % ist dieser Betrag entsprechend zu verdoppeln, sodass nach Ansicht der *Autorin* auch ein Stundensatz bis zu 150,- € für Ärzte noch angemessen ist. Dies gilt insbesondere im Vergleich zu nicht-akademischen Berufen, die (wie beispielsweise Handwerker oder IT-Personal) heutzutage Stundensätze von 70,- € bis 90,- € für ihre Tätigkeiten berechnen.

[1541] *Schloßer*, Rn. 64.
[1542] So etwa *Jürgen Windeler*, Leiter des Instituts für Qualität und Wirtschaftlichkeit im Gesundheitswesen (IQWik), vgl. den Spiegel online-Beitrag unter www.spiegel.de/gesundheit/diagnose/transparenzkodex-pharmafirmen-zahlten-aerzten-und-kliniken-575-millio-nen-euro-a-1098584.html.
[1543] *Schloßer*, Rn. 64. Vgl. zur Fragwürdigkeit von Arzneimittelstudien nur den sehr anschaulichen und sorgfältig recherchierten Kriminalroman „Die letzte Flucht" von *Wolfgang Schorlau*. Daher besteht nach Ansicht der Staatsanwaltschaft oftmals der Verdacht, dass über die Honorierung tatsächlich die verordneten Umsätze vergütet werden sollen, oder alternativ neu zugelassene Arzneimittel auf dem Markt positioniert werden sollen.
[1544] So zutreffend *Dieners*, S. 103, Rn. 22; *Fischer*, StGB, § 331, Rn. 27c.
[1545] *Dieners*, S. 103, Rn. 22. Im Medizinproduktebereich ist es bei vielen international tätigen Unternehmen zudem auf der Grundlage interner Qualitäts- und Sicherheitsvorgaben üblich, dass Medizinproduktehersteller nach der Erlangung der CE-Kennzeichnung trotz der damit erreichten allgemeinen Marktfähigkeit diese Produkte nicht umfassend auf dem Markt einführen, sondern zunächst für einen bestimmten Zeitraum und in begrenzter Stückzahl vertreiben und ihre bereits festgestellte Funktionsfähigkeit im Rahmen etwa von Anwendungsbeobachtungen weiter verfolgen. Hierdurch sollen zusätzliche Erkenntnisse und Daten erlangt werden, bevor die eigentliche Markteinführung beginnt.
[1546] *Dieners*, S. 103, Rn. 22.

begründung grundsätzlich zwar **nicht erfüllen**,[1547] der Gesetzgeber stellt jedoch fest, dass sich in der Vergangenheit gerade **Anwendungsbeobachtungen** als **Möglichkeit** für eine **korruptive Einflussnahme** auf das Verschreibungsverhalten von Ärzten erwiesen haben.[1548] Diese dürften daher künftig besonders aufmerksam verfolgt werden.[1549]

Das Risiko der **Strafbarkeit** einer **unlauteren Anwendungsbeobachtung** droht nach ausdrücklicher Gesetzesbegründung dann, wenn diese **Bestandteil einer Unrechtsvereinbarung**[1550] ist und die vorgesehene Vergütung den teilnehmenden Arzt nicht für seinen zusätzlichen Aufwand entschädigt, sondern ihm tatsächlich als **Bestechungsgeld** für die bevorzugte Verordnung bestimmter Präparate und damit für eine unlautere Bevorzugung des Vorteilsgebers gewährt wird.[1551]

Kritisch wird es also dort, wo derartige Prüfungen dazu **missbraucht** werden, den Absatz von Arzneimitteln und Medizinprodukten durch die Einbeziehung von medizinischen Einrichtungen oder Ärzten in Anwendungsbeobachtungen und klinischen Prüfungen nach § 23 MPG zu steigern. Aus diesem Grund ist es besonders wichtig, dass derartige Prüfungen **sachlich gerechtfertigt** sind.[1552] Es kommt somit ganz besonders darauf an, dass solchen Prüfungen ein tatsächlich bestehendes und auch nachvollziehbares sowie dokumentiertes Erkenntnisinteresse zugrunde liegt.[1553]

12.2.4.1. Anhaltspunkte für eine Unrechtsvereinbarung

Anhaltspunkte für eine strafbare Unrechtsvereinbarung können sich insbesondere daraus ergeben, dass der Entschädigung **keine erkennbare ärztliche Gegenleistung** gegenübersteht oder die **Entschädigung** den geleisteten **Aufwand deutlich übersteigt**.[1554] Folgende Umstände können das **Strafbarkeitsrisiko** grundsätzlich **erhöhen**:[1555]

- fehlender Zweck der wissenschaftlichen Erkenntnisgewinnung (z.B. aufgrund von standardisierten Fragebögen und vorformulierten Gutachten) und/oder

---

[1547] BT-Drs. 18/6446 v. 21.10.2015, S. 19.
[1548] BT-Drs. 18/6446 v. 21.10.2015, S. 19.
[1549] Vgl. hierzu auch *Badle*, Interview in Facharzt.de: „Die Pharmafirmen und andere Unternehmen der Medizinbranche haben Ärzte dafür entlohnt, dass sie ihr Verordnungsverhalten und ihre Patientenströme in Richtung eines bestimmten Anbieters steuerten. Und um dem Ganzen einen legalen Anstrich zu geben, hat man es als Anwendungsbeobachtung deklariert. Es war aber tatsächlich eine Unrechtsvereinbarung zwischen Unternehmen und Arzt."
[1550] Vgl. zur Unrechtsvereinbarung Kap. 3.4, S. 67 ff.
[1551] BT-Drs. 18/6446 v. 21.10.2015, S. 19.
[1552] *Dieners*, S. 103, Rn. 22.
[1553] *Dieners*, S. 103, Rn. 22.
[1554] BT-Drs. 18/6446 v. 21.10.2015, S. 19.
[1555] *Pragal/Handel*, medstra 2016, S. 26.

- ein den Aufwand des Arztes (z.B. für die Dokumentation) übersteigendes Honorar,
- die Einbeziehung einer wissenschaftlich nicht begründbaren Anzahl von Ärzten.[1556]

Anhaltspunkte für eine Unrechtsvereinbarung sind auch dann anzunehmen, wenn die **rechtlichen Voraussetzungen** für die Durchführung von Anwendungsbeobachtungen **nach § 67 AMG nicht penibel genau eingehalten** werden. Dies gilt insbesondere für die dort normierten **Informations- und Auswertungspflichten**.

Daher können auch vergütete Anwendungsbeobachtungen ebenso wie Honorare für Vorträge, Gutachter- und Beratertätigkeiten oder wissenschaftliche Publikationen durchaus die Tatbestände der §§ 299a, 299b StGB erfüllen.[1557]

12.2.4.2. Empfehlungen zur Vermeidung eines Korruptionsvorwurfs

Anwendungsbeobachtungen sind grundsätzlich vorab in **schriftlicher Form** vertraglich zu vereinbaren. Aus dieser Vereinbarung müssen sich die zu erbringenden Untersuchungsleistungen, die dafür zu zahlenden Vergütungen sowie der medizinisch-pharmazeutische Nutzen der Prüfungsergebnisse für das finanzierende Unternehmen nachvollziehbar ergeben.[1558] Die Vergütung darf nur in Geld bestehen und muss zu der erbrachten Leistung in einem angemessenen Verhältnis stehen. Bei der Beurteilung der Angemessenheit kann unter anderem die Gebührenordnung für Ärzte (GOÄ) einen Anhaltspunkt bieten. Dabei können auch angemessene Stundensätze vereinbart werden, um den Zeitaufwand zu berücksichtigen.[1559] Darüber hinaus ist die Vergütung so zu bemessen, dass sie keinen Anreiz zur Verordnung eines bestimmten Arzneimittels bietet und auch sonst nicht geeignet ist, Therapie-, Verordnungs- und/oder Beschaffungsentscheidungen zu beeinflussen.[1560]

Der Vertrag und die Vergütungsvereinbarung sollten darüber hinaus **der Ärztekammer zur Prüfung** vorgelegt werden. Die selbst veranlasste Prüfung der Vergütung durch die Ärztekammer auf deren Angemessenheit schließt die Annahme einer Unrechtsvereinbarung aus.[1561] Da Anwendungsbeobachtungen eine Reihe möglicher **Interessenkonflikte** im Spannungsfeld zwischen Datenschutz, Schutz des Patienten, Schutz und Haftung der ärztlichen Personen und dem Interesse des Auftraggebers bergen, wird sogar eine **Beratung durch eine Ethikkommission empfohlen**.[1562]

[1556] *Scholz*, Medizinrecht, § 33 MBO, Rn. 3.
[1557] So zutreffend *Tsambikakis*, S. 134 m.w.N.
[1558] § 18 Abs. 2 S. 3 AKG-Verhaltenskodex.
[1559] § 17 Abs. 3 AKG-Verhaltenskodex.
[1560] § 18 Abs. 3 S. 2 AKG-Verhaltenskodex.
[1561] *Wissing/Cierniak*, S. 44 m.w.N.
[1562] So jedenfalls die *BfArM-Empfehlungen* v. 07.07.2010, S. 6.

Hinzuweisen ist schließlich auf die dezidierten Vorgaben des FSA-Kodex Fachkreise, der bereits seit 2008 in der ausführlichen Regelung des **§ 19 FSA-Kodex** die Voraussetzungen und Grundlagen für Anwendungsbeobachtungen beschreibt.[1563] Werden diese Vorgaben eingehalten, kann eine Unrechtsvereinbarung nur schwerlich angenommen werden.

12.2.5. Exkurs: Vorschlag zur strukturellen Änderung

Die *Autorin* regt angesichts der **Missbrauchsgefahr** insbesondere von **Anwendungsbeobachtungen** im Interesse aller Beteiligten an, die Vergütung von Anwendungsbeobachtungen **grundlegend zu hinterfragen** und strukturell neu zu überdenken. So stellt sich bereits die grundsätzliche Frage, ob Anwendungsbeobachtungen überhaupt zu vergüten sind. Es geht ja um die Überprüfung und eventuelle Verbesserung **bereits zugelassener** Medikamente und Medizinprodukte, was sicherlich auch im Interesse der niedergelassenen Ärzte ist, die ihre Patienten bestmöglich behandeln wollen. Wer als Arzt ernsthaftes Interesse an den Fortschritten in der Medizin hat und daher auch – gemeinsam mit seinen Patienten – an entsprechenden „Untersuchungen über die Wirkungen bereits zugelassener Arzneimittel" teilnimmt, könnte dies auch freiwillig und **ohne Vergütung** jedweder Art tun.[1564]

Wenn und soweit der zusätzliche Aufwand für Anwendungsbeobachtungen aufgrund des damit verbundenen Aufwandes dennoch vergütet werden soll,[1565] so könnte dies auf andere Weise erfolgen: Alle interessierten Pharma-Unternehmen könnten beispielsweise in einen „**gemeinsamen AWB-Fonds**" einzahlen, der von den Krankenkassen oder dem Bundesinstitut für Arzneimittel und Medizinprodukte (oder einer neutralen dritten Institution) für die Teilnahme der Ärzte und Kliniken an Anwendungsbeobachtungen verwaltet wird. Die Teilnahme- und Qualifikationsvoraussetzungen der Ärzte sollten klar und nachvollziehbar geregelt sein. Die Verteilung des Geldes und die Vergütung der teilnehmenden Ärzte sollten nach objektiven und nachvollziehbaren Kriterien für alle Teilnehmer gleich erfolgen. Die Ergebnisse der Anwendungsbeobachtung werden schließlich von den Krankenkassen (oder einer neutralen Institution) – gemeinsam mit den Ärzten und der Industrie – ausgewertet. Dies dürfte sachliche, neutrale und objektive Ergebnisse erbringen und damit im Interesse der Patienten und im Interesse einer guten Medizin sein.

[1563] Der Kodex ist abgedruckt in Kap. 16.2.2, S. 335 ff.

[1564] Auch Blutspenden oder Organspenden der Patienten werden ja beispielsweise nicht vergütet, sondern erfolgen auf Seiten der Patienten rein altruistisch zum Zwecke der Lebensrettung oder der Lebensverlängerung anderer Menschen. Da kein Arzt gezwungen ist, an Anwendungsbeobachtungen teilzunehmen, kann sich jeder Arzt individuell für eine Unterstützung des medizinischen Fortschritts entscheiden – aber zur Vermeidung jedweden „bösen Scheins" (die Schwaben sagen hierzu „Gschmäckle") ohne Honorar.

[1565] Wofür die *Autorin* freilich grundsätzlich Verständnis hat.

Auf diese Weise wären jedenfalls die Anwendungsbeobachtungen von sämtlichen Vorurteilen manipulativer oder gar korrupter Einflussnahme befreit.[1566]

12.3. Ärzte als Referenten und Berater

Ärzten ist es – ebenso wie Anwälten und anderen Freiberuflern – im Rahmen ihrer Berufsfreiheit selbstverständlich gestattet, Vorträge zu halten und insoweit als Referenten tätig zu werden. Dies kann im Rahmen eigener Veranstaltungen des Arztes oder der Klinik erfolgen, ebenso wie im Auftrag externer Unternehmen, beispielsweise der Pharma- und der Medizinprodukteindustrie. Die Industrie darf umgekehrt ärztlichen Referenten, die in ihrem Auftrag Vorträge auf Veranstaltungen halten, hierfür grundsätzlich auch ein **angemessenes Honorar** zahlen, Ärzte dürfen solche Honorare auch annehmen.[1567] Auch das Berufsrecht der Ärzte gestattet entsprechende Vereinbarungen ausdrücklich, § 33 MBO.[1568]

Da nach der Rechtsprechung des Bundesgerichtshofs auch Verträge und die damit verbundenen Leistungen einen „Vorteil" im strafrechtlichen Sinne darstellen können,[1569] ist jedoch im Rahmen dieser **Referentenverträge** strikt darauf zu achten, dass diese **keine Unrechtsvereinbarung** im Sinne der §§ 299a, 299b StGB **enthalten**.[1570] Das gilt auch für Beraterverträge zwischen Industrie und Ärzten, die etwa im Hinblick auf Forschung oder Entwicklung der Produkte geschlossen werden.

12.3.1. Sachliche Rechtfertigung der Beratungsleistungen

Es ist hierbei unbedingt der Eindruck zu vermeiden, der Referenten- oder Beratervertrag diene nur dem Zweck, dem Klinikarzt, einem anderen Mitarbeiter der medizinischen Einrichtung oder dem niedergelassenen Arzt „im Mantel eines Beratervertrags" finanzielle Zuwendungen zukommen zu lassen, um Beschaffungsentscheidungen zu Gunsten des Bezugs von Arzneimitteln, Hilfsmitteln oder Medizinprodukten des Unternehmens zu fördern.[1571] Vor Abschluss des Vertrags muss daher in jedem Fall die **sachliche Rechtfertigung der Beratungsleistungen** geprüft und bejaht worden sein. Von besonderer Bedeutung bei der Durchführung von

---

[1566] Wenn sich als Ergebnis der Studie oder der Anwendungsbeobachtung herausstellt, dass das Medikament oder das Medizinprodukt keinen zusätzlichen Nutzen bringt oder überhaupt nicht wirkt oder gar schädliche Nebenwirkungen hat, dann werden verantwortungsvolle und ethisch handelnde Ärzte ihren Patienten gegenüber entsprechende Verordnungen unterlassen, schon um sich nicht wegen Körperverletzungsdelikten strafbar zu machen.
[1567] Kritisch zu den „gut dotierten" Beraterverträgen der Pharmaindustrie mit medizinischen Experten *Imhof*, S. 144.
[1568] Vgl. hierzu Kap. 5.1.5, S. 118 f.
[1569] Vgl. hierzu Kap. 3.2.4.1, S. 43 ff.
[1570] Vgl. hierzu beispielhaft die Entscheidung des BGH, Urt. v. 15.03.2001 – 5 StR 454/00 zu Beraterverträgen ohne äquivalente Gegenleistung.
[1571] *Dieners*, S. 104, Rn. 25.

Beratungsverhältnissen ist ferner die Dokumentation der erbrachten Leistungen. Wenn und soweit die Leistungen mündlich vereinbart werden, ist ein schriftliches Protokoll in Form von Besprechungsprotokollen, Telefonnotizen oder regelmäßigen Zwischenberichten des Beraters zu fertigen.[1572]

12.3.2. Angemessene Vergütung der Beratungsleistungen

Die Vergütung muss ferner „angemessen" sein und darf keine zusätzliche Vergütung für die eventuelle „unlautere Bevorzugung" des beauftragenden Unternehmens enthalten. Nach dem **Äquivalenzprinzip** müssen Leistung und Gegenleistung folglich in einem **angemessenen Verhältnis** zueinander stehen. Die **Angemessenheit** ist danach zu beurteilen, was konkret in Bezug auf die jeweilige Referententätigkeit für die in Frage stehende Veranstaltung als „marktüblich" anzusehen ist. Zu berücksichtigen sind hierfür insbesondere folgende Aspekte:

- Art und Umfang der Referententätigkeit (einschließlich des Aufwands für Vorbereitung, Durchführung und Folgeaktivitäten, wie z.B. Veröffentlichungen etc.),
- Bedeutung und Komplexität des behandelten Themas,
- fachliche Qualifikation und Ansehen des Referenten in der Fachöffentlichkeit,
- etwaige Einräumung von Nutzungsrechten an den erstellten Unterlagen und Arbeitsergebnissen.[1573]

12.3.3. Vergütungsrahmen

Eine Vergütung der Referententätigkeit in Anlehnung an die GOÄ ist hierbei keinesfalls zwingend, da die GOÄ nur die Vergütung ärztlicher Leistungen „in Ausübung der Heilkunde" regelt, nicht jedoch darüber hinausgehende Berater- oder Referentenleistungen.[1574] Passender ist daher die allgemeine Regelung des § 612 Abs. 2 BGB.[1575]

Danach dürften nach Ansicht der *Autorin* unter Berücksichtigung der bereits zuvor genannten Kriterien Referenten- oder Beraterhonorare, die sich zwischen 250,- € und 2.000,- € pro Vortrag oder Tag bewegen, sicherlich noch als marktüblich und angemessen anzusehen sein. Auch ein darüber hinausgehendes Honorar kann je

---

[1572] *Dieners*, S. 104, Rn. 26.
[1573] Vgl. hierzu auch Punkt 14.1 Leitlinien des Vorstands der FSA gem. § 5 FSA-Kodex Patientenorganisationen; vgl. auch *Dieners*, PharmR 2015, S. 533, der die Einhaltung der einschlägigen Industriekodizes dringend empfiehlt.
[1574] Ebenso *Schloßer*, Rn. 68.
[1575] „Ist die Höhe der Vergütung nicht bestimmt, so ist bei dem Bestehen einer Taxe die taxmäßige Vergütung, in Ermangelung einer Taxe die übliche Vergütung als vereinbart anzusehen."

nach Bedeutung, Schwierigkeit, Dauer und Umfang sowie der Fachkompetenz des Beraters (beispielsweise bei überregional herausragender fachlicher Stellung des Arztes[1576]) im Einzelfall angemessen sein.[1577] Ein Universitätsprofessor kann daher durchaus die gleichen Stundensätze wie eine internationale Anwaltskanzlei verlangen, wenn er ein forschendes Arzneimittelunternehmen berät.[1578]

Für die Bemessung des Honorars darf es demgegenüber keine Rolle spielen, ob der Berater oder Referent Produkte des Unternehmens bezieht oder Einfluss auf den Bezug von Produkten hat.[1579] Im Gegenteil kann eine solche Verbindung den Verdacht einer unzulässigen zusätzlichen Vergütung für den Bezug von Arzneimitteln oder Medizinprodukten nahelegen, der strafrechtlich problematisch wäre. Unangemessen hohe Vergütungen, die nicht oder nicht so spezifiziert sind, dass die Höhe plausibel nachvollzogen werden kann, stellen folglich ein Indiz für eine Unrechtsvereinbarung dar.[1580]

Wenn es indessen einen **sachlichen Grund** und einen **objektiven Bedarf** an der Zusammenarbeit für das Unternehmen gibt und Leistung und Gegenleistung in einem angemessenen Verhältnis stehen, liegt keine Unrechtsvereinbarung vor, sofern keine zusätzlichen individuellen Absprachen bestehen. Wichtig ist in diesem Zusammenhang allerdings die ordnungsgemäße **Dokumentation** der Zusammenarbeit, die den Bedarf an der Zusammenarbeit, die Auswahl des Vertragspartners anhand objektiver Kriterien, die angemessene Vergütung und die erbrachten Leistungen sorgfältig belegt.[1581] Die Voraussetzungen und Kriterien eines zulässigen Beraterverhältnisses sind auch in **§ 18 Abs. 1 des FSA-Kodex Fachkreise** umfassend und anschaulich beschrieben.[1582]

[1576] Vgl. etwa BGH, Urt. v. 25.02.2003 – 5 StR 363/02.

[1577] Ebenso *Schloßer*, Rn. 69, der auch für Ärzte eine vergleichbare Vergütung wie bei anderen Berufsgruppen für angemessen hält und auf Tagessätze von Unternehmensberatern zwischen 960,- € und 3.600,- € verweist. Ob und inwieweit die Schaffung eines einheitlichen Vergütungssystems (so der Vorschlag von *Sonntag/Valluet/Clausen*, S. 83) hilfreich und sinnvoll ist, um den Vorwurf überbezahlter Leistungen zu vermeiden und Rechtssicherheit zu bieten, wird die Zukunft zeigen. Die *Autorin* hält dies angesichts der völlig unterschiedlichen Qualität und Qualifikation der Referenten für unrealistisch und verfehlt, ebenso *Schloßer*, Rn. 68. Ein Vortrag ist eben nicht ein Vortrag – eine Gleichschaltung durch einheitliche Vergütung entspricht daher weder den Grundsätzen einer leistungsgerechten Vergütung noch den Grundsätzen des Wettbewerbsrechts und ist daher abzulehnen.

[1578] *Scholz*, § 33 MBO, Rn. 2; *Schloßer*, Rn. 68. Allerdings ist hierbei zu berücksichtigen, dass der Universitätsprofessor (im Gegensatz zum niedergelassenen Arzt oder zum Chef einer eigenen Privatklinik) im öffentlich-rechtlichen Dienstverhältnis steht, also ein Amtsträger ist, der für seine Dienste bereits angemessen bezahlt wird. Gerade er muss folglich strikt darauf achten, dass darüber gehende zusätzliche Tätigkeiten genehmigt werden und angemessen sind.

[1579] Vgl. hierzu auch Punkt 14.1 Leitlinien des Vorstands der FSA gem. § 5 FSA-Kodex Patientenorganisationen.

[1580] *Dann/Scholz*, S. 2079, die aber nicht konkretisieren, was eine unangemessen hohe Vergütung ist.

[1581] *Heil/Oeben*, S. 222.

[1582] Vgl. den auszugsweisen Abdruck des FSA-Kodex Fachkreise in Kap. 16.2.2, S. 335 ff.

12.4. Patienten-Compliance-Programme

In den letzten Jahren haben sich unter verschiedenen Blickwinkeln Patienten-Compliance-Programme etabliert, die den Zweck haben, eine **kontinuierliche Einnahme der Medikation durch den Patienten** sicherzustellen. Soweit es bei der Durchführung von Patienten-Compliance-Programmen darum geht, die kontinuierliche Einnahme eines **bestimmten Medikamentes** sicherzustellen, liegt eine kausale Bevorzugung bei der Verordnung dieses Arzneimittels nahe, sodass die Vergütung des Arztes für die Mitwirkung an solchen Programmen als strafbare Vorteilszuwendung im Sinne des § 299a StGB angesehen werden könnte.[1583] Im Rahmen des FSA-Kodex hat jedenfalls die Schiedsstelle die Vergütung ärztlicher Maßnahmen zur Verbesserung der Therapietreue der Patienten, ihrer Schulung und die telefonische Erinnerung an die Verabreichung oder Verordnung bestimmter Präparate **nicht als kodexkonforme fachliche Leistungen** für das betreffende Unternehmen angesehen.[1584]

Patienten-Compliance-Programme können wegen des weiten Anwendungsbereichs des Heilmittelwerbegesetzes auch hiergegen verstoßen.[1585] Allerdings kann – je nach den Inhalten eines Patienten-Compliance-Programms – § 7 Abs. 1 S. 1 Nr. 4 HWG als Rechtfertigung herangezogen werden, weil danach die Erteilung von Ratschlägen oder von Auskünften grundsätzlich zulässige Nebenleistungen sind.[1586]

Zu strafrechtlichen Problemen führen diese Patienten-Compliance-Programme aber nur dann, wenn sie zugleich in einem **kausalen Zusammenhang mit Vorteilszuwendungen** an den Arzt stehen.[1587] Wird eine Vergütung an den Arzt nicht für die Teilnahme an dem Compliance-Programm, sondern für die **Dokumentation** der Erfahrungen aus der Anwendung dieses Programmes und die Übermittlung dieser Dokumentation an das Unternehmen gezahlt, mag dies ausreichend sein, um eine Unrechtsvereinbarung zu verneinen. Beinhaltet aber das Patienten-Compliance-Programm eine **interventionelle Komponente** (z. B. durch die Etablierung eines Recall-Systems), verstößt dies gegen § 4 Abs. 23 AMG und ist deshalb unzulässig.[1588]

Auch **wettbewerbsrechtlich** sind solche Vergütungsanreize kritisch. Der BGH hatte zu dem früheren § 4 Nr. 1 UWG ausgeführt, dass in den Fällen, in denen Marktteilnehmer bei ihren geschäftlichen Entscheidungen (auch) die Interessen Dritter zu wahren haben (wie es bei Ärzten der Fall ist), eine unangemessene unsachliche Einflussnahme bereits dann anzunehmen sei, wenn die Ärzte durch die Gewährung

---

[1583] *Burgardt*, S. 78.
[1584] Schiedsstelle des FSA, Entscheidung v. 19.04.2012, Az. 2011.12-315.
[1585] *Burgardt*, S. 78 m.w.N.
[1586] *Fritzsche*, § 7 HWG, Rn. 27, vgl. hierzu auch Kap. 10.5.7, S. 224.
[1587] *Burgardt*, S. 79 m.w.N.
[1588] Schiedsstelle des FSA, Entscheidung v. 11.06.2014, Az. 2013.2-345.

oder das Inaussichtstellen eines finanziellen Vorteils dazu veranlasst werden können, diese Interessenwahrungspflicht zu verletzen.[1589]

Ähnliche Probleme stellen sich auch bei der **kostenlosen Zurverfügungstellung** eines **Home-Care-Services** für **bestimmte Arzneimittel**. Hier stellt sich vor allem die Frage, ob dieser Service als eine Zuwendung an den Arzt anzusehen ist. Dies kann unschwer jedenfalls dann angenommen werden, wenn der Home-Care-Service dem Arzt Aufwendungen erspart, die er sonst im Rahmen seiner Therapie gehabt hätte. Übernimmt beispielsweise der Home-Care-Service die grundlegende Einweisung des Patienten, wird eine ärztliche Leistung substituiert, denn der Arzt muss sich selbst davon überzeugen, dass der Patient für eine Heim-Selbst-Behandlung geeignet ist und ihn entsprechend anleiten. Verordnungsbezogene Serviceleistungen durch dritte oder externe Leistungserbringer oder gar durch die Industrie für Arztpraxen sind daher in strafrechtlicher Hinsicht sorgsam zu überdenken.[1590]

[1589] Die Grenze zur Unlauterkeit sei aber erst dann überschritten, wenn eine geschäftliche Handlung geeignet sei, die Rationalität der Nachfrageentscheidung der angesprochenen Marktteilnehmer vollständig in den Hintergrund treten zu lassen, BGH, Urt. v. 24.06.2010 – I ZR 182/08 (Brillenversorgung II).

[1590] So zutreffend *Burgardt*, S. 80.

13 Weitere Zuwendungen durch die Industrie

Zuwendungen der Industrie an Ärzte, Zahnärzte, Kliniken, Reha- und Pflegeeinrichtungen und weitere Gesundheitsinstitutionen erfolgen auch durch Sponsoring, insbesondere durch Fortbildungssponsoring, durch Gewährung sonstiger Drittmittel sowie durch Spenden. Diese weiteren Zuwendungen werden nachfolgend dargestellt.

13.1. Sponsoring

13.1.1. Was ist Sponsoring?

Sponsoring ist die Gewährung von Geld, geldwerten Vorteilen, Sachzuwendungen oder erheblichen nicht-finanziellen **Zuwendungen** durch Unternehmen zur Förderung von Personen, Gruppen, Organisationen oder Einrichtungen, sofern damit auch **eigene unternehmensbezogene Ziele** der **Imagewerbung** oder der Öffentlichkeitsarbeit des Unternehmens verfolgt werden.[1591] Es geht beim Sponsoring also um die **Einräumung von Werbemöglichkeiten** gegen Zahlung eines Entgelts.[1592] Häufig werden die gegenseitigen Leistungen von Sponsor und Gesponsertem vertraglich vereinbart.[1593]

Der Sponsor einerseits hat hierdurch die Möglichkeit, sich im Wettbewerb um die Kunden bestmöglich zu präsentieren. Denn die Unterstützung durch das Unternehmen soll publikumswirksam öffentlich gemacht und für Werbezwecke genutzt werden. Diese **Medienwirkung** ist das eigentliche **Motiv des Sponsors** und somit eine **eigennützige Komponente des Sponsoringvertrags**. Für den Gesponserten ergibt sich andererseits hierdurch die Möglichkeit, bestimmte Projekte zu realisieren, Geld und Know-how zu beschaffen und Publikum anzuziehen. So entsteht eine „Win-win-Situation", die beide Seiten zu ihrem Besten nutzen können. Die zugrunde liegende vertragliche Vereinbarung bezeichnet man als **Sponsorship**. Im **Transparenzkodex** ist das **Sponsoring im Gesundheitswesen** prägnant beschrieben:

[1591] Vgl. Punkt 2.1 Leitlinien FSA gem. § 5 FSA-Kodex Patientenorganisationen. Die Zuwendungen können einerseits durch Geldzuwendung erfolgen, möglich ist aber ebenso die Zuwendung in Form von Sachleistungen oder Dienstleistungen eines Unternehmens, etwa die Überlassung von Personal oder Vortragsreferenten. Vgl. zum Sponsoring auch *Schloßer*.
[1592] Die Gegenleistung des Gesponserten besteht regelmäßig in der medienwirksamen Publikation wie beispielsweise im Bedrucken von Werbeflyern, Plakaten, Trikots, Eintrittskarten, Werbeflächen etc. mit dem Logo des Sponsors.
[1593] BGH, Urt. v. 06.12.2001 – 1 StR 215/01 m.w.N.; vgl. auch Sponsoring-Erlass des BMF v. 18.02.1998, BStBl. I 1998, S. 212.

> *„Sponsoring" ist die Gewährung von Geld oder geldwerten Vorteilen an Empfänger, sofern damit auch eigene unternehmensbezogene Ziele der Imagewerbung oder der Öffentlichkeitsarbeit des Unternehmens verfolgt werden. Hierzu zählt auch die Miete von Standflächen und Räumen im Rahmen von externen Fortbildungsveranstaltungen.*[1594]

Demgegenüber erfolgt die **Spendenvergabe** an gemeinnützige Organisationen in der Regel ohne die Erwartung auf eine unmittelbare Gegenleistung.[1595] Auch beim **Mäzenatentum** erwartet der Mäzen regelmäßig keine Gegenleistung für seine Unterstützung; häufig verzichtet er auch darauf, über seine Förderung öffentlich zu sprechen.[1596]

Für die **Beurteilung** der gesellschaftsrechtlich zulässigen Förderaktivitäten eines Unternehmens **kommt es nicht auf die Bezeichnung** an. Maßgeblich ist, wie sich die Maßnahme aufgrund der **gesamten Umstände**, unter denen sie vorgenommen wurde, darstellt. Dabei werden insbesondere die Motive der betroffenen Personen oder Organisationen, der Umfang der Leistungen und der Gegenleistungen sowie die Bedingungen, unter denen sie erbracht wurden, eine Rolle spielen.[1597]

13.1.2. Sponsoring als zulässige Werbemaßnahme

Auch Sponsoringmaßnahmen sind Zuwendungen und damit **Vorteile** im Sinne der §§ 299 ff. StGB,[1598] die jedoch unter bestimmten Voraussetzungen rechtlich zulässig sind. Sponsoring ist für **Ärzte**, **Zahnärzte** und **Kliniken**[1599] in beide Richtungen möglich: So sind Ärzte, Zahnärzte, Kliniken und andere Gesundheitseinrichtungen einerseits im Rahmen ihrer **Berufsfreiheit** berechtigt, selbst als Sponsoren aufzutreten, um sich und ihr Unternehmen werbewirksam zu präsentieren.[1600] Sie können umgekehrt mit ihrer Praxis oder Klinik auch Empfänger von Sponsoringmaßnahmen sein. **Sponsoring** ist somit als Werbemaßnahme zur Imagewerbung oder Unternehmenswerbung[1601] auch im Gesundheitswesen **grundsätzlich zulässig**.

[1594] § 2 Abs. 8 Transparenzkodex, vgl. den Wortlaut im Anhang, Kap. 16.2.4, S. 348 ff.
[1595] BGH, Urt. v. 06.12.2001 – 1 StR 215/01. Der Spender kann die Aufwendung jedoch steuerlich absetzen, vgl. § 10b EStG, § 9 KStG oder § 9 Nr. 5 GewStG.
[1596] BGH, Urt. v. 06.12.2001 – 1 StR 215/01. Der Unterschied zur Spende oder zum Mäzenatentum besteht somit darin, dass sich der Sponsor durch seine Aktion einen entsprechenden Gegenwert erwartet und diesen auch vertraglich gesichert sehen will, nämlich insbesondere im Hinblick auf den Ruf und das Image seines Unternehmens. Sponsoring basiert also auf dem Prinzip von Leistung und Gegenleistung: Image gegen Geld. Bei einer Spende wird demgegenüber gerade keine Gegenleistung erwartet, vgl. hierzu *Fenger/Göben*, S. 1 ff. Vgl. zur Spende Kap. 13.4, S. 271.
[1597] BGH, Urt. v. 06.12.2001 – 1 StR 215/01 m.w.N.
[1598] Vgl. zum Vorteilsbegriff Kap. 3.2.3, S. 42 f.
[1599] Vgl. zum Sponsoring durch Kliniken auch den Beitrag der *Autorin* „Wirksame Wohltat" in der Zeitschrift f&w (führen und wirtschaften im Krankenhaus), Ausgabe 05/2015.
[1600] Vgl. nur BVerfG, Beschl. v. 17.04.2000 – 1 BvR 721/99 und *Bahner*, Werberecht für Ärzte, S. 188.
[1601] Vgl. hierzu auch Kap. 7.2.2.4, S. 156 f.

Sowohl für Kliniken als auch für Arztpraxen, Medizinische Versorgungszentren sowie die Pharma- und Medizinprodukteindustrie kommen im **Gesundheitsbereich** folgende **Möglichkeiten des Sponsoring** in Betracht: Einerseits das Sponsoring von Veranstaltungen von und für Patienten, Patientenvereinigungen oder Selbsthilfegruppen (sog. Laienpublikum)[1602] sowie andererseits das Sponsoring von Veranstaltungen für niedergelassene Ärzte, Praxen, Pflegeheime oder andere Kliniken (sog. Fachpublikum).[1603]

Das Sponsoring durch **Pharma- oder Medizintechnik-Unternehmen** kann sich auf die Unterstützung oder Ausrichtung von Tagungen, Kongressen und Teilnahmen an Kongressen, Weiterbildungsveranstaltungen oder die Zurverfügungstellung von Geräten beziehen. Es erfolgt auch durch die Anmietung von Repräsentationsflächen bei Fachveranstaltungen. Im Gegenzug für das Sponsoring wird der Sponsor auf Veranstaltungsmaterialien genannt oder es wird das Firmenlogo auf dem Rednerpult, der Präsentation oder der Homepage der gesponserten Einrichtung platziert.[1604] Ergänzend ist der schriftliche oder mündliche Hinweis auf das Sponsoring durch das jeweilige Unternehmen möglich sowie beispielsweise die Benennung einer Veranstaltung oder Einrichtung nach dem Sponsor. All dies unterliegt der freien Vereinbarung zwischen den Parteien, die im Rahmen eines Sponsoringvertrags getroffen wird.[1605]

13.1.3. Der Sponsoringvertrag

Unter **Sponsoringverträgen** werden Vereinbarungen verstanden, bei denen Unternehmen für die Zahlung von Sponsoringbeiträgen von den Veranstaltern wissenschaftlicher Tagungen, Kongresse oder Fachmessen imagefördernde Werbeaktivitäten eingeräumt werden.[1606]

[1602] Projekte und Fördermöglichkeiten gibt es hierfür – je nach Facharztgruppe oder Klinikausrichtung – in vielfältiger Hinsicht, etwa die Unterstützung eines Seniorennachmittags, die Bereitstellung von Räumen und Verpflegung für Selbsthilfegruppen, das Sponsoring von Veranstaltungen in Kindergärten etc.

[1603] Hier kommt insbesondere die Förderung von Fortbildungsmaßnahmen von Ärzten und anderen Heilberufsangehörigen in Betracht, vgl. hierzu Kap. 13.1, S. 251 ff.

[1604] *Geiger*, Erste Bestandsaufnahme, S. 84. Gegenleistungen der medizinischen Einrichtungen können jedoch auch unabhängig von Veranstaltungen erfolgen. So kann sich zum Beispiel die medizinische Einrichtung verpflichten, einzelne Räume oder Gebäudeteile nach dem Namen des Sponsors zu benennen. Ferner kommt auch die zeitlich länger andauernde Gestattung einer medizinischen Einrichtung in Betracht, etwa im Eingangsbereich einer Klinik Ausstellungsvitrinen zu platzieren und Werbetafeln anzubringen, *Lembeck*, S. 178, Rn. 58.

[1605] Als Mindestinhalt des Sponsoringvertrags empfiehlt sich die konkrete Vereinbarung der Leistung des Sponsors einerseits und der Gegenleistung des Gesponserten andererseits. Empfehlenswert ist ferner eine Vereinbarung über die Verwendung der Mittel durch die gesponserte Institution ausschließlich zum festgelegten Zweck.

[1606] *Gemeinsamer Standpunkt*, B. 2.d (Sponsorverträge).

Der Sponsoringvertrag im Gesundheitswesen ist zwischen dem Unternehmen als Sponsor und dem Veranstalter abzuschließen. Sofern Veranstaltungen von medizinischen Einrichtungen oder unter Verwendung von Sachmitteln und Personal medizinischer Einrichtungen durchgeführt werden, ist der Sponsoringvertrag mit den medizinischen Einrichtungen selbst abzuschließen (und nicht mit dem Arzt, der diese Veranstaltung für die medizinischen Einrichtungen organisiert).[1607] Wird die Veranstaltung von unabhängigen Organisationen (etwa von medizinischen Fachgesellschaften) veranstaltet, sollten die Sponsoringverträge vorrangig mit diesen Organisationen abgeschlossen werden (und nicht mit dem Arzt, der die Veranstaltung für diese Organisationen organisiert). Zahlungen sollen nur auf das Konto des Veranstalters erfolgen.[1608]

13.1.4. Sponsoring als steuerlich absetzbare Betriebsausgabe

Ziel des Sponsors ist es neben der Nutzung von Werbemöglichkeiten zugleich, seine Aufwendungen steuermindernd als Betriebsausgabe geltend zu machen. Entscheidend hierfür ist, dass die **Leistung des Sponsors** und die **Gegenleistung des Gesponserten** in einem **adäquaten Verhältnis** zueinander stehen, dass die Geldleistung also nicht unangemessen hoch ist im Vergleich zur damit erzielten Öffentlichkeitswirkung. Nur dann sind die Zuwendungen steuerlich als Betriebsausgaben anerkennungsfähig.[1609] Andernfalls dürfen Sponsoringmaßnahmen nicht als Betriebsausgaben geltend gemacht werden und folglich den Gewinn nicht mindern.[1610]

Bei echtem Sponsoring ist für das Unternehmen ein **uneingeschränkter Betriebsausgabenabzug** möglich. Daher kommt es entscheidend darauf an, Aufwendungen für Sponsoring klar von Geschenken und Spenden abzugrenzen. Je ausgeprägter die Gegenleistungsverpflichtung der medizinischen Einrichtung ist, umso größer sind die Chancen für das Unternehmen, seine Sponsoringaufwendungen steuerlich als Betriebsausgaben geltend machen zu können.[1611]

Es gibt zwar keine Vorgaben dazu, in welchem Verhältnis die vom Unternehmen aufgewendeten Beträge zum Wert der erbrachten Leistungen des Sponsoring-Partners stehen müssen. Für die Berücksichtigung der Aufwendungen als Betriebsausgaben kommt es auch nicht darauf an, ob die Leistungen notwendig, üblich oder zweckmäßig sind.[1612] Nach Auffassung der Finanzverwaltung ist allerdings bei einem **krassen Missverhältnis** zwischen den Leistungen des Sponsors und dem erstrebten

---

[1607] *Gemeinsamer Standpunkt*, B. 2.d (Sponsorverträge).
[1608] *Gemeinsamer Standpunkt*, B. 2.d (Sponsorverträge).
[1609] *Lembeck*, S. 178, Rn. 56 ff.
[1610] Vgl. zu den steuerrechtlichen Folgen Kap. 14.9, S. 297 f.
[1611] *Lembeck*, S. 178, Rn. 56.
[1612] *Lembeck*, S. 178, Rn. 59.

wirtschaftlichen Vorteil der Betriebsausgabenabzug zu versagen.[1613] Definitionen, wann ein „krasses Missverhältnis" anzunehmen ist, existieren jedoch nicht. Der angestrebte wirtschaftliche Vorteil ist daher möglichst substantiiert zu dokumentieren und schriftlich darzulegen.[1614]

Nach **§ 6 Abs. 2 FSA-Kodex Fachkreise** ist die Angemessenheit der finanziellen Unterstützung von externen **Fortbildungsveranstaltungen**[1615] an dem Werbeumfang (Marketing- und Werbeeffekt) zu messen, der dem Sponsor eingeräumt wurde. Als Anhaltspunkte für die Bestimmung der Angemessenheit der Vergütung bei Sponsoringverträgen können folgenden Faktoren dienen:

- Teilnehmerzahl der Veranstaltung,
- Anzahl und Umfang der konkret zur Verfügung gestellten Werbemöglichkeiten,
- Bedeutung, die die jeweils zu erreichende Fachgemeinschaft der konkreten Veranstaltung beimisst.[1616]

13.1.5. Rechtliche Grenzen des Sponsoring

Zwar ist das Sponsoring im Lichte der Berufs- und Gewerbefreiheit, der Meinungsäußerungs- und Pressefreiheit grundsätzlich auch im Gesundheitswesen möglich[1617] und ist bislang ja bekanntermaßen gang und gäbe. Dennoch gibt es gerade im Gesundheitswesen auch **rechtliche Grenzen** des Sponsoring zu beachten, die nachfolgend aufgezeigt werden.

13.1.5.1. Sponsoring und die Grenzen des HWG

Eine wesentliche Grenze stellt auch hier die Vorschrift des § 7 HWG dar.[1618] Danach ist es grundsätzlich allen „Playern" im Gesundheitswesen untersagt, Patienten oder den sogenannten „Fachkreisen" Zuwendungen anzubieten oder zu gewähren bzw. anzunehmen, wenn und soweit die Zuwendung im Zusammenhang mit der **Werbung für ein konkretes Heilmittel** steht.[1619] Soweit eine **Zuwendung** im Sinne des

---

[1613] Vgl. Sponsoring-Erlass des BMF v. 18.02.1998, BStBl. I 1998, S. 212, Tz. 5.
[1614] *Lembeck*, S. 178, Rn. 59. Vgl. zur Problematik der Unterstützung von imagefördernden Maßnahmen bei steuerbegünstigten medizinischen Einrichtungen *Lembeck*, S. 179, Rn. 61.
[1615] Vgl. hierzu Kap. 13.2, S. 258 ff.
[1616] *Dieners*, S. 106, Rn. 34.
[1617] Vgl. hierzu für Ärzte und Kliniken allgemein auch *Bahner*, Werberecht für Ärzte, S. 74, 88 ff.
[1618] Vgl. hierzu Kap. 7.2, S. 152 ff. und Kap. 10.5, S. 218 ff.
[1619] Vgl. Kap. 7.2.2.4, S. 156 f. Heilmittel im Sinne des Heilmittelwerbegesetzes sind Arzneimittel und Medizinprodukte ebenso wie Mittel, Verfahren, Behandlungen oder Gegenstände zur Erkennung, Beseitigung oder Linderung von Krankheiten oder krankhaften Beschwerden. Ergänzend gelten auch operative plastisch-chirurgische Eingriffe ohne medizinische Notwendigkeit als Heilmittel im Sinne des § 1 Abs. 1 Nr. 1 HWG.

Sponsorings also unmittelbar **mit der Werbung für eine bestimmte Behandlungsmethode** in der Klinik, Praxis oder mit einem **Medikament** des Pharmaunternehmens oder mit der Werbung für ein **Medizinprodukt** des Sponsors **verknüpft** wird, wäre diese Form des Sponsoring nach § 7 HWG **verboten**.

Nicht verboten sind indessen nach der insoweit gefestigten Rechtsprechung des **Bundesverfassungsgerichts**[1620] Zuwendungen und Sponsoringmaßnahmen, soweit damit lediglich eine sogenannte **Unternehmenswerbung** (auch **Imagewerbung**) verbunden ist. Erfolgt das Sponsoring also dergestalt, dass das Unternehmen lediglich allgemein als Sponsor erwähnt wird, ohne dies mit konkreten Leistungen und Angeboten des Unternehmens zu verknüpfen,[1621] so ist das Heilmittelwerbegesetz nach der Rechtsprechung des Bundesverfassungsgerichts nicht berührt. Denn die **reine Unternehmenswerbung** ist grundsätzlich zulässig und fällt nicht unter die Werbeverbote des HWG.[1622]

13.1.5.2. Sponsoring und die Grenzen des ärztlichen Berufsrechts

Im Übrigen sind beim Sponsoring im Gesundheitswesen auch die berufsrechtlichen Vorgaben zu beachten. Diese gelten zwar nicht für Kliniken oder die Industrie, sondern nur für niedergelassene und angestellte Ärzte, Psychotherapeuten und Zahnärzte in Praxen und Kliniken. Wenn und soweit jedoch im Rahmen von Sponsoringmaßnahmen auch **Ärzte** oder **Ärztezirkel** Zuwendungen erhalten sollen, so sind die Ärzte zur **Einhaltung des ärztlichen Standesrechts** verpflichtet.

Nach § 32 Abs. 3 MBO ist die Annahme von Beiträgen Dritter zur Durchführung von Veranstaltungssponsoring grundsätzlich erlaubt,[1623] jedoch „nur in angemessenem Umfang". Die Zuwendung muss in einem **angemessenen Verhältnis** zum Umfang der Werbeaktivitäten stehen, die dem Unternehmen im Gegenzug eingeräumt werden. Eine unangemessene Höhe der Vergütung kann ein **Indiz für eine Unrechtsvereinbarung** sein.[1624] Ferner ist das Sponsoring, dessen Bedingungen und Umfang bei Ankündigung und Durchführung der Veranstaltung offenzulegen. Leistungen und Gegenleistungen sollten nach **Art, Gegenstand, Ort und Zeit** möglichst konkret und detailliert bestimmt, die Kriterien für die Leistungsbestimmung sollten schriftlich konkretisiert werden. Eine Leistungsbestimmung nach lediglich billigem

---

[1620] Vgl. die von der *Autorin* erstrittenen Entscheidungen des Bundesverfassungsgerichts, BVerfG, Beschl. v. 01.06.2011 – 1 BvR 233/10, 1 BvR 235/10 (Arztwerbung); vgl. auch BVerfG, Beschl. v. 17.04.2000 – 1 BvR 721/99 (Sponsoring) sowie BVerfG, Beschl. v. 22.05.1996 – 1 BvR 744/88, 1 BvR 60/89, 1 BvR 1519/91 (Apothekenwerbung).
[1621] In Betracht kommt beispielsweise die schlichte Nennung des Kliniknamens oder des Pharmaunternehmens im Fernsehen oder auf einem Fußballtrikot.
[1622] Vgl. hierzu Kap. 7.2.2.4, S. 156 f.
[1623] Vgl. hierzu bereits Kap. 13.2.1, S. 258 ff.
[1624] *Schloßer*, Rn. 63. Außerdem besteht ansonsten die Gefahr, dass der entsprechende Aufwand steuerlich nicht anerkannt wird, vgl. hierzu Kap. 13.1.4, S. 254.

oder freiem Ermessen einer Vertragspartei oder eines Dritten ist grundsätzlich unzureichend.[1625]

Ferner gilt auch beim Sponsoring das Grundprinzip, wonach Ärzte verpflichtet sind, in allen vertraglichen und sonstigen beruflichen Beziehungen zu Dritten ihre **ärztliche Unabhängigkeit** für die Behandlung der Patienten **zu wahren**, § 30 MBO.[1626] Ärzten ist es daher nicht gestattet, für die Zuweisung von Patienten ein Entgelt oder andere Vorteile zu fordern, sich oder Dritten versprechen oder gewähren zu lassen oder selbst zu versprechen oder zu gewähren, § 31 Abs. 1 MBO. Insbesondere dürfen Ärzte ihren Patienten nicht ohne hinreichenden Grund bestimmte Ärzte, Apotheken oder sonstige Anbieter gesundheitlicher Leistungen empfehlen oder an diese verweisen.[1627]

13.1.5.3. Trennung zwischen Zuwendung und Umsatzgeschäften

Das Sponsoring darf also nicht dazu dienen, die Ärzte zur konkreten Einweisung der Patienten in eine bestimmte Klinik oder zur Verordnung eines bestimmten Medikaments oder Hilfsmittels zu bewegen.[1628] Jedwede individuelle Abrede oder Vereinbarung einer „Zuwendung gegen Verordnung oder Einweisung" wäre daher unzulässig. Im **Gemeinsamen Standpunkt** sind diese Grundsätze wie folgt zusammengefasst:

> *Die Teilnahme von Mitarbeitern medizinischer Einrichtungen an Symposien, Konferenzen, Kongressen, Fortbildungs-, Informationsveranstaltungen, Betriebsbesichtigungen etc. dient dem wissenschaftlichen Erfahrungsaustausch, der Vermittlung und Verbreitung von Forschungsergebnissen und damit der Fortentwicklung medizinischer und pflegerischer Standards zum Wohle aller Patienten. Konflikte mit den Korruptionsbekämpfungsgesetzen können jedoch entstehen, wenn hiermit entweder eine unzulässige Verknüpfung mit sonstigen Diensthandlungen erfolgt oder auch nur der Eindruck entsteht, daß der Teilnehmer den aus der Unterstützung der Veranstaltungsteilnahme resultierenden Vorteil „auf die Waagschale seiner künftigen innerbetrieblichen Beschaffungsentscheidungen legt bzw. gelegt hat". Zur Vermeidung derartiger Konflikte ist eine klare Trennung zwischen der Veranstaltungsteilnahme einerseits und etwaigen Umsatzgeschäften andererseits erforderlich (Trennungsprinzip).*[1629]

Dient das Sponsoring indessen lediglich dazu, dass die Ärzte und sonstige Einweiser beispielsweise eine Klinik, ein Reha-Zentrum oder ein Medizinprodukteunternehmen (besser) kennenlernen, so ist dies zur Verbesserung der Kommunikation mit den Ärzten und Zuweisern sowie zur Verbesserung des Images des Unternehmens als Werbemaßnahme grundsätzlich zulässig.

[1625] Vgl. auch die Empfehlung in Punkt 7.2 Leitlinien FSA gem. § 5 FSA-Kodex Patientenorganisationen.
[1626] Vgl. hierzu Kap. 5.1.1, S. 104.
[1627] Vgl. hierzu Kap. 5.1.2, S. 105 ff.
[1628] Vgl. auch § 26 Nr. 2 FSA-Kodex Fachkreise.
[1629] *Gemeinsamer Standpunkt* II. 2.a, vgl. hierzu auch Fn. 1480, S. 231.

13.2. Zulässiges Fortbildungssponsoring

Zuwendungen an Ärzte, Zahnärzte und Heilberufsangehörige sind nach Einführung der neuen Korruptionsstrafbestände im Zusammenhang mit den weiteren Regelungen im Gesundheitswesen überwiegend kritisch zu bewerten, wie die Darstellung in den bisherigen Kapiteln aufgezeigt hat. Es gibt jedoch (derzeit noch) eine für die Ärzteschaft und die anderen Heilberufe bedeutende Ausnahme – und zwar das **Sponsoring von berufsbezogenen medizinischen Fortbildungsveranstaltungen** für Heilberufsangehörige.

13.2.1. Fortbildungen als rechtlich zulässige Zuwendungen

Die Annahme entsprechender Vorteile durch Ärzte bzw. entsprechende Zuwendungen an Ärzte und weitere Heilberufsgruppen im Rahmen von Fortbildungsveranstaltungen sind **zulässige Vorteile** im Sinne der §§ 299 ff. StGB. Denn die finanzielle Unterstützung von Fortbildungsveranstaltungen bzw. die Teilnahme an Fortbildungsveranstaltungen, Seminaren und Kongressen sind sowohl nach dem **ärztlichen Berufsrecht** als auch nach dem Gesetzeswortlaut des § 7 Abs. 2 HWG ausdrücklich zulässig.

§ 32 Abs. 2 S. 1 MBO bestimmt:

> *Die Annahme von geldwerten Vorteilen in angemessener Höhe ist nicht berufswidrig, sofern diese ausschließlich für berufsbezogene Fortbildung verwendet werden.*[1630]

§ 32 Abs. 3 S. 1 MBO bestimmt:

> *Die Annahme von Beiträgen Dritter zur Durchführung von Veranstaltungen (Sponsoring) ist ausschließlich für die Finanzierung des wissenschaftlichen Programms ärztlicher Fortbildungsveranstaltungen und nur in angemessenem Umfang erlaubt.*

§ 7 Abs. 2 HWG bestimmt:

> *Abs. 1 (Anm.: Das allgemeine Zugabeverbot des § 7 Abs. 1 HWG) gilt nicht für Zuwendungen im Rahmen ausschließlich berufsbezogener wissenschaftlicher Veranstaltungen, sofern diese einen vertretbaren Rahmen nicht überschreiten, insbesondere in Bezug auf den wissenschaftlichen Zweck der Veranstaltung von untergeordneter Bedeutung sind und sich nicht auf andere als im Gesundheitswesen tätige Personen erstrecken.*

Die Annahme von geldwerten Vorteilen jedweder Art für Fortbildungen ist Ärzten und Zahnärzten in angemessener Höhe somit rechtlich ausdrücklich gestattet. Sowohl die Industrie als auch Kliniken, MVZ oder Arztpraxen dürfen daher berufsbezogene Fortbildungsveranstaltungen von Ärzten und Ärztezirkeln, Ärztegesellschaf-

---

[1630] Vgl. zur Ausnahme der Berufsordnung für Ärzte Niedersachsen, in welcher die Regelung des § 32 Abs. 2 MBO ausdrücklich nicht übernommen wurde, jedoch durch „Moratorium" keine berufsrechtliche Sanktion mehr erfolgen soll *Sonntag/Valluet/Clausen*, S. 79 f.

ten oder Ärztevereinigungen fördern, unterstützen oder selbst organisieren und den Teilnehmern kostenlos anbieten.

Ärzte verhalten sich umgekehrt nicht berufswidrig, wenn sie entsprechende finanzielle Mittel oder sonstige Zuwendungen (z.B. die Gestellung eines geeigneten Veranstaltungsraums, die Übernahme der Kosten für Speisen und Getränke oder die Übernahme der Kosten eines Referenten) durch die Industrie oder durch Kliniken annehmen.[1631] **Voraussetzung** ist allerdings einerseits, dass die **wissenschaftlich-informative Zielsetzung** und/oder eine **allgemeine Vertrauenswerbung** im Vordergrund stehen.[1632]

Voraussetzung ist ferner, dass die Zuwendungen für die ausschließlich berufsbezogenen wissenschaftlichen Veranstaltungen **nicht als Gegenleistung** beispielsweise für die Verordnung oder den Bezug von Arzneimitteln, Hilfsmitteln oder Medizinprodukten gewährt werden.[1633] In diesem Fall wäre der mit der Zuwendung verbundene Vorteil für eine unlautere Bevorzugung als Unrechtsvereinbarung zu bewerten und fiele unter die Regelungen der §§ 299a, 299b StGB.[1634] Handelt es sich bei dem Empfänger von Fortbildungsveranstaltungen beispielsweise um einen Krankenhausmitarbeiter mit Entscheidungskompetenz in Beschaffungsangelegenheiten, kann bei Hinzutreten weiterer Indizien daher durchaus das Tatbestandsmerkmal der Unrechtsvereinbarung erfüllt sein.[1635]

Allerdings liegt allein in der Tatsache, dass eine **Fachfortbildung unentgeltlich** von der Industrie angeboten wird, **keine unzulässige Gewährung** des darin liegenden Vorteils.[1636] Es ist auch nicht ausreichend, wenn die angesprochenen Ärzte möglicherweise erwägen, dass eine Änderung ihres Verordnungs- oder Empfehlungsverhaltens zu Gunsten von Arzneimitteln des Veranstalters dazu führen könnte, dass der Veranstalter ihnen auch zukünftig die Teilnahme an vergleichbaren Veranstaltungen kostenfrei ermöglichen werde.[1637]

[1631] Eine wesentliche Ausnahme findet sich allerdings in § 128 SGB V, vgl. hierzu Kap. 6.4.7, S. 137.
[1632] *Dieners*, S. 39 m.w.N. Bei einer reinen Vertrauenswerbung kommt die Regelung des § 7 Abs. 1 HWG nach der Rechtsprechung ohnehin nicht zur Anwendung, vgl. hierzu Kap. 7.2.2.4, S. 156 f.
[1633] *Schloßer*, Rn. 50; OLG München, Urt. v. 09.06.2011 – 29 U 2026/08.
[1634] Ebenso *Dieners/Cahnbley*, S. 52.
[1635] *Schloßer*, Rn. 73.
[1636] Es braucht im Zusammenhang mit der Kongresseinladung stets eine sich hierauf beziehende Gegenleistung des Arztes oder Zahnarztes im Sinne einer unlauteren Bevorzugung des einladenden Unternehmens, vgl. etwa *Großkopf/Schanz*, S. 226. Vgl. zum Vorliegen einer Unrechtsvereinbarung Kap. 3.4, S. 67 ff.
[1637] *Schloßer*, Rn. 50; OLG München, Urt. v. 09.06.2011 – 29 U 2026/08.

13.2.2. Berufsbezogenheit der Fortbildungsmaßnahmen

Eventuelle Zuwendungen der Industrie sind ausschließlich für **berufsbezogene Fortbildungen** zu verwenden, § 32 Abs. 2 MBO. Ob dies der Fall ist, kann anhand der **Muster-Fortbildungsordnung der Bundesärztekammer** (MFO) und der ergänzend herausgegebenen „Empfehlungen der Bundesärztekammer zur ärztlichen Fortbildung" beurteilt werden.[1638]

Danach dient die Fortbildung der Ärzte dem **Erhalt** und der kontinuierlichen **Weiterentwicklung der beruflichen Kompetenz** zur Gewährleistung einer **hochwertigen Patientenversorgung** und **Sicherung der Qualität** ärztlicher Berufsausübung, § 1 MFO. Die Fortbildung hat unter Berücksichtigung neuer wissenschaftlicher Erkenntnisse und medizinischer Verfahren das zum Erhalt und zur Weiterentwicklung der beruflichen Kompetenz notwendige Wissen in der Medizin und der medizinischen Technologie zu vermitteln. Sie soll sowohl **fachspezifische** als auch **interdisziplinäre** und **fachübergreifende Kenntnisse**, die Einübung von klinisch-praktischen Fähigkeiten sowie die Verbesserung kommunikativer und sozialer Kompetenzen umfassen, § 2 MFO.

13.2.3. Fortbildungssponsoring und die Ansicht der KBV

Sponsoring ist auch nach Ansicht der **Kassenärztlichen Bundesvereinigung** dann zulässig, wenn die Beiträge ausschließlich für die Finanzierung des **wissenschaftlichen Programms ärztlicher Fortbildungsveranstaltungen** genutzt werden.[1639] Das Sponsoring, dessen Bedingungen und der Umfang müssen bei der Ankündigung und Durchführung der Veranstaltung offengelegt werden. Art, Inhalt und Präsentation der Veranstaltung müssen vom ärztlichen Veranstalter vorgegeben werden. Eventuell kommerziell werbende Aussagen auf Einladungen und Programmheften müssen eindeutig als Anzeigen kenntlich gemacht werden.

Der **Sponsor** darf im Übrigen keinen Einfluss auf Inhalt und Form der von ihm unterstützten **Fortbildungsveranstaltung** haben und muss als Sponsor kenntlich gemacht werden. Die Veranstaltung darf lediglich in Teilen und nicht vollständig von einem oder mehreren Sponsoren finanziert werden. Beiträge für begleitende Unterhaltungsprogramme dürfen nicht angenommen werden. Der finanzielle Beitrag muss der Höhe nach angemessen sein.[1640]

[1638] Beide Unterlagen sind abrufbar auf der Homepage der Bundesärztekammer unter www.bundesaerztekammer.de/recht/berufsrecht/.
[1639] *Schirmer/Schröder*, S. 10.
[1640] *Schirmer/Schröder*, S. 10.

13.2.4. Rechtliche Pflicht zur Fortbildung

Ärzte, die ihren Beruf ausüben, sind **berufsrechtlich verpflichtet**, sich in dem Umfang beruflich fortzubilden, wie es zur Erhaltung und Entwicklung der zu ihrer Berufsausübung erforderlichen Fachkenntnisse notwendig ist, § 4 MBO. Sie haben ihre Fortbildung auf Verlangen gegenüber der Ärztekammer durch ein Fortbildungszertifikat einer Kammer nachzuweisen.[1641] Dies gilt nach § 5 MBO-Z auch für **Zahnärzte** und nach § 15 MBO-P auch für **Psychotherapeuten**. Die Fortbildungspflicht der **Apotheker** ist ebenfalls in den jeweiligen Berufsordnungen geregelt.

Weitere **Pflichten** zur ärztlichen **Fortbildung** finden sich für **Vertragsärzte** in der **sozialrechtlichen Regelung** des § 95d Abs. 1 SGB V (Pflicht zur fachlichen Fortbildung):

> *Der Vertragsarzt ist verpflichtet, sich in dem Umfang fachlich fortzubilden, wie es zur Erhaltung und Fortentwicklung der zu seiner Berufsausübung in der vertragsärztlichen Versorgung erforderlichen Fachkenntnisse notwendig ist. Die Fortbildungsinhalte müssen dem aktuellen Stand der wissenschaftlichen Erkenntnisse auf dem Gebiet der Medizin, Zahnmedizin oder Psychotherapie entsprechen. Sie müssen frei von wirtschaftlichen Interessen sein.*[1642]

Für **Fachärzte im Krankenhaus** enthält § 137 Abs. 1 Nr. 2 SGB V in Verbindung mit den vom Gemeinsamen Bundesausschuss erlassenen „**Regelungen zur Fortbildung im Krankenhaus/FKH-R)**[1643] eine vergleichbare Verpflichtung.

Zwar sollen **Ärztekammern** und **Kassenärztliche Vereinigungen** die Fortbildungen durch das Angebot eigener **Fortbildungsmaßnahmen fördern**.[1644] Die Realität sieht jedoch vielfach ganz anders aus: Tatsächlich gibt es meist kein ausreichendes Angebot der Kammern und KVen, um die rechtlich verankerte Fortbildungspflicht der Ärzte seitens der ärztlichen Institutionen tatsächlich sicherzustellen.[1645] Die Pflicht

---

[1641] Vgl. zur Fortbildungspflicht allgemein *Scholz*, HK-AKM und *Bruns*, S. 145 ff.

[1642] Diese Pflicht gilt nach § 69 Abs. 1 S. 1 SGB V auch für die im GKV-System zugelassen Zahnärzte und Psychotherapeuten.

[1643] In der Fassung vom 18. Oktober 2012, in Kraft getreten am 1. Januar 2013. Die Regelungen gelten für Fachärzte, die in nach § 108 SGB V zugelassenen Krankenhäusern fachärztlich tätig sind, sowie für Psychologische Psychotherapeuten und Kinder- und Jugendlichenpsychotherapeuten, die in nach § 108 SGB V zugelassenen Krankenhäusern psychotherapeutisch tätig sind (fortbildungsverpflichtete Personen), unabhängig vom zeitlichen Umfang und der Dauer dieser Tätigkeit, vgl. § 1 Abs. 2 S. 1 FKH-R.

[1644] Vgl. § 4 MFO.

[1645] So sind nach der Rechtsprechung des Bundessozialgerichts beispielsweise alle Facharztgruppen zum Notdienst bzw. Bereitschaftsdienst verpflichtet sowie zur entsprechenden spezifischen Fortbildung hierzu (vgl. hierzu ausführlich *Bahner*, Recht im Bereitschaftsdienst). Für diejenigen Fachärzte, die nicht als Hausärzte oder Internisten tätig sind (und daher einen ganz besonderen Fortbildungsbedarf aufweisen), gibt es jedoch keinesfalls ein ausreichendes Fortbildungsangebot seitens KV und Ärztekammern, welches den Ärzten ein kompetentes und sicheres Wissen für den Einsatz im Bereitschaftsdienst vermitteln könnte. Daher müssen private Anbieter diese gravierende Lücke füllen (vgl. etwa die von *Dr. Tonn* angebotenen

zur Absolvierung von **250 Fortbildungspunkten für Ärzte innerhalb von 5 Jahren**[1646] ist also ohne externe Anbieter, zu denen auch die Pharma- und Medizinprodukteindustrie zählt, kaum zu erfüllen.[1647]

Es ist angesichts dieser Situation (jedenfalls derzeit) nur richtig und konsequent, dass Ärzte zur Erfüllung ihrer Fortbildungspflicht entsprechende Angebote der Industrie annehmen dürfen.

13.2.5. Angemessenheit der Zuwendungen

Die Höhe der geldwerten Vorteile für die Teilnahme an einer wissenschaftlichen Fortbildungsveranstaltung muss allerdings „angemessen" sein, § 32 Abs. 2 S. 2 MBO. Als angemessen gilt hierbei die **Erstattung der notwendigen Reisekosten**[1648] **und Tagungsgebühren.**

§ 32 Abs. 2 S. 2 MBO bestimmt:

> *Der für die Teilnahme an einer wissenschaftlichen Fortbildungsveranstaltung gewährte Vorteil ist unangemessen, wenn er über die notwendigen Reisekosten und Tagungsgebühren hinausgeht.*

Was insoweit angemessen ist, haben insbesondere die Pharma- und Medizinprodukteindustrie in ihren jeweiligen Kodizes zu definieren versucht. So sind beispielsweise in **§ 8 Kodex Medizinprodukte** sowie in **§ 20 FSA-Kodex Fachkreise** ausführlich der **Rahmen und die Grenzen** für Zuwendungen für **Fortbildungsveranstaltungen** dargestellt.[1649] Die Regelungen geben nach Einschätzung der *Autorin* einerseits die aktuelle Rechtsentwicklung im Hinblick auf die Vermeidung von Bestechungsvorwürfen und andererseits den aktuellen Stand der Rechtslage durchaus zutreffend wieder. § 8 Kodex Medizinprodukte und § 20 FSA-Kodex Fachkreise sind daher hilfreiche Beurteilungsmaßstäbe bei der Annahme oder dem Angebot von Fortbildungsveranstaltungen – und der damit verbundenen Zulässigkeit entsprechender Zuwendungen nach §§ 299a, 299b StGB.

Notdienstseminare unter www.notdienstseminare.de, die sogar von einigen Ärztekammern und KVen gebucht werden.)

[1646] Vgl. § 5 Abs. 2 MFO für Ärzte, die ein Fortbildungszertifikat der Ärztekammer anstreben und § 95 d Abs. 3 SGB V für Vertragsärzte und angestellte Ärzte im Rahmen der GKV.

[1647] Vgl. hierzu auch die Aussage des Krebsmediziners *Prof. Wolf-Dieter Ludwig* im Beitrag „Milliarden für nutzlose Arzneimittel", Frankfurter Allgemeine Sonntagszeitung v. 12.06.2016, S. 27: „Für einen jungen Arzt in Deutschland gibt es nicht einmal genug von der Industrie unabhängige Veranstaltungen, um die Fortbildungspunkte zu sammeln, die für die Kassenzulassung nötig sind." *Ludwig* folgert hieraus (durchaus nachvollziehbar), dass dies unweigerlich einen Einfluss darauf habe, was die Ärzte nachher verschreiben. Vgl. zum erfolglosen Versuch eines Arztes, die notwendigen Fortbildungspunkte durch Fortbildungsveranstaltungen ohne jedwede Einflussnahme oder Sponsoring der Industrie zu erlangen *Frank*, S. 149 ff.

[1648] Vgl. hierzu das nachfolgende Kap. 13.2.5.1, S. 263.

[1649] Der gesamte Kodex Medizinprodukte sowie Auszüge des FSA-Kodex Fachkreise sind abgedruckt im Anhang, vgl. Kap. 16.2, S. 327 ff.

13.2.5.1. Erstattung von Reisekosten

Zu den Reisekosten zählen üblicherweise die **Kosten der An- und Abreise** sowie eventuell notwendige Kosten einer **Übernachtung** und eine angemessene **Verpflegung**. Erstattet werden dürfen die üblichen Reisekosten mit Ausnahme von Flugtickets erster Klasse.[1650] Bahnfahrten dürfen auch in der ersten Klasse erstattet werden. Ferner dürfen Übernachtungskosten im üblichen Rahmen übernommen werden. Hier werden nach Ansicht der *Autorin* nicht nur 4-Sterne-Hotels, sondern auch 5-Sterne-Hotels in Betracht kommen, da diese oftmals die notwendigen Veranstaltungsräume und die weitere Infrastruktur für Seminare und Kongresse anbieten. Im Übrigen bieten gerade 5-Sterne-Hotels häufig Konditionen, die denen eines 3-4 Sterne-Hotels entsprechen, weshalb kein Grund ersichtlich ist, nicht auch 5-Sterne-Hotels zu guten Konditionen als Veranstaltungshotels zu buchen. Hotels der absoluten Luxusklasse mit Zimmerpreisen weit über 200,- € je Nacht und Zimmer dürften demgegenüber nicht mehr als „angemessene" Fortbildungshotels, sondern als „extravagante" Unterkunft zu qualifizieren sein.

13.2.5.2. Auswahl von Tagungsort und Tagungsstätte

Die Auswahl des **Tagungsortes** und der **Tagungsstätte** hat allein nach sachlichen Gesichtspunkten zu erfolgen. Nicht mehr angemessen sind hierbei „extravagante" Orte oder Hotels.[1651] **Extravagante** Tagungsstätten sind Hotels, die sich **nicht** in erster Linie als **typisches Geschäfts- oder Konferenzhotel** auszeichnen, sondern bei denen eine besonders luxuriöse oder ausgefallene Ausstattung eindeutig im Vordergrund steht. In der Regel zeichnen sie sich auch dadurch aus, dass sie sich preislich in den oberen Rängen bewegen.[1652]

„Extravagant" sind auch solche Tagungsstätten, die zwar für Tagungen geeignet sind, bei denen aber gleichzeitig der **Erlebnischarakter** auf Grund der Gestaltung und der vorhandenen Einrichtungen den Eindruck erwecken muss, die Tagungsstätte sei nicht auf Grund der Konferenzmöglichkeiten, sondern vor allem auf Grund ihres Erlebnischarakters ausgewählt worden. Unzulässig sind damit auch Tagungsorte, die für ihren **Unterhaltungswert** bekannt sind.[1653]

[1650] Diese dürfen nur bei Interkontinentalflügen erstattet werden.
[1651] Vgl. Punkt 10.2 Leitlinien FSA gem. § 5 FSA-Kodex Patientenorganisationen. Der *Duden* definiert extravagant als *„vom Üblichen in [geschmacklich] außergewöhnlicher, ausgefallener oder in übertriebener, überspannter Weise bewusst abweichend und dadurch auffallend"*.
[1652] Vgl. Punkt 11.2 Leitlinien FSA gem. § 5 FSA-Kodex Patientenorganisationen. Die Auslegung des Begriffs deckt sich insoweit mit der Auslegung des gleichlautenden Begriffs in § 20 Abs. 3 S. 4 FSA-Kodex Fachkreise.
[1653] Tagungsstätten sind „für ihren Unterhaltungswert bekannt", wenn dort gewöhnlich Veranstaltungen stattfinden wie etwa Shows, Varietés, Musik- und Kinodarbietungen, Fahrattraktionen oder Glücksspielveranstaltungen. Aus diesem Grund kommen auch Tagungsstätten nicht in Betracht, die zwar über eine geeignete Konferenzausstattung verfügen, sich jedoch

Internationale Veranstaltungen sind interne oder externe Fortbildungsveranstaltungen, bei denen das Unternehmen, das die Veranstaltung organisiert, durchführt oder unterstützt, seinen Sitz nicht im Land des Veranstaltungsortes hat.[1654] Die Übernahme von Kosten für **Tagungen im Ausland** ist nur zulässig, wenn die **Mehrzahl der Teilnehmer** aus einem anderen Land als dem kommt, in dem das Mitgliedsunternehmen seinen Sitz hat, oder wenn **an dem Veranstaltungsort** für die Erreichung des Zwecks der Veranstaltung die **notwendigen Ressourcen oder Fachkenntnisse zur Verfügung** stehen (etwa bei anerkannten Fachkongressen mit internationalen Referenten), und angesichts dessen jeweils logistische Gründe für die Wahl des Veranstaltungsortes in einem anderen Land sprechen.[1655]

Im Übrigen dürfen keine Zuwendungen, Zahlungen oder Erstattungen geleistet werden, die über die notwendigen Reisekosten und Tagungsgebühren hinausgehen, § 32 Abs. 2 S. 2 MBO. Die (früher durchaus übliche) Kostenerstattung auch für **Begleitpersonen** ist heute ebenso konsequent **ausgeschlossen** wie die Übernahme der Kosten von Freizeit- oder Vergnügungsveranstaltungen im Rahmen der Fortbildungsveranstaltung.[1656]

13.2.5.3. Bewirtung im Rahmen der Fortbildung

Die Kosten für eine **Bewirtung** dürfen zwar auch im Rahmen einer Fortbildungsveranstaltung übernommen bzw. angenommen werden, allerdings ebenfalls nur „im angemessenen Rahmen". Daher wäre beispielsweise ein 5-Gänge-Menü in einem hochpreisigen Sterne-Restaurant nicht mehr als „angemessen" anzusehen. Angemessen ist demgegenüber ein übliches Hotel-Menü, das den Preis von etwa 50,- € nicht nennenswert übersteigt. Die **Leitlinien** des Vorstandes der FSA gemäß **§ 5 FSA-Kodex Patientenorganisationen** sehen Bewirtungskosten von **60,- €** (hier allerdings inklusive der Getränke) als angemessen vor.[1657]

---

etwa auf dem Gelände eines Freizeitparks befinden, vgl. Punkt 10.2 Leitlinien FSA gem. § 5 FSA-Kodex Patientenorganisationen.

[1654] § 20 Abs. 8 FSA-Kodex Fachkreise.

[1655] Bei externen internationalen Veranstaltungen können „logistische Gründe" für die Wahl des Veranstaltungsortes im Ausland sprechen, wenn es sich um eine etablierte Veranstaltung handelt, die von einer anerkannten nationalen oder internationalen medizinisch-wissenschaftlichen Fachgesellschaft oder einem Zusammenschluss solcher Fachgesellschaften an einem für die Durchführung solcher Veranstaltungen geeigneten Ort im Land des Sitzes einer solchen Fachgesellschaft ausgerichtet wird (etwa bei gemeinsamen, historisch gewachsenen Veranstaltungen anerkannter deutschsprachiger Fachgesellschaften aus Deutschland, Österreich oder der Schweiz in hierfür geeigneten Veranstaltungsorten in Österreich und der Schweiz), vgl. § 20 Abs. 8 FSA-Kodex Fachkreise.

[1656] Vgl. § 8 Abs. 3 Kodex Medizinprodukte.

[1657] Vgl. Punkt 12.2 Leitlinien FSA gem. § 5 FSA-Kodex Patientenorganisationen. Die FSA-Schiedsstelle akzeptiert inzwischen auch Kosten bis zu 65,- €, hierin sind allerdings auch Service- und Personalkosten enthalten, diese dürfen nicht zusätzlich in Rechnung gestellt werden, FSA-Schiedsstelle, Entscheidung v. Nov. 2016 – AZ: 2016.2-497.

Bei einer **Bewirtung im Ausland** kann sich die Angemessenheit der Bewirtung am Maßstab der geltenden steuerlichen Pauschbeträge für Verpflegungsmehraufwendungen im Ausland orientieren, da hierdurch ein gegebenenfalls bestehendes höheres Preisniveau abgebildet wird.[1658] Die oben genannte Orientierungsgröße von 60,- € kann sich daher je nach dem im Ausland bestehenden Preisniveau um einen bestimmten Prozentsatz erhöhen.[1659]

Bei alledem ist zu beachten, dass im Zusammenhang mit der Teilnahme an Fortbildungsveranstaltungen durchaus auch extravagante Hotels gebucht und sowohl die Familie als auch weitere Begleitpersonen mitgenommen werden dürfen. Voraussetzung ist allerdings, dass diese Kosten bzw. Zusatzkosten **vom Arzt** bzw. **Zahnarzt selbst getragen** werden. Dasselbe gilt für die abendliche Freizeitveranstaltung, die durchaus auch von Begleitpersonen gemeinsam mit den anderen Teilnehmern der Fortbildungsveranstaltung besucht werden kann, solange dies auf jeweils eigene Kosten des Teilnehmers bzw. der Begleitperson geschieht.

13.2.6. Anerkennung von Fortbildungsveranstaltungen der Industrie

Wenn und soweit die von der Industrie angebotenen Fortbildungsveranstaltungen auch für den **Erwerb der Fortbildungsqualifikation** nach § 5 Abs. 2 MFO und § 95d Abs. 3 SGB V anerkannt werden sollen,[1660] müssen diese den zuvor beschriebenen rechtlichen Regelungen entsprechen, insbesondere „frei von wirtschaftlichen Interessen" im Sinne des § 8 Abs. 1 Nr. 3 MFO sein. Die Fortbildung ist so durchzuführen, dass eine transparente und strenge Abgrenzung zwischen fachlicher Fortbildung und anderen Aktivitäten besteht.[1661]

Ausschließlich produktbezogene Informationsveranstaltungen (insbesondere von Unternehmen der pharmazeutischen Industrie, von Medizinprodukteherstellern, von Unternehmen vergleichbarer Art oder einer Vereinigung solcher Unternehmen) **sind nicht** als **frei von wirtschaftlichen Interessen** zu bewerten und daher **nicht anerkennungsfähig**.[1662] Sie sind darüber hinaus jedenfalls für den vertragsärztlichen Bereich auch nach § 128 SGB V nicht zulässig, sofern es sich hierbei um kostenlose Schulungs- und Fortbildungsmaßnahmen handelt.[1663]

[1658] Die Angemessenheit einer Bewirtung im Ausland kann durch einen Vergleich der dort geltenden Pauschbeträge mit dem für das Inland geltenden Pauschbetrag ermittelt werden, vgl. Punkt 12.3 Leitlinien FSA gem. § 5 FSA-Kodex Patientenorganisationen. Sie richtet sich im Übrigen nach den im Ausland geltenden Richtlinien, vgl. § 20 Abs. 9 S. 5 FSA-Kodex Fachkreise.
[1659] Vgl. hierzu auch *Schneider,* Erste Bestandsaufnahme, S. 32.
[1660] Vgl. hierzu Kap. 13.2.3, S. 260.
[1661] Vgl. Empfehlungen der BÄK zur ärztlichen Fortbildung, Nr. 6, S. 11. Vgl. zur Akkreditierung von Fortbildungsveranstaltungen auch *Dieners,* S. 47 m.w.N.
[1662] Vgl. Empfehlungen der BÄK zur ärztlichen Fortbildung, Nr. 6, S. 11.
[1663] Vgl. hierzu Kap. 6.4.7, S. 137.

Demgegenüber sind **objektive** und **inhaltlich ausgewogene Produktinformationen** aufgrund wissenschaftlicher Kriterien über Arzneimittel bei Nennung des Wirkstoffes (oder über Medizinprodukte bei Beschreibung des Funktionsmechanismus statt des Produktnamens) nach Ansicht der **Bundesärztekammer** zulässig.[1664] Es muss aber ein ausgewogener Überblick über den jeweiligen Wissensstand entsprechender diagnostischer und therapeutischer Alternativen vermittelt werden, einschließlich der Studienergebnisse.[1665]

Unter diesen Voraussetzungen sind entsprechende Fortbildungsveranstaltungen der Industrie nicht nur zulässig im Sinne der §§ 299a, 299b StGB, sondern auch **anerkennungsfähig** zur **Erlangung von Fortbildungspunkten** im Sinne der berufsrechtlich und vertragsarztrechtlich vorgeschriebenen Fortbildungspflicht.

13.2.7. Exkurs: Verschärfter Ethik-Kodex MedTech Europe

Der Gesamtverband der europäischen Medizintechnik-Industrie (MedTech Europe[1666]) hat im Dezember 2015 in Brüssel einen verschärften Ethik-Kodex ("Code of Ethical Business Practice") formell verabschiedet, der neue Standards für die künftige Zusammenarbeit der Medizingeräte-Hersteller mit allen im Gesundheitswesen beruflich tätigen Personen ("health care professionals") festlegt.[1667]

Beschlossen wurde unter anderem, dass es **ab Januar 2018 keine** direkten finanziellen **Zuwendungen** von der Medizintechnik-Industrie mehr geben wird, die den Begünstigten im Gesundheitswesen eine „**passive" Teilnahme an medizinischen Kongressen** ermöglichen sollen. Passive Teilnahme bedeutet, dass keine aktive Funktion (etwa als Referent) beim Kongress ausgeübt wird. Damit wird für die dem europäischen Verband angehörigen Medizintechnik-Unternehmen die Übernahme von Reise- und Hotelkosten sowie von Kongressgebühren der Vergangenheit angehören. Für eine „aktive" Kongressteilnahme sollen – unter noch näher zu bestimmenden Bedingungen – direkte finanzielle Zuwendungen weiterhin möglich sein.[1668] Wer also als Arzt oder Zahnarzt einen Vortrag hält, ein Fortbildungsseminar betreut oder anderweitig als Experte zur Verfügung steht, darf hierfür auch künftig angemessen honoriert werden.[1669]

[1664] Vgl. Empfehlungen der BÄK zur ärztlichen Fortbildung, Nr. 6, S. 11.
[1665] Vgl. Empfehlungen der BÄK zur ärztlichen Fortbildung, Nr. 6, S. 11.
[1666] Dem Gesamtverband gehören als Mitglieder der Europäische Dachverband der Medizintechnik-Industrie (Eucomed) und der Europäische Dachverband der Diagnostika-Industrie (European Diagnostic Manufacturers Association, EDMA) an.
[1667] Der Code ist im Internet abrufbar unter www.medtecheurope.org/node/715.
[1668] Vgl. Artikel „Ethik-Kodex kippt Kongress-Sponsoring", Ärztezeitung v. 11.12.2015.
[1669] Vgl. hierzu Kap. 12.3, S. 245.

13.2.8. Kommentar zum Fortbildungssponsoring

Es ist angesichts der Ausweitung des Korruptionsstrafrechts auf das Gesundheitswesen sicherlich an der Zeit, Ausmaß und Umfang des Fortbildungssponsorings durch die Industrie neu zu überdenken und zu diskutieren. Die europäische Medizinproduktindustrie hat einen ersten Schritt unternommen; es ist anzunehmen, dass auch die Pharmaindustrie nachziehen wird. Das ist ein großer Paradigmenwechsel, der für diejenigen Ärzte und Zahnärzte, die gerne an industriegesponserten Fortbildungsveranstaltungen und Kongressen teilnahmen, sicherlich schmerzhaft sein wird. Allerdings ist festzustellen, dass alle anderen Freiberufler, etwa Rechtsanwälte und Steuerberater, ebenfalls berufsrechtlich zur Fortbildung verpflichtet sind und diese Berufsangehörigen ihre Fortbildungen seit Jahrzehnten allesamt grundsätzlich aus eigener Tasche zahlen. Denn niemand ist daran interessiert, Anwälten oder Steuerberatern die Hotel-, Reise- und Kongresskosten zu bezahlen. Es sind daher berufsbedingt jährlich durchaus mehrere tausend Euro für die berufliche Fortbildung und die damit zusammenhängenden Reisekosten aufzuwenden, die einerseits als Betriebskosten einzukalkulieren, andererseits zugleich als Ausgaben steuerlich anerkennungsfähig sind.[1670]

All dies ist freilich **auch im Gesundheitswesen**, insbesondere bei Ärzten, Zahnärzten, Apothekern und Psychotherapeuten **möglich** und **realisierbar**. Wenn und soweit die angebotenen Fortbildungen tatsächlich nicht ausreichen, um der jeweils berufsspezifischen Fortbildungspflicht zu genügen,[1671] sind die Ärztekammern, die Kassenärztlichen Vereinigungen ebenso wie die ärztlichen und zahnärztlichen Berufsverbände aufgerufen, mehr Angebote bereitzustellen. Die bereits bestehenden Fortbildungsangebote der Kammern und KVen haben ein gutes Niveau und sind finanziell akzeptabel, da neben der Kostendeckung eine zusätzliche Gewinnerzielungsabsicht der Kammern und Kassenärztlichen Vereinigungen meist nicht besteht. Welche **Hotelkategorie** und welche Art der **Anreise** in diesem Zusammenhang vom Arzt oder Zahnarzt gewählt werden, bleibt jedem **Teilnehmer selbst überlassen**, da er diese Kosten ebenfalls selbst zu tragen hat.

Freilich scheint es derzeit noch legitim, auch die **Interessen der Industrie** am (Fortbildungs-)Sponsoring und den damit verbundenen (zulässigen) Informations- und Werbeeffekten zu berücksichtigen, sofern hierdurch nicht ernsthaft Interessenkonflikte entstehen. Ein völliges Verbot des Industriesponsoring wäre angesichts einer jahrzehntelangen Praxis sicherlich überzogen, zumal die Industrie ja durch die Kodizes das Übermaß der Zuwendungen deutlich beschränkt und das Sponsoring durch klare Vorgaben im Rahmen des rechtlich Zulässigen reglementiert hat. Nach Einschätzung und Erfahrung der *Autorin* hat sich insoweit im Zusammenhang mit dem

---

[1670] Die Bandbreite der Fortbildungsangebote ist sowohl im Hinblick auf die Qualität als auch im Hinblick auf die Kosten höchst vielfältig. Auch einige Anwaltskammern und Anwaltsvereine sind – ebenso wie eine Vielzahl von Anwaltsverbänden – mit guten und preiswerten Fortbildungsangeboten aktiv am Markt tätig.

[1671] Vgl. hierzu Fn. 1647, S. 262.

Fortbildungssponsoring in den vergangenen 15 Jahren tatsächlich sehr viel geändert. Ob demgegenüber ein völliges Verbot des Fortbildungssponsorings[1672] der richtige Weg ist, wird weiter zu diskutieren sein. Zunächst könnte ein **Mittelweg** darin bestehen, die Anerkennung aller Fortbildungspunkte davon abhängig zu machen, dass die Fortbildungen jedenfalls zu einem gewissen Anteil (beispielsweise zu mindestens 50 %) völlig frei von Industriesponsoring sind.

13.3. Drittmittelforschung

Ein weiterer bedeutender Aspekt der Zusammenarbeit zwischen der medizinischen Wissenschaft und der Industrie ist die sogenannte Drittmittelforschung. Unter Drittmittelforschung sind alle diejenigen Forschungsvorhaben zu rechnen, die nicht oder nur teilweise aus Haushaltsmitteln der Hochschule finanziert werden, § 25 HRG.[1673] Drittmittel stammen beispielsweise aus EU-Mitteln, Bundesmitteln, Sonderzuweisungen des Landes, Mitteln von wissenschaftsfördernden Einrichtungen wie der Deutschen Forschungsgemeinschaft, Industriemitteln und Sponsoring.[1674]

13.3.1. Strafrechtliche Problematik

Die **Drittmittelforschung** war in den letzten 20 Jahren wiederholt **Gegenstand der strafrechtlichen Rechtsprechung**.[1675] Hierbei ging es um Fragen der Vorteilsannahme, Bestechung und Bestechlichkeit, was die Ärzteschaft erheblich verunsichert hat.[1676] Die grundsätzliche Anwendbarkeit der Amtsträgerdelikte nach §§ 331, 332 StGB[1677] bei der Einwerbung von Drittmitteln und der Drittmittelforschung ist nicht mehr streitig, etwa bei Zuwendungen von Unternehmen der Medizin- und Pharmaindustrie an Ärzte öffentlicher Krankenhäuser.[1678] Der Bundesgerichtshof hat sich jedoch darum bemüht, den **Wertungswiderspruch** zwischen **Dienstrecht und Strafrecht** zu entschärfen. Denn klinische Prüfungen von Medizinprodukten und Arzneimitteln sind für Forschung und Entwicklung unerlässlich. Angemessene Honorierungen für Mitwirkung hieran sind rechtmäßig, sie können nicht unter einen pauschalen Korruptionsverdacht gestellt werden.[1679] Die **Nutzung von Drittmitteln** oder

---

[1672] So etwa der Vorschlag von *Kölbel*, S. 194.
[1673] „Die in der Forschung tätigen Hochschulmitglieder sind berechtigt, im Rahmen ihrer dienstlichen Aufgaben auch solche Forschungsvorhaben durchzuführen, die nicht aus den der Hochschule zur Verfügung stehenden Haushaltsmitteln, sondern aus Mitteln Dritter finanziert werden; ... Die Durchführung von Vorhaben nach Satz 1 ist Teil der Hochschulforschung."
[1674] *Quaas/Zuck*, § 74, Rn. 16.
[1675] Kritisch hierzu *Deutsch/Spickhoff*, S. 464, Rn. 726.
[1676] Vgl. hierzu ausführlich *Dieners*, S. 26 ff; *Quaas/Zuck*, § 74, Rn. 18.
[1677] Vgl. hierzu Kap. 4.2, S. 87 ff.
[1678] Zur grundsätzlichen Einordnung BGH, Urt. v. 25.02.2003 – 5 StR 363/02; vgl. auch Sponsoring-Erlass des BMF v. 18.02.1998, BStBl. I 1998, S. 212.
[1679] *Fischer*, StGB, § 331, Rn. 27c.

Pharmageldern für **private Anlässe**, etwa für Betriebsausflüge oder Geburtstagsfeiern, ist demgegenüber unzulässig und **als Vorteilsannahme strafbar**.[1680]

13.3.2. Drittmitteleinwerbung im Spannungsfeld

Die **Einwerbung von Drittmitteln** steht nicht an sich unter einem Verdacht korruptiver Zusammenhänge.[1681] In manchen Bereichen ist die **Einwerbung von Drittmitteln** sogar Teil der ärztlichen Dienstverpflichtung geworden, da erfolgversprechende Grundlagenforschung ohne Drittmittelfinanzierung gar nicht mehr realisierbar scheint. Eine klare Trennung zwischen Beschaffungs-Kunden und Drittmittel-Gebern ist damit vielfach kaum möglich.[1682] Genau dies verursacht jedoch ein ganz erhebliches **Spannungsfeld** der hierzu verpflichteten Ärzte und Kliniken, weshalb der BGH hierzu bereits im Jahre 2003 Folgendes festgestellt hat:[1683]

> *„Wenn ein Universitätsprofessor und Oberarzt einer Abteilung eines Universitätskrankenhauses für Thorax-, Herz- und Gefäßchirurgie von einem Unternehmen, das u.a. Herzschrittmacher herstellt, Zuwendungen und Vergütungen für genehmigte oder genehmigungsfreie Nebentätigkeiten wie die Durchführung von medizinischen Forschungsarbeiten, Fachvorträgen und Fortbildungsveranstaltungen erhält, und ihm deshalb der Vorwurf gemacht wird, er habe bei der Entscheidung über den Einsatz von Medizinprodukten wie insbesondere Herzschrittmacher die Produkte des betreffenden Unternehmens bevorzugt, liegt darin noch keine strafbare Vorteilsannahme, auch wenn bei den Nebentätigkeiten dienstlich erworbene Kenntnisse und Fähigkeiten bestimmend für ihre Ausübung sind.*
>
> *Fälle der vorliegenden Art, die im wesentlichen die Einwerbung von Drittmitteln für Forschung und Lehre im Bereich des Gesundheitswesens zum Gegenstand haben, stehen bei der strafrechtlichen Würdigung als Korruptionsdelikte weitgehend in einem Spannungsfeld: einerseits können Amtsträger sie beeinflussende Vorteile von Unternehmen erfahren, die an ihrer Amtsausübung wirtschaftlich interessiert sind; andererseits können sie im Rahmen ihrer Amtsausübung zur Einwerbung derartiger Vorteile gehalten sein. Eine Strafbarkeit wegen Vorteilsannahme scheidet jedenfalls dann aus, wenn wie hier in keinem der Einzelfälle eine Abhängigkeit der Höhe der Vorteilsgewährung von dem durch Diensthandlungen des Empfängers beeinflußten Absatzumfang zugunsten des Zuwendenden festzustellen ist.*[1684] *Das Landgericht hat keine Anhaltspunkte dafür gefunden, daß der Angeklagte sich jemals bei einer Entscheidung über die Auswahl eines einzusetzenden Herzschrittmachers an anderen Kriterien als an den im individuellen Einzelfall allein für maßgeblich erachteten Patientenbedürfnissen orientiert hätte."*

[1680] BVerwG, Beschl. v. 18.08.2011 – 3 B 6/11.
[1681] BGH, Urt. v. 23.05.2002 – 1 StR 372/01.
[1682] *Fischer*, StGB, § 331, Rn. 27c.
[1683] BGH, Urt. v. 25.02.2003 – 5 StR 363/02.
[1684] Abgrenzung zu BGH, Urt. v. 23.05.2002 – 1 StR 372/01 und BGH, Urt. v. 23.10.2002 – 1 StR 541/01.

13.3.3. Zwingende Beachtung der Compliance-Grundsätze

Der **Bundesgerichtshof** hat dessen ungeachtet folgenden **Hinweis** erteilt:

> „Mit der durch das Korruptionsbekämpfungsgesetz verschärften Strafvorschrift des § 331 StGB soll auch dem Hervorrufen eines bösen Anscheins möglicher "Käuflichkeit" von Amtsträgern begegnet werden. Die Sensibilität der Rechtsgemeinschaft bei der Erwägung der Strafwürdigkeit der Entgegennahme von Vorteilen durch Amtsträger ist, auch in Fällen der vorliegenden Art, mittlerweile deutlich geschärft. Mithin wird in derartigen Fällen künftig Amtsträgern vor der Annahme jeglicher Vorteile, die in Zusammenhang mit ihrer Dienstausübung gebracht werden können, die strikte Absicherung von Transparenz im Wege von Anzeigen und Einholungen von Genehmigungen auf hochschulrechtlicher Grundlage abzuverlangen sein. Die Gewährleistung eines derartigen Verhaltens obliegt namentlich auch der besonderen Verantwortung der jeweiligen Vorgesetzten."[1685]

Erforderlich ist im Bereich der Drittmittelverwaltung somit die **Einhaltung der Anzeigepflicht** sowie des **Trennungsprinzips, Transparenz- und Genehmigungsprinzips, Dokumentationsprinzips und Äquivalenzprinzips.**[1686] Bei universitären Drittmitteln geht die Rechtsprechung zu §§ 331 ff. StGB ferner dann nicht vom Vorliegen eines Vorteils aus, wenn der Hochschullehrer das für seine Hochschule maßgebliche **Drittmittelrecht beachtet** hat.[1687]

Die **Forschung mit Drittmitteln** kommt jedoch nicht nur an Universitätskliniken, sondern **im gesamten ambulanten und stationären Sektor** vor. Daher ist eine Anwendung der Rechtsprechung des BGH zum Drittmittelrecht auch für diejenigen Fälle zu befürworten, in denen seitens des Arztes und des Industrieunternehmens die Voraussetzungen einer ihrerseits gesetzeskonformen Compliance-, Drittmittel- oder Antikorruptionsrichtlinie eingehalten wurden.[1688]

13.3.4. Unzulässige Zuwendungen

Regelmäßig **nicht sozialadäquat** sind aber (jedenfalls dann, wenn sie nicht offengelegt werden) Praktiken wie zum Beispiel:[1689]

- kostenloses Zur-Verfügung-Stellen aufwendiger Apparate zu Erprobungszwecken oder als „Zugabe" bei Ankauf anderer Produkte (mit der Möglichkeit der Privatliquidation),[1690]
- Spenden für von Chefärzten gegründete Vereine zur Förderung der Ausstattung „ihrer" Abteilung als verschleierte „Kick-back"-Honorierungen,[1691]

[1685] BGH, Urt. v. 25.02.2003 – 5 StR 363/02.
[1686] BGH, Urt. v. 23.05.2002 – 1 StR 372/01; *Fischer*, StGB, § 331, Rn. 27d m.w.N. Vgl. zu diesen Prinzipien der Zusammenarbeit mit der Industrie auch Kap. 11, S. 227 ff.
[1687] BGH, Urt. v. 23.05.2002 – 1 StR 372/01; BGH, Urt. v. 23.10.2002 – 1 StR 541/01.
[1688] *Schneider*, Rechtsgutachten, S. 12 m.w.N.
[1689] Beispiele aus *Fischer*, StGB, § 331, Rn. 27a.
[1690] Vgl. zu diesen Kopplungsangeboten aber Kap. 10.4.2, S. 215 ff.

- Honorarzahlungen für wertlose Forschungsprojekte,
- Zuwendungen für zweifelhafte Fachtagungen,[1692]
- Barzuschüsse zu geselligen Veranstaltungen unter Vortrag eines kurzen Fachreferats.[1693]

Auch kostenlose Schulungen von Ärzten und/oder Pflegepersonal durch Hersteller oder Vertreiber von Medizinprodukten ragen in die „Grauzone" hinein, wenn damit die Entscheidung für die Anschaffung bestimmter Produkte praktisch zwingend vorgegeben ist.[1694] Daraus, dass solche Praktiken in der Vergangenheit verbreitet oder „üblich" waren, lässt sich keine Sozialadäquanz ableiten.[1695]

Da die Drittmittelforschung und die damit verbundenen Strafbarkeitsrisiken bereits hinreichend in der medizinrechtlichen Literatur besprochen wurden, wird insoweit auf die einschlägige Literatur verwiesen.[1696]

[1691] Vgl. BGH, Urt. v. 23.05.2002 – 1 StR 372/01.
[1692] Vgl. zur Vielfalt der Zuwendungen der Industrie an einen Klinikarzt die Sachverhaltsdarstellung in OLG Hamburg, Beschl. v. 14.01.2000 – 2 Ws 243/99.
[1693] BGH, Urt. v. 26.4.2001 – 4 StR 439/00.
[1694] *Fischer*, StGB, § 331, Rn. 27a, der sich auch sonst höchst kritisch zur Unterstützung der medizinischen Forschung äußert, vgl. etwa Rn. 27e. Der Verdacht einer Unrechtsvereinbarung liegt nach Ansicht von *Fischer* auch dann nahe, wenn von Personen, deren Dienstaufgabe darin besteht, Entscheidungen über die Verwendung öffentlicher Mittel zu treffen oder – etwa durch fachliche Stellungnahmen – vorzubereiten, entsprechende Maßnahmen der Verschleierung vorgenommen werden. Dies kommt in Betracht bei Dritt- oder Auslandkonten, Einschaltung von „Stroh"-Personen, Gründung von Vereinen, deren Mitgliedschaft überwiegend aus Nutznießern von Drittzuwendungen besteht und deren Tätigkeit sich wesentlich in der Verteilung dieser Zuwendungen erschöpft, vgl. *Fischer*, StGB, § 331, Rn. 27b.
[1695] *Fischer*, StGB, § 331, Rn. 27a.
[1696] Vgl. nur allgemein *Dieners*, Handbuch Compliance; *Quaas/Zuck*; *Tag/Tröger*.

13.4. Spenden

13.4.1. Spendenbegriff

Bei Spenden handelt es sich um sogenannte „einseitige Leistungen", denen keine Gegenleistung der Ärzte oder der medizinischen Einrichtung gegenübersteht.[1697] Eine Spende kann als Geldspende oder als Sachspende[1698] ausgestaltet sein. In Abgrenzung zum „Sponsoring", bei dem der Gesponserte eine imagefördernde oder werbewirksame Gegenleistung erbringt,[1699] erfolgt die Gewährung einer Spende stets **ohne Erwartung einer Gegenleistung** des Spendenempfängers und aus einer **altruistischen Motivation** heraus. Unter einer Spende ist somit eine einseitige Gewährung von Geld, geldwerten Vorteilen, Sachzuwendungen oder erheblichen nicht-finanziellen Zuwendungen durch Mitgliedsunternehmen zu verstehen, wobei diese Zuwendungen kein Entgelt für eine bestimmte Leistung darstellen.[1700]

Spenden fallen grundsätzlich unter den **Vorteilsbegriff** der §§ 299 ff. StGB. Ob sie jedoch zu einer Strafbarkeit führen können, hängt davon ab, ob mit der Spende eine Unrechtsvereinbarung verbunden ist. Zur Vermeidung jedweden Korruptionsvorwurfs durch die Zuwendung oder die Annahme von Spenden empfiehlt es sich für alle Beteiligten dringend, auch insoweit die in den **Kodizes** der Industrie **verankerten Grundsätze einzuhalten**.[1701] So finden sich beispielsweise in § 10 Kodex Medizinprodukte, in § 25 FSA-Kodex Fachkreise sowie in § 10 FSA-Empfehlungen Zusammenarbeit entsprechende Vorgaben.[1702]

13.4.2. Zulässigkeit von Spenden im Gesundheitswesen

Spenden als Unterfall einer einseitigen Zuwendung können nach den zuvor genannten Verhaltensregelungen nur für **gemeinnützige Zwecke** und nur an **gemeinnützige Organisationen** erbracht werden, die berechtigt sind, Spendenbestätigungen im Sinne des Steuerrechts auszustellen. Die Gewährung von Spenden an **medizinische Einrichtungen** durch Hersteller und Vertreiber muss ferner einen der nachfolgend genannten **gemeinnützigen Zwecke** verfolgen:

- Forschung und Lehre von wissenschaftlichem Wert,
- Verbesserung der Gesundheitsversorgung (z. B. Entwicklung höher qualifizierter oder kosteneffektiverer Gesundheitstechnologien),
- Verbesserung der Patientenversorgung,

[1697] *Lembeck*, S. 180, Rn. 63, der in der Einseitigkeit auch ein erhöhtes Korruptionsrisiko sieht.
[1698] Etwa die Zuwendung von medizinischen Geräten; vgl. zu den damit verbundenen steuerlichen Vor- und Nachteilen *Lembeck*, S. 182, Rn. 70 ff.
[1699] Vgl. hierzu Kap. 13.1.1, S. 251 f.
[1700] Vgl. Punkt 2.2 Leitlinien FSA gem. § 5 FSA-Kodex Patientenorganisationen.
[1701] Vgl. hierzu auch *Dieners*, S. 115 ff.
[1702] Alle Vorschriften sind im Anhang abgedruckt, vgl. Kap. 16.2.1, S. 327 ff.

- Aus- und Weiterbildung,
- mildtätige Zwecke.

Zuwendungen dürfen auch als sogenannte „**Zweckspenden**" ausgestaltet sein, bei denen der Spender den sachlichen Verwendungszweck bestimmt, sofern dieser Verwendungszweck selbst steuer- bzw. satzungsmäßig begünstigt ist.[1703]

Spenden an medizinische Einrichtungen, Stiftungen oder andere Organisationen (Institutionen) setzen ferner voraus, dass die Spendentätigkeit **unabhängig von Umsatzgeschäften** erfolgt und nicht zur Voraussetzung von Umsatzgeschäften gemacht wird, also das **Trennungsprinzip**[1704] strikt eingehalten wird.

Ganz wesentlich ist schließlich der Grundsatz, dass die Spende der Institution bzw. deren Tätigkeit als Ganzes zugutekommt und **nicht den individuellen** oder **persönlichen Interessen** von Mitgliedern oder Funktionsträgern dieser Institution dienen darf. Spenden an einzelne Mitarbeiter von medizinischen Einrichtungen, etwa durch Geldzahlungen auf **Privatkonten** oder auf Drittmittelkonten, die sich in der Verfügungsgewalt einzelner Beschäftigter in medizinischen Einrichtungen befinden und nicht von den medizinischen Einrichtungen selbst verwaltet und überwacht werden, sind **unzulässig**.[1705] Das Gleiche gilt für sogenannte „Sozialspenden", beispielsweise die Unterstützung von Jubiläen, Betriebsausflügen, Weihnachts- und Geburtstagsfeiern.[1706]

Spenden dürfen insbesondere **nicht als Anreiz** für die **Beeinflussung von Therapie-, Verordnungs- und Beschaffungsentscheidungen missbraucht** werden.[1707]

Schließlich muss der Rechtsstatus des Spendenempfängers geklärt sein, das Spendenkonto muss dem Spendenempfänger eindeutig zugeordnet werden können und dieser muss den Erhalt der Spende durch eine **Zuwendungsbestätigung** im Sinne des Steuerrechts schriftlich bescheinigen.[1708] Es empfiehlt sich ferner, die Spenden **ordnungsgemäß zu dokumentieren** und die Dokumentation für einen Zeitraum von mindestens fünf Jahren nach Beendigung des Vertragsverhältnisses aufzubewahren.[1709]

[1703] *Lembeck*, S. 180, Rn. 69.
[1704] Vgl. hierzu Kap. 11.3.1, S. 233 f.
[1705] Bei der Verwaltung von Spenden ist die Verwaltung der medizinischen Einrichtung einzubeziehen, vgl. § 10 Kodex Medizinprodukte.
[1706] § 10 Abs. 4 Kodex Medizinprodukte.
[1707] § 25 Abs. 1 Nr. 3 FSA Kodex Fachkreise.
[1708] Vgl. zur Problematik des Scheiterns des Spendenabzugs bei nicht ausschließlich uneigennütziger Zuwendung *Lembeck*, S. 180, Rn. 65 ff.
[1709] § 25 Abs. 1 Nr. 2 FSA Kodex Fachkreise. Pharmaunternehmen müssen die Gewährung von Spenden oder anderen einseitigen Geld- oder Sachleistungen mit einem Wert von über 10.000,- € je Leistungsempfänger/Jahr veröffentlichen, wobei die konkreten Spendenbeträge anzugeben sind, vgl. § 25 Abs. 4 FSA Kodex Fachkreise.

14 Rechtsfolgen korrupten Verhaltens

14.1. Strafbarkeit nach §§ 299a, 299b StGB

14.1.1. Strafverfolgungsrisiko

Es ist zu befürchten, dass die Neuregelungen der §§ 299a, 299b StGB die Strafbarkeits- und Verfolgungsrisiken bei unlauterem Verhalten erheblich erhöhen.[1710] Insbesondere die beträchtlichen Interpretationsspielräume[1711] begründen das Risiko für Heilberufler, mit unerfreulichen Ermittlungsmaßnahmen der Staatsanwaltschaft konfrontiert zu werden.[1712] Für den notwendigen Anfangsverdacht zur Strafverfolgung nach § 152 Abs. 2 StPO müssen zwar grundsätzlich „zureichende tatsächliche Anhaltspunkte" vorliegen. Die Anforderungen an dieses Kriterium sind jedoch nicht sehr hoch, weshalb tatsächlich die Möglichkeit einer Vielzahl von Ermittlungsverfahren besteht.[1713]

Es ist jedenfalls in manchen Bundesländern davon auszugehen, dass die neuen Vorschriften durch die Strafverfolgungsbehörden recht schnell zur Anwendung gebracht werden. In **Bayern** wurden beispielsweise bereits zum 1. Oktober 2014 drei entsprechende **Schwerpunkt-Staatsanwaltschaften** geschaffen. Eine damit verbundene Spezialisierung und Professionalisierung dieser Schwerpunkt-Staatsanwaltschaften ist durchaus wünschenswert.[1714]

Auch auf Seiten der **Krankenkassen** und **Kassenärztlichen Vereinigungen** wurden gemeinsame Stellen eingerichtet, in denen der gesetzlich geforderte „verstärkte Austausch" über bestimmte Verhaltensweisen im Gesundheitswesen stattfinden soll.[1715]

[1710] Ebenso *Brettel/Mand*, S. 106.
[1711] Vgl. hierzu Kap. 8.3.3.2, S. 173 f. (Würzburger Erklärung).
[1712] Der *Autorin* sind in ihrer Eigenschaft als Anwältin bereits im Juli 2016, also wenige Wochen nach Inkrafttreten des Gesetzes, mehrere Durchsuchungsfälle in Arzt- und Zahnarztpraxen bekannt geworden.
[1713] Vgl. zum Verhalten bei Durchsuchungs- und Beschlagnahmemaßnahmen ausführlich *Taschke*, S. 23. ff. Vgl. zur Möglichkeit der Verständigung in Arztstrafverfahren *Weidhaas*.
[1714] *Geiger* äußert sich hierzu pointiert wie folgt: „*Spezialisierung und Professionalisierung schaden immer nur denjenigen, die sich ihnen entziehen. Eine weitere Spezialisierung der Strafverfolgungsbehörden und Justiz ist deshalb kein Fluch, sondern ein Segen – zumindest für diejenigen, die sich nichts vorzuwerfen haben.*" *Geiger*, CCZ, S. 176.
[1715] *Heil/Oeben*, S. 217. Eine hohe Expertise in der Bekämpfung von Fehlverhalten im Gesundheitswesen besteht nach Auffassung von *Grinblat*, S. 8 bei den Kranken- und Pflegekassen schon seit der Einführung der §§ 197a SGB V, 47a SGB X im Jahre 2004.

14.1.2. Verfolgung der Straftaten von Amts wegen

Die neuen Straftatbestände der Bestechlichkeit und Bestechung im Gesundheitswesen wurden – als **Verschärfung** der ursprünglichen Fassung des Gesetzesentwurfes – nicht wie der Grundtatbestand der Bestechung nach § 299 StGB als bedingte Antragsdelikte, sondern als sogenannte **Offizialdelikte** ausgestaltet und sind damit stets von Amts wegen zu verfolgen.[1716] Der Gesetzgeber hielt es für sachgerecht, auf ein Strafantragserfordernis zu verzichten.[1717]

Denn mit der Einführung der §§ 299a, 299b StGB werde ein **doppelter Rechtsgüterschutz** verfolgt:[1718] Neben der Sicherung des fairen Wettbewerbs im Gesundheitswesen solle das **Vertrauen der Patienten in die Integrität heilberuflicher Entscheidungen geschützt werden**.[1719] Die Integrität heilberuflicher Entscheidungen sei somit ein **überindividuelles Rechtsgut** von großer Bedeutung. Die Begehung einer Straftat der Bestechlichkeit oder Bestechung im Gesundheitswesen werde folglich immer auch die Interessen der Allgemeinheit in nicht unerheblicher Weise berühren.[1720]

14.1.3. Geldstrafe oder Freiheitsstrafe

Die Vorschriften der Bestechlichkeit und Bestechung im Gesundheitswesen der §§ 299a, 299b StGB sehen – ebenso wie die allgemeinen Strafvorschrift der Bestechung nach § 299 StGB – eine Geldstrafe oder eine **Freiheitsstrafe bis zu drei Jahren** vor.

Für besonders schwere Fälle soll § 300 StGB und die damit verbundene **Strafverschärfung** auch für die Tatbestände der Bestechlichkeit und Bestechung im Gesundheitswesen gelten. Der Gesetzgeber verweist insoweit auf die Auslegungsgrundsätze zu den §§ 299, 300 StGB.[1721] In diesen Fällen droht eine Freiheitsstrafe von drei Monaten **bis zu fünf Jahren**.

[1716] BT-Drs. 18/8106 v. 13.04.2016, S. 16.
[1717] BT-Drs. 18/8106 v. 13.04.2016, S. 18.
[1718] Vgl. hierzu Kap. 2.3, S. 17 ff.
[1719] BT-Drs. 18/6446 v. 21.10.2015, S. 12; BT-Drs. 18/8106 v. 13.04.2016, S. 17.
[1720] BT-Drs. 18/8106 v. 13.04.2016, S. 17. Im Gegensatz dazu ist ein Strafantragserfordernis nach richtiger Ansicht des Gesetzgebers nur dann gerechtfertigt, wenn durch die Begehung einer bestimmten Straftat die Allgemeinheit in aller Regel so wenig berührt wird, dass ein Eingreifen mit Kriminalstrafe nur erforderlich erscheint, wenn der Verletzte sein Interesse daran bekundet. Es kann auch dann gerechtfertigt sein, wenn zwar in der Regel ein allgemeines Interesse an der Strafverfolgung besteht, aber das Interesse des Verletzten an Geheimhaltung oder am Ruhenlassen überwiegen kann.
[1721] BT-Drs. 18/6446 v. 21.10.2015, S. 23.

14.1.4. Besonders schwere Fälle

§ 300 StGB[1722] sieht **Regelbeispiele** für **besonders schwere Fälle** der Bestechung und Bestechlichkeit vor. Besonders schwere Fälle sind

- der „Vorteil großen Ausmaßes" nach Nr. 1,
- das „gewerbsmäßige Handeln" nach Nr. 2 Alt. 1 sowie
- das Handeln als „Mitglied einer Bande", die sich zur fortgesetzten Begehung solcher Taten verbunden hat, Nr. 3 Alt. 2.[1723]

Tatsächlich wird **häufig** ein **besonders schwerer Fall** im Sinne des § 300 StGB vorliegen, da es in der Natur von korruptiven Strukturen liegt, dass diese auf gewisse Dauer und Geschäftsmäßigkeit angelegt sind und sich unter Einbeziehung mehrerer Personen entwickeln.[1724]

Unbenannte besonders schwere Fälle der Generalklausel des § 300 S. 1 StGB dürften insbesondere bei **Schädigung** oder **erheblicher Gefährdung der Gesundheit von Patienten** angenommen werden können, die infolge korruptiv bedingter Falschbehandlung eingetreten sind.[1725]

14.1.4.1. Vorteil großen Ausmaßes

Bei der Annahme eines besonders schweren Falls im Sinne des § 300 Nr. 1 StGB ist nur auf die **Höhe des Vorteils** und nicht auf den Umfang der Bevorzugung abzustellen.[1726] Eine **feste Wertbemessungsgrenze** für einen Vorteil großen Ausmaßes hat sich bisher **nicht durchgesetzt**. In der Praxis wird dieser frühestens ab einem Betrag von 10.000,- € bis 50.000,- € angenommen.[1727] Vertreten wird auch ein Mindestbetrag von 25.000,- €.[1728]

Schutzzweckspezifisch ist nach **Ansicht des BGH** ein **großes Ausmaß** dann erreicht, wenn der Vorteil besonders geeignet ist, den Vorteilnehmer zu korrumpieren. Dies erfordert nach Ansicht des **1. Strafsenats des BGH** eine Berücksichtigung einzelfallbezogener Umstände.[1729] Denn anders als die nach objektiven Maßstäben zu bestimmenden Merkmale des großen Ausmaßes in § 263 Abs. 3 S. 2 Nr. 2 Alt. 1 StGB[1730] und § 370 Abs. 3 S. 2 Nr. 1 AO[1731] sei der **Anreiz für Korrumpierbarkeit**

[1722] Vgl. den Wortlaut der Vorschrift in Kap. 16.1.1, S. 309 f.
[1723] Kritisch zu den Strafschärfungsgründen *Brettel/Duttge/Schuhr*, S. 935.
[1724] *Passarge*, S. 483.
[1725] BT-Drs. 18/6446 v. 21.10.2015, S. 23.
[1726] BGH, Beschl. v. 29.04.2015 – 1 StR 235/14, vgl. hierzu *Sinner*, S. 196 ff.
[1727] Vgl. *Fischer*, StGB, § 299, Rn. 4.
[1728] *Krick*, § 300 StGB, Rn. 2; *Heine/Eisele*, § 300, Rn. 3.
[1729] BGH, Beschl. v. 29.04.2015 – 1 StR 235/14.
[1730] Vgl. BGH, Urt. v. 07.10.2003 – 1 StR 274/03.
[1731] Vgl. BGH, Urt. v. 02.12.2008 – 1 StR 416/08.

abhängig von den jeweiligen Verhältnissen des Vorteilsnehmers, mithin von individuellen Kriterien.[1732] Die Grenze müsse angesichts der gesetzgeberischen Vorgabe nach Ansicht des BGH unter der für § 264 Abs. 2 S. 2 Nr. 1 StGB geltenden Größenordnung von 50.000,- € liegen.[1733]

Der **5. Strafsenat des BGH** hat dieser individuell-subjektiven Betrachtung kurze Zeit danach aus Gründen der **Rechtsklarheit** und **Bestimmtheit** indessen eine **Absage erteilt** und auch für § 300 S. 2 Nr. 1 StGB die **Wertgrenze** für das Vorliegen eines Vorteils auf Basis **objektiver Kriterien auf den Betrag von 50.000,- €** festgelegt.[1734] Denn es erscheine als Verstoß gegen den Grundsatz der Strafgerechtigkeit, wenn etwa – wie im konkret entschiedenen Fall – bei einem von Sozialleistungen lebenden Vorteilsnehmer der Strafschärfungsgrund grundsätzlich früher eingreifen würde als bei einem Berufsrichter, einem Chefarzt oder bei dem Geschäftsführer einer privatwirtschaftlich organisierten Gesellschaft der öffentlichen Hand. Die Argumentation überzeugt.

14.1.4.2. Gewerbsmäßigkeit

Gewerbsmäßigkeit ist gegeben, wenn der Täter in der Absicht handelt, sich durch **wiederholte Taten** eine nicht nur vorübergehende **Einnahmequelle von einigem Umfang** zu sichern.[1735] Bereits eine einmalige Gesetzesverletzung kann dabei für eine solche Annahme ausreichen, sofern diese mit der Absicht einer wiederholten Tatbegehung vorgenommen wird.[1736] Denn die Norm stellt nicht auf objektives Vorliegen der Tatbegehung, sondern auf die **subjektive Sicht** des Täters ab.[1737]

Die Gewerbsmäßigkeit ist ein **strafschärfendes besonderes persönliches Merkmal** im Sinne des § 28 Abs. 2 StGB.[1738]

14.1.4.3. Mitglied einer Bande

Auch die Bandenmitgliedschaft ist ein **strafschärfendes besonderes persönliches Merkmal** im Sinne des § 28 Abs. 2 StGB.[1739] Als Bande im strafrechtlichen Sinne gilt der **Zusammenschluss von mindestens drei Personen**, die sich mit dem Willen verbunden haben, künftig für eine gewisse Dauer mehrere selbständige Korruptionstaten zu begehen. Ein gefestigter Bandenwille oder ein Tätigwerden in einem

---

[1732] BGH, Beschl. v. 29.04.2015 – 1 StR 235/14.
[1733] BGH, Beschl. v. 29.04.2015 – 1 StR 235/14; BGH, Urt. v. 11.04.2001 – 3 StR 503/00.
[1734] BGH, Urt. v. 23.11.2015 – 5 StR 352/15.
[1735] *Momsen*, § 300 StGB, Rn. 4.
[1736] *Krick*, § 300 StGB, Rn. 3.
[1737] *Schuhr*, § 263, Rn. 75.
[1738] *Krick*, § 300 StGB, Rn. 3.
[1739] *Krick*, § 300 StGB, Rn. 4.

übergeordneten Bandeninteresse ist dabei nicht erforderlich.[1740] Mitglied einer Bande kann auch ein bloßer Gehilfe sein.[1741]

Nach der höchstrichterlichen Rechtsprechung steht es der Annahme einer Bande nicht entgegen, wenn ihre Mitglieder mit den Taten jeweils eigene Interessen verfolgen und sich sogar als Anbieter und Abnehmer gegenüberstehen.[1742] Ein Handeln als Mitglied der Bande ist ausreichend – es wird gerade nicht erwartet, dass auch die anderen Bandenmitglieder bei der Tatbegehung aktiv werden.[1743]

14.1.4.4. Erweiterter Verfall nach § 302 StGB

In den Fällen der Bestechung und Bestechlichkeit nach §§ 299, 299a und 299b StGB ist darüber hinaus dann der „erweiterte" Verfall nach § 73d StGB[1744] anzuwenden, wenn der Täter gewerbsmäßig handelt oder als Mitglied einer Bande, die sich zur fortgesetzten Begehung solcher Taten verbunden hat, § 302 StGB. Der sogenannte „Verfall" ist eine strafrechtliche Maßnahme, in deren Folge die **Vermögenspositionen** des Täters, die er im Zusammenhang mit rechtswidrigen Taten erlangt hat, unter bestimmten Voraussetzungen **vom Staat eingezogen** werden.[1745] Die **Anordnung des Verfalls** eines Gegenstands hat zur **Wirkung**, dass das Eigentum an der Sache oder das verfallene Recht mit der Rechtskraft der Entscheidung auf den Staat übergeht, § 73e StGB.[1746]

Wird vom Gericht festgestellt, dass eine **konkrete rechtswidrige Tat** begangen worden ist und ein Vermögenswert für oder aus der Tat erlangt worden ist, so wird es vorrangig die Voraussetzungen des „normalen" Verfalls nach § 73 StGB prüfen.[1747] Die Rechtsfolgen reichen hier sogar noch weiter, da nach § 73 StGB nicht nur „Gegenstände" entzogen werden können, sondern „etwas", was für die Tat bzw. aus der Tat erlangt wurde. „Etwas" im Sinne der Vorschrift wird als die Ge-

---

[1740] BGH, Beschl. v. 22.03.2001 – GSSt 1/00.
[1741] BGH, Beschl. v. 15.01.2002 – 4 StR 499/01.
[1742] BGH, Urt. v. 16.11.2006 – 3 StR 204/06: Hier wurde zwischen einem zugelassenen Zahnarzt und dem gewerblichen Anbieter ein bandenmäßiger Betrug angenommen, da die betrugsmäßige Gewährung von „Kick-back-Zahlungen" vereinbart wurde. Vgl. zum Zusammenschluss von bestechlichen Amtsträgern und Vorteilsgebern als Bande auch BGH, Beschl. v. 13.12.2012 – 1 StR 522/12. Kritisch zur undifferenzierten Anwendung des Bandenbegriffs allerdings *Schneider*, Erste Bestandsaufnahme, S. 63, der die Problematik noch nicht für ausreichend geklärt hält.
[1743] *Momsen*, § 300 StGB, Rn. 4.
[1744] Vgl. den Wortlaut der Vorschrift in Kap. 16.1.6, S. 316.
[1745] *Heuchemer*, § 73, Rn. 1.
[1746] Vgl. zu den weiteren Wirkungen *Fischer*, StGB, § 73e.
[1747] *Saliger*, § 73d, Rn. 14a.

samtheit der erlangten wirtschaftlich messbaren Vorteile aufgefasst, lediglich immaterielle Begünstigungen bleiben außer Betracht.[1748]

Der **erweiterte Verfall** ist dabei eine **besondere Form** des Verfalls. Er tritt aber hinter die Regelung des § 73 StGB zurück.[1749] Im Vergleich zum „normalen" Verfall nach § 73 StGB ermöglicht der erweiterte Verfall nach § 73d StGB die **Einziehung** des rechtswidrig erlangten Vermögens **auch dann**, wenn die **Herkunft der Gegenstände** aus der konkreten Straftat **nicht festgestellt** werden kann.[1750] Das Besondere des erweiterten Verfalls im Vergleich zum „normalen" Verfall ist, dass die rechtswidrige Tat noch nicht einmal Gegenstand der Anklage gewesen sein muss und auch nicht bewiesen sein muss. Es reicht aus, dass das Gericht in der Verhandlung nach der Beweislage überzeugt ist, dass die Gegenstände, die dem erweiterten Verfall unterliegen sollen, aus irgendeiner rechtswidrigen Tat stammen, also deliktisch erlangt worden sind.[1751] Nach der Rechtsprechung des Bundesgerichtshofs muss der Richter dabei aufgrund der Beweiserhebung jedoch eine „uneingeschränkte Überzeugung" der kriminellen Herkunft der Gegenstände haben.[1752]

Der erweiterte Verfall hat nach der Rechtsprechung des BGH keinen Strafcharakter, sondern dient der **Gewinnabschöpfung** und damit dem Ausgleich unrechtmäßiger Vermögensverschiebungen.[1753] Die Regelungen zu Verfall und Gewinnabschöpfung befinden sich aktuell in einer **gesetzgeberischen Überarbeitung** und sollen vereinfacht werden.[1754]

14.2. Verschärfte Strafbarkeit von Amtsträgern

Die Vorteilsannahme und Vorteilsgewährung nach §§ 331, 333 StGB sieht den gleichen Strafrahmen vor wie die neuen Korruptionsdelikte der §§ 299a, 299b StGB (Freiheitsstrafe bis zu drei Jahren oder Geldstrafe).

[1748] BGH, Beschl. v. 18.02.2010 – 4 StR 633/09. Neben Rechten und Forderungen können hier also alle rechnerisch erfassbaren Positionen wie beispielsweise der vom Vorteilgeber gezahlte Aufenthalt in einem Hotel oder die übernommenen Restaurantrechnungen dem Verfall angeordnet werden. Dass die Forderungen längst beglichen sind und somit nicht mehr im Vermögen vorhanden, ist nicht entscheidend. Für das Gericht besteht ferner die Möglichkeit, nach § 73a StGB den Verfall eines Geldbetrages anzuordnen, der dem Wert des Erlangten entspricht.

[1749] *Fischer*, StGB, § 73d, Rn. 2.

[1750] *Heuchemer*, § 73, Rn. 1. Auch beim erweiterten Verfall müssen die gegebenen Umstände jedoch die Annahme rechtfertigen, dass das Vermögen aus *irgendeiner* rechtswidrigen Tat stammt. Beim „normalen" Verfall wäre dies aber eine unverzichtbare Voraussetzung.

[1751] BGH, Urt. v. 03.09.2009 – 5 StR 207/09; *Fischer*, StGB, § 73d, Rn. 11.

[1752] BGH, Beschl. v. 22.11.1994 – 4 StR 516/94. An die Überzeugung werden also verstärkte Anforderungen gestellt.

[1753] *Fischer*, StGB, § 73d, Rn. 2 m.w.N. Vermögenseinbußen des Täters durch seine Anordnung bilden keinen Strafmilderungsgrund.

[1754] Vgl. den aktuellen Gesetzentwurf der Bundesregierung zur Reform der strafrechtlichen Vermögensabschöpfung unter BT-Drs. 18/9525 vom 05.09.2016.

Die Bestechlichkeit von **Amtsträgern** nach § 332 StGB sieht hingegen einen deutlich höheren Strafrahmen von mindestens sechs Monaten **bis zu fünf Jahren** Freiheitsstrafe vor, die Bestechung von Amtsträgern nach § 334 StGB hat einen leicht verminderten Strafrahmen von (nur) drei Monaten bis zu fünf Jahren.

In schweren Fällen der Bestechlichkeit und Bestechung des § 335 Abs. 1 Nr. 1 StGB (insbesondere wenn die Tat sich auf einen Vorteil großen Ausmaßes bezieht) liegt die Freiheitsstrafe zwischen einem Jahr bis zu zehn Jahren. Eine **Freiheitsstrafe nicht unter zwei Jahren** (und damit der Wegfall der Möglichkeit, die Freiheitsstrafe zur Bewährung auszusetzen) droht, wenn der Amtsträger fortgesetzt Vorteile annimmt, die er als Gegenleistung dafür gefordert hat, dass er eine Diensthandlung künftig vornehme, gegebenenfalls auch im Zusammenhang mit gewerbsmäßigem Handeln oder als Mitglied einer Bande handelt, die sich zur fortgesetzten Begehung solcher Taten verbunden hat, § 335 Abs. 1 Nr. 2 StGB.[1755]

14.3. Strafbarkeit wegen Geldwäsche nach § 261 StGB

Wenn sich ein Angehöriger eines Heilberufes bestechen lässt, droht nicht nur eine strafrechtliche Verfolgung nach den Korruptionsvorschriften der §§ 299 ff. StGB. In der Regel gelangen die durch Korruptionsstraftaten erlangten Gelder auf ein Konto oder das rechtswidrig zugewendete medizintechnische Gerät steht in der Praxis des Arztes oder der Klinik. Das hat zur Folge, dass sich **jeder**, dem diese Gegenstände oder das Geld zugänglich sind, dem **weiteren Risiko** einer **Strafverfolgung wegen Geldwäsche** ausgesetzt sieht. Die Geschäftsleitung einer Klinik oder einer Praxis sollte daher – schon im eigenen Interesse – die Quelle einer jeden Leistung kennen und einschätzen, ob diese mit Recht und Gesetz vereinbar ist.

14.3.1. Was ist Geldwäsche?

Geldwäsche ist Umtausch, Transfer, Verschleiern, Erwerben, Besitzen und Verwenden von unmittelbar oder mittelbar aus Straftaten stammenden Vermögensgegenständen.[1756] Es handelt sich bei dem Delikt der Geldwäsche um eine sogenannte Anschlusstat.[1757] Sie findet also beispielsweise „im Anschluss" an eine Bestechung statt, wenn die hierdurch erlangten Vorteile weiterverwendet werden.

Die Strafbarkeit der Geldwäsche ist in § 261 StGB geregelt.[1758] Die Vorschrift stellt die „Verschleierung unrechtmäßig erlangter Vermögenswerte" unter Strafe. Es muss sich demnach um **kriminell erlangtes Vermögen** handeln, Juristen sprechen von **„inkriminierten" Gegenständen**. Dabei können verschiedenste Vermögenswer-

---

[1755] Vgl. hierzu auch *Fischer*, StGB, § 335.
[1756] *Fischer*, StGB, § 261, Rn. 4.
[1757] *Stree/Hecker*, § 261, Rn. 1.
[1758] Vgl. den Abdruck der Vorschrift im Anhang, Kap. 16.1.5, S. 314 f.

te betroffen sein, nicht nur Geld oder Gegenstände, sondern auch Rechte und Forderungen.

14.3.2. Rechtswidrige Vortat erforderlich

Voraussetzung ist allerdings, dass die Gegenstände aus einer der in § 261 Abs. 1 S. 2 StGB konkret aufgeführten rechtswidrigen Vortaten herrühren. **Im Gesundheitswesen** werden solche Vermögenswerte vor allem durch eine gewerbsmäßige oder bandenmäßige Begehung von **Betrug, Untreue und Bestechung** erlangt. Im Hinblick auf die **Korruptionstatbestände** sind als rechtswidrige Vortaten lediglich der Straftatbestand des § 299 StGB bei gewerbs- oder bandenmäßiger Begehung sowie die Straftatbestände des § 108e StGB (Bestechlichkeit und Bestechung von Mandatsträgern[1759]), des § 332 Abs. 1 und 3 StGB (Bestechlichkeit eines Amtsträgers) und des § 334 StGB (Bestechung eines Amtsträgers) genannt.[1760]

Das Gesetz zur Bekämpfung von Korruption im Gesundheitswesen hat demgegenüber eine **Erweiterung des Geldwäschetatbestands** um die beiden neuen Straftatbestände der **§§ 299a, 299b StGB nicht vorgesehen**. Dies könnte auf einem gesetzgeberischen Versehen beruhen, da der allgemeine Straftatbestand der Bestechung und Bestechlichkeit im Geschäftsverkehr nach **§ 299 StGB** jedenfalls dann eine rechtswidrige Vortat des Geldwäschetatbestands darstellt, wenn die Tat **gewerbsmäßig** oder als **Bandenmitglied** begangen worden ist, § 261 Abs. 1 Nr. 4a StGB.

Bestechungsgelder werden im Zweifel allerdings nicht ordnungsgemäß versteuert und stellen in diesem Fall den **Straftatbestand der Steuerhinterziehung** nach § 370 AO dar.[1761] Eine Strafbarkeit wegen Geldwäsche sieht das Gesetz insoweit ausdrücklich bei gewerbsmäßiger oder bandenmäßiger Steuerhinterziehung nach § 370 AO für die durch die Steuerhinterziehung ersparten Aufwendungen und unrechtmäßig erlangten Steuererstattungen und Steuervergütungen vor, § 261 Abs. 1 S. 3 StGB.[1762] Jedenfalls droht über diese Verweisung folglich auch im Falle einer rechtswidrigen Tat nach §§ 299a, 299b StGB eine weitere Strafbarkeit wegen Geldwäsche nach § 261 StGB.

14.3.3. Strafbarer Umgang mit inkriminiertem Vermögen

Strafbar ist jeder **Umgang mit inkriminiertem Vermögen**. Dabei muss weder mit Vorsatz noch zum Zwecke der Verschleierung gehandelt werden – **es genügt be-**

[1759] Vgl. hierzu Kap. 4.4, S. 98 ff.
[1760] Vgl. hierzu Kap. 4.3, S. 96 ff. Die Bestechung und Bestechlichkeit von Richtern und Schiedsrichtern nach § 332 Abs. 2 StGB stellt wegen des erhöhten Strafmaßes ein Verbrechen dar und ist damit schon nach § 261 Abs. 1 S. 2 Nr. 1 StGB vom Tatbestand der Geldwäsche umfasst.
[1761] Vgl. hierzu Kap. 14.9, S. 297 f.
[1762] Kritisch hierzu *Fischer*, StGB, § 261, Rn. 8b.

reits, wenn der **Täter „leichtfertig" agiert**. Leichtfertigkeit bedeutet in diesem Zusammenhang, dass die Herkunft des Gegenstandes aus einer Straftat grob fahrlässig nicht bedacht wurde. Dies ist beispielsweise bei besonderer Gleichgültigkeit oder grober Unachtsamkeit der Fall.[1763] Selbst wenn die Geschäftsleitung (etwa einer Universitätsklinik) also nicht wusste, dass eine beträchtliche Geldsumme auf dem Geschäftskonto aus einer Bestechung herrührt, dieses aber in Anbetracht der Höhe naheliegend oder offensichtlich war, macht sie sich wegen Geldwäsche strafbar.

Sobald das inkriminierte Vermögen einen **Anteil von 5,9 Prozent** des auf dem Konto befindlichen **Gesamtguthabens überschreitet**, gilt das **Konto als Ganzes kontaminiert**.[1764] Als Folge hieraus ist nun jedwede Verfügung über das Konto verboten. Weiß der Verfügende, dass Teile des Vermögens betroffen sind, oder handelt er diesbezüglich leichtfertig, macht er sich wegen Geldwäsche strafbar. Stellt der Kontoinhaber erst nach einer Verfügung fest, dass zu irgendeinem Zeitpunkt mindestens 5,9 Prozent des Kontoguthabens inkriminiert waren, muss er von diesem Zeitpunkt an sämtliche Verfügungen unterlassen.[1765]

Geldwäsche wird mit einer **Freiheitsstrafe** von drei Monaten **bis fünf Jahren**, in schweren Fällen sogar von sechs Monaten bis zehn Jahren bestraft, bei **Leichtfertigkeit** nur mit **Geldstrafe oder Freiheitsstrafe bis zwei Jahren**. Bei einer gewerbsmäßigen Begehung droht darüber hinaus der sogenannte erweiterte Verfall nach § 73d StGB.[1766]

14.4. Bußgeld wegen Ordnungswidrigkeit

Ein Verstoß gegen das Zuwendungsverbot kann zugleich einen Verstoß gegen § 7 HWG darstellen, soweit die dort genannten Tatbestandsvoraussetzungen erfüllt sind. Bei vorsätzlicher oder fahrlässiger Begehung kann gemäß § 15 Abs. 1 Nr. 4a HWG ein **Bußgeld bis zu 50.000,- €** verhängt werden.

Auch Verstöße gegen das Apothekengesetz stellen Ordnungswidrigkeiten dar und können nach § 25 Abs. 1 Nr. 2 ApoG mit Bußgeldern zu bis **20.000,- €** geahndet werden.[1767]

[1763] *Stree/Hecker*, § 261, Rn. 28; *Fischer*, StGB, § 261, Rn. 42b m.w.N.
[1764] BGH, Beschl. v. 20.05.2015 – 1 StR 33/15.
[1765] Das Konto kann somit nur dadurch wieder genutzt werden, dass eine Strafanzeige gestellt wird. Die Staatsanwaltschaft kann das Konto dann durch einen Arrest sicherstellen und „reinigen". Stellt der Kontoinhaber diese Anzeige nicht, macht er sich gegebenenfalls wegen Untreue strafbar, da er dem Unternehmen ein frei nutzbares Konto „vorenthält".
[1766] Dies hat zur Folge, dass nicht nur die tatsächlich erhaltenen Zahlungen eingezogen werden können. Wurde das Geld bereits ausgegeben, können auch alle hierdurch erlangten Gegenleistungen beschlagnahmt werden; vgl. hierzu Kap. 14.1.4.4, S. 279.
[1767] Vgl. hierzu auch Kap. 7.1.3, S. 150 f.

14.5. Berufsrechtliche Folgen

Von ebenso großer, gegebenenfalls sogar noch weitreichenderer und existentieller Bedeutung sind die potentiellen berufsrechtlichen Folgen, die einer strafrechtlichen Verurteilung wegen Bestechung oder Bestechlichkeit folgen können. Neben einem durch das Strafgericht selbst ausgesprochenen **Berufsverbot** kommen als berufsrechtliche Sanktionsmöglichkeiten der **Widerruf der Approbation** als **allerschärfstes Sanktionsmittel** in Betracht ebenso wie die **Entziehung der vertrags(zahn)ärztlichen Zulassung**. Etwas weniger einschneidend sind die Anordnung des Ruhens der Approbation oder der Zulassung, da die Ruhensanordnung auf maximal zwei Jahre beschränkt ist. Schließlich kommen auch Honorarrückforderungen der KV bzw. der Krankenkassen in Betracht, falls diese auf Basis unerlaubter Absprachen oder Vereinbarungen, Honorare vergütet oder Leistungen erbracht haben. Die verschiedenen Sanktionsmöglichkeiten außerhalb des Strafrechts werden nachfolgend dargestellt.[1768]

14.5.1. Berufsverbot als Maßregel der Besserung und Sicherung

Gemäß § 70 Abs. 1 S. 1 StGB kann das erkennende Strafgericht ein Berufsverbot als Maßregel der Besserung und Sicherung verhängen. Voraussetzung dafür ist, dass der Täter eine rechtswidrige Tat unter Missbrauch seines Berufs oder Gewerbes oder unter grober Verletzung der mit ihnen verbundenen Pflichten begangen hat und die Gefahr besteht, dass er bei weiterer Ausübung des Berufs weitere erhebliche rechtswidrige Taten berufsbezogener Natur begehen wird.[1769]

§ 70 StGB: Anordnung des Berufsverbots

(1) Wird jemand wegen einer rechtswidrigen Tat, die er unter Mißbrauch seines Berufs oder Gewerbes oder unter grober Verletzung der mit ihnen verbundenen Pflichten begangen hat, verurteilt oder nur deshalb nicht verurteilt, weil seine Schuldunfähigkeit erwiesen oder nicht auszuschließen ist, so kann ihm das Gericht die Ausübung des Berufs, Berufszweiges, Gewerbes oder Gewerbezweiges für die Dauer von einem Jahr bis zu fünf Jahren verbieten, wenn die Gesamtwürdigung des Täters und der Tat die Gefahr erkennen läßt, daß er bei weiterer Ausübung des Berufs, Berufszweiges, Gewerbes oder Gewerbezweiges erhebliche rechtswidrige Taten der bezeichneten Art begehen wird. Das Berufsverbot kann für immer angeordnet werden, wenn zu erwarten ist, daß die gesetzliche Höchstfrist zur Abwehr der von dem Täter drohenden Gefahr nicht ausreicht.

Eine Tat ist unter **Missbrauch des Berufs** begangen worden, wenn der Täter unter bewusster Missachtung der ihm allgemein gestellten Aufgaben seinen Beruf dazu ausnützt, einen diesen Aufgaben zuwiderlaufenden Zweck zu verfolgen.[1770] Zwischen der begangenen Tat und dem Beruf muss eine spezifische Beziehung beste-

---

[1768] Vgl. hierzu ausführlich und grundlegend auch *Stollmann*, S. 76 ff.
[1769] *Frister/Lindemann/Peters*, S. 388.
[1770] BGH, Urt. v. 19.07.2001 – 4 StR 457/00; *Fischer*, StGB, § 70, Rn. 4.

hen; der Arzt muss die Straftaten also gerade im Rahmen seiner ärztlichen Tätigkeit begangen haben und nicht nur „bei Gelegenheit" der Berufsausübung.[1771]

Nach der weiteren Variante des § 70 Abs. 1 StGB muss die Anlasstat unter **grober Verletzung** der **mit dem Beruf** verbundenen Pflichten begangen worden sein. Als grob in diesem Sinne kann sich ein Verstoß gegen berufliche Pflichten unter zwei Gesichtspunkten erweisen: Zum einen kann der Pflichtverstoß selbst besonders schwer wiegen, zum anderen kann die verletzte Pflicht von so großer Bedeutung sein, dass schon ein einfacher Verstoß gegen diese ausreichend ist.[1772] Gerade bei verantwortungsvollen Berufen wie dem des Arztes, die eine besondere Zuverlässigkeit voraussetzen, kann daher schon ein einziger Verstoß ausreichen, der gradmäßig nicht besonders schwer wiegt.[1773]

Insgesamt wird in der Praxis nur sehr zurückhaltend von der Möglichkeit eines strafgerichtlichen Berufsverbotes Gebrauch gemacht, nicht zuletzt in Anbetracht der in den berufs-, approbations- und disziplinarrechtlichen Folgeverfahren drohenden Konsequenzen, die insoweit als ausreichend erachtet werden.[1774]

14.5.2. Approbationsrechtliche Folgen

14.5.2.1. Widerruf der Approbation

Die Approbation ist zu widerrufen, wenn ein Arzt sich nachträglich **eines Verhaltens schuldig** gemacht hat, aus dem sich die **Unwürdigkeit oder Unzuverlässigkeit zur Ausübung des ärztlichen Berufes** ergibt.[1775] Der Widerruf der Approbation hat nicht nur zur Folge, dass der Arzt oder Zahnarzt seinen Beruf nicht mehr ausüben kann. Er darf sich darüber hinaus auch nicht mehr als „Arzt" oder „Zahnarzt" bezeichnen, da ihm dies nur auf Basis einer gültigen Approbation gestattet ist. Führt er die Bezeichnung als „Arzt", „Zahnarzt", „Apotheker" oder „Psychotherapeut" dennoch, macht er sich erneut strafbar nach § 132a StGB.[1776] Der **Widerruf der**

[1771] *Frister/Lindemann/Peters*, S. 389.
[1772] *Frister/Lindemann/Peters*, S. 389.
[1773] *Frister/Lindemann/Peters*, S. 389. § 70 Abs. 1 StGB setzt ferner voraus, dass bei einer Gesamtwürdigung des Täters und der Tat – für die auf den Zeitpunkt der tatrichterlichen Verhandlung abzustellen ist – die Gefahr der Begehung erheblicher ähnlicher Straftaten unter Ausnutzung der mit dem Arztberuf verbundenen Stellung besteht.
[1774] *Frister/Lindemann/Peters*, S. 391.
[1775] § 5 Abs. 2 S. 1 i.V.m. § 3 Abs. 1 S. 1 Nr. 2 BÄO. Bei Zahnärzten stellt § 4 Abs. 2 S. 1 i.V.m. § 2 Abs. 1 S. 1 Nr. 2 ZHG die Rechtsgrundlage für den Widerruf der Approbation dar. Gleichlautende Regelungen finden sich für Apotheker in § 6 Abs. 2 i.V.m. § 4 Abs. 1 S. 1 Nr. 2 BApO und für Psychotherapeuten in § 3 Abs. 2 S. 1 i.V.m. § 2 Abs. 1 Nr. 3 PsychThG.
[1776] *„Wer unbefugt …. die Berufsbezeichnung Arzt, Zahnarzt, Psychologischer Psychotherapeut, Kinder- und Jugendlichenpsychotherapeut, Psychotherapeut, Tierarzt, Apotheker … führt, … wird mit Freiheitsstrafe bis zu einem Jahr oder mit Geldstrafe bestraft."*

Approbation entzieht somit die gesamte berufliche Existenz und ist die **schärfste berufsrechtliche Sanktion**.

Ein Arzt ist der Ausübung des ärztlichen Berufs unwürdig, wenn er durch sein Verhalten nicht mehr das Ansehen und Vertrauen besitzt, das für die Ausübung dieses Berufes unabdingbar nötig ist.[1777] Diese Definition knüpft die Feststellung der Berufsunwürdigkeit im Hinblick auf den **Grundsatz der Verhältnismäßigkeit** an **hohe Voraussetzungen**. Sie verlangt ein schwerwiegendes Fehlverhalten des Arztes, das bei Würdigung aller Umstände seine Berufsausübung im maßgeblichen Zeitpunkt untragbar erscheinen lässt.[1778] Ein solches **schwerwiegendes Fehlverhalten** muss geeignet sein, das Vertrauen der Öffentlichkeit in den Berufsstand nachhaltig zu erschüttern, wenn das Verhalten für den Fortbestand der Approbation folgenlos bliebe.[1779]

Unwürdigkeit ist vor allem dann zu bejahen, wenn der Betreffende **vorsätzlich** eine schwere gegen die Person gerichtete, von der Allgemeinheit **besonders missbilligte Straftat** begangen hat, die ein die Durchschnittsstraftat übersteigendes Unwerturteil enthält und zu einer tiefgreifenden Abwertung der Persönlichkeit führt.[1780] Entscheidend ist dabei, dass das Verhalten für jeden billig und gerecht Denkenden als **Zerstörung** der für die heilberufliche Tätigkeit **unverzichtbaren Vertrauensbasis** erscheint.[1781]

Ausreichend kann es daher auch sein, wenn sich ein Arzt gerade durch die Begehung von Straftaten im Rahmen seiner Berufsausübung **dauerhaft** eine **Erwerbsquelle** von **nicht unerheblichem Umfang** sichert, sodass das **Ansehen** des Betreffenden, aber auch der Ärzteschaft im Ganzen, **erheblich beschädigt** wird.[1782] Vor diesem Hintergrund können etwa strafrechtliche Verurteilungen

- wegen mehrfachen Betruges zum Nachteil von Patienten,
- wegen (versuchten) Abrechnungsbetrugs zum Nachteil der Kostenträger sowie
- wegen gewerbs- und bandenmäßigen Betruges in Zusammenhang mit sog. „Kick-back"-Zahlungen,[1783]

die **Annahme** eines **schwerwiegenden Fehlverhaltens** bei der Einhaltung der beruflichen Verpflichtungen rechtfertigen.[1784] Hierbei sieht es die Rechtsprechung als

---

[1777] Vgl. hierzu umfassend *Schelling*, § 5 BÄO.
[1778] BayVGH, Urt. v. 30.09.2010, Urt. v. 30.09.2010 – 21 BV 09.1279.
[1779] BVerwG, Beschl. v. 18.08.2011 – 3 B 6/11 m.w.N.
[1780] VGH Mannheim, Beschl. v. 29.09.2009 – 9 S 1783/09.
[1781] OVG Niedersachsen, Beschl. v. 04.12.2009 – 8 LA 197/09; VGH München, Beschl. v. 28.03.2007 – 21 B 04.3153; OVG Rheinland-Pfalz, Urt. v. 20.09.2005 – 6 A 10556/05.
[1782] OVG Niedersachsen, Beschl. v. 02.09.2009 – 8 LA 99/09.
[1783] OVG NRW, Urt. v. 02.04.2009 – 13 A 9/08.; BayVGH, Urt. v. 30.09.2010, Urt. v. 30.09.2010 – 21 BV 09.1279.
[1784] Vgl. *Stollmann*, S. 76 ff. m.w.N.; *Schelling*, Rn. 18 ff.

unerheblich an, ob die Taten **im Zusammenhang mit der Patientenbehandlung** begangen wurden.[1785]

Die Rechtsprechung hat dies auch bei **Steuerhinterziehungen**[1786] im Zusammenhang mit der Berufsausübung sowie bei mehreren strafrechtlichen Ermittlungsverfahren wegen Vorenthaltens und **Veruntreuens von Arbeitsentgelt** und wegen **rückständiger Sozialversicherungsbeiträge**[1787] entschieden. Das Merkmal der Berufsunwürdigkeit erfordert auch nicht die Verhängung eines bestimmten Mindeststrafmaßes.[1788] Entsprechende Verfehlungen im Bereich der Vermögensdelikte können also einen hinreichenden Anhaltspunkt bieten, von einer Unwürdigkeit des Betreffenden auszugehen.[1789] Aus der insoweit gefestigten Rechtsprechung lassen sich daher auch **Rückschlüsse** im Hinblick auf die neuen Wirtschaftsstraftaten **der §§ 299a und 299b StGB** ziehen.[1790] Wer also als Arzt, Zahnarzt oder Therapeut wegen Bestechlichkeit im Gesundheitswesen nach § 299a StGB verurteilt wird, dem droht – je nach Umfang und Ausmaß des Strafvorwurfs – auch der Widerruf der Approbation.

Der unbestimmte Rechtsbegriff der **Unzuverlässigkeit** ist durch eine **Prognose** gekennzeichnet. Sie ist gegeben, wenn der Approbierte nicht die Gewähr dafür bietet, dass er seinen Beruf in der Zukunft ordnungsgemäß ausüben wird.[1791] Die zu treffende **Prognoseentscheidung** beruht auf der **Bewertung des in der Vergangenheit liegenden Verhaltens** des Heilberuflers. Daraus muss mit hinreichender Wahrscheinlichkeit geschlossen werden können, dass der Betreffende **auch in Zukunft** den beispielsweise in § 1 BÄO zum Ausdruck kommenden Berufspflichten[1792] nicht mehr genügen werde.[1793]

Der Rechtsprechung zufolge ist in diesem Zusammenhang etwa ausschlaggebend, ob **die Art, die Schwere und die Anzahl der Verstöße** gegen die Berufspflichten den Betreffenden als eine Persönlichkeit ausweisen, die sich durch die Vorgaben der Berufsordnung im Allgemeinen und die an Pflichtwidrigkeiten anknüpfenden Sanktionen im Besonderen nicht sonderlich beeindrucken ließ.[1794] Selbst ein „ein-

---

[1785] BVerwG, Beschl. v. 18.08.2011 – 3 B 6/11. Im entschiedenen Fall ging es unter anderem um die Annahme von Pharmageldern durch einen Chefarzt für Betriebsausflüge, für die Finanzierung seiner Geburtstagsfeier und für Vortragshonorare ohne Klinikgenehmigung.
[1786] Hinsichtlich fortgesetzter Einkommenssteuerhinterziehungen vgl. OVG Niedersachsen, Beschl. v. 04.12.2009 – 8 LA 197/09; OVG NRW, Beschl. v. 31.08.2006 – 13 A 1190/05.
[1787] OVG Niedersachsen, Beschl. v. 04.12.2009 - 8 LA 197/09; OVG NRW, Beschl. v. 27.08.2009 – 13 A 1178/09.
[1788] Daher kann auch ein Strafbefehl Anlass für den Widerruf der Approbation sein, vgl. BVerwG, Beschl. v. 18.08.2011 – 3 B 6/11.
[1789] So auch *Schelling*, § 5 BÄO, Rn. 25, 37 m.N.
[1790] So zutreffend *Stollmann*, S. 76 ff. m.w.N.
[1791] VG Saarlouis, Beschl. v. 03.06.2008 – 1 L 145/08, m.w.N., auch zur älteren Rechtsprechung.
[1792] § 1 BÄO: *„Der Arzt dient der Gesundheit des einzelnen Menschen und des gesamten Volkes."*
[1793] *Stollmann*, S. 76 ff. m.w.N.
[1794] Die mangelnde Bereitschaft, sich mit seinem pflichtwidrigen Verhalten vertieft auseinanderzusetzen, oder der wiederholte und schwerwiegende Mangel jeglicher Gewissenhaftigkeit

maliges Fehlverhalten" kann nach Ansicht der Gerichte grundsätzlich geeignet sein, den Schluss auf eine Unzuverlässigkeit zu begründen.[1795]

14.5.2.2. Ruhen der Approbation

Als vorläufige Maßnahme haben die zuständigen Behörden auch die Möglichkeit, eine **Ruhensanordnung** zu treffen.[1796] Das Ruhen der Approbation kann angeordnet werden, wenn gegen den Arzt wegen des Verdachts einer Straftat, aus der sich seine Unwürdigkeit oder Unzuverlässigkeit zur Ausübung des ärztlichen Berufs ergeben kann, ein **Strafverfahren eingeleitet** ist.[1797]

Bei der Anordnung des Ruhens der Approbation handelt es sich um eine **vorübergehende Maßnahme**, die dazu bestimmt ist, in unklaren Fällen oder Eilfällen die Ausübung heilberuflicher Tätigkeit für bestimmte oder unbestimmte Zeit zu untersagen, wenn dies im Interesse der Allgemeinheit und zum Schutz von Patienten geboten ist. Sie erfasst insbesondere die Fälle, in denen eine Ungeeignetheit oder Unwürdigkeit zur Ausübung des Heilberufs (noch) nicht endgültig feststeht und eine solche vorübergehend in Frage steht. Steht die Ungeeignetheit oder Unwürdigkeit zur Ausübung des Berufs indessen bereits endgültig fest, darf die Approbation nicht zum Ruhen gebracht, sondern muss deren Widerruf erwogen werden.[1798]

Die Anordnung des Ruhens der Approbation setzt in verfassungsrechtlicher Hinsicht die zusätzliche Feststellung voraus, dass sie schon vor einer rechtskräftigen strafgerichtlichen Entscheidung **zur Abwehr konkreter Gefahren** für wichtige Gemeinschaftsgüter **erforderlich** ist.[1799]

---

und Verantwortung sind dabei relevante Anhaltspunkte. Derartige Einstellungen werden von der Rechtsprechung als Indiz für die Gefahr neuer Pflichtwidrigkeiten angesehen, vgl. etwa OVG Rheinland-Pfalz, Urt. v. 20.09.2005 – 6 A 10556/05.

[1795] VGH Mannheim, Beschl. v. 02.10.2008 – 9 S 1782/08; skeptisch unter Verhältnismäßigkeitsaspekten *Hoppe/Seebohm/Rompf*, § 5 BÄO, Rn. 12.

[1796] Vgl. dazu auch *Hoppe/Seebohm/Rompf*, § 6 BÄO, Rn. 1 ff.

[1797] § 6 Abs. 1 Nr. 1 BÄO. Gleichlautende Regelungen enthalten § 8 Abs. 1 Nr. 1 BApO, § 5 Abs. 1 Nr. 1 ZHG sowie § 3 Abs. 3 S. 1 PsychThG.

[1798] OVG NRW, Beschl. v. 31.07.2007 – 13 B 929/07; VGH München, Beschl. v. 20.01.2009 – 21 CS 08.2921.

[1799] Dieses Erfordernis entspricht der Funktion von Präventivmaßnahmen, mit denen für eine Zwischenzeit ein Sicherungszweck verfolgt wird, der es ausnahmsweise rechtfertigt, den Rechtsschutzanspruch des Grundrechtsträgers einstweilen zurückzustellen, um unaufschiebbare Maßnahmen im Interesse des allgemeinen Wohls rechtzeitig in die Wege zu leiten. Wegen der gesteigerten Eingriffsintensität, die schon dem vorläufigen Berufsverbot als solchem immanent ist, rechtfertigen nur solche Gründe eine Ruhensanordnung, die in angemessenem Verhältnis zu der Schwere des Eingriffs stehen und ein Zuwarten bis zu einem rechtskräftigen Abschluss des strafgerichtlichen Verfahrens ausschließen. Ob diese Voraussetzungen gegeben sind, hängt von einer Gesamtwürdigung der Umstände des Einzelfalls und insbesondere davon ab, ob eine weitere Berufstätigkeit konkrete Gefahren für wichtige Gemeinschaftsgü-

Bei Realisierung bloßer Vermögensdelikte wie §§ 299a, 299b StGB ist dies eher zweifelhaft, wahrscheinlicher könnte dies – in Anbetracht des gesteigerten Gefährdungspotentials und der höheren kriminellen Energien – allenfalls für besonders schwere Fälle im Sinne des § 300 StGB in Betracht kommen.[1800]

14.5.3. Zulassungsrechtliche Folgen

Über approbationsrechtliche Maßnahmen hinaus können strafrechtliche Verfahren oder gar Verurteilungen nach den §§ 299a, 299b und 300 StGB bei Ärzten, Zahnärzten oder Psychotherapeuten, die jeweils über eine vertrags(zahn)ärztliche Zulassung verfügen, auch zu zulassungsrechtlichen Konsequenzen führen. Dies kann zum einen ein **Disziplinarverfahren**, zum anderen aber auch die **Entziehung der Zulassung** sein.[1801]

14.5.3.1. Entziehung der vertrags(zahn)ärztlichen Zulassung

Rechtsgrundlage für die Entziehung der vertrags(zahn)ärztlichen Zulassung ist § 95 Abs. 6 S. 1 SGB V.[1802] Danach ist einem Vertrags(zahn)arzt die Zulassung zu entziehen, wenn er seine vertrags(zahn)ärztlichen **Pflichten gröblich verletzt**, z.B. bei einem Verstoß gegen § 128 SGB V.[1803]

Eine Pflichtverletzung wird als gröblich angesehen, wenn sie so schwer wiegt, dass ihretwegen die Entziehung zur Sicherung der vertragsärztlichen Versorgung notwendig ist; davon ist auszugehen, wenn die gesetzliche Ordnung der vertragsärztlichen Versorgung durch das Verhalten des Arztes in erheblichem Maße verletzt wird und das Vertrauensverhältnis zu den vertragsärztlichen Institutionen so tiefgreifend und nachhaltig gestört ist, dass ihnen eine weitere Zusammenarbeit mit dem Vertrags(zahn)arzt nicht mehr zugemutet werden kann.[1804] In diesem Zusammenhang

---

ter befürchten lässt, vgl. VG Karlsruhe, Urt. v. 18.12.2007 – 11 K 2274/07, unter Bezug auf BVerfG, Beschl. v. 04.10.2006 – 1 BvR 2403/06.

[1800] Vgl. hierzu auch *Hoppe/Seebohm/Rompf*, § 6 BÄO, Rn. 5, die ebenfalls überwiegend auf den Verdacht von Körperverletzungsdelikten und den damit verbundenen Schutz des Patienten und der Gesundheit der Bevölkerung abstellen.

[1801] Vgl. zum Verhältnis der beiden Sanktionen zueinander ausführlich *Stollmann*, S. 76 ff., *Steinhilper*, Disziplinarverfahren, S. 348 ff.

[1802] „Die Zulassung ist zu entziehen, wenn ihre Voraussetzungen nicht oder nicht mehr vorliegen, der Vertragsarzt die vertragsärztliche Tätigkeit nicht aufnimmt oder nicht mehr ausübt oder seine vertragsärztlichen Pflichten gröblich verletzt. Der Zulassungsausschuss kann in diesen Fällen statt einer vollständigen auch eine hälftige Entziehung der Zulassung beschließen."

[1803] Vgl. §§ 128 Abs. 5a, 73 Abs. 7 S. 1 SGB V; vgl. hierzu Kap. 6, S. 121 ff.

[1804] Ständige Rechtsprechung des BSG, vgl. Urt. v. 17.10.2012 – B 6 KA 49/11 R; weitere Nachweise auch bei *Rehborn/Ossege*, § 95 SGB V, Rn. 153 f. und *Gerlach*, § 95 SGB V, Rn. 118 ff.

ist auch anerkannt, dass es eines **Verschuldens des Leistungserbringers** hinsichtlich der Zerstörung des Vertrauensverhältnisses **nicht bedarf**.[1805]

Die von der Rechtsprechung entschiedenen Fallkonstellationen und die dabei angewandten Maßstäbe entsprechen im Wesentlichen denen beim **Widerruf von Approbationen**, gerade auch was die Fragen der **Vorteilsannahme** von anderen Leistungserbringern anbelangt.[1806] Dies gilt im Übrigen auch für die Heranziehung der Erkenntnisse aus Strafurteilen, Strafbefehlen usw.[1807] Eine entgeltliche Zuweisung von Versicherten etwa dergestalt, dass dem Vertragsarzt für das Ausfüllen statistischer Erhebungsbögen Gebühren zugesichert werden, die außer Verhältnis zum Arbeitsaufwand stehen[1808] – was künftig sogar zu einer Verurteilung nach den neuen §§ 299a, 299b StGB führen könnte – wäre daher auch im Kontext einer möglichen Zulassungsentziehung relevant.

Es existiert **keine ausdrückliche Verjährungsfrist**, die daran hindern würde, bereits länger zurückliegende gröbliche Pflichtverletzungen zur Begründung einer Zulassungsentziehung heranzuziehen.[1809]

14.5.3.2. Disziplinarmaßnahmen der Kassenärztlichen Vereinigung

Rechtsgrundlage für Disziplinarmaßnahmen gegen Vertrags(zahn)ärzte ist § 81 Abs. 5 SGB V.[1810] Trägerin der Disziplinargewalt ist die Kassenärztliche Vereinigung. Die weitere Ausgestaltung erfolgt in den Satzungen der Kassenärztlichen Vereinigungen oder in eigenständigen Disziplinarordnungen.

Voraussetzung für ein Disziplinarverfahren ist die **schuldhafte Verletzung vertragsärztlicher Pflichten**. Dazu gehört auch die Pflicht zur Einhaltung des Verbots der Annahme von Zuwendungen.[1811] Als Sanktionen kommen je nach der Schwere der Verfehlung folgende Maßnahmen in Betracht:

- Verwarnung,

[1805] BSG, Urt. v. 21.03.2012 – B 6 KA 22/11 R.
[1806] Zu letzterem explizit *Krauskopf/Clemens*, § 29, Rn. 138.
[1807] Vgl. *Joussen*, § 95 Rn. 22.
[1808] Vgl. dazu im Hinblick auf den Verstoß gegen § 73 Abs. 7 SGB V: LSG BW, Beschl. v. 04.11.2014 – L 5 KR 141/14 ER-B.
[1809] *Stollmann*, S. 80. Jedoch können Pflichtverletzungen, die zum Zeitpunkt der Entscheidung der Zulassungsgremien bereits länger als die übliche Bewährungszeit von fünf Jahren zurück liegen, nur zur Grundlage einer Zulassungsentziehung gemacht werden, wenn sie besonders gravierend sind (z.B. Fälle systematischen Fehlverhaltens im Behandlungs- oder Abrechnungsbereich) oder aus anderen Gründen bis in die Gegenwart hinein fortwirken, LSG Berlin-Brandenburg, Urt. v. 14.08.2013 – L 7 KA 24/12; vgl. auch *Rehborn/Ossege*, § 95 SGB V, Rn. 156.
[1810] Vgl. eingehend zum Disziplinarverfahren *Ehlers*; *Steinhilper*, HK-AKM, Nr. 1485 und *Hartmannsgruber*, S. 567, Rn. 1173 ff.
[1811] § 73 Abs. 7 i.V.m. § 128 Abs. 2 S. 3, Abs. 5a SGB V, vgl. hierzu eingehend Kap. 6, S. 121 ff.

- Verweis,
- Geldbuße bis zu 50.000,- €[1812] oder
- die Anordnung des Ruhens der Zulassung oder der vertragsärztlichen Beteiligung bis zu zwei Jahren.

Welche Maßnahme im Einzelfall angemessen ist, richtet sich nach dem **Grundsatz der Verhältnismäßigkeit**.[1813] Dabei ist zu berücksichtigen, dass der Maßnahmenkatalog des § 81 Abs. 5 SGB V abgestuft ist. Die Entscheidung, auf welcher Stufe die Maßnahme verhängt werden soll, knüpft infolgedessen an die Intensität der vertragsärztlichen Pflichtverletzung an.[1814] Aus diesem Stufenverhältnis folgt zugleich, dass eine **Kumulation mehrerer Disziplinarmaßnahmen unzulässig** ist.[1815] In jedem Fall ist aber eine Disziplinarmaßnahme neben einer strafgerichtlichen Verurteilung möglich.[1816]

14.5.4. Berufsgerichtliche Maßnahmen

Schließlich sind auch die berufsgerichtlichen Auswirkungen einer strafrechtlichen Verurteilung zu berücksichtigen.[1817] Voraussetzung für die Einleitung eines berufsgerichtlichen Verfahrens ist eine Berufspflichtverletzung bzw. eine berufsunwürdige Handlung. Berufsunwürdig ist eine Handlung, mit welcher schuldhaft gegen Pflichten verstoßen wird, die einem Kammermitglied zur Wahrung des Ansehens seines Berufes obliegen. **Maßstab** für ebendiesen Pflichtenverstoß und damit das berufsgerichtliche Verfahren sind die jeweiligen landesrechtlichen **Berufsordnungen**. Ein Verstoß gegen die Regelungen zur „Wahrung der ärztlichen Unabhängigkeit bei der Zusammenarbeit mit Dritten"[1818] kann folgende Sanktionen nach sich ziehen:[1819]

[1812] Die Geldbuße wurde mit dem GKV-VSG vom 16.07.2015 von bislang 10.000,- € auf 50.000,- € erhöht, um die Verhängung einer angemessenen Sanktion auch in denjenigen Fällen zu ermöglichen, in denen wegen der Schwere der Verfehlung ein Bußgeld von 10.000,- € als zu gering, ein befristetes Ruhen der Zulassung wegen der hiermit verbundenen einschneidenden wirtschaftlichen Folgen aber als unverhältnismäßig erscheint, vgl. Begründung zu § 81 Abs. 5 S. 3 in SGB V Handbuch, KKF Verlag.
[1813] Vgl. zur Überprüfung der Angemessenheit der Ermessensentscheidung *von Strachwitz-Helmstatt*, S. 382.
[1814] Vgl. BSG, Urt. v. 06.12.2002 – B 6 KA 9/02; BSG, Urt. v. 08.03.2000 – B 6 KA 62/98 R.
[1815] Vgl. *Legde*, § 81 Rn. 17.
[1816] BSG, Urt. v. 29.10.1986 – 6 RKa 4/86 im Anschluss an BVerfG, Beschl. v. 02.05.1967 – 2 BvL 1/66; BVerfG, Beschl. v. 29.10.1969 – 2 BvR 545/68.
[1817] Vgl. zur Berufsgerichtsbarkeit der Heilberufe mit einer Gegenüberstellung aller landesrechtlichen Regelungen ausführlich *Frehse/Weimer*.
[1818] Vgl. hierzu ausführlich Kap. 5, S. 103 ff.
[1819] Vgl. beispielhaft für Baden-Württemberg § 58 HBKG.

- Verwarnung,
- Verweis,
- Geldbuße,
- Aberkennung der Mitgliedschaft in den Organen der Kammer und den Vertretungen und Ausschüssen der Untergliederungen,
- Aberkennung des Wahlrechts und der Wählbarkeit in die Organe der Kammer und in die Vertretungen und Ausschüsse der Untergliederungen bis zur Dauer von fünf Jahren.

Ist oder war eine berufsunwürdige Handlung Gegenstand eines Strafverfahrens, scheidet zwar regelmäßig eine zusätzliche berufsrechtliche Ahndung wegen desselben Vorganges aus, da die strafgerichtliche Verurteilung oftmals auch den disziplinarischen Erfordernissen gerecht wird.[1820] Anders kann dies nur zu beurteilen sein, wenn ein sogenannter **berufsrechtlicher Überhang** besteht. Dies ist dann der Fall, wenn die strafrechtliche Verurteilung nicht die ebenfalls verwirklichten berufsrechtlichen Verstöße abdeckt, sodass eine berufsrechtliche Sanktion erforderlich ist, um das Kammermitglied zur Erfüllung seiner berufsrechtlichen Pflichten anzuhalten. Es handelt sich insbesondere um Konstellationen, in denen der berufsrechtliche Unrechts- und Schuldgehalt der Tat erheblich über den strafrechtlichen hinausgeht.[1821]

14.5.5. Gesamtverhältnis

Der verfassungsrechtliche Grundsatz des **Verbots der Doppelbestrafung** gebietet es, den Unrechtsgehalt einer Tat nur einer einmaligen Sanktionierung zu unterziehen, Art. 103 Abs. 3 GG.[1822] Dennoch ist es nicht per se ausgeschlossen, verschiedene Maßnahmen nebeneinander zu verhängen, wenn der Zweck der Sanktionen unterschiedliche Zielsetzungen hat.[1823] In Anbetracht ihrer unterschiedlichen Zweckbestimmungen sind daher die zuvor beschriebenen Sanktionen ungeachtet einer vorhergehenden strafrechtlichen Verurteilung grundsätzlich nebeneinander anwendbar.

So bezwecken disziplinarische Maßnahmen nach § 81 SGB V, den Vertragsarzt zur ordnungsgemäßen Erfüllung seiner vertragsärztlichen Pflichten zu veranlassen. Anders als die strafrechtlichen Sanktionen dienen sie nicht der Vergeltung oder Sühne, sondern einer präventiven Zielrichtung. Der Widerruf der Approbation dient einem umfassenden Ziel der Gefahrenabwehr, nämlich dem Schutz der Funktions-

---

[1820] *Stollmann*, S. 80.
[1821] Vgl. OVG NRW, Beschl. v. 03.02.2004 – 13 B 2369/03; VG Frankfurt/M., Beschl. 26.04.2005 – 21 BG 6932/04.
[1822] „Niemand darf wegen derselben Tat auf Grund der allgemeinen Strafgesetze mehrmals bestraft werden."
[1823] Vgl. etwa *Hartmannsgruber*, S. 569, Rn. 1179; *Nebendahl*, §§ 77 – 81a SGB V, Rn. 14.

und Leistungsfähigkeit der öffentlichen Gesundheitsversorgung. Dementsprechend wird die Verwertung der Verhaltensfeststellungen für Zwecke des Widerrufs der Approbation nicht dadurch gesperrt, dass bestimmte Vorgänge bereits eine straf- oder heilberufsgerichtliche Ahndung erfahren haben.[1824]

Wer also als Arzt, Zahnarzt, Psychotherapeut oder Apotheker nach §§ 299a, 299b StGB bestraft wurde, muss darüber hinaus ganz reell und ernsthaft auch mit einem berufsgerichtlichen Verfahren, mit einem Disziplinarverfahren und im schlimmsten Fall sogar mit einem Zulassungsentzugsverfahren sowie einem Widerrufsverfahren der Approbation rechnen. Insbesondere die letztgenannten Maßnahmen sind dabei im Zweifel wesentlich einschneidender als ein Strafverfahren oder ein Strafbefehl, da sie die berufliche Existenzgrundlage entziehen.

14.5.6. Mitteilungsbefugnisse an andere Behörden

Im geltenden Recht gibt es vielerorts **Übermittlungsbefugnisse der zuständigen Stellen**, wie etwa nach Nr. 26 der Anordnung über Mitteilungen in Strafsachen (MiStra).[1825] Demnach ist die zuständige **Staatsanwaltschaft zur Mitteilung an die Approbationsbehörde und die Kammer berechtigt**, wenn bei Strafsachen gegen Angehörige der Heilberufe der Tatvorwurf auf eine Verletzung von Pflichten schließen lässt, die bei der Ausübung des Berufes zu beachten sind, oder der in anderer Weise geeignet ist, Zweifel an der Eignung, Zuverlässigkeit oder Befähigung hervorzurufen.

Die **Kassenärztlichen Vereinigungen** sind befugt, personenbezogene Daten der Ärzte den hierfür zuständigen Behörden und Heilberufskammern zu übermitteln, soweit diese für Entscheidungen über die Rücknahme, den Widerruf oder die Anordnung des Ruhens der Approbation oder für berufsrechtliche Verfahren erheblich sind, § 285 Abs. 3a SGB V.

Nach den jeweiligen Kammergesetzen unterrichtet die **Kammer** die Berufszulassungsbehörde über die Verletzung von Berufspflichten, wenn das Verhalten geeignet ist, Zweifel an der Eignung, Würdigkeit oder Zuverlässigkeit von Kammerangehörigen hervorzurufen.[1826]

[1824] Vgl. hierzu weiter ausführlich *Stollmann*, S. 76 ff.
[1825] Vgl. den Wortlaut der Vorschrift im Anhang, Kap. 16.1.7, S. 317.
[1826] Vgl. umfassend zum Thema *Stollmann*, S. 76 ff.

14.6. Zivilrechtliche Folgen

Nach der Rechtsprechung des BGH können Verträge, die zur Begehung unlauteren Wettbewerbs verpflichten, gemäß § 134 BGB **nichtig** sein, wenn der rechtsgeschäftlichen Verpflichtung selbst das wettbewerbswidrige Verhalten innewohnt.[1827] Für die Frage, ob der zwischen den Parteien abgeschlossene Vertrag gegen ein gesetzliches Verbot verstößt, ist auf die **Gesetzeslage zum Zeitpunkt des Vertragsschlusses** abzustellen.[1828] Richtet sich das Verbot gegen beide Vertragsparteien, ist in der Regel anzunehmen, dass das Rechtsgeschäft nichtig ist. Dies gilt auch dann, wenn nur eine Vertragspartei gegen berufsrechtliche Verbote verstößt, die andere Partei hingegen spezifischen Berufspflichten nicht unterliegt, diese jedoch einen Arzt unter dem Gesichtspunkt der unangemessenen unsachlichen Einflussnahme nach UWG[1829] durch die Gewährung oder das Inaussichtstellen eines finanziellen Vorteils dazu veranlasst, dessen Interessenwahrungspflicht zu verletzen.[1830]

Die Regelung des § 134 BGB ist eine **Schranke der Privatautonomie**: Gesetzliche Verbote stehen nicht zur Disposition der Parteien.[1831] Nichtigkeit bedeutet, dass das Rechtsgeschäft die nach seinem Inhalt bezweckten Rechtswirkungen von Anfang an nicht hervorbringen kann.[1832] Es besteht folglich kein Anspruch der Vertragspartner auf Erfüllung der vertraglichen Vereinbarungen.

14.7. Wettbewerbsrechtliche Folgen

Nach § 3 Abs. 1 UWG sind unlautere geschäftliche Handlungen unzulässig. Sie dürfen daher nicht vorgenommen werden oder sie sind verboten.[1833]

Wer eine nach § 3 oder § 7 UWG unzulässige geschäftliche Handlung vornimmt, kann auf **Beseitigung** und bei Wiederholungsgefahr auf **Unterlassung** in Anspruch genommen werden, § 8 Abs. 1 S. 1 UWG.[1834] Vor der Einleitung eines gerichtlichen Verfahrens soll der Schuldner abgemahnt werden, um den Streit durch Abgabe

---

[1827] BGH, Urt. v. 23.02.2012 – I ZR 231/10 (Dentallaborleistungen) m.w.N.
§ 134 BGB bestimmt: *„Ein Rechtsgeschäft, das gegen ein gesetzliches Verbot verstößt, ist nichtig, wenn sich nicht aus dem Gesetz ein anderes ergibt."*
[1828] BGH, Urt. v. 23.02.2012 – I ZR 231/10 (Dentallaborleistungen).
[1829] Zum Zeitpunkt der Entscheidung § 1 UWG, heute §§ 3 Abs. 1, 3a UWG.
[1830] BGH, Urt. v. 23.02.2012 – I ZR 231/10 (Dentallaborleistungen).
[1831] *Palandt*, § 134, Rn. 1 m.w.N.
[1832] *Palandt*, Überblick vor § 104, Rn. 27. Die Nichtigkeit wirkt für und gegen alle und bezieht sich im Zweifel auf das gesamte Rechtsgeschäft, *Palandt*, § 134, Rn. 13.
[1833] *Köhler*, § 3 UWG, Rn. 2.2.
[1834] Der Anspruch auf Unterlassung besteht bereits dann, wenn eine derartige Zuwiderhandlung gegen § 3 oder § 7 UWG droht, § 8 Abs. 1 S. 2 UWG.

einer mit einer angemessenen Vertragsstrafe bewehrten Unterlassungsverpflichtung beizulegen, § 12 Abs. 1 UWG.[1835]

Die Regelungen des Heilmittelwerbegesetzes, insbesondere auch die Vorschrift des § 7 HWG sowie die Regelungen des ärztlichen und zahnärztlichen **Berufsrechts** stellen nach höchstrichterlicher Rechtsprechung sogenannte „**Marktverhaltensregelungen**" im Sinne des § 3a UWG dar.[1836] Verstöße hiergegen können wettbewerbsrechtlich unterbunden werden. Die Ansprüche stehen jedem Mitbewerber (also beispielsweise Ärzten, Zahnärzten oder Kliniken, Pharmaunternehmen oder Medizinprodukteunternehmen, Sanitätshäusern oder Heilmittelerbringern) zu.[1837] Auch Verträge zwischen Krankenhäusern und niedergelassenen Ärzten unterliegen der wettbewerbsrechtlichen Kontrolle.[1838]

Die **Kodizes der Industrie** stellen ausdrücklich **keine Marktverhaltensregelungen** dar.[1839] Ein Verstoß gegen einen Kodex ist also nicht per se ein Wettbewerbsverstoß. Allerdings kommt einem Kodexverstoß eine „indizielle Bedeutung zu, was in der betreffenden Branche bzw. von den einschlägigen Verkehrskreisen als lauter oder unlauter angesehen wird". Die Kodizes bieten daher zumindest Anhaltspunkte für die Bestimmung der „anständigen Gepflogenheiten in Gewerbe und Handel".[1840]

Möglich ist neben dem Anspruch auf Beseitigung und Unterlassung auch die **Geltendmachung von Schadensersatz**, § 9 UWG.[1841] Soweit eine gesetzliche Vorschrift im Sinne des § 3a UWG zugleich ein **Verbotsgesetz** im Sinne des § 134 BGB darstellt, eine Zuwiderhandlung also zur **Nichtigkeit** des vorgenommenen Rechtsgeschäfts führt, schließt dies die gleichzeitige Anwendung des § 3a UWG nicht aus. Der bürgerlich-rechtliche Rechtsschutz des von der Zuwiderhandlung Betroffenen macht wettbewerbsrechtliche Sanktionen nach den §§ 8 ff. UWG nicht entbehrlich.[1842]

[1835] Vgl. zum Verfahren der Abmahnung und zum Verhalten des Abgemahnten ausführlich *Bornkamm*, § 12 UWG.
[1836] Früher § 4 Nr. 11 UWG, vgl. hierzu Kap. 3.4.2.1, S. 72 ff.
[1837] Auch rechtsfähige Verbände zur Förderung gewerblicher oder selbständiger beruflicher Interessen sind anspruchsbefugt, § 8 Abs. 3 UWG.
[1838] Denn § 69 Abs. 1 SGB V regelt abschließend nur die Rechtsbeziehungen der Krankenkassen und ihrer Verbände zu Ärzten, Zahnärzten, Psychotherapeuten, Apotheken sowie sonstigen Leistungserbringern und ihren Verbänden. Die Bestimmung erfasst folglich nur solche Vereinbarungen, bei denen auf der einen Seite eine Krankenkasse und auf der anderen ein Erbringen medizinischer Leistungen steht, vgl. OLG Düsseldorf, Urt. v. 01.09.2009 – I-20 U 121/08, 20 U 121/08.
[1839] *Dieners*, S. 36; vgl. auch Kap. 11.2.1, S. 231 ff.
[1840] *Dieners*, S. 36 f. m.w.N. zur Rechtsprechung.
[1841] Soweit eine gesetzliche Vorschrift im Sinne des § 3a UWG zugleich ein Schutzgesetz im Sinne des § 823 Abs. 2 BGB darstellt, können sich daraus entsprechende bürgerlich-rechtliche Schadensersatzansprüche und über § 1004 BGB analog auch zivilrechtliche Unterlassungs- und Beseitigungsansprüche ergeben, *Köhler*, § 3a UWG, Rn. 1.340.
[1842] *Köhler*, § 3a UWG, Rn. 1.342.

Erfolgt der **Wettbewerbsverstoß** nach § 3 oder § 7 UWG **vorsätzlich** und wird hierdurch zu Lasten einer Vielzahl von Abnehmern ein Gewinn erzielt, kann der Verletzer sogar auf Herausgabe dieses Gewinns an den Bundeshaushalt in Anspruch genommen werden (sogenannte „**Gewinnabschöpfung**"), § 10 Abs. 1 UWG.[1843]

14.8. Honorarrechtliche Folgen

Ein aktuelles Urteil des LSG Niedersachsen-Bremen[1844] zeigt die **besondere finanzielle Brisanz**, die ein Verstoß gegen das Verbot der unerlaubten Zuweisung von Untersuchungsmaterial[1845] nach sich ziehen kann. Der Laborarzt hatte einer Urologin für jede Zuweisung von Untersuchungsmaterial ein Entgelt von 0,50 DM[1846] versprochen und auch gewährt.

Das LSG hat festgestellt, dass die Abrechnung der dem Laborarzt von der Urologin überwiesenen Laborfälle rechtswidrig war, da die Leistungen auf einem **Verstoß gegen** das berufsrechtliche (!) Verbot des **§ 31 MBO** beruhten.[1847] Eine solche Zuwiderhandlung könne nicht nur berufsrechtliche Sanktionen nach sich ziehen, sondern führe zur **Sittenwidrigkeit** und damit zur **Nichtigkeit** der getroffenen Vereinbarung nach § 138 BGB. Sie sei außerdem wettbewerbsrechtlich zu untersagen. Die Einbehaltung daraus gewonnener finanzieller Vorteile durch den Vertragsarzt könne den **Krankenkassen** schließlich einen **Regressanspruch** wegen eines sogenannten „sonstigen Schadens" verschaffen. Das hierin zum Ausdruck kommende Ausmaß rechtlicher Missbilligung müsse auch zur Folge haben, dass dem Vertragsarzt das durch eine Provisionsvereinbarung der hier vorliegenden Art zugeflossene Honorar nicht verbleiben könne.[1848] Das Gericht hat folglich den auf einer sachlich-rechnerischen Berichtigung beruhenden Regress[1849] der KV gegen einen Arzt für Mikrobiologie und Infektionsepidemiologie in Höhe von ca. 295.000,- € bestätigt.

Die Konsequenzen einer unlauteren Zuwendung und entsprechender Verstöße – nicht nur gegen das Strafrecht, sondern schon gegen das ärztliche Berufsrecht oder das Sozialrecht – können daher auch in finanzieller Hinsicht gravierend sein. Ähnlich wie beim Vorwurf des Abrechnungsbetruges bzw. der unrichtigen Abrechnung wird die KV die Schadenshöhe ebenfalls schätzen dürfen.

[1843] Vgl. hierzu weiter *Köhler*.
[1844] LSG Niedersachsen, Urt. v. 08.06.2016 – L 3 KA 6/13.
[1845] Verstoß gegen § 31 Abs. 1 MBO, vgl. hierzu Kap. 5.1.2, S. 105 ff.
[1846] Gegenstand des Regresses waren die Quartale 1/1998 bis 3/2000.
[1847] Die für das Vertragsarztrecht geltende Vorschrift des § 73 Abs. 7 SGB V (vgl. hierzu Kap. 6.1, S. 121 ff.) gab es zum damaligen Zeitpunkt noch nicht, was das LSG als irrelevant ansah.
[1848] LSG Niedersachsen, Urt. v. 08.06.2016 – L 3 KA 6/13.
[1849] § 106a Abs. 2 S. 1 Hs. 1 SGB V.

14.9. Steuerrechtliche Folgen

Häufig werden eventuelle **Provisionen** an Ärzte oder Zahnärzte als „Einkünfte aus ärztlicher Tätigkeit" erklärt, die gemäß § 4 Nr. 14a UStG umsatzsteuerfrei sind. Handelt es sich indessen um Zuwendungen, die nicht aus einer ärztlichen Tätigkeit resultieren, so sind diese Zuwendungen und Provisionen als **gewerbliche Einnahmen** zu qualifizieren und damit zunächst **umsatzsteuerpflichtig**.

Es besteht ferner das Risiko des **„Abfärbe"-Effekts** auf die freiberuflichen Einnahmen und damit das Risiko der **gewerblichen Infektion** der gesamten ärztlichen Honorareinnahmen mit der weiteren Folge der **Gewerbesteuerpflicht**. Werden diese Einnahmen nicht ordnungsgemäß deklariert und resultiert hieraus eine „Steuerverkürzung", so liegen zugleich die Voraussetzungen einer **strafbaren Steuerhinterziehung** vor.

Basieren eventuelle **Ausgaben** auf Geberseite aus einem Straftatbestand (hier einem Korruptionstatbestand), so sind diese Ausgaben **umgekehrt steuerlich nicht abzugsfähig**, auch die Vorsteuer ist nicht abziehbar.[1850] Dies ergibt sich aus dem Gewinnbegriff des § 4 EStG.

§ 4 Einkommensteuergesetz: Gewinnbegriff im Allgemeinen

> (5) ¹*Die folgenden Betriebsausgaben dürfen den Gewinn nicht mindern:*
>
> *….*
>
> *10. die Zuwendung von Vorteilen sowie damit zusammenhängende Aufwendungen, wenn die Zuwendung der Vorteile eine rechtswidrige Handlung darstellt, die den Tatbestand eines Strafgesetzes oder eines Gesetzes verwirklicht, das die Ahndung mit einer Geldbuße zulässt.* ²*Gerichte, Staatsanwaltschaften oder Verwaltungsbehörden haben Tatsachen, die sie dienstlich erfahren und die den Verdacht einer Tat im Sinne des Satzes 1 begründen, der Finanzbehörde für Zwecke des Besteuerungsverfahrens und zur Verfolgung von Steuerstraftaten und Steuerordnungswidrigkeiten mitzuteilen.* ³*Die Finanzbehörde teilt Tatsachen, die den Verdacht einer Straftat oder einer Ordnungswidrigkeit im Sinne des Satzes 1 begründen, der Staatsanwaltschaft oder der Verwaltungsbehörde mit.* ⁴*Diese unterrichten die Finanzbehörde von dem Ausgang des Verfahrens und den zugrundeliegenden Tatsachen;*
>
> *11. Aufwendungen, die mit unmittelbaren oder mittelbaren Zuwendungen von nicht einlagefähigen Vorteilen an natürliche oder juristische Personen oder Personengesellschaften zur Verwendung in Betrieben in tatsächlichem oder wirtschaftlichem Zusammenhang stehen, deren Gewinn nach § 5a Absatz 1 ermittelt wird;*

Die steuerliche Aufdeckung kann nicht nur durch ein Korruptionsstrafverfahren, sondern auch durch eine **Betriebsprüfung**, durch ein entsprechendes Ergebnis des Finanzamtes und eine daraus resultierende Benachrichtigung der Staatsanwaltschaft resultieren.[1851] In diesem Fall muss **von Amts wegen** ein weiteres **steuerrechtliches Ermittlungsverfahren** eingeleitet werden, sodass auch erhebliche steuerrechtliche und **weitere Strafbarkeitsrisiken** drohen. Diese sind im Hinblick auf den Strafrahmen sogar noch höher als bei Bestechung und Bestechlichkeit nach §§

[1850] *Fischer*, StGB, § 299, Rn. 10 f.
[1851] Vgl. zu dem damit neu entstehenden Beratungsbedarf *Fischer*, StGB, § 299, Rn. 10e.

299 bis 299b StGB, denn § 370 AO sieht für die **Steuerhinterziehung** eine **Freiheitsstrafe v bis zu fünf Jahren** vor.[1852]

[1852] Vgl. den Wortlaut des § 370 AO im Anhang, Kap. 16.1.4, S. 313.

15 Strategien zur Vermeidung eines Strafbarkeitsvorwurfs

15.1. Peinlich genaue Prüfung aller Zuwendungen und Kooperationen

Dem Verdacht oder dem Vorwurf der Korruption im Gesundheitswesen entgehen alle Beteiligten im Gesundheitswesen am besten dadurch, dass sie von vornherein jedweden „bösen Schein" durch echte oder verdeckte Zuweisungsprämien, durch unzulässige Zuwendungen, zweifelhafte Kooperationen oder sonstige unberechtigte Vorteile vermeiden. Ärzte und Zahnärzte kennen aus dem Vertragsarztrecht die Pflicht zur „peinlich genauen Abrechnung", da andernfalls schmerzliche Regresse folgen und sogar eine Strafanzeige wegen Betruges drohen kann. In vergleichbarer Weise müssen künftig alle Beteiligten im Gesundheitswesen „peinlich genau" darauf achten, dass Kooperationen und sonstige Leistungen „lege artis" vereinbart und vergütet werden. Auch wenn sich vermutlich der größte Teil aller Heilberufsangehörigen in der Zusammenarbeit mit Kollegen, sonstigen Geschäftspartnern und gegenüber der Industrie absolut korrekt und einwandfrei verhält, gibt es durchaus korruptionsanfällige Kollegen und Facharztgruppen.[1853] Hat dieses Verhalten bislang allenfalls zu eher „schmerzlosen" Konsequenzen geführt, sind diese Zeiten nun vorbei: Daher sollten bisherige zweifelhafte Zuweisungs- und Vergütungspraktiken sofort beendet werden, auch wenn hierdurch liebgewonnene zusätzliche Einkommensquellen wegfallen mögen.

Die *Autorin* kann aufgrund ihrer langjährigen Erfahrung bei der Vertretung von Ärzten, Zahnärzten, Therapeuten, Kliniken und sonstigen Institutionen vor den verheerenden Folgen eines Strafverfahrens nur dringend warnen. Egal ob Abrechnungsbetrugsvorwürfe oder Korruptionsvorwürfe im Raum stehen: Wer ernstlich in den Fokus der Justiz gerät, wird im Zweifel die gesamte Härte des Gesetzes erfahren. Insbesondere für niedergelassene Ärzte und Zahnärzte mit Vertragsarztzulassung greifen hierbei unterschiedliche Sanktionsmaßnahmen, die sogar parallel nebeneinander verhängt werden dürfen.[1854] Daher sollte alles dafür getan werden, um einen möglichen Strafbarkeitsvorwurf erst gar nicht aufkommen zu lassen.

Dieses Buch zum Thema soll dabei helfen, riskante oder zweifelhafte Vertragsbeziehungen, Konstellationen oder sonstige Zuweisungspraktiken zu identifizieren und auf eine rechtssichere Grundlage zu stellen. Andernfalls ist individuelle anwaltliche Hilfe angeraten, für die auch die *Autorin* als langjährige fachanwaltliche Beraterin mit spezifischer Expertise in diesem Gebiet zur Verfügung steht.

[1853] Vgl. hierzu nur die Studie von *Bussmann*.
[1854] Vgl. hierzu auch ausführlich Kap. 14.5.5, S. 292 f.

15.2. Weitere Hilfestellungen durch die ärztlichen Institutionen

Zwischenzeitlich haben die maßgeblichen ärztlichen und zahnärztlichen Institutionen verschiedene Leitlinien, Broschüren und sonstige Hilfestellungen bereitgestellt, um ihre Mitglieder vor den Gefahren einer Strafverfolgung nach §§ 299a, 299b StGB zu bewahren.

Die **Kassenärztliche Bundesvereinigung**[1855] hat im Hinblick auf die Korruptionsrisiken ihre Broschüre „Zusammenarbeit mit der Industrie – KBV-Erklärung" des Justiziars *Schirmer* aktualisiert und durch die **KBV-Broschüre PraxisWissen** „Richtig Kooperieren – Mit Praxisbeispielen und Informationen zum Anti-Korruptionsgesetz" ergänzt.[1856]

Die **Kassenzahnärztliche Bundesvereinigung**[1857] hatte bereits **am 02.07.2015** eine **Compliance-Leitlinie** erstellt, mit dem Ziel, die ordnungsgemäße vertragszahnärztliche Berufsausübung dadurch zu erleichtern, dass

- ausgewählte vertragszahnärztliche Pflichten übersichtlich zusammengestellt werden und damit auf einen Blick erkennbar sind,
- exemplarische Konkretisierungen bzw. darauf basierende allgemeine Handlungsempfehlungen gegeben werden, wie diese Pflichten umgesetzt und Verstöße dagegen vermieden werden können,
- die Unabhängigkeit zahnärztlicher Entscheidungen von wirtschaftlicher Einflussnahme durch Dritte gewahrt bleibt.

Diese Leitlinie soll als Empfehlung und Hilfestellung dienen, um Rechtsunsicherheiten zu beseitigen und rechtliche Risiken zu verringern.[1858]

Die **Bundeszahnärztekammer**[1859] und die **Kassenzahnärztliche Bundesvereinigung** haben gemeinsam eine Broschüre publiziert mit dem Titel „Rechtsgrundlagen und

---

[1855] Die KBV ist der Dachverband der 17 Kassenärztlichen Vereinigungen in Deutschland. Sie organisiert die flächendeckende wohnortnahe ambulante Gesundheitsversorgung und vertritt die Interessen der ca. 167.000 zugelassenen Vertragsärzte und Vertragspsychotherapeuten auf Bundesebene. Vgl. ausführlich zur Organisation und zu den Aufgaben der KBV *Nösser/Schröder*.

[1856] Die Broschüre ist auf der Homepage der KBV abrufbar unter www.kbv.de/media/sp/Broschuere_-Kooperation.pdf, Stand Oktober 2016.

[1857] Die KZBV vertritt auf gesetzlicher Grundlage die Interessen der ca. 53.000 Vertragszahnärzte in Deutschland und stellt gemeinsam mit den Kassenzahnärztlichen Vereinigungen (KZVen) die vertragszahnärztliche Versorgung entsprechend der gesetzlichen und vertraglichen Bestimmungen sicher.

[1858] Die Leitlinie wurde auf Grundlage der Beschlüsse des Vorstandes der KZBV vom 28.09.2016 und der Vertreterversammlung der KZBV auf deren Sitzung am 16./17.11.2016 ausgeweitet und ist in Kraft seit 17.12.2016. Die Leitlinie ist auf der Homepage der KZBV abrufbar unter www.kzbv.de/compliance-leitlinie-der-kzbv.884.de.html.

[1859] Die Bundeszahnärztekammer (BZÄK) ist die Arbeitsgemeinschaft der deutschen Zahnärztekammern und hat ihren Sitz in Berlin. Sie ist der Zusammenschluss der Landeszahnärztekammern bzw. entsprechender oberster Berufsvertretungen in den Ländern. Im Gegensatz zu den

Hinweise für die Zahnarztpraxis – Bestechlichkeit und Bestechung im Gesundheitswesen". Die Broschüre kann auf den jeweiligen Homepages der beiden Institutionen abgerufen werden.[1860]

15.3. Vorabprüfung und Genehmigung durch Clearingstellen

15.3.1. Einrichtung von Clearingstellen

Zur Verringerung eines eventuellen staatsanwaltschaftlichen Ermittlungsdrucks könnte auch eine „**Beratungslösung**" oder eine „**Genehmigungslösung**" hilfreich sein, weil sie **Transparenz** herbeiführen könnte. Hierzu würden sich sogenannte „Clearingstellen" anbieten, wo die potentiellen Kooperationspartner im Gesundheitswesen eine beabsichtigte (oder bereits abgeschlossene) Vereinbarung überprüfen und sich genehmigen lassen könnten.[1861]

Die **Bildung gemeinsamer Clearingstellen** war als Reaktion auf die negativen Schlagzeilen in den Medien in Bezug auf unzulässige Kooperationen zwischen Ärzten und Krankenhäusern schon im Jahre 2009 von der Bundesärztekammer, der Kassenärztlichen Bundesvereinigung und der Deutschen Krankenhausgesellschaft empfohlen worden.[1862] Diese Clearingstellen sollen Kooperationen und Leistungsbeziehungen im Gesundheitswesen inhaltlich prüfen und dann eine Genehmigung erteilen oder diese versagen, vergleichbar mit der in § 331 Abs. 3 StGB normierten Genehmigung.[1863] Clearingstellen könnten – neben einem Mehr an präventiver Transparenz und Rechtssicherheit – auch positive **Auswirkungen für die Arbeit der Strafverfolgungsbehörden** haben, insbesondere bei der Beurteilung des Vorliegens einer tatbestandlichen Unrechtsvereinbarung.[1864]

Zahnärztekammern ist die BZÄK keine Körperschaft des öffentlichen Rechts mit hoheitlichen Befugnissen und hat demnach keine Aufsichtsbefugnisse gegenüber den Landeszahnärztekammern.

[1860] Vgl. www.bzaek.de und www.kzbv.de.
[1861] *Gaede/Lindemann/Tsambikakis*, S. 151.
[1862] www.blaek.de/presse/aerzteblatt/2011/BAB_0311_113_116.pdf, S. 4.
[1863] *Badle*, medstra 3/2015, S. 140.
[1864] *Badle*, medstra 3/2015, S. 141. *Badle* weist zutreffend darauf hin, dass eine sachgerechte Anwendung der neuen Korruptionsvorschriften ein ausreichendes Maß an fachlicher Expertise der Staatsanwaltschaften, insbesondere eine fundierte Kenntnis der gesetzlichen Regelungen und wirtschaftlichen Zusammenhänge des Gesundheitsmarktes voraussetzt. Fehle es hieran, drohe – mit Hinblick auf die geringen Anforderungen an die Begründung eines Anfangsverdachts im Sinne des § 152 Abs. 2 StPO – eine erhebliche Ausweitung strafrechtlicher Verfolgung im Gesundheitsmarkt, vgl. *Badle*, medstra 3/2015, S. 141.

15.3.2. Aktuelle Situation von Clearingstellen

Die Landesärztekammer **Hessen**, die Ärztekammer **Sachsen-Anhalt** sowie die Ärztekammern **Nordrhein** und **Westfalen-Lippe** (gemeinsam) haben – jeweils zusammen mit der zuständigen Kassenärztlichen Vereinigung und der Krankenhausgesellschaft – bereits im Jahr 2010 **eine Clearingstelle** zur Prüfung von Kooperationsverträgen zwischen niedergelassenen Ärzten und Krankenhäusern eingerichtet. Diese wurde jedoch (jedenfalls in Nordrhein und Westfalen-Lippe) erst im Zusammenhang mit dem neuen Antikorruptionsgesetz häufiger in Anspruch genommen.[1865]

Im Jahre 2011 hatten sich ferner die Landesärztekammer **Bayern**, die Kassenärztlichen Vereinigung Bayern und die Krankenhausgesellschaft Bayern auf die Einrichtung einer solchen Clearingstelle bei der Bayerischen Landesärztekammer geeinigt.[1866] Auch in **Schleswig-Holstein** haben Ärztekammer, Kassenärztlichen Vereinigung und Krankenhausgesellschaft seit April 2011 die Möglichkeit geschaffen, auf Basis einer entsprechenden Vereinbarung ein Clearingverfahren durchführen zu lassen.[1867]

Aus einer Anfrage der *Autorin* an alle Ärztekammern, Zahnärztekammern, Kassenärztlichen und Kassenzahnärztlichen Vereinigungen im Dezember 2016 ergab sich, dass die Institutionen der anderen Bundesländer bislang keine Clearingstellen eingerichtet haben. Ärzte können die Verträge jedoch bei den Kammern berufsrechtlich überprüfen lassen. In **Niedersachsen** hat die Generalstaatsanwaltschaft Celle zum Thema Antikorruption im Gesundheitswesen einen Arbeitskreis gegründet.

15.3.3. Struktur der Clearingstelle in Bayern

Nachfolgend werden **Struktur** und **Aufgabenbereich** der Clearingstelle Bayern auf Basis der dort geschlossenen *„Vereinbarung über die Bildung einer gemeinsamen sektorenübergreifenden Clearingstelle Rechtskonformität"*[1868] dargestellt.

Die Clearingstelle wird mit **je einem Mitglied der Landesärztekammer**, der **Kassenärztlichen Vereinigung** und der **Landeskrankenhausgesellschaft** besetzt, die auf Vorschlag des jeweiligen Vertragspartners einberufen werden.[1869] Die **Geschäftsführung** der Clearingstelle wird durch die jeweilige Landesärztekammer wahrgenommen, bei der auch die Geschäftsstelle angesiedelt ist.

Der Aufgabenbereich bezieht sich auf die rechtliche Überprüfung geplanter oder und bestehender **Kooperationen** zwischen **Ärzten und Krankenhäusern.** Den Prüfungsmaßstab bilden dabei das ärztliche Berufsrecht, das SGB V, der Bundesman-

---

[1865] In Sachsen-Anhalt wurde laut Auskunft der Ärztekammer die „Gemeinsame sektorenübergreifende Clearingstelle Rechtskonformität" zuletzt 2012 angerufen.
[1866] www.blaek.de/presse/aerzteblatt/2011/BAB_0311_113_116.pdf.
[1867] www.aerzteblatt-sh.de; vgl. auch Schleswig-Holsteinisches Ärzteblatt 4/2011, S. 32.
[1868] Abgedruckt im Bayerischen Ärzteblatt 3/2011, S. 113 ff.
[1869] Vertreter können jederzeit durch Neubenennung ausgetauscht werden.

telvertrag sowie andere gesetzliche und untergesetzliche Normen, vgl. §§ 2 bis 5 der Vereinbarung.

Der **Antrag auf Durchführung eines Clearing-Verfahrens** kann von einem der Kooperationspartner, das heißt sowohl von den niedergelassenen Ärzten als auch von den Krankenhäusern, bei der Landesärztekammer, der Kassenärztlichen Vereinigung, der Landeskrankenhausgesellschaft oder auch direkt bei der Geschäftsstelle gestellt werden. Der Antrag setzt formell eine **Einverständniserklärung** sämtlicher Kooperationspartner voraus, eine Stellungnahme ist beizufügen. Daraufhin wird ein **mündliches Clearing** anberaumt. Es kann aber auch ein schriftliches Umlaufverfahren beantragt werden, vgl. § 6 der Vereinbarung.[1870]

Als Ergebnis des Verfahrens gibt die Clearingstelle eine gemeinsame rechtliche **Beurteilung** zur **Rechtskonformität** der zu prüfenden Kooperation ab. Diese ist mit den wesentlichen Gründen, gegebenenfalls auch mit Bedenken und Vorbehalten einzelner Vertreter der Clearingstelle zu versehen. Bei Feststellung der Nichtkonformität können **Änderungsempfehlungen** abgegeben werden, § 7 der Vereinbarung.

15.3.4. Rechtliche Problematik von Clearingstellen

Es ist erfreulich, dass jedenfalls in einigen Bundesländern Ärzte und Kliniken eine rechtliche Überprüfung ihrer Kooperationen durch eine eigens eingerichtete Clearingstelle beantragen können. Allerdings sollten auch die damit verbundenen **rechtlichen Probleme** und **Schwierigkeiten** nicht übersehen werden: Zum einen ist zu gewährleisten, dass die eingehenden Fragestellungen in angemessener Zeit qualifiziert, neutral und belastbar beantwortet werden.[1871] Selbst wenn dies gelingt, ist zu berücksichtigen, dass die rechtlichen Äußerungen stark von der jeweils persönlichen Sicht der lokal zuständigen Sachbearbeiter und der institutionellen Erwartungen abhängen können.[1872] **Negativ-Atteste** der Clearingstellen werden die strafrechtliche Angreifbarkeit von Kooperationen daher erheblich erhöhen, ohne dass derzeit klar ist, welche **ausreichenden Qualitätsstandards** es für die Beurteilung entsprechend vorgelegter Sachverhalte gibt.[1873]

Besonders kritisch ist die Frage, welche **geeigneten Rechtsschutzmöglichkeiten** es gegen eine ablehnende Entscheidung der Clearingstelle eigentlich gibt. Handelt es

---

[1870] Falls die Vertreter der Clearingstelle einstimmig die Hinzuziehung eines externen Sachverständigen für erforderlich halten, wird wegen der damit verbundenen Kosten vorab eine Vereinbarung mit den Antragstellern geschlossen.

[1871] *Dann/Scholz*, S. 2080.

[1872] Die *Autorin* hat als Expertin im Werberecht nur zu häufig erlebt, dass Anfragen seitens der Ärzte und Zahnärzte bei der zuständigen Kammer zur Beurteilung von Werbemaßnahmen negativ und ablehnend beschieden wurden, während diese tatsächlich zulässig waren und im Rahmen der Werbe- und Berufsfreiheit nicht hätten verboten werden dürfen.

[1873] So die völlig zutreffende Befürchtung von *Dann/Scholz*, S. 2080.

sich bei der Beurteilung der Rechtskonformität einer Vereinbarung durch die Clearingstelle um einen rechtsmittelfähigen Verwaltungsakt? Wenn dies bejaht wird, mit welcher Klageart könnte dieser Verwaltungsakt angegriffen werden? Müsste eventuell noch eine „Widerspruchsbehörde" zwischengeschaltet werden? Wer ist der richtige Beklagte? Könnte auch eine Feststellungsklage auf Zulässigkeit der Vereinbarung erhoben werden? Welches Gericht wäre hierfür zuständig, das Verwaltungsgericht, das Sozialgericht oder eventuell das Zivilgericht, wer wäre in diesem Fall der „Klagegegner"?

Die **Einrichtung von Clearingstellen** bietet also **einige Vorteile** – im Falle einer negativen Beurteilung allerdings auch eine **Vielzahl neuer ungeklärter Rechtsfragen**. Diese sollten jedoch nicht davon abhalten, das Beratungsangebot sowohl der bislang bestehenden Clearingstellen als auch der Ärzte- und Zahnärztekammern in Anspruch zu nehmen und den entsprechenden fachlichen Austausch zu suchen. Denn im Falle eines „Positiv-Attests" der geprüften Kooperation scheint eine Strafbarkeit ausgeschlossen, was allen Seiten dient. Bei negativer Beurteilung können die Kooperationen und damit verbundenen gegenseitigen Leistungsbeziehungen überprüft und an die Empfehlungen der Clearingstelle angepasst werden, bis die Rechtskonformität bestätigt wird.

15.4. Einrichtung eines eigenen Compliance-Systems

Sofern insbesondere in größeren Einrichtungen wie Kliniken, Reha-Zentren, Sanitätseinrichtungen oder großen MVZ die Gefahr korruptionsanfälliger Maßnahmen oder Mitarbeiter gesehen wird, empfiehlt sich die Einrichtung eines eigenen „Compliance-Systems". Compliance bedeutet zunächst „nur" die **Einhaltung von Regeln und die Erfüllung von Pflichten.** So selbstverständlich dies in Arbeitswelt und Geschäftswelt sein sollte, so sehr zeigen Skandale in allen Branchen, dass Compliance offensichtlich keine Selbstverständlichkeit ist.[1874]

Zur Vermeidung von Strafen, Bußgeldern und eines möglicherweise erheblichen Imageverlustes, insbesondere jedoch angesichts der Neuregelungen des §§ 299a, 299b StGB und der damit verbundenen Sensibilisierung der damit befassten Staatsanwaltschaften und Stellen zur Bekämpfung von Fehlverhalten im Gesundheitswesen,[1875] sollte die (in der Industrie schon weit vorangeschrittene) Einführung von Compliance-Systemen auch im Gesundheitswesen schnellstens vorangetrieben werden.

Dies beginnt mit einer sogenannten „Risikoanalyse", insbesondere der sorgfältigen Prüfung der aktuell bestehenden Vertrags- und Kooperationssituationen. Sodann sind die unternehmensinternen Prozesse und die Organisationsstruktur so zu gestalten, dass Fehlverhalten im Unternehmen aufgedeckt und künftig vermieden

---

[1874] Vgl. nur die Nachrichten der letzten Monate.
[1875] §§ 81a, 197a SGB V, vgl. hierzu *Schneider-Danwitz*.

werden kann. Schließlich ist entsprechendes Fehlverhalten auch unternehmensintern zu sanktionieren. All dies ist nicht nur in die Arbeitsabläufe zu implementieren, sondern muss im Unternehmen gelebt, regelmäßig überprüft und gegebenenfalls angepasst werden.[1876]

Compliance-Management ist hierbei zunächst absolute **Chefsache**, muss sich dann aber im Verhalten aller Mitarbeiter manifestieren, was aufwendig, langwierig und mühsam sein kann.[1877] Es empfiehlt sich daher, qualifizierte und in diesem Gebiet besonders spezialisierte Rechtsanwälte mit der Einrichtung oder Begleitung eines unternehmensinternen Compliance-Systems zu beauftragen, um hierdurch die tatsächliche Einhaltung sämtlicher korruptionsrelevanter Vorschriften für alle potenziellen Rechtsgebiete zu überprüfen und sicherzustellen.[1878]

15.5. Zusammenfassung

Mehr als vier Jahre nach der Entscheidung des Bundesgerichtshofs vom März 2012 hat der Gesetzgeber die Strafbarkeitslücke bei Korruptionspraktiken im Gesundheitswesen mit den beiden Strafvorschriften der §§ 299a, 299b StGB geschlossen. Das Gesetz zur Bekämpfung von Korruption im Gesundheitswesen – in Kraft getreten am 4. Juni 2016 – wird die jahrzehntelange Praxis von Zuweisungen und Zuwendungen gegen Entgelt vermutlich radikal beenden. Dies ist eine Zeitenwende, auf die sich alle Beteiligten schnellstmöglich einstellen sollten. Sie kann verglichen werden mit der (bislang fiktiven) Einführung einer generellen Geschwindigkeitsbegrenzung auf deutschen Autobahnen von 120 km/h, die künftig nicht nur streng überprüft, sondern vor allem wie folgt strengstens sanktioniert würde: bei 130 km/h Festsetzung einer Geldbuße, bei 140 km/h Entzug des Führerscheins und bei 150 km/h Einzug und Einbehalt des Pkw, mit welchem die Geschwindigkeitsüberschreitung begangen wurde. Auch in diesem Fall müssten sich die Autofahrer in Deutschland massiv umstellen: Was bislang jahrzehntelang – wenn überhaupt – lediglich als Kavaliersdelikt mit wenig empfindlichen Geldbußen sanktioniert wurde, würde nach diesen Maßstäben plötzlich hart sanktioniert. Ähnlich sollten sich alle Beteiligten im Gesundheitswesen auf die Änderungen durch das Antikorruptionsgesetz einstellen!

Im Gegensatz zu einer Geschwindigkeitsbegrenzung sind die neuen Straftatbestände der §§ 299a, 299b StGB allerdings leider nicht so eindeutig formuliert, dass die Beteiligten im Gesundheitswesen klar erkennen können, bei welchen Maßnahmen, Zuwendungen oder Kooperationsformen ein Strafbarkeitsrisiko besteht. Aufgrund dieser fehlenden Trennschärfe des Tatbestandes zwischen zulässigem und unzulässigem Verhalten besteht ein reelles strafrechtliches Ermittlungsrisiko, insbesondere

---

[1876] Vgl. zur Etablierung von Compliance-Systemen weiter *Dann,* Compliance im Krankenhaus; *Depré* und *Grützner/Jakob*.
[1877] Vgl. *Depré,* S. 36.
[1878] Auch die Fachanwaltskanzlei der *Autorin* BAHNER in Heidelberg steht hierfür zur Verfügung.

in sogenannten „Grenzfällen". Zwar wird der Nachweis einer Unrechtsvereinbarung oft schwierig zu führen sein und kann eventuell erst im Strafverfahren geklärt werden. Dies begründet allerdings die Gefahr langer Strafverfahren, was für die beschuldigten Beteiligten, deren Kollegen und Familien mit erheblichen Belastungen – oft über mehrere Jahre – einhergeht. Das Gesetz hat daher auf allen Seiten zu großer Verunsicherung geführt.

Hierbei ist gelegentlich allerdings auch eine übertriebene Ängstlichkeit festzustellen, wenn etwa einfache Kugelschreiber oder sonstige geringwertige Kleinigkeiten, die nach der Rechtsprechung zulässig sind, von der Pharmaindustrie wegen angeblicher Korruptionsrisiken nicht mehr verschenkt werden.[1879] Das Pendel schlägt also bei einigen Unternehmen derzeit übertrieben in die andere Richtung und bedarf in den nächsten Jahren einer sinnvollen Justierung mit Verstand und Augenmaß.

Bei allen Risiken und Gefahren wird das Gesetz in vielerlei Hinsicht aber zu einer erheblichen und sehr wünschenswerten Bereinigung führen. Dies wird den Gesundheitsmarkt erfrischen, bisherige Fehlentwicklungen korrigieren und damit den Patienten ebenso zu Gute kommen wie der großen Mehrheit der redlichen Ärzte, Zahnärzte und weiteren Leistungserbringer im Gesundheitswesen.

Zusammenfassend empfiehlt es sich für alle Beteiligten, angesichts der in diesem Buch dargestellten beträchtlichen Korruptionsrisiken zurückhaltend und präventiv zu handeln. Das jeweilige Berufsrecht der Ärzte, Zahnärzte, Apotheker und Psychotherapeuten ist ebenso zu beachten wie die hilfreichen Kodizes der Pharma- und Medizinproduktindustrie, die ausführlich den aktuellen Rechtsstand der Möglichkeiten und Grenzen der Zusammenarbeit mit der Industrie beschreiben. Eventuelle Vergütungen im Rahmen von Kooperationsverträgen, Honorarverträgen, Beraterverträgen oder Referentenverträgen sind transparent, nachvollziehbar und angemessen zu gestalten und sollten spezialisierten Anwältinnen und Anwälten zur rechtlichen Überprüfung vorgelegt werden. Ferner empfiehlt es sich zur Vermeidung künftiger Strafbarkeitsrisiken, in allen Unternehmen, Kliniken, Arztpraxen und Gesundheitsinstitutionen ein Compliance-System einzurichten und auch tatsächlich zu praktizieren.

Wer diesen Empfehlungen Folge leistet, trägt dazu bei, einerseits einen fairen Wettbewerb innerhalb des Gesundheitswesens mitzugestalten und andererseits das berechtigte Vertrauen der Patienten in eine auf sie individuell abgestimmte, notwendige und uneigennützige Medizin zu bewahren. Immerhin geht es bei diesen Neuregelungen – ebenso wie bei den ärztlichen Standesregeln – auch um den Schutz der Persönlichkeit des Kranken und um den Respekt vor seiner Würde.[1880] All

---

[1879] Völlig an der Sache vorbei geht es auch, wenn die Begleitperson eines nichtärztlichen Fortbildungsreferenten noch nicht einmal auf eigene Kosten am Abendessen teilnehmen darf, weil das Pharmaunternehmen hierdurch angeblich gegen den eigenen Kodex verstoße.
[1880] *Laufs*, S. 43, Rn. 23.

dies bedingt eine entsprechende ethische Grundhaltung.[1881] Selbst wenn Gesetze nur in begrenztem Umfang ethisch begründete Verhaltensweisen formen und durchsetzen können, hat erfahrungsgemäß schon die bloße Androhung von Sanktionen Einfluss auf die jeweiligen Wertevorstellungen und Verhaltensweisen.

Durch das neue Gesetz zur Bekämpfung von Korruption im Gesundheitswesen wird sich vermutlich vieles verbessern! Die *Autorin* hofft, durch dieses Buch einen wesentlichen Beitrag dazu zu leisten.

[1881] Insoweit sind Recht und Ethik aufeinander bezogen und angewiesen: Die Ethik definiert die Verantwortlichkeit des freien Menschen, das Recht die verbindlichen Regeln zur Entfaltung und Begrenzung der Freiheit, vgl. *Kirchhof*, Humanitoria, S. 931.

16 Rechtsvorschriften und Kodizes

16.1. Relevante Rechtsvorschriften

16.1.1. Bestechung und Bestechlichkeit, §§ 299, 299a, 299b, 300 StGB

§ 299 StGB: Bestechlichkeit und Bestechung im geschäftlichen Verkehr

(1) Mit Freiheitsstrafe bis zu drei Jahren oder Geldstrafe wird bestraft, wer im geschäftlichen Verkehr als Angestellter oder Beauftragter eines Unternehmens
  1. *einen Vorteil für sich oder einen Dritten als Gegenleistung dafür fordert, sich versprechen lässt oder annimmt, dass er bei dem Bezug von Waren oder Dienstleistungen einen anderen im inländischen oder ausländischen Wettbewerb in unlauterer Weise bevorzuge, oder*
  2. *ohne Einwilligung des Unternehmens einen Vorteil für sich oder einen Dritten als Gegenleistung dafür fordert, sich versprechen lässt oder annimmt, dass er bei dem Bezug von Waren oder Dienstleistungen eine Handlung vornehme oder unterlasse und dadurch seine Pflichten gegenüber dem Unternehmen verletze.*

(2) Ebenso wird bestraft, wer im geschäftlichen Verkehr einem Angestellten oder Beauftragten eines Unternehmens
  1. *einen Vorteil für diesen oder einen Dritten als Gegenleistung dafür anbietet, verspricht oder gewährt, dass er bei dem Bezug von Waren oder Dienstleistungen ihn oder einen anderen im inländischen oder ausländischen Wettbewerb in unlauterer Weise bevorzuge, oder*
  2. *ohne Einwilligung des Unternehmens einen Vorteil für diesen oder einen Dritten als Gegenleistung dafür anbietet, verspricht oder gewährt, dass er bei dem Bezug von Waren oder Dienstleistungen eine Handlung vornehme oder unterlasse und dadurch seine Pflichten gegenüber dem Unternehmen verletze.*

§ 299a StGB: Bestechlichkeit im Gesundheitswesen

Wer als Angehöriger eines Heilberufs, der für die Berufsausübung oder die Führung der Berufsbezeichnung eine staatlich geregelte Ausbildung erfordert, im Zusammenhang mit der Ausübung seines Berufs einen Vorteil für sich oder einen Dritten als Gegenleistung dafür fordert, sich versprechen lässt oder annimmt, dass er
  1. *bei der Verordnung von Arznei-, Heil- oder Hilfsmitteln oder von Medizinprodukten*
  2. *bei dem Bezug von Arznei- oder Hilfsmitteln oder von Medizinprodukten, die jeweils zur unmittelbaren Anwendung durch den Heilberufsangehörigen oder einen seiner Berufshelfer bestimmt sind, oder*
  3. *bei der Zuführung von Patienten oder Untersuchungsmaterial*

ihn oder einen anderen im inländischen oder ausländischen Wettbewerb in unlauterer Weise bevorzuge, wird mit Freiheitsstrafe bis zu drei Jahren oder mit Geldstrafe bestraft.

§ 299b StGB: Bestechung im Gesundheitswesen

Wer einem Angehörigen eines Heilberufs im Sinne des § 299a im Zusammenhang mit dessen Berufsausübung einen Vorteil für diesen oder einen Dritten als Gegenleistung dafür anbietet, verspricht oder gewährt, dass er
1. *bei der Verordnung von Arznei-, Heil- oder Hilfsmitteln oder von Medizinprodukten*
3. *bei dem Bezug von Arznei- oder Hilfsmitteln oder von Medizinprodukten, die jeweils zur unmittelbaren Anwendung durch den Heilberufsangehörigen oder einen seiner Berufshelfer bestimmt sind, oder*
4. *bei der Zuführung von Patienten oder Untersuchungsmaterial*

ihn oder einen anderen im inländischen oder ausländischen Wettbewerb in unlauterer Weise bevorzuge, wird mit Freiheitsstrafe bis zu drei Jahren oder mit Geldstrafe bestraft.

§ 300 StGB: Besonders schwere Fälle der Bestechlichkeit und Bestechung im geschäftlichen Verkehr und im Gesundheitswesen

In besonders schweren Fällen wird eine Tat nach den §§ 299, 299a und 299b mit Freiheitsstrafe von drei Monaten bis zu fünf Jahren bestraft. Ein besonders schwerer Fall liegt in der Regel vor, wenn
1. *die Tat sich auf einen Vorteil großen Ausmaßes bezieht oder*
2. *der Täter gewerbsmäßig handelt oder als Mitglied einer Bande, die sich zur fortgesetzten Begehung solcher Taten verbunden hat.*

16.1.2. Korruptionsstraftatbestände im Amt, §§ 331-334 StGB

§ 331 StGB: Vorteilsannahme

1) Ein Amtsträger, ein Europäischer Amtsträger oder ein für den öffentlichen Dienst besonders Verpflichteter, der für die Dienstausübung einen Vorteil für sich oder einen Dritten fordert, sich versprechen lässt oder annimmt, wird mit Freiheitsstrafe bis zu drei Jahren oder mit Geldstrafe bestraft.

(2) Ein Richter, Mitglied eines Gerichts der Europäischen Union oder Schiedsrichter, der einen Vorteil für sich oder einen Dritten als Gegenleistung dafür fordert, sich versprechen lässt oder annimmt, dass er eine richterliche Handlung vorgenommen hat oder künftig vornehme, wird mit Freiheitsstrafe bis zu fünf Jahren oder mit Geldstrafe bestraft. Der Versuch ist strafbar.

(3) Die Tat ist nicht nach Absatz 1 strafbar, wenn der Täter einen nicht von ihm geforderten Vorteil sich versprechen lässt oder annimmt und die zuständige Behörde im Rahmen ihrer Befugnisse entweder die Annahme vorher genehmigt hat oder der Täter unverzüglich bei ihr Anzeige erstattet und sie die Annahme genehmigt.

§ 332 StGB: Bestechlichkeit

(1) Ein Amtsträger, ein Europäischer Amtsträger oder ein für den öffentlichen Dienst besonders Verpflichteter, der einen Vorteil für sich oder einen Dritten als Gegenleistung dafür fordert, sich versprechen läßt oder annimmt, daß er eine Diensthandlung vorgenommen hat oder künftig vornehme und dadurch seine Dienstpflichten verletzt hat oder verletzen würde, wird mit Freiheitsstrafe von sechs Monaten bis zu fünf Jahren bestraft. In minder schweren Fällen ist die Strafe Freiheitsstrafe bis zu drei Jahren oder Geldstrafe. Der Versuch ist strafbar.

(2) Ein Richter, Mitglied eines Gerichts der Europäischen Union oder Schiedsrichter, der einen Vorteil für sich oder einen Dritten als Gegenleistung dafür fordert, sich versprechen läßt oder annimmt, daß er eine richterliche Handlung vorgenommen hat oder künftig vornehme und dadurch seine richterlichen Pflichten verletzt hat oder verletzen würde, wird mit Freiheitsstrafe von einem Jahr bis zu zehn Jahren bestraft. In minder schweren Fällen ist die Strafe Freiheitsstrafe von sechs Monaten bis zu fünf Jahren.

(3) Falls der Täter den Vorteil als Gegenleistung für eine künftige Handlung fordert, sich versprechen läßt oder annimmt, so sind die Absätze 1 und 2 schon dann anzuwenden, wenn er sich dem anderen gegenüber bereit gezeigt hat,
1. *bei der Handlung seine Pflichten zu verletzen oder,*
2. *soweit die Handlung in seinem Ermessen steht, sich bei Ausübung des Ermessens durch den Vorteil beeinflussen zu lassen.*

§ 333 StGB: Vorteilsgewährung

(1) Wer einem Amtsträger, einem Europäischen Amtsträger, einem für den öffentlichen Dienst besonders Verpflichteten oder einem Soldaten der Bundeswehr für die Dienstausübung einen Vorteil für diesen oder einen Dritten anbietet, verspricht oder gewährt, wird mit Freiheitsstrafe bis zu drei Jahren oder mit Geldstrafe bestraft.

(2) Wer einem Richter, Mitglied eines Gerichts der Europäischen Union oder Schiedsrichter einen Vorteil für diesen oder einen Dritten als Gegenleistung dafür anbietet, verspricht oder gewährt, daß er eine richterliche Handlung vorgenommen hat oder künftig vornehme, wird mit Freiheitsstrafe bis zu fünf Jahren oder mit Geldstrafe bestraft.

(3) Die Tat ist nicht nach Absatz 1 strafbar, wenn die zuständige Behörde im Rahmen ihrer Befugnisse entweder die Annahme des Vorteils durch den Empfänger vorher genehmigt hat oder sie auf unverzügliche Anzeige des Empfängers genehmigt.

§ 334 StGB: Bestechung

(1) Wer einem Amtsträger, einem Europäischen Amtsträger, einem für den öffentlichen Dienst besonders Verpflichteten oder einem Soldaten der Bundeswehr einen Vorteil für diesen oder einen Dritten als Gegenleistung dafür anbietet, verspricht oder gewährt, daß er eine Diensthandlung vorgenommen hat oder künftig vornehme und dadurch seine Dienstpflichten verletzt hat oder verletzen würde, wird mit Freiheitsstrafe von drei Monaten bis zu fünf Jahren bestraft. In minder schweren Fällen ist die Strafe Freiheitsstrafe bis zu zwei Jahren oder Geldstrafe.

(2) Wer einem Richter, Mitglied eines Gerichts der Europäischen Union oder Schiedsrichter einen Vorteil für diesen oder einen Dritten als Gegenleistung dafür anbietet, verspricht oder gewährt, daß er eine richterliche Handlung
   1. *vorgenommen und dadurch seine richterlichen Pflichten verletzt hat oder*
   2. *künftig vornehme und dadurch seine richterlichen Pflichten verletzen würde,*

wird in den Fällen der Nummer 1 mit Freiheitsstrafe von drei Monaten bis zu fünf Jahren, in den Fällen der Nummer 2 mit Freiheitsstrafe von sechs Monaten bis zu fünf Jahren bestraft. Der Versuch ist strafbar.

(3) Falls der Täter den Vorteil als Gegenleistung für eine künftige Handlung anbietet, verspricht oder gewährt, so sind die Absätze 1 und 2 schon dann anzuwenden, wenn er den anderen zu bestimmen versucht, daß dieser
    1. bei der Handlung seine Pflichten verletzt oder,
    2. soweit die Handlung in seinem Ermessen steht, sich bei der Ausübung des Ermessens durch den Vorteil beeinflussen läßt.

16.1.3. Bestechung von Mandatsträgern, § 108e StGB

§ 108e StGB: Bestechlichkeit und Bestechung von Mandatsträgern

(1) Wer als Mitglied einer Volksvertretung des Bundes oder der Länder einen ungerechtfertigten Vorteil für sich oder einen Dritten als Gegenleistung dafür fordert, sich versprechen lässt oder annimmt, dass er bei der Wahrnehmung seines Mandates eine Handlung im Auftrag oder auf Weisung vornehme oder unterlasse, wird mit Freiheitsstrafe bis zu fünf Jahren oder mit Geldstrafe bestraft.
(2) Ebenso wird bestraft, wer einem Mitglied einer Volksvertretung des Bundes oder der Länder einen ungerechtfertigten Vorteil für dieses Mitglied oder einen Dritten als Gegenleistung dafür anbietet, verspricht oder gewährt, dass es bei der Wahrnehmung seines Mandates eine Handlung im Auftrag oder auf Weisung vornehme oder unterlasse.
(3) Den in den Absätzen 1 und 2 genannten Mitgliedern gleich stehen Mitglieder
    1. einer Volksvertretung einer kommunalen Gebietskörperschaft,
    2. eines in unmittelbarer und allgemeiner Wahl gewählten Gremiums einer für ein Teilgebiet eines Landes oder einer kommunalen Gebietskörperschaft gebildeten Verwaltungseinheit,
    3. der Bundesversammlung,
    4. des Europäischen Parlaments,
    5. einer parlamentarischen Versammlung einer internationalen Organisation und
    6. eines Gesetzgebungsorgans eines ausländischen Staates.
(4) Ein ungerechtfertigter Vorteil liegt insbesondere nicht vor, wenn die Annahme des Vorteils im Einklang mit den für die Rechtsstellung des Mitglieds maßgeblichen Vorschriften steht. Keinen ungerechtfertigten Vorteil stellen dar
    1. ein politisches Mandat oder eine politische Funktion sowie
    2. eine nach dem Parteiengesetz oder entsprechenden Gesetzen zulässige Spende.
(5) Neben einer Freiheitsstrafe von mindestens sechs Monaten kann das Gericht die Fähigkeit, Rechte aus öffentlichen Wahlen zu erlangen, und das Recht, in öffentlichen Angelegenheiten zu wählen oder zu stimmen, aberkennen.

16.1.4. Steuerhinterziehung, § 370 Abgabenordnung

§ 370 AO: Steuerhinterziehung

(1) Mit Freiheitsstrafe bis zu fünf Jahren oder mit Geldstrafe wird bestraft, wer
1. den Finanzbehörden oder anderen Behörden über steuerlich erhebliche Tatsachen unrichtige oder unvollständige Angaben macht,
2. die Finanzbehörden pflichtwidrig über steuerlich erhebliche Tatsachen in Unkenntnis lässt oder
3. pflichtwidrig die Verwendung von Steuerzeichen oder Steuerstemplern unterlässt

und dadurch Steuern verkürzt oder für sich oder einen anderen nicht gerechtfertigte Steuervorteile erlangt.

(2) Der Versuch ist strafbar.

(3) In besonders schweren Fällen ist die Strafe Freiheitsstrafe von sechs Monaten bis zu zehn Jahren. Ein besonders schwerer Fall liegt in der Regel vor, wenn der Täter
1. in großem Ausmaß Steuern verkürzt oder nicht gerechtfertigte Steuervorteile erlangt,
2. seine Befugnisse oder seine Stellung als Amtsträger oder Europäischer Amtsträger (§ 11 Absatz 1 Nummer 2a des Strafgesetzbuchs) missbraucht,
3. die Mithilfe eines Amtsträgers oder Europäischen Amtsträgers (§ 11 Absatz 1 Nummer 2a des Strafgesetzbuchs) ausnutzt, der seine Befugnisse oder seine Stellung missbraucht,
4. unter Verwendung nachgemachter oder verfälschter Belege fortgesetzt Steuern verkürzt oder nicht gerechtfertigte Steuervorteile erlangt, oder
5. als Mitglied einer Bande, die sich zur fortgesetzten Begehung von Taten nach Absatz 1 verbunden hat, Umsatz- oder Verbrauchssteuern verkürzt oder nicht gerechtfertigte Umsatz- oder Verbrauchssteuervorteile erlangt.

(4) Steuern sind namentlich dann verkürzt, wenn sie nicht, nicht in voller Höhe oder nicht rechtzeitig festgesetzt werden; dies gilt auch dann, wenn die Steuer vorläufig oder unter Vorbehalt der Nachprüfung festgesetzt wird oder eine Steueranmeldung einer Steuerfestsetzung unter Vorbehalt der Nachprüfung gleichsteht. Steuervorteile sind auch Steuervergütungen; nicht gerechtfertigte Steuervorteile sind erlangt, soweit sie zu Unrecht gewährt oder belassen werden. Die Voraussetzungen der Sätze 1 und 2 sind auch dann erfüllt, wenn die Steuer, auf die sich die Tat bezieht, aus anderen Gründen hätte ermäßigt oder der Steuervorteil aus anderen Gründen hätte beansprucht werden können.

(5) Die Tat kann auch hinsichtlich solcher Waren begangen werden, deren Einfuhr, Ausfuhr oder Durchfuhr verboten ist.

(6) Die Absätze 1 bis 5 gelten auch dann, wenn sich die Tat auf Einfuhr- oder Ausfuhrabgaben bezieht, die von einem anderen Mitgliedstaat der Europäischen Union verwaltet werden oder die einem Mitgliedstaat der Europäischen Freihandelsassoziation oder einem mit dieser assoziierten Staat zustehen. Das Gleiche gilt, wenn sich die Tat auf Umsatzsteuern oder auf die in Artikel 1 Absatz 1 der Richtlinie 2008/118/EG des Rates vom 16. Dezember 2008 über das allgemeine Verbrauchsteuersystem und zur Aufhebung der Richtlinie 92/12/EWG (ABl. L 9 vom 14.1.2009, S. 12) genannten harmonisierten Verbrauchsteuern bezieht, die von einem anderen Mitgliedstaat der Europäischen Union verwaltet werden.

(7) Die Absätze 1 bis 6 gelten unabhängig von dem Recht des Tatortes auch für Taten, die außerhalb des Geltungsbereiches dieses Gesetzes begangen werden.

16.1.5. Geldwäsche, § 261 StGB

§ 261 StGB: Geldwäsche; Verschleierung unrechtmäßig erlangter Vermögenswerte

(1) Wer einen Gegenstand, der aus einer in Satz 2 genannten rechtswidrigen Tat herrührt, verbirgt, dessen Herkunft verschleiert oder die Ermittlung der Herkunft, das Auffinden, den Verfall, die Einziehung oder die Sicherstellung eines solchen Gegenstandes vereitelt oder gefährdet, wird mit Freiheitsstrafe von drei Monaten bis zu fünf Jahren bestraft. Rechtswidrige Taten im Sinne des Satzes 1 sind

1. *Verbrechen,*
2. *Vergehen nach*
   a) *den §§ 108e, 332 Absatz 1 und 3 sowie § 334, jeweils auch in Verbindung mit § 335a,*
   b) *§ 29 Abs. 1 Satz 1 Nr. 1 des Betäubungsmittelgesetzes und § 19 Abs. 1 Nr. 1 des Grundstoffüberwachungsgesetzes,*
3. *Vergehen nach § 373 und nach § 374 Abs. 2 der Abgabenordnung, jeweils auch in Verbindung mit § 12 Abs. 1 des Gesetzes zur Durchführung der Gemeinsamen Marktorganisationen und der Direktzahlungen,*
4. *Vergehen*
   a) *nach den §§ 152a, 181a, 232 Abs. 1 und 2, § 233 Abs. 1 und 2, §§ 233a, 242, 246, 253, 259, 263 bis 264, 266, 267, 269, 271, 284, 299, 326 Abs. 1, 2 und 4, § 328 Abs. 1, 2 und 4 sowie § 348,*
   b) *nach § 96 des Aufenthaltsgesetzes, § 84 des Asylgesetzes, nach § 370 der Abgabenordnung, nach § 38 Absatz 1 bis 3 und 5 des Wertpapierhandelsgesetzes sowie nach den §§ 143, 143a und 144 des Markengesetzes, den §§ 106 bis 108b des Urheberrechtsgesetzes, § 25 des Gebrauchsmustergesetzes, den §§ 51 und 65 des Designgesetzes, § 142 des Patentgesetzes, § 10 des Halbleiterschutzgesetzes und § 39 des Sortenschutzgesetzes,*
   die gewerbsmäßig oder von einem Mitglied einer Bande, die sich zur fortgesetzten Begehung solcher Taten verbunden hat, begangen worden sind, und
5. *Vergehen nach den §§ 89a und 89c und nach den §§ 129 und 129a Abs. 3 und 5, jeweils auch in Verbindung mit § 129b Abs. 1, sowie von einem Mitglied einer kriminellen oder terroristischen Vereinigung (§§ 129, 129a, jeweils auch in Verbindung mit § 129b Abs. 1) begangene Vergehen.*

Satz 1 gilt in den Fällen der gewerbsmäßigen oder bandenmäßigen Steuerhinterziehung nach § 370 der Abgabenordnung für die durch die Steuerhinterziehung ersparten Aufwendungen und unrechtmäßig erlangten Steuererstattungen und -vergütungen sowie in den Fällen des Satzes 2 Nr. 3 auch für einen Gegenstand, hinsichtlich dessen Abgaben hinterzogen worden sind.

(2) Ebenso wird bestraft, wer einen in Absatz 1 bezeichneten Gegenstand

1. *sich oder einem Dritten verschafft oder*
2. *verwahrt oder für sich oder einen Dritten verwendet, wenn er die Herkunft des Gegenstandes zu dem Zeitpunkt gekannt hat, zu dem er ihn erlangt hat.*

(3) Der Versuch ist strafbar.

(4) In besonders schweren Fällen ist die Strafe Freiheitsstrafe von sechs Monaten bis zu zehn Jahren. Ein besonders schwerer Fall liegt in der Regel vor, wenn der Täter gewerbsmäßig oder als Mitglied einer Bande handelt, die sich zur fortgesetzten Begehung einer Geldwäsche verbunden hat.

(5) Wer in den Fällen des Absatzes 1 oder 2 leichtfertig nicht erkennt, daß der Gegenstand aus einer in Absatz 1 genannten rechtswidrigen Tat herrührt, wird mit Freiheitsstrafe bis zu zwei Jahren oder mit Geldstrafe bestraft.

(6) Die Tat ist nicht nach Absatz 2 strafbar, wenn zuvor ein Dritter den Gegenstand erlangt hat, ohne hierdurch eine Straftat zu begehen.

(7) Gegenstände, auf die sich die Straftat bezieht, können eingezogen werden. § 74a ist anzuwenden. § 73d ist anzuwenden, wenn der Täter gewerbsmäßig oder als Mitglied einer Bande handelt, die sich zur fortgesetzten Begehung einer Geldwäsche verbunden hat.

(8) Den in den Absätzen 1, 2 und 5 bezeichneten Gegenständen stehen solche gleich, die aus einer im Ausland begangenen Tat der in Absatz 1 bezeichneten Art herrühren, wenn die Tat auch am Tatort mit Strafe bedroht ist.

(9) Nach den Absätzen 1 bis 5 wird nicht bestraft,

1. wer die Tat freiwillig bei der zuständigen Behörde anzeigt oder freiwillig eine solche Anzeige veranlasst, wenn nicht die Tat zu diesem Zeitpunkt bereits ganz oder zum Teil entdeckt war und der Täter dies wusste oder bei verständiger Würdigung der Sachlage damit rechnen musste, und

2. in den Fällen des Absatzes 1 oder des Absatzes 2 unter den in Nummer 1 genannten Voraussetzungen die Sicherstellung des Gegenstandes bewirkt, auf den sich die Straftat bezieht.

Nach den Absätzen 1 bis 5 wird außerdem nicht bestraft, wer wegen Beteiligung an der Vortat strafbar ist. Eine Straflosigkeit nach Satz 2 ist ausgeschlossen, wenn der Täter oder Teilnehmer einen Gegenstand, der aus einer in Absatz 1 Satz 2 genannten rechtswidrigen Tat herrührt, in den Verkehr bringt und dabei die rechtswidrige Herkunft des Gegenstandes verschleiert.

(10) (weggefallen)

16.1.6. Verfall und erweiterter Verfall, §§ 73 – 73d StGB

§ 73 StGB: Voraussetzungen des Verfalls

(1) Ist eine rechtswidrige Tat begangen worden und hat der Täter oder Teilnehmer für die Tat oder aus ihr etwas erlangt, so ordnet das Gericht dessen Verfall an. Dies gilt nicht, soweit dem Verletzten aus der Tat ein Anspruch erwachsen ist, dessen Erfüllung dem Täter oder Teilnehmer den Wert des aus der Tat Erlangten entziehen würde.
(2) Die Anordnung des Verfalls erstreckt sich auf die gezogenen Nutzungen. Sie kann sich auch auf die Gegenstände erstrecken, die der Täter oder Teilnehmer durch die Veräußerung eines erlangten Gegenstandes oder als Ersatz für dessen Zerstörung, Beschädigung oder Entziehung oder auf Grund eines erlangten Rechts erworben hat.
(3) Hat der Täter oder Teilnehmer für einen anderen gehandelt und hat dadurch dieser etwas erlangt, so richtet sich die Anordnung des Verfalls nach den Absätzen 1 und 2 gegen ihn.
(4) Der Verfall eines Gegenstandes wird auch angeordnet, wenn er einem Dritten gehört oder zusteht, der ihn für die Tat oder sonst in Kenntnis der Tatumstände gewährt hat.

§ 73a StGB: Verfall des Wertersatzes

Soweit der Verfall eines bestimmten Gegenstandes wegen der Beschaffenheit des Erlangten oder aus einem anderen Grunde nicht möglich ist oder von dem Verfall eines Ersatzgegenstandes nach § 73 Abs. 2 Satz 2 abgesehen wird, ordnet das Gericht den Verfall eines Geldbetrags an, der dem Wert des Erlangten entspricht. Eine solche Anordnung trifft das Gericht auch neben dem Verfall eines Gegenstandes, soweit dessen Wert hinter dem Wert des zunächst Erlangten zurückbleibt.

§ 73b StGB: Schätzung

Der Umfang des Erlangten und dessen Wert sowie die Höhe des Anspruchs, dessen Erfüllung dem Täter oder Teilnehmer das aus der Tat Erlangte entziehen würde, können geschätzt werden.

§ 73c StGB: Härtevorschrift

(1) Der Verfall wird nicht angeordnet, soweit er für den Betroffenen eine unbillige Härte wäre. Die Anordnung kann unterbleiben, soweit der Wert des Erlangten zur Zeit der Anordnung in dem Vermögen des Betroffenen nicht mehr vorhanden ist oder wenn das Erlangte nur einen geringen Wert hat.
(2) Für die Bewilligung von Zahlungserleichterungen gilt § 42 entsprechend.

§ 73d StGB: Erweiterter Verfall

(1) Ist eine rechtswidrige Tat nach einem Gesetz begangen worden, das auf diese Vorschrift verweist, so ordnet das Gericht den Verfall von Gegenständen des Täters oder Teilnehmers auch dann an, wenn die Umstände die Annahme rechtfertigen, daß diese Gegenstände für rechtswidrige Taten oder aus ihnen erlangt worden sind. Satz 1 ist auch anzuwenden, wenn ein Gegenstand dem Täter oder Teilnehmer nur deshalb nicht gehört oder zusteht, weil er den Gegenstand für eine rechtswidrige Tat oder aus ihr erlangt hat. § 73 Abs. 1 Satz 2, auch in Verbindung mit § 73b, und § 73 Abs. 2 gelten entsprechend.
(2) Ist der Verfall eines bestimmten Gegenstandes nach der Tat ganz oder teilweise unmöglich geworden, so finden insoweit die §§ 73a und 73b sinngemäß Anwendung.
(3) Ist nach Anordnung des Verfalls nach Absatz 1 wegen einer anderen rechtswidrigen Tat, die der Täter oder Teilnehmer vor der Anordnung begangen hat, erneut über den Verfall von Gegenständen des Täters oder Teilnehmers zu entscheiden, so berücksichtigt das Gericht hierbei die bereits ergangene Anordnung.
(4) § 73c gilt entsprechend.

16.1.7. Strafsachen gegen Angehörige der Heilberufe, Nr. 26 MiStra

(1) In Strafsachen gegen
- *Ärztinnen und Ärzte,*
- *Zahnärztinnen und Zahnärzte,*
- *Tierärztinnen und Tierärzte,*
- *Apothekerinnen und Apotheker,*
- *Psychologische Psychotherapeutinnen und Psychologische Psychotherapeuten,*
- *Kinder- und Jugendlichenpsychotherapeutinnen und Kinder- und Jugendlichenpsychotherapeuten,*
- *Heilpraktikerinnen und Heilpraktiker,*
- *Hebammen und Entbindungspfleger*
- *Altenpflegerinnen/Altenpfleger,*
- *Diätassistentinnen/Diätassistenten,*
- *Ergotherapeutinnen/Ergotherapeuten,*
- *Gesundheits- und Kinderkrankenpflegerinnen/Gesundheits- und Kinderkrankenpfleger,*
- *Gesundheits- und Krankenpflegerinnen/Gesundheits- und Krankenpfleger,*
- *Logopädinnen/Logopäden,*
- *Masseurinnen und medizinische Bademeisterinnen/Masseure und medizinische Bademeister,*
- *Orthoptistinnen/Orthoptisten,*
- *Physiotherapeutinnen/Physiotherapeuten,*
- *Podologinnen/Podologen,*
- *Rettungsassistentinnen/Rettungsassistenten,*
- *Notfallsanitäterinnen/Notfallsanitäter,*
- *Technische Assistentinnen und Assistenten in der Medizin (Medizinisch-technische Assistentinnen/Assistenten für Funktionsdiagnostik; Medizinisch-technische Laboratoriumsassistentinnen/Laboratoriumsassistenten; Medizinisch-technische Radiologieassistentinnen/Radiologieassistenten; veterinärmedizinisch-technische Assistentinnen/ Assistenten),*
- *Pharmazeutisch-technische Assistentinnen/Assistenten*

sind, wenn der Tatvorwurf auf eine Verletzung von Pflichten schließen lässt, die bei der Ausübung des Berufs zu beachten sind, oder er in anderer Weise geeignet ist, Zweifel an der Eignung, Zuverlässigkeit oder Befähigung hervorzurufen, mitzuteilen
1. *der Erlass und der Vollzug eines Haft- oder Unterbringungsbefehls,*
2. *die Entscheidung, durch die ein vorläufiges Berufsverbot angeordnet oder ein solches aufgehoben worden ist,*
3. *die Erhebung der öffentlichen Klage,*
4. *der Ausgang des Verfahrens, wenn eine Mitteilung nach den Ziffern 1 bis 3 zu machen war.*

(2) In Privatklageverfahren, in Verfahren wegen fahrlässig begangener Straftaten und in sonstigen Verfahren bei Verurteilung zu einer anderen Maßnahme als einer Strafe oder einer Maßnahme im Sinne des § 11 Absatz 1 Nummer 8 StGB unterbleibt die Mitteilung, wenn nicht besondere Umstände des Einzelfalls sie erfordern. Sie ist insbesondere erforderlich, wenn die Tat bereits ihrer Art nach geeignet ist, Zweifel an der Zuverlässigkeit oder Eignung für die gerade ausgeübte berufliche Tätigkeit hervorzurufen. Die Mitteilung ordnen Richterinnen oder Richter, Staatsanwältinnen oder Staatsanwälte an. Die Sätze 1 bis 3 gelten nicht bei Straftaten, durch die der Tod eines Menschen verursacht worden ist, und bei gefährlicher Körperverletzung.

(3) Die Mitteilungen sind zu richten an
1. *die zuständige Behörde und*
2. *die zuständige Berufskammer, wenn eine solche als Körperschaft des öffentlichen Rechts besteht.*

Sie sind als "Vertrauliche Personalsache" zu kennzeichnen.

16.1.8. Sozialrechtliche Regelungen der §§ 73 Abs. 7, 128 SGB V

Auszug aus § 73 SGB V: Kassenärztliche Versorgung

(7) Es ist Vertragsärzten nicht gestattet, für die Zuweisung von Versicherten ein Entgelt oder sonstige wirtschaftliche Vorteile sich versprechen oder gewähren zu lassen oder selbst zu versprechen oder zu gewähren. § 128 Absatz 2 Satz 3 gilt entsprechend.

§ 128 SGB V: Unzulässige Zusammenarbeit zwischen Leistungserbringern und Vertragsärzten

(1) Die Abgabe von Hilfsmitteln an Versicherte über Depots bei Vertragsärzten ist unzulässig, soweit es sich nicht um Hilfsmittel handelt, die zur Versorgung in Notfällen benötigt werden. Satz 1 gilt entsprechend für die Abgabe von Hilfsmitteln in Krankenhäusern und anderen medizinischen Einrichtungen.

(2) Leistungserbringer dürfen Vertragsärzte sowie Ärzte in Krankenhäusern und anderen medizinischen Einrichtungen nicht gegen Entgelt oder Gewährung sonstiger wirtschaftlicher Vorteile an der Durchführung der Versorgung mit Hilfsmitteln beteiligen oder solche Zuwendungen im Zusammenhang mit der Verordnung von Hilfsmitteln gewähren. Unzulässig ist ferner die Zahlung einer Vergütung für zusätzliche privatärztliche Leistungen, die im Rahmen der Versorgung mit Hilfsmitteln von Vertragsärzten erbracht werden, durch Leistungserbringer. Unzulässige Zuwendungen im Sinne des Satzes 1 sind auch die unentgeltliche oder verbilligte Überlassung von Geräten und Materialien und Durchführung von Schulungsmaßnahmen, die Gestellung von Räumlichkeiten oder Personal oder die Beteiligung an den Kosten hierfür sowie Einkünfte aus Beteiligungen an Unternehmen von Leistungserbringern, die Vertragsärzte durch ihr Verordnungs- oder Zuweisungsverhalten selbst maßgeblich beeinflussen.

(3) Die Krankenkassen stellen vertraglich sicher, dass Verstöße gegen die Verbote nach den Absätzen 1 und 2 angemessen geahndet werden. Für den Fall schwerwiegender und wiederholter Verstöße ist vorzusehen, dass Leistungserbringer für die Dauer von bis zu zwei Jahren von der Versorgung der Versicherten ausgeschlossen werden können.

(4) Vertragsärzte dürfen nur auf der Grundlage vertraglicher Vereinbarungen mit Krankenkassen über die ihnen im Rahmen der vertragsärztlichen Versorgung obliegenden Aufgaben hinaus an der Durchführung der Versorgung mit Hilfsmitteln mitwirken. Die Absätze 1 bis 3 bleiben unberührt. Über eine Mitwirkung nach Satz 1 informieren die Krankenkassen die für die jeweiligen Vertragsärzte zuständige Ärztekammer.

(4a) Krankenkassen können mit Vertragsärzten Verträge nach Absatz 4 abschließen, wenn die Wirtschaftlichkeit und die Qualität der Versorgung dadurch nicht eingeschränkt werden. § 126 Absatz 1 Satz 2 und 3 sowie Absatz 1a gilt entsprechend auch für die Vertragsärzte. In den Verträgen sind die von den Vertragsärzten zusätzlich zu erbringenden Leistungen und welche Vergütung sie dafür erhalten eindeutig festzulegen. Die zusätzlichen Leistungen sind unmittelbar von den Krankenkassen an die Vertragsärzte zu vergüten. Jede Mitwirkung der Leistungserbringer an der Abrechnung und der Abwicklung der Vergütung der von den Vertragsärzten erbrachten Leistungen ist unzulässig.

(4b) Vertragsärzte, die auf der Grundlage von Verträgen nach Absatz 4 an der Durchführung der Hilfsmittelversorgung mitwirken, haben die von ihnen ausgestellten Verordnungen der jeweils zuständigen Krankenkasse zur Genehmigung der Versorgung zu übersenden. Die Verordnungen sind den Versicherten von den Krankenkassen zusammen mit der Genehmigung zu übermitteln. Dabei haben die Krankenkassen die Versicherten in geeigneter Weise über die verschiedenen Versorgungswege zu beraten.

(5) Absatz 4 Satz 3 gilt entsprechend, wenn Krankenkassen Auffälligkeiten bei der Ausführung von Verordnungen von Vertragsärzten bekannt werden, die auf eine mögliche Zuweisung von Versicherten an bestimmte Leistungserbringer oder eine sonstige Form

unzulässiger Zusammenarbeit hindeuten. In diesen Fällen ist auch die zuständige Kassenärztliche Vereinigung zu informieren. Gleiches gilt, wenn Krankenkassen Hinweise auf die Forderung oder Annahme unzulässiger Zuwendungen oder auf eine unzulässige Beeinflussung von Versicherten nach Absatz 5a vorliegen.

(5a) Vertragsärzte, die unzulässige Zuwendungen fordern oder annehmen oder Versicherte zur Inanspruchnahme einer privatärztlichen Versorgung anstelle der ihnen zustehenden Leistung der gesetzlichen Krankenversicherung beeinflussen, verstoßen gegen ihre vertragsärztlichen Pflichten.

(5b) Die Absätze 2, 3, 5 und 5a gelten für die Versorgung mit Heilmitteln entsprechend.

(6) Ist gesetzlich nichts anderes bestimmt, gelten bei der Erbringung von Leistungen nach den §§ 31 und 116b Absatz 7 die Absätze 1 bis 3 sowohl zwischen pharmazeutischen Unternehmern, Apotheken, pharmazeutischen Großhändlern und sonstigen Anbietern von Gesundheitsleistungen als auch jeweils gegenüber Vertragsärzten, Ärzten in Krankenhäusern und Krankenhausträgern entsprechend. Hiervon unberührt bleiben gesetzlich zulässige Vereinbarungen von Krankenkassen mit Leistungserbringern über finanzielle Anreize für die Mitwirkung an der Erschließung von Wirtschaftlichkeitsreserven und die Verbesserung der Qualität der Versorgung bei der Verordnung von Leistungen nach den §§ 31 und 116b Absatz 7.

16.1.9. Berufsrechtliche Regelungen der Ärzte und Zahnärzte

§ 30 MBO: Ärztliche Unabhängigkeit

Ärztinnen und Ärzte sind verpflichtet, in allen vertraglichen und sonstigen beruflichen Beziehungen zu Dritten ihre ärztliche Unabhängigkeit für die Behandlung der Patientinnen und Patienten zu wahren.

§ 31 MBO: Unerlaubte Zuweisung

(1) Ärztinnen und Ärzten ist es nicht gestattet, für die Zuweisung von Patientinnen und Patienten oder Untersuchungsmaterial oder für die Verordnung oder den Bezug von Arznei- oder Hilfsmitteln oder Medizinprodukten ein Entgelt oder andere Vorteile zu fordern, sich oder Dritten versprechen oder gewähren zu lassen oder selbst zu versprechen oder zu gewähren.

(2) Sie dürfen ihren Patientinnen und Patienten nicht ohne hinreichenden Grund bestimmte Ärztinnen oder Ärzten, Apotheken, Heil- und Hilfsmittelerbringer oder sonstige Anbieter gesundheitlicher Leistungen empfehlen oder an diese verweisen.

§ 32 MBO: Unerlaubte Zuwendungen

(1) Ärztinnen und Ärzten ist es nicht gestattet, von Patientinnen und Patienten oder Anderen Geschenke oder andere Vorteile für sich oder Dritte zu fordern oder sich oder Dritten versprechen zu lassen oder anzunehmen, wenn hierdurch der Eindruck erweckt wird, dass die Unabhängigkeit der ärztlichen Entscheidung beeinflusst wird. Eine Beeinflussung ist dann nicht berufswidrig, wenn sie einer wirtschaftlichen Behandlungs- oder Verordnungsweise auf sozialrechtlicher Grundlage dient und der Ärztin oder dem Arzt die Möglichkeit erhalten bleibt, aus medizinischen Gründen eine andere als die mit finanziellen Anreizen verbundene Entscheidung zu treffen.

(2) Die Annahme von geldwerten Vorteilen in angemessener Höhe ist nicht berufswidrig, sofern diese ausschließlich für berufsbezogene Fortbildung verwendet werden. Der

für die Teilnahme an einer wissenschaftlichen Fortbildungsveranstaltung gewährte Vorteil ist unangemessen, wenn er über die notwendigen Reisekosten und Tagungsgebühren hinausgeht.

(3) Die Annahme von Beiträgen Dritter zur Durchführung von Veranstaltungen (Sponsoring) ist ausschließlich für die Finanzierung des wissenschaftlichen Programms ärztlicher Fortbildungsveranstaltungen und nur in angemessenem Umfang erlaubt. Das Sponsoring, dessen Bedingungen und Umfang sind bei der Ankündigung und Durchführung der Veranstaltung offen zu legen.

§ 33 MBO: Zuwendungen bei vertraglicher Zusammenarbeit

Soweit Ärztinnen und Ärzte Leistungen für die Hersteller von Arznei- oder Hilfsmitteln oder Medizinprodukten oder die Erbringer von Heilmittelversorgung erbringen (z.B. bei Anwendungsbeobachtungen), muss die hierfür bestimmte Vergütung der erbrachten Leistung entsprechen. Die Verträge über die Zusammenarbeit sind schriftlich abzuschließen und sollen der Ärztekammer vorgelegt werden.

§ 2 MBO-Z: Allgemeine Berufspflichten

(7) Dem Zahnarzt ist es nicht gestattet, für die Verordnung, die Empfehlung oder den Bezug für Patienten von Arznei-, Heil- oder Hilfsmitteln sowie Medizinprodukten eine Vergütung oder sonstige vermögenswerte Vorteile für sich oder Dritte versprechen zu lassen oder anzunehmen.

(8) Es ist dem Zahnarzt nicht gestattet, für die Zuweisung und Vermittlung von Patienten ein Entgelt zu fordern oder andere Vorteile sich versprechen oder gewähren zu lassen oder selbst zu versprechen oder zu gewähren.

16.1.10. Anwendungsbeobachtungen nach § 67 Abs. 6 AMG

(6) Wer Untersuchungen durchführt, die dazu bestimmt sind, Erkenntnisse bei der Anwendung zugelassener oder registrierter Arzneimittel zu sammeln, hat dies der zuständigen Bundesoberbehörde, der Kassenärztlichen Bundesvereinigung, dem Spitzenverband Bund der Krankenkassen und dem Verband der Privaten Krankenversicherung e. V. unverzüglich anzuzeigen. Dabei sind Ort, Zeit, Ziel und Beobachtungsplan der Anwendungsbeobachtung anzugeben sowie gegenüber der Kassenärztlichen Bundesvereinigung und dem Spitzenverband Bund der Krankenkassen die beteiligten Ärzte namentlich mit Angabe der lebenslangen Arztnummer zu benennen. Entschädigungen, die an Ärzte für ihre Beteiligung an Untersuchungen nach Satz 1 geleistet werden, sind nach ihrer Art und Höhe so zu bemessen, dass kein Anreiz für eine bevorzugte Verschreibung oder Empfehlung bestimmter Arzneimittel entsteht. Sofern beteiligte Ärzte Leistungen zu Lasten der gesetzlichen Krankenversicherung erbringen, sind bei Anzeigen nach Satz 1 auch die Art und die Höhe der jeweils an sie tatsächlich geleisteten Entschädigungen anzugeben sowie jeweils eine Ausfertigung der mit ihnen geschlossenen Verträge und jeweils eine Darstellung des Aufwandes für die beteiligten Ärzte und eine Begründung für die Angemessenheit der Entschädigung zu übermitteln. Veränderungen der in Satz 4 genannten Informationen sind innerhalb von vier Wochen nach jedem Quartalsende zu übermitteln; die tatsächlich geleisteten Entschädigungen sind mit Zuordnung zu beteiligten Ärzten namentlich mit Angabe der lebenslangen Arztnummer zu übermitteln. Innerhalb eines Jahres nach Abschluss der Datenerfassung sind unter Angabe der insgesamt beteiligten Ärzte die Anzahl der jeweils und insgesamt beteiligten Patienten und Art und Höhe der jeweils und insgesamt geleisteten Entschädigungen zu übermitteln.

16.1.11. Gesetzliche Regelungen für Apotheker

§ 10 ApoG: Bevorzugungsverbot

Der Erlaubnisinhaber darf sich nicht verpflichten, bestimmte Arzneimittel ausschließlich oder bevorzugt anzubieten oder abzugeben oder anderweitig die Auswahl der von ihm abzugebenden Arzneimittel auf das Angebot bestimmter Hersteller oder Händler oder von Gruppen von solchen zu beschränken.

§ 11 ApoG: Abspracheverbot

1) Erlaubnisinhaber und Personal von Apotheken dürfen mit Ärzten oder anderen Personen, die sich mit der Behandlung von Krankheiten befassen, keine Rechtsgeschäfte vornehmen oder Absprachen treffen, die eine bevorzugte Lieferung bestimmter Arzneimittel, die Zuführung von Patienten, die Zuweisung von Verschreibungen oder die Fertigung von Arzneimitteln ohne volle Angabe der Zusammensetzung zum Gegenstand haben. § 140a des Fünften Buches Sozialgesetzbuch bleibt unberührt.
(2) Abweichend von Absatz 1 darf der Inhaber einer Erlaubnis zum Betrieb einer öffentlichen Apotheke auf Grund einer Absprache anwendungsfertige Zytostatikazubereitungen, die im Rahmen des üblichen Apothekenbetriebes hergestellt worden sind, unmittelbar an den anwendenden Arzt abgeben.
(3) Der Inhaber einer Erlaubnis zum Betrieb einer Krankenhausapotheke darf auf Anforderung des Inhabers einer Erlaubnis zum Betrieb einer öffentlichen Apotheke die im Rahmen seiner Apotheke hergestellten anwendungsfertigen Zytostatikazubereitungen an diese öffentliche Apotheke oder auf Anforderung des Inhabers einer Erlaubnis zum Betrieb einer anderen Krankenhausapotheke an diese Krankenhausapotheke abgeben. Dies gilt entsprechend für den Inhaber einer Erlaubnis zum Betrieb einer öffentlichen Apotheke für die Abgabe der in Satz 1 genannten Arzneimittel an eine Krankenhausapotheke oder an eine andere öffentliche Apotheke. Eines Vertrages nach § 14 Abs. 3 oder 4 bedarf es nicht.
(4) Im Falle einer bedrohlichen übertragbaren Krankheit, deren Ausbreitung eine sofortige und das übliche Maß erheblich überschreitende Bereitstellung von spezifischen Arzneimitteln erforderlich macht,

    a) findet Absatz 1 keine Anwendung auf Arzneimittel, die von den Gesundheitsbehörden des Bundes oder der Länder oder von diesen benannten Stellen nach § 47 Abs. 1 Satz 1 Nr. 3c des Arzneimittelgesetzes bevorratet oder nach § 21 Absatz 2 Nummer 1c des Arzneimittelgesetzes hergestellt wurden,

    b) gilt Absatz 3 Satz 1 und 2 entsprechend für Zubereitungen aus von den Gesundheitsbehörden des Bundes oder der Länder oder von diesen benannten Stellen bevorrateten Wirkstoffen.

16.1.12. Zugabeverbot nach § 7 HWG

(1) Es ist unzulässig, Zuwendungen und sonstige Werbegaben (Waren oder Leistungen) anzubieten, anzukündigen oder zu gewähren oder als Angehöriger der Fachkreise anzunehmen, es sei denn, dass

1. es sich bei den Zuwendungen oder Werbegaben um Gegenstände von geringem Wert, die durch eine dauerhafte und deutlich sichtbare Bezeichnung des Werbenden oder des beworbenen Produktes oder beider gekennzeichnet sind, oder um geringwertige Kleinigkeiten handelt; Zuwendungen oder Werbegaben sind für Arzneimittel unzulässig, soweit sie entgegen den Preisvorschriften gewährt werden, die auf Grund des Arzneimittelgesetzes gelten;

2. die Zuwendungen oder Werbegaben in

   a) einem bestimmten oder auf bestimmte Art zu berechnenden Geldbetrag oder

   b) einer bestimmten oder auf bestimmte Art zu berechnenden Menge gleicher Ware gewährt werden;

   Zuwendungen oder Werbegaben nach Buchstabe a sind für Arzneimittel unzulässig, soweit sie entgegen den Preisvorschriften gewährt werden, die aufgrund des Arzneimittelgesetzes gelten; Buchstabe b gilt nicht für Arzneimittel, deren Abgabe den Apotheken vorbehalten ist;

3. die Zuwendungen oder Werbegaben nur in handelsüblichem Zubehör zur Ware oder in handelsüblichen Nebenleistungen bestehen; als handelsüblich gilt insbesondere eine im Hinblick auf den Wert der Ware oder Leistung angemessene teilweise oder vollständige Erstattung oder Übernahme von Fahrtkosten für Verkehrsmittel des öffentlichen Personennahverkehrs, die im Zusammenhang mit dem Besuch des Geschäftslokals oder des Orts der Erbringung der Leistung aufgewendet werden darf;

4. die Zuwendungen oder Werbegaben in der Erteilung von Auskünften oder Ratschlägen bestehen oder

5. es sich um unentgeltlich an Verbraucherinnen und Verbraucher abzugebende Zeitschriften handelt, die nach ihrer Aufmachung und Ausgestaltung der Kundenwerbung und den Interessen der verteilenden Person dienen, durch einen entsprechenden Aufdruck auf der Titelseite diesen Zweck erkennbar machen und in ihren Herstellungskosten geringwertig sind (Kundenzeitschriften).

Werbegaben für Angehörige der Heilberufe sind unbeschadet des Satzes 1 nur dann zulässig, wenn sie zur Verwendung in der ärztlichen, tierärztlichen oder pharmazeutischen Praxis bestimmt sind. § 47 Abs. 3 des Arzneimittelgesetzes bleibt unberührt.

(2) Abs. 1 gilt nicht für Zuwendungen im Rahmen ausschließlich berufsbezogener wissenschaftlicher Veranstaltungen, sofern diese einen vertretbaren Rahmen nicht überschreiten, insbesondere in Bezug auf den wissenschaftlichen Zweck der Veranstaltung von untergeordneter Bedeutung sind und sich nicht auf andere als im Gesundheitswesen tätige Personen erstrecken.

(3) Es ist unzulässig, für die Entnahme oder sonstige Beschaffung von Blut-, Plasma- oder Gewebespenden zur Herstellung von Blut- und Gewebeprodukten und anderen Produkten zur Anwendung bei Menschen mit der Zahlung einer finanziellen Zuwendung oder Aufwandsentschädigung zu werben.

16.1.13. Abrechnungsregelungen

16.1.13.1. Abrechnungsvorgaben des Kapitels 7 EBM

EBM Kap. 7.1: In den Gebührenordnungspositionen enthaltene Kosten

In den Gebührenordnungspositionen sind - soweit nichts anderes bestimmt ist - enthalten:
- *Allgemeine Praxiskosten,*
- *Kosten, die durch die Anwendung von ärztlichen Instrumenten und Apparaturen entstanden sind,*
- *Kosten für Einmalspritzen, Einmalkanülen, Einmaltrachealtuben, Einmalabsaugkatheter, Einmalhandschuhe, Einmalrasierer, Einmalharnblasenkatheter, Einmalskalpelle, Einmalproktoskope, Einmaldarmrohre, Einmalspekula, Einmalküretten, Einmal-Abdecksets,*
- *Kosten für Reagenzien, Substanzen und Materialien für Laboratoriumsuntersuchungen,*
- *Kosten für Filmmaterial,*
- *Versand- und Transportkosten, ausgenommen jene, die bei Versendungen von Arztbriefen (z. B. Befundmitteilungen, ärztliche Berichte nach der Gebührenordnungsposition 01600, Arztbriefe nach der Gebührenordnungsposition 01601, Kopien eines Berichtes oder eines Briefes an den Hausarzt nach der Gebührenordnungsposition 01602) und im Zusammenhang mit Versendungen im Rahmen der Langzeit-EKG-Diagnostik, Laboratoriumsuntersuchungen, Zytologie, Histologie, Zytogenetik und Molekulargenetik, Strahlendiagnostik, Anwendung radioaktiver Substanzen sowie der Strahlentherapie entstehen.*

EBM Kap. 7.2: Nicht berechnungsfähige Kosten

Kosten für Versandmaterial, für die Versendung bzw. den Transport des Untersuchungsmaterials und die Übermittlung des Untersuchungsergebnisses innerhalb des Medizinischen Versorgungszentrums, einer (Teil-) Berufsausübungsgemeinschaft, zwischen Betriebsstätten derselben Arztpraxis, innerhalb einer Apparate- bzw. Laborgemeinschaft oder innerhalb eines Krankenhausgeländes sind nicht berechnungsfähig.

EBM Kap. 7.3: Nicht in den Gebührenordnungspositionen enthaltene Kosten

In den Gebührenordnungspositionen sind - soweit nichts anderes bestimmt ist - nicht enthalten:
- *Kosten für Arzneimittel, Verbandmittel, Materialien, Instrumente, Gegenstände und Stoffe, die nach der Anwendung verbraucht sind oder die der Kranke zur weiteren Verwendung behält,*
- *Kosten für Einmalinfusionsbestecke, Einmalinfusionskatheter, Einmalinfusionsnadeln und Einmalbiopsienadeln,*
- *Telefonkosten, die entstehen, wenn der behandelnde Arzt mit dem Krankenhaus zu einer erforderlichen stationären Behandlung Rücksprache nehmen muss.*

Die Berechnung und Abgeltung der Kosten nach 7.3 erfolgt nach Maßgabe der Gesamtverträge.

16.1.13.2. Abrechnungsregelung des § 44 Abs. 6 BMV-Ä

Die Kosten für Materialien, die gemäß Kapitel 7.3 Allgemeine Bestimmungen des Einheitlichen Bewertungsmaßstabes (EBM) nicht in den berechnungsfähigen Leistungen enthalten sind und auch nicht über Sprechstundenbedarf bezogen werden können, werden gesondert abgerechnet. Der Vertragsarzt wählt diese gesondert berechnungsfähigen Materialien unter Beachtung des Wirtschaftlichkeitsgebotes und der medizinischen Notwendigkeit aus. Die rechnungsbegründenden Unterlagen, wie z. B. die Originalrechnungen, sind bei der rechnungsbegleichenden Stelle einzureichen. Die Bestimmung der rechnungsbegleichenden Stelle ist durch die Partner der Gesamtverträge zu regeln. Die einzureichenden Unterlagen müssen mindestens folgende Informationen beinhalten:

- *Name des Herstellers*
- *Produkt-/Artikelbezeichnung inkl. Artikel- und Modellnummer*
- *Versichertennummer des Patienten, im Rahmen dessen Behandlung die Materialien gesondert berechnet werden.*

Über die Notwendigkeit weiterer für die Prüfung der Abrechnung erforderlicher Angaben (z. B. die GOP der erbrachten Leistungen, den ICD, den OPS und das Datum der Leistungserbringung) entscheidet die rechnungsbegleichende Stelle. Der Vertragsarzt ist verpflichtet, die tatsächlich realisierten Preise in Rechnung zu stellen und ggf. vom Hersteller bzw. Lieferanten gewährte Rückvergütungen, wie Preisnachlässe, Rabatte, Umsatzbeteiligungen, Bonifikationen und rückvergütungsgleiche Gewinnbeteiligungen mit Ausnahme von Barzahlungsrabatten bis zu 3 % weiterzugeben. Der Vertragsarzt bestätigt dies durch Unterschrift gegenüber der rechnungsbegleichenden Stelle. Die Partner der Gesamtverträge können abweichende Regelungen treffen, insbesondere für einzelne gesondert berechnungsfähige Materialien Maximal- oder Pauschalbeträge vereinbaren.

16.1.13.3. Vorgaben der Gebührenordnung für Ärzte (GOÄ)

§ 4 GOÄ: Gebühren

(1) Gebühren sind Vergütungen für die im Gebührenverzeichnis (Anlage) genannten ärztlichen Leistungen. ....

(3) Mit den Gebühren sind die Praxiskosten einschließlich der Kosten für den Sprechstundenbedarf sowie die Kosten für die Anwendung von Instrumenten und Apparaten abgegolten, soweit nicht in dieser Verordnung etwas anderes bestimmt ist. ....

(4) Kosten, die nach Absatz 3 mit den Gebühren abgegolten sind, dürfen nicht gesondert berechnet werden.

...

§ 10 GOÄ: Ersatz von Auslagen

(1) Neben den für die einzelnen ärztlichen Leistungen vorgesehenen Gebühren können als Auslagen nur berechnet werden

    1. die Kosten für diejenigen Arzneimittel, Verbandmittel und sonstigen Materialien, die der Patient zur weiteren Verwendung behält oder die mit einer einmaligen Anwendung verbraucht sind, soweit in Absatz 2 nichts anderes bestimmt ist,

    2. Versand- und Portokosten, soweit deren Berechnung nach Absatz 3 nicht ausgeschlossen ist,

    3. die im Zusammenhang mit Leistungen nach Abschnitt O bei der Anwendung radioaktiver Stoffe durch deren Verbrauch entstandenen Kosten sowie

    4. die nach den Vorschriften des Gebührenverzeichnisses als gesondert berechnungsfähig ausgewiesenen Kosten.

Die Berechnung von Pauschalen ist nicht zulässig.

(2) Nicht berechnet werden können die Kosten für
> *1. Kleinmaterialien wie Zellstoff, Mulltupfer, Schnellverbandmaterial, Verbandspray, Gewebeklebstoff auf Histoacrylbasis, Mullkompressen, Holzspatel, Holzstäbchen, Wattestäbchen, Gummifingerlinge,*
> *2. Reagenzien und Narkosemittel zur Oberflächenanästhesie,*
> *3. Desinfektions- und Reinigungsmittel,*
> *4. Augen-, Ohren-, Nasentropfen, Puder, Salben und geringwertige Arzneimittel zur sofortigen Anwendung sowie für*
> *5. folgende Einmalartikel: Einmalspritzen, Einmalkanülen, Einmalhandschuhe, Einmalharnblasenkatheter, Einmalskalpelle, Einmalproktoskope, Einmaldarmrohre, Einmalspekula.*

§ 12 GOÄ: Fälligkeit und Abrechnung der Vergütung, Rechnung

> *... (2) Die Rechnung muß insbesondere enthalten:*
> *bei Ersatz von Auslagen nach § 10 den Betrag und die Art der Auslage; übersteigt der Betrag der einzelnen Auslage 50,- Deutsche Mark, ist der Beleg oder ein sonstiger Nachweis beizufügen.*

16.1.13.4. Material- und Laborkosten nach BMV-Z

Erklärung der Kassenzahnärztlichen Bundesvereinigung, des AOK-Bundesverbandes, des BKK-Bundesverbandes, des IKK-Bundesverbandes, des Bundesverbandes der Landwirtschaftlichen Krankenkassen und der Bundesknappschaft

Köln/ Bonn/ Essen/ Bergisch Gladbach/ Kassel/ Bochum, den 07.02.2003, abgedruckt im Bundesmantelvertrag-Zahnärzte, Stand 01.0.4.2014, S. 49

> *Die KZBV, die Bundesverbände der Krankenkassen und die Bundesknappschaft stellen gemeinsam fest, dass Zahnärzte nach geltendem Recht (gesetzliche und gesamtvertragliche Bestimmungen) nur die Material- und Laboratoriumskosten gegenüber den Versicherten und den Krankenkassen abrechnen dürfen, die tatsächlich entstanden sind.*
> *Auf der Grundlage dieser gemeinsamen Rechtsauffassung empfehlen die KZBV und die Bundesverbände der Krankenkassen in die gesamtvertraglichen Vereinbarungen, analog der Formulierung im Zahnarzt-Ersatzkassenvertrag, den folgenden Text aufzunehmen:*
> *„Bei prothetischer Behandlung ist jeder einzelne Heil- und Kostenplan, bei systematischer Behandlung von Parodontopathien jeder Pa-Status, zu unterschreiben.*
> *Mit der Unterschrift bestätigt der Vertragszahnarzt, dass*
> > *a) die abgerechneten Material- und Laborkosten der gewerblichen Laboratorien tatsächlich entstanden sind und dass er auftragsbezogene Rückvergütungen, wie Preisnachlässe, Rabatte, Umsatzbeteiligungen, Bonifikationen und rückvergütungsgleiche Gewinnbeteiligungen mit Ausnahme von Barzahlungsrabatten an die Vertragskasse und die Versicherten weitergibt,*
> > *b) die abgerechneten Material- und Laborkosten seines Zahnarztlabors tatsächlich von diesem erbracht worden sind und das Zahnarztlabor die für die abgerechneten Leistungen erforderlichen Ausstattungen enthält."*

16.1.13.5. Vorgaben der Gebührenordnung für Zahnärzte (GOZ)

§ 3 GOZ: Vergütungen

Als Vergütungen stehen dem Zahnarzt Gebühren, Wegegeld und Ersatz von Auslagen zu.

§ 4 GOZ: Gebühren

Gebühren sind Vergütungen für die im Gebührenverzeichnis genannten zahnärztlichen Leistungen. ....

... Mit den Gebühren sind die Praxiskosten einschließlich der Kosten für Füllungsmaterial, für den Sprechstundenbedarf sowie für die Anwendung von Instrumenten und Apparaten abgegolten, soweit nicht im Gebührenverzeichnis etwas anderes bestimmt ist. Hat der Zahnarzt zahnärztliche Leistungen unter Inanspruchnahme Dritter, die nach dieser Verordnung selbst nicht liquidationsberechtigt sind, erbracht, so sind die hierdurch entstandenen Kosten ebenfalls mit der Gebühr abgegolten.

§ 9 GOZ: Ersatz von Auslagen für zahntechnische Leistungen

(1) Neben den für die einzelnen zahnärztlichen Leistungen vorgesehenen Gebühren können als Auslagen die dem Zahnarzt tatsächlich entstandenen angemessenen Kosten für zahntechnische Leistungen berechnet werden, soweit diese Kosten nicht nach den Bestimmungen des Gebührenverzeichnisses mit den Gebühren abgegolten sind.

(2) Der Zahnarzt hat dem Zahlungspflichtigen vor der Behandlung einen Kostenvoranschlag des gewerblichen oder des praxiseigenen Labors über die voraussichtlich entstehenden Kosten für zahntechnische Leistungen anzubieten und auf dessen Verlangen in Textform vorzulegen, sofern die Kosten insgesamt voraussichtlich einen Betrag von 1.000 Euro überschreiten. Für Behandlungen, die auf der Grundlage eines Heil- und Kostenplans für einen Behandlungszeitraum von mehr als zwölf Monaten geplant werden, gilt Satz 1 nur, sofern voraussichtlich bereits innerhalb eines Zeitraums von sechs Monaten Kosten von mehr als 1.000 Euro entstehen. Der Kostenvoranschlag muss die voraussichtlichen Gesamtkosten für zahntechnische Leistungen und die dabei verwendeten Materialien angeben. Art, Umfang und Ausführung der einzelnen Leistungen, Berechnungsgrundlage und Herstellungsort der zahntechnischen Leistungen sind dem Zahlungspflichtigen auf Verlangen näher zu erläutern. Ist eine Überschreitung der im Kostenvoranschlag genannten Kosten um mehr als 15 vom Hundert zu erwarten, hat der Zahnarzt den Zahlungspflichtigen hierüber unverzüglich in Textform zu unterrichten.

§ 10 GOZ: Fälligkeit und Abrechnung der Vergütung; Rechnung

... (1) Die Rechnung muß insbesondere enthalten:
  5. *bei Ersatz von Auslagen nach § 9 den Betrag und die Art der einzelnen Auslage sowie Bezeichnung, Gewicht und Tagespreis verwendeter Legierungen,*
  6. *bei nach dem Gebührenverzeichnis gesondert berechnungsfähigen Kosten Art, Menge und Preis verwendeter Materialien.*

16.2. Kodizes der Industrie

16.2.1. Kodex Medizinprodukte (Stand Januar 2015)

Vorwort

Das Gewähren und Annehmen von entgeltlichen und unentgeltlichen Zuwendungen und Rabatten ist, im Gegensatz zum Gesundheitsmarkt, in anderen Wirtschaftszweigen vielfach üblich und rechtlich zulässig. Die Zusammenarbeit der Beteiligten im Gesundheitsmarkt ist zwar grundsätzlich erlaubt, in vielen Bereichen aber nur sehr eingeschränkt zulässig. Vorfälle in jüngster Vergangenheit haben für Verwirrung gesorgt. Ungereimtheiten, Missverständnisse und unterschiedliche Interpretationen haben zu großen Irritationen geführt. Alle im Gesundheitsmarkt Beteiligten brauchen Klarheit, unter welchen Bedingungen ihre Zusammenarbeit erlaubt ist. Die Medizinprodukteindustrie muss vor allem wissen, inwieweit die Beauftragung und Unterstützung von klinischen Einrichtungen oder Ärzten durch die Industrie künftig möglich ist, ohne sich dem Risiko strafrechtlicher Verfolgung auszusetzen. Aufklärung sollen die vom Bundesverband Medizintechnologie e. V. (BVMed) erarbeiteten Verhaltensregeln bringen, die in dem sogenannten "Kodex Medizinprodukte" festgehalten sind. Die Verhaltensregeln basieren auf den einschlägigen Gesetzen, der Rechtsprechung und den berufsrechtlichen Regeln. Sie sollen in einfacher, leicht verständlicher Weise wiedergeben, wie alle Beteiligten im Gesundheitsmarkt mit Zuwendungen und sonstigen Unterstützungsleistungen der Medizinprodukteindustrie an medizinische Einrichtungen und deren Beschäftigte umzugehen haben.
Berlin, im Januar 2015
Bundesverband Medizintechnologie e. V. (BVMed)

Präambel

Medizinische Forschung sowie die Entwicklung, Herstellung und der Vertrieb von Medizinprodukten begründen für Hersteller, Vertreiber, Beschäftigte in medizinischen Einrichtungen und sonstige Leistungserbringer eine besondere Verantwortung. Es ist ein zentrales Anliegen aller Beteiligten, medizinische Standards unter den Gesichtspunkten von Qualität und Wirtschaftlichkeit zum Wohle der Patienten zu erhöhen. Hierbei ist auch ein enges Zusammenwirken von Herstellern und Vertreibern von Medizinprodukten, der medizinischen Einrichtungen, der Ärzte und des sonstigen medizinischen Personals sowie der Krankenkassen erforderlich. Der Markt für Medizinprodukte im solidarisch finanzierten Gesundheitswesen basiert auf gesetzlichen Rahmenbedingungen. Die Beteiligten geben sich mit dem Kodex Medizinprodukte auf der Grundlage dieser Rahmenbedingungen praktikable Verhaltensregeln, die ethischen Grundsätzen sowie den Bedürfnissen der medizinischen Forschung genügen und die dazu beitragen, die Transparenz zu erhöhen und Irritationen und Fehlentwicklungen zu vermeiden. Sie sind Voraussetzung für einen positiven Wettbewerb im Rahmen eines solidarisch finanzierten Gesundheitswesens.

Die Regeln stützen sich insbesondere auf die Vorschriften
- *des Strafgesetzbuches (StGB)*
- *des Sozialgesetzbuches, Fünftes Buch (SGB V),*
- *des Medizinproduktegesetzes (MPG),*
- *des Heilmittelwerbegesetzes (HWG),*
- *des Gesetzes gegen den unlauteren Wettbewerb (UWG),*
- *des öffentlichen Dienstrechts*
- *und der allgemein anerkannten Grundsätze des für die Angehörigen der Fachkreise geltenden Berufsrechts sowie*
- *die hierzu ergangene Rechtsprechung.*

§ 1 Anwendungsbereich

(1) Der Kodex Medizinprodukte wendet sich an die Hersteller, Vertreiber, Beschäftigte in medizinischen Einrichtungen und sonstige Leistungserbringer sowie an sämtliche Angehörige der Fachkreise im Zusammenhang mit der Forschung, Entwicklung, Herstellung, dem Vertrieb und der Beschaffung von Medizinprodukten sowie der Fort- und Weiterbildung im Zusammenhang mit diesen Produkten. "Angehörige der Fachkreise" sind Ärzte und Apotheker sowie alle Angehörigen medizinischer, zahnmedizinischer oder sonstiger Heilberufe und sämtliche andere Personen, die im Rahmen ihrer beruflichen Tätigkeit Medizinprodukte verordnen, anwenden, benutzen oder mit diesen in erlaubter Weise Handel treiben.

(2) Medizinprodukte nach dem Kodex Medizinprodukte sind alle einzeln verwendeten oder miteinander verbundene Instrumente, Apparate, Vorrichtungen, Software, Stoffe und Zubereitungen aus Stoffen oder anderen Gegenständen, einschließlich der vom Hersteller speziell zur Anwendung für diagnostische oder therapeutische Zwecke bestimmten und für ein einwandfreies Funktionieren des Medizinprodukts eingesetzten Software, die unter § 3 des Gesetzes über Medizinprodukte (Medizinproduktegesetz –MPG) vom 02.08.1994 (BGBl. I S. 1963) in der jeweils gültigen Fassung bzw. unter das jeweils für Deutschland anwendbare nationale und europäische Medizinprodukterecht fallen.

(3) Neben den Regelungen des Kodex Medizinprodukte existieren in anderen Ländern und auf europäischer Ebene Kodizes für Medizinprodukte, die im Rahmen der internationalen Zusammenarbeit zu berücksichtigen sind.

(4) Der Kodex Medizinprodukte stellt lediglich die in Deutschland geltende Rechtslage dar. Es steht den in Abs. (1) genannten Gruppen oder Teilen von ihnen frei, sich individuell strengere Vorschriften als die im Kodex Medizinprodukte dargestellten zu geben.

§ 2 Einhaltung der Gesetze

(1) Bei der Zusammenarbeit zwischen Herstellern, Vertreibern, Beschäftigten in medizinischen Einrichtungen und sonstigen Leistungserbringern sowie sämtlichen übrigen Fachkreisangehörigen sind stets alle einschlägigen Gesetze (insbesondere das StGB, SGB V, das MPG, das HWG und das UWG) sowie die allgemein anerkannten Grundsätze des für die Angehörigen der Fachkreise geltenden Berufsrechts zu beachten.

(2) Sozialversicherungsrechtlich zulässige Formen der Zusammenarbeit bleiben durch den Kodex Medizinprodukte unberührt.

§ 3 Prinzipien der Zusammenarbeit

(1) Die Zusammenarbeit zwischen Herstellern, Vertreibern, Beschäftigten in medizinischen Einrichtungen und sonstigen Leistungserbringern sowie sämtlichen übrigen Fachkreisangehörigen unterliegen folgenden allgemeinen Grundsätzen:

1. Trennungsprinzip

   a) Entgeltliche und unentgeltliche Leistungen jeglicher Art (z. B. Sach-, Dienst-, Geldleistungen, Geschenke, geldwerte Vorteile) an Beschäftigte in medizinischen Einrichtungen und sonstige Leistungserbringer dürfen nicht in Zusammenhang mit Umsatzgeschäften stehen, die mit der medizinischen Einrichtung erfolgen, in der der Mitarbeiter beschäftigt ist.

   b) Beschäftigten in medizinischen Einrichtungen und sonstigen Leistungserbringern dürfen keine entgeltlichen oder unentgeltlichen Leistungen gewährt werden, um Einfluss auf Beschaffungsentscheidungen zu nehmen.

   c) Beschäftigten in medizinischen Einrichtungen und sonstigen Leistungserbringern dürfen keine Zuwendungen gewährt werden, die privaten Zwecken dienen. Dazu zählen auch alle Zuwendungen, die Angehörigen von Beschäftigten in medizinischen Einrichtungen und sonstigen Leistungserbringern gewährt werden.

   d) Die Regelungen von Abs. (1) Nr. 1 lit. a) bis c) gelten hinsichtlich der Zusammenarbeit mit den dort nicht erfassten übrigen Fachkreisangehörigen (insbesondere niedergelassenen Vertragsärzten) sinngemäß. Für sämtliche Angehörigen der Fachkreise gilt *insbesondere, dass sie in ihren Therapie-, Verordnungs- und Beschaffungsentscheidungen nicht in unlauterer Weise beeinflusst werden dürfen. Es ist daher verboten, ihnen oder einem Dritten unlautere Vorteile anzubieten, zu versprechen oder zu gewähren.*

2. Transparenzprinzip

a) Beschäftigte in medizinischen Einrichtungen müssen Leistungsbeziehungen mit Herstellern oder Vertreibern von Medizinprodukten, soweit diese Leistungsbeziehungen die Dienstpflichten des Beschäftigten betreffen oder die Inanspruchnahme von Personal- und/oder Sachmitteln der medizinischen Einrichtungen voraussetzen, den medizinischen Einrichtungen (Verwaltung) schriftlich offenlegen und von diesen schriftlich genehmigen lassen. Andere Vereinbarungen müssen den medizinischen Einrichtungen von dem Beschäftigten unter Angabe des Leistungsgegenstandes und Entgeltes zumindest angezeigt werden, wobei auch insofern die Einholung einer Genehmigung empfohlen wird. In jedem Fall sind die einschlägigen Vorschriften des öffentlichen Dienstrechtes uneingeschränkt zu beachten.

b) Das Transparenzprinzip ist bei sämtlichen Vertragsbeziehungen mit Beschäftigten in medizinischen Einrichtungen zu beachten.

3. Dokumentationsprinzip

Leistungsverhältnisse zwischen Herstellern, Vertreibern, Beschäftigten in medizinischen Einrichtungen, sonstigen Leistungserbringern und allen übrigen Fachkreisangehörigen sind schriftlich festzuhalten. Für laufend zu erbringende Leistungen (z. B. Beratungsleistungen, Vortragsreisen, Studienprojekte etc.) ist die regelmäßige Dokumentation der Arbeitsergebnisse bzw. der Vertragsabwicklung erforderlich.

4. Äquivalenzprinzip

Die Vergütung von Leistungsbeziehungen muss zu der erbrachten Leistung in einem angemessenen Verhältnis stehen.

(2) Bei der Beschaffung und Nutzung von Medizinprodukten haben die medizinischen Einrichtungen, deren Beschäftigte, sonstige Leistungserbringer und alle übrigen Fachkreisangehörigen den Grundsatz der Wirtschaftlichkeit und der medizinischen Notwendigkeit zu beachten.

§ 4 Allgemeine Anforderungen an Forschungs- und Entwicklungsprojekte

(1) Zur Weiterentwicklung der medizinischen Versorgung ist eine kontinuierliche und zeitgemäße Forschung und Entwicklung neuer Produkte sowie die Überwachung und Optimierung der bereits auf dem Markt befindlichen Produkte notwendig. Forschung ist ein unverzichtbarer Bestandteil einer fortschrittsorientierten Versorgung der Bevölkerung mit Medizinprodukten.

(2) Abschluss und Durchführung von Verträgen zum Zwecke der Finanzierung der Forschung und Entwicklung von Medizinprodukten durch medizinische Einrichtungen bzw. deren Beschäftigte und alle übrigen Fachkreisangehörigen setzen folgendes voraus:

1. Sicherstellung, dass die Risiken im Hinblick auf die beteiligten Patienten, gemessen an der voraussichtlichen Bedeutung der Forschungsergebnisse, nach dem Stand der medizinischen Wissenschaft, vertretbar sind;

2. Auswahl der Vertragspartner (medizinische Einrichtungen bzw. die dort verantwortlichen Mitarbeiter oder sonstige Fachkreisangehörige) nach sachgerechten Kriterien (z. B. fachliche/ wissenschaftliche Qualifikation und Erfahrung der Mitarbeiter, sachgerechte Ausstattung der medizinischen Einrichtung, hinreichendes Patientenpotential etc.);

3. Nachweis und Dokumentation des fachlichen/wissenschaftlichen Wertes des Forschungs-/ Entwicklungsprojekts;

4. Angemessenheit und Ausgeglichenheit von Leistung und Gegenleistung.

(3) Die Finanzierung von Forschung und Entwicklung durch Hersteller und Vertreiber darf nicht als Instrument der Absatzförderung eingesetzt werden. Daher darf kein Zusammenhang zwischen der Vergabe und dem Volumen von Forschungs- und Entwick-

lungsaufträgen und der Beschaffung von Medizinprodukten bestehen, es sei denn, dies ist gesetzlich zulässig.

(4) Verträge zum Zwecke der Finanzierung der Forschung und Entwicklung von Medizinprodukten durch medizinische Einrichtungen, deren Beschäftigte, sonstige Leistungserbringer und alle übrigen Fachkreisangehörigen sind schriftlich abzuschließen. In den Verträgen sind die Konten anzugeben, über die die Finanzierung erfolgt. Die Einnahmen der medizinischen Einrichtungen aus Forschungs- und Entwicklungsverträgen mit Herstellern/Vertreibern von Medizinprodukten bzw. ihren Beschäftigten und sonstigen Leistungserbringern sind den Krankenkassen auf Verlangen schriftlich offenzulegen, soweit gesetzlich vorgesehen.

§ 5 Verträge über klinische Studien und Anwendungsbeobachtungen

Bei Forschungs- und Entwicklungsprojekten sind die jeweils geltenden gesetzlichen Bestimmungen und Normen zu beachten. Verträge über klinische Studien und Anwendungsbeobachtungen, deren Durchführung die Inanspruchnahme von Einrichtungen und Personal der medizinischen Einrichtung voraussetzen, sind grundsätzlich mit der medizinischen Einrichtung selbst abzuschließen.

§ 6 Beraterverträge im Rahmen von Forschung und Entwicklung

(1) Beraterverträge zwischen Herstellern bzw. Vertreibern und Beschäftigten in medizinischen Einrichtungen bzw. allen übrigen Fachkreisangehörigen sind zulässig, soweit

1. die ggf. bestehenden arbeits- und dienstvertraglichen Regelungen beachtet werden;

2. die Vertragspartner für ihre Aufgaben fachlich/wissenschaftlich hinreichend qualifiziert sind;

3. die Hersteller oder Vertreiber an der Beratungstätigkeit ein legitimes Interesse haben (Produkt-, Unternehmensbezug);

4. Leistung und Gegenleistung angemessen und ausgeglichen sind;

5. ein schriftlicher Vertrag vorliegt.

(2) Soweit solche Beratungstätigkeiten von Beschäftigten in medizinischen Einrichtungen als Vertragspartner durchgeführt werden sollen, ist das Transparenzprinzip zu beachten.

§ 7 Finanzierungsmodalitäten

(1) Die Finanzierung von Forschung und Entwicklung seitens der Hersteller von Medizinprodukten in medizinischen Einrichtungen hat über separate Konten (z.B. Drittmittelkonten) zu erfolgen.

(2) Drittmittelkonten müssen vom Träger der Einrichtung oder einem unabhängigen Gremium verwaltet und überwacht werden. Das gleiche gilt bei der Verwaltung der Gelder an Fördervereine und Stiftungen.

§ 8 Fort- und Weiterbildung

(1) Wissenschaftliche Informationsvermittlung gegenüber Beschäftigten in medizinischen Einrichtungen und allen übrigen Fachkreisangehörigen bzw. deren Fort- und Weiterbildung durch Hersteller und Vertreiber (etwa im Rahmen von internen/externen Fortbildungsveranstaltungen, Symposien und Kongressen) dienen der Vermittlung und Verbreitung von medizinischem Wissen und praktischen Erfahrungen. Sie müssen stets fachbezogen sein und sich in einem finanziell angemessenen Rahmen halten. Die Weitergabe von Erkenntnissen über Diagnostik und Therapie muss im Vordergrund stehen.

(2) Bei der Unterstützung der Teilnahme von Beschäftigten wissenschaftlicher und medizinischer Einrichtungen und sonstiger Leistungserbringer sowie aller übrigen Fachkreisangehörigen an Informations-, Fort- und Weiterbildungsveranstaltungen durch Hersteller und Vertreiber ist folgendes zu beachten:

1. Von Herstellern oder Vertreibern selbst organisierte und/oder ausgerichtete Fortbildungsveranstaltungen (interne Fortbildungsveranstaltungen)
   a) Soweit die Teilnehmer aktive Beiträge (etwa Referate, Moderationen, Präsentationen, Anwendungsanleitungen etc.) leisten, können folgende Kosten durch Hersteller oder Vertreiber übernommen werden:
   - angemessene Hin- und Rückreisekosten zum/vom Veranstaltungsort (keine Erste-Klasse-Tickets mit der Ausnahme von Fahrten mit der Bahn, Business-Class-Tickets bei Interkontinentalflügen sind möglich);
   - notwendige Übernachtungskosten für die Dauer der Veranstaltung zzgl. der An- und Abreisetage;
   - Bewirtung, soweit sie einen angemessenen Rahmen nicht überschreitet und von untergeordneter Bedeutung bleibt;
   - angemessenes Honorar.

   Beschäftigte in medizinischen Einrichtungen müssen die Einzelheiten der Teilnahme (Dauer, Höhe der übernommenen Kosten, Honorar) dem Arbeitgeber/Dienstherrn (Verwaltung) offenlegen und von diesem die Zustimmung zur Teilnahme an der Veranstaltung einholen. Kosten dürfen erst dann übernommen werden, wenn eine Zustimmung von der medizinischen Einrichtung (Verwaltung) in schriftlicher Form erteilt worden ist.

   b) Soweit Beschäftigte in medizinischen Einrichtungen an Veranstaltungen passiv teilnehmen (d. h. keine aktiven Beiträge leisten), können die unter Abs. (2) Nr. 1 lit. a) aufgeführten Kosten – mit Ausnahme des Honorars – übernommen werden.

   c) Soweit Reise- und Übernachtungskosten etc. übernommen werden, gelten die weiteren unter Abs. (2) Nr. 1 lit. a) getroffenen Regelungen entsprechend. Den Unternehmen steht es frei, die medizinische Einrichtung aus Transparenzgründen durch eine Anzeige in den Fällen zu informieren, in denen keine Reise- und Übernachtungskosten etc. für die Teilnehmer übernommen werden.

2. Unterstützung der Teilnahme an von Herstellern oder Vertreibern nicht selbst organisierten und/oder ausgerichteten Veranstaltungen (externe Veranstaltungen)
   a) Soweit die Teilnehmer aktive Beiträge (etwa Referate, Moderationen, Präsentationen, Anwendungsanleitungen etc.) leisten, können folgende Kosten übernommen werden:
   - angemessene Hin- und Rückreisekosten zum/vom Veranstaltungsort (keine Erste-Klasse-Tickets mit Ausnahme von Fahrten mit der Bahn, Business-Class-Tickets bei Interkontinentalflügen sind möglich);
   - notwendige Übernachtungskosten für die Dauer der Veranstaltung zzgl. der An- und Abreisetage;
   - ggf. Kongressgebühren;
   - ggf. angemessenes Honorar.

   Beschäftigte in medizinischen Einrichtungen müssen die Einzelheiten der Teilnahme (Dauer, Höhe der übernommenen Kosten, Honorar) dem Arbeitgeber/Dienstherrn (Verwaltung) offenlegen und von diesem die Zustimmung zur Teilnahme an der Veranstaltung einholen. Kosten dürfen erst dann übernommen werden, wenn eine Zustimmung von der medizinischen Einrichtung (Verwaltung) in schriftlicher Form erteilt worden ist.

   b) Soweit Beschäftigte in medizinischen Einrichtungen oder übrige Fachkreisangehörige an Veranstaltungen passiv teilnehmen (d. h. keine aktiven Beiträge leisten), können Kosten nur dann übernommen werden, wenn die Teilnahme auch den Zweck verfolgt, Erkenntnisse und Erfahrungen zu vermitteln, die die Produkte bzw. die damit verbundenen Prozeduren des unterstützenden Medizinprodukteherstellers betreffen. Übernahmefähig sind die unter Abs. (2) Nr. 2 lit. a) aufgeführten Kosten. Im Übrigen gelten die weiteren unter Abs. (2) Nr. 2 lit. a) getroffenen Regelungen.

   Eine Übernahme von Fort- und Weiterbildungskosten kann entweder unmittelbar zugunsten des Teilnehmers (individuelle Kostenübernahme) oder mittelbar zugunsten des

Arbeitgebers/ Dienstherrn, einer medizinischen Fachgesellschaft oder eines Berufsverbandes (institutionelle Kostenübernahme) erfolgen. Auch bei institutionellen Kostenübernahmen ist die entsprechende Einhaltung der Regelungen des Abs. (2) bis (5) sicherzustellen.

(3) Unterhaltungs- und Freizeitprogramme (z. B. Theater-, Konzertbesuche, Rundflüge, Sportveranstaltungen, Besuch von Freizeitparks etc.) der Teilnehmer dürfen weder finanziert noch organisiert werden. Abgesehen von Bewirtungen im Rahmen von eigenen Informations- und Präsentationsveranstaltungen der Unternehmen dürfen Kosten für Verpflegung grundsätzlich nicht übernommen werden. Die Kosten einer privaten Anschlussreise oder zusätzlicher Zwischenstopps dürfen nicht übernommen werden. Unterbringung und Bewirtung dürfen einen angemessenen Rahmen nicht überschreiten und müssen in Bezug auf den fachbezogenen Zweck der Veranstaltung von untergeordneter Bedeutung bleiben. Die Einladung oder die Übernahme von Kosten darf sich bei internen oder externen Veranstaltungen nicht auf Begleitpersonen erstrecken. Dies gilt auch für Bewirtungen.

(4) Die Auswahl des Tagungsortes und der Tagungsstätte sowie die Einladung von Teilnehmern haben allein nach sachlichen Kriterien zu erfolgen. Ein solcher Grund ist beispielsweise nicht der Freizeitwert des Tagungsortes. Tagungsstätten sind zu vermeiden, die primär für ihren Freizeitwert bekannt sind oder sonst als unangemessen gelten. Dies gilt unabhängig davon, ob es sich um interne oder externe Veranstaltungen handelt.

(5) Für Unternehmen mit Sitz in Deutschland ist die Übernahme von Kosten für die Teilnahme an Veranstaltungen im nicht-deutschsprachigen Ausland nur zulässig, wenn

  1. die Mehrzahl der Teilnehmer nicht aus deutschsprachigen Ländern kommt oder

  2. an dem Veranstaltungsort für die Erreichung des Zwecks der Veranstaltung notwendige Ressourcen oder Fachkenntnisse zur Verfügung stehen (etwa bei anerkannten Fachkongressen mit internationalen Referenten). Darüber hinaus müssen jeweils logistische Gründe für die Wahl des Veranstaltungsortes in einem anderen Land sprechen.

§ 9 Allgemeine Beratungstätigkeit

(1) Der Abschluss von allgemeinen Beratungs-, Lizenz- und Knowhow-Verträgen etc. zwischen Herstellern oder Vertreibern und Beschäftigten in medizinischen Einrichtungen und sonstigen Leistungserbringern ist im Rahmen der arbeits-/dienstvertraglichen Regelungen zulässig. Diese Verträge müssen folgende Voraussetzungen erfüllen:

  1. hinreichende fachliche/wissenschaftliche Qualifikation für die Erfüllung der übernommenen Aufgaben;

  2. eindeutige Festlegung von Leistung und Gegenleistung in einem schriftlichen Vertrag;

  3. Angemessenheit und Ausgeglichenheit von Leistung und Gegenleistung;

  4. Dokumentation der erbrachten Leistungen.

(2) Soweit solche Beratungstätigkeiten von Beschäftigten in medizinischen Einrichtungen als Vertragspartner durchgeführt werden sollen, ist das Transparenzprinzip zu beachten.

§ 10 Spenden

(1) Die Gewährung von Spenden an medizinische Einrichtungen durch Hersteller und Vertreiber muss einen der nachfolgend genannten gemeinnützigen Zwecke verfolgen:

  1. Forschung und Lehre von wissenschaftlichem Wert;

  2. Verbesserung der Gesundheitsversorgung (z. B. Entwicklung höher qualifizierter oder kosteneffektiverer Gesundheitstechnologien);

  3. Verbesserung der Patientenversorgung;

  4. Aus- und Weiterbildung;

  5. mildtätige Zwecke.

(2) Spenden an medizinische Einrichtungen, Stiftungen oder andere Organisationen (Institutionen) setzen ferner voraus, dass
1. die Spendentätigkeit unabhängig von Umsatzgeschäften erfolgt und nicht zur Voraussetzung von Umsatzgeschäften gemacht wird;
2. die Spende der Institution bzw. deren Tätigkeit als Ganzes zugutekommt und nicht individuellen oder persönlichen Interessen von Mitgliedern oder Funktionsträgern dieser Institution dient;
3. der Rechtsstatus des Spendenempfängers geklärt ist, das Spendenkonto dem Spendenempfänger eindeutig zugeordnet werden kann und dieser den Erhalt der Spende durch eine Zuwendungsbestätigung im Sinne des Steuerrechts schriftlich bescheinigt.
(3) Bei der Verwaltung von Spenden ist die Verwaltung der medizinischen Einrichtungen einzubeziehen.
(4) Spenden an Mitarbeiter von medizinischen Einrichtungen, z. B. Geldzahlungen auf Privatkonten oder auch Drittmittelkonten, die sich in der Verfügungsgewalt einzelner Beschäftigter in medizinischen Einrichtungen befinden und nicht von den medizinischen Einrichtungen selbst verwaltet und überwacht werden, sind unzulässig. Das gleiche gilt für "Sozialspenden" (z. B. die Unterstützung von Jubiläen, Betriebsausflügen, Weihnachts- und Geburtstagsfeiern).

§ 11 Geschenke und andere Sachzuwendungen
(1) Die Gewährung von Geschenken und anderen Zuwendungen an Beschäftigte in medizinischen Einrichtungen und sämtlichen übrigen Fachkreisangehörigen sind grundsätzlich unzulässig.
(2) Dies gilt nicht für
1. Werbegaben, d. h. für Gegenstände von geringem Wert, die durch eine dauerhafte und deutlich sichtbare Bezeichnung des Werbenden oder des Medizinprodukts oder beider gekennzeichnet sind oder für geringwertige Kleinigkeiten und andere nach dem Heilmittelwerberecht (§ 7 HWG - Werbegaben) zulässige Zuwendungen;
2. Geschenke zu besonderen Anlässen (Dienstjubiläen, Praxiseröffnung, Emeritierung etc.), sofern diese sich unter dem Gesichtspunkt der "Sozialadäquanz" in engem Rahmen halten (der vorstehend unter § 10 Abs. (4) festgelegte Verhaltensgrundsatz des Verbots von Sozialspenden bleibt hiervon unberührt); sofern dies gleichzeitig nach allen einschlägigen gesetzlichen Vorschriften, den allgemein anerkannten Grundsätzen des für die Angehörigen der Fachkreise jeweils einschlägigen Berufsrechts erlaubt sowie nach den ggf. bestehenden und den Unternehmen mitgeteilten Vorgaben der Anstellungskörperschaften von Beschäftigten medizinischer Einrichtungen nicht untersagt ist.

§ 12 Bewirtung
Eine Bewirtung ist nur im Rahmen von internen Fortbildungsveranstaltungen sowie Arbeitsessen und in einem angemessenen und sozialadäquaten Umfang zulässig. Der Anlass eines Arbeitsessens ist zu dokumentieren. Eine Bewirtung von Begleitpersonen ist unzulässig. Eine Bewirtung ist dann sozialadäquat, wenn sie den allgemein akzeptierten Regeln der Höflichkeit entspricht.

§ 13 Beschaffung und Vertrieb
(1) Beschaffung und Vertrieb von Medizinprodukten unterliegen dem allgemeinen Preis- und Leistungswettbewerb. Die Einkaufsentscheidung für Medizinprodukte soll unter Qualitäts- und Preisgesichtspunkten erfolgen.
(2) Hersteller und Vertreiber von Medizinprodukten dürfen nicht zwecks Einholung von Aufträgen oder um anderer Vorteile willen Mitarbeitern von medizinischen Einrichtungen und sonstigen Leistungserbringern oder deren Familienangehörigen oder Geschäftsfreunden unmittelbar oder mittelbar Geldzahlungen oder geldwerte Leistungen anbieten oder gewähren. Beschäftigte in medizinischen Einrichtungen und sonstige Leistungs-

erbringer dürfen solche Leistungen weder für sich noch für Angehörige und sonstige Dritte fordern, sich versprechen lassen oder annehmen.

(3) Im Rahmen von Umsatzgeschäften vereinbarte Leistungen und Gegenleistungen müssen von der medizinischen Einrichtung schriftlich festgehalten werden. Insbesondere müssen Beschaffungspreise einschließlich aller direkten oder indirekten Geld- und Naturalrabatte und sonstiger Vergünstigungen auf der Rechnung ausgewiesen oder in sonstiger Weise von der medizinischen Einrichtung schriftlich dokumentiert werden.

(4) Die Rückgewährung von Rabatten an Beschäftigte in medizinischen Einrichtungen ist unzulässig.

(5) Es ist unzulässig, wenn

1. Rabatte oder Vergünstigungen für Aufwendungen außerhalb des vergütungsrelevanten Bereichs eingesetzt werden;

2. Geräte, die vom Hersteller kostenlos zur Verfügung gestellt werden, über erhöhte Preise bei Anschlussverträgen (z. B. Wartung, Verbrauchsmaterial) abgerechnet werden.

§ 14 Publizität

Der Bundesverband Medizintechnologie e. V. wird den Kodex Medizinprodukte publizieren und seine Mitglieder umfassend informieren sowie regelmäßige Schulungen und Informationsveranstaltungen anbieten.

§ 15 Inkrafttreten

Der Kodex Medizinprodukte gilt ab 1. Januar 2015.

Januar 2015 BVMed – Bundesverband, Medizintechnologie e.V., Berlin

16.2.2. FSA-Kodex Fachkreise – Auszug (Stand Mai 2015)

(Freiwillige Selbstkontrolle für die Arzneimittelindustrie)
FSA-Kodex zur Zusammenarbeit mit Fachkreisen ("FSA-Kodex Fachkreise")
vom 16.02.2004, Stand 04.12.2014, bekannt gemacht am 13.05.2015

Einleitung

.... Mit dem Ziel, ein diesen Grundsätzen entsprechendes Verhalten zu fördern, das Vertrauen der Allgemeinheit, dass die Auswahl ihrer Arzneimittel sich an den Vorteilen jedes Produktes und den gesundheitlichen Bedürfnissen der Patienten orientiert, zu festigen und einen lauteren Wettbewerb bei der Werbung und Zusammenarbeit mit den Ärzten und den anderen Angehörigen der Fachkreise sicherzustellen, hat die Mitgliederversammlung des Vereins "Freiwillige Selbstkontrolle für die Arzneimittelindustrie e.V." nachstehenden FSA-Kodex zur Zusammenarbeit mit Fachkreisen(FSA-Kodex Fachkreise)beschlossen.

§ 1 Anwendungsbereich

(1) Der Kodex gilt für die Mitgliedsunternehmen sowie deren inländische Tochterunternehmen und die anderen verbundenen Unternehmen, sofern die verbundenen Unternehmen die Verbindlichkeit des FSA-Kodex Fachkreise ("Kodex") durch eine gesonderte schriftliche Vereinbarung anerkannt haben ("Mitgliedsunternehmen" oder "Unternehmen"). Die Zurechnung von Verstößen verbundener abhängiger Unternehmen, die weder Mitglied des Vereins sind noch die Verbindlichkeit des Kodex anerkannt haben, richtet sich nach § 1 Abs. 3 der "FS-Arzneimittelindustrie"-Verfahrensordnung.

(2) Der Kodex findet Anwendung

1. auf die im 3. Abschnitt dieses Kodex geregelte produktbezogene Werbung für Arzneimittel im Sinne des § 2 des Arzneimittelgesetzes, wenn

    a) es sich um gemäß § 48 Arzneimittelgesetz (AMG) verschreibungspflichtige Humanarzneimittel handelt und

    b) die Werbung gegenüber den Fachkreisen im Sinne des § 2 dieses Kodex erfolgt und

2. auf die im 4. Abschnitt dieses Kodex geregelte Zusammenarbeit der Mitgliedsunternehmen mit Angehörigen der Fachkreise im Bereich von Forschung, Entwicklung, Herstellung und Vertrieb von verschreibungspflichtigen Humanarzneimitteln.

....

§ 2 Definitionen

"Angehörige der Fachkreise" sind Ärzte und Apotheker sowie alle Angehörigen medizinischer, zahnmedizinischer, pharmazeutischer oder sonstiger Heilberufe und sämtliche andere Personen, die im Rahmen ihrer beruflichen Tätigkeit Humanarzneimittel verschreiben oder anwenden oder mit diesen in erlaubter Weise Handel treiben.

§ 3 Verantwortlichkeit für das Verhalten Dritter

(1) Die Verpflichtungen nach diesem Kodex treffen Unternehmen auch dann, wenn sie Andere (z. B. Berater, Mietaußendienste, Werbeagenturen, Marktforschungsunternehmen) damit beauftragen, die von diesem Kodex erfassten Aktivitäten für sie zu gestalten oder durchzuführen.

(2) Die Unternehmen haben ferner in angemessener Weise darauf hinzuwirken, dass auch Andere, mit denen sie zusammenarbeiten (z. B. Joint Venture Partner, Lizenznehmer), die im EFPIA Code on the Promotion of Prescription-only Medicines to, and Interactions with, Healthcare Professionals niedergelegten Mindeststandards einhalten.

§ 4 Allgemeine Auslegungsgrundsätze

(1) Bei der Anwendung dieses Kodex sind nicht nur der Wortlaut der einzelnen Vorschriften, sondern auch dessen Geist und Intention sowie auch die geltenden Gesetze, insbesondere die Vorschriften des AMG, des Heilmittelwerbegesetzes (HWG), des Gesetzes gegen unlauteren Wettbewerb (UWG) und des Strafgesetzbuches (StGB) und die allgemein anerkannten Grundsätze des Berufsrechts der Angehörigen der Fachkreise zu beachten sowie die hierauf beruhenden Verhaltensempfehlungen der beteiligten Verbände der pharmazeutischen Industrie ihrem Wortlaut sowie ihrem Sinn und Zweck entsprechend zu berücksichtigen.

(2) Die Unternehmen müssen sich jederzeit an hohen ethischen Standards messen lassen. Insbesondere darf ihr Verhalten nicht die pharmazeutische Industrie in Misskredit bringen, das Vertrauen in sie reduzieren oder anstößig sein. Zudem muss die besondere Natur von Arzneimitteln und das berufliche Verständnis der angesprochenen Fachkreise berücksichtigt werden.

....

§ 6 Zusammenarbeit

(1) Bei der Anwendung des 4. Abschnitts dieses Kodex sind insbesondere die nachfolgenden Auslegungsgrundsätze zu berücksichtigen:

1. Die Angehörigen der Fachkreise dürfen in ihren Therapie-, Verordnungs- und Beschaffungsentscheidungen nicht in unlauterer Weise beeinflusst werden. Es ist daher verboten, ihnen oder einem Dritten unlautere Vorteile anzubieten, zu versprechen oder zu gewähren. Insbesondere dürfen die nachfolgend im 4. Abschnitt im Einzelnen beschriebenen möglichen Formen der Zusammenarbeit nicht in unlauterer Weise dazu missbraucht werden, die Freiheit der Angehörigen der Fachkreise in ihren Therapie-, Verordnungs- und Beschaffungsentscheidungen zu beeinflussen.

2. Unlauter sind insbesondere Vorteile, die unter Verstoß gegen die Vorschriften des HWG des UWG, des StGB oder gegen die allgemein anerkannten Grundsätze des für die Angehörigen der Fachkreise geltenden Berufsrechts gewährt werden.

(2) Der Verein "Freiwillige Selbstkontrolle für die Arzneimittelindustrie e.V." kann auch über die in diesem Kodex vorgeschriebenen Fälle hinaus durch den Vorstand verbindliche Leitlinien zur Auslegung dieses Kodex erlassen. Der Verein veröffentlicht diese Leitlinien im Internet (www.fs-arzneimittelindustrie.de).

....

§ 15a Wissenschaftliche Informationen

(1) Die Mitgliedsunternehmen dürfen unter Beachtung von § 6 Abs. 1 Nr. 2 dieses Kodex sowie insbesondere von § 7 HWG Angehörigen der Fachkreise

1. Informations- und Schulungsmaterialien überlassen. Dies setzt voraus, dass diese Materialien geringwertig sind, einen direkten Bezug zu der beruflichen Praxis des Angehörigen der Fachkreise haben und ein enger Zusammenhang mit der Patientenversorgung besteht.

2. medizinische Gebrauchs- und Demonstrationsgegenstände überlassen, die unmittelbar der Fortbildung von Angehörigen der Fachkreise sowie der Patientenversorgung dienen, sofern diese Gegenstände geringwertig sind und nicht den üblichen Praxisbedarf ersetzen. Solche Gegenstände sind auch geringwertige Softwareapplikationen (insbesondere Apps), die die Diagnose und Behandlung von Patienten unterstützen können, sofern sich diese auf Produkte und Indikationsbereiche des Mitgliedsunternehmens beziehen.

(2) Zur Auslegung des Begriffs "geringwertig" im Sinne dieser Bestimmung erlässt der Vorstand des Vereins verbindliche Leitlinien nach § 6 Abs. 2.

....

§ 17 Verordnungen und Empfehlungen

Es ist unzulässig, Angehörigen der Fachkreise oder Dritten für die Verordnung und die Anwendung eines Arzneimittels oder die Empfehlung eines Arzneimittels gegenüber dem Patienten ein Entgelt oder einen sonstigen geldwerten Vorteil anzubieten, zu gewähren oder zu versprechen.

§ 18 Vertragliche Zusammenarbeit mit Angehörigen der Fachkreise

(1) Unternehmen dürfen Angehörige der Fachkreise ("Vertragspartner") mit der Erbringung entgeltlicher Leistungen (z. B. für Vortragstätigkeit, Beratung, klinische Prüfungen, nichtinterventionelle Studien einschließlich Anwendungsbeobachtungen, die Teilnahme an Sitzungen von Beratergremien, die Durchführung von Schulungsveranstaltungen oder für die Mitwirkung an Marktforschungsaktivitäten) nur unter folgenden Voraussetzungen beauftragen:

1. Vertragspartner und Unternehmen müssen sich vor Aufnahme der Leistungen auf einen schriftlichen Vertrag einigen, aus dem sich die zu erbringenden Leistungen sowie die hierfür geschuldete Vergütung ergeben.

2. Es muss ein berechtigter Bedarf an den zu erbringenden Leistungen sowie an dem Vertragsschluss mit dem Vertragspartner eindeutig feststellbar sein. Bei der durch den Vertragspartner zu erbringenden vertraglichen Leistung muss es sich um eine wissenschaftliche oder fachliche Tätigkeit für das Unternehmen handeln, wozu auch Ausbildungszwecke zählen (Verbot von "Scheinverträgen").

3. Die Auswahl der Vertragspartner muss dem jeweiligen Bedarf entsprechen.

4. Die Anzahl der beauftragten Vertragspartner darf nicht größer sein als die für die Erfüllung der vorgesehenen Aufgaben vernünftiger Weise erforderliche Zahl.

5. Das Unternehmen hat das Vertragsverhältnis und die erbrachten Leistungen zu dokumentieren. Die wesentlichen Dokumente sind für einen Zeitraum von mindestens 1 Jahr nach Beendigung des Vertragsverhältnisses aufzubewahren. Das Unternehmen hat ferner die erbrachten Leistungen in geeigneter Weise zu verwenden.

6. Die Vergütung darf nur in Geld bestehen und muss zu der erbrachten Leistung in einem angemessenen Verhältnis stehen. Bei der Beurteilung der Angemessenheit kann unter anderem die Gebührenordnung für Ärzte einen Anhaltspunkt bieten. Dabei können auch angemessene Stundensätze vereinbart werden, um den Zeitaufwand zu berücksichtigen.

Den Vertragspartnern können zudem nach Maßgabe von Abs. 4 die in Erfüllung der ihnen obliegenden vertraglichen Leistungen entstehenden angemessenen Auslagen und Spesen erstattet werden.

7. Der Abschluss von Verträgen darf nicht zum Zwecke der Beeinflussung von Therapie-, Verordnungs- und Beschaffungsentscheidungen oder zu bloßen Werbezwecken missbraucht werden. Dies gilt auch für klinische Studien und Anwendungsbeobachtungen sowie alle anderen Studien oder Datenerhebungen (einschließlich retrospektiver Untersuchungen).

(2) Die Unternehmen müssen ihre Vertragspartner verpflichten, im Rahmen ihrer Publikationen, Vorträge und anderen öffentlichen Äußerungen auf ihre Tätigkeit für das Unternehmen hinzuweisen, sofern der Gegenstand der öffentlichen Äußerung gleichzeitig Gegenstand der Vertragsbeziehung oder irgendein anderer das Unternehmen betreffender Gegenstand ist. Dasselbe gilt entsprechend für angestellte ärztliche Mitarbeiter des Unternehmens, soweit sie außerhalb ihrer Tätigkeit für das Unternehmen ihren ärztlichen Beruf (als niedergelassener Arzt oder Klinikarzt) weiter ausüben. Bereits bestehende Verträge sind bei nächster Gelegenheit (z.B. bei Vertragsverlängerungen) entsprechend zu ergänzen.

(3) Die in Abs. 1 Ziffern 1 und 5 sowie in Abs. 2 geregelten Anforderungen an die vertragliche Zusammenarbeit sind nicht anwendbar auf die Erbringung nicht wiederkehrender, vereinzelter Leistungen von Angehörigen der Fachkreise im Zusammenhang von Marktforschungsaktivitäten (z.B. kurze Telefoninterviews), sofern die Vergütung hierfür geringfügig ist. Unter diesen Voraussetzungen ist § 24 ebenfalls nicht anwendbar. Zur Aus-

legung des Begriffs "geringfügig" im Sinne dieser Bestimmung erlässt der Vorstand des Vereins verbindliche Leitlinien nach § 6 Abs. 2.

(4) Sofern ein Vertragspartner im Rahmen seiner vertraglichen Tätigkeit für das Unternehmen an internen oder externen Aus- und Weiterbildungsveranstaltungen teilnimmt, gelten die Regelungen von § 20 entsprechend (etwa zur Auswahl des Tagungsortes und/oder der Tagungsstätte, für die Erstattung der Reise- und Übernachtungskosten sowie das Verbot von Unterhaltungs- und Freizeitprogrammen). Dasselbe gilt für die Teilnahme von Vertragspartnern an Beratertreffen (sog. Advisory Board Meetings) oder die Teilnahme an Prüfertreffen (sog. Investigator Meetings) für klinische oder nichtinterventionelle Studien.

(5) Den Vertragspartnern oder Dritten darf kein Entgelt und kein sonstiger geldwerter Vorteil dafür gewährt werden, dass sie bereit sind, Pharma-Berater zu empfangen oder von anderen Unternehmensangehörigen Informationen entgegen zu nehmen.

§ 18a Transparenz bei klinischen Studien

Die Unternehmen müssen aus Gründen der Transparenz für die Ergebnisse klinischer Prüfungen die Vorgaben des § 42b AMG und die „Joint Industry Position on the Disclosure of Clinical Trial Information via Clinical Trial Registries and Databases" sowie die „Joint Position on the Publication of Clinical Trial Results in the Scientific Literature" von IFPMA, EFPIA, JPMA und PhRMA in der jeweils gültigen Fassung einhalten.

§ 19 Nichtinterventionelle Studien mit zugelassenen Arzneimitteln

(1) Nichtinterventionelle Studien, zu denen auch Anwendungsbeobachtungen gehören, sind prospektive Untersuchungen, in deren Rahmen Erkenntnisse aus der Behandlung von Patienten mit Arzneimitteln gemäß den in der Zulassung festgelegten Angaben für seine Anwendung gewonnen werden (z. B. zur Unbedenklichkeit oder Wirksamkeit von Arzneimitteln). Für sämtliche therapeutischen und diagnostischen Maßnahmen gilt der Grundsatz der Nichtintervention. Die Einbeziehung und Behandlung einschließlich der Diagnose und Überwachung folgen daher nicht einem vorab festgelegten Prüfplan, sondern ausschließlich der ärztlichen Praxis. Die Entscheidung, einen Patienten in eine nichtinterventionelle Prüfung einzubeziehen, hat von der Entscheidung über die Verordnung des Arzneimittels klar getrennt zu erfolgen. Die Auswertung der erhobenen Daten hat anhand epidemiologischer Methoden zu erfolgen.

(2) Bei der Planung, Durchführung und Auswertung nichtinterventioneller Studien sind sämtliche gegebenenfalls anwendbaren gesetzlichen Vorschriften sowie die durch das Bundesinstitut für Arzneimittel und Medizinprodukte (BfArM) und das Paul-Ehrlich-Institut (PEI) veröffentlichten Empfehlungen und Leitlinien zu beachten. Ungeachtet dessen müssen die Planung, Durchführung und Auswertung nichtinterventioneller Studien in jedem Fall auch folgende Voraussetzungen erfüllen:

1. Die Studie muss einen wissenschaftlichen Zweck verfolgen.

2. Die Planung, Leitung, Auswertung und die Qualitätssicherung der Studie müssen innerhalb des Unternehmens im Verantwortungsbereich des Leiters der medizinischen Abteilung (§ 27 Abs. 6) erfolgen. Dies beinhaltet auch die Budgetverantwortlichkeit.

3. Die Implementierung (etwa die Auswahl der Studienzentren und Ansprache von Ärzten oder anderen Angehörigen der Fachkreise) und die Durchführung der Studie (einschließlich der Betreuung während der Laufzeit der Studie) müssen unter der Verantwortung des Leiters der medizinischen Abteilung erfolgen. Dies gilt auch, soweit Mitarbeiter anderer Bereiche an der Implementierung und Durchführung der Studie beteiligt werden.

4. Es kommen Systeme zur Qualitätssicherung zum Einsatz, welche die Validität und Repräsentativität der erhobenen Daten sicherstellen.

5. Die Studie muss auf der Grundlage eines schriftlichen Beobachtungsplans sowie eines schriftlichen Vertrages zwischen den Angehörigen der Fachkreise und/oder den Einrichtungen einerseits, an denen die Studie durchgeführt wird, sowie dem Unternehmen andererseits beruhen, das die Verantwortung als "Sponsor" der Studie übernimmt. Aus

dem Vertrag müssen sich insbesondere die zu erbringenden Leistungen sowie die hierfür geschuldete Vergütung ergeben.

6. Das Unternehmen hat die Anzeigepflichten des § 67 Abs. 6 AMG bzw. § 63f Abs. 1 und 4 AMG zu beachten.

7. Die vereinbarte Vergütung muss in einem angemessenen Verhältnis zu den zu erbringenden Leistungen stehen. Hinsichtlich der Höhe der Vergütung gilt § 18 Abs. 1 Nr. 6 mit der Maßgabe, dass die Vergütung so zu bemessen ist, dass dadurch kein Anreiz zur Verordnung eines Arzneimittels entsteht. Die Durchführung der Studie darf auch ansonsten nicht zur Beeinflussung von Therapie-, Verordnungs- und Beschaffungsentscheidungen missbraucht werden.

8. Es wird empfohlen, vor der Durchführung der Studie von dem wissenschaftlichen Studienleiter eine Beratung durch eine nach Landesrecht gebildete unabhängige Ethik-Kommission einzuholen.

9. Die Einbeziehung in die Studie setzt eine vorherige schriftliche Patienteneinwilligung voraus, sofern dies datenschutzrechtlich erforderlich ist. Darüber hinaus wird eine vorherige schriftliche Patientenaufklärung und -einwilligung (über die Mitwirkung des Studienzentrums bzw. des Arztes oder anderer Angehöriger der Fachkreise, die beabsichtigte Einbeziehung der Patienten und die vorgesehene Verwendung der zu erhebenden Daten) empfohlen.

10. Innerhalb von 21 Tagen nach Beginn der Patientenrekrutierung müssen Informationen über die beabsichtigte Studie (Studientitel, Zielsetzungen, Name des Studienleiters, geplante Zahl der Studienzentren sowie die angestrebte Fallzahl) in ein öffentlich zugängliches Register eingestellt werden (in Anlehnung an die gemeinsame Erklärung von IFPMA, EFPIA, JPMA und PhRMA zur Registrierung klinischer Prüfungen).

11. Die Studienergebnisse müssen durch das Unternehmen bzw. von einem von dem Unternehmen beauftragten Dritten ausgewertet werden. Die Verantwortung für die Auswertung liegt innerhalb des Unternehmens im Verantwortungsbereich des Leiters der medizinischen Abteilung. Eine Zusammenfassung der Ergebnisse muss hierbei dem Leiter der medizinischen Abteilung in einer angemessenen Frist vorliegen, der die entsprechenden Berichte für einen Zeitraum von 10 Jahren aufzubewahren hat. Das Unternehmen hat die Zusammenfassung der Ergebnisse allen Angehörigen der Fachkreise, die an der Studie teilgenommen haben, spätestens 12 Monate nach Abschluss der Studie (last patient / last visit) zur Verfügung zu stellen. Die Zusammenfassung der Ergebnisse der Studie ist spätestens 12 Monate nach ihrem Abschluss auch der Öffentlichkeit (etwa per Internet) zur Verfügung zu stellen. Sofern die Studie zu Ergebnissen führt, die für die Nutzen-Risiko-Bewertung von Bedeutung sind, ist die Zusammenfassung auch an die zuständige Arzneimittelbehörde weiterzuleiten.

12. Pharma-Berater dürfen nur zu administrativen Zwecken bei der Durchführung der Studie eingesetzt werden. Ihr Einsatz hat unter der Überwachung des Leiters der medizinischen Abteilung des Unternehmens (§ 27 Abs. 6) zu erfolgen. Der Einsatz von Pharma-Beratern im Rahmen der Studie darf nicht mit Werbeaktivitäten für Arzneimittel verbunden werden.

13. Die Grundsätze sowie die hierbei zu beachtenden innerbetrieblichen Prozessabläufe für die Planung, Durchführung und Auswertung sowie geeignete Qualitätssicherungsmaßnahmen (insbesondere zur Verifizierung der erhobenen Daten) sind im unternehmenseigenen "Standard Operating Procedures" näher zu konkretisieren. Hierbei sind neben den gesetzlichen Rahmenbedingungen sowie den Empfehlungen des BfArM und des PEI auch die einschlägigen Bestimmungen des Kodex umzusetzen.

(3) Die Unternehmen müssen die in Abs. 2 genannten Kriterien nicht nur für die unter Abs. 2 fallenden nichtinterventionellen Studien, sondern auch für andere retrospektive Studien beachten, sofern diese Kriterien auf solche Studien sinnvoller Weise anwendbar sind. In jedem Fall sind für diese Studien die Bestimmungen von § 26 anwendbar.

...

§ 20 Einladung zu berufsbezogenen wissenschaftlichen Fortbildungsveranstaltungen

(1) Die Mitgliedsunternehmen dürfen Angehörige der Fachkreise zu eigenen berufsbezogenen Fortbildungsveranstaltungen einladen, die sich insbesondere mit ihren Forschungsgebieten, Arzneimitteln und deren Indikationen befassen (interne Fortbildungsveranstaltungen).

(2) Für die Eingeladenen dürfen angemessene Reise- und notwendige Übernachtungskosten nur dann übernommen werden, sofern der berufsbezogene wissenschaftliche Charakter der internen Fortbildungsveranstaltung eindeutig im Vordergrund steht. Im Rahmen solcher Fortbildungsveranstaltungen ist auch eine angemessene Bewirtung der Teilnehmer möglich. Unterhaltungs- und Freizeitprogramme (z. B. Theater, Konzert, Sportveranstaltungen) der Teilnehmer dürfen weder finanziert noch organisiert werden. Die Anwesenheit der Teilnehmer sowie das durchgeführte Programm der Veranstaltung sind zu dokumentieren.

(3) Unterbringung und Bewirtung dürfen einen angemessenen Rahmen nicht überschreiten und müssen insbesondere in Bezug auf den berufsbezogenen wissenschaftlichen Zweck der internen Veranstaltung von untergeordneter Bedeutung sein. Die Auswahl des Tagungsortes und der Tagungsstätte für interne Fortbildungsveranstaltungen sowie die Einladung von Angehörigen der Fachkreise hierzu hat allein nach sachlichen Gesichtspunkten zu erfolgen. Ein solcher Grund ist beispielsweise nicht der Freizeitwert des Tagungsortes. Die Unternehmen sollen ferner Tagungsstätten vermeiden, die für ihren Unterhaltungswert bekannt sind oder als extravagant gelten.

(4) Die Einladung von Angehörigen der Fachkreise zu berufsbezogenen Fortbildungsveranstaltungen Dritter (externe Fortbildungsveranstaltungen) darf sich nur auf angemessene Reisekosten, notwendige Übernachtungskosten (gegebenenfalls unter Einschluss eines Hotelfrühstücks) sowie die durch den Dritten erhobenen Teilnahmegebühren erstrecken, wenn bei diesen Veranstaltungen der wissenschaftliche Charakter eindeutig im Vordergrund steht und ein sachliches Interesse des Unternehmens an der Teilnahme besteht. Eine Übernahme von Kosten darf nur erfolgen, wenn bei der Veranstaltung sowohl ein Bezug zum Tätigkeitsgebiet des Mitgliedsunternehmens als auch zum Fachgebiet des Veranstaltungsteilnehmers vorliegt. Unterhaltungsprogramme dürfen von Mitgliedsunternehmen durch die Teilnahmegebühren weder direkt noch indirekt unterstützt werden.

(5) Die finanzielle Unterstützung von externen Fortbildungsveranstaltungen gegenüber den Veranstaltern ist in einem angemessenen Umfang zulässig. Unterhaltungsprogramme dürfen dabei weder finanziell oder durch Spenden unterstützt noch organisiert werden. Die Mitgliedsunternehmen, die externe Fortbildungsveranstaltungen finanziell unterstützen, müssen darauf hinwirken, dass die Unterstützung einschließlich der Bedingung und des Umfangs sowohl bei der Ankündigung als auch bei der Durchführung der Veranstaltung von dem Veranstalter offen gelegt wird.

(6) Sofern es sich um einen ärztlichen Veranstalter handelt, müssen Art, Inhalt und Präsentation der Fortbildungsveranstaltung allein von dem ärztlichen Veranstalter bestimmt werden.

(7) Die Einladung oder die Übernahme von Kosten darf sich bei internen und externen Fortbildungsveranstaltungen nicht auf Begleitpersonen erstrecken. Dies gilt auch für Bewirtungen.

(8) Die Organisation, Durchführung und / oder Unterstützung von internationalen Veranstaltungen oder die Übernahme von Kosten für deren Teilnehmer ist nur zulässig, wenn

1. die Mehrzahl der Teilnehmer aus einem anderen Land als dem kommt, in dem das Mitgliedsunternehmen seinen Sitz hat, oder

2. an dem Veranstaltungsort für die Erreichung des Zwecks der Veranstaltung notwendige Ressourcen oder Fachkenntnisse zur Verfügung stehen (etwa bei anerkannten Fachkongressen mit internationalen Referenten),

und angesichts dessen jeweils logistische Gründe für die Wahl des Veranstaltungsortes in einem anderen Land sprechen. Bei externen internationalen Veranstaltungen können "logistische Gründe" für die Wahl des Veranstaltungsortes im Ausland sprechen, wenn es sich um eine etablierte Veranstaltung handelt, die von einer anerkannten nationalen oder internationalen medizinisch-wissenschaftlichen Fachgesellschaft oder einem Zusammenschluss solcher Fachgesellschaften an einem für die Durchführung solcher Veranstaltungen geeigneten Ort im Land des Sitzes einer solchen Fachgesellschaft ausgerichtet wird (etwa bei gemeinsamen, historisch gewachsenen Veranstaltungen anerkannter deutschsprachiger Fachgesellschaften aus Deutschland, Österreich und der Schweiz in hierfür geeigneten Veranstaltungsorten in Österreich und der Schweiz). Internationale Veranstaltungen sind interne oder externe Fortbildungsveranstaltungen, bei denen das die Veranstaltung organisierende, durchführende oder diese Veranstaltung oder deren Teilnehmer unterstützende Unternehmen seinen Sitz nicht im Land des Veranstaltungsortes hat.

(9) Auf die Organisation, Durchführung und/oder Unterstützung von internationalen Veranstaltungen finden sowohl der Kodex des Landes, in dem das die internationale Veranstaltung organisierende, durchführende oder unterstützende Unternehmen seinen Sitz hat, als auch der Kodex des Landes Anwendung, in dem die internationale Veranstaltung durchgeführt wird. Auf die Einladung und Unterstützung der Teilnahme von Angehörigen der Fachkreise an internationalen Veranstaltungen findet im Hinblick auf den jeweiligen Teilnehmer neben dem Kodex des Landes, in dem das unterstützende Unternehmen seinen Sitz hat, der Kodex des Landes Anwendung, in dem dieser Teilnehmer als Angehöriger der Fachkreise tätig ist. Kodex im Sinne von Satz 1 dieser Regelung ist der FSA-Kodex Fachkreise sowie der jeweils am Veranstaltungsort geltende Kodex, durch den der EFPIA Code on the Promotion of Prescription-only Medicines to, and Interactions with, Healthcare Professionals umgesetzt wird. Kodex im Sinne von Satz 2 dieser Regelung ist der FSA-Kodex Fachkreise sowie der jeweils im Herkunftsland des Angehörigen der Fachkreise geltende Kodex, durch den der EFPIA Code on the Promotion of Prescription-only Medicines to, and Interactions with, Healthcare Professionals umgesetzt wird. Im Konfliktfall findet die strengere Regelung Anwendung. Das Unternehmen muss Aktivitäten im Sinne von S. 1 einem verbundenen Unternehmen mit Sitz in dem Land des Veranstaltungsortes (im Falle von Satz 1) oder mit Sitz in dem Herkunftsland des teilnehmenden Angehörigen der Fachkreise (im Falle von Satz 2), sofern vorhanden, vorher anzeigen oder entsprechenden Rat für die ordnungsgemäße Umsetzung dieser Aktivitäten einholen.

(10) Sofern von Angehörigen der Fachkreise bei internen oder externen Fortbildungsveranstaltungen im Auftrag von Mitgliedsunternehmen Vorträge gehalten oder andere Leistungen erbracht werden, ist § 18 anwendbar.

(11) Zur Auslegung der Begriffe "angemessen", "für ihren Unterhaltungswert bekannt" und "extravagant" im Sinne dieser Bestimmung erlässt der Vorstand des Vereins verbindliche Leitlinien nach § 6 Abs. 2.

§ 21 Geschenke

(1) Es ist grundsätzlich unzulässig, den Angehörigen der Fachkreise Geschenke zu versprechen, anzubieten oder zu gewähren. Dies gilt unabhängig davon, ob es sich um produktbezogene oder nicht produktbezogene Werbung handelt.

(2) Das in Abs. 1 beschriebene Verbot findet dann keine Anwendung, sofern die entsprechenden Zuwendungen ansonsten nach diesem Kodex zulässig sind oder eine in § 7 Abs. 1 Satz 1 Nr. 2-5 HWG geregelte Ausnahme vorliegt.

§ 22 Bewirtung

(1) Eine Bewirtung ist nur im Rahmen von internen Fortbildungsveranstaltungen sowie Arbeitsessen und in einem angemessenen und sozialadäquaten Umfang zulässig. Der Anlass eines Arbeitsessens ist zu dokumentieren. Eine Bewirtung von Begleitpersonen ist unzulässig.

(2) Für die Bemessung der Angemessenheit und Sozialadäquanz bei Bewirtungen im Ausland findet ausschließlich der jeweils am Veranstaltungsort geltende Kodex Anwen-

dung, durch den der EFPIA Code on the Promotion of Prescription-only Medicines to, and Interactions with, Healthcare Professionals umgesetzt wird.

(3) Zur Auslegung des Begriffs "angemessen" im Sinne dieser Bestimmung erlässt der Vorstand des Vereins verbindliche Leitlinien nach § 6 Abs. 2.

...

§ 24 Zusammenarbeit mit Angehörigen der Fachkreise als Amtsträger und/oder Mitarbeiter medizinischer Einrichtungen

Bei der Zusammenarbeit mit Angehörigen der Fachkreise, die Amtsträger und/oder Mitarbeiter medizinischer Einrichtungen sind, sind zusätzlich die Hinweise und Empfehlungen des "Gemeinsamen Standpunktes" der Verbände zu beachten.

§ 25 Spenden und andere Zuwendungen an Institutionen

(1) Spenden (Geld- oder Sachspenden) sowie andere einseitige Geld- oder Sachleistungen an Institutionen, Organisationen oder Vereinigungen, die sich aus Angehörigen der Fachkreise zusammensetzen (z.B. medizinisch-wissenschaftliche Fachgesellschaften) und/oder medizinische Leistungen erbringen oder forschen (z.B. Krankenhäuser oder Universitätskliniken) setzen neben der Einhaltung der einschlägigen gesetzlichen Anforderungen voraus, dass solche Zuwendungen

1. den Zwecken des Gesundheitswesens (einschließlich etwa den Zwecken der Forschung, der Lehre sowie der Aus- und Weiterbildung) oder vergleichbarer Zwecke dienen;

2. ordnungsgemäß dokumentiert werden, wobei diese Dokumentation für einen Zeitraum von mindestens 5 Jahren nach Beendigung des Vertragsverhältnisses aufzubewahren ist; und

3. nicht als Anreiz für die Beeinflussung von Therapie-, Verordnungs- und Beschaffungsentscheidungen missbraucht werden.

(2) Spenden an einzelne Angehörige der Fachkreise sind unzulässig.

(3) Die Unterstützung von Angehörigen der Fachkreise zur Teilnahme an Aus- und Weiterbildungsveranstaltungen ist Gegenstand von § 20.

(4) Die Unternehmen müssen die Gewährung von Spenden oder anderen einseitigen Geld- oder Sachleistungen im Sinne von Abs. 1 mit einem Wert von über € 10.000 pro Leistungsempfänger/Jahr veröffentlichen, wobei die konkreten Spendenbeträge anzugeben sind. Die Mitgliedsunternehmen müssen für die seit dem 1. Januar 2008 bis zum 31. Dezember 2008 erfolgten Leistungen erstmalig bis zum 31. März 2009 Auskunft geben. Die Liste ist mindestens einmal jährlich (spätestens jeweils bis zum 31. März für das vorangegangene Kalenderjahr) zu aktualisieren.

§ 26 Gegenseitige Leistungsbeziehungen mit Institutionen

Verträge zwischen Unternehmen einerseits und Institutionen, Organisationen oder Vereinigungen im Sinne von § 25 Abs. 1 Satz 1 andererseits, die die Erbringung von Dienstleistungen gegenüber den Unternehmen vorsehen, sind nur zulässig, sofern solche Verträge

1. den Zwecken des Gesundheitswesens (einschließlich etwa den Zwecken der Forschung, der Lehre, der Aus- und Weiterbildung) oder vergleichbarer Zwecke dienen; und

2. nicht als Anreiz für die Beeinflussung von Therapie-, Verordnungs- und Beschaffungsentscheidungen missbraucht werden.

...

§ 29 Inkrafttreten

.... Das Bundeskartellamt hat den FSA-Kodex Fachkreise in der vorliegenden Fassung mit Beschluss vom 29.04.2015, zugegangen am 30.04.2015, als Wettbewerbsregeln anerkannt.

16.2.3. FSA-Empfehlungen zur Zusammenarbeit (Stand Dezember 2014)

FSA-Empfehlungen zur Zusammenarbeit der pharmazeutischen Industrie mit den Partnern im Gesundheitswesen und deren Mitarbeitern
Stand: 04.12.2014

Inhalt

Die Gesundheitspolitik ist ein dynamisches System. Neue Entwicklungen und Erkenntnisse zahlen nicht nur auf die optimale Versorgung des Einzelnen ein, sie verändern auch die Rahmenbedingungen für die Entwicklung, den Absatz und die Erstattung von Arzneimitteln.

Für die pharmazeutische Industrie wird die Einbeziehung verschiedenster Einrichtungen im Gesundheitswesen daher unverzichtbar. Hierzu stehen die Mitgliedsunternehmen des FSA in einem ständigen Dialog mit verschiedenen Ansprechpartnern im Gesundheitswesen, wie den im Gesundheitswesen oder der Gesundheitspolitik tätigen Ministerien und Behörden oder den Einrichtungen der Selbstverwaltung wie Kassenärztliche Vereinigungen und Krankenkassen.

Der FSA fördert diesen laufenden Dialog, da er sowohl dem Informationsaustausch als auch dem besseren Verständnis der jeweiligen Positionen und Bedürfnisse dient. Ein vertrauensvoller und lauterer Umgang ist dabei die Basis einer ethisch korrekten Zusammenarbeit zwischen Pharma-Unternehmen und den Partnern im Gesundheitswesen sowie deren Mitarbeitern. Um Unsicherheiten aus dem Weg zu räumen und den Dialog mit klaren Standards abzusichern, hat der FSA als erster Akteur im Gesundheitswesen konkrete Verhaltensempfehlungen für die Zusammenarbeit mit weiteren Partnern formuliert. Ethik und Transparenz stellen dabei die wichtigsten Grundpfeiler dar. Für die Mitgliedsunternehmen des FSA ist es selbstverständlich, dass die Mitarbeiter von Partnern im Gesundheitswesen nicht in unlauterer Weise beeinflusst und die Kooperationsbeziehungen transparent gestaltet werden.

Mit dieser Broschüre liegt die zweite Auflage seit der Verabschiedung durch den FSA im Jahr 2010 vor. Aufgrund des Übereinkommens der Vereinten Nationen gegen Korruption (UNCAC) hat der Deutsche Bundestag im September 2014 eine umfassende Ergänzung von § 108 e Strafgesetzbuch (StGB) beschlossen. Demnach wird zukünftig über den reinen Stimmenkauf hinaus auch die Bestechung und Bestechlichkeit von Mandatsträgern erfasst. Um dieser Änderung Rechnung zu tragen, werden die FSA-Empfehlungen Partner im Gesundheitswesen um Abgeordnete/Mandatsträger (Mitglieder des Europäischen Parlaments, des Deutschen Bundestages oder der Länderparlamente) und Einrichtungen wie europäische Behörden (z.B. EU-Kommission und EMA) erweitert.

Mit dieser Broschüre möchten wir Ihnen die Verhaltensempfehlungen „griffbereit" zur Verfügung stellen. Weitere Informationen erhalten Sie auf der Website des FSA www.fsa-pharma.de.

Berlin, im Mai 2015

Kurt J. Arnold, Vorsitzender FS Arzneimittelindustrie e.V.

Vorwort

Das gesundheitspolitische Umfeld und die Rahmenbedingungen für die Entwicklung, den Absatz und die Erstattung von Arzneimitteln sind im Umbruch. Sie verlangen in zunehmendem Maße die Involvierung verschiedenster Einrichtungen des Gesundheitswesens. Hieraus resultieren gleichzeitig neue bzw. engere Kooperationsbeziehungen zwischen pharmazeutischen Unternehmen und diesen Einrichtungen einschließlich ihrer Mitarbeiter.

Die Mitgliedsunternehmen des FSA stehen hierbei in einem ständigen Dialog mit zahlreichen Ansprechpartnern im Gesundheitswesen. Dazu zählen neben Ministerien, Behörden und Abgeordneten verschiedene weitere staatliche Institutionen sowie Einrichtungen der gemeinsamen Selbstverwaltung im Gesundheitswesen und deren Mitarbeiter als Repräsentanten dieser Einrichtungen. Die Zusammenarbeit und der laufende Diskurs zwischen der pharmazeutischen Industrie und den Partnern im Gesundheitswesen sowie deren Mitarbeitern ist zu begrüßen und zu fördern. Denn dies dient sowohl dem erforderlichen Informationsaustausch als auch dem besseren Verständnis der jeweiligen Positionen und damit dem gemeinsamen Ziel aller Partner im Gesundheitswesen an einer optimalen Patientenversorgung.

Der Verein „Freiwillige Selbstkontrolle für die Arzneimittelindustrie e.V." will dazu beitragen, diese Zusammenarbeit zu fördern. Zur Erreichung dieses Ziels ist neben der selbstverständlichen Beachtung der gesetzlichen Vorschriften ein vertrauensvoller und transparenter Dialog unverzichtbar.

Mit dem Ziel, eine lautere und sachliche Zusammenarbeit zu gewährleisten, hat der Verein „Freiwillige Selbstkontrolle für die Arzneimittelindustrie e.V." die nachstehenden FSA-Empfehlungen zur Zusammenarbeit der pharmazeutischen Industrie mit den Partnern im Gesundheitswesen und deren Mitarbeitern verabschiedet.

1. Anwendungsbereich

Die nachfolgenden Empfehlungen gelten für die Aktivitäten der Mitgliedsunternehmen bei der Zusammenarbeit mit den Partnern im Gesundheitswesen, deren Mitarbeitern und mit Abgeordneten (zusammenfassend nachfolgend als „Kooperationspartner" bezeichnet). Die Bestimmungen dieser Empfehlungen sollen nicht im Zusammenhang des nach dem SGB V vorgesehenen Vertragswettbewerbs (etwa Abschluss von Rabatt- und Mehrwertverträgen) gelten.

2. Definitionen

2.1 „Partner im Gesundheitswesen" sind die im Gesundheitswesen oder in der Gesundheitspolitik tätigen Ministerien, Behörden und anderen öffentlich-rechtlichen Institutionen sowie die Einrichtungen der gemeinsamen Selbstverwaltung im Gesundheitswesen. Hierzu zählen auch die europäischen Behörden (z. B. die EU-Kommission und die EMA).

2.2 „Mitarbeiter" der Partner im Gesundheitswesen sind Beamte, Angestellte, freie Mitarbeiter, Berater und alle anderen Personen, die für die Partner im Gesundheitswesen tätig werden.

2.3 „Abgeordnete" sind Mitglieder des Europäischen Parlaments, des Deutschen Bundestages oder der Länderparlamente.

3. Verantwortlichkeit für das Verhalten Dritter

3.1 Die Empfehlungen sollen auch dann für die Unternehmen gelten, wenn sie andere (z.B. Veranstaltungs- oder Kommunikationsagenturen etc.) damit beauftragen, die von diesen Empfehlungen erfassten Aktivitäten für sie zu gestalten und durchzuführen.

3.2 Wenn Agenturen oder andere Auftragnehmer im Auftrag von Unternehmen mit Kooperationspartnern in Kontakt treten, soll deren Beauftragung deutlich gemacht werden, soweit dies die in diesen Empfehlungen erfassten Aktivitäten betrifft.

4. Auslegungsgrundsätze

4.1 Bei der Anwendung dieser Empfehlungen sollen nicht nur der jeweilige Wortlaut, sondern auch der Sinn und Zweck der Empfehlungen sowie der einschlägigen Gesetze beachtet werden.

4.2 Die Unternehmen sollen sich jederzeit an hohen ethischen Standards messen lassen. Insbesondere darf ihr Verhalten nicht die pharmazeutische Industrie in Misskredit bringen, das Vertrauen in sie reduzieren oder anstößig sein.

5. Grundsätze für die Zusammenarbeit

5.1 Kooperationspartner sollen in ihren dienstlichen Entscheidungen nicht in unlauterer Weise beeinflusst werden. Es sollen diesen oder Dritten zum Zwecke einer unlauteren Beeinflussung der Kooperationspartner daher keine Vorteile angeboten, versprochen oder gewährt werden.

5.2 Die Zusammenarbeit der Mitgliedsunternehmen mit Kooperationspartnern soll transparent und offen erfolgen. Hierzu zählt bei Mitarbeitern der Partner im Gesundheitswesen insbesondere die Absicherung von Transparenz im Wege von Anzeigen und Einholungen von Dienstherrengenehmigungen.

5.3 Im Interesse größtmöglicher Transparenz sollte die Zusammenarbeit in angemessener Weise schriftlich dokumentiert werden.

6. Bewirtungen

6.1 Bewirtungen sind im Rahmen von Veranstaltungen und anderen beruflichen Anlässen (z. B. Arbeitsessen) zulässig.

6.2 Die Bewirtungskosten sollen einen sozialadäquaten Umfang nicht überschreiten. Sozialadäquat sind nur solche Bewirtungen, die allgemein als üblich und angemessen angesehen werden und die den allgemeinen Grundsätzen der Höflichkeit entsprechen.

6.3 Einladungen an Kooperationspartner sollten in der Regel schriftlich erfolgen, es sei denn, es handelt sich um Spontaneinladungen.

7. Einladung zu Veranstaltungen

7.1 Die Mitgliedsunternehmen dürfen Kooperationspartner zu Veranstaltungen einladen, welche die Vermittlung oder den Austausch von Informationen zum Gegenstand haben.

7.2 Die Auswahl des Veranstaltungsortes und der Veranstaltungsstätte soll dem jeweiligen Anlass entsprechen und ausschließlich unter sachlichen Gesichtspunkten (etwa gute Erreichbarkeit für Teilnehmer und Referenten, geeignete Tagungsräume etc.) erfolgen. Die Auswahl des Veranstaltungsortes und der Veranstaltungsstätte darf nicht auf ihrem Unterhaltungs- oder Freizeitwert beruhen.

7.3 Abweichend von den Regelungen in Ziff. 7.1 und 7.2 dürfen Kooperationspartner zu besonderen gesellschaftlichen Anlässen (z. B. Empfänge aufgrund von Firmenjubiläen, Grundsteinlegungen, Einweihungen, Betriebsbesichtigungen) eingeladen werden, um an diesen Veranstaltungen im Rahmen des Amtes, im dienstlichen Auftrag oder mit Rücksicht auf die diesen durch die jeweiligen dienstlichen oder politischen Funktionen auferlegten gesellschaftlichen Verpflichtungen teilzunehmen.

7.4 Bei Veranstaltungen und Einladungen zu gesellschaftlichen Anlässen dürfen von den Mitgliedsunternehmen sozialadäquate Beträge für Speisen und Getränke bei der Bewirtung der Teilnehmer übernommen werden.

7.5 Einladungen sollen schriftlich erfolgen.

7.6 Sofern es sich bei den Veranstaltungen um Fortbildungsveranstaltungen handeln sollte, bei denen üblicherweise eine Teilnahme nur gegen ein Entgelt erfolgt, sollte die Teilnahme bei den Mitarbeitern der Partner im Gesundheitswesen die vorherige schriftliche Genehmigung des Dienstherrn bzw. Arbeitgebers voraussetzen.

7.7 Sofern Kooperationspartner bei Veranstaltungen im Auftrag von Mitgliedsunternehmen Vorträge halten oder andere Leistungen erbringen, sollen die Empfehlungen des 4. Abschnitts beachtet werden.

8. Erbringung entgeltlicher Leistungen

8.1 Die Mitgliedsunternehmen sollen Kooperationspartner (nachfolgend auch als „Vertragspartner" bezeichnet) mit der Erbringung entgeltlicher Leistungen (z. B. für Vortragstätigkeit, Beratung, Moderatorentätigkeit, die Mitwirkung in Sitzungen von Beratergremien, die Durchführung von Schulungsveranstaltungen oder für die Mitwirkung an Marktforschungsaktivitäten) nur unter folgenden Voraussetzungen beauftragen:

a) Der jeweilige Vertragspartner und das Mitgliedsunternehmen sollen sich vor Aufnahme der Leistungen auf einen schriftlichen Vertrag einigen, aus dem sich die zu erbringenden Leistungen sowie die hierfür geschuldete Vergütung ergeben.

b) Die Vergütung soll nur in Geld bestehen und in einem angemessenen Verhältnis zu der zu erbringenden Tätigkeit stehen. Zur Bestimmung der Angemessenheit der Vergütung sollen der Umfang der vereinbarten Leistungen, die Qualifikation des Vertragspartners sowie der Zeitaufwand für die zu erbringenden Leistungen berücksichtigt werden.

c) Der Vertrag soll bei Mitarbeitern der Partner im Gesundheitswesen von deren Arbeitgebern bzw. Dienstherren vor Erbringung der Tätigkeit und vor Auszahlung der Vergütung genehmigt werden.

d) In dem Vertrag kann auch vereinbart werden, dass das Mitgliedsunternehmen angemessene Reisekosten und notwendige Übernachtungskosten übernimmt und dass auch eine sozialadäquate Bewirtung (siehe oben unter Ziff. 6.2) beabsichtigt ist.

e) Sofern der Mitarbeiter der Partner im Gesundheitswesen in Gremien mit öffentlichem Auftrag tätig ist, die für das Mitgliedsunternehmen von Bedeutung sein können, und dies dem Unternehmen bekannt ist, soll in den Vertrag zusätzlich die Verpflichtung des Referenten aufgenommen werden, die Tätigkeit für das Mitgliedsunternehmen gegenüber diesen Gremien transparent zu machen.

8.2 Soweit Kooperationspartner auf Veranstaltungen unentgeltlich referieren oder im Zusammenhang solcher Veranstaltungen anderweitig tätig werden, genügt eine Einladung zu der Veranstaltung. Insoweit sind die Regelungen unter Ziff. 6 und 7 zu beachten.

9. Sponsoring

9.1 Sponsoring bedeutet, dass ein Mitgliedsunternehmen die Durchführung einer Veranstaltung durch einen finanziellen Beitrag unterstützt und als Gegenleistung imagefördernde Werbeaktivitäten im Zusammenhang mit der Veranstaltung entfalten darf.

9.2 Es soll stets ein schriftlicher Sponsoring-Vertrag abgeschlossen werden. Hierin sind insbesondere die dem Veranstalter zu zahlende Vergütung sowie die dem Mitgliedsunternehmen einzuräumenden Gegenleistungen darzulegen.

9.3 Bei der Ausgestaltung des Sponsoring-Vertrages sind – sofern vorhanden – die Sponsoring-Richtlinien des jeweiligen Vertragspartners zu beachten. Sofern es sich bei dem jeweiligen Sponsoring-Empfänger um einen Partner im Gesundheitswesen handeln sollte, der über keine solchen Richtlinien verfügt, sollte sich die Vertragsgestaltung an der „Allgemeinen Verwaltungsvorschrift Sponsoring" des Bundesministeriums des Innern orientieren.

9.4 Bei Sponsoring der Dienststellen der Bundesverwaltung soll zudem beachtet werden, dass die Einwilligung der obersten Dienstbehörde notwendig ist. Im Sinne der Transparenz müssen danach Zuwendungen an die Dienststellen der Bundesverwaltung zudem in einem zwei-jährlichen Bericht des Bundesministeriums des Innern veröffentlicht werden, ab einem Betrag von 5.000 Euro pro Einzelleistung mit individueller Namensnennung des Sponsors und des Sponsoring-Zwecks.

9.5 Bei der Bemessung der Vergütung soll darauf geachtet werden, dass zwischen der Vergütung und den hierfür gewährten Gegenleistungen kein unangemessenes Verhält-

nis besteht. Die Vergütung des Veranstalters sollte ausschließlich in Geld erfolgen. Die Vergütung soll ausschließlich für Zwecke zur Förderung der Veranstaltung verwendet werden.

10. Geld- und Sachspenden

10.1 Geld- und Sachspenden sollen nur gemeinnützigen Einrichtungen oder Organisationen gewährt werden dürfen, sofern diese berechtigt sind, eine Zuwendungsbestätigung (Spendenquittung) im Sinne des Steuerrechts auszustellen. Die Vergabe von Spenden soll hierbei immer zugunsten der Allgemeinheit und zweckgebunden erfolgen, d. h. zum Zwecke von Forschung und Lehre, zur Verbesserung der Gesundheits- oder Patientenversorgung, zu Aus- und Weiterbildungszwecken oder für mildtätige Zwecke.

10.2 Spenden an Individualpersonen sind unzulässig.

10.3 Sofern Mitarbeiter der Partner im Gesundheitswesen bei der Einwerbung von Spenden mitwirken, ist bei der Gewährung einer solchen Spende aus Transparenzgründen die Information des Dienstherrn bzw. Arbeitgebers der Anstellungskörperschaft zu empfehlen, sofern die Einwerbung der Spende für einen Dritten erfolgt.

11. Geschenke

11.1 Von persönlichen Geschenken soll grundsätzlich Abstand genommen werden, und zwar unabhängig davon, ob es sich bei dem Empfänger um einen Amtsträger handelt oder nicht. Es wird empfohlen, persönliche Geschenke nur ausnahmsweise und nur zu besonderen Anlässen (etwa zu Dienstjubiläen oder Verabschiedungen) zu machen.

11.2 Geschenke sollen sich in einem sozialadäquaten Rahmen halten. Bei Geschenken sollen die einschlägigen Behördenvorgaben für die Annahme von Belohnungen oder Geschenken beachtet werden. Bei Geschenken an Beschäftigte der Bundesverwaltung soll das „Rundschreiben zum Verbot der Annahme von Belohnungen oder Geschenken in der Bundesverwaltung" des Bundesministeriums des Innern beachtet werden. In Zweifelsfällen sollte bei Mitarbeitern der Partner im Gesundheitswesen die vorherige Genehmigung des Dienstherrn bzw. Arbeitgebers eingeholt werden.

11.3 Die Abgabe der üblichen Broschüren und Publikationen der Mitgliedsunternehmen und anderer Informationsmaterialien soll in sozialadäquatem Rahmen erfolgen.

16.2.4. Transparenzkodex (Stand November 2013)

FSA-Kodex zur Transparenz bei der Zusammenarbeit mit den Angehörigen der Fachkreise und medizinischen Einrichtungen („FSA-Transparenzkodex") vom 27.11.2013 (bekannt gemacht im Bundesanzeiger vom 18.06.2014, BAnz AT 18.06.2014)

Einleitung

Die Unternehmen der pharmazeutischen Industrie arbeiten täglich in vielfältiger Weise mit Ärzten, Apothekern und anderen Angehörigen der Fachkreise eng zusammen. In diesen Arbeitsbeziehungen teilen letztere ihr Fachwissen und ihre medizinische Sichtweisen mit der pharmazeutischen Industrie und anderen Fachkollegen, um durch den fachlichen Austausch die Behandlung der Patienten stetig zu verbessern. Die ärztliche Unabhängigkeit sowie die Unabhängigkeit der anderen Angehörigen der Fachkreise sind hierbei ein besonderes Gut. Die Arbeitsbeziehungen zwischen den Angehörigen der Fachkreise und der pharmazeutischen Industrie sind nämlich für die Erforschung und Weiterentwicklung sowie die sachgerechte Auswahl und Anwendung von Arzneimitteln nur dann von hohem Wert, wenn an der Unabhängigkeit des von ihnen eingebrachten Fachwissens und der medizinischen Sichtweisen kein Zweifel bestehen kann.

Die Mitglieder des Vereins „Freiwillige Selbstkontrolle für die Arzneimittelindustrie e.V." (FSA) sind ferner der Auffassung, dass diese Tätigkeiten von der Industrie angemessen und fair vergütet werden müssen. Gleichzeitig müssen aber auch Interessenkonflikte vermieden werden, die aus der Zusammenarbeit der pharmazeutischen Unternehmen mit Ärzten und anderen Fachkreisangehörigen entstehen können. Zur Vermeidung solcher Interessenkonflikte hat der FSA bereits in der Vergangenheit den Kodex für die Zusammenarbeit der pharmazeutischen Industrie mit Ärzten, Apothekern und anderen Angehörigen medizinischer Fachkreise sowie Leitlinien hierzu verabschiedet, mit dem/denen diese Zusammenarbeit an hohen ethischen Standards ausgerichtet wird. Die Selbstregulierung der Industrie hat hierdurch einen sehr erfolgreichen Weg beschritten, der weiter vertieft werden muss, um den stetig steigenden gesellschaftlichen Erwartungen in die Ausgestaltung der Transparenz der Zusammenarbeit gerecht zu werden.

Der FSA verfolgt deshalb das Ziel, die Natur und den Umfang der Zusammenarbeit der Mitgliedsunternehmen mit den Fachkreisangehörigen noch transparenter zu machen. Hierdurch sollen bereits der Anschein von Interessenkonflikten im Ansatz vermieden und das Verständnis der allgemeinen Öffentlichkeit in den hohen Wert und die Notwendigkeit der Zusammenarbeit weiter verbessert werden. Die Mitgliederversammlung des FSA hat zu diesem Zweck den nachstehenden FSA-Kodex zur Transparenz bei der Zusammenarbeit mit Angehörigen der Fachkreise (FSA-Transparenzkodex) beschlossen.

§ 1 Anwendungsbereich

(1) Der Kodex gilt für die Offenlegung der Zusammenarbeit der Mitgliedsunternehmen sowie deren inländischer Tochterunternehmen und der anderen verbundenen Unternehmen mit Angehörigen der Fachkreise und Organisationen, sofern die verbundenen Unternehmen die Verbindlichkeit des FSA-Transparenzkodex („Kodex") durch eine gesonderte schriftliche Vereinbarung anerkannt haben („Mitgliedsunternehmen" oder „Unternehmen"). Die Zurechnung von Verstößen verbundener abhängiger Unternehmen, die weder Mitglied des Vereins sind noch die Verbindlichkeit des Kodex anerkannt haben, richtet sich nach § 1 Abs. 3 der „FS Arzneimittelindustrie"-Verfahrensordnung.

(2) Der Kodex ist anwendbar auf die Erfassung und Offenlegung von geldwerten Leistungen der Mitgliedsunternehmen, die mit verschreibungspflichtigen Humanarzneimitteln nach § 48 Arzneimittelgesetz (AMG) im Zusammenhang stehen. Dieser Kodex ist nicht anwendbar im Zusammenhang des Kaufs und Verkaufs von Arzneimitteln.

§ 2 Definitionen

(1) „Angehörige der Fachkreise" sind die in Europa ansässigen und hauptberuflich tätigen Ärzte und Apotheker sowie alle Angehörigen medizinischer, zahnmedizinischer, pharmazeutischer oder sonstiger Heilberufe und sämtliche andere Personen, die im Rahmen ihrer beruflichen Tätigkeit Humanarzneimittel verschreiben oder anwenden oder mit diesen in erlaubter Weise Handel treiben. Hierzu zählen auch Mitarbeiter öffentlicher Stellen oder Mitarbeiter der Kostenträger, die bei dieser Stelle dafür verantwortlich sind, Arzneimittel zu verschreiben, zu beziehen, zu liefern, zu verabreichen oder über die Erstattungsfähigkeit von Arzneimitteln zu entscheiden, sowie Mitarbeiter der Mitgliedsunternehmen, die neben ihrer Tätigkeit für das Unternehmen hauptberuflich als praktizierende Ärzte, Apotheker oder andere Angehörige der Fachkreise tätig sind, nicht aber diejenigen Ärzte, Apotheker oder andere Angehörigen der Fachkreise, die für Mitgliedsunternehmen hauptberuflich tätig sind.

(2) „Organisationen" sind ungeachtet ihrer jeweiligen rechtlichen Organisationsform alle medizinischen oder wissenschaftlichen Institutionen oder Vereinigungen mit Sitz in Europa, die sich aus Angehörigen der Fachkreise zusammensetzen (z.B. medizinisch-wissenschaftliche Fachgesellschaften) und/oder durch diese medizinische Leistungen erbringen oder forschen (z.B. Krankenhäuser, Universitätskliniken oder Weiterbildungs- und Forschungseinrichtungen). Hierzu zählen auch Institutionen, mittels derer Angehörige der Fachkreise Leistungen erbringen (wie etwa Beratungsgesellschaften), und zwar unabhängig davon, welche rechtliche Position oder Funktion die Fachkreisangehörigen in diesen Organisationen einnehmen. Zu den Organisationen im Sinne dieses Kodex zählen nicht „Organisationen der Patientenselbsthilfe" im Sinne von § 2 Abs. 1 FSA-Kodex Patientenorganisationen. Unabhängige Auftragsforschungsinstitute, die sich nicht aus verordnenden Angehörigen der Fachkreise zusammensetzen oder mit medizinischen Einrichtungen verbunden sind (z.B. CROs), sind als Organisationen nur dann von dem Kodex erfasst, sofern Mitgliedsunternehmen über diese geldwerte Leistungen an Empfänger im Sinne des Kodex erbringen (sog. „pass through-costs").

(3) „Europa" bezieht sich auf die Länder, in der eine nationale EFPIA Mitgliedsorganisation existiert. Zum Zeitpunkt des Inkrafttretens dieses Kodex existieren in den folgenden Ländern EFPIA-Mitgliedsorganisationen: Belgien, Bulgarien, Dänemark, Deutschland, Estland, Finnland, Frankreich, Griechenland, Irland, Italien, Kroatien, Lettland, Litauen, Malta, die Niederlande, Norwegen, Österreich, Polen, Portugal, Rumänien, Russland, Schweden, Schweiz, Serbien, Slowakei, Slowenien, Spanien, Tschechische Republik, Türkei, Ukraine, Ungarn, das Vereinigte Königreich und Zypern.

(4) „Empfänger" sind diejenigen Angehörigen der Fachkreise bzw. die Organisationen, denen gegenüber geldwerte Leistungen erbracht werden, die nach Maßgabe dieses Kodex offenzulegen sind. Großhändler, Vertreiber oder Händler von Arzneimitteln sind nicht „Empfänger" im Sinne dieses Kodex.

(5) „Geldwerte Leistungen" sind Zahlungen (etwa Beratungshonorare) sowie geldwerte Vorteile (etwa Serviceleistungen des Mitgliedsunternehmens oder Leistungen beauftragter Agenturen). Geldwerte Leistungen können direkt oder auch indirekt zu Gunsten des Empfängers erbracht werden. Eine indirekte Erbringung geldwerter Leistungen liegt vor, wenn diese nicht durch das Mitgliedsunternehmen unmittelbar, sondern über einen Dritten (etwa einen Vertragspartner, eine Agentur, verbundene Unternehmen oder auch Unternehmensstiftungen) für ein Mitgliedsunternehmen zu Gunsten des Empfängers erfolgt.

(6) „Fortbildungsveranstaltungen" sind Veranstaltungen nach § 20 FSA-Kodex Fachkreise.

(7) „Spenden (Geld- oder Sachspenden) sowie andere einseitige Geld- oder Sachleistungen" sind einseitige Zuwendungen im Sinne von § 25 FSA-Kodex Fachkreise.

(8) „Sponsoring" ist die Gewährung von Geld oder geldwerten Vorteilen an Empfänger, sofern damit auch eigene unternehmensbezogene Ziele der Imagewerbung oder der Öffentlichkeitsarbeit des Unternehmens verfolgt werden. Hierzu zählt auch die Miete von Standflächen und Räumen im Rahmen von externen Fortbildungsveranstaltungen.

(9) „Marktforschungsaktivitäten" sind die systematische Erhebung und Auswertung von Informationen unter Anwendung von statistischen und analytischen Methoden als Grundlage für unternehmerische Entscheidungen.

§ 3 Auslegungsgrundsätze

Bei der Anwendung dieses Kodex sind nicht nur der Wortlaut der einzelnen Vorschriften, sondern auch deren Sinn und Zweck sowie die gesetzlichen Datenschutzbestimmungen zu beachten. Bei der Auslegung des Kodex ist ferner darauf zu achten, dass die Erkennbarkeit der Gewährung geldwerter Vorteile an Angehörige der Fachkreise im Vordergrund steht. Im Zweifel sollte eine Offenlegung von geldwerten Leistungen der Vorzug gegeben werden, die die Zuordnung solcher Leistungen an individuelle Angehörige der Fachkreise zum Gegenstand hat (anstatt an Organisationen).

§ 4 Leitlinien des FSA-Vorstands

Der Verein „Freiwillige Selbstkontrolle für die Arzneimittelindustrie e.V." kann über die in diesem Kodex im Einzelnen vorgeschriebenen Fälle hinaus durch den Vorstand verbindliche Leitlinien zur Auslegung dieses Kodex erlassen. Der Verein veröffentlicht diese Leitlinien im Internet (www.fs-arzneimittelindustrie.de).

§ 5 Dokumentations- und Offenlegungspflicht

Die Mitgliedsunternehmen müssen sämtliche geldwerte Leistungen nach § 6 dieses Kodex, welche sie direkt oder indirekt zu Gunsten der Empfänger an diese leisten, im Einklang mit den Bestimmungen der §§ 7-14 dieses Kodex dokumentieren und veröffentlichen.

§ 6 Kategorien

Die Veröffentlichungspflicht betrifft ausschließlich geldwerte Leistungen im Zusammenhang mit den nachfolgenden Kategorien. Geldwerte Leistungen sind danach zu dokumentieren und offenzulegen im Zusammenhang mit

1. Forschung und Entwicklung im Zusammenhang mit der Planung und Durchführung von nicht-klinischen Studien (nach Maßgabe der OECD Principles on Good Laboratory Practice), klinischen Prüfungen der Phasen I bis IV (nach Maßgabe der Richtlinie 2001/20/EC), und nicht-interventionellen Studien im Sinne von § 19 FSA-Kodex Fachkreise;
2. Spenden (Geld- und Sachspenden) und anderen einseitigen Geld- oder Sachleistungen;
3. Fortbildungsveranstaltungen, insbesondere bei der Unterstützung der Teilnahme von Angehörigen der Fachkreise an Fortbildungsveranstaltungen im Sinne von § 20 FSA-Kodex Fachkreise (Tagungs- oder Teilnahmegebühren sowie Übernahme von Reise- und Übernachtungskosten) und anderen Veranstaltungen oder bei der unmittelbaren oder mittelbaren Förderung von Organisationen im Zusammenhang mit der Vorbereitung, Ausrichtung oder Durchführung derartiger Veranstaltungen (Sponsoring);
4. Dienstleistungs- und Beratungshonoraren, wobei die Dienst- und Beratungsleistungen der Empfänger gegenüber den Mitgliedsunternehmen beliebiger Art sein können, sofern sie nicht bereits unter die Kategorien Nr. 1-3 dieser Regelung fallen. Unter diese Honorare fallen sowohl die Vergütung für Dienst- und Beratungsleistungen als auch die in diesem Zusammenhang erstatteten Auslagen (etwa Reisekosten). Honorare für Marktforschungsaktivitäten stellen Dienstleistungs- oder Beratungshonorare dar, sofern dem Mitgliedsunternehmen der Name des Angehörigen der Fachkreise bekannt ist, der diese Marktforschungsaktivitäten unmittelbar oder mittelbar für das Unternehmen erbringt.

§ 7 Individuelle und zusammenfassende Angaben

(1) Die Veröffentlichung muss zu jedem einzelnen Empfänger individuelle Angaben unter namentlicher Nennung des Empfängers (§ 8 Abs. 1) über die Summe der während des Berichtszeitraums gewährten geldwerten Leistungen enthalten, sofern diese Zuwendungen unter die Kategorien des § 6 Nr. 2-4 dieses Kodex fallen.

(2) Die Veröffentlichung der Angaben nach Abs. 1 ist wie folgt zu untergliedern:

1. Geldwerte Leistungen an einzelne Angehörige der Fachkreise:
a) Geldwerte Leistungen im Zusammenhang mit Fortbildungsveranstaltungen:
(I) Tagungs- oder Teilnahmegebühren;
(II) Reise- und Übernachtungskosten.
b) Dienstleistung- und Beratungshonorare, wobei zwischen der Vergütung und der Erstattung von Auslagen zu unterscheiden ist.

2. Geldwerte Leistungen an einzelne Organisationen:
a) Spenden (Geld- oder Sachspenden) oder andere einseitige Geld- oder Sachleistungen;
b) Geldwerte Leistungen im Zusammenhang mit Fortbildungsveranstaltungen:
(I) Tagungs- oder Teilnahmegebühren;
(II) Sponsoringverträge mit Organisationen oder von diesen mit der Durchführung der Veranstaltung beauftragte Dritte;
(III) Reise- und Übernachtungskosten.
c) Dienstleistungs- und Beratungshonorare, wobei zwischen der Vergütung und der Erstattung von Auslagen zu unterscheiden ist.

(3) Die Veröffentlichung nach Abs. 1 und Abs. 5 kann nach den Rubriken (I) Zahlungen und (II) nicht-finanzielle Zuwendungen differenziert werden. Den Mitgliedsunternehmen steht es auch frei, für die Zwecke der Veröffentlichung die in Abs. 2 und 3 genannten Kategorien weiter zu untergliedern, insbesondere durch eine Veröffentlichung der geldwerten Leistungen für jede einzelne Vertragsbeziehung oder Veranstaltung.

(4) Sofern geldwerte Leistungen nach § 7 Abs. 2 dieses Kodex über eine Organisation mittelbar einem Angehörigen der Fachkreise zugeordnet worden sind, soll eine Offenlegung nur einmal und zwar möglichst nach Maßgabe von § 7 Abs. 2 Nr. 1 erfolgen.

(5) Die Veröffentlichung hat zusammengefasst (aggregiert) und ohne namentliche Nennung der individuellen Empfänger zu erfolgen, wenn diese Zuwendungen unter die Kategorie „Forschung und Entwicklung" (§ 6 Nr. 1) fallen. Hierunter fällt auch die Erstattung von Auslagen für die Teilnahme an Veranstaltungen im Zusammenhang von Forschungs- und Entwicklungsaktivitäten (etwa Reise- und Übernachtungskosten bei Prüfertreffen im Rahmen klinischer Studien).

(6) Darüber hinaus müssen diejenigen geldwerten Leistungen in aggregierter Form veröffentlicht werden, die zwar einer der Kategorien des § 6 Nr. 2-4 dieses Kodex zugeordnet werden können, bei denen jedoch eine Veröffentlichung unter namentlicher Nennung einzelner Empfänger aus rechtlichen Gründen nicht möglich ist. In solchen Fällen müssen geldwerte Leistungen den jeweiligen Kategorien unter § 7 Abs. 2 Nr. 1 zugeordnet und in aggregierter Form veröffentlicht werden, wobei im einzelnen die jeweilige Gesamtzahl der Empfänger sowie deren prozentualer Anteil im Verhältnis zu allen Empfängern geldwerter Leistungen in dieser Kategorie und die auf die jeweilige Kategorie entfallenden aggregierten Beträge anzugeben sind.

(7) Sofern ein Mitgliedsunternehmen einem nicht in Deutschland, sondern einem anderen europäischen Land ansässigen und dort hauptberuflich tätigen Angehörigen der Fachkreise oder einer dort ansässigen Organisation geldwerte Leistungen zuwenden sollte, erfolgt die Veröffentlichung der geldwerten Leistung in der Verantwortung eines in diesem Land tätigen und mit dem Mitgliedsunternehmen verbundenen Unternehmens.

Das Mitgliedsunternehmen ist in diesem Fall verpflichtet, dem mit ihm verbundenen Unternehmen die Informationen nach §§ 7 und 8 dieses Kodex sowie alle sonstigen erforderlichen Informationen weiterzuleiten, damit diese Informationen nach Maßgabe der in dem jeweiligen europäischen Land erfolgten Umsetzung des EFPIA HCP/ HCO Disclosure Code veröffentlicht werden. Dasselbe gilt entsprechend, wenn ausländische verbundene Unternehmen in Europa einen in Deutschland ansässigen und hier hauptberuflich tätigen Angehörigen der Fachkreise geldwerte Leistungen zuwenden sollten. In diesen Fällen hat das Mitgliedsunternehmen sicherzustellen, dass die ihm von den verbundenen ausländischen Unternehmen mitgeteilten Informationen im Einklang mit diesem Kodex offengelegt werden. Sofern dem Mitgliedsunternehmen in dem jeweiligen Land keine verbundenen Unternehmen zur Verfügung stehen sollten, hat das Mitgliedsunternehmen diese Aufgaben selbst wahrzunehmen.

§ 8 Angaben über die Empfänger

(1) Bei der Offenlegung der Angaben nach § 7 Abs. 1 (individuelle Angaben) muss eine Beschreibung der jeweiligen Empfänger erfolgen, die deren eindeutige Identifizierbarkeit gewährleistet. Hierbei müssen insbesondere

1. der vollständige Name;
2. die genaue Praxis- oder Geschäftsadresse und
3. die lebenslange Arztnummer des Empfängers (falls vorhanden)

offengelegt werden.

(2) Der Vorstand des FSA wird im Rahmen einer Leitlinie standardisierte Muster für die ordnungsgemäße Erfassung der zu veröffentlichenden Daten bekannt machen, die sich an dem Schedule 2-Muster des EFPIA HCP/HCO Disclosure Code orientieren sollen.

§ 9 Berichtszeitraum

(1) Der Berichtszeitraum ist das Kalenderjahr.
(2) Der erste Berichtszeitraum umfasst das Kalenderjahr 2015.

§ 10 Zeitpunkt der Offenlegung

(1) Die Offenlegung der Angaben erfolgt einmal jährlich.
(2) Die Offenlegung der Angaben muss spätestens 6 Monate nach dem Ende des Berichtszeitraums erfolgen.

§ 11 Ort und Dauer der Offenlegung

(1) Die Offenlegung der Angaben hat auf einer öffentlich zugänglichen Website in der Verantwortung des Mitgliedsunternehmens zu erfolgen. Die Angaben dürfen auch auf einer europaweiten Website verbundener Unternehmen veröffentlicht werden, soweit die Angaben für das Mitgliedsunternehmen dort separat abgerufen werden können.
(2) Abweichend von Abs. 1 darf eine Veröffentlichung der Angaben auch über eine zentrale externe Plattform erfolgen, die von dritter Seite zur Verfügung gestellt wird.
(3) Die Offenlegung der Angaben hat mindestens für eine Zeitdauer von 3 Jahren nach der erstmaligen Offenlegung zu erfolgen, sofern nicht eine kürzere Zeitdauer aus rechtlichen Gründen zwingend erforderlich ist.

§ 12 Sprache

Die Offenlegung der Angaben hat in deutscher Sprache zu erfolgen. Dies gilt auch dann, wenn für die Offenlegung eine europaweite Plattform gewählt wird. Es wird empfohlen, die Angaben auch zusätzlich in der englischen Sprache zu machen.

§ 13 Methodische Hinweise

(1) Das Mitgliedsunternehmen erstellt zusammenfassende Hinweise zur Methodik, der Erfassung und Veröffentlichung seiner Angaben und veröffentlicht diese Hinweise nach Maßgabe von § 11 dieses Kodex, wobei die entsprechenden Hinweise für jeden Berichtszeitraum zu veröffentlichen und gegebenenfalls zu aktualisieren sind.

(2) Die Hinweise sollen in leicht verständlicher Weise erläutern, wie die Erfassung und Offenlegung der Angaben erfolgt. Sie sollen die zugrundeliegende Methodik sowie auch konkrete Punkte, die für die zeitliche Einordnung und eine Bewertung der Zuwendungen von Bedeutung sind, insbesondere die Behandlung mehrjähriger Verträge, der Umsatzsteuer und Währungsfragen, erkennen lassen.

(3) Die Mitgliedsunternehmen haben die Methodik für die Erfassung und Veröffentlichung der Angaben unter Berücksichtigung von § 3 des Kodex nach pflichtgemäßem Ermessen auszugestalten.

§ 14 Aufbewahrungspflichten

(1) Das Mitgliedsunternehmen hat die geleisteten geldwerten Zuwendungen zu dokumentieren, soweit sie zu veröffentlichen sind. Die Dokumentation kann auch in elektronischer Form erfolgen.

(2) Die Dokumentation ist mindestens für einen Zeitraum von 5 Jahren nach dem Ende des jeweiligen Berichtszeitraums aufzubewahren, sofern nicht ein kürzerer Zeitraum aus rechtlichen Gründen zwingend erforderlich ist.

§ 15 Inkrafttreten

Der FSA-Transparenzkodex in der von der Mitgliederversammlung am 27.11.2013 verabschiedeten Fassung tritt am 01.01.2014, jedoch nicht vor der Anerkennung als Wettbewerbsregeln durch das Bundeskartellamt gemäß § 24 Abs. 3 GWB, in Kraft.

Das Bundeskartellamt hat den FSA-Transparenzkodex in der vorliegenden Fassung mit Beschluss vom 22.05.2014, zugegangen am 26.05.2014, als Wettbewerbsregeln anerkannt.

Beschlossen durch FSA-Mitgliederversammlung am 27. November 2013

16.3. Ablauf des Gesetzgebungsvorgangs

18. Wahlperiode: Gesetzgebungsvorgang auf Initiative der Bundesregierung
„Gesetz zur Bekämpfung von Korruption im Gesundheitswesen"

BR – Gesetzentwurf
Urheber: Bundesregierung (BR), Bundesministerium der Justiz und für Verbraucherschutz (federführend)
14.08.2015 - BR-Drucksache 360/15
Anl. Stellungnahme der BRg zur Stellungnahme des Nationalen Normenkontrollrates
Ausschüsse: Rechtsausschuss (federführend), Gesundheitsausschuss

---

BR - Empfehlungen der Ausschüsse
14.09.2015 - BR-Drucksache 360/1/15
R: keine Einwendungen - **G:** Änderungsvorschläge

BR - 1. Durchgang
25.09.2015 - BR-Plenarprotokoll 936, TOP 30, S. 330C - 332A
- Prof. Dr. Winfried Bausback, Stellv. MdBR (Staatsminister der Justiz), Bayern, Rede, S. 330D
- Christian Lange, Parl. Staatssekr., Bundesministerium der Justiz und für Verbraucherschutz, Rede (zu Protokoll gegeben), S. 331B

Beschluss: S. 332A - Stellungnahme: Änderungsvorschläge (360/15), gemäß Art. 76 Abs. 2 GG

BR - Beschlussdrucksache
25.09.2015 - BR-Drucksache 360/15(B)

BT – Gesetzentwurf, Urheber: Bundesregierung, Bundesministerium der Justiz und für Verbraucherschutz (federführend)
21.10.2015 - BT-Drucksache 18/6446Anl.
Stellungnahme der BRg zur Stellungnahme des Nationalen Normenkontrollrates; Stellungnahme des BR und Gegenäußerung der BRg

---

BT - 1. Beratung
13.11.2015 - BT-Plenarprotokoll 18/137, S. 13477B - 13485C
- Christian Lange, Parl. Staatssekr., Bundesministerium der Justiz und für Verbraucherschutz, Rede, S. 13477C
- Kathrin Vogler, MdB, DIE LINKE, Rede, S. 13478B
- Dr. Jan-Marco Luczak, MdB, CDU/CSU, Rede, S. 13479B
- Maria Klein-Schmeink, MdB, BÜNDNIS 90/DIE GRÜNEN, Rede, S. 13480D
- Dr. Silke Launert, MdB, CDU/CSU, Rede, S. 13482A
- Dr. Edgar Franke, MdB, SPD, Rede, S. 13482D
- Dietrich Monstadt, MdB, CDU/CSU, Rede, S. 13483D
- Dirk Wiese, MdB, SPD, Rede, S. 13484D

Beschluss: S. 13485C - Überweisung (18/6446)
Ausschüsse: Ausschuss für Recht und Verbraucherschutz (federführend), Ausschuss für Gesundheit, Innenausschuss

---

BT - Beschlussempfehlung und Bericht, Urheber: Ausschuss für Recht und Verbraucherschutz
13.04.2016 - BT-Drucksache 18/8106
- Dr. Johannes Fechner, MdB, SPD, Berichterstattung,
- Dr. Jan-Marco Luczak, MdB, CDU/CSU, Berichterstattung
- Hans-Christian Ströbele, MdB, BÜNDNIS 90/DIE GRÜNEN, Berichterstattung,

- Halina Wawzyniak, MdB, DIE LINKE, Berichterstattung
- Dirk Wiese, MdB, SPD, Berichterstattung

Empfehlung: Annahme der Vorlage in Ausschussfassung

BT - 2. Beratung
14.04.2016 - BT-Plenarprotokoll 18/164, S. 16154B - 16164B
- Christian Lange, Parl. Staatssekr., Bundesministerium der Justiz und für Verbraucherschutz, Rede, S. 16154D
- Kathrin Vogler, MdB, DIE LINKE, Rede, S. 16155C Dr. Jan-Marco Luczak, MdB, CDU/CSU, Rede, S. 16156C
- Renate Künast, MdB, BÜNDNIS 90/DIE GRÜNEN, Rede, S. 16158C
- Dirk Wiese, MdB, SPD, Rede, S. 16160A
- Alexander Hoffmann, MdB, CDU/CSU, Rede, S. 16160D
- Dr. Edgar Franke, MdB, SPD, Rede, S. 16161C
- Rudolf Henke, MdB, CDU/CSU, Rede, S. 16162C
- Harald Weinberg, MdB, DIE LINKE, Schriftliche Erklärung gem. § 31 Geschäftsordnung BT, S. 16218C

Beschluss: S. 16163D - Annahme in Ausschussfassung (18/6446, 18/8106)

BT - 3. Beratung
14.04.2016 - BT-Plenarprotokoll 18/164, S. 16164A
Beschluss: S. 16165B - Annahme in Ausschussfassung (18/6446, 18/8106), Namentliche Abstimmung, 464:58:54

BR - Unterrichtung über Gesetzesbeschluss des BT, *Urheber*: Bundestag
22.04.2016 - BR-Drucksache 181/16
Ausschüsse: Rechtsausschuss (federführend), Gesundheitsausschuss

---

BR - Empfehlungen der Ausschüsse
28.04.2016 - BR-Drucksache 181/1/16
Kein Antrag auf Einberufung des Vermittlungsausschusses; Entschließung.

BR - 2. Durchgang
13.05.2016 - BR-Plenarprotokoll 945, TOP 2, S. 187C
- Prof. Dr. Benjamin-Immanuel Hoff, MdBR (Minister für Kultur, Bundes- und Europaangelegenheiten und Chef der Staatskanzlei), Thüringen, Rede (zu Protokoll gegeben), S. 187C.

Beschluss: S. 187C - kein Antrag auf Einberufung des Vermittlungsausschusses; Entschließung (181/16), gemäß Art. 77 Abs. 2 GG

BR - Beschlussdrucksache
13.05.2016 - BR-Drucksache 181/16(B)

Verkündung im Bundesgesetzblatt
03.06.2016 - Gesetz vom 30.05.2016 - Bundesgesetzblatt Teil I 2016 Nr. 25, S. 1254

Inkrafttreten des Gesetzes zur Bekämpfung von Korruption im Gesundheitswesen:
04.06.2016

Literaturverzeichnis

Achenbach/Ransiek/Rönnau: Handbuch Wirtschaftsstrafrecht, Kompakte Darstellung der zentralen Materien des Wirtschaftsstrafrechts, 4. Aufl., C.F. Müller Verlag 2015
Adolf, Hans-Peter: in Schlegel/Voelzke/Engelmann, juris PraxisKommentar SGB V
Aldenhoff/Valluet: Entwurf des BMJV zur Korruption im Gesundheitswesen (§ 299a StGB), medstra 4/2015, S. 195 ff.
Anhalt/Dieners: Handbuch des Medizinprodukterechts, Grundlagen und Praxis, Verlag C.H.Beck 2003
Armbruster, Doris: in Eichenhofer/Wenner, SGB V Kommentar
Axer, Peter: in Becker/Kingreen, SGB V Kommentar
Badle, Alexander: Übertriebene Erwartungen an einen Straftatbestand der Bestechlichkeit und Bestechung im Gesundheitswesen, medstra 1/2015, S. 2 ff.
Badle, Alexander: § 299a StGB – Eine Prognose aus Sicht der Strafverfolgung, medstra 3/2015, S. 139 ff.
Badle, Alexander: „Die Niedergelassenen sitzen wie das Kaninchen vor der Schlange" – Interview mit einem Korruptionsbekämpfer, Facharzt.de, 18.09.2016.
Badle/Raschke: Strafbarkeitsrisiken im Zusammenhang mit der Abrechnung sog. Speziallaborleistungen, medstra 5/2016
Bahner, Beate: Recht im Bereitschaftsdienst: Handbuch für Ärzte und Kliniken, Springer-Verlag Berlin Heidelberg 2013
Bahner, Beate: Honorarkürzungen, Arzneimittelregresse, Heilmittelregresse: Ärzte in der Wirtschaftlichkeitsprüfung, Springer-Verlag Berlin Heidelberg 2006
Bahner, Beate: Das neue Werberecht für Ärzte: Auch Ärzte dürfen werben, Springer-Verlag Berlin Heidelberg, 2. Aufl. 2004
Bahner/Bechtler/Hartmannsgruber/Piltz/Schulz-Hillenbrand: Kooperation oder Korruption? Würzburger Erklärung zur Angemessenheit ärztlicher Vergütung innerhalb von medizinischen Kooperationen, Stand 8. August 2016; medstra 6/2016, S. 343 ff.
Bähr, Peter: in Heermann/Schlingloff, Münchener Kommentar zum Lauterkeitsrecht
Bäune, Stefan: in Eichenhofer/Wenner, SGB V Kommentar
Bäune, Stefan: in Ratzel/Luxenburger, Handbuch Medizinrecht: Integrierte Versorgung, S. 604 ff.
Bäune, Stefan: Die Persönliche Leistungserbringung im Krankenhaus, MedR 2014, S. 76 ff.
Battis, Ulrich: Bundesbeamtengesetz, Kommentar, 4. Aufl. Verlag C.H. Beck, 2009
Becker/Kingreen: SGB V, Gesetzliche Krankenversicherung, Kommentar, 5. Aufl., Verlag C.H.Beck 2017
Bender, Albrecht W.: in Rieger/Dahm/Katzenmeier/Steinhilper/Stellpflug (HK-AKM), Honorararzt, Nr. 2550, Stand Mai 2015
Bernsmann/Gatzweiler: Verteidigung bei Korruptionsfällen, 2. Aufl. 2014, C.F. Müller Verlag
Berchtold/Huster/Rehborn: Gesundheitsrecht, SGB V, SGB XI, Kommentar, Nomos Verlag 2015
BfArM-Empfehlungen: Empfehlungen des Bundesinstituts für Arzneimittel und Medizinprodukte und des Paul-Ehrlich-Instituts zur Planung, Durchführung und Auswertung von Anwendungsbeobachtungen vom 7. Juli 2010
Bleicken/Zumdick (Hrsg.): Das Gesetz zur Bekämpfung von Korruption im Gesundheitswesen vom 30. Mai 2016 – Eine erste Bestandsaufnahme, Stand 19.09.2016, abrufbar unter www.akg-antikorruption.de
Bornkamm, Joachim: in Köhler/Bornkamm, UWG
Braun, Julian: in Rieger/Dahm/Katzenmeier/Steinhilper/Stellpflug (HK-AKM), Entlassmanagement, Nr. 1600, Stand Sept. 2016
Braun, Julian: Die Beteiligung von Medizinprodukteherstellern an der besonderen ambulanten ärztlichen Versorgung gem. § 140a Abs. 1 S. 2 Var. 3 SGB V, GesR 11/2016, S. 680 ff.

Brettel/Duttge/Schuhr: Kritische Analyse des Entwurfs eines Gesetzes zur Bekämpfung von Korruption im Gesundheitswesen, JZ 19/2015, S. 929 ff.

Brettel/Mand: Die neuen Straftatbestände gegen Korruption im Gesundheitswesen, A & R, 3/2016, S. 99 ff.

Brixius, Kerstin: in Bülow/Ring/Artz/Brixius, Heilmittelwerbegesetz

Broch, Uwe: Compliance-Gespenst "Anwendungsbeobachtungen"? Eine Versachlichung der Diskussion tut Not, PharmR 2016, S. 314 ff.

Broglie/Hartmann: in Terbille/Clausen/Schroeder-Printzen, Medizinrecht, § 9 Gesellschaftsrecht

Broglie/Pranschke-Schade/Schade: Gebührenhandbuch, Kommentar für Ärzte. EBM, GOÄ, Igel, Medical Tribune Verlagsgesellschaft, 22. Aufl. 2014

Bruns, Wolfgang: Fortbildungsverpflichtung und Fortbildungsurlaub, ArztRecht 6/2016, S. 145 ff.

Bülow/Ring/Artz/Brixius: Heilmittelwerbegesetz, Kommentar, 5. Aufl., Carl Heymanns Verlag 2016

Burgardt, Claus: in Bleicken/Zumdick: Kooperationen im Gesundheitswesen, S. 64 ff.

Burholt, Christian: in Bleicken/Zumdick: Kartellrechtliche Implikationen, S. 122 ff.

Bussmann, Kai-D.: Unzulässige Zusammenarbeit im Gesundheitswesen durch „Zuweisung gegen Entgelt". Ergebnisse einer empirischen Studie im Auftrag des GKV-Spitzenverbandes, Stand Sept. 2012

Butzer, Hermann: in Becker/Kingreen, SGB V Kommentar

Campos Nave, Susana: „Bei Risiken und Nebenwirkungen fragen Sie nicht Ihren Arzt oder Apotheker" – Zur Korruption im Gesundheitswesen, Compliance-Berater 7/2016, S. 229 ff.

Clausen, Tilman: in Terbille/Clausen/Schroeder-Printzen, Medizinrecht, § 7 Vergütungsrecht der Heilberufe

Clausen, Tilman: Die Tätigkeit des niedergelassenen Arztes im Krankenhaus nach der Honorararzt-Entscheidung des BGH vom 16.10.2014 (III ZR 85/14) – Was nun? ZMGR 2/2106, S. 82 ff.

Clement, Ralf: in Rieger/Dahm/Katzenmeier/Steinhilper/Stellpflug (HK-AKM), Ambulantes Operieren, Nr. 60, Stand April 2012

Dahm, Franz-Joseph: Zulässige Vorteilsnahme oder unzulässige Zuweisung gegen Entgelt, in: Schiller/Tsambikakis, Festschrift für Steinhilper, S. 25 ff.

Dalichau, Gerhard: in Prütting, Medizinrecht, §§ 126 – 140d SGB V

Dann, Matthias (Hrsg.): Compliance im Krankenhaus: Risiken erkennen - Rahmenbedingungen gestalten, Deutsche Krankenhaus Verlagsgesellschaft mbH 2015.

Dann, Matthias: Und immer ein Stück weiter – Die Reform des deutschen Korruptionsstrafrechts, NJW 2016, S. 203 ff.

Dann/Jones: in Dann, Compliance im Krankenhaus: Kooperationen

Dann/Scholz: Der Teufel steckt im Detail: Das neue Anti-Korruptionsgesetz für das Gesundheitswesen, NJW 2016, S. 2077 ff.

Dannecker, Gerhard: in Kindhäuser/Neumann/Paeffgen, Strafgesetzbuch

Dannecker/Schröder: Neuregelung der Bestechlichkeit und Bestechung im geschäftlichen Verkehr, ZRP 2015, S. 48 ff.

Depre, Peter (Hrsg.): Praxis-Handbuch Compliance, Walhalla u. Praetoria Verlag GmbH & Co.KG, 2011

Deutsch/Spickhoff: Medizinrecht: Arztrecht, Arzneimittelrecht, Medizinprodukterecht und Transfusionsrecht, 7. Aufl. 2014, Springer-Verlag

Dewitz, Christian von: in Rieger/Dahm/Katzenmeier/Steinhilper/Stellpflug (HK-AKM), Klinische Prüfung von Medizinprodukten, Nr. 2890, Stand November 2014

Dieners, Peter: Handbuch Compliance im Gesundheitswesen. Kooperation von Ärzten, Industrie und Patienten, 3. Aufl. 2010, Verlag C.H.Beck

Dieners, Peter: Die neuen Tatbestände zur Bekämpfung der Korruption im Gesundheitswesen, PharmR 2015, S. 529 ff.

Dieners/Cahnbley: Die neuen Tatbestände der Bestechlichkeit und Bestechung im Gesundheitswesen (§§ 299a, b StGB) und ihr Verhältnis zu den Vorschriften des ärztlichen Berufsrechts und des Heilmittelwerberechts, MPR 2/2016, S. 48 ff.

Dieners/Heil: Kooperationen im Entlassmanagement nach dem GKV-VSG; zugleich Erwiderung auf Braun, GesR 9/2015, 518, GesR 1/2016, S. 1 ff.

Duttge, Gunnar: Tatort Gesundheitsmarkt, Juristische Fakultät der Georg-August-Universität Göttingen Institut für Kriminalwissenschaften, Universitätsverlag Göttingen 2011

Ehlers, Alexander P.F. (Hrsg.): Disziplinarrecht für Ärzte und Zahnärzte, 2. Aufl. Verlag C.H.Beck, 2013

Eichenhofer/Wenner: SGB V, Gesetzliche Krankenversicherung, Kommentar, 2. Aufl., Luchterhand Verlag 2016

Erbs/Kohlhaas: Strafrechtliche Nebengesetze, mit Straf- und Bußgeldvorschriften des Wirtschafts- und Verwaltungsrechts, Loseblattausgabe, Kommentar, 208. Aufl., Verlag C.H.Beck 2016

Feddersen, Dieter: in Kern/Wadle/Schroeder/Katzenmeier, Humanioria: Der Antagonismus zwischen der Business Judgement Rule des Gesellschaftsrechts und der Anwendung des § 266 StGB durch Strafverfolgungsbehörden und -gerichte

Fehn, Karsten: Zur Frage der Strafbarkeit des sog. Partnerfactorings bei Zahnarztpraxen und Dentallaboren unter dem Regime der neuen §§ 299a, 299b StGB, GesR 6/2016, S. 333 ff.

Fenger/Göben: Sponsoring im Gesundheitswesen. Zulässige Formen der Kooperation zwischen medizinischen Einrichtungen und der Industrie, Verlag C.H.Beck 2004

Fischer, Thomas: Strafgesetzbuch und Nebengesetze, Beck'scher Kurz-Kommentar, 63. Aufl., Verlag C.H.Beck 2016

Fischer, Thomas: Korruptionsverfolgung im Gesundheitswesen – dringender denn je! medstra 1/2015, S. 1 f.

Flasbarth, Roland: in Rieger/Dahm/Katzenmeier/Steinhilper/Stellpflug (HK-AKM), Sprechstundenbedarf, Nr. 4940, Stand Juli 2016

Frank, Gunter: Schlechte Medizin. Ein Wutbuch btb Verlag 2013

Frehse/Weimer: in Rieger/Dahm/Katzenmeier/Steinhilper/Stellpflug (HK-AKM), Berufsgerichtsbarkeit der Heilberufe, Nr. 872, Stand September 2013

Frister/Möller/Ratzel: Aktuelle Entwicklungen im Medizinstrafrecht, 6. Düsseldorfer Medizinstrafrechtstag, Nomos Verlag 2016

Frister/Lindemann/Peters: Arztstrafrecht, Verlag C.H.Beck 2011

Fritzsche, Jörg: in Spickhoff, Medizinrecht, HWG

Fuhrmann/Klein/Fleischfresser: Arzneimittelrecht, Handbuch für die pharmazeutische Rechtspraxis, 2. Aufl., Nomos Verlag 2014

Gaede, Karsten: Patientenschutz und Indizienmanagement – Der Regierungsentwurf zur Bekämpfung von Korruption im Gesundheitswesen, medstra 5/2015, S. 263 ff.

Gaede/Lindemann/Tsambikakis: Licht und Schatten – Die materiellrechtlichen Vorschriften des Referentenentwurfs des BMJV zur Bekämpfung von Korruption im Gesundheitswesen, medstra 3/2015, S. 142 ff.

Gädigk, Cornelia: Kein Sonderrecht für Ärzte – ein Einwurf aus Sicht der Ermittlungspraxis, medstra 5/2015, S. 268 ff.

Gädigk, Cornelia: in Willenbruch/Wieddekind, Vergaberecht

Gaßner/Klass: Korruptionsfalle Gesundheitswesen. Darstellung, Strukturen und Lösungsansätze (Teil 1) PharmaRecht 2002, S. 309 ff., (Teil 2) PharmaRecht 2002, S. 356 ff, (Teil 3) PharmaRecht 2002, S. 386 ff.

Geiger, Daniel: Das Gesetz zur Bekämpfung von Korruption im Gesundheitswesen und seine Auswirkungen auf Strafverfolgung und Healthcare-Compliance, CCZ 2016, S. 172 ff.

Geiger, Daniel: Rabatte im Arzneimittelhandel – erwünschter Preiswettbewerb oder verbotene Korruption? medstra 1/2016, S. 9 ff.

Geiger, Daniel: Neues Strafbarkeitsrisiko § 299a StGB – Chance für die Healthcare-Compliance? medstra 2/2015, S. 97 ff.

Geiger, Daniel: in Bleicken/Zumdick: Erste Bestandsaufnahme, S. 82 ff.

Gemeinsamer Standpunkt zur strafrechtlichen Bewertung der Zusammenarbeit zwischen Industrie, medizinischen Einrichtungen und deren Mitarbeitern. Arbeitsgemeinschaft der Wissenschaftlichen Medizinischen Fachgesellschaften: Bundesfachverband der Arzneimittel-Hersteller e.V., Bundesfachverband Medizintechnologie, produkteindustrie e.V., Bundesverband Deutscher Krankenhausapotheker e.V., Bundesverband der Pharmazeutischen Industrie e.V., Deutscher Hochschulverband, Deutsche Krankenhaus Gesellschaft, Forum Deutsche Medizintechnik F+O und ZVEI, Verband der Diagnostica-Industrie e.V., Verband der Krankenhausdirektoren e.V., Verband Forschender Arzneimittelhersteller e.V., Stand 11.04.2001, in *Dieners*, Handbuch, S. 621 ff.

Gerlach, Alice: in Krauskopf, Soziale Krankenversicherung, 93. EL, Stand Okt. 2016

Grinblat, Roman: Voraussetzungen des § 299a StGB-Neu und Auswirkungen auf dem Gesundheitsmarkt, MPJ 2016, S. 3 ff.

Großkopf/Schanz: Bestechung und Bestechlichkeit im Gesundheitswesen – im Spannungsfeld zwischen Korruption und Kooperation, RDG 2016, S. 220 ff., https://beck-online.beck.de

Grützner/Jakob: Compliance von A-Z, Verlag C.H. Beck, 2. Aufl. 2015

Haage, Heinz: in Rieger/Dahm/Katzenmeier/Steinhilper/Stellpflug (HK-AKM), Gesundheitsfachberufe, Nr. 2200, Stand November 2016

Haage, Heinz: in Rieger/Dahm/Katzenmeier/Steinhilper/Stellpflug (HK-AKM), Apotheker, Nr. 130, Stand Oktober 2013

Hänlein, Andreas: in Hänlein/Schuler, SGB V, Kommentar

Hänlein/Schuler (Hrsg.): Sozialgesetzbuch V, Gesetzliche Krankenversicherung, Lehr- und Praxiskommentar, 5. Aufl. 2016, Nomos Verlag

Halbe, Bernd: Moderne Versorgungsstrukturen: Kooperation oder Korruption? MedR 3/2015, S. 168 ff.

Hanau, Peter: Der rechtliche Status von Honorarärzten im Krankenhaus, MedR 2015, S. 77 ff.

Hart, Dieter: in Rieger/Dahm/Katzenmeier/Steinhilper/Stellpflug (HK-AKM), Klinische Arzneimittelprüfung, Nr. 2880, Stand Juli 2016

Hartmannsgruber, Karl: In Ratzel/Luxenburger, Handbuch Medizinrecht: Die vertragsärztliche Versorgung, S. 338 ff.

Hauck/Noftz: Sozialgesetzbuch (SGB) V: Gesetzliche Krankenversicherung, Stand 05/13, Erich-Schmidt-Verlag 2013

Heermann/Schlingloff: Münchener Kommentar zum Lauterkeitsrecht (UWG) Band 1, §§ 1- 4 UWG, 2. Aufl., Verlag C.H.Beck 2014

Heil/Oeben: §§ 299a, b StGB auf der Zielgeraden – Auswirkungen auf die Zusammenarbeit im Gesundheitswesen, PharmR 2016, S. 217 ff.

Heine/Eisele: in Schönke/Schröder, Strafgesetzbuch

Heintschel-Heinegg v. (Hrsg.): Beck'scher Online Kommentar StGB, 30. Edition, Verlag C.H.Beck 2016

Hesse, Konrad: Grundzüge des Verfassungsrechts der Bundesrepublik Deutschland, Nachdruck der 20. Aufl., C.F. Müller Verlag 1999

Heuchemer, Michael: in Beck'scher Online-Kommentar zum StGB

Hoppe/Seebohm/Rompf: in Prütting, Fachanwaltskommentar Medizinrecht

Hoven, Elisa: Aktuelle rechtspolitische Entwicklungen im Korruptionsstrafrecht – Bemerkungen zu den neuen Strafvorschriften über Mandatsträgerbestechung und Bestechung im geschäftlichen Verkehr, NStZ 10/2015, S. 553 ff.

Huster, Stefan: in Becker/Kingreen, SGB V, Kommentar

Imhof, Michael: Eidesbruch. Ärzte, Geschäftemacher und die verlorene Würde des Patienten, Campus Verlag 2014

Jary, Kathrin: Anti-Korruption – Neue Gesetzesvorhaben zur Korruptionsbekämpfung im Gesundheitswesen und im internationalen Umfeld, PharmR 2015, S. 99 ff.

Jaeger, Renate: Informationsanspruch des Patienten – Grenzen der Werbung im Gesundheitswesen, MedR 2003, S. 263 ff.

Jäkel, Christian: in Rieger/Dahm/Katzenmeier/Steinhilper/Stellpflug (HK-AKM), Medizinprodukte, Nr. 3590, Stand Juli 2016

Joussen, Jacob: in Becker/Kingreen, SGB V Kommentar
Jung, Franziska: AKG-, BPI- und FSA-Kodex – Ein Vergleich, A & R 3/2016, S. 111 ff.
Kargl, Walter: in Kindhäuser/Neumann/Paeffgen, Strafgesetzbuch
Kasseler Kommentar zum Sozialversicherungsrecht: Loseblatt-Kommentar, 89. Aufl., Verlag C.H.Beck 2016
Katzenmeier, Christian: in Rieger/Dahm/Katzenmeier/Steinhilper/Stellpflug (HK-AKM), Hippokratischer Eid, Nr. 2530, Stand Februar 2013
Kern/Wadle/Schroeder/Katzenmeier: Humanioria. Medizin-Recht-Geschichte, Festschrift für Adolf Laufs zum 70. Geburtstag, Springer-Verlag 2006
Kindhäuser/Neumann/Paeffgen: Strafgesetzbuch, Kommentar, 4. Aufl., Nomos Verlag 2013
Kirchhof, Paul: in *Kern/Wadle/Schroeder/Katzenmeier:* Medizin zwischen Ethik, Recht und Vorbehalt des Möglichen
Kirchhof, Paul: in Maunz/Dürig, Grundgesetz, Art. 83 GG
Kirsch, Andreas: Preisdifferenzierung bei OTC-Arzneimitteln im Lichtes des Kartellrechts und des neuen Antikorruptionsgesetzes, PharmR 2016, S. 265 ff.
Klückmann, Harald: in Hauck/Noftz, Sozialgesetzbuch (SGB) V
Knauer/Brose: in Spickhoff, Medizinrecht
Knispel, Ulrich: Beteiligung externer Dritter beim Entlassmanagement im Krankenhaus – Zusammenarbeit oder Outsorucing? GesR 6/2016, S. 339 ff.
Knittel, Stefan: in Krauskopf, Soziale Krankenversicherung, 68. EL, Stand 2009
Köhler, Helmut: in Köhler/Bornkamm, UWG
Köhler/Bornkamm: Gesetz gegen den unlauteren Wettbewerb, UWG, 34. Aufl. 2016, Verlag C.H.Beck
Kölbel, Ralf: Strafrecht, Compliance, Pharmamarketing: Kriminologische Beobachtungen anlässlich des Entwurfs zu §§ 299a ff. StGB n.F., ZIS 7/2016, S. 452 ff.
Kölbel, Ralf: §§ 299a ff. StGB und die unzuträgliche Fokussierung auf den Wettbewerbsschutz, medstra 4/2016, S. 193 f.
Kollesch/Nickel: Antike Heilkunst. Ausgewählte Texte aus den medizinischen Schriften der Griechen und Römer, Reclam Verlag 1994
Korte, Matthias: in Münchener Kommentar zum Strafgesetzbuch
Krauskopf, Dieter: Soziale Krankenversicherung, Pflegeversicherung, Loseblatt-Kommentar, 93. EL, Stand Okt. 2016, Verlag C.H.Beck
Krauskopf/Clemens: in Laufs/Kern, Handbuch des Arztrechts: Teilnahme von Ärzten/Zahnärzten/Psychotherapeuten und ärztlichen Einrichtungen
Kremer, Ralf: in Rieger/Dahm/Katzenmeier/Steinhilper/Stellpflug (HK-AKM), Praxisgemeinschaft, Nr. 4270, Stand Mai 2009
Krick, Carsten: in Münchener Kommentar zum Strafgesetzbuch
Kröner, Lars: Rechtsprobleme der Werbegaben für Angehörige der Heilberufe – zugleich eine Anmerkung zum Urteil des OLG Hamburg vom 20. März 2014, Az. 3 U 96/14, MPR 2014, S. 73 ff.
Kubiciel, Michael: Bestechlichkeit und Bestechung im Gesundheitswesen – Grund und Grenze der §§ 299a, 299a StGB-E, MedR 2016, S. 1 ff.
Kubiciel, Michael: Die Tatbestände gegen Korruption im Gesundheitswesen und die Folgen für die Healthcare Compliance, jurisPR-Compl 3/2016, S. 1
Kubiciel, Michael: Kriminalisierung der Korruption im Gesundheitswesen, jurisPR-StrafR 11/2016, S. 1 ff.
Kubiciel/Tsambikakis: Bestechlichkeit und Bestechung im Gesundheitswesen (§ 299a StGB) – Stellungnahme zum Entwurf des Bayerischen Staatsministeriums der Justiz, medstra 1/2015, S. 11 ff.
Kuhla/Bedau: in Sodan, Krankenversicherungsrecht: Rechtsbeziehungen zu weiteren Leistungserbringern
Kuhlen, Lothar: in Kindhäuser/Neumann/Paeffgen, Strafgesetzbuch
Kutlu, Aygün: in Spickhoff, Medizinrecht

Ladurner, Andreas: Ärzte-ZV, Zahnärzte-ZV: Zulassungsverordnung für Vertragsärzte, Zulassungsverordnung für Vertragszahnärzte, Kommentar, Verlag C.H.Beck 2017
Laufs, Adolf: in Laufs/Kern, Handbuch des Arztrechts
Laufs/Kern: Handbuch des Arztrechts, 4. Aufl. 2010, Verlag C.H.Beck
Laufhütte/Rissing-van Saan/Tiedemann (Hrsg): Leipziger Kommentar zum StGB, Großkommentar in 14 Bänden, 12. Aufl., de Gruyter Verlag
Legde, Georg: in Hänlein/Schuler, SGB V Kommentar
Leipziger Kommentar zum StGB: (Laufhütte/Rissing-van Saan/Tiedemann), Großkommentar in 14 Bänden, 12. Aufl., de Gruyter Verlag
Lembeck, Ulrich: in Dieners, Handbuch Compliance
Lippert, Hans-Dieter: in Ratzel/Lippert, Kommentar zur Musterberufsordnung
Listl, Susanne: in Spickhoff, Medizinrecht, AMG 10, §§ 40 AMG ff.
Luthe, Ernst-Wilhelm: in Hauck/Noftz, Sozialgesetzbuch (SGB) V
Mand, Elmar: in Rieger/Dahm/Katzenmeier/Steinhilper/Stellpflug (HK-AKM), Heilmittelwerbegesetz, Nr. 2440, Stand Juni 2015
Mand, Elmar: in Prütting, Medizinrecht, HWG
Mand, Elmar: Arzneimittelpreisrecht und Absatzförderung mit Rabatten und Zuwendungen, A&R 04/2014, S. 147 ff.
Mand, Elmar: Rabatte und Zugaben durch Apotheken, NJW 2010, S. 3681 ff.
Maunz/Dürig: Grundgesetz, Kommentar, 75. Aufl., Verlag C.H. Beck, 2015
Medizinrechtsausschuss: Stellungnahme zu gesetzgeberischen Maßnahmen zur Verfolgung von Korruption im Gesundheitswesen, ZMGR 2014, S. 395 ff.
Meyer, Hilko J.: Apotheker nicht gänzlich außen vor, DAZ Nr. 16/2016, S. 14
Michels/Möller: Ärztliche Kooperationen, Rechtliche und steuerliche Beratung, nwb Brennpunkt, 3. Aufl. 2014
Möller, Karl-Heinz: in Ratzel/Luxenburger, Handbuch Medizinrecht: Kooperationen im Gesundheitswesen, Ärztliches Gesellschaftsrecht, S. 981 ff.
Möller/Dahm/Remplik: in Ratzel/Luxenburger, Handbuch Medizinrecht: Medizinische Versorgungszentren, S. 625 ff.
Momsen, Carsten: in Heintschel-Heinegg, Beck'scher Online Kommentar StGB
Motz, Thomas: in Eichenhofer/Wenner, SGB V Kommentar
Münchener Kommentar zum Strafgesetzbuch: Band 5: §§ 263 – 358 StGB, 2. Aufl., Verlag C.H.Beck 2014
*Münchener Kommentar zum Lauterkeitsrecht (*Heermann/Schlingloff Hrsg.), 2. Aufl., Verlag C.H. Beck 2014
Nebendahl, Mathias: in Spickhoff, Medizinrecht
Nestler, Nina: Standpunkte der Wissenschaft zu §§ 299a, 299b StGB-E, GesR 2/2016, S. 70 ff.
Neurath, Heinrich: In Praxiskommentar zum GmbH-Recht, 2. Aufl., ZAP Verlag 2010
Nösser/Schröder: in Rieger/Dahm/Katzenmeier/Steinhilper/Stellpflug (HK-AKM), Die Kassenärztliche Bundesvereinigung, Nr. 2800, Stand Oktober 2010
Nolte, Stefan: in Kasseler Kommentar zum Sozialversicherungsrecht
Palandt: Bürgerliches Gesetzbuch mit Nebengesetzen, 75. Aufl., Verlag C.H. Beck 2016
Passarge, Malte: Aktuelle Entwicklungen in der Gesetzgebung zur Korruptionsbekämpfung, DStR 2016, S. 482 ff.
Peikert, Peter: in Rieger/Dahm/Katzenmeier/Steinhilper/Stellpflug (HK-AKM), Laborgemeinschaft, Nr. 3300, Stand Oktober 2015, Apparategemeinschaft, Nr. 150, Stand Juli 2002, Belegarzt, Nr. 805, Stand Juli 2002
Pelchen/Anders: in Erbs/Kohlhaas, Strafrechtliche Nebengesetze
Pflugmacher, Ingo: in Becker/Kingreen, SGB V Kommentar
Pragal/Handel: Der Regierungsentwurf zur Bekämpfung der Korruption im Gesundheitswesen – ein großer Wurf mit kleinen Schwächen (Teil 1), medstra 6/2015, S. 337 ff.; (Teil 2), medstra 1/2016, S. 22 ff.
Prütting, Dorothea: Fachanwaltskommentar Medizinrecht, 3. Aufl., Luchterhand Verlag 2014

Prütting, Dorothea: in Prütting, Medizinrecht, Apothekenrecht
Quaas/Zuck: Medizinrecht: Öffentliches Medizinrecht – Pflegeversicherungsrecht - Arzthaftungsrecht – Arztstrafrecht, 3. Aufl. 2014, Verlag C.H.Beck
Ratzel, Rudolf: in Ratzel/Lippert, Kommentar zur Musterberufsordnung
Ratzel/Lippert: Kommentar zur Musterberufsordnung der deutschen Ärzte (MBO), 6. Aufl., Springer-Verlag Berlin Heidelberg 2015
Ratzel/Luxenburger: Handbuch Medizinrecht, 3. Aufl., C.F. Müller Verlag 2015
Rehborn/Ossege: In Berchtold/Huster/Rehborn, Gesundheitsrecht
Rehborn, Martin: in Prütting, Medizinrecht
Reiserer, Kerstin: Honorarärzte in Kliniken – Sozialversicherungspflichtige Beschäftigung oder Selbständigkeit? MedR 2012, S. 102 ff.
Rieger/Dahm/Katzenmeier/Steinhilper/Stellpflug (Hrsg.): Heidelberger Kommentar Arztrecht Krankenhausrecht Medizinrecht, HK-AKM, Stand November 2016
Rieger/Hespeler: in Rieger/Dahm/Katzenmeier/Steinhilper/Stellpflug (HK-AKM), Heilpraktiker, Nr. 2460, Stand April 2011
Rogall, Klaus: in Wolter, Systematischer Kommentar zum Strafgesetzbuch
Rompf, Thomas: Vertragsärztliche Kooperationen im Lichte des ärztlichen Berufsrechts, MedR 2015, S. 570 ff.
Rönnau, Thomas: in Achenbach/Ransiek/Rönnau, Handbuch Wirtschaftsstrafrecht
Rosenau, Hennig: in Satzger/Schluckebier/Widmaier, StGB, 2. Aufl., Karl Heymanns Verlag 2014
Saalfrank, Valentin: in Rieger/Dahm/Katzenmeier/Steinhilper/Stellpflug (HK-AKM), Apotheke, Nr. 100, Stand Juli 2011
Saliger, Frank: in Kindhäuser/Neumann/Paeffgen, Strafgesetzbuch
Satzger, Helmut: Bestechungsdelikt und Sponsoring, ZStW 115, (2003), S. 469 ff.
Satzger/Schluckebier/Widmaier: StGB, Strafgesetzbuch: Kommentar, 2. Aufl., Karl Heymanns Verlag 2014
Schelling, Philip: in *Spickhoff*, Medizinrecht, Nr. 50: Bundesärzteordnung
Scheuffler, Wolfgang: in Rieger/Dahm/Katzenmeier/Steinhilper/Stellpflug (HK-AKM), Praxislabor (Zahnarzt), Nr. 4290, und Praxislaborgemeinschaft (Zahnärzte), Nr. 4300, Stand 2001
Schiller, Herbert (Hrsg.): Bundesmantelvertrag Ärzte. Kommentar zum gemeinsamen BMV-Ä, C.F.Müller Verlag 2014
Schiller/Tsambikakis (Hrsg.): Kriminologie und Medizinrecht, Festschrift für Gernot Steinhilper, C.F. Müller Verlag 2013
Schirmer, Horst Dieter: Rechtliche Rahmenbedingungen für die Kooperation von Vertragsärzten mit Dritten. Die berufs- und sozialrechtliche Regelung der Interessenskonflikte. Ein Beitrag im Auftrag der KBV, Dez. 2012
Schirmer/Schröder: Richtig kooperieren - Rechtliche Rahmenbedingungen für die Kooperation von Vertragsärzten mit Dritten. Die berufs- und sozialrechtliche Regelung der Interessenkonflikte. PraxisWissen, Broschüre der KBV, Dezember 2012, abrufbar unter www.kbv.de/media/sp/Broschuere_Kooperation.pdf.
Schlegel/Voelzke/Engelmann: juris PraxisKommentar SGB V (jurisPK-SGB V), Gesetzliche Krankenversicherung, 3. Aufl., juris GmbH Saarbrücken 2016
Schloßer, Philipp: in Rieger/Dahm/Katzenmeier/Steinhilper/Stellpflug (HK-AKM), Sponsoring, Nr. 4925, Stand Februar 2013
Schlund, Manuela: Beteiligung an Bestechungsdelikten – Grenzen der Sozialadäquanz, NJW-Spezial 2014, S. 568 ff.
Schnapp, Friedrich: in Schnapp/Wigge, Staatsaufsicht über die Kassen(zahn)ärztlichen Vereinigungen, § 24
Schnapp/Wigge: Handbuch des Vertragsarztrechts, Das gesamte Kassenarztrecht, 2. Aufl., Verlag C.H.Beck 2006
Schneider/Ebermann: Der Regierungsentwurf zur Bekämpfung von Korruption im Gesundheitswesen. Verunsicherung und Angst statt Rechtssicherheit und Akzeptanz? A&R 5/2015, S. 202 ff.

Schneider/Ebermann: Das Strafrecht im Dienste gesundheitsökonomischer Steuerungsinteressen - Zuweisung gegen Entgelt als "Korruption" de lege lata und de lege ferenda, HRRS 6/2013, S. 219 ff.
Schneider, Hendrik: Das Gesetz zur Bekämpfung von Korruption im Gesundheitswesen und die Angemessenheit der Vergütung von HCP, medstra 4/2016, S. 195 ff.
Schneider, Hendrik: Strafrechtliche Grenzen des Pharmamarketings. Zur Strafbarkeit der Annahme umsatzbezogener materieller Zuwendungen durch niedergelassene Vertragsärzte, HSSR 5/2010, S. 241 ff.
Schneider, Hendrik: Rechtsgutachten zu dem „Entwurf eines Gesetzes zur Bekämpfung von Korruption im Gesundheitswesen" des Bundesministeriums für Justiz und Verbraucherschutz, Leipzig, Mai 2015
Schneider, Hendrik, in Bleicken/Zumdick: Erste Bestandsaufnahme, S. 16 ff.
Schneider, Egbert: in Schlegel/Voelzke/Engelmann, juris PraxisKommentar SGB V
Schneider-Danwitz, Annette: in Schlegel/Voelzke, juris PraxisKommentar SGB V
Scholz, Karsten: in Rieger/Dahm/Katzenmeier/Steinhilper/Stellpflug (HK-AKM), Fortbildung, Nr. 1850, Stand September 2013
Scholz, Karsten: in Spickhoff: Medizinrecht, MBO, Nr. 350: (Muster-) Berufsordnung für deutsche Ärztinnen und Ärzte
Scholz, Karsten: Geltungsanspruch des Berufsrechts gegenüber Ärzten in Krankenhäusern und Medizinischen Versorgungszentren, MedR 2015, S. 635 ff.
Schönke/Schröder: Strafgesetzbuch: StGB, Kommentar, 29. Aufl., Verlag C.H.Beck 2014
Schorlau, Wolfgang: Die letzte Flucht. Denglers sechster Fall, Verlag Kiepenheuer & Witsch, 19. Aufl. 2015
Schröder, Kathie: Geschenke erhalten die Freundschaft, Arbeitsrecht Aktuell 2014, S. 530 ff.
Schroeder-Printzen: in Ratzel/Luxemburger, Handbuch Medizinrecht: Teilnahme an der vertragsärztlichen Versorgung, S. 358 ff.
Schröder, Thomas: Korruptionsbekämpfung im Gesundheitswesen durch Kriminalisierung von Verstößen gegen berufsrechtliche Pflichten zur Wahrung der heilberuflichen Unabhängigkeit: Fünf Thesen zu den §§ 299a, 299b StGB des Regierungsentwurfs vom 29.7.2015, Teil 1, NZWiSt 9/2015, S. 321 ff.; Teil 2, NZWiSt, 10/2015, S. 361 ff.
Schuhr, Jan: in Spickhoff, Medizinrecht, Nr. 600: StGB
Senge, Lothar: in Erbs/Kohlhaas, Strafrechtliche Nebengesetze
SGB V Handbuch: Sozialgesetzbuch V Krankenversicherung, KKF Fachverlag, 21. Aufl. 2016
Sieper, Marc: in Spickhoff, Medizinrecht
Sinn/Rudolphi: in Wolter, Strafgesetzbuch Kommentar
Sinner, Stefan: Zum Begriff des Wettbewerbs und zum „Vorteil großen Ausmaßes" in §§ 299, 300 StGB. Anmerkung zu BGH, Beschluss vom 29. April 2015 – 1 StR 235/14, HRRS 4/2016, S. 196 ff.
Sodan, Helge: Handbuch des Krankenversicherungsrechts, Verlag C.H.Beck 2010
Sonntag/Valluet/Clausen: Neuauflage eines Klassikers? Warum das Gesundheitswesen einen neuen „Gemeinsamen Standpunkt" für die Zusammenarbeit zwischen Industrie und Fachkreisen benötigt! MPR 2014, S. 77 ff.
Sosnitza, Olaf: in Zipfel/Rathke, Lebensmittelrecht
Sowada, Christoph: in Leipziger Kommentar zum StGB
Spickhoff, Andreas: Medizinrecht: AMG, ApoG, BGB, GenTG, KHG, MBO, MPG, SGB V, SGB XI, StGB, TFG, TPG, 2. Aufl., Verlag C.H.Beck 2014
Spickhoff, Andreas: in Spickhoff, Medizinrecht
Spickhoff, Andreas: Die Entwicklung des Arztrechts 2014/2015, NJW 2015, S. 1728 ff.
Sproll, Hans-Dieter: in Krauskopf, Soziale Krankenversicherung
Steinhilper, Gernot: in Laufs/Kern, Handbuch des Arztrechts: Ärztliche Kooperationsformen im Vertragsarztrecht
Steinhilper, Gernot: in Rieger/Dahm/Katzenmeier/Steinhilper/Stellpflug (HK-AKM), Disziplinarverfahren der Kassenärztlichen Vereinigungen, Nr. 1485, Stand Oktober 2011

Steinhilper, Gernot: in Ehlers, Disziplinarrecht: Disziplinarverfahren und Entziehungsverfahren aus der Sicht der Kassenärztlichen Vereinigungen

Steinhilper, Gernot: „Kriminogene" Normgebung oder mangelnde Kontrolle? Kriminalpolitische Überlegungen zur Eindämmung ärztlichen Abrechnungsbetruges. In Feltes/Pfeiffer/Steinhilper (Hrsg.): „Kriminalpolitik und ihre wissenschaftlichen Grundlagen – Festschrift für Prof. Dr. H.D. Schwind zum 70. Geburtstag", S. 163 ff., C.F.Müller Verlag 2006

Stollmann, Frank: Verhältnis der §§ 299a, 299b, 300 StGB-E zu bereits vorhandenen Regelungen, GesR 2/2016, S. 76 ff.

Strachwitz-Helmstatt, Karin Gräfin von: in Ehlers, Disziplinarrecht: Anwaltliche Strategien

Stree/Hecker: in Schönke/Schröder, Strafgesetzbuch

Szabados, Tibor: in Spickhoff, Medizinrecht

Tag/Tröger/Taupitz: Drittmitteleinwerbung – Strafbare Dienstpflicht? Springer -Verlag Heidelberg 2013

Taschke, Jürgen: in Dieners, Handbuch Compliance

Taschke/Zapf: §§ 299a, 299b StGB-E – Folgen für die Kooperation zwischen Pharmaunternehmen und Medizinprodukteherstellern mit niedergelassenen Ärzten, medstra 6/2015, S. 332 ff.

Taupitz, Jochen: Die Standesordnungen der freien Berufe, Walter de Gruyter Berlin 1991

Terbille/Clausen/Schroeder-Printzen: Münchener Anwaltshandbuch, Medizinrecht, 2. Aufl. Verlag C.H.Beck, 2013

Thomae, Heike: in Rieger/Dahm/Katzenmeier/Steinhilper/Stellpflug (HK-AKM), Ambulante Krankenhausbehandlung, Nr. 50, Stand September 2013

Trieb, Helga: in Schiller, Bundesmantelvertrag Ärzte. Kommentar

Tsambikakis, Michael: Kommentierung des Gesetzes zur Bekämpfung der Korruption im Gesundheitswesen, medstra 3/2016, S. 131 ff.

Ulsenheimer, Klaus: Arztstrafrecht in der Praxis, 5. Aufl., C.F. Müller Verlag 2015

Ulsenheimer, Klaus: in: Laufs/Kern, Handbuch des Arztrechts: Industriesponsoring und Vorteilsannahme/Bestechlichkeit

Wabnitz, Theresa: in Spickhoff, Medizinrecht

Wagner, Regine: in Krauskopf, Soziale Krankenversicherung, 93. EL, Stand Okt. 2016

Weidemann, Matthias: in Beck'scher Online-Kommentar zum StGB

Weidhaas, Rüdiger: in Frister/Möller/Ratzel, Verständigung in Arztstrafverfahren, S. 117 ff.

Weidhaas, Rüdiger: Strafrechtliche Risiken vertragsärztlicher Tätigkeit, MedR 2015, S. 577 ff.

Weidner, Michael: in Bleicken/Zumdick: Wettbewerbsrechtliche Implikationen, S. 97 ff.

Weimer, Tobias: in Rieger/Dahm/Katzenmeier/Steinhilper/Stellpflug (HK-AKM), Berufsausübungsgemeinschaften, Nr. 840, Stand Mai 2007

Wezel/Liebold: Der Kommentar zu EBM und GOÄ, Asgard Verlag Dr. Werner Hippe GmbH, Stand 2016

Wigge, Peter: Grenzen der Zusammenarbeit im Gesundheitswesen – der Gesetzentwurf zur Bekämpfung von Korruption im Gesundheitswesen, NZS 2015, S. 447 ff.

Wigge/Wille: in Schnapp/Wigge, Anwendungsbeobachtungen und klinische Prüfungen, § 19

Willenbruch/Wieddekind: Kompaktkommentar Vergaberecht, 3. Aufl., Werner Verlag Köln 2014

Wissing/Cierniak: Strafbarkeitsrisiken des Arztes und von Betriebsinhabern nach dem Entwurf eines Gesetzes zur Bekämpfung von Korruption im Gesundheitswesen, NZWiSt 2016, S. 41 ff.

Wittig, Frank: Die weisse Mafia: Wie Ärzte und die Pharmaindustrie unsere Gesundheit aufs Spiel setzen, riva Verlag 2015

Wollersheim Ulrike: in Schiller/Tsambikakis, Festschrift für Steinhilper: „Zuweisung gegen Entgelt" im Berufsrecht der Ärzte und im SGB V, S. 157 ff.

Wolter, Jürgen: Systematischer Kommentar zum Strafgesetzbuch, 9. Aufl., Carl Heymanns Verlag 2016

Zimmermann, Markus: in Fuhrmann/Klein/Fleischfresser, Arzneimittelrecht, 2. Aufl. 2014

Zimmermann, Markus: Heilmittelwerbegesetz, Kommentar, Nomos Verlag 2012

Zipfel/Rathke: Loseblatt-Kommentar aller wesentlichen Vorschriften für das Herstellen und Inverkehrbringen von Lebensmitteln, Futtermitteln, kosmetischen Mitteln, sonstigen Bedarfsgegenständen sowie Tabakerzeugnissen, 163. EL, Stand 03/2016, Verlag C.H.Beck 2016

Stichwortverzeichnis

Abgeordneter 99
Abrechnungsvorschriften 207
Albert Schweitzer 23
Altenpfleger 34
Altruismus 23
Ambulante spezialfachärztliche
    Versorgung 161
Ambulantes Operieren 182
Amtsärzte 88
Amtsträger 9, 87, 96, 280
Angestellter 82
Antragsdelikt 86
Anwendungsbeobachtung ... 8, 45, 159, 238, 240
    Anfälligkeit 241
    Vergütung 240
Apothekenpflicht 3
Apotheker 29, 30, 60, 119, 145, 212
Apothekerrabatte 212
Apparategemeinschaft 191
Approbation
    Ruhen 288
    Widerruf 285
Approbationsbehörde 293
Äquivalenzprinzip 234
Arbeitsessen 50
Arzneimittel 56
Arzneimittelgesetz 56
Aufwendungsersatz
    pauschaler 182
Augenoptiker 36
Auskünfte 224
Bagatellgrenze 47, 90
Bandage 60
Bandagist 36
Barrabatt 203
Basislabor 194
Beamtenstatus 87
Beamter 83
Beauftragter 9, 82
Belegarzt 89, 166
Belegpatienten 166
Berater 245
Beratervertrag 8, 44
Beratung
    herstellerunabhängige 119
Beratungsgespräch
    kostenlos 158
Beratungsleistungen 245, 246
Beratungslösung 301
Berufsausübungsgemeinschaft 164
Berufsfreiheit 187, 252
Berufsgerichtliche Maßnahme 291
Berufshelfer 61

Berufsverbot 284
Beseitigungsanspruch 294
Bestechlichkeit
    im Amt 96
    von Mandatsträgern 98
Bestechung 81
    besonders schwere Fälle 277
    im Amt 96
    im geschäftlichen Verkehr 81
    von Mandatsträgern 98
Beteiligungsformen
    unzulässige 193
Beteiligungsmodelle
    unzulässige 178
Beteiligungsverbote
    nach § 128 Abs. 2 SGB V 130
Betriebsinhaber 82
Betriebsprüfung 297
Betriebsrat 83
Betrug 10
Bevorzugung im Wettbewerb 69
Bewirtung 92, 264
Bezugsentscheidung 31, 59
Bindungsverbot 145
Blutprobe 66
Blutzuckermessgeräte 51
Bonussysteme 158
Bonuszahlung 45, 46
Bundesmantelvertrag-Ärzte 207
Bundesmantelvertrag-Zahnärzte 208
Business Judgement Rule 80
Bußgeld 283
Clearingstelle 301
Compliance-Grundsätze 270
Compliance-Leitlinie 300
Compliance-Management 305
Compliance-Richtlinie 209
Compliance-System 304
Deklaration von Genf VII
Dentalhygieniker 34
Dentallabor 196
    gewerblich 198
Depotverbot 127, 129
Dialysepfleger 34
Diät-Assistent 34
Diensthandlung 94
    Ermessen 98
    künftige 96
    Pflichtwidrigkeit 97
    Unterlassen 98
Dienstpflicht 85
Disziplinarmaßnahme 290
Dokumentationsprinzip 234
DRG-Fallpauschalen 210

Drittmitteleinwerbung 269
Drittmittelforschung 268
Drittmittelrecht 45
Durchschnittsverbraucher 65
Ehrendoktorwürde 45
Ehrenmitgliedschaft 45
Ehrenprofessur 45
Ehrenvorstandschaft 45
Eid des Hippokrates V
Eigenlabor 53, 196
Einkaufsgutscheine 220
Einmalartikel 211
Empfehlung 64, 65, *109*
    Begriff 111
    Zulässigkeit 112
Entlassmanagement 162, 183
    Besonderheiten 184
    Zielsetzung 183
    Zuweisungsverbote 185
Entziehung der Zulassung 289
Ergotherapeut 34
Erweiterter Verfall 279
Ethik-Kodex MedTech Europe 266
EU-Anti-Corruption Report 7
Extravaganz 263
Fachgesellschaft 40
Fahrtkosten 221
Festbeträge 209
Firmenbeteiligung 43
Fortbildung 117, 258
    berufsbezogen 117
Fortbildungsmaßnahme 260
Fortbildungspflicht 261
Fortbildungssponsoring .. 258, 260, 267
Fortbildungsveranstaltung 255
Freiberufler 22
Freiwillige Selbstkontrolle 230
Funktionsrabatt 203
Geburtstagsfeier 43
Geldwäsche 281
Gemeinsamer Standpunkt 257
Genehmigungslösung 301
Genehmigungsverfahren 8
Geräteüberlassung 132
Geringfügigkeitsgrenze 116
Geschäftlicher Verkehr 84
Geschäftsbetrieb 82
Geschäftsherrenmodell 85
Geschenk 48, 49, 116
    Geringfügigkeitsgrenze 49
    sozialadäquat 47
    Wertgrenze 49
Gesellschaftsbeteiligung 188
Gesundheits- und
    Kinderkrankenpfleger 35
Gesundheits- und Krankenpfleger 34
Gesundheitshandwerker 36

Gewebeprobe 66
Gewerbesteuerpflicht 297
Gewerbsmäßigkeit 278
Gewinnabschöpfung 296
Gewinnausschüttung 53, 188
Gewinnbegriff 297
Gewinnbeteiligung 44, 53
    mittelbare 189
    unmittelbare 189
Gourmet-Restaurant 51
Gratisleistungen
    medizinische 157
Gutscheine 222
Gutschrift 43
Haarprobe 66
Hautprobe 66
Hebamme 35
Heilberuf 22, 29, 34
    akademisch 29
    nicht-akademisch 34
    Vertrauensberuf 22
Heilmittel 57
Heilmittelwerbegesetz 152
Heilpraktiker 37, 38, 39
    Privilegierung 39
Herzklappenfall 7
Hilfsärzte 89
Hilfsmittel 57
Honorararzt 168
Honorararzt-Modell 168
Honorarrechtliche Folgen 296
Hörgeräte-Akustiker 36
Imagewerbung 156, 256
Impfstoff 61
Implantat 60
Integrierte Versorgung 181
Internetportal 108
Jubiläum 43
Kapitalbeteiligungen 188
KBV-Broschüre PraxisWissen 300
Kick-back 5, 45
Kleinmaterialien 211
Klinische Prüfung 237
Konferenzhotel 263
Konkurrenzen 101, 144
Konsiliararzt 167
Kooperation 302
    im Gesundheitswesen 161
    nach § 128 Abs. 4 SGB V 137
    Reglementierung 165
    Verdienstchancen 170
    Zulässigkeitsprüfung 176
Kooperationsmodelle
    unzulässige 178
Kooperationsmöglichkeiten
    nach ärztlichem Berufsrecht 164
Kooperationsverbot

nach § 11 ApoG 145
Kooperationsverbote
  Ausnahmen 137
  nach § 128 SGB V 125
Kopplungsangebote 215
Kopplungsgeschäfte 213
Korruption 6
  Auswirkungen 6
  Definition 1
  Ermittlungsverfahren 7
  im Gesundheitswesen 3
  Strafbarkeitslücken 9
Korruptionsgefahr 3
Korruptionspraktiken 5
Kostenlose Untersuchungen ... 224
Kostenpauschale 209
Krankengymnast 35
Krankenkassen
  Mitwirkung 176
Krebstherapie 61
Kundenbindung 45
Kundenbindungssysteme ... 213, 217
Kundenwerbung 225
Kundenzeitschriften 225
Laborgemeinschaft 66
  Beteiligung 192
Laborleistungen 192
Logopäde 35
Luxusgüter 43
Marktverhaltensregelung 17, 72, 73, 74, 214, 295
Masseur 35
Materialkosten 210
Medizinische Fachangestellte 35
Medizinisch-technischer Assistent 35
Medizinprodukt 58
Medizinproduktegesetz 58
Mengenrabatt 203
Missbrauchskontrolle 201
Mitglied einer Bande 278
Mitteilungen in Strafsachen ... 293
Mitteilungsbefugnis 293
Monopolstellung 76
Naturalrabatt 203, 220
Nebenleistung
  handelsübliche 221
Nebentätigkeiten 95
Notfallsanitäter 35
Notfallversorgung 129
Offizialdelikt 276
Online-Fortbildungen 117
Ordnungswidrigkeit 283
Orthopädie-Mechaniker 36
Orthopädieschuhmacher 36
Orthoptist 35
Osteopath 35
Partnerfactoring 53
Patienten-Compliance-Programme 248
Patientenschutz 20
Patientenvertrauen 23
Pflegedienst 8
Pharmaklausel 139
Pharmazeutisch-technischer Assistent
  35
Physiotherapeut 35
Podologe 35
Prämie 43
Prämiensystem 45
Präsent 47
Praxisbedarf 60, 61
Praxiseinrichtung 61
Praxisgemeinschaft 191
Praxislabor 196
Praxisnetz 162
Preisgestaltung 201
Preisnachlass 52
Preisunterbietung 214
Privatdozent 95
Produktabsatzwerbung 156
Produktbezug 156
Professor 87
Prothese 60
Provision 43
Quersubventionierung 195
Rabatt 43, 52, 201
  Definition 203
  Pflicht zur Weitergabe 207
  Prüfschema 205
  Zulässigkeit 205
Rabattmöglichkeiten 203
Ratschläge 224
Rechtsbruchtatbestand 72
Rechtsgüterschutz 17
Referenten 245
Reisekosten 75
Reklameaufdruck 220
Rückvergütung 43
Sachkosten 210
Sanktionsmöglichkeiten 142
Schiene 60
Schulungsmaßnahmen 132
  unentgeltlich 137
  verbilligt 137
Schutz des Vertrauens 20
Schwerpunkt-Staatsanwaltschaft ... 275
Selbständiger 82
Selbstkosten 213
Selbstkostenpreis 133, 194
Selektivverträge 141
Shuttle-Service 221
Skonto 201
Sondervergütung 43
Sozialadäquanz 47, 90
Sozialarbeiter 39

Spenden ... 272
Speziallabor ... 194
Spezialvorschriften ... 78
Sponsoring ... 117, 251, 255
Sponsoringvertrag ... 253
Sprechstundenbedarf ... 61
Sprechstundenbedarfsvereinbarung 62
Spürbarkeitsklausel ... 73
Stellen zur Bekämpfung von
    Fehlverhalten ... 25
Steuerhinterziehung ... 14, 282, 297
Steuerrechtliche Folgen ... 297
Strafbarkeitslücke ... 9, 39, 52
Strafverfolgungsrisiko ... 275
Strohmann ... 44
Studien
    klinische ... 159
Stuhlprobe ... 66
Substitutionstherapie ... 61
Tagungsgebühr ... 75
Tagungsort ... 263
Tagungsstätte ... 263
Teil-Berufsausübungsgemeinschaft 179
Transparenz ... 2, 27
Transparenzkodex ... 118, 228
Transparenzprinzip ... 235
Trennungsprinzip ... 233
Treuerabatt ... 203
Trinkgeld ... 90
Umsatzbeteiligung ... 43
Unabhängigkeit
    ärztliche ... 104
    der Apotheker ... 145
    therapeutische ... 121
    Wahrung der ... 103
Unlauterkeit ... 71
Unrechtsvereinbarung . 67, 77, 95, 100,
    103, 242, 256
    Bedeutung ... 67
    Beurteilungskriterien ... 77
    Problematik ... 67
Unterlassungsanspruch ... 294
Unternehmensbeteiligung 53, 135, 187
Unternehmenswerbung ... 156, 256
Untersuchungsmaterial ... 66
Untreue ... 10
Upcoding von Diagnosen ... 6, 40
Urinprobe ... 66
Urlaubseinladung ... 43
Verbandmittel ... 61
Verbraucherschutz ... 73
Verbraucherschutzniveau ... 20
Verfall ... 279
Verhaltenskodizes ... 231
    Verstöße gegen ... 232
Verkaufsförderungsmaßnahmen ... 201
Verlosung ... 222

Vermittlungsprovision ... *109*
Vermögensbeteiligung ... 44
Verordnung ... 31
    Begriff ... 55
Verordnungsentscheidung ... 55
Verschreibungspflicht ... 3
Vertrauensberuf ... 22
Vertrauensgut ... 22
Vertrauensschutz ... 23
Vertrauensvorschuss ... 22
Vertrauenswerbung ... 259
Vertretbarkeitsmaßstab ... 79
Verweisung
    Begriff ... 110
Vorteil ... 42, 43, 100
    Begriff ... 42
    Beispiele ... 43
    großen Ausmaßes ... 277
    immateriell ... 45, 90
    materiell ... 43
    sozialadäquat ... 90
Vorteilsannahme ... 87
Vorteilsbegriff ... 106
    nach § 331 StGB ... 90
Vorteilsgewährung ... 87
Vorteilszuwendung ... 40
Weihnachtsfeier ... 43
Weltärzteverband ... VII
Werbegabe ... 153, 218
Werbeverbot ... 74
Wertgrenze ... 48
Wettbewerb ... 18
    geschütztes Rechtsgut ... 18
    Schutz durch das UWG ... 19
Wettbewerbsrecht ... 71
Wettbewerbsverhältnis ... 75
Wirtschaftlichkeitsgebot ... 208
Wirtschaftsstrafkammer ... 27
Würzburger Erklärung ... 173
Zahnärztliche Fachangestellte ... 35
Zahntechniker ... 36
Zubehör
    handelsüblich ... 221
Zuführung ... 31, 63
    von Patienten ... 63
Zuführungsentscheidung ... 63
Zugabe ... 201
Zugaben
    Geringwertigkeit ... 219
Zugabeverbot
    des § 7 Abs. 1 HWG ... 152
    Sinn und Zweck ... 153
Zusammenarbeit mit der Industrie . 227
Zuweisung ... 64
    Begriff ... 107
Zuweisungsverbot
    Beurteilungskriterien ... 108

 im Klinikbereich 107
 nach § 11 ApoG 145
 nach § 73 Abs. 7 SGB V 121
 Sinn und Zweck 105, 121
 Zuweisung gegen Entgelt 105
Zuwendungen 47
 Offenlegung 117
 unerlaubte 114
Zuwendungsbestätigung 273

Zuwendungsverbot
 Arzneimittelbereich 140
 Ausnahmen 140
 nach § 128 Abs. 2 SGB V 130
 nach § 128 SGB V 125
Zuzahlung 223
Zweckspende 273
Zytostatika 179

Zur Autorin Beate Bahner

Beate Bahner ist seit 1995, also seit mehr als zwei Jahrzehnten, als Anwältin zugelassen und gehört zu den ersten Fachanwältinnen für Medizinrecht in Deutschland. Sie ist Gründerin und Inhaberin der Fachanwaltskanzlei BAHNER in Heidelberg. Die Kanzlei ist spezialisiert auf Arzt-, Medizin- und Gesundheitsrecht und vertritt und berät Ärzte, Zahnärzte, Therapeuten, Kliniken sowie weitere Institutionen des Gesundheitswesens.

Beate Bahner setzt sich schon seit vielen Jahren engagiert für die Aufhebung standesrechtlicher Verbote und die Liberalisierung der ärztlichen Tätigkeit und Zusammenarbeit ein und war vor den höchsten Gerichten hierbei mehrfach erfolgreich: So hat Rechtsanwältin Bahner drei Verfassungsbeschwerden zum ärztlichen Werberecht vor dem Bundesverfassungsgericht gewonnen. Sie hat ferner nach einem jahrelangen Prozess die Aufhebung des berufsrechtlichen Verbotes der Zusammenarbeit mit Radiologen durch den Bundesgerichtshof erreicht.

Beate Bahner ist darüber hinaus Autorin des Springer-Verlages Heidelberg und hat dort folgende vier Fachbücher veröffentlicht, die allesamt als Standardwerke zum jeweiligen Thema gelten:

- **Recht im Bereitschaftsdienst**
  Handbuch für Ärzte und Kliniken

- **Honorarkürzungen, Arzneimittelregresse, Heilmittelregresse**
  Ärzte in der Wirtschaftlichkeitsprüfung

- **Wirtschaftlichkeitsprüfung bei Zahnärzten**
  Honorarkürzungen vermeiden, Regresse abwehren

- **Das neue Werberecht für Ärzte**
  Auch Ärzte dürfen werben

Beate Bahner ist eine bundesweit gefragte Anwältin und Referentin zu allen Fragen des Arzt-, Medizin- und Gesundheitsrechts. Sie ist zudem ausgebildete Mediatorin, was in schwierigen Verhandlungssituationen stets hilfreich ist. Die Kanzlei führt eigene Seminare, Vorträge und Inhouse-Schulungen zu aktuellen und brisanten Themen rund um das Medizinrecht durch – auch interdisziplinär oder in Kooperation mit kompetenten Kollegen. Zum Thema „Gesetz gegen Korruption im Gesundheitswesen" werden ebenfalls Fortbildungen und Schulungen angeboten.

Fachanwaltskanzlei Bahner

Voßstr. 3, 69115 Heidelberg
Telefon: 0 62 21 / 33 93 68 0
Telefax: 0 62 21 / 33 93 68 9
info@beatebahner.de
www.beatebahner.de

Danke !

Es ist nicht ganz leicht, neben dem Anwaltsalltag und dem gelegentlichen Alltagswahnsinn Fachbücher zu schreiben. Das gelingt nur mit einem guten Team.

Ganz herzlichen Dank daher an Esther Schmitt und Liwia Patjens in meinem Sekretariat für die unermüdliche und wertvolle Unterstützung bei der Erstellung und Korrektur des Buches.

Ganz großen Dank an meinen Mitarbeiter, Referendar Anatoly Gordeev, für die zuverlässige und sehr hilfreiche wissenschaftliche Unterstützung dieses Buches.

Danke an Jurastudentin Tamara Hermann für die hervorragende Arbeit beim Korrekturlesen des Buches.

Danke auch an Referendarin Julia Marinitsch für die Begleitung der Anfänge des Projekts.

Danke an Grafikerin Iris Schöbinger für die geduldige und einfühlsame gemeinsame Entwicklung des Buchcovers.

Danke an einige liebgewonnene medizinrechtliche Kolleginnen und Kollegen für regen fachlichen Austausch, spannende Diskussionen und hilfreiches Feedback.

Zuletzt ein ganz dickes Bussi meinem liebsten Joey-Schatz für die tolle Unterstützung auch dieses Projekts, die stets klugen Anregungen, die Geduld und das große Verständnis in den letzten Monaten!

Und zum Schluss:

„I had to find a compromise between writing a more or less perfect book and ending it within my lifetime."[1882]

[1882] *Paul Hoyningen-Huene*, Systematicity: The Nature of Science, S. XI.